Knaur

Über die Autorin:

Jan Spiller ist seit 1977 hauptberuflich als Astrologin tätig. In den USA ist sie eine bekannte Kolumnistin für verschiedene astrologische Zeitschriften. Sie hält regelmäßig Vorträge bei amerikanischen New-Age-Konferenzen und Astrologie-Kongressen.

Jan Spiller

Astrologie und Seele

Die Mondknoten als Schlüssel zur Persönlichkeitsentfaltung

Aus dem Amerikanischen von Petra Ebert

Knaur

Die amerikanische Originalausgabe
erschien 1997 unter dem Titel »Astrology for the Soul«
bei Bantam Books, New York

Besuchen Sie uns im Internet:
www.droemer-knaur.de

Dieses Buch wurde auf chlor- und säurefreiem Papier gedruckt.

Deutsche Erstausgabe Dezember 1998
Copyright © 1997 Jan Spiller
Copyright © 1998 der deutschsprachigen Ausgabe
Droemersche Verlagsanstalt Th. Knaur Nachf., München
Alle Rechte vorbehalten. Das Werk darf – auch teilweise –
nur mit Genehmigung des Verlages wiedergegeben werden.
Umschlaggestaltung: Peter F. Strauss
Redaktion: Regina Konrad
DTP-Satz und Herstellung: Barbara Rabus
Druck und Bindung: Ebner Ulm
Printed in Germany
ISBN 3-426-86198-4

2 4 5 3

Inhalt

Die Position Ihres nördlichen Mondknotens

Wenn sie in den folgenden Phasen geboren wurden:

Befindet sich Ihr nördlicher Mondknoten in:

10. Mai 1899	bis	21. Januar 1901 . . .	Schütze
22. Januar 1901	bis	21. Juli 1902	Skorpion
22. Juli 1902	bis	15. Januar 1904 . . .	Waage
16. Januar 1904	bis	18. September 1905 . .	Jungfrau
19. September 1905	bis	30. März 1907	Löwe
31. März 1907	bis	27. September 1908 . .	Krebs
28. September 1908	bis	23. März 1910	Zwilling
24. März 1910	bis	08. Dezember 1911 . .	Stier
09. Dezember 1911	bis	06. Juni 1913	Widder
07. Juni 1913	bis	03. Dezember 1914 . .	Fische
04. Dezember 1914	bis	31. Mai 1916	Wassermann
01. Juni 1916	bis	13. Februar 1918 . . .	Steinbock
14. Februar 1918	bis	15. August 1919 . . .	Schütze
16. August 1919	bis	07. Februar 1921 . . .	Skorpion
08. Februar 1921	bis	23. August 1922 . . .	Waage
24. August 1922	bis	23. April 1924	Jungfrau
24. April 1924	bis	26. Oktober 1925 . . .	Löwe
27. Oktober 1925	bis	16. April 1927	Krebs
17. April 1927	bis	28. Dezember 1928 . .	Zwilling
29. Dezember 1928	bis	07. Juli 1930	Stier

08. Juli 1930	bis	28. Dezember 1931 . . Widder
29. Dezember 1931	bis	24. Juni 1933 . . . . . Fische
25. Juni 1933	bis	08. März 1935 . . . . Wassermann
09. März 1935	bis	14. September 1936 . . Steinbock
15. September 1936	bis	03. März 1938 . . . . Schütze
04. März 1938	bis	12. September 1939 . . Skorpion
13. September 1939	bis	24. Mai 1941 . . . . . Waage
05. Mai 1941	bis	21. November 1942 . Jungfrau
22. November 1942	bis	11. Mai 1944 . . . . . Löwe
12. Mai 1944	bis	13. Dezember 1945 . . Krebs
14. Dezember 1945	bis	02. August 1947 . . . Zwilling
03. August 1947	bis	26. Januar 1949 . . . Stier
27. Januar 1949	bis	26. Juli 1950 . . . . . Widder
27. Juli 1950	bis	28. März 1952 . . . . Fische
29. März 1952	bis	09. Oktober 1953 . . . Wassermann
10. Oktober 1953	bis	02. April 1955 . . . . Steinbock
03. April 1955	bis	04. Oktober 1956 . . . Schütze
05. Oktober 1956	bis	16. Juni 1958 . . . . . Skorpion
17. Juni 1958	bis	15. Dezember 1959 . . Waage
16. Dezember 1959	bis	10. Juni 1961 . . . . . Jungfrau
11. Juni 1961	bis	23. Dezember 1962 . . Löwe
24. Dezember 1962	bis	25. August 1964 . . . Krebs
26. August 1964	bis	19. Februar 1966 . . . Zwilling
20. Februar 1966	bis	19. August 1967 . . . Stier
20. August 1967	bis	19. April 1969 . . . . Widder
20. April 1969	bis	02. November 1970 . Fische
03. November 1970	bis	27. April 1972 . . . . Wassermann
28. April 1972	bis	27. Oktober 1973 . . . Steinbock

Die Position Ihres nördlichen Mondknotens

28. Oktober 1973	bis	10. Juli 1975	Schütze
11. Juli 1975	bis	07. Januar 1977 . . .	Skorpion
08. Januar 1977	bis	05. Juli 1978	Waage
06. Juli 1978	bis	12. Januar 1980 . . .	Jungfrau
13. Januar 1980	bis	24. September 1981 . .	Löwe
25. September 1981	bis	16. März 1983	Krebs
17. März 1983	bis	11. September 1984 . .	Zwilling
12. September 1984	bis	06. April 1986	Stier
07. April 1986	bis	02. Dezember 1987 . .	Widder
03. Dezember 1987	bis	22. Mai 1989	Fische
23. Mai 1989	bis	18. November 1990 .	Wassermann
19. November 1990	bis	01. August 1992 . . .	Steinbock
02. August 1992	bis	01. Februar 1994 . . .	Schütze
02. Februar 1994	bis	31. Juli 1995	Skorpion
01. August 1995	bis	25. Januar 1997 . . .	Waage
26. Januar 1997	bis	20. Oktober 1998 . . .	Jungfrau
21. Oktober 1998	bis	09. April 2000	Löwe
10. April 2000	bis	12. Oktober 2001 . . .	Krebs
13. Oktober 2001	bis	13. April 2003	Zwilling
14. April 2003	bis	25. Dezember 2004 . .	Stier
26. Dezember 2004	bis	21. Juni 2006	Widder
22. Juni 2006	bis	18. Dezember 2007 . .	Fische
19. Dezember 2007	bis	21. August 2009 . . .	Wassermann
22. August 2009	bis	03. März 2011	Steinbock
04. März 2011	bis	29. August 2012 . . .	Schütze
30. August 2012	bis	18. Februar 2014 . . .	Skorpion
19. Februar 2014	bis	11. November 2015 .	Waage
12. November 2015	bis	09. Mai 2017	Jungfrau

10. Mai 2017	bis	06. November 2018	. Löwe
07. November 2018	bis	04. Mai 2020	. . . . Krebs
05. Mai 2020	bis	18. Januar 2022	. . . Zwilling
19. Januar 2022	bis	17. Juli 2023	. . . . Stier
18. Juli 2023	bis	11. Januar 2025	. . . Widder
12. Januar 2025	bis	26. Juli 2026	. . . . Fische
27. Juli 2026	bis	26. März 2028	. . . . Wassermann
27. März 2028	bis	23. September 2029	. . Steinbock
24. September 2029	bis	20. März 2031	. . . . Schütze
21. März 2031	bis	01. Dezember 2032	. . Skorpion
02. Dezember 2032	bis	03. Juni 2034	. . . . Waage
04. Juni 2034	bis	29. November 2035	. Jungfrau
30. November 2035	bis	29. Mai 2037	. . . . Löwe
30. Mai 2037	bis	09. Februar 2039	. . . Krebs
10. Februar 2039	bis	10. August 2040	. . . Zwilling
11. August 2040	bis	03. Februar 2042	. . . Stier
04. Februar 2042	bis	18. August 2043	. . . Widder
19. August 2043	bis	18. April 2045	. . . . Fische
19. April 2045	bis	18. Oktober 2046	. . . Wassermann
19. Oktober 2046	bis	11. April 2048	. . . . Steinbock
12. April 2048	bis	14. Dezember 2049	. . Schütze
15. Dezember 2049	bis	28. Juni 2051	. . . . . Skorpion

Die Daten wurden mir freundlicherweise von *The Astrology Center of America* überlassen. Im Internet verfügbar unter: http://www.astroamerica.com

Einführung

Dieses Buch enthält meine Berufsgeheimnisse: die Methoden, mit denen ich in den vergangenen zwanzig Jahren erfolgreich persönliche Horoskope interpretiert habe.

Viele meiner Kollegen* halten mich für hellsichtig. Das könnte wahr sein, ist jedoch nicht mein vorrangiger Zugang zu einem Horoskop. Astrologen müssen einen Ausgangspunkt haben, um ein Horoskop mit Erfolg und Genauigkeit zu interpretieren. Es kann sich dabei um das Tierkreiszeichen handeln, in dem sich die Sonne befindet, die Position des Mondes, die Eklipsen, die Hauptaspekte oder die Anzahl der Planeten in den Elementen Feuer, Wasser, Erde und Luft.

Ich benutze dazu die Mondknoten. Sie haben mich niemals im Stich gelassen. Sie geben mir die Informationen, die ich benötige, um eine Person genau dahin zu führen, wo sie Erfolg, Selbstvertrauen und Ausgeglichenheit in sich selbst finden kann.

Wenn ich mir ein bestimmtes Horoskop ansehe, stelle ich zuerst die Position des nördlichen und südlichen Mondknotens fest, sowohl in bezug auf das Tierkreiszeichen als auch auf das Haus. Dann notiere ich die geometrischen Beziehungen (Aspekte), die die Mondknoten zu anderen Planeten haben. Weiterhin kontrolliere ich, ob sie irgendwelche ungewöhnlichen Beziehungen zu den Planeten haben, die die Tierkreiszeichen regieren, in denen sich die Mondknoten befinden. Plötzlich wird das ganze Horoskop von Leben erfüllt, und ich kann verstehen, mit welchen individuellen Herausforderungen dieser Mensch zu tun hat und welche Charaktereigenschaften er entwickeln muß, um in diesem Leben erfolgreich und glücklich zu sein.

* Bei Substantiven, bei denen vom Bedeutungsgehalt her sowohl die weibliche als auch die männliche Form gemeint ist, wird aus Platz- und Übersichtlichkeitsgründen nur die männliche Form verwendet. Damit ist keine Abwertung o. ä. von Frauen beabsichtigt.

Genauigkeit

Sie müssen nicht an Astrologie glauben, um einen Nutzen aus diesem Buch zu ziehen. Wenn man sich der Astrologie von einem psychologischen oder naturwissenschaftlichen Standpunkt aus nähert, hat sie nichts mit Glauben zu tun. Sie ist praktisch. Sie hat etwas mit dem Erlangen von Wissen und Experimentieren zu tun. Handelt es sich bei den psychologischen Beschreibungen, die Ihnen die Astrologie anbietet, um nützliche Werkzeuge der Selbsterkenntnis? Sind die zeitlichen Voraussagen, die die Astrologie (basierend auf Ihrem gesamten Geburtshoroskop) machen kann, für Sie hilfreich, um Ihre Zeit effektiver zu nutzen?

Um den Wahrheitsgehalt des in diesem Buch vorgestellten Materials bewerten zu können, ist es wichtig, auf Ihr inneres Wissen und Ihre früheren Erfahrungen zu hören.

Wenn Sie sich entschließen, einige der vorgeschlagenen Experimente zu machen, die Ihre durch den nördlichen Mondknoten geprägte Persönlichkeit in die Balance bringen können, achten Sie auf Ihre eigene Energie. Nur so können Sie prüfen, ob Sie auf dem richtigen Weg sind. Wenn Ihr Energieniveau steigt und Sie sich glücklich und frei fühlen, nachdem Sie eines dieser Experimente durchgeführt haben, sind Sie »auf dem Weg«! Vertrauen Sie sich selbst.

Wenn sich einige der Vorschläge, die im Abschnitt über ihren nördlichen Mondknoten gemacht werden, für Sie nicht »gut anfühlen«, dann vertrauen Sie auch darin sich selbst. Es könnte sich um einen Bereich handeln, den Sie bereits überwunden haben oder der aus irgendeinem Grund für Sie nicht ganz zutreffend ist.

Einige dieser Vorschläge erschrecken Sie vielleicht anfangs, weil sie neu für Sie sind. Wenn sie jedoch für Sie zu passen scheinen, gehen Sie das Risiko ein und setzen sie in die Tat um. Sie werden feststellen, daß Ihr Experiment ein Gefühl der Furchtlosigkeit und des Selbstvertrauens bewirkt, das dauerhaft ist. Sie werden spüren, daß Veränderungen stattfinden, weil Dinge, die Ihnen noch vor einigen Wochen oder Monaten Sorgen machten, Sie nicht mehr belasten. Ihre Freunde können diese Dinge immer noch wahrnehmen, Sie jedoch werden etwas anderes fühlen – einen Frieden, der Ihnen in der Vergangenheit verwehrt blieb.

Für jeden von uns zeigen sich die wesentlichen Lebensthemen im Tierkreiszeichen und in der Hausposition des nördlichen Mondknotens zum Zeitpunkt unserer Geburt. Beim Schreiben dieses Buches habe ich jedoch festgestellt, daß ich ungelöste Themen in Tierkreiszeichen hatte, die nicht dem Tierkreiszeichen und Haus meines eigenen Mondknotens entsprachen. Der Unterschied liegt in der Tiefe der Störung. Wenn jemand den nördlichen Mondknoten in Krebs oder im vierten Haus hat, ist das Thema, die Kontrolle loszulassen, zu vertrauen und offen Gefühle mitzuteilen, sehr groß. Es kann genausogut sein, daß jemand anderer ebenfalls Probleme hat, seine Gefühle offen mitzuteilen, obwohl sich sein nördlicher Mondknoten in einer anderen Position befindet. Das Kapitel über den nördlichen Mondknoten kann ihm helfen, seine Verletzlichkeit zu heilen und ihm konkrete Verhaltensweisen vorschlagen, die zu Ausgeglichenheit und Wohlbefinden führen. Der Unterschied ist: Es ist weitaus einfacher, die Vorschläge in anderen Bereichen anzuwenden als in den Bereichen Ihrer eigenen Mondknotenposition.

Beispielsweise habe ich den nördlichen Mondknoten weder in Widder noch im ersten Haus. Als ich jedoch das Kapitel über den nördlichen Mondknoten in Widder schrieb, stellte ich fest, daß ich Probleme mit der Selbstbehauptung und einigen anderen Themen hatte, an denen diese Menschen arbeiten. Während ich dieses Kapitel schrieb, wurde etwas in mir geheilt, und ich konnte mich plötzlich wirkungsvoller durchsetzen und ehrlicher sein. Und mein Leben wurde um ein Vielfaches leichter! Sobald ich es verstanden hatte, war es leicht, mich darauf einzustellen und mich zu ändern. Dies ist jedoch in dem Tierkreiszeichen und dem Haus, in dem sich mein nördlicher Mondknoten befindet, erheblich schwerer. Ich habe vor zwanzig Jahren begonnen, »es zu schaffen«, und ich arbeite noch immer daran.

Mitgefühl durch Wissen

Nähert man sich der Astrologie mit wirklicher Offenheit und wirklichem Verständnis, führt sie direkt zu bedingungsloser Liebe. Wenn Sie die inneren Mechanismen eines Menschen verstehen und wissen, wo seine Schwachpunkte liegen, wie können Sie ihm dann böse sein? Wir machen alle das Beste aus dem Licht, das wir in uns haben, und versuchen unsere Unvollkommenheit zu überwinden. Warum? Weil es praktisch ist. Diese Schwächen hindern uns daran, unsere Ziele zu erreichen. Das haben wir alle gemeinsam.

Die populäre Astrologie, die z. B. in Tageszeitungen und Zeitschriften betrieben wird, bezieht sich bei ihren Vorhersagen lediglich auf die Tierkreiszeichenposition der Sonne. Eine umfassende Astrologie berücksichtigt die Tierkreiszeichenpositionen von zehn Planeten (Sonne und Mond werden in diesem Zusammenhang als Planeten gesehen, weil das Sternensystem im Hinblick auf seine Auswirkungen auf die Erde betrachtet wird), die Achse, die aktiv war, als das Individuum geboren wurde, und verschiedene andere Punkte wie z. B. die Mondknoten und Eklipsen. In Wirklichkeit ist jeder von uns ganz und gar einzigartig; ein Geburtshoroskop wiederholt sich in den nächsten 25 000 Jahren nicht mehr, da sich alle Planeten in unterschiedlicher Geschwindigkeit um die Sonne bewegen. Der Augenblick Ihrer Geburt wurde auf der Zellebene Ihres Körpers gespeichert und bleibt immer ein Teil von Ihnen.

Nur Sie selbst besitzen die Macht, den Augenblick Ihrer Geburt zur Entfaltung zu bringen. Es ist, als hätten Sie dieses Zeitpartikelchen genommen, es angehalten und ausgedehnt, damit es ein ganzes Leben lang andauert. Wenn Sie anfangen, mit diesem Augenblick zu arbeiten, sich mit den Teilen Ihrer Persönlichkeit beschäftigen, die nicht allzugut funktionieren, und sie korrigieren – dann schaffen Sie Glück, Lachen und Freude in Ihrem eigenen Leben. Die positive Energie dieser Veränderungen wird jeden anderen Menschen ebenfalls beeinflussen. Ich habe viele spirituelle Lehrer sagen hören, das Beste, was wir für andere tun können, sei, an uns selbst zu arbeiten. Auf einer tiefen Ebene sind wir alle miteinander verbunden – wir sind eins.

Der innere Schaltplan

Das Horoskop als solches ist in Wirklichkeit ein Schema: eine Grafik, die den inneren Schaltplan eines Menschen darstellt. Der Schaltplan ist bei jedem von uns anders. Er ist weder »gut« noch »schlecht«, er ist einfach so strukturiert, wie er eben strukturiert ist. Ihr Geburtshoroskop bietet ein Bild des inneren Schaltplans, mit dem Sie geboren wurden, was Sie jedoch mit diesem Schaltplan anfangen ist ganz alleine Ihre Sache.

Wenn Sie in der Lage sind, Ihre Verhaltensmuster objektiv zu betrachten, sind Sie auch in der Lage, Anpassungen vorzunehmen, die zu effektiveren Ergebnissen und Leistungen führen. Wenn eine Fehlschaltung korrigiert wurde, resultiert daraus ein reibungsloser verlaufendes Leben (zuerst innerlich und dann äußerlich). Wenn Sie ein klares Bild Ihres inneren Schaltplans vor Augen haben, können Sie sich der eingebauten Schwachstellen bewußt werden, und Sie können sich dafür entscheiden, Verhaltensweisen nicht länger beizubehalten, die nicht ihren Vorstellungen entsprechen.

Ein Mensch beispielsweise, der objektiv weiß, daß er dazu neigt, auf alles eine Antwort parat zu haben, ungeduldig zu werden und ein selbstgerechtes Verhalten aufzubauen, das ihn von anderen isoliert (das würde der Fall sein, wenn er den nördlichen Mondknoten in Zwilling oder im dritten Haus hat), hat durch dieses Wissen die Möglichkeit, sich bewußt mehr Zeit zu nehmen, um die Beiträge anderer respektvoll anzuhören, bevor er sich erlaubt, seine eigene Meinung zu sagen. Allein diese Anpassung verändert die sozialen Kontakte dieses Menschen gravierend.

Wir alle haben Angewohnheiten, die zu unangemessenem Verhalten und dem Gefühl der Isolation und des Unglücklichseins führen. Der Trick dabei ist, unsere falschen Verhaltensweisen zu erkennen und uns selbst darin zu bestärken, sie zu vermeiden.

Dieses Buch soll klären, was für die zwölf Persönlichkeitstypen, die durch die nördlichen und südlichen Mondknoten definiert werden, positiv ist und was nicht.

Dieses Buch basiert auf der Erkenntnis, daß jeder Mensch nicht nur das Gesamtergebnis seines Horoskops ist. Das Horoskop zeigt ein Bild Ihrer Persönlichkeitsstruktur, Sie jedoch besitzen die Macht, Ihre Persönlichkeit (die Energien, die in Ihrem Geburtshoroskop beschrieben werden) in jeder beliebigen Weise zu nutzen. Ob Sie sich gestatten, unbewußt zu handeln, oder ob Sie die Verantwortung übernehmen und die Energie reinigen, so daß sich Ihr Leben zu Ihrem Vorteil entwickelt, liegt ganz alleine bei Ihnen.

Gewinner und Verlierer

Jede Persönlichkeit birgt zehn unterschiedliche Königreiche in sich, die durch die zehn Planeten repräsentiert werden, mit denen man in der Astrologie arbeitet. Wenn wir uns die Grafik Ihres Geburtshoroskops ansehen, erkennen wir, daß einige Anteile Ihrer Persönlichkeit in ständigem Kampf mit anderen stehen, was verschiedene konfliktreiche Energien erzeugt. Andere Teile befinden sich in völliger Harmonie; in diesen Bereichen Ihres Lebens wird es nie zu einem Kampf kommen. Auf einer noch tieferen Ebene sind wir fähig, die Grundlage zu erkennen, auf der Ihre gesamte Persönlichkeit basiert. Im vorliegenden Buch möchte ich diese Grundlagen erforschen, sie beschreiben und in einigen Punkten Anpassungen vorschlagen. Diese Anpassungen werden den Planetenenergien gestatten, in harmonischer Weise zu koexistieren.

Stellen Sie sich vor, daß es einen natürlichen Befehlshaber in Ihnen gibt, dem sich alle anderen Teile sofort anschließen wollen. Sie müssen lediglich in das Signalhorn dieses Befehlshabers blasen, und sofort werden die Teile, die sich bekriegen, ihre Waffen fallenlassen und sich in einer Linie hinter dem Befehlshaber einreihen. Die Teile in Ihnen, die friedlich zusammenleben und möglicherweise ein wenig faul geworden sind, werden den Aufruf auch hören, aus den Federn kriechen und sich ebenfalls hinter dem Befehlshaber einreihen. Wenn dies der Fall ist, fühlen Sie sich sofort ganz und zentriert, und die äußeren Situationen Ihres Lebens beginnen sich zu verändern. Das gravierendste ist, daß Sie eine andere Einstellung zu solchen Situationen entwickeln. Sie erkennen klar, was zu tun ist, und Ihre Handlungen sind automatisch von Erfolg gekrönt.

In Ihrem Horoskop repräsentiert der nördliche Mondknoten diesen Befehlshaber. Sobald Sie Zugang zur zugrundeliegenden Formel haben, mit der Ihr inneres Selbst zusammengeführt und harmonisiert werden kann, ist es wie ein Wunder. Es wird in nahezu allen Situationen in Ihrem Leben funktionieren, wenn Sie nur daran denken, sich an die Formel zu erinnern und die »Experimente« zu versuchen, die der inneren Energie – und folglich auch den äußeren Situationen – gestatten, sich zu Ihrem Vorteil zu verändern.

Am Anfang mag es nicht einfach sein, diese Experimente durchzuführen. Es kann sogar beängstigend sein. Wenn Sie beispielsweise zu der Gruppe gehören, deren nördlicher Mondknoten sich im Zeichen Krebs befindet, wissen Sie nicht, daß es möglich ist, verletzlich zu sein und Ihre Gefühle und Ängste zu zeigen. In Ihren vergangenen Leben waren Sie es nicht gewohnt, verletzlich zu sein; folglich fühlen Sie sich, als müßten Sie sterben, wenn Sie nun Ihre wahren Gefühle offenbaren. Alles in Ihnen wehrt sich dagegen. Wenn Sie es dennoch tun, werden Veränderungen eintreten. Sie werden feststellen, daß etwas gestorben ist, aber das waren nicht Sie, es war eine Angst, die Sie besetzt hatte. Nachdem Sie das Experiment vollzogen haben, ist Ihre Angst verschwunden, und Sie sind mit einem Gefühl der Furchtlosigkeit und des Vertrauens daraus hervorgegangen. Es liegt jedoch an Ihnen. Nichts wird passieren, es sei denn, Sie gehen das Risiko ein. Eine positive Handlungsweise ist das Heilmittel gegen Angst. Wenn Sie die Position Ihres nördlichen Mondknotens untersuchen, erfahren Sie etwas über das Kernthema, das Ihr ganzes Leben prägt. Daher kann es ein, daß die Veränderungen nicht alle gleichzeitig geschehen. Wenn Sie die ersten Schritte in eine neue Richtung unternehmen, denken Sie daran, daß Sie gegen Verhaltensmuster vorgehen, die sich über viele Inkarnationen festgesetzt haben. Das ist der Grund, warum Sie daran denken müssen, sich daran zu erinnern, Dinge auf eine neue Weise zu tun und sich in Richtung Auflösung der Disharmonien zu bewegen, die Sie aus früheren Leben übernommen haben.

Das Anliegen dieses Buches ist es, Ihnen zu zeigen, wie Sie damit experimentieren können, Dinge auf eine neue Art zu tun. Sie werden jedesmal, wenn Sie daran denken, die Formel anzuwenden, feststellen, daß sich die Situation zu Ihrem Vorteil verändert und die Welt Sie schätzt. Selbst wenn sich Erfolg einstellt, braucht es manchmal Zeit, sich daran zu erinnern, ein neues Muster anzuwenden. Es ist trotz allem ein Prozeß.

Allein das Lesen des Kapitels über Ihren nördlichen Mondknoten wird Ihnen neue Anstöße vermitteln und einen Prozeß natürlicher Wandlung in Gang bringen. Die Umsetzung der Vorschläge wird den Prozeß beschleunigen, jedoch wird letztendlich nur das Bewußtsein all die Transformation bewirken können. Wenn ein Mensch beispielsweise wüßte, daß er von einem Laster überfahren wird, wenn er die Straße überquert, ohne auf Grün zu warten, würde er die Straße überqueren?

Sicherlich nicht. Wir alle wollen Freude erleben und Schmerz vermeiden. Das Bewußtsein der negativen Auswirkungen genügt oft, um davon Abstand zu nehmen, die Sache in Gang zu setzen.

Astrologie, materieller Erfolg und Spiritualität

Materieller Wohlstand kann niemals der Schlüssel zu beständigem und wahrem Glück sein. Rein materielle Zufriedenheit ist vergänglich und hat immer Unzufriedenheit zur Folge. Wahres Glück kann nur auf dem spirituellen Weg erreicht werden. Manchmal regen sich tief in unserem Inneren auch weltliche Sehnsüchte, die weder verleugnet noch vergessen werden können – um sich von ihnen zu befreien, muß man sie erfüllen.

Um diesen Punkt zu veranschaulichen, reflektieren Sie über die Geschichte eines buddhistischen Meisters, der älter wurde und feststellte, daß einer seiner Lieblingsschüler noch immer keine vollkommene Erleuchtung und kein wahres Glück erlangt hatte. Der Schüler begleitete ihn seit drei Jahrzehnten, hatte sich seinem Meister völlig hingegeben und dessen Praktiken strikt befolgt, und dennoch hatte er diesen höchsten Status noch nicht erreicht. Eines Tages sagte der Meister zu seinem Schüler: »Ich begebe mich auf eine Pilgerreise, und du darfst mit mir kommen.«

Sie wanderten viele Kilometer in das abgelegene Gebirge. Aus Tagen wurden Wochen, dann war ein Monat vorbei, und sie setzten ihre Reise noch immer fort. Eines Tages blieb der Meister stehen, deutete auf einen in einiger Entfernung gelegenem Berg und sagte zu dem Schüler: »Siehst du den Berggipfel?« Der Dunst, der den Berggipfel umgab, löste sich gerade auf und ließ ein großes Schloß auf dem Gipfel zum Vorschein kommen, das in der aufgehenden Sonne schimmerte.

Schüler: »Ja, Meister.«

Meister: »Siehst du dieses Zuhause auf dem Gipfel des Berges?«

Schüler: »Ja, Meister.«

Meister: »Seit vielen Leben hast du dir ein Zuhause gewünscht, und dieser Wunsch blieb unerfüllt. Es ist ein letzter Faden, der dich bindet und deine Erleuchtung und unendliche Freude blockiert. Keine der Praktiken, die ich dir vermittelt habe, haben diesen tiefen Wunsch

aufgelöst. Daher muß er erfüllt werden. Dies ist von nun an dein Zuhause; es gehört dir.«
In diesem Augenblick erlangte der Schüler die volle Erleuchtung.

Einige weltliche oder materielle Wünsche können wir einfach deshalb auflösen, weil sie für uns nicht so wichtig sind. Nach einer Weile können wir sie loslassen. Andere werden uns begleiten, bis wir sie auf irgendeiner Ebene erfüllt haben. Sobald alle Persönlichkeitsanteile erfolgreich integriert wurden, beginnen sich Wünsche, die von geringerer Wichtigkeit sind, aufzulösen. Jene, die erfüllt werden wollen, können in der materiellen Welt leichter realisiert werden.

Dieses Buch möchte eine Formel anbieten, die eine Reintegration der Persönlichkeitsanteile fördert, damit das Individuum leichter die angestrebten materiellen Erfahrungen machen kann. Sobald eine Persönlichkeitsstruktur besser organisiert ist und in unserem Alltag erfreuliche Ergebnisse sichtbar werden, erkennen wir unsere wahren Bedürfnisse und öffnen uns für eine höhere Ebene des Glücks und der Erfüllung jenseits der Identifikation mit dem persönlichen Ego und rein materieller Ziele. Wenn die wahren Wünsche erkannt werden und die äußeren Ziele nicht länger zwingend sind, entspannt sich die Persönlichkeit. In dieser Ruhe sind wir offen für höhere Bewußtseinsebenen und das tiefe Glück, das unserem natürlichen Dasein entspricht. Die Bibel beschreibt diesen Zustand als »das Schauen des himmlischen Königreichs auf Erden«.

Wie man dieses Buch anwendet

Die Mondknoten

Bei den Mondknoten handelt es sich nicht um gegenständliche Planeten; es sind die Schnittpunkte der Umlaufbahn des Mondes mit der Umlaufbahn der Erde. Die Richtung der Mondknoten verläuft gegen den Uhrzeigersinn: Der nördliche Mondknoten ist der aufsteigende Mondknoten (der Punkt, der unserem Nordpol am nächsten ist), der südliche Mondknoten ist der absteigende Mondknoten (der Punkt, der unserem Südpol am nächsten ist). Sie stehen immer in einem genauen 180-Grad-Winkel zueinander. Einige Astrologen benutzen die »richtigen Mondknoten« zur Berechnung (die Schwankungen der Mondumlaufbahn werden berücksichtigt), andere Astrologen arbeiten mit dem »mittleren Mondknoten« (die Schwankungen werden nicht berücksichtigt). Ich arbeite mit dem »richtigen Mondknoten«. Die Positionen des »richtigen Mondknotens« und des »mittleren Mondknotens« differieren nie mehr als 1 Grad 45 Minuten voneinander.

Die Mondknotenachse

Alle Planeten haben einen nördlichen und einen südlichen Knoten. Bei den in diesem Buch behandelten Knoten handelt es sich um den nördlichen und südlichen Knoten des Mondes, ebenso bekannt als »Mondknotenachse« im Horoskop. Die Information in den einzelnen Kapiteln bezieht sich auf die nördliche und südliche Mondknotenachse, die ich jedoch aus Gründen der Vereinfachung nur »Mondknotenposition« genannt habe. Die südliche Mondknotenposition im Horoskop (die sich genau in Opposition zum nördlichen Mondknoten befindet) beschreibt einen Aspekt unseres Charakters, der in vergangenen Leben überbetont wurde und daher in diesem Leben dazu tendiert, die Persönlichkeit zu beherrschen und aus der Balance zu werfen. Wenn wir unbewußt handeln, neigen wir dazu, im Kontakt mit unseren Mitmenschen die südliche Mondknotenposition auszuleben, weil wir uns an dieses – für uns vorteilhafte – Verhalten gewöhnt haben. Jedoch zeigen uns unsere Erfahrungen in diesem Leben, daß es nicht länger funktioniert, wenn wir uns einer Situation von dem Standpunkt aus nähern, der in unserem Horoskop durch die Position unseres südlichen Mondknotens definiert wird. So liegt auch der Schwerpunkt dieses Buches auf dem nördlichen Mondknoten, da die Kapitel eine Integration beider »Enden« der Mondknotenachse enthalten.

Wenn Astrologen von »den Knoten« sprechen, beziehen sie sich im allgemeinen auf die nördlichen und südlichen Knoten des Mondes. In der Astrologie lenkt der Mond unsere Gefühle, unsere Stimmungen, unsere Abhängigkeiten, unsere Unsicherheiten und das Gefühl der Zugehörigkeit – er regiert unsere Emotionen. Der Mond beeinflußt unser Selbstbild, d. h. die tief in unserem Inneren vorhandene Vorstellung von uns selbst – unabhängig davon, wie wir uns in der Welt darstellen. Ich halte den Mond für den wichtigsten Planeten im Horoskop, wenn man es im Hinblick auf Karma und Reinkarnation betrachtet. Er prägt die gesamte Persönlichkeitsstruktur. In meinem ersten Astrologiebuch hat es mehr Zeit beansprucht, das Kapitel über den Mond zu schreiben, als die anderen neun Kapitel zusammen. Ich hatte das Gefühl, daß die Komplexität der einzelnen Tierkreiszeichen des Mondes unbegrenzt ist – meine Forschungsarbeit ging tiefer und tiefer, bis ich eines Tages einfach einen Schlußstrich ziehen mußte. Wenn wir der Richtung der Mondknoten folgen und dadurch unseren Emotionalkörper wieder in Balance bringen, treten wir einen langen Weg an, der zum Abbau innerer Spannungen und zu neuem Vertrauen zu uns selbst führt.

Tierkreiszeichen und Häuser

Bei jedem von uns befindet sich der nördliche Mondknoten in einem Tierkreiszeichen und in einem Haus. Das Tierkreiszeichen kann man in der Tabelle am Anfang dieses Buches ersehen. Das Kapitel, das sich auf Ihre Tierkreiszeichenposition bezieht, wird Ihnen Informationen und

Empfehlungen bieten, die Ihnen beim Erkennen Ihres vollen Potentials behilflich sind. Wenn Sie eine umfassendere Analyse wünschen, empfehle ich auch in dem Kapitel nachzuschlagen, das sich auf Ihre Hausposition bezieht. Diese erfahren Sie von einem Astrologen oder entnehmen Sie einem Computerausdruck Ihres Geburtshoroskops.

Das Tierkreiszeichen, in dem der nördliche Mondknoten sich befindet, beschreibt die Wandlungsprozesse, die innerhalb der Persönlichkeit vollzogen werden müssen. Das Haus, das den nördlichen Mondknoten enthält, zeigt die Erfahrungen auf, die der Person den Zugang zu diesem neuen Bewußtsein ermöglichen. Nach meinen Erfahrungen ist das Haus letztendlich von gleicher Bedeutung wie das Tierkreiszeichen. Die Hausposition zeigt die Arena an, in der die Lektionen des nördlichen Mondknotens gelernt werden. Wenn sich beispielsweise Ihr nördlicher Mondknoten in Krebs, im elften Haus befindet, lernen Sie, mit Ihren Gefühlen (Krebs) in Kontakt zu treten und sie mitzuteilen, indem Sie Freundschaften aufbauen und lernen, »im Fluß zu sein« (elftes Haus). Wenn sich Ihr nördlicher Mondknoten in Widder, im vierten Haus befindet, können Sie durch den Kontakt zu Ihren inneren Bedürfnissen (viertes Haus) entdecken und mitteilen, wer Sie sind (Widder).

Identische Tierkreiszeichen-/Hausposition

Befindet sich der nördliche Mondknoten im gleichen Tierkreiszeichen wie das Haus, in dem sich der nördliche Mondknoten befindet (beispielsweise nördlicher Mondknoten in Zwilling, im dritten Haus, das ebenfalls Zwilling entspricht; oder nördlicher Mondknoten in Fische, im zwölften Haus, das ebenfalls Fische entspricht), so bedeutet das einfach nur die doppelte Intensität des gleichen Lebensthemas.

Gegenüberliegende Tierkreiszeichen-/Hausposition

Das heißt: nördlicher Mondknoten in Widder, im siebten Haus; nördlicher Mondknoten in Stier, im achten Haus; nördlicher Mondknoten in Zwilling, im neunten Haus; nördlicher Mondknoten in Krebs, im zehnten Haus; nördlicher Mondknoten in Löwe, im elften Haus; nörd-

licher Mondknoten in Jungfrau, im zwölften Haus; nördlicher Mondknoten in Waage, im ersten Haus; nördlicher Mondknoten in Skorpion, im zweiten Haus; nördlicher Mondknoten in Schütze, im dritten
Haus; nördlicher Mondknoten in Steinbock, im vierten Haus; nördlicher Mondknoten in Wassermann, im fünften Haus; nördlicher Mondknoten in Fische, im sechsten Haus.

Befindet sich Ihr nördlicher Mondknoten in einem Haus, das in Opposition zum Tierkreiszeichen des nördlichen Mondknotens steht (wie
oben beschrieben), prüfen Sie vorsichtig und beständig, ob Sie das richtige Verhaltensrepertoire gefunden haben. Erinnern Sie sich daran, daß
das Haus grundsätzlich anzeigt, wo die Lektion des Tierkreiszeichens
gelernt werden soll. Das Haus ist die Muschel – die Umgebung –, die
Sie brauchen, um die Botschaft des Tierkreiszeichens umzusetzen.

Befindet sich Ihr nördlicher Mondknoten beispielsweise in Widder, im
siebten Haus, lernen Sie ein neues Selbstbewußtsein zu entwickeln
(nördlicher Mondknoten in Widder), indem Sie sich der Persönlichkeit
anderer bewußt werden (nördlicher Mondknoten im siebten Haus).
Indem Sie mit anderen Menschen kooperativ arbeiten und sie bei dem
Erlangen ihrer Ziele unterstützen, werden Sie Ihre eigene wahre Identität entdecken. Wenn Sie dies jedoch umkehren und sich auf sich selbst
konzentrieren, verlieren Sie Ihre Identität, indem Sie anderen gefallen
wollen und der nette Mensch sind, der Sie in ihren Augen sein sollten.
In diesem Fall würde der Schlüssel zur eigenen Identität darin liegen,
andere bei der Suche nach ihrer Identität zu unterstützen.

Übersicht

Jedes Kapitel dieses Buches beginnt mit einer Übersicht. Sie bietet die
Möglichkeit, sich rasch zu orientieren und an eine praktische Formel
zum Erlangen Ihrer Lebensziele zu erinnern. Wenn Sie in einer schwierigen Situation die Möglichkeit haben, eine neue Verhaltensweise zu
erlernen, die Ihre karmische Last erleichtern kann, ist es nützlich, sich
in einfacher Form daran zu erinnern, »wie man gewinnt« bzw. »verliert«, die Erinnerung zu bewahren und sie in die Tat umzusetzen.

Wenn Sie mit den Vorschlägen arbeiten, die in der Übersicht aufgeführt
sind, empfehle ich, daß Sie sich einen oder zwei Punkte herausgreifen,

die Ihnen am wichtigsten erscheinen, und dann kontinuierlich daran arbeiten, diese Qualitäten in sich selbst zu klären. Wenn Sie beständig üben, wird die selbstzerstörerische Tendenz langsam verschwinden, und Freude wird sich einstellen. Wenn Sie dies abgeschlossen haben, wählen Sie einen anderen Punkt, den Sie loslassen wollen oder an dem Sie bewußt arbeiten wollen. Es handelt sich um einen Prozeß, der Mühe kostet und wie ein enormes persönliches Risiko erscheinen kann. Sobald Sie sich jedoch nach vorne bewegen, werden sie nie mehr die Ängste und Begrenzungen der Vergangenheit erleben.

Bei einigen Eigenschaften dauert es länger, bis sie geklärt oder losgelassen werden können, als bei anderen. Auch wenn Sie mit einer Schwäche arbeiten, mit der Sie sich schon vor einer Woche oder einem Jahr beschäftigt haben, werden Sie sich auf einer höheren Ebene mit ihr auseinandersetzen, und es wird bei weitem nicht mehr so schmerzhaft und schwierig sein. So gesehen entspricht inneres Wachstum mehr einer Spirale als einem Kreis. Wenn Sie weiter voranschreiten, werden Sie das Leben als viel weniger bedrohlich empfinden und feststellen, daß sich die Dinge, die Sie sich wünschen, leichter und natürlicher entwickeln.

Es scheint wie ein Wunder zu sein, wenn Sie feststellen, daß Sie sich furchtlos, leicht und frei fühlen ... und die unsichtbaren Ketten aus früheren Inkarnationen sich auflösen und von Ihnen abfallen.

Die Übersicht am Beginn jedes Kapitels bietet eine kurze Zusammenfassung folgender Themen: Eigenschaften, die man entwickeln sollte; Verhaltensweisen, die man hinter sich lassen sollte; Achillesferse/Falle, vor der man sich hüten muß/Fazit; Die wahren Wünsche; Talente/Berufe; und Heilende Affirmationen.

Eigenschaften, die man entwickeln sollte

Hierbei handelt es sich um Geschenke/Fähigkeiten, die Ihnen in diesem Leben zur Verfügung stehen. Gerade weil Sie in vergangenen Leben so viel Zeit und Energie darauf verwendet haben, einen Aspekt Ihres Charakters zu entwickeln, gab es einen anderen Teil in Ihnen – den Gegenpol –, der völlig vernachlässigt wurde. Als Sie in diese Inkarnation kamen, waren Sie demzufolge aus dem Gleichgewicht geraten. Das Leben will, daß Sie glücklich sind. Solange es jedoch das Ungleichgewicht gibt, folgt jedem Glücksgefühl ein Gefühl des Unglücklichseins. Daher müssen Sie den Teil in Ihnen, der in vergangenen Leben vernachlässigt wurde, bewußt entwickeln, indem Sie mit ihm experimentieren und in ihm ausgehend die Talente und Fähigkeiten entwickeln, die in diesem Abschnitt beschrieben werden. Es ist wie mit einem Muskel, der nicht gebraucht wurde. Sobald Sie anfangen, ihn zu trainieren, wird er sich ganz schnell aufbauen und sich in Harmonie mit Ihrem restlichen Körper befinden. Wenn Sie die in diesem Abschnitt beschriebenen Verhaltensweisen entwickeln, werden Sie in der Lage sein zu siegen – zu jeder Zeit!

Verhaltensweisen, die man hinter sich lassen sollte

Hierbei handelt es sich um Verhaltensweisen, mit denen Sie die Personen mit gleicher Mondknotenposition geboren wurden. In vergangenen Leben haben Ihnen diese Verhaltensmuster gute Dienste geleistet; mit Ihnen haben Sie gewonnen. Deshalb hat Ihr Unterbewußtsein die Erinnerung an diese Erfolgserlebnisse gespeichert, und Sie benützen die gleichen Verhaltensmuster, mit denen Sie in vergangenen Leben erfolgreich waren. In dieser Inkarnation funktionieren diese Muster jedoch nicht. Wenn Sie sich Ihr bisheriges Leben ansehen, können Sie erkennen, daß diese Verhaltensmuster nie funktioniert haben, obwohl Sie sie wieder und wieder durchgespielt haben.

Diese Qualitäten sind an und für sich nicht negativ, sie beschreiben jedoch einen Teil Ihres Charakters, der in vergangenen Leben überentwickelt wurde. Leben für Leben haben Sie diesen einen Teil Ihres Selbst aus jeder erdenklichen Richtung gestärkt, bis er überproportional groß geworden ist. Daher wird an Ihrem Horoskop deutlich, daß diese alten Muster im jetzigen Leben nicht funktionieren. Die in diesem Abschnitt beschriebenen Verhaltensweisen führen grundsätzlich dazu, daß Sie verlieren – zu jeder Zeit!

Achillesferse/Falle, vor der man sich hüten muß/Fazit

Hierbei handelt es sich um die Falle, in die Sie und die Personen mit gleicher Mondknotenposition am leichtesten gehen – die Versuchung, die so verführerisch ist, daß man nicht zögert und in negative Verhaltensweisen aus früheren Leben zurückfällt. Dies ist der Abschnitt der »roten Karte«. Wenn Sie feststellen, daß Sie von diesen Motiven getrieben werden, ist es das beste, sich davon abzuwenden, denn Sie werden verlieren.

Die wahren Wünsche

Dieser Abschnitt behandelt eine Verbindung der Motivationen aus früheren Leben und der gegenwärtigen Fähigkeiten. Er steht für die Erfahrungen, die wir uns bei unserer Geburt gewünscht haben, die Sehnsüchte tief in unserem Inneren, die wir in die Tat umsetzen, indem wir die neuen Werkzeuge, die uns in diesem Leben gegeben wurden, zur Harmonisierung der Persönlichkeit benutzen. Am Anfang kann es nützlich sein zu übertreiben, d. h. die Verhaltensweisen aus früheren Leben völlig zu negieren und uns ganz auf die Qualitäten des gegenwärtigen Lebens zu konzentrieren, damit diese entwickelt werden können. Es ist das Prinzip des Pendels: Wenn es zu weit in die entgegengesetzte Richtung ausschlägt, kann uns das helfen, zur Mitte zurückzufinden. Letztendlich geht es darum, die Stärken aus vergangenen Leben mit den Fähigkeiten des gegenwärtigen Lebens zu kombinieren, damit wir wahre Erfüllung finden. Die Muster aus vergangenen Leben sind jedoch stark, und das Individuum muß sie anfänglich »in die Luft sprengen« oder sich von ihnen völlig abwenden, um die Energie in die richtige Bahn zu lenken.

Talente/Berufe

Die durch die Mondknotenposition bestimmten Talente, die in diesem Leben leicht in beruflichen Erfolg umgewandelt werden können, werden hier beschrieben. Wünschen Sie ein vollständiges Bild des Berufs oder der Berufung, empfehle ich, das gesamte Horoskop einzubeziehen.

Heilende Affirmationen

Die als Beispiel aufgeführten Affirmationen sollen dazu beitragen, die hemmende Energie der Verhaltensweisen aus früheren Leben aufzulösen und Sie in die dynamische Freiheit zu entlassen, die in der gegenwärtigen Inkarnation möglich ist. Sie wenden diesen Abschnitt am sinnvollsten an, indem Sie eine Affirmation auswählen, von der Sie das Gefühl haben, daß sie die Qualitäten stärkt, die Sie gerade entwickeln wollen. Im Laufe des Tages probieren Sie dann aus, diese Affirmation in verschiedenen Situationen zu sich selbst zu sagen, so lange, bis die Qualität, die Sie fördern wollen, sich verstärkt und energetisiert.

Wenn diese spezielle Affirmation für Sie nicht mehr wichtig ist (was nach einem oder mehreren Monaten der Fall sein kann), suchen Sie sich eine andere aus und experimentieren für eine gewisse Zeit mit ihr.

Die Affirmationen sind am wirkungsvollsten, wenn Sie für einen bestimmten Zeitraum nur eine auswählen. Sie nehmen die, die Sie in der jeweiligen Phase Ihrer Entwicklung am meisten anspricht.

Persönlichkeit

Dieser Teil behandelt die Besonderheiten jeder Mondknotengruppe und die Unterschiede – in den spezifischen Verhaltensweisen, Anliegen, einzigartigen Empfindungen usw. – zu anderen Mondknotengruppen (alle Personen, deren nördlicher Mondknoten sich in dem gleichen Tierkreiszeichen befindet). Bei unseren eigenen Erfahrungen haben wir das Gefühl, als arbeiteten wir mit diesem Karma nur auf der persönlichen Ebene. Wenn wir jedoch die negative Energie in unserem eigenen Leben reinigen, werden die zu unserer Mondknotengruppe gehörenden Personen ebenfalls gereinigt und in ihrer Entwicklung gefördert. Die Energie unserer gesamten Gruppe wird uns innerlich beim Lernen und Wachsen unterstützen. In diesen Bereichen stehen wir nicht alleine da.

Bedürfnisse

In diesem Abschnitt werden wichtige Wünsche besprochen, die für jede Gruppe charakteristisch sind. Wir müssen den Kern unseres Selbst nicht verändern oder unsere Bedürfnisse negieren. Um erfolgreich zu sein, ist es jedoch manchmal notwendig, daß wir unsere Bedürfnisse auf eine neue Art und Weise erfüllen. Dieser Absatz beschreibt unsere grundlegenden Sicherheitsbedürfnisse und zeigt, wie sie sich innerlich anfühlen und wie man sie erfüllt, ohne »aus der Bahn geworfen« zu werden.

Beziehungen

Dieser Abschnitt untersucht, die Einstellung der Menschen der jeweiligen Gruppe zu Beziehungen, ihre Beziehungsmuster und die charakteristischen Tendenzen, Hindernisse und Lösungen, die sich zeigen, wenn sie eine Beziehung eingehen – insbesondere eine enge Verbindung wie eine Ehe oder Partnerschaft.

Ziele

Dieser Abschnitt behandelt die Stärken und Schwächen der Gruppe beim Erreichen von Zielen. Die Informationen können den jeweiligen Personen helfen, ihre »Blockaden« zu erkennen, und sie dadurch darin bestärken, ihre inneren Hindernisse zu überwinden und ihre äußeren Ziele zu erreichen.

Erklärungen zu den Fachausdrücken

Achillesferse: der schwächste, verwundbarste Punkt innerhalb der Persönlichkeitsstruktur.

Ego: der Aspekt des Selbst, der die Wünsche und Bedürfnisse eines Menschen in der äußeren Welt verwirklicht.

Es: die zentralen Bedürfnisse und Wünsche eines Menschen.

Flow: Dieser Begriff wurde mit »Fluß der universellen Energie« oder »universelle Strömung« ins Deutsche übersetzt.

Frühes Milieu: die Verhaltensmuster, die in der Kindheit gefördert und geübt wurden und die Sie benutzt haben, um in dem Milieu Ihrer Kindheit zurechtzukommen. Es sind unbewußte Muster aus früheren Leben, die während der Kindheit aktiviert wurden. Unsere Umgebung erzeugte weder diese Muster noch veranlaßte sie uns, uns in dieser Weise zu verhalten. Sie sind auch nicht im Geburtshoroskop festgelegt. Wir wurden mit diesen Mustern und der Bereitschaft sie zu aktivieren geboren.

Gegenwärtiges Leben: das Leben, das Sie in dem Körper verbringen, in den Sie in dieser Inkarnation geboren wurden.

Karma: Ursache und Wirkung; die aus unseren Handlungen resultierenden Ergebnisse.

Seelenführer: Jeder von uns ist von seinen eigenen unsichtbaren Helfern umgeben, die ihn bei der Erfüllung seiner Aufgaben unterstützen. Diese positiven Helfer kann man »Seelenführer«, »Schutzengel« oder einfach die »Stimme der Intuition« nennen.

Über-Ich: das Bewußtsein bezüglich der Wünsche und Bedürfnisse anderer Menschen und den ethischen Vorstellungen in einer Gesellschaft.

Vergangene Leben: vorherige Leben, die Sie – vor der Inkarnation in Ihrem gegenwärtigen Körper – in anderen Körpern verbracht haben.

Übersicht

Eigenschaften, die man entwickeln sollte
Das Arbeiten an folgenden Bereichen bringt verborgene Fähigkeiten
und Talente zum Vorschein:
– Unabhängigkeit
– Selbstbewußtsein
– Vertrauen in die eigenen Impulse
– Mut
– Zurückhaltung im Geben
– Fürsorge gegenüber sich selbst

Verhaltensweisen, die man hinter sich lassen sollte
Ihr Leben wird sich einfacher und friedvoller gestalten, wenn Sie daran
arbeiten, den Einfluß folgender Tendenzen zu verringern:
– Sich selbst durch die Augen anderer zu betrachten
– Schwächende Selbstlosigkeit
– Immer nett zu anderen sein wollen
– Zwanghafte Neigung zu Fairneß und Gerechtigkeit
– Co-Abhängigkeit: Neigung zu äußerer Harmonie
– »Wie du mir, so ich dir«-Mentalität

Achillesferse/Falle, vor der man sich hüten muß/Fazit
Die Achillesferse der Menschen mit dem nördlichen Mondknoten in
Widder ist ihre ständige Sorge um Gerechtigkeit: »Mein Überleben
hängt davon ab, daß alle fair mit mir umgehen.« Dieser Gedanke
signalisiert, daß sie sich auf wackligem Boden bewegen. Diese Menschen sind von Natur aus sehr freigebig, und dennoch ist ihr Bedürfnis
nach Gerechtigkeit und absoluter Fairneß ein Faß ohne Boden: Ande-

31

re können niemals genug zurückgeben, damit sich diese Menschen zufrieden fühlen. Sie können damit anfangen, mit sich selbst fair umzugehen, indem sie nur bis zu dem Punkt gehen, an dem sie sich selbst noch gut fühlen, auch wenn sie wissen, daß sie nichts zurückbekommen werden.

Die Falle, die Widder-Mondknoten-Menschen vermeiden müssen, ist die endlose Suche nach einer idealen, verbindlichen Partnerschaft (»Wenn ich nur den richtigen Partner finde, werde ich ganz in mir selbst ruhen«). Das Gefühl der Ganzheit, nach dem sie streben, kann nur individuell erlangt werden. Es wird sich nicht an einer Beziehung heraus entwickeln, mag der Partner auch noch so wundervoll sein. Das Fazit daraus ist, daß sie niemals genügend Zustimmung von anderen erhalten werden, um die Erlaubnis zu haben, sie selbst zu sein. Ab einem gewissen Punkt müssen sie das Risiko eingehen und Aktivitäten verfolgen, die für sie selbst von Bedeutung sind. Die Ironie dabei ist, daß Personen in ihr Leben treten werden, die sie unterstützen, sobald Widder-Mondknoten-Menschen in ihre eigene Richtung gehen.

Die wahren Wünsche

Die tiefste Sehnsucht von Widder-Mondknoten-Menschen ist, Glück, Harmonie, Fairneß und Unterstützung von dem einen Partner zu bekommen, den sie lieben. Um dies zu erleben, müssen sie zuerst sich selbst ein Partner sein. Indem sie sich selbst kennenlernen, fangen sie an, die Dinge zu tun, die ihnen Freude machen und die Fürsorge gegenüber sich selbst erhöhen, so daß sie Stärke, Vertrauen und Unterstützung fühlen. Wenn sie sich selbst fairer behandeln, spüren sie die Ausgeglichenheit und Gerechtigkeit, nach denen sie suchen. Nur aus dieser Ausgangsposition heraus können sie eine gesunde Partnerschaft aufbauen, in der zwei Individuen sich auf gleicher Basis austauschen, ohne daß sich einer geschwächt fühlt.

Talente/Berufe

Diese Menschen müssen in der Lage sein – ihren Impulsen folgend – »ihre eigenen Sachen zu machen«, ohne von den Einflüssen anderer eingeschränkt zu sein. Sie sind die Führer, Innovatoren und Pioniere. Sie brauchen einen Beruf, der ihnen die Unabhängigkeit bietet, ihrer eigenen Intuition zu folgen. Sie sind in Berufen erfolgreich, die Initiative und Selbständigkeit erfordern, beispielsweise als Chirurgen, Techniker oder Unternehmer.

Aus vergangenen Leben haben sie die Fähigkeit, den Standpunkt eines anderen Menschen zu erkennen und diplomatisch zu verhandeln, um Fairneß zu gewährleisten. Sie können diese angeborenen Fähigkeit nutzen, um ihren eigenen Erfolg zu fördern. In Berufen, in denen Vermitteln eine zentrale Bedeutung hat, entwickeln sie jedoch in der Regel weniger Energie, als wenn sie ihr Verhandlungsgeschick benutzen, um ihre eigenen unabhängigen Ziele zu erreichen.

Heilende Affirmationen für den Widder-Mondknoten

- »Wenn ich mir selbst vertraue und meinen Impulsen folge, gewinnt jeder.«
- »Bevor ich andere unterstützen kann, muß ich lernen, wie ich gut für mich selbst sorge.«
- »Ich kann anderen am besten dadurch helfen, daß ich wirklich ich selbst bin.«
- »Es ist völlig in Ordnung, nicht ständig freundlich zu sein.«
- »Ein Gefühl der Ausgeglichenheit und Stärke entwickelt sich, wenn ich fair zu mir selbst bin.«

Persönlichkeit

Vergangene Leben

Widder-Mondknoten-Menschen haben viele vergangene Leben damit verbracht, andere zu unterstützen, sie besitzen ein angeborenes Talent dafür. In vergangenen Inkarnationen waren sie Hausfrauen, Sekretäre, Rechtsanwälte und Assistenten. Sie waren die Menschen »im Hintergrund«, die anderen Energie und Unterstützung gegeben haben. Dies machte die anderen größer und stärker, denn die Widder-Mondknoten-Menschen ließen ihre gesamte Identität, Kraft und positive Energie in die Unterstützung anderer einfließen.

Um andere erfolgreich zu unterstützen, haben sie eine unglaublich feine Wahrnehmung und eine enorme Sensibilität entwickelt. Ihr Werkzeug waren Liebe, Bestätigung, freundlich und stärkende Worte und das Vertrauen, daß die andere Person aus einer Situation glorreich hervorgehen wird. Sie haben eine unglaublich liebevolle und großzügige Geisteshaltung entwickelt. Sie sind daran gewöhnt zu geben, Teil einer Gruppe zu sein und andere zu unterstützen, ohne an sich selbst zu denken.

Obwohl sie in vergangenen Leben sehr spendabel waren, hatten sie dabei doch einen Hintergedanken: Sie waren Teil eines Teams, und wenn es ihrem Partner gut ging, sicherte dies auch ihr eigenes Überleben. Indem die Stimmungen des Partners ausgeglichen wurden, haben Widder-Mondknoten sichergestellt, daß der Partner ihnen wohlgesonnen und großzügig war. Dadurch haben sie es aufgegeben, ihre eigenen Bedürfnisse zu beachten, um ihre gesamte Aufmerksamkeit auf den Partner zu richten.

In vergangenen Leben hat diese Methode sehr gut funktioniert, die gegenwärtige Inkarnation ist jedoch nicht dafür vorgesehen. Während diese Menschen andere unterstützen, zerstören sie ihre eigene Identität. In dieser Inkarnation ist es ihre Bestimmung, mit dem ganzen Potential ihrer eigenen Energie in Kontakt zu treten. Das sich Abhängigmachen von jemand anderem hält sie davon ab, ihre Überlebensfähigkeit aus eigener Kraft zu erfahren. Sie verlieren also, wenn sie ihre eigene Identität opfern, um jemand anderen zu stärken – die Belohnung, die sie erwarten, bleibt aus. Es ist an der Zeit, daß sie sich selbst wiederentdecken.

Mangel an Identität

Widder-Mondknoten-Menschen haben so viele Inkarnationen damit verbracht, die Identität anderer zu unterstützen, daß sie in dieser Inkarnation kein Gefühl dafür haben, wer sie eigentlich sind. Auf der energetischen Ebene mangelt es ihnen an dem Gefühl einer klar abgegrenzten Identität. Wenn ein Kind geboren wird, befindet sich in seiner Aura ein Streifen, der die Identität repräsentiert. Er funktioniert wie ein Schutzschild gegen die starken Energiefelder anderer. Bei Widder-Mondknoten-Menschen ist dieser Streifen geschwächt.

In dieser Inkarnation stehen Widder-Mondknoten-Menschen der Herausforderung gegenüber, ihr Gefühl der Identität zu stärken. Da sie keine klaren Vorstellungen haben, wer sie sind, sind sie offen für die Entdeckung ihres wahren inneren Selbst. Es handelt sich sozusagen um einen unschuldigen Prozeß. Ihre natürlichen Impulse bestätigen ihre Identität, die wiederum durch ihre Handlungen gestärkt wird.

Nördlicher Mondknoten in Widder

Diese Menschen brauchen viel Zeit für sich selbst, um sich kennenzulernen. Ihre erste Herausforderung besteht darin, herauszufinden, wer sie ihrer eigenen Meinung nach sind. Dann müssen sie lernen, wie sie ihre Grenzen anderen gegenüber aufrechterhalten können. Dieser Prozeß vollzieht sich langsam. Die Entdeckung des eigenen Selbst kann nicht forciert werden, Widder-Mondknoten-Menschen machen jedoch Fortschritte, wenn sie sich selbst mehr Aufmerksamkeit schenken.

Ein liebevoller Geist

Widder-Mondknoten-Menschen haben aus früheren Leben eine gewaltige Menge Liebe angesammelt. Sie kennen sich mit Beziehungen aus und haben viel Liebe und Anerkennung für die Hilfe erhalten, die sie anderen angedeihen ließen. Infolgedessen fühlen sie sich in dieser Inkarnation von anderen geliebt. All diese Liebe strahlt aus ihnen – und wird an fast jeden weitergegeben, den sie treffen.

Sie besitzen die Fähigkeit, bei anderen Menschen nicht nur die Ecken und Kanten zu sehen, sondern auch die liebevollen Qualitäten. Sie erkennen, wer der andere wirklich ist, und dann zelebrieren sie diese Wahrheit. In diesem Stadium befinden sie sich in einem absoluten Hochgefühl, da sie die Pracht, die Stärke, die Energie, das Licht und das Leben in der anderen Person vollständig anerkennen und zelebrieren – und es verleiht ihnen das Gefühl unglaublicher Liebe! Ihre Herausforderung in diesem Leben besteht darin, die gleiche Schönheit in sich selbst zu erkennen.

Obwohl diese Menschen offen und liebevoll sind, werden sie doch ärgerlich, wenn andere ihr Territorium verletzen. Wenn ihr »nicht so liebevoller Teil« zum Vorschein kommt, fühlen sie sich schuldig. Und dennoch gehört auch dieser dunkle Teil zum Menschen. Sie entdecken sich selbst und lernen beide Seiten ihrer Energie zu integrieren. Ihre liebevolle Energie wird zur Basis ihrer Persönlichkeit und ihrer Stimmungsschwankungen, die wir alle haben. Ihre Herausforderung ist es, in sich selbst zentriert zu bleiben.

Der Wunsch der Widder-Mondknoten, geben zu wollen, ist richtig. Oberflächliche Harmonie schaffen sie jedoch dann, wenn sie versuchen zu geben, obwohl sie sich ausgenommen fühlen. Jedesmal, wenn sie sich zu sehr nach außen orientieren, wenn sie andere erkennen und sich selbst nicht schätzen, tauchen die »inneren Dämone« auf, um sie wieder mit sich selbst in Kontakt zu bringen. Sie wollen nicht mit Menschen zusammensein, wenn sich ihre dunkle Seite zeigt, daher fühlen sie sich schuldig und gehen von selbst.

In Wirklichkeit handelt es sich jedoch um ein gutes Zeichen, wenn das Dunkle in ihnen zum Vorschein kommt. Es ist der vernachlässigte Teil in ihnen, der Aufmerksamkeit fordert. Wenn sie in sich gehen und bewußt anfangen, sich selbst zu lieben, ihre eigene Schönheit zu erkennen und auf sich selbst aufzupassen, lösen sich die Dämonen auf.

Hypersensibilität
Harmonie statt Selbstaufopferung

Widder-Mondknoten-Menschen sind für die Stimmungen anderer so sensibel, daß sie sich in Beziehungen auf die Aufrechterhaltung einer harmonischen Atmosphäre konzentrieren. Um sich zufrieden und glücklich zu fühlen, brauchen sie Harmonie in ihrem Leben. Sie geraten jedoch in Schwierigkeiten, wenn sie ihre innere Balance von einer anderen Person abhängig machen. Dann haben sie das Gefühl, die andere Person manipulieren zu müssen, damit die Harmonie bestehen bleibt. »Wenn du glücklich bist, dann bin ich es auch.« Sie haben kein Verständnis dafür, wenn andere nicht ihren Teil einbringen, um die Harmonie aufrechtzuerhalten, und sie haben oftmals das Gefühl, als seien sie die einzigen, die ihren Beitrag leisten. Die Aufrechterhaltung der Harmonie in einer Partnerschaft kann für sie zu einer Vollzeitbeschäftigung werden.

In diesem Leben ist jedoch vorgesehen, daß es auf diese Weise nicht funktioniert. Tatsache ist vielmehr, daß dieses Verhalten beide Partner versklaven kann: Die andere Person verliert ihre Autonomie und wird vom Widder-Mondknoten in dem Sinne abhängig, daß er allein für Harmonie sorgt. Der Widder-Mondknoten wird an diese Rolle gebunden, ungeachtet des Preises, den er dafür zahlen muß. Aus diesem Grunde können für diese Menschen Beziehungen traurigerweise zu einer Belastung werden.

Sie können sich entwickeln, wenn sie ihrer Beziehung zu sich selbst Aufmerksamkeit schenken. Welche Aktivitäten fördern ihr Gefühl der inneren Harmonie? Was könnten sie sich selbst geben, um ihre innere Harmonie wiederzuerlangen, wenn ihre Ausgeglichenheit dahin ist? Frieden um jeden Preis kann zur Selbstverleugnung führen, was wiederum eine Form der Unehrlichkeit ist. Ihr Motiv ist die Liebe, aber Liebe ohne Ehrlichkeit führt zu Verärgerung.

In dieser Inkarnation lernen sie neu zu bewerten, was Unterstützung eigentlich ist. Es ist keineswegs hilfreich, mehr zu geben, als man zu geben hat. Sie lieben zwar die Energie des Gebens, wenn sie jedoch beim Geben über den Punkt hinausgehen, bei dem sie sich noch wohl fühlen, unterstützen sie die andere Person nicht wirklich. Wenn sie einen inneren Widerstand gegen das Geben verspüren, ist das ein Signal, sich zurückzuziehen und anzufangen, sich um sich selbst zu kümmern.

Wenn die Beziehung harmonisch ist, so ist dies das Ergebnis dessen, daß beide Partner in sich selbst stark und ausgeglichen sind. Widder-Mondknoten-Menschen können nicht ständig durch Manipulation der Energie die andere Person stützen. Wenn sie in ihren Beziehungen aber Unabhängigkeit und Individualität fördern – indem sie sich mit der anderen Person direkt auseinandersetzen und sie darin unterstützen, stark und eigenständig zu sein –, gewinnen sie. Die andere Person wird sich in gleichem Maße revanchieren, indem sie die Unabhängigkeit und Individualität der Widder-Mondknoten unterstützt.

Teilnehmen statt verstecken

Manchmal verweigern diese Menschen die Anteilnahme, wenn sie erkennen, daß sie sich am Ende geschwächt fühlen werden: Sie scheinen involviert zu sein, ziehen sich jedoch auf der energetischen Ebene zurück. Sie sagen noch immer »Hallo« und sind höflich, sie sind aber nicht wirklich mit der Energie verbunden. Wenn sie jedoch völlig außerhalb der Dynamik der Interaktion bleiben, endet es für sie in dem anderen Extrem, und sie spüren eine übermäßig große Energie.

Für diese Menschen sind das Geschwächtwerden und die übermäßige Begeisterung zwei Seiten der gleichen Medaille: nicht mit dem umgehen zu können, was im Augenblick wirklich geschieht. Sie geben entweder zuviel von sich und fühlen sich geschwächt, oder sie geben zuwenig und absorbieren die Energie anderer, so daß sie sich überdreht fühlen. Beide Reaktionen entstehen, wenn man zu wenig präsent und geerdet ist. Der Ausgleich liegt darin, sich der Energie anderer bewußt zu sein, ohne von ihnen überrollt zu werden. Widder-Mondknoten müssen mit ihrer eigenen Stärke verbunden bleiben und in Kontakt mit dem bleiben, was sie gut und gerne beitragen können.

Häufig wollen Widder-Mondknoten-Menschen ihre Energie mit der anderer vermischen, um zu vermeiden, daß sie als Individuum auffallen. So können sie am Fluß der Dinge teilhaben, ohne bemerkt zu werden. Sie haben Angst davor anerkannt zu werden, wobei es sich in Wirklichkeit um die Angst handelt, sich selbst zu erkennen. Weil sie so sensibel und verletzlich sind, befürchten sie überwältigt zu werden, wenn sie anerkannt werden. Es würde Freude bringen, wenn ihnen ihre positiven Aspekte widergespiegelt würden, sie fürchten jedoch, daß die negativen Aspekte ebenfalls widergespiegelt werden. Es könnte ja sein, daß man sie dann nicht mag. Es könnte ja sein, daß die andere Person auf sie losgehen wird, um sich selbst davor zu schützen, mit seinen eigenen Schattenseiten konfrontiert zu werden. Daher ist es ihnen lieber, einfach »mitzulaufen« und nicht wirklich als ein Individuum erkannt zu werden.

Unentschlossenheit
Unsicherheit
Wenn diese Menschen sich entschließen, in eine vorgegebene Richtung zu gehen, ist es für sie manchmal schwierig, sich geradewegs darauf zuzubewegen! Ein Teil in ihnen wird sich fragen, ob es wirklich das ist, was sie wollen, und dann ziehen sie alle Faktoren in Erwägung, die eine Rolle spielen könnten. Sie werden lange brauchen, um sich zu entscheiden, welche Richtung sie einschlagen werden.

Wenn Widder-Mondknoten-Menschen eine Entscheidung treffen, haben sie kein Problem, diese Entscheidung zu rechtfertigen. Sie sind in der Lage, Wege zu finden, jede Entscheidung als richtig oder falsch darzustellen. Dieser Mechanismus wird sie jedoch in Wirklichkeit von der tatsächlichen Kenntnis ihres Standpunktes ablenken. Wenn sich eine Entscheidung abzeichnet, reagieren sie sehr wohl intuitiv darauf. Dann aber denken sie: »Nun gut, ich will in dieser Angelegenheit fair sein, daher werde ich sie noch vom gegenüberliegenden Standpunkt aus betrachten.« Dies bewirkt, daß sie verwirrt werden und den Blick für das, was sie wollen, verlieren.

In diesem Leben lernen die Widder-Mondknoten-Menschen, ihrem anfänglichen Impuls zu folgen, anstatt alles abzuwägen, bevor sie eine Entscheidung treffen. Es ist gut für sie, eine Entscheidung zu treffen, die auf ihrem spontanen Gefühl innerer Begeisterung basiert, und dann die ganze Kraft ihres Intellekts auf die Durchführung zu konzentrieren. Dann werden die Vitalität, das Vertrauen und die Freude in ihr Leben zurückkehren, und es wird ein Segen für alle sein.

Widder-Mondknoten-Menschen haben vor allem deshalb Schwierigkeiten, Vertrauen in ihre Intuition zu entwickeln, da sie in jeder möglichen Entscheidung Positives sehen können. Bedingt durch vergangene Inkarnationen, in denen sie tief in das Leben anderer eingebunden waren, sind sie daran gewöhnt, das Gute in allem, was sich außerhalb ihres Selbst befindet, zu erkennen. Es ist ihnen fremd, irgend etwas zu bevorzugen. Da sie ihren eigenen Geschmack und ihre Vorlieben nicht kennen, fällt es ihnen schwer, eine Sache auszuwählen und zu sagen: »Das ist es!«

Sie können sich Zeit nehmen, um verschiedene Dinge in sich selbst zu visualisieren und fühlen zu lernen, was ihre Vorlieben sind. Werden sie beispielsweise gefragt, was ihre Lieblingsfarbe ist, schwanken sie. Wenn sie aber von sich ausgehen, die Farben in sich visualisieren und aufmerksam wahrnehmen, wie sie auf jede Farbe reagieren, werden sie ihre Vorliebe entdecken.

Wenn diese Menschen eine Entscheidung zu treffen haben, fühlen sie meist, was die richtige Wahl ist. Manchmal aber werden sie dazu gedrängt, sich zu entscheiden, bevor sie in Kontakt mit diesem intuitiven Impuls treten können.

Nochmals: Visualisieren kann helfen. Sie können sich ein paar Minuten Zeit nehmen und visualisieren, daß sie eine Möglichkeit auswählen, um dann zu beobachten, wie sich das in ihrem Körper anfühlt. Dann können sie visualisieren, wie sie der anderen Möglichkeit folgen, und wahrnehmen, wie sie sich damit fühlen. Wenn es um eine wichtige Angelegenheit geht und sie nicht sofort einen Impuls spüren, ist es gut, sich so viel Zeit zum Visualisieren zu nehmen, wie sie brauchen, damit sie die richtige Wahl treffen können.

Beurteilung durch andere riskieren

Wenn Widder-Mondknoten-Menschen andere in ihren Entscheidungsprozeß einbeziehen, verlieren sie den Kontakt mit sich selbst und sind unzufrieden, egal wie die Situation ausgeht. In vergangenen Leben bezogen sie »das Team« in ihre Entscheidungen ein. In diesem Leben jedoch wollen sie ihre eigene Identität entwickeln. Daher ist es besser, wenn sie sich selbst fragen: »Wie fühle *ich* mich mit dieser Entscheidung?«

Wenn sie einer anderen Person ihre Entscheidung mitteilen und diese damit nicht einverstanden ist, denken sie: »Kann sein, daß ich nicht die richtige Entscheidung getroffen habe.« Daher ist es besser für sie, Entscheidungen für sich zu behalten, wissend, daß sich ihre Entscheidungen ändern werden, so wie sie sich selbst ändern und wachsen werden. Diese Menschen befürchten, daß andere sie hart verurteilen werden, sollten sie eine Entscheidung treffen, die nicht auf gesunder Logik basiert. Sie sehen, wie andere Entscheidungen treffen, die auf Logik basieren, und wenn sie dann eine impulsive Entscheidung treffen, sind sie der Meinung, daß diese nicht so wertvoll sei. Für sie ist es jedoch richtig, ihren Impulsen zu folgen, während eine andere Mondknoten-gruppe vielleicht besser der Logik folgen sollte. Für Widder-Mondknoten-Menschen sind grundsätzlich die Entscheidungen am besten, die auf ihrem ersten Impuls basieren – anschließend können sie die Logik benutzen, um den besten Weg zur Durchführung der Entscheidung zu finden.

Wenn Widder-Mondknoten-Menschen vor einer Entscheidung stehen und kein anfänglicher Impuls in ihnen auftaucht, ist es in Ordnung, *keine* Entscheidung zu treffen. Es könnte sich um ein Zeichen dafür handeln, daß es nicht der richtige Zeitpunkt für sie ist, eine Entscheidung zu treffen, oder daß sie sich tatsächlich für keine der Möglichkeiten entscheiden können. Dann ist es gut, einfach zu sagen: »Jetzt kann ich keine Entscheidung treffen!« Widder-Mondknoten-Menschen fühlen sich stets besser, wenn sie auf eine Situation reagieren können, bei der schon eine andere Ansicht geäußert wurde. Dann können sie dieser Möglichkeit zustimmen oder sie verwerfen. Es macht ihnen angst, ihre Meinung zuerst einzubringen. In dieser Inkarnation ist es jedoch ihre besondere Fähigkeit, gleichsam aus dem Nichts innovative Ideen zu entwickeln! Widder-Mondknoten-Menschen sind großartig darin, die Entscheidungen anderer zu unterstützen. In diesem Leben müssen sie jedoch impulsiv spüren, wo sie hinwollen, ihre Idee auf den Tisch bringen und sie zu hundert Prozent unterstützen. In diesem Leben sind sie die Wegbereiter!

Bedürfnisse

Identität

Bedingt durch die vielen Inkarnationen, in denen sie ihre eigene Identität um der Unterstützung anderer willen geopfert haben, treten Widder-Mondknoten-Menschen ohne das Gefühl einer eigenen Identität in dieses Leben. Die Wiederentdeckung und Förderung eines wirklichen Selbstbewußtseins ist nun ein vorrangiges Bedürfnis. Besonders in jungen Jahren basiert ihr ganzes Selbstwertgefühl darauf, wie andere sie sehen. Entweder sie stimmen der Einschätzung der anderen zu oder sie widersetzen sich ihr völlig. Ungeachtet dessen handelt es sich nicht um *ihre* Identität, sondern um eine Reaktion auf das Bild, das sich *andere* von ihnen gemacht haben. Um den Weg der Selbstentdeckung zu gehen, müssen sie sich selbst fragen: »Wer bin ich …, unabhängig von den Projekten anderer?« Sie werden nur dann eine Antwort finden, wenn sie in sich selbst hineinsehen.

Selbstbewußtsein

Widder-Mondknoten-Menschen versuchen ständig, liebevoll und hilfsbereit zu sein, denn das ist die Rolle, die sie in vergangenen Leben gespielt haben. Das Extreme dieser positiven Rolle wird jedoch auch ihre Schattenseiten erwecken. Wenn sie diese näher betrachten, werden sie erkennen, daß es sich in Wirklichkeit nur um die Seiten in ihnen handelt, denen sie selbst nicht gestattet haben, zum Ausdruck zu kommen. Sie gehören zu ihren Yang-Anteilen, ihrem maskulinen Teil. Sie wurden nicht in die übrige Persönlichkeit integriert, weil sie sich infolge der so viele Leben dauernden Unterdrückung der Schattenseiten polarisiert hat.

Widder-Mondknoten-Menschen lernen die Verantwortung für das zu übernehmen, was sie für sich selbst tun müssen, und bei der Verfolgung ihrer Wünsche unabhängig zu sein. Wenn sie einen Handlungsimpuls verspüren, von dem sie wissen, daß er ihnen ein Gefühl der Befriedigung bringen wird, müssen sie dem nachgehen. Bedingt durch die Selbstreinigung in den vergangenen Leben können sie darauf vertrauen, daß ihre Impulse für andere nicht schädlich sind, sondern in Wirklichkeit die Richtung signalisieren, in die sie gehen müssen. Jeglicher Widerstand des Egos soll mißachtet werden. So können sie in einer

Balance mit anderen leben, die auf Authentizität beruht, und die Verantwortung für sich selbst übernehmen.

Da diese Menschen sich nicht von Geburt an des Wertes ihrer Unabhängigkeit bewußt sind, erkennen sie nicht, wie sehr andere diese schätzen. Sie neigen dazu, reaktionär zu sein, wenn sie sehen, daß andere Menschen für sich selbst sorgen. Sie sind voreingenommen und denken, daß andere selbstbezogen, rücksichtslos und egoistisch sind. Und dennoch müssen diese Menschen gerade eine positive Selbstbezogenheit lernen. Es stört sie, wenn sie sie bei anderen erkennen, denn sie selbst leben sie nicht. Wenn sie bei anderen Egoismus beobachten, könnten sie das als Hinweis benutzen, ihre eigenen Bedürfnisse mehr zu beachten.

Sie könnten damit anfangen, sich jeden Tag dreißig bis vierzig Minuten zurückzuziehen, unabhängig davon, wie die Umstände sind. Allein in einem Raum, ohne irgendeine Störung von der Außenwelt, können sie eine Tasse Tee trinken und ihren Tag planen, in ihr Tagebuch schreiben, ein anregendes Buch lesen oder nur dasitzen und nachdenken. Der Punkt dabei ist, daß es *ihre* Zeit ist; während dieser Zeit stehen sie im Mittelpunkt. Wenn sie diese Zeit der Stille für sich arrangieren, werden sie in der Lage sein, den ganzen Tag über anderen zu geben, ohne ärgerlich zu werden. Ebenso hilft es, bewußt zu atmen, dadurch können sie in Kontakt mit ihrem Körper bleiben. Wenn sie mit anderen zusammen sind, könnten sie von Zeit zu Zeit bewußt einen tiefen Atemzug machen, um sich selbst abzugrenzen.

Einige Mondknotengruppen müssen mehr Selbstlosigkeit lernen. Widder-Mondknoten wissen bereits, was Selbstlosigkeit ist – in diesem Leben müssen sie einen gesunden Egoismus lernen. Wenn sie mit sich selbst in Kontakt bleiben, profitieren alle davon. Es ist für sie an der Zeit, für die Schaffung ihres eigenen Glücks verantwortlich zu sein.

Anerkennung

Aus vergangenen Leben sind Widder-Mondknoten-Menschen daran gewöhnt, anderen zu helfen, die Ideen anderer zu unterstützen und die Vorhaben anderer zur Vollendung zu bringen. In dieser Inkarnation ist es jedoch ihre Aufgabe, den Anfang zu machen und dann andere weitermachen zu lassen. Wenn andere nicht auf sie zukommen, um zu helfen, ist es in Ordnung, die alleinige Verantwortung zu übernehmen.

Wenn andere aber auf sie zukommen, müssen sie diesen gestatten, zu helfen und Dinge zu Ende zu führen, damit sie sich auf neue Ideen konzentrieren können.

Manchmal wollen diese Menschen ihre Projekte nicht an andere weitergeben, aus Angst, daß ein anderer die Anerkennung dafür bekommen könnte. Sie denken, daß sie selbst weniger wert sind, wenn jemand andere die Durchführung übernehmen kann. Ebenso befürchten sie, daß die anderen sie dann hinter sich zurücklassen. Sie fragen sich: »Was mache ich dann? Was ist meine Aufgabe? Welche Bedeutung habe ich?«

Diese Reaktionen sind Folgen schmerzvoller Mißverständnisse, die dann entstehen, wenn Widder-Mondknoten-Menschen ihre Identität mit anderen vermischen. Um ihr Gleichgewicht wiederherzustellen, müssen sie sich zurückziehen, damit sie ihre eigene Rolle und die Rolle anderer klar erkennen. Dann erkennen sie ihren Wert darin, daß sie die Idee entwickelt haben, während andere sie umgesetzt haben.

Manchmal wird ihr Wunsch nach Auszeichnungen und Anerkennung so stark, daß sie die kreativen Energien anderer abwehren, die die Idee eventuell hätten verbessern oder rentabler machen können. Wenn die Idee von Widder-Mondknoten wirklich wertvoll ist, werden andere Menschen angezogen, um diese Idee zu unterstützen, und jeder wird seine individuellen Fähigkeiten einbringen. Wenn Widder-Mondknoten-Menschen ihre eigenen Ideen verwirklichen wollen, müssen sie die Talente derjenigen anerkennen, die sie angezogen haben. Dann können sie lernen, andere zu schätzen, ohne sich selbst herabzusetzen.

Zeitweilig sind Widder-Mondknoten-Menschen so sehr davon besessen, Anerkennung zu erhalten, daß sie versuchen, den Beitrag anderer in seinem Wert herabzusetzen. Sie wollen die ganze Anerkennung. Dann müssen sie auch die gesamte Verantwortung übernehmen und die ganze Arbeit leisten, so daß viele ihrer Ideen niemals Früchte tragen werden. Sie müssen einsehen, daß die Anerkennung ihrer ursprünglichen Idee am wichtigsten ist. Damit dies möglich ist, müssen sie beiseite treten und anderen erlauben zu helfen. Dies bedeutet für Widder-Mondknoten eine Umkehrung der Rolle; sie sind die Führer, müssen jedoch zulassen, daß andere sie unterstützen und ihre Ideen fördern.

Weil es in diesem Leben ihre Bestimmung ist, eine stabile Identität zu entwickeln, kann ihr Bedürfnis nach Anerkennung als ein Versuch, ein

Selbstwertgefühl aufzubauen, interpretiert werden. Die Motivation ist jedoch entscheidend für das Ergebnis. Wenn sie Zufriedenheit und eine Entfaltung ihrer Potentiale erreichen wollen, ist dies korrekt, und sie werden gewinnen. Wenn die Motivation jedoch die Anerkennung durch andere ist, hängen sie immer noch an dem Bedürfnis nach Bestätigung ihres Selbstwertgefühls fest. Sie müssen die Vorstellung loslassen, daß andere sie anerkennen müssen, damit sie sich selbst anerkennen können. Wenn sie die Kontrolle loslassen und die besonderen Fähigkeiten derjenigen anerkennen, die ihnen helfen, werden andere angeregt, mehr beizutragen, und das ganze Projekt wird von Liebe durchdrungen sein. Niemand anderer kann ihre Arbeit leisten – sie entwickeln die Ideen, die die anderen weiterführen.

Strukturen

Widder-Mondknoten-Menschen müssen gut geerdet und organisiert sein, um ihre Botschaft der Liebe mit der Welt teilen zu können. Diesen Menschen hilft es, geerdet zu bleiben, wenn sie ihren Körper bewußt wahrnehmen. Sie sollten daher regelmäßig körperliche Übungen machen, um ihre eigene Mitte zu finden und das Gefühl von Ausgeglichenheit und Harmonie zu erleben, das sie brauchen.

Ebenso ist es gut für sie, sich klare Strukturen zu schaffen. Dies ist ein Weg, immer wieder mit sich selbst in Kontakt zu kommen. Dies kann sehr banal sein: morgens als erstes das Bett zu machen, Kaffee aufzubrühen, die Jalousien zu öffnen, eine tägliche Gymnastikübung zu machen, zu meditieren, ein gesundes Frühstück vorzubereiten, mit dem Hund rauszugehen. Sie neigen dazu, an einem Tag das Bett zu machen, am nächsten Tag teilweise, am dritten Tag überhaupt nicht und am vierten Tag – eventuell – wieder ganz.

Unbeständigkeit und ein Mangel an Strukturen untergraben ihre persönliche Stärke. Zusätzlich sollten sie sich eine wöchentliche Routine oder ein wöchentliches Ritual angewöhnen: Einmal wöchentlich gehen sie zu ihrem Lieblingsort oder treffen den gleichen Freundeskreis zum Essen. Dies wird ihrer Neigung entgegenwirken, sich von den Zufällen des Lebens überrollt zu fühlen; es wird ihnen ein Gefühl der Ordnung und Disziplin verleihen, das von ihrem Inneren ausgeht. Dadurch können sie ihre eigene Identität fördern.

Dennoch verachten Widder-Mondknoten-Menschen häufig Routine, und das aus gutem Grund. Wenn sie in vergangenen Leben eigene Gewohnheiten hatten, so behinderte das ihre Verfügbarkeit – anderen immer dann zu helfen, wenn sie gebraucht wurden. In dieser Inkarnation ist es jedoch zu ihrem Vorteil, ausgeprägte Gewohnheiten zu entwickeln und anderen zu gestatten, sich ihnen anzupassen. Eigene Gewohnheiten halten sie auch davon ab, sich denen anderer Menschen anzugleichen. Die Disziplin, die sich daraus entwickelt hat, ist für sie stärkend: Sie erweckt den Krieger in ihnen, und sie fühlen sich großartig dabei!

Hobbys und Talente zu entdecken ist ebenfalls ein guter Weg, sein Selbstwertgefühl zu entwickeln. Wenn Widder-Mondknoten-Menschen Zeit auf ihre eigenen Interessen verwenden – unabhängig von ihrem Partner – blühen sie auf. Sie müssen diese Fähigkeiten durch kontinuierliche Betätigung entwickeln: sich regelmäßig Zeit nehmen, die Dinge zu tun, die ein Gefühl persönlicher Befriedigung vermitteln. Wenn sie beispielsweise künstlerische Fähigkeiten besitzen, können sie sich für Kunstunterricht einschreiben. Wenn sie musikalisches Talent haben, können sie Stunden nehmen. Wenn sie gerne tanzen, können sie Tanzstunden nehmen und/oder regelmäßig mit ihrem Partner oder mit Freunden tanzen gehen.

Selbstdisziplin

Widder-Mondknoten-Menschen können nur dann gut geerdet sein, wenn sie Selbstdisziplin haben. Alles, was zu ihrer Entwicklung beiträgt, erfordert Disziplin: täglich eine gewisse Zeit alleine zu verbringen, ein paar selbst gewählte Gewohnheiten zu haben, die ihr Leben stärken, und sich daran zu erinnern, sich selbst anzuerkennen.

Ein Experiment, das diesen Menschen hilft, Selbstdisziplin zu üben und dabei in Kontakt mit sich selbst zu kommen, ist die bewußte Wahrnehmung ihrer Eßgewohnheiten. Der Gedanke dabei ist, nicht unbewußt zu essen (aus Langeweile oder um Gefühle zu verdrängen), sondern zu beobachten, wann ihr Körper Hunger verspürt, und sich dann darauf einzustellen, was ihr Körper essen möchte. Dazu können sie Visualisierungsübungen machen. Sie können sich vorstellen, etwas Salat zu essen, und feststellen, wie sich ihr Körper dabei fühlt. Wenn sie sich Suppe, ein Sandwich, Obst oder Kartoffelbrei in ihrem Mund vorstellen, können sie sagen, wie ihr Körper darauf reagieren wird.

Widder-Mondknoten-Menschen sind derart sensibel, daß ihr Körper ihnen tatsächlich sagt, ob sie sich nach dem Verzehr eines bestimmten Nahrungsmittels gut, träge oder energetisiert fühlen werden. Dann können sie das essen, was gerade den Zustand fördert, den sie erreichen wollen. Oft haben sie jedoch so wenig Kontakt zu sich selbst, daß sogar diese Übung am Anfang eine Herausforderung darstellt. Sie müssen daran arbeiten; wenn sie es tun, ist das Ergebnis überaus zufriedenstellend und wird ihre Verbindung mit sich selbst stärken.

Da Widder-Mondknoten-Menschen keine vorgefaßte, starre Meinung über sich selbst haben, können sie in ihrem Leben heilsame Veränderungen vornehmen, indem sie ihre Identität in ihren Gedanken verändern. Ich hatte beispielsweise einen Klienten mit dieser Mondknotenposition, der in seiner Jugend Nichtraucher war, aber fünf Jahre bevor ich ihn kennenlernte, stark zu rauchen angefangen hatte. Eines Tages hörte er einfach auf zu rauchen, ohne irgendwelche Nebenwirkungen oder Entzugserscheinungen. Er hatte sich einfach an sich selbst »erinnert«, als er noch Nichtraucher war!

Die eigene Mitte stärken
Beziehung statt eigene Mitte

Wie wir bereits gesehen haben, verwenden Widder-Mondknoten-Menschen ihre ganze Zeit und Energie darauf, den Partner glücklich zu machen.

Das Problem dabei ist, daß niemand die Verantwortung dafür übernehmen kann, einen anderen Menschen glücklich zu machen. Das äußerste, was man tun kann, ist etwas beizutragen, das die Stimmung des Partners vorübergehend verändern wird; aber dann muß der Partner ständig besänftigt werden, um glücklich zu bleiben.

In Wirklichkeit ist das notwendige Wachstum am besten dadurch möglich, daß sie dem Gedanken, Beziehungen seien für ihr Überleben wichtig, weniger Wert beimessen: Sie lernen, auf sich allein gestellt zu sein und mit anderen aus einer neuen Perspektive Beziehungen aufzubauen. Trotz ihrer Sensibilität haben diese Menschen oft wenig Menschenkenntnis. Sie erkennen nicht, was andere motiviert, wonach sie streben und welche Art von Erfolg sie erreichen wollen. Manchmal sehen sie den anderen Menschen (und sich selbst) nur auf einer oberflächlichen Ebene der unmittelbaren Bedürfnisse und Wünsche, die befriedigt oder

Nördlicher Mondknoten in Widder

nicht befriedigt werden. Sie erfassen die Persönlichkeit eines anderen nur so weit, daß sie ihn im Sinne einer harmonischen Stimmung manipulieren können. Deshalb fühlen sich Widder-Mondknoten von anderen Menschen oft überrascht oder enttäuscht – sie haben nie erkannt, wer der andere Mensch wirklich ist.

Widder-Mondknoten-Menschen setzen sich weniger mit der anderen Person als mit der Beziehung zwischen ihnen und der anderen Person auseinander. Bei der Beziehung handelt es sich nicht um ein Wesen; sie kann nicht wachsen, wenn nicht auch die beiden Individuen wachsen. Folglich ist es ratsamer, die Bedürfnisse beider Partner nach Autonomie und individuellem kreativem Ausdruck zu beachten. Indem sie die andere Person ermutigen und inspirieren, eigene Ziele zu erreichen, befreien sie sowohl den Partner als auch sich selbst, so daß sich beide als Individuen entwickeln können.

Fairneß und Selbstbehauptung
Widder-Mondknoten-Menschen beschäftigen sich intensiv mit Gerechtigkeits- und Fairneßidealen, wenn sie etwas als ungerecht empfinden, gehen sie an die Decke. Sie wollen, daß die ganze Welt ihren strengen Maßstäben gerecht wird. Da ihre Vorstellungen von Gerechtigkeit nicht realisiert werden, werden sie angeregt, ihrer wahren Identität entsprechend zu handeln, was im Gegensatz dazu steht, »nett zu sein«. Seit vielen Inkarnationen warten sie auf den Zeitpunkt, zu dem sie sie selbst sein dürfen – jetzt ist er gekommen!

Widder-Mondknoten-Menschen reagieren verärgert, wenn sie denken, daß etwas nicht fair ist. Wenn sie Ärger spüren, ist das ein Signal dafür, sich zurückzuziehen und sich wieder aufzuladen. Ebenso signalisiert er das Bedürfnis, ihre Emotionen zum Ausdruck zu bringen. »Ich scheine mich verärgert zu fühlen, daher werde ich mir etwas Zeit für mich nehmen und daran arbeiten.«

Ehrlichkeit bestätigt und stärkt ihre Identität. Ebenso gibt sie der anderen Person die Möglichkeit, sich der Bedürfnisse und Grenzen des Widder-Mondknotens bewußt zu werden. Aus den Reaktionen des Gegenübers gewinnt der Widder-Mondknoten eine klarere Vorstellung darüber, mit wem er es zu tun hat. Wenn die andere Person fragt: »Habe ich etwas gesagt, das dich gekränkt hat?«, hat der Widder-Mondknoten die Möglichkeit, sich unmittelbar damit auseinanderzusetzen. Er kann nicht erwarten, daß andere ebenso sensibel sind wie er selbst, zumal andere Menschen in vergangenen Leben andere Erfahrungen gemacht haben. Sobald er seine Gefühle offen zum Ausdruck bringt, kann er aus der Reaktion des anderen heraushören, wieviel Selbstbehauptung notwendig ist, damit die andere Person ihn anhört und seine Bedürfnisse respektiert.

Widder-Mondknoten-Menschen lernen, sich auf eine konstruktive Weise zu behaupten, die Fairneß durch klaren Selbstausdruck fördert. Ich hatte beispielsweise eine Widder-Mondknoten-Klientin, die – mit ziemlich hohen monatlichen Zahlungen – eine Immobilie von einer Freundin erwarb. Eines Tages behelligte ebendiese Freundin sie damit, daß sie Geld für ein unerwartetes Problem benötige, und meine Klientin gab ihr das Geld sofort (der natürliche Wunsch der Widder-Mondknoten, zu helfen und zu teilen). Sie nahm an, daß die andere Person ihr das Geld entweder zurückzahle oder die Summe von ihrer nächsten Rate abziehen würde. Ihre Freundin zahlte ihr das Geld weder zurück, noch erwähnte sie es auf irgendeine Weise. Meine Klientin fühlte sich verletzt und verärgert, sprach das Thema jedoch nie an. Natürlich distanzierte sie sich von da an emotional von dieser Freundin.

Diese Art von Vorkommnis scheint im Leben von Widder-Mondknoten-Menschen häufiger aufzutauchen; als Konsequenz daraus fühlen sie sich von anderen im Stich gelassen. Sie müssen die Verantwortung für sich selbst im Umgang mit anderen übernehmen. Bei dem oben genannten Beispiel hätte meine Klientin ihrer Freundin erwidern können: »Sicherlich – ich werde die Summe einfach von meiner nächsten Zahlung abziehen, ich könnte aber auch von den nächsten drei Zahlungen jeweils ein Drittel abziehen. Oder wie hast du es dir vorgestellt?« Auf diese Weise hätte sie ihr Bedürfnis zu helfen befriedigt und gleichzeitig auf eine direkte ehrliche und faire Weise für sich selbst gesorgt.

Widder-Mondknoten-Menschen lieben es zu geben – es entspricht ihrem Wesen. Ihr Motiv muß jedoch Liebe sein, nicht die Schaffung von Co-Abhängigkeit. Ihr Geben muß rein sein, ohne die Erwartung eines Ergebnisses, damit sie in ihren Beziehungen frei von Enttäuschung sein können. Wenn sie feststellen, daß sie auf eine unausgeglichene Weise geben, können sie offen mit ihrem Partner verhandeln, damit die Bedürfnisse beider gleichberechtigt erfüllt werden. Sie kommen dann vom Weg ab, wenn sie von anderen erwarten, daß sie sich revanchieren, ohne sie wissen zu lassen, was sie sich genau erhoffen – sie müssen ihren geheimen Wünschen eine Stimme verleihen!

Da sie wissen, was Fairneß ist, können sie andere darin unterweisen, indem sie offen ihre Maßstäbe kundtun. Dann geben sie der anderen Person nicht nur etwas, sondern teilen auch ihr Wissen darüber, wie man in Beziehungen gibt und nimmt.

Diese Menschen können Zugang zu der lebendigen Energie, die durch ehrliche Selbstbehauptung entsteht, bekommen – nicht indem sie passiv sind und auf die Erwartungen anderer reagieren, sondern indem sie mit ihren eigenen Impulsen in Kontakt treten und sie ausdrücken.

Beziehungen

Abhängigkeit

Die Abhängigkeit von der Harmonie mit anderen (insbesondere dem Ehepartner) ist für Widder-Mondknoten-Menschen das Hauptthema in diesem Leben. In Wirklichkeit geht das Problem noch über Abhängigkeit hinaus – es kann die vollständige Identifikation mit dem Partner einschließen, manchmal auch mit allen anderen wichtigen Bezugspersonen. Widder-Mondknoten identifizieren sich oftmals so sehr mit ihrem Partner, daß sie von den Emotionen der anderen Person überwältigt werden. Wenn sich die andere Person verzweifelt fühlt, ist ihre erste Reaktion, schnell etwas zu sagen, um die Harmonie wiederherzustellen, damit sie (die Widder-Mondknoten) sich besser fühlen können.

Diese Menschen müssen erkennen, daß es nicht funktioniert, wenn sie versuchen, ihre eigene innere Harmonie durch die Manipulation ihres Partners wiederherzustellen. Wenn sie einen Mangel an Harmonie seitens ihres Partners feststellen, ist es sinnvoll, sich höflich zu verabschieden und einige Zeit alleine zu verbringen. Widder-Mondknoten müssen andere so weit respektieren, daß sie ihnen gestatten, ihre eigenen Gefühle zu durchleben und an ihnen zu arbeiten, es sei denn, sie fragen um Hilfe nach.

Grenzen

Diese Menschen können niemals innere Ruhe erleben, solange sie sich weigern ihre eigenen Grenzen und die Grenzen ihres Partners anzuerkennen. Ich hatte beispielsweise einen Widder-Mondknoten-Klienten, der in der Hoffnung zu mir kam, seine Eheprobleme lösen zu können. Er war seit 23 Jahren verheiratet und hatte eine Menge Geld. Sein Verhaltensmuster war es, die Launen seiner Frau ständig dadurch zu besänftigen, daß er ihr Dinge kaufte. Sie reisten viel – alles nur, um sie glücklich zu machen –, denn wenn sie glücklich war, war er es ebenfalls. Von seiner Seite handelte es sich jedoch nur um Manipulation, damit er sich nicht beunruhigen mußte und ein Gefühl der Stabilität hatte, denn er hatte keine eigene Mitte.

Über die Jahre wurde es zunehmend schwieriger, sie zu erfreuen, und schließlich konnte sie nichts mehr zufriedenstellen. Sie wurde anderen Familienmitgliedern gegenüber verbal beleidigend, um das Gefühl einer eigenständigen Persönlichkeit zu erzeugen. Das Destruktive nahm so lange zu, bis die negative Energie auch sie unglücklich machte.

Mein Klient war außer sich. All seine Bemühungen konnten seine Partnerin nicht glücklich machen und seine eigene Mitte unangetastet lassen. Diese Lektion müssen Widder-Mondknoten-Menschen lernen: Auch unter idealen Bedingungen ist es unmöglich, friedlich zu bleiben, wenn wir keine eigene Mitte haben, sondern eine andere Person diesen Platz eingenommen hat. Keiner von uns weiß wirklich, was einen anderen Menschen glücklich machen kann, und wir nehmen diesem die Chance, sich selbst zu entdecken und zu verwirklichen, wenn wir diese Verantwortung tragen. Wenn mein Klient seine Frau nicht von den Phasen des Unglücklichseins abgelenkt hätte, damit er ruhig bleiben konnte, hätte sie die Möglichkeit gehabt zu lernen, wie sie mit ihren eigenen Stimmungen umgehen muß. Dies hätte ihr Bedürfnis verhindern können, destruktiv zu werden, um letztendlich doch für ihren eigenen inneren Zustand verantwortlich zu sein.

Widder-Mondknoten-Menschen sind nicht daran gewöhnt, sich abzugrenzen – unmittelbar dann, wenn sie diese Grenzen in sich wahrnehmen. Sie verspüren auch dann noch ein Bedürfnis, ihren Partner zu unterstützen, wenn sie damit bereits gegen ihre eigenen Interessen verstoßen. Indem sie nicht ehrlich für sich selbst einstehen, verstärken sie die ungesunde Abhängigkeit innerhalb der Beziehung.

Einige dieser Probleme stammen von der gewaltigen Liebe und dem Mitgefühl, mit denen diese Menschen geboren wurden. Will der Partner mit einem bestimmten Problem nicht umgehen, sagt der Widder-Mondknoten: »In Ordnung, lassen wir es«, um Disharmonie zu vermeiden. Dann fühlt er sich verärgert und ist dennoch nicht in der Lage, die Situation zu verändern. Sein Bedürfnis, andere zu unterstützen, kann ihn dazu bringen, dem Partner hinter seinem Rücken Hilfestellung zu geben. Dies vermittelt dem Partner jedoch das Gefühl des Vertrauensbruchs, was wiederum der Beziehung schadet.

Die Lösung des Problems kann dadurch herbeigeführt werden, daß beide Parteien ihre Vorstellung von »wir« erweitern, um flexibler zu werden: manchmal als Team, manchmal als zwei getrennte Individuen. In der oben genannten Situation sollte der Widder-Mondknoten darüber sprechen, was er durchlebt – was eine Menge Mut erfordert. Zum Beispiel: »In Ordnung – ich höre, daß du einen Widerstand dagegen verspürst, bei dieser Angelegenheit mitzumachen, aber *ich* will meine Energie darauf verwenden. Deshalb werde ich es unabhängig von dir tun.« Wenn unterschiedliche Vorlieben deutlich werden, müssen diese Menschen es riskieren zu sagen: »Ich habe nicht das gleiche Gefühl dabei wie du.«

Wahl des Partners

Bei der Suche nach einem Partner oder einer anderen engen Bezugsperson, streben Widder-Mondknoten-Menschen unbewußt nach einer Beziehung, in der sie sich selbst verlieren können. Sie wünschen sich, so mit der anderen Person zu verschmelzen, daß sie sich völlig »sicher« fühlen können. Oftmals fühlen sie sich von Menschen angezogen, von denen sie ausgenutzt oder im Stich gelassen werden. Wollen diese Menschen eine wirklich gute Partnerschaft aufbauen, müssen sie aufhören, sich auf andere und sich statt dessen auf sich selbst konzentrieren. Wenn sie ihre wahre und einzigartige Identität zur Entfaltung bringen und in ihre eigene Richtung gehen, wird ihre Energie die richtige Person anziehen – jemanden, der sie verstehen und schätzen wird.

Widder-Mondknoten-Menschen sind aus früheren Leben so an die Freuden der Partnerschaft gewöhnt, daß sie unbewußt Glücklichsein mit einer Partnerschaft assoziieren, die eine freudvolle Symbiose darstellt. Sie sind an sich fröhliche Menschen, jedoch kommt es unter der

Oberfläche einer Partnerschaft, die auf Abhängigkeitsgefühlen basiert, zu einem Energieverlust.

Unbewußt glauben diese Menschen, daß sie ohne die Energie anderer nicht überleben können. Daher neigen sie dazu, ein gegenseitiges Abhängigkeitsverhältnis mit stärkeren Menschen zu schaffen. Sie konzentrieren ihre Energie nicht auf die Verwirklichung ihrer eigenen Ziele, sondern auf die Unterstützung des Partners, damit dieser seine Ziele besser erreichen kann. Dann ärgern sich Widder-Mondknoten darüber, daß ihr Partner sie mit seiner Unselbständigkeit stört und machen ihm Vorhaltungen, wenn sie ihre Ziele nicht erreichen, obwohl sie selbst es waren, die diese ungesunde Abhängigkeit geschaffen haben. Sie denken, es sei Liebe, jedoch handelt es sich bei einem großen Teil ihrer Selbstaufopferung um – unbewußte – Manipulation. Widder-Mondknoten-Menschen müssen genau wahrnehmen und ehrlich aussprechen, wieviel sie geben wollen und was sie im Gegenzug erwarten. Teil eines Teams zu sein bedeutet die Sicherheit, daß auch sie unterstützt werden.

Da diese Menschen lernen sollen, nicht von anderen abhängig zu sein, ziehen sie unbewußt Menschen an, die unabhängig sind. Obwohl ihnen dies die Möglichkeit gibt, sich zu entwickeln, kann der Prozeß doch ziemlich schmerzhaft sein. Unabhängige Charaktere und Menschen, die ein Gefühl für ihre eigene Mitte haben, werden gegen die erstickenden Tendenzen der Widder-Mondknoten rebellieren. Diese sind dann oft verwirrt, wenn die andere Person sie verläßt oder im Stich läßt.

Widder-Mondknoten-Menschen neigen auch dazu, sich zu Menschen hingezogen zu fühlen, die egoistisch sind, viel Aufmerksamkeit erwarten und ihre Energie annehmen, ohne auf gleicher Ebene etwas zurückzugeben. Durch blindes Geben können Widder-Mondknoten unbeabsichtigt auch einen anfänglich sensiblen Partner dazu veranlassen, unsensibel zu werden.

Grundsätzlich ist es für diese Menschen ratsam, sich mit Menschen abzugeben, die ihrerseits etwas Sensibilität besitzen. Sie fühlen sich mit Menschen wohler, mit deren Energie sie nicht kollidieren. Sie sollten sich mit jemandem zusammentun, der sie dazu ermuntert, sie selbst zu sein, und der ihr liebevolles, freigebiges Naturell nicht ausnutzt. Sicherlich ist es günstig anderen seinen Standpunkt mitzuteilen, damit diese im Gegenzug sensibel sein können.

Indirekte Vorgehensweise
Vermeidung von Konflikten

Widder-Mondknoten-Menschen sind manchmal derart besessen von dem Wunsch nach Frieden und Harmonie, daß sie unbeabsichtigt ihre Beziehung zerstören, weil sie alle Konflikte vermeiden. Statt ihn auszutragen, wenn er entsteht, zögern sie ihn hinaus, bis es zu einer größeren Kontroverse kommt.

Ihre Herausforderung besteht darin, ihren Standpunkt wachsam zu behaupten und ihre Impulse direkt zu verbalisieren. Wenn sie beispielsweise von einer Idee begeistert sind, müssen sie sagen: »Ich will das machen«, anstatt deswegen zu lügen oder es herunterzuspielen. Was sie bremst ist ihre Angst, daß sie von einer anderen Sichtweise ausgehen oder ein anderes Ziel haben als ihr Partner. Sie fühlen sich bedroht, da sie – wenn sie nicht sofort daran arbeiten – den Unterschied in ihren Gedanken vergrößern und sich selbst sagen, er sei so gewaltig, daß er niemals gelöst werden könne. Wenn Widder-Mondknoten-Menschen von Anfang an ehrlich offenlegen, wo sie stehen, werden diese Unterschiede in Wirklichkeit zu Chancen, sich noch tiefer mit ihrem Partner zu verbinden.

Oftmals zögern diese Menschen es hinaus, die Wahrheit zu sagen, aus Angst, eine bestehende Meinungsverschiedenheit auszuweiten. Wenn sie etwas tun wollen und wissen, daß ihr Partner Einwände erheben wird, versuchen sie, es möglicherweise ohne das Wissen des Partners zu tun. Wenn dieser es herausfindet, besteht die Meinungsverschiedenheit immer noch, jedoch verbunden mit Verletzung und Vertrauensbruch. Indem sie die Situation nicht diskutieren, haben sie ihrem Partner die Möglichkeit genommen, großzügig zu sein und sie dabei zu unterstützen, etwas für ihr eigenes Wachstum zu tun. Nun kann eine Diskussion die Situation zwar beruhigen, aber es wird eine Menge Arbeit kosten, die beschädigte Beziehung wieder aufzubauen.

Ich hatte beispielsweise einen Widder-Mondknoten-Klienten, der Pilot bei einer Fluglinie war. Als Nebentätigkeit lieferte er Flugzeuge aus – was er unwahrscheinlich genoß. Er beabsichtigte, ein Flugzeug in die Türkei zu liefern, seine Frau wollte jedoch, daß er anderen familiären Verpflichtungen nachkam. Er wußte, daß sie nicht wollte, daß er gerade diese Reise machte. Er hatte jedoch das Gefühl, es tun zu müssen – daher fing er an, die Lieferung zu planen, ohne es mit ihr diskutiert zu haben. Als der Zeitpunkt gekommen war, sagte er: »Nun, ich werde diese Reise machen«, und seine Frau antwortete: »Aber wir haben darüber gesprochen, und du sagtest, daß du nicht gehen wirst!« Er wurde also mit der Tatsache konfrontiert, daß er sie angelogen hatte. Um gehen zu können, mußte er sie zu einer Zustimmung bringen und die Verletzung durch die Lüge ungeschehen machen. Als die Auseinandersetzung diesen Punkt erreicht hatte, gab er auf und ging nicht.

So verlieren diese Menschen oft die Möglichkeit, das zu tun, was sie wollen, weil sie glauben, daß die Lösung des Kommunikationsproblems wichtiger sei als ihre Ziele. Es bringt die Beziehung zurück in den Gleichklang, aber sie bleiben mit dem Gefühl der Verärgerung zurück, da sie wieder einmal ihre eigenen Wünsche dem Frieden geopfert haben. Deshalb müssen sie gewillt sein, von Anfang an ehrlich zu sein und ihrem Partner nicht nur das mitteilen, was sie tun wollen, sondern auch, warum es für sie wichtig ist. Sie müssen sich mit ihrem Partner zusammensetzen und ihre eigenen Wünsche und Ängste diskutieren.

In dem obigen Beispiel hätte mein Klient zu seiner Frau sagen können: »Ich möchte dir etwas mitteilen. Es handelt sich um etwas, das für mich sehr wichtig ist, und ich habe den Eindruck, daß du nicht erkennst, wie wichtig es ist. Ich befürchte, daß du es nicht unterstützen wirst und ich es daher nicht tun werde.« Dies könnte manipulativ erscheinen, aber es ist ein ehrlicher Ausdruck seiner Bedenken. Sobald die Ängste erkannt sind, lösen sie sich auf. Dann hätte sich mein Klient über seine Ziele und die damit verknüpfte Motivation unterhalten können: »Ich will ein Flugzeug an einen Käufer in der Türkei ausliefern. Es ist wichtig für mich, denn ich möchte mir mein eigenes Geschäft aufbauen und für ein unabhängiges Einkommen sorgen. Dieses Projekt wird mir persönliche Befriedigung vermitteln und mein Selbstvertrauen stärken.«

Sobald der Partner erkennt, daß das Vorhaben des Widder-Mondknotens mit weitreichenderen Folgen verknüpft ist, hat er die Möglichkeit, seine Liebe zu beweisen, indem er ihn unterstützt. Wenn der Partner dann immer noch nicht das ihm wichtige Vorhaben unterstützt, sollte der Widder-Mondknoten neu bewerten, ob die Partnerschaft tatsächlich beiden Menschen individuelles Wachstum ermöglicht.

Hinauszögern von Entscheidungen

Aus dem Wunsch heraus, fair zu sein, zögern diese Menschen es oftmals hinaus, eine Entscheidung für sich selbst zu treffen, bevor sie ihren Partner konsultiert haben. Wenn sie eine Situation aus dem Blickwinkel der anderen Person betrachten, können sie unglücklicherweise ihren eigenen Impulsen gegenüber nicht ehrlich sein, weil sie fürchten, die andere Person zu verletzen.

Im Zweifelsfalle müssen sie sich selbst fragen: »Tragen meine Handlungen dazu bei, mich in bezug auf mich selbst gut zu fühlen?« Wenn das der Fall ist, ist es das beste für sie, zuerst das in Worte zu fassen, was sie wollen, und dann die andere Person zu fragen, was sie möchte. Es ist eine einfache Technik, die sie dabei unterstützt, auf eine Weise sie selbst zu sein, die auch dem Partner gegenüber fair ist.

Eine Widder-Mondknoten-Frau könnte beispielsweise auf dem Weg nach Hause sein und auf einem Plakat Reklame für die Neuverfilmung von »Vom Winde verweht« sehen. Sofort sagt sie sich mit einem Gefühl der Begeisterung: »Ja! Ich will diesen Film mit Thomas sehen!« Normalerweise würde sie nach Hause gehen und fragen: »Hallo, Thomas, hast du heute abend irgend etwas vor?« Und ihr Mann könnte antworten: »Mensch, ich bin müde. Ich dachte wir würden zu Hause bleiben, die Sportsendung ansehen und irgend etwas aus der Tiefkühltruhe zu essen machen.« An Diplomatie, Takt und Manipulation gewöhnt, wird sie möglicherweise antworten: »Ich wette, daß du dich viel besser fühlen wirst, wenn wir uns heute abend einen Film ansehen und einfach mal ausgehen.« – »Ich will nicht ausgehen, und du weißt, wie sehr ich diese Sportsendung mag!« – »Ich weiß, Thomas, aber wir waren schon so lange nicht mehr zusammen aus ...« An diesem Punkt würde ihr Mann möglicherweise explodieren, weil er sich manipuliert fühlt, und darauf bestehen, zu Hause zu bleiben. Sie würde davonstürmen, sich verärgert fühlen und denken: »Niemals tun wir das, was ich will; wir müssen immer tun, was er will!« Tatsache ist jedoch, sie hat mit keiner Silbe erwähnt, was sie will.

Eine bessere Vorgehensweise für die Widder-Mondknoten-Frau ist es, ihren Wunsch zuerst direkt zu äußern, und dann ihren Mann zu fragen, was er sich vorgestellt hatte. Sie hätte sagen können: »Hallo, Thomas, auf dem Nachhauseweg habe ich gesehen, daß sie die Neuverfilmung von ›Vom Winde verweht‹ im Kino zeigen. Ich war so begeistert – ich würde mich unwahrscheinlich darüber freuen, wenn wir den Film heute abend zusammen ansehen würden! Hast du schon irgend etwas vor?« Er hätte geantwortet: »Mensch, ich bin müde. Ich hatte gehofft, daß wir zu Hause bleiben und uns die Sportsendung ansehen.« Widder-Mondknoten sind Experten auf dem Gebiet der Kompromisse. Sobald beide Positionen auf dem Tisch sind, können sie eine Lösung erkennen, die für beide Seiten fair sein wird: »Gut, ich sehe, daß du müde bist, und der einzige Abend für die Sportsendung ist heute. Warum bleiben wir also heute nicht einfach zu Hause und gehen morgen abend aus, um uns den Film anzusehen?«

Widder-Mondknoten-Menschen müssen auch davon Abstand nehmen, Entscheidungen zu treffen oder irgend etwas zuzustimmen, wenn sie unter emotionalem Druck stehen. Wenn sie in einer Situation diese Art von Energie spüren, ist es das beste zu sagen: »Ich werde diese Entscheidung nicht unter emotionalem Druck treffen.« Dies wird ihnen Zeit geben, ihr Gleichgewicht und den Überblick zurückzugewinnen. Oder sie können sagen: »Ich brauche etwas Zeit, das zu bewerten, was gesagt wurde. Alles klingt für mich einleuchtend, ich brauche jedoch etwas Zeit, um mich damit auseinanderzusetzen. Ich würde gerne zu einem späteren Zeitpunkt darauf zurückkommen.«

Angst vor Verpflichtungen

Bedingt durch vergangene Leben, in denen sich die Widder-Mondknoten-Menschen in Beziehungen manipuliert und ausgenutzt fühlen, können sie in diesem Leben Angst vor Beziehungen und vor der Ehe haben – weil sie erkennen, daß sie dazu neigen, zu viel zu geben und sich selbst zu verlieren. Obwohl sie sich von Beziehungen sehr angezogen fühlen, gibt es doch einen Teil in ihnen, der sie zurückhält und das Singledasein bevorzugt, anstatt in diesem Leben erneut das Risiko einzugehen, die Unabhängigkeit zu verlieren. Obgleich sie in vielerlei Hinsicht die geborenen Ehepartner sind, sabotieren sie enge Beziehungen möglicherweise unbewußt, bevor diese einen Status erreichen, bei dem sie Verpflichtungen eingehen müßten. Oder sie reden sich ein, daß sie den richtigen Gegenüber einfach noch nicht gefunden haben, sosehr sie sich auch nach einem Partner sehnen.

Bei solchem Zögern gibt es verschiedene zeitgemäße Lösungsmöglichkeiten: eine monogame Beziehung führen und zwei verschiedene Wohnungen beibehalten oder mit dem Partner ohne formelle Verpflichtung zusammenleben. Eine Ehe kann funktionieren, wenn zuerst die bewußte Entscheidung getroffen wurde, sich selbst und dem anderen gegenüber ehrlich zu sein.

Ziele

Sich selbst kennenlernen

Die Freude daran, ihr inneres Selbst zu entdecken, ist für Widder-Mondknoten-Menschen einer der Höhepunkte in diesem Leben. Die beste Technik der Selbsterfahrung ist der Mut, ihren Impulsen zu folgen. Dieser Weg bedeutet, Risiken einzugehen und die unterschiedlichen Facetten des Selbst zu erleben. Wenn die Selbstentdeckung als bewußtes Motiv hinter jeder Handlung steht, werden sie niemals verlieren – denn was immer auch geschieht, es wird deutlicher machen, wer sie sind.

Selbstbild

Wenn diese Menschen sich selbst aus der Perspektive der anderen sehen, können sie erkennen, wer sie in den Augen anderer sind oder wie sie sein sollten – aber das sind nicht wirklich sie selbst. Sie müssen sie selbst sein, egal wie andere sie sehen. Und sie werden so lange nicht herausfinden, wer sie sind, bis sie anfangen, ihre inneren Impulse auszudrücken und andere Menschen wissen zu lassen, was wirklich in ihnen vorgeht.

Sich selbst mit den Augen anderer zu sehen bedeutet für Widder-Mondknoten »zu verlieren«. Es schwächt ihr Vertrauen, Entscheidungen zu treffen, die ihrem eigenen Wesen entsprechen. Wenn sie beginnen, sich selbst mit ihren eigenen Augen zu betrachten, werden sie die Dinge tun, die ihnen Spaß machen, ihre Energie steigern und sie unterstützen. Sie lernen, daß ihr Verhalten nicht immer »logisch« sein muß und daß sie sich selbst und ihre Entscheidungen nicht bewerten müssen.

Ebenso lernen sie ihre Sensibilität weniger auf die wechselnden Bedürfnisse und Emotionen anderer, sondern mehr auf sich selbst zu richten. Wenn sie diese Fähigkeiten entwickeln und anfangen, auf eine Weise zu leben, die ihnen selbst gegenüber fair ist, finden sie die Art von

Gerechtigkeit, nach der sie gesucht haben. Sie können von anderen nur erwarten, fair behandelt zu werden, wenn sie sich selbst respektieren und annehmen. Sie respektieren sich selbst, wenn sie andere über ihre Bedürfnisse und Erwartungen in einer Beziehung in Kenntnis setzen. Dann werden sie Menschen anziehen, die ähnliche Werte haben und ihnen das geben können, was sie brauchen.

Selbstliebe

Widder-Mondknoten-Menschen lernen ihre gut entwickelte Fähigkeit, zu lieben, darauf zu richten, sich selbst zu lieben. Sie müssen ihr Selbstwertgefühl dadurch unterstützen, daß sie sich zugestehen, erkannt zu werden. Sobald sie anfangen, sich anderen gegenüber zu öffnen, bauen sie Vertrauen auf, da sie erfahren, daß Offenheit tatsächlich positive Folgen hat.

Um sich selbst zu motivieren, dieses Risiko einzugehen, müssen diese Menschen ihre vergangenen Erfahrungen Revue passieren lassen und erkennen, daß die Verhaltensweisen, mit denen sie versucht haben, Beziehungen ins Gleichgewicht zu bringen (Zugeständnisse oder Ausweichen), nicht funktioniert haben. Um das Ergebnis zu ändern, müssen sie ihr Kommunikationsverhalten in engen Beziehungen ändern.

Indem sie sich selbst lieben, unterstützen sie sich selbst bei der Verwirklichung ihrer Träume. Wenn sie den Punkt erreichen, sich selbst so zu lieben, daß sie ihre Ideen tatsächlich verwirklicht sehen wollen, werden sie erkennen, daß der einzige Weg dahin Ehrlichkeit ist. Dann werden sie von der Energie der Beziehung unterstützt, statt – wie früher – gehemmt. Am Anfang lassen ihre Ängste sie glauben, daß sie auf Widerstand stoßen, sie müssen jedoch – um ihrer Idee willen – gewillt sein, durch diese Angst hindurchzugehen. Weil sie dann nichts mehr verbergen, können sie ihre ganze Energie auf die Richtung lenken, in die sie gehen wollen, und auch die Unterstützung anderer einbeziehen, um ihre Pläne in die Tat umzusetzen.

Wenn Widder-Mondknoten-Menschen sich selbst an die erste Stelle setzen, und das auf eine natürliche Weise, dann ist jedem gedient. Welche Aktivitäten bewirken, daß sie sich stärker, glücklicher, vollkommener und zufriedener fühlen? Selbstliebe beinhaltet, Entscheidungen zu treffen, die sie selbst unterstützen. Mit den folgenden grundlegenden Fragen können sie einen Anfang machen: »Was wird mir helfen zu überleben? Was wird mir helfen, meine Ziele zu fördern? Welcher Weg ist der beste in bezug auf Streßreduzierung und Unterstützung meiner Gesundheit?«

Bestimmtheit

Wenn sie das Ziel »konstruktive Durchsetzungsfähigkeit« verwirklichen wollen, müssen Widder-Mondknoten-Menschen die unbewußte Affinität loslassen, ein »netter Mensch« sein zu wollen. Damit ihre neue, authentische Identität sichtbar werden kann, müssen sie sich selbst ausdrücken, ohne vorgefaßte Vorstellungen darüber, was sie sein »sollten«. Der Grundgedanke dabei ist, impulsiv zu sein und das zu sagen, was ihnen in den Sinn kommt.

Widder-Mondknoten-Menschen lernen auch einen anderen Aspekt der Durchsetzungsfähigkeit, der darin besteht, sich gegenüber anderen abzugrenzen, für sich selbst einzustehen und anderen nicht zu erlauben, sie zu benutzen. Sie nehmen an, daß andere sich aus Liebe ihnen gegenüber einfühlsam verhalten werden, was jedoch nicht immer der Fall ist. Ihre Aufgabe ist es zu lernen, sich selbst gegenüber einfühlsam zu sein und genügend Selbstliebe zu entwickeln, um sich nicht verletzen zu lassen.

Es gibt eine Geschichte über einen erleuchteten Meister, der durch Indien reiste. Er kam in ein Dorf und stellte fest, daß dort keine Kinder spielten. »Wo sind die Kinder?« fragte der Meister. »Meister, in den Wäldern gibt es eine riesige Schlange, die nachts kommt und die Kinder frißt«, erwiderte einer der Dorfbewohner. »Bitte, hilf uns!« Der Meister ging daher in die Wälder: »Schlange, tauche vor mir auf!« Und weil alle Lebewesen einem erleuchteten Meister unterworfen sind, glitt die Schlange aus ihrem Versteck. »Schlange, es ist nicht richtig von dir, daß du die Kinder dieses Dorfes frißt. Du darfst nie mehr ein Kind fressen!« ermahnte der Meister. Die Schlange schämte sich und antwortete: »Ja, Meister!«

Der erleuchtete Meister setzte seine Reise fort, und zehn Jahre später kam er in das gleiche Dorf und sah Kinder jeden Alters. Aber in einer Ecke bemerkte er eine Gruppe von Kindern, die intensiv mit etwas beschäftigt waren. Der Meister näherte sich und fand in der Mitte des Kreises, den sie gebildet hatten, die verwundete Schlange – durch die Folter dem Tod nahe. Der Meister verscheuchte die Kinder und sagte zu der Schlange: »Meine Freundin, wie kam es, daß du das mit dir hast machen lassen?« Die Schlange antwortete: »Aber, Meister, du hast gesagt, daß ich die Kinder nicht auffressen darf.« Der Meister antwortete: »Oh, du dumme Schlange, ich habe dir gesagt, du sollst nicht beißen; ich habe dir nicht gesagt, du sollst nicht zischen!«

Das müssen Widder-Mondknoten-Menschen lernen: gleich am Anfang eines Mißbrauchs in einer Beziehung zu »zischen«. Sie müssen andere wissen lassen, wenn ihre Sensibilität verletzt wurde, wenn sie beim Geben ein Ungleichgewicht verspüren oder wenn sie mehr Unterstützung brauchen. Der Gedanke dabei ist, andere zu informieren, bevor sie sich übervorteilt fühlen und sich von der Beziehung entweder physisch oder psychisch zurückziehen. Wenn sie anderen gestatten, sie zu mißbrauchen, ist niemandem gedient.

Vertrauen

Sich selbst vertrauen

Für die Widder-Mondknoten-Menschen besteht ein Hauptziel darin, zu lernen, sich selbst zu vertrauen und sie selbst zu sein und einen gesunden Weg zu finden, sich mit anderen zu verbinden.

Dies erfordert Mut und den Willen zu experimentieren. Wenn diese Menschen jedoch genügend Vertrauen aufbringen, um es zu riskieren, werden sie feststellen, daß es funktioniert. Da sie nicht daran gewöhnt sind, die Führungsrolle zu übernehmen, neigen sie dazu, in alte Verhaltensweisen zurückzufallen, wenn andere sich zunächst ihrer Richtung widersetzen. Sie schließen daraus, daß sie nicht richtig liegen. In Wirklichkeit ist es so, daß ihre Ideen einzigartig und innovativ sind, daher ist die erste Reaktion anderer oftmals Widerstand. (Menschen widersetzen sich fast immer einer neuen Idee, da sie Veränderung bedeutet. Es handelt sich um eine natürliche Reaktion, und die Rolle des Anführers bedeutet auch, das zu verstehen.) Wenn die Widder-Mondknoten ihr Selbstvertrauen aufrechterhalten und weiter ihren inneren Impulsen folgen, werden sie beobachten, daß andere sich oftmals umstellen und mit ihrer Entscheidung einverstanden sein werden.

Ich hatte eine Widder-Mondknoten-Klientin, die an ihrer Arbeitsstelle in eine Wettgemeinschaft, in der es um den Oscar ging, eingezahlt hatte. Sie hatte ihre eigene Intuition, wer den Oscar gewinnen würde. Aber dann fing sie an, sich mit anderen über ihre Meinung zu unterhalten, verlor das Vertrauen in ihre Entscheidung und schloß sich der Einschätzung von jemand anderem an. Als sie die Wette verlor, fühlte sie sich sehr niedergeschlagen und wünschte, sie hätte statt dessen an ihre eigene Intuition geglaubt.

Diese Menschen müssen aufhören, an sich selbst zu zweifeln, und einfach anfangen, sie selbst zu sein. Ich hatte beispielsweise eine Widder-Mondknoten-Klientin, die sich seit Jahren nach einem passenden Lebensgefährten sehnte. Unzufriedenheit und Depressionen befielen sie, bis sie zur Erleichterung zu Antidepressiva griff. Schließlich gab sie ihre Phantasie auf, »Prinz Charming« zu finden, und begann damit, Aktivitäten nachzugehen, die ihr ein Gefühl des Vertrauens vermittelten und sie glücklich machten.

Sie begann sich besser zu fühlen, als sie aktiver wurde. Joggen stellte für sie eine Quelle der Freude dar, sie wollte jedoch nicht ganz allein in den dunklen, frühen Morgenstunden joggen, was aber am besten in ihren Zeitplan paßte. Anstatt abzuwarten, bis sie jemanden gefunden hatte, der einen ähnlichen Zeitplan hatte, ergriff sie die Initiative und setzte eine Annonce in die örtliche Zeitung. Vier Leute antworteten, sie fing an mit ihnen zu joggen und einer davon entpuppte sich als »Prinz Charming«! Dies passierte jedoch nur, weil sie aufhörte, bei anderen nach Erfüllung zu suchen, und anfing, ihre Bedürfnisse auf eine direkte und stimmige Weise zu erfüllen.

Negativen Emotionen vertrauen

Widder-Mondknoten-Menschen wollen ständig so tun, als wäre alles in bester Ordnung. Sie fühlen sich schuldig, wenn sie sogenannte negative Gefühle haben. Bedingt durch den zu geringen Kontakt mit sich selbst, sind sie sich ihrer emotionalen Reaktionen nicht immer dann bewußt, wenn sie gerade erfolgen. Manchmal spüren sie eine Emotion und erkennen sie nicht, erst ein paar Wochen später denken sie daran zurück und stellen fest: »Ich war wirklich wütend.« Ein Freund könnte fragen: »Wie ist der Monat Januar für dich verlaufen?« Und sie werden antworten: »Jetzt, wo du es erwähnst, ich habe mich wirklich einsam und deprimiert gefühlt.« Hätte sie jemand im Januar gefragt, wie sie sich fühlen, hätten sie geantwortet: »Einfach gut!«

Daher ist es zu ihrem Vorteil, sich selbst in regelmäßiger Form eine »Auszeit« zu gewähren, um mit dem in Kontakt zu treten, was in ihnen vorgeht. Wenn sie sich ihrer Gefühle nicht bewußt sind, reagieren sie auf Dinge oftmals in einer irrationalen Weise, die sie selbst überrascht. Wenn dies geschieht, sollten sie sich von sich aus zurückziehen, das Gefühl nochmals durchleben und darüber nachdenken, damit sie vernunftbetonter sein können. Dies funktioniert gut, besonders wenn sie die andere Person darüber informieren. Wenn sie explodieren, können sie z. B. nachher sagen: »Aus irgendeinem Grund war ich aus der Fassung gebracht. Ich bin nicht sicher warum, aber ich werde darüber nachdenken und es dich dann wissen lassen.«

Manchmal sind diese Menschen grausam und verletzend, und sie fühlen sich gut dabei. Sie sind wütend – es gab zu viele vergangene Leben, in denen sie auf ihre eigenen Kosten »nett« waren. Deshalb gehen sie jetzt aus heiterem Himmel auf jemanden los, der ihnen nahesteht – jemanden, auf dessen Liebe sie immer zählen können. Sie lassen ihre Wut heraus und entschuldigen sich dann. Unbewußt wollen sie sehen, ob dieser Mensch sie liebt, egal was passiert, damit sie sich selbst besser akzeptieren können.

In diesem Leben lernen Widder-Mondknoten-Menschen negative Emotionen zu integrieren: Wut, Verärgerung und ähnliches. Es ist gesund für sie, diese Energie zum Ausdruck zu bringen. Es war ihre Kraft, die sie in vergangenen Leben unterdrückt haben, um mit anderen zurechtzukommen, und nun fordern diese Gefühle Aufmerksamkeit. Diese sogenannten negativen Emotionen stellen in einer großen, unkultivierten Form ihre Stärke dar.

Rage, Wut und ähnliches sind alles Bestandteile der Yang-Energie, die so stark unterdrückt wurden. Widder-Mondknoten-Menschen müssen diese Energie nunmehr erschließen und sie in die sanfte, sensible Energie integrieren, die sie in vergangenen Leben so gut entwickelt haben. Dies wird den gesunden Ausdruck des Kriegers in ihnen erleichtern.

Ein regelmäßiges Gymnastikprogramm kann ihnen hervorragend dabei helfen. Um diese intensive Energie zu befreien und zu integrieren, ist es ideal, an einem Unterricht für Kampfsportarten teilzunehmen. Und wenn diese Energie regelmäßig und konstruktiv freigesetzt wird, wird sie nicht in unangemessener Form zum Ausdruck kommen. Diese Menschen brauchen harte körperliche Übungen: Aerobic, Boxen, Schlagball, Tennis – Aktivitäten, die ihrem Kriegernaturell Ausdruck verleihen. Sie werden sich großartig dabei fühlen!

Widder-Mondknoten-Menschen haben eine Aversion gegen Wettbewerb, in Wirklichkeit ist Wettbewerb aber sehr gut für sie. Sie werden nervös, wenn sie andere beim Wettstreit beobachten, wenn sie jedoch selbst an einem Wettbewerb teilnehmen, bringt es das Beste in ihnen zum Vorschein, und sie verhalten sich großartig. Es stärkt und bestätigt das, was in vergangenen Leben unterdrückt wurde. Wenn sie gewinnen, fühlen sie sich gut, und sie gehen mit dem Gewinnen auf eine angenehme Weise um. Daher »gewinnen« sie auf jeden Fall, solange sie mit dem Vorsatz, gewinnen zu wollen, teilnehmen.

Damit diese Menschen den Wettbewerb genießen können, müssen sie das Gefühl haben, daß es etwas gibt, das den Wettbewerb wert ist. Sie können Stärke auch dadurch aufbauen, daß sie sich in einen Wettbewerb mit sich selbst einlassen. Anstatt nach acht Kilometern aufzugeben, sollten sie versuchen, es weiter zu schaffen. Sie müssen Dinge tun, die erkennen lassen, wie stark und leistungsfähig sie sind. Sie können auch bei anderen etwas beobachten, das ihnen den Impuls verleiht, Neues zu versuchen. So nehmen sie mit jemand anderem auf eine positive Weise den Wettbewerb auf, was ihr Wachstum fördert.

Die eigene Kraft entdecken
Führung

Widder-Mondknoten-Menschen hatten viele vergangene Leben, in denen sie andere unterstützten und zu den Anhängern gehörten. In dieser Inkarnation ist es ihre Aufgabe zu führen: zuerst sich selbst und dann die anderen – so kann der Krieger in ihnen auf positive Weise zum Ausdruck kommen.

Schon in sehr jungen Jahren wollen diese Menschen Befriedigung finden, indem sie in ungewöhnlichen Bereichen arbeiten und einen Beruf ausüben, den Otto Normalverbraucher nicht hat. Dies kann zu einer Position führen, in der sie härter arbeiten müssen; wenn sie jedoch im Laufe der Zeit diese Position wirklich gut ausfüllen, eröffnen sich ihnen zahlreiche Möglichkeiten für persönliches Wachstum und persönliche Entwicklung. Sie zögern, Arbeiten anzunehmen, bei denen sie lediglich eine weitere »Nummer« sind, ungeachtet materieller Vorteile. Wenn sie Dinge analysieren, haben sie eine etwas andere Sichtweise als die meisten Menschen, und genießen es, in jeder Hinsicht »anders« zu sein.

Einer der größten »Vorteile« einer Führungsposition besteht für Widder-Mondknoten-Menschen darin, daß sie es genießen, ihre Individualität zum Vorteil anderer einzusetzen. Sie können dann die Arbeitsatmosphäre kontrollieren und eine positive Stimmung für die anderen verbreiten. Da wir alle unbewußt davon ausgehen, daß jeder andere so ist wie wir, nehmen diese Menschen an, daß andere ebenfalls wissen, was Unterstützung ist. Wenn sie anfangen zu führen, verstehen sie nicht, warum andere sie nicht richtig unterstützen. Schließlich sind sie es doch, die die Führung übernehmen, für Ideen und die Umgebung sorgen – sogar für die gute Stimmung!

Andere bieten deshalb keine Unterstützung an, weil sie keine Ahnung haben, wie sie diese Aufgaben gut erfüllen können. Wenn sie als Anführer handeln, müssen sich Widder-Mondknoten-Menschen deshalb bewußt darauf konzentrieren, was sie von anderen brauchen, um sich unterstützt zu fühlen. Anstatt still abzuwarten, daß andere ihren Bedürfnissen gegenüber sensibler sein werden, müssen sie direkt und objektiv darüber sprechen, was sie wollen. Anstatt anderen zu sagen, was sie falsch machen und warum sie eine Enttäuschung sind, müssen Widder-Mondknoten positiv den Weg aufzeigen, der anderen die Energie verleiht, ihre Aufgaben gut erfüllen zu können. Auf diese Weise ermöglichen sie anderen, zu wachsen und zu lernen, wie man eine Stütze ist.

Wechselseitige Abhängigkeit

Widder-Mondknoten-Menschen gehören zum klassischen co-abhängigen Typus. Sie haben sich in der Vergangenheit von anderen abhängig gemacht, um ihre Bedürfnisse zu erfüllen und mußten dann erleben, daß die Menschen sie im Stich gelassen haben. In diesem Leben wollen sie ihre Unabhängigkeit selbst entwickeln, ohne sich gegenüber den Vorteilen einer engen Beziehung zu verschließen. Um Erfolg zu haben, müssen sie ihre Beziehungen unter dem Gesichtspunkt der wechselseitigen Abhängigkeit betrachten – wobei zwei Menschen sich gegenseitig dabei helfen, ihre eigene unabhängige Stärke zu entwickeln. Wenn sie sich selbst ganz fühlen, können sie getrennte Erlebnisse haben, entsprechend ihrer eigenen, einzigartigen Identität. Dadurch erschließen sie sich zwei unterschiedliche Welten, die sie miteinander teilen können. Eine gesunde Beziehung zeigt sich dadurch, daß zwei Menschen sich gegenseitig bei der Entwicklung ihrer eigenen Persönlichkeit bestärken, während sie auf ein gemeinsames Ziel hinarbeiten. Anstatt in der Energie der Beziehungsdynamik gefangen zu sein, besteht der Grundgedanke darin, daß jeder bewußt bei seiner eigenen Kraft bleibt, während er an der des Partners teilhat.

Der Übergang von der Co-Abhängigkeit zur wechselseitigen Abhängigkeit besteht aus einem Drei-Schritte-Prozeß:

1. Co-Abhängigkeit: Zwei Menschen sind völlig aufeinander eingespielt und fangen ihre gegenseitigen Schwächen auf, damit das Team überleben kann;

2. Unabhängigkeit: Jede Person ist völlig auf sich selbst angewiesen; jede Person übernimmt die ganze Verantwortung für ihre eigenen Vorhaben, ihr eigenes Geld und ihr tägliches Überleben;

3. Wechselseitige Abhängigkeit: Eine Person, die ein Anrecht auf ihre Unabhängigkeit und Selbständigkeit hat, tut sich mit einem anderen unabhängigen, starken Individuum zusammen, um sich gegenseitig zu unterstützen und auf gemeinsame Ziele hinzuarbeiten.

Wenn Widder-Mondknoten-Menschen eine Stufe persönlichen Wachstums erreichen, auf der sie zu einer wechselseitige abhängigen Beziehung bereit sind, fangen sie wirklich an zu strahlen!

Nördlicher Mondknoten in Stier
und nördlicher Mondknoten im zweiten Haus

Übersicht

Eigenschaften, die man entwickeln sollte

Das Arbeiten an folgenden Bereichen bringt verborgene Fähigkeiten und Talente zum Vorschein:
- Loyalität
- Respektieren von Grenzen
- Langsame Vorgehensweise
- Gefühl des Selbstwertes
- Bewußtsein persönlicher Werte
- Geduld
- Respekt vor den eigenen Bedürfnissen und denen anderer
- Freude an den fünf Sinnen
- Dankbarkeit
- Bewußtsein, daß wir von Mutter Erde genährt werden
- Vergebung
- Ausdauer

Verhaltensweisen, die man hinter sich lassen sollte

Ihr Leben wird sich einfacher und friedvoller gestalten, wenn sie daran arbeiten, den Einfluß folgender Tendenzen zu verringern:
- Anziehungskraft von Krisensituationen
- Übermäßiges Interesse an den Angelegenheiten anderer Menschen
- Ungeduld
- Unangemessene Heftigkeit
- Urteilende Tendenzen
- Voreingenommenheit gegenüber der inneren Motivation anderer Menschen
- Widerstand gegen die Mitarbeit an Dingen, die andere wollen

- Überreaktion
- Etwas zerstören, anstatt einen Teil zu entfernen
- Manisch zwanghafte Verhaltensweisen

Achillesferse/Falle, vor der man sich hüten muß/Fazit

Die Achillesferse der Menschen mit dem nördlichen Mondknoten in Stier besteht darin, daß sie ihren Selbstwert in anderen suchen (»Ich kann mich in bezug auf mich selbst nur durch die Bestätigung anderer gut fühlen«), was dazu führt, daß sie in der nicht enden wollenden Suche nach einem Seelenpartner gefangen sind (»Wenn ich Zugang zur Energie einer bestimmten Person habe, werde ich mich ganz fühlen«). In Wirklichkeit können Stier-Mondknoten-Menschen das Gefühl der Ganzheit nur in sich selbst erlangen – es wird niemals aus einer Beziehung entstehen, auch nicht mit einem Seelenpartner. Sie denken ständig, daß sie noch mehr brauchen – unabhängig davon, wieviel Unterstützung und Bestätigung sie von anderen erhalten. Tatsächlich handelt es sich bei der Bestätigung durch andere für sie um ein falsches Barometer, um festzustellen, ob sie auf dem richtigen Weg sind. Wenn sie nach Maßstäben leben, von denen sie wissen, daß sie für sie richtig sind, egal was andere darüber denken, wird ihnen das helfen, ein Gefühl des Selbstwertes zu entwickeln.

Ihr zentrales Thema ist, daß sie an irgendeinem Punkt aufhören, sich in die Angelegenheiten anderer einzumischen, und statt dessen einfach ihren eigenen Weg gehen. Die Ironie dabei ist, daß andere sie – wenn sie damit wirklich anfangen – sowohl finanziell als auch auf der energetischen Ebene unterstützen werden.

Die wahren Wünsche

Der größte Wunsch dieser Menschen ist, mit der Energie von jemand anderem zu verschmelzen und das Gefühl einer gegenseitigen Stärkung zu haben. Sie suchen nach der vollständigen, dauerhaften Bindung. Sie wollen einen Partner, auf den sie zählen können, der sich um ihre materiellen Bedürfnisse kümmert. Sie sind für die emotionalen Bedürfnisse des Partners (oder umgekehrt) zuständig – eine symbiotische Beziehung, die beide stärkt und völlig zuverlässig ist. Um diese Art von Beziehung erfolgreich aufbauen zu können, müssen sie kritisch sein und jemanden mit ähnlicher Energie und ähnlichen Werten finden.

Beide Individuen müssen die gemeinsamen Ziele von Anfang an als erstrebenswert ansehen.

Damit dies der Fall ist, müssen Stier-Mondknoten-Menschen zuerst den Kontakt mit ihren eigenen Werten aufnehmen. Sie müssen in sich selbst stark werden, sich dessen bewußt werden, was sie wollen, und sich auf das einstellen, was für sie richtig und bedeutungsvoll ist. Die Herausforderung besteht darin, ihr eigenes Energiesystem aufzubauen und herauszufinden, wer sie als Individuen sind. Wenn ihre Energie sich verstärkt, werden sie automatisch Partner mit einem passenden Energielevel anziehen, mit denen sie eine erfolgreiche Partnerschaft aufbauen können.

Talente/Berufe

Diese Menschen sind die Baumeister – ob es sich um ein Zuhause, eine Beziehung oder ein Geschäft handelt. Wenn sie gewillt sind, die Regeln zu befolgen, können sie alles erfolgreich aufbauen. Sie tun sich in Berufen hervor, die im Einklang mit dem stehen, was sie für wirklich wertvoll erachten. Wenn sie beispielsweise Massage für ein probates Mittel halten, um andere zu heilen, das für sie selbst gleichzeitig profitabel ist, dann werden sie auf diesem Gebiet erfolgreich sein. Sie haben auch die Fähigkeit, zu Geld zu kommen.

Jedes Gebiet, bei dem die physischen Aspekte des Lebens und der fünf Sinne im Mittelpunkt stehen, macht ihnen Freude und ist gewinnbringend: Ackerbau, Bauhandwerk, Maschinenbau, Kochen, Sport- oder Gymnastikunterricht. Grundsätzlich ist es für Stier-Mondknoten das beste, selbständig zu sein: entweder ihr eigenes Projekt oder Geschäft zu betreiben oder für eine Firma zu arbeiten, in der sie sich autonom fühlen können. Sie müssen lernen, auf unmittelbare Ergebnisse zu verzichten und einen Schritt nach dem anderen zu tun, indem sie sich erst an jeden Schritt gewöhnen, bevor sie weitergehen.

Stier-Mondknoten-Menschen besitzen auch die Gabe, in Krisensituationen sehr effektiv zu sein, und sie haben eine natürliche Affinität zur Psychologie. Ihr Wissen um die Bedürfnisse und Wünsche anderer hilft ihnen, ihre eigenen Ziele zu fördern. Indem sie die Energien anderer wertschätzen und zur beiderseitigen Stärkung nutzen, tragen Stier-Mondknoten-Menschen dazu bei, die Ziele beider Parteien zu verwirklichen. Wenn sie sich jedoch auf Berufe einlassen, die sich auf

Psychologie oder Krisenmanagement konzentrieren, sind sie grundsätzlich nicht zufrieden und fühlen sich am Abend leer. Sie sind besser beraten, ihre Talente zum Aufbau einer Sache zu nutzen, die einen greifbaren Wert hat, was ihnen ein gesteigertes Gefühl der Stabilität vermittelt.

Heilende Affirmationen für den Stier-Mondknoten

- »Um zu gewinnen, muß ich langsam und beharrlich vorgehen, Schritt für Schritt.«
- »Wenn ich nach meinen eigenen Werten lebe, fühle ich mich gut.«
- »Mutter Natur versorgt mich mit der Energie, die ich brauche.«
- »Wenn ich meine eigenen Bedürfnisse und die zum Ausdruck gebrachten Bedürfnisse anderer befriedige, errichte ich eine stabile Grundlage für Beziehungen.«
- »Wenn ich mich wohl fühle, bin ich auf dem richtigen Weg.«
- »Was andere von mir denken, geht mich nichts an.«

Persönlichkeit

Vergangene Leben
Mit anderen verschmelzen

In vergangenen Leben sind Stier-Mondknoten-Menschen sehr enge Beziehungen mit Menschen in einflußreichen Positionen eingegangen. Sie waren die Königin oder Kurtisane im Hintergrund des Königs und waren in die »Staatsgeheimnisse« eingeweiht. Aber letzten Endes wurden die Entscheidungen von der anderen Person getroffen. Sie waren der Berater des Chefs, die rechte Hand des Präsidenten oder der Vertraute des Generals. Sie stellten ihre ganze Kraft, Energie und ihr Charisma dem mächtigeren Seelenfreund zur Verfügung und erhielten im Gegenzug Wertschätzung und Bestätigung von dieser einen Person.

In vergangenen Leben wurde der Stier-Mondknoten von dem Machthaber mit Kleidern versorgt, ernährt und verwöhnt. Alles, was der Stier-Mondknoten zu tun hatte, war, die Bindung zu der Person aufrechtzuerhalten und dazu beizutragen, ihre Wünsche zu erfüllen. Im Gegenzug wurde ihm der komfortabelste Lebensstil geboten. Daher neigt der Stier-Mondknoten nun zu unbesonnenem Umgang mit Geld, aber in diesem Leben sind die Konstellationen anders! Die Abhängigkeit von einer anderen Person, die Stier-Mondknoten aus vergangenen Leben kennen, nimmt ihnen das Wissen, daß sie mit ihren eigenen Fähigkeiten ihr eigenes Geld verdienen können. Daher müssen sie in dieser Inkarnation finanzielle Verantwortung für sich selbst übernehmen. Dies ist zugleich eine Möglichkeit, ihr Selbstvertrauen wiederzuerlangen. Wenn sie sich nicht bewußt sind, wieviel Geld sie ausgeben, können sie katastrophale Schulden anhäufen.

In vergangenen Leben gingen diese Menschen Tätigkeiten nach, die einen schlechten Ruf haben – zum Beispiel verschiedenen Formen der Prostitution. In diesen Leben war der Erfolg der Stier-Mondknoten-Menschen davon abhängig, keine eigenen Grenzen zu haben, damit sie sich erfolgreich mit dem Energiefeld anderer verbinden konnten, um eine Kraft entstehen zu lassen, die einer alleine nicht hätte erzeugen können. Sie entwickelten eine Sensibilität für die Bedürfnisse anderer, die für sie in diesen Leben sehr vorteilhaft war. Dieses intensive Verschmelzen mit anderen ließ jedoch die Stier-Mondknoten das Gefühl für ihre eigenen Bedürfnisse und Werte verlieren. Wenn sie deshalb in der jetzigen Inkarnation zu eng oder zu schnell mit einer anderen Person verschmelzen, erleben sie eine Enttäuschung, die wiederum ein Signal dafür ist, daß sie ihre eigenen Grenzen, Werte und spirituellen Vorstellungen aufrechterhalten sollen.

Diese Menschen waren in vergangenen Leben Experten auf dem Gebiet der Psychologie, weil sie als Strategen und Berater arbeiteten, wobei sie die Psyche anderer durchleuchteten, um deren Motive und Bedürfnisse zu verstehen und ihr Verhalten vorherzusagen. Sie waren von unstabilen Menschen umgeben, denen sie halfen, ihre mentalen oder emotionalen Probleme aufzudecken und die sie heilten. Als Gegenleistung erhielten sie finanzielle Sicherheit. Ihre psychische Sensibilität befähigte sie, sowohl die Gedankengänge des Feindes vorherzusagen als auch den unausgesprochenen Bedürfnissen und Wünschen ihrer Vertrauten Aufmerksamkeit zu schenken. In dieser Inkarnation hält sie jedoch ihre Bezogenheit auf andere davon ab, ihre eigene Richtung ernsthaft und beständig zu verfolgen. Nun ist es in ihrem eigenen Interesse, sich aus der tiefen Verstrickung mit anderen Menschen zurückzuziehen und sich mehr auf ihre eigenen Angelegenheiten zu konzentrieren.

Einige Stier-Mondknoten-Menschen verbrachten vergangene Leben damit, ihre Macht zu mißbrauchen, und übten Gewalt aus. In dieser Inkarnation lernen sie ihre Macht nicht zu mißbrauchen; für einige kann dies bedeuten, selbst zum Opfer eines Mißbrauchs zu werden. Die Lektionen, die sie in diesem Leben lernen müssen, sind nicht einfach. Sie können wirklich Extreme erleben – die Bandbreite reicht von Phasen des Drogen- und Alkoholmißbrauchs, über den Umgang mit ernsthaften psychischen Problemen, bis hin zur Teilnahme an Vorstandssitzungen oder zu einem strengen spirituellen Weg. Das Spektrum reicht von tiefster Dunkelheit bis zum hellsten Licht.

Krisenbewußtsein

Leben, die Machtkämpfe mit anderen zum Inhalt hatten, haben zu einem Bewußtsein geführt, das von Krisen, Traumata und »einem Leben am Abgrund« angezogen wird. Stier-Mondknoten-Menschen sind süchtig nach dem Adrenalinstoß, der bei Krisen entsteht. Um dieses »Hoch« zu erleben, mißachten sie ihren Körper, ihre Gesundheit und die Ausgeglichenheit, die man braucht, um sich wohl zu fühlen. Auch wenn es unnötig ist, gehen sie doch immer wieder Risiken ein, die für sie eine Krise zur Folge haben. Dann schlagen sie um sich, kämpfen und erlauben ihrer destruktiven Kraft, in allen Bereichen ihres Lebens verheerenden Schaden anzurichten. Manchmal mißbrauchen sie Drogen oder Alkohol, was neue Krisen im täglichen Leben erzeugt. Oder sie haben einen Partner, der sich in dieser Situation befindet – eine Person, deren Verletzungen sie erkannt haben und die sie glauben heilen zu können.

Wenn sie sich mit einer scheinbar unabänderlichen Situation konfrontiert sehen, die sie an der Verwirklichung ihrer Ziele hindert, überreagieren Stier-Mondknoten-Menschen oftmals mit solcher Heftigkeit, daß sie eine Krise auslösen, wo vorher keine bestand. Diese Überreaktionen treten meist dann auf, wenn Stier-Mondknoten-Menschen sich einer möglichen Trennung von einer symbiotischen Beziehung gegenübersehen oder das Gefühl haben, die andere Person könnte nicht zu hundert Prozent an sie gebunden sein. Da es ihnen an einem Gefühl für ihren eigenen Selbstwert fehlt, sind sie ständig abhängig von der Bestätigung ihres Partners, der für Geld oder Energie sorgt – die Abhängigkeit bedeutet Überleben. Sie beobachten die Psyche der anderen Person genau, damit sie ihr eigenes Verhalten genau dem anpassen können, was die andere Person für wichtig hält. Auf diese Weise haben sie das Gefühl, unentbehrlich zu werden und ihr Überleben zu sichern.

Wenn sie befürchten, die andere Person tue etwas, um sie zu verletzen, reagieren sie sofort mit einem auf Vergeltung abzielenden Verhalten. Wenn jedoch Rache ihr Motiv ist, verlieren sie immer. Sie müssen sich darauf konzentrieren, ihre Bedürfnisse zu befriedigen, indem sie sich Menschen und Situationen auf eine unkomplizierte Weise nähern. Dann können sie ihre Abwehrreaktion aufgeben und zu der anderen Person sagen: »Sieh mal, das ist wirklich wichtig für mich.«

Der Gedanke dabei ist, auf die positiven Ergebnisse konzentriert zu bleiben, die sie erzielen wollen. Für diese Menschen ist es wichtig, sich um ihre Bedürfnisse zu kümmern; wenn sie fürchten, verletzt oder betrogen zu werden, müssen sie etwas unternehmen, um sich selbst zu schützen. Das Problem dabei ist, daß sie zur Überreaktion neigen und die ganze Sache übermäßig aufbauschen.

Stier-Mondknoten-Menschen sind so leidenschaftlich, daß ihr Drang, intensive Gefühle zu durchleben, sie manchmal vergessen läßt, was sie eigentlich tun. Eine ihrer Herausforderungen in diesem Leben besteht darin, die Verantwortung für diese leidenschaftliche Energie zu übernehmen und sie wieder in konstruktive Bahnen zurückzulenken. Leidenschaft, die um ihrer selbst willen ausgelebt und auf die Spitze getrieben wird, mündet in Zerstörung. In dieser Inkarnation lernen sie aufzubauen, statt zu zerstören. Erfolgreicher Aufbau benötigt mehr Zeit als die Heftigkeit, die sie gewohnt sind.

Wenn sie aus Angst heraus handeln, zerstören sie; wenn sie aus Liebe handeln, sind sie konstruktiv. Sie lernen ihre Leidenschaft, Energie und mentale Kraft dem Aufbau wertvoller Dinge zu widmen – wenn sie dies tun, fühlen sie sich großartig! Sie lernen, daß es im Leben mehr gibt, als das eigensinnige Eingehen von Risiken (finanziell, persönlich oder sexuell), die sie in Krisen führen und ihren Körper zerstören. Es ist nicht notwendigerweise das, was sie tun, sondern die drastische Vorgehensweise, wodurch sie in ihrem Leben verheerenden Schaden anrichten. Sie müssen langsamer werden und erkennen, daß sie, wenn sie langsam und ausdauernd an sich arbeiten, eine Erdung und Stabilität erreichen können, das sie bisher nicht kannten.

Diese Menschen haben ein unglaubliches Bedürfnis nach Frieden, nachdem sie so viele Leben Machtkämpfe mit anderen ausgetragen haben. Sie lernen, daß die ganze Situation eskalieren wird, wenn sie dem Wunsch nachgeben, etwas zu forcieren. Wenn sie dagegen mit einer friedlichen, geduldigen Haltung an eine Situation herangehen, wird sie sich auf eine Weise zu ihren Gunsten ändern, die zum Wohle aller Beteiligten ist.

Selbstwert

In diesem Leben lernen Stier-Mondknoten-Menschen ihren eigenen Selbstwert zu finden. In vergangenen Inkarnationen haben sie das, was wichtig für sie war, aufgegeben, um ihre Kraft einem anderen Menschen zur Verfügung zu stellen. Sie haben Bestätigung als ein Barometer dafür benutzt, ob sie die andere Person auf die richtige Weise unterstützen. So haben sie sich daran gewöhnt, Bestätigung zu erhalten, und haben begonnen, alles dafür zu tun, manchmal sogar unter Verstoß gegen ihr eigenes Wertesystem. In diesem Leben lernen sie auf direktem Weg ein Gefühl des Selbstwertes aufzubauen, indem sie gemäß ihrem eigenen Wertesystem leben.

Bestätigung

Stier-Mondknoten-Menschen neigen dazu, sich selbst in den Mittelpunkt zu stellen. Oftmals kommen sie hereingeschneit und benutzen das, was ein anderer gerade gesagt hat, als Aufhänger, um die Unterhaltung auf einen zurückliegenden Sieg, eine Situation, in der sie jemand anderem geholfen haben oder eine Geschichte zu lenken, die verdeutlichen soll, wie toll sie sind – dann reden sie ununterbrochen! Unbewußt suchen sie damit nach Bestätigung.

Beim Umgang mit anderen Menschen fangen sie an, sich unsicher zu fühlen, und das versuchen sie dadurch zu kompensieren, daß sie die Aufmerksamkeit auf sich selbst lenken, um von außen Bestätigung zu erlangen. Sie hoffen, daß andere ihren Wert erkennen, sie schätzen und respektieren, damit ihre Unsicherheit nachläßt. Unglücklicherweise handelt es sich dabei nur um eine vorübergehende Stütze. In Wirklichkeit veranlaßt dieses Verhalten andere Menschen dazu, sich abzuwenden.

Diese Menschen tragen eine Menge Zorn in sich. Wenn sie jedoch genauer hinsehen, werden sie erkennen, daß ihr Zorn in Wirklichkeit auf Angst basiert: Angst, nicht respektiert zu werden, nicht gemocht zu werden, nicht menschlich behandelt zu werden. Wenn sie daher in einer bestimmten Situation Wut spüren, müssen sie sich selbst fragen: »Wovor habe ich Angst?« Dies wird ihnen helfen, eine Lösung zu finden.

Stier-Mondknoten-Menschen werden oftmals frustriert und fühlen sich ihres Selbstwertes beraubt, wenn sie nicht die Bestätigung erhalten, die sie ihrer Ansicht nach verdient haben. All ihre Ängste kreisen um den Punkt: »Wie kann ich anerkannt und bestätigt werden?« Sie fühlen sich ängstlich und wütend, weil sie geben und nicht das zurückerhalten, was sie brauchen. Dieses Bedürfnis kann jedoch niemals von außen befriedigt werden. Sie können niemals genügend Bestätigung von anderen erhalten – egal wieviel Reichtum, Prestige und Macht sie haben –, um sich auf einer tiefen Ebene gut zu fühlen. Sie können ihre Wut auflösen, wenn sie auf eine Weise leben, die sie selbst bestätigt und im Einklang mit ihren eigenen Werten steht. Wenn sie aufhören, nach Menschen zu suchen, die für ihr Selbstwertgefühl zuständig sind, und anfangen, in sich selbst hineinzusehen, wird ihre Wut plötzlich zu produktiver Energie.

Manchmal verfolgen Stier-Mondknoten-Menschen eine Karriere, die nicht ihrer eigenlichen Berufung entspricht, von der sie sich jedoch die Bestätigung anderer Menschen erhoffen. Der Anerkennung wegen wählen sie leicht Berufe aus, die ein hohes Sozialprestige haben. Wenn sie dann keine Wertschätzung spüren, verdirbt ihnen das die Freude an ihrem Beruf. In einer solchen Situation ist es das beste, sich vor Augen zu halten, welcher Aspekt ihres Berufes ihnen ein gutes Gefühl vermittelt: Fördert der Beruf Werte, die sie als wichtig erachten? Können sie Fähigkeiten anwenden, die ihnen ein gutes Gefühl vermitteln? Erledigen sie ihre Aufgabe ausgezeichnet, was wiederum Selbstvertrauen schafft? Verdienen sie das Geld, das ihrer Einschätzung nach ihre Arbeit wert ist? Sie müssen Kontakt mit dem aufnehmen, was sie an ihrem Beruf schätzen, und sich selbstbewußt für diese positiven Werte anerkennen.

Die Bestätigung durch andere stellt für diese Menschen »Energienahrung« dar. Sie sehen es immer gerne, wenn sie von einem Freund angerufen oder besucht werden, da es eine Anerkennung ihrer Existenz darstellt. Sie müssen Wege finden, sich selbst mit Energie aufzuladen, damit sie selbstzufrieden werden. Dann können sie es mit anderen Beziehungen aufnehmen, weil sie es wollen, nicht weil sie bedürftig sind.

Eine positive Selbstwertschätzung zum Ausdruck bringende Handlung wäre es, einen Finanzplan für sich selbst aufzustellen. Zusätzlich sollten sie jeden Tag Energie für Dinge verwenden, die für sie persönlich von Bedeutung sind – wie beispielsweise die Zubereitung eines guten Essens. Der Gedanke dabei ist, daß sie regelmäßige Aktivitäten aufnehmen, die sie nähren und ihnen – unabhängig von der Reaktion – ein gutes Gefühl vermitteln. Wenn sie dies tun, sind sie auf dem richtigen Weg.

Grenzen

Die Eltern der Stier-Mondknoten-Menschen wollten ihnen in ihrer Kindheit ihre eigenen Werte auferlegen. Dabei handelt es sich um »normales« elterliches Verhalten. Die meisten Kinder mißachten jedoch einfach die elterlichen Werte, die sich deutlich von den inneren Werten unterscheiden, mit denen sie geboren wurden. Stier-Mondknoten-Kinder jedoch verfügen über keine gefestigten inneren Werte, daher sind sie völlig offen dafür, die Werte ihrer Eltern in sich aufzusaugen. Sie können nicht erkennen, daß sie getrennte Wesen sind. Die unbewußte Bindung zu ihren Eltern zu durchbrechen, stellt eine der größten Herausforderungen in diesem Leben dar.

Diese Menschen lernen das auszudrücken, was *sie* brauchen, und zu vermeiden, zuerst an die Bedürfnisse anderer zu denken. Oftmals haben sie das Gefühl, durch das Leben zu gehen, indem sie auf andere Menschen reagieren und »in Dinge hineinstolpern«, anstatt bewußt festzustellen, wo sie stehen und wohin sie sich entwickeln wollen. Sie glauben, die Motivationen eines anderen völlig zu verstehen und handeln oder antworten der Person auf dieser Basis, um dann festzustellen, daß ihre Beurteilung falsch war.

Am besten funktioniert es, wenn sie vermeiden, sich auf die Wünsche oder Meinungen anderer einzustellen, und sich statt dessen auf ihre eigenen Bedürfnisse konzentrieren: »Das brauche ich ... Dies sind meine Argumente.« Um ein unerschütterliches Gefühl der Sicherheit aufzubauen und Ziele erfolgreich zu erreichen, müssen Stier-Mondknoten-Menschen ständig überprüfen, ob sie sich in einer Situation wohl fühlen, und ihre eigenen Grenzen eruieren. Wenn sie ein Ziel beurteilen, müssen sie sich selbst fragen: »Fühle ich mich mit diesem Ziel wohl? Fühlt es sich gut an?« Mit dieser Methode können sie auch abschätzen, wann sie zu schnell sind; wenn dies der Fall ist, müssen sie langsamer werden und in einer Geschwindigkeit fortfahren, die für sie angenehm ist. Wenn sie ihre eigenen Grenzen wahren und sich in einer Richtung entwickeln, die wirklich wertvoll für sie ist, werden sie andere finden, die lieber Zugeständnisse machen, um die ihnen wichtigen Vorhaben zu unterstützen.

Blockaden

Stier-Mondknoten-Menschen haben die Neigung, »sich selbst ein Bein zu stellen« – Dinge zu tun, die sie davon abhalten, Erfolg zu haben. Ihr Ziel ist wichtig für sie, und sie geben sich ihm von ganzem Herzen hin. Aber ebenso fühlen sie sich unwürdig und bauen unbewußt Blockaden auf, damit sie das Ziel nicht erreichen können. Und dann schlagen sie weiter gegen die Tür, obwohl sie wissen, daß sie sich nicht mehr öffnen wird.

Selbstablehnung hat meist unbewußte Ursachen; daher ist bei diesen Menschen Selbstbeobachtung oder eine psychologische Untersuchung notwendig. Manchmal handelt es sich um Selbstbestrafung für ein tatsächliches oder eingebildetes Erlebnis, oder sie haben aus irgendwelchen Gründen Schuldgefühle, die sie von dem erfolgreichen Erreichen des Ziels abhalten. Beispielsweise könnte es sein, daß sie als Fünfjährige ihren kleinen Bruder geschubst haben, der sich deswegen den Kopf angeschlagen hat und ins Krankenhaus mußte – und unbewußt fühlen sie sich noch immer schuldig.

Das Erreichen von Zielen schließt erprobte und systematische Schritte ein. Diese Menschen haben jedoch so viel inneren Widerstand, daß sie die eine Sache außer acht lassen, die ihren Erfolg sicherstellen würde. Wenn sie eine medizinische Hochschule besuchen wollen, absolut qualifiziert sind und einen guten Abschluß haben, bewerben sie sich bei verschiedenen sehr angesehenen medizinischen Hochschulen, versuchen es aber nicht gleichzeitig bei einer anderen medizinischen Hochschule. Wenn sie dann bei keiner der hochangesehenen Schulen angenommen werden, haben sie ihren gesamten Weg blockiert.

Eine andere Möglichkeit, wie Stier-Mondknoten-Menschen selbst die Voraussetzungen für eine Niederlage schaffen, ist, sich zu weit vorzuwagen, ohne für ein sicheres Netz gesorgt zu haben. Es ist wie Fallschirmspringen ohne den zusätzlichen Ersatzfallschirm oder Auto fahren ohne Sicherheitsgurt: Sie gehen ungerechtfertigte Risiken ein. Das Fazit daraus ist, daß sie sich auf ihre eigenen Energien verlassen müssen, um die Ziele zu erreichen, nach denen sie streben. Sie können hoffen, daß die Versprechen anderer wahr werden, aber letztendlich liegt es an ihnen, sicherzustellen, daß alle Eventualitäten berücksichtigt sind, egal was da kommen mag. Sie müssen mehr als nur Logik einsetzen, sie müssen ihren gesunden Menschenverstand benutzen und ihr Leben strategisch planen.

Die Lösung liegt darin, schrittweise vorzugehen, sich auf den nächsten anstehenden Schritt zu konzentrieren, anstatt die Aufmerksamkeit auf alle Details zu lenken, mit denen sie ihr Ziel erreichen wollen. Weil sie nicht über viele praktische Erfahrungen aus früheren Leben verfügen, ist es gut, ihre Strategien mit anderen zu erörtern, die erfolgreiche Ergebnisse – ähnlich denen, die sie selbst erreichen wollen – aufzuweisen haben.

Diese Menschen wollen manchmal »mehr« sein, als sie sind, und das führt zu Problemen. Sie lernen, daß sie einfach so, wie sie sind, in Ordnung sind. Die Selbstsabotage rührt daher, daß sie zu schnelle voranschreiten oder »größer« sein wollen, als sie momentan sind. Sie müssen zu sich selbst stehen und sich in ihrem Körper zu Hause fühlen.

Urteile fällen

Wenn Stier-Mondknoten-Menschen harte Urteile fällen, sind sie sich der ernsthaften Verletzung, die sie anderen zufügen, weitgehend nicht bewußt. Ohne Rücksicht auf die Gefühle anderer machen sie deren Ansichten zunichte, und das mit viel selbstgerechtem Enthusiasmus. Ihnen ist nichts heilig, und daher haben sie auch keine Skrupel, das zu zerstören, was einem anderen Menschen heilig sein könnte.

Es ist überflüssig zu erwähnen, daß sie sich durch ihre Urteile keine Freunde schaffen. Vielmehr entfremden sie sich von den Menschen, die eigentlich einen engen Kontakt mit ihnen haben möchten. Die Menschen trauen ihnen nicht, da sie befürchten müssen, verurteilt zu werden. Widder-Mondknoten lernen, damit aufzuhören, das zu zerstören, was andere aufgebaut haben, und sich statt dessen auf das zu konzentrieren, was für sie selbst wichtig und wertvoll ist. Die beste Möglichkeit, gegen dieses »Übel« anzukämpfen, besteht darin, energetische Fortschritte zum »Guten« hin zu machen.

Tatsächlich können die Dinge, die sie am Verhalten anderer stören, einen Schlüssel zur Entdeckung ihrer eigenen Werte darstellen. Wenn sie beispielsweise eine Bekannte dafür kritisieren, daß sie zwei sexuelle Beziehungen gleichzeitig unterhält, ist dies möglicherweise ein Anhaltspunkt dafür, daß sie selbst Wert auf Monogamie legen – das Wort »Monogamie« sollte auf ihre Liste mit der Überschrift »Werte, die für mich wichtig sind« geschrieben werden. Wenn sie nach diesen Werten leben, werden sie ein Selbstwertgefühl aufbauen. Wenn sie ihren eigenen Werten stets treu bleiben, werden sie in bezug auf andere, die ebenfalls eigene Werte besitzen, weniger intolerant sein.

Stier-Mondknoten-Menschen neigen auch dazu, sich selbst scharf zu verurteilen und ihren eigenen Selbstwert zu untergraben. Sie haben einen Bewertungsschlüssel für korrektes Verhalten, an dem sie jeden messen – am härtesten sich selbst. Sie können sich selbst der ärgste Feind sein. Wenn Dinge nicht so laufen, wie sie es erwartet haben, machen sie sich schwere Vorwürfe. Daher leiden sie in zweierlei Hinsicht: einerseits an der momentanen schlechten Laune, andererseits, weil sie sich dafür verurteilen, daß sie schlechte Laune haben.

Oftmals vergleichen sie sich mit anderen Menschen und empfinden Neid – dies macht ihr Leben viel komplizierter und viel weniger glücklich! Für jeden von uns gilt, daß wir richtig liegen, wenn wir in unserem Leben das tun, was uns glücklich macht. In dem Moment jedoch, in dem wir uns mit anderen vergleichen, verlieren wir. Es gibt immer jemanden, der über oder unter uns steht, das hängt ganz von den Maßstäben ab, die wir anlegen. Stier-Mondknoten lernen, daß es nicht ihre Aufgabe ist zu urteilen; es ist ihre Aufgabe, einfach nur durch das Leben zu gehen, jede Situation so gut wie möglich zu bewältigen und sich Schritt für Schritt in die Richtung zu bewegen, die sie persönlich für wichtig erachten.

Sich um die eigenen Angelegenheiten kümmern

Weil sie oft ihre eigenen Grenzen nicht klar sehen, besitzen Stier-Mondknoten-Menschen die Neigung, sich einzumischen. Sie haben keine Bedenken, sich in die Angelegenheiten anderer einzumischen, sind jedoch geschockt, wenn andere sich gegenüber ihnen so verhalten – und sie können furchtbar rechthaberisch sein! Wenn sie Überlegungen über die unbewußten Motivationen anderer anstellen, ziehen sie alle erdenklichen Rückschlüsse bezüglich der anderen Person. Und dann sind sie bestürzt, wenn die andere Person sich nicht so verhält, wie sie vermutet haben.

Das Problem ist, daß diese Menschen ihre eigenen Werte auf andere projizieren und sie dann verurteilen, wenn sie dieser Projektion nicht entsprechen. Wenn sich die Stier-Mondknoten-Person beispielsweise eine Ehe und Verbindlichkeit wünscht, könnte sie eine Freundin sehr verurteilen, die es genießt, sich mit Männern zu verabreden, die keine »Heiratskandidaten« sind. Die Freundin will vielleicht in dieser Phase ihres Lebens nicht heiraten, daher könnte es für sie richtig sein, sich mit Männern zu verabreden, mit denen sie nette, kurzfristige Beziehungen haben kann. Stier-Mondknoten müssen die Bescheidenheit besitzen zu verstehen, daß andere unterschiedliche Werte und Ziele haben. Sie müssen sich aus den Angelegenheiten anderer Menschen heraushalten und sich auf ihre eigene Entwicklung konzentrieren.

Stier-Mondknoten-Menschen neigen auch dazu, ihre Gedankengänge unabsichtlich in einer ernsten und wertenden Form mitzuteilen, was bei anderen ein unangenehmes Gefühl verursacht. Sie weisen ausdrücklich auf die Fehler anderer hin, ohne zuzugeben, daß sie ebenfalls Schwächen haben. Weil sie diese bei sich selbst noch nicht akzeptiert haben, sind sie unfähig, ohne einen stark emotionalen Unterton Kommentare abzugeben. Die Lösung liegt darin, die jeweiligen Eigenschaften oder Verhaltensweisen bei sich selbst zu erkennen und sie sich selbst zu verzeihen – dann müssen sie sich nicht selbst rechtfertigen, indem sie versuchen, die richtige Handlungsweise für andere festzulegen.

Wenn sich ihr persönliches Verhalten durch die praktische Umsetzung der ihnen wichtigen Werte stabilisiert, werden sie in Frieden leben.

Die Neigung der Stier-Mondknoten-Menschen, sich in die Angelegenheiten anderer einzumischen, resultiert aus früheren Leben, als sie in Heilberufen tätig waren (Psychiater, Psychologen, Berater, Medizinmänner) und sich darauf spezialisiert hatten, das Unterbewußtsein eines Menschen zu erforschen. In diesem Leben ist es jedoch in ihrem eigenen Interesse, sich von den mentalen Energiefeldern anderer Menschen zu distanzieren und sich statt dessen auf ihre eigenen Belange zu konzentrieren.

Diese Menschen sind sehr empfindlich, wenn es um das Urteil anderer geht. Wenn jemand ihr Energiefeld auf negative Weise beeinflußt, ist es gut für sie, mit dieser Person nicht allzuviel Zeit zu verbringen. In vergangenen Leben haben sie ein Anpassungsverhalten entwickelt, um der anderen Person so nah wie möglich zu sein. Sie haben sehr genau wahrgenommen, wie die andere Person sie einschätzte, damit sie – um der Harmonie willen – ihr Verhalten sofort anpassen konnten. Wenn sie jedoch in dieser Inkarnation ihre Sensibilität dazu benutzen, um herauszufinden, wie andere sie sehen, wird sie das daran hindern, einfach sie selbst zu sein. Ihre Aufgabe ist es, sich aus den Gedanken und Angelegenheiten anderer Menschen herauszuhalten. Eine gute Affirmation für sie ist daher: »Was andere von mir denken, geht mich nichts an!«

Die dunkle Seite

Manchmal befinden sich Stier-Mondknoten-Menschen in sehr einflußreichen Positionen. Sie sind Rechtsanwälte in sehr bedeutenden Anwaltskanzleien, Vorstandsmitglieder in großen Konzernen usw. In solchen Positionen leben sie manchmal die skrupellose Seite ihres Wesens aus. Wenn dieser Aspekt zum Vorschein kommt, sind sie ihren Mitarbeitern und ihren eigenen Wertvorstellungen gegenüber nicht loyal – sie denken nur an ihren eigenen Vorteil. Wenn sie sich ganz für die Verwirklichung ihres Egos entscheiden, sind sie gewillt, alles zu tun, um vorwärts zu kommen, und erkennen mit der Zeit, daß sie »ihre Seele verkaufen«, um in der Welt des Geldes und der Macht weiterzukommen. Oftmals »verkaufen« sie sich, indem sie zulassen, daß andere Menschen ihnen Tätigkeiten übergeben, die mit Fesseln verbunden sind. Schon sehr bald lassen sie sich dann auf die Spiele anderer ein und leben nach deren Wertmaßstäben.

Diese Menschen sind so sehr daran gewöhnt, ihre Macht an andere abzugeben, daß sie leicht einwilligen, wann immer in dieser Inkarnation die Versuchung auftaucht, Macht und besondere Privilegien zu erlangen. In dieser Position haben sie tatsächlich eine Menge Macht: Sie stellen Menschen ein und feuern sie, sie bauen Menschen auf und zerstören sie. Das bläht das Ego auf. Dann mißbrauchen sie diese Macht, indem sie Angestellte »Blut und Wasser schwitzen« lassen, weil diese befürchten, in Kürze gekündigt zu werden. Diese Taktik führt jedoch bei den Mitarbeitern zu einem Zusammenbruch der Moral, und die Stier-Mondknoten verlieren das Wohlwollen, das Vertrauen und die Loyalität der Mitarbeiter.

Sie lernen der Versuchung zu widerstehen, Macht zu mißbrauchen. Letztendlich ist es doch so, daß das, was man tut, auf einen selbst zurückfällt; wenn sie Macht mißbrauchen, hat das auch für sie negative Folgen. Sie lernen, daß sie nicht gegen ihre eigenen Werte verstoßen können, ohne ihren Selbstwert stark zu untergraben.

Auch wenn diese Menschen sich für den Weg des Lichtes entschieden haben, sind sie sich doch ihrer dunklen Seite bewußt. Ich hatte beispielsweise eine Stier-Mondknoten-Klientin, die als Kellnerin arbeitet. Ihr höheres Selbst wußte genau, daß gerade die schwierigsten Gäste die meiste Zuwendung benötigen. Wenn sie ihnen bewußt Zuwendung und positive Energie gab, wurden sie meistens umgänglich. Sie ging jedoch zurück in die Küche und zeigte durch Pantomime, wie sie jemanden verprügelt! Durch diese Handlungsweise konnte sie sich von den aus vergangenen Leben stammenden Neigungen befreien. Dann ging sie zurück zu dem Gast und zeigte sich ihm von der liebevollen Seite, von der sie wußte, daß sie »korrekt« war. Manchmal reagieren diese Menschen jedoch auch so, wie sie es in vergangenen Leben gelernt haben.

Manchmal leben Stier-Mondknoten-Menschen ihre dunklen Seiten aus, indem sie den Menschen um sie herum mißtrauen und ihnen böse Absichten unterstellen – oft geradezu danach suchen. Sie lernen viel über sich selbst, wenn sie das Böse, das sie in anderen sehen, als eine Widerspiegelung ihres eigenen Unterbewußtseins betrachten. Wenn sie nach dem Bösen suchen, werden sie auch anfällig für negative Energien, die sie wiederum beeinträchtigen. Um von solchen Tendenzen nicht weiter geschwächt zu werden, sollten sie aufhören, sich auf die dunkle Seite bei anderen zu konzentrieren und der Stärke Aufmerksamkeit schenken, die sie in ihrem eigenen Leben aufbauen.

Bedürfnisse

Erholung

Stier-Mondknoten-Menschen werden deshalb leicht abhängig von einem anderen Menschen, weil sie das Gefühl des Wohlbefindens nicht mehr kennen. Dadurch haben sie nichts, woran sie sich festhalten können – außer an der Verbindung mit der anderen Person, was bestenfalls eine angreifbare und instabile Position ist. Wenn sie bewußt für ihr eigenes Wohlbefinden sorgen, funktionieren ihre Beziehungen viel besser, weil sie etwas Solides und Stabiles in sich selbst geschaffen haben. Sie haben in vergangenen Inkarnationen so viele grundlegende Veränderungen erlebt, daß sie in diesem Leben dafür vorgesehen sind, sich zu erholen, Besitztümer zu erwerben und die einfachen Freuden des Lebens zu genießen: gutes Essen, guten Sex und eine komfortable, stabile häusliche Umgebung. Inneres Wohlbefinden ist ein genaues Barometer dafür, daß sie auf dem richtigen Weg sind. Sie werden gewinnen, wenn sie ihre Bedürfnisse, sich wohl zu fühlen, respektieren.

Wünsche kontra Bedürfnisse

Bisweilen taucht bei Stier-Mondknoten-Menschen das Problem der Eifersucht auf. Sie sehen die Besitztümer anderer und beneiden sie. Oft haben diese Menschen eine endlose Liste von Wünschen, die auf der Sehnsucht nach den Besitztümern anderer basiert. Sie sehen das neue Auto des Nachbarn, und sofort sagt ein innerer Mechanismus: »Das will ich auch!« In solchen Situationen sind sie am besten beraten, wenn sie ihre Konzentration von dem abwenden, was sie nicht haben, und damit anfangen die Fülle zu schätzen, die sie besitzen.

Da Stier-Mondknoten in diesem Leben materiellen Wohlstand erreichen sollen, ist es durchaus kein Fehler, sich Dinge zu wünschen. Sie müssen jedoch gewillt sein, diese Dinge durch ihre eigene Leistung zu erwerben. Sollte Eifersucht aufkommen, können sie diese nutzen, um festzustellen, ob sie die gewünschten Dinge wirklich brauchen. Dann können sie entscheiden, ob es sich lohnt, danach zu streben. Anstatt sich von Begierden besetzen zu lassen, lernen sie, daß sie alles haben können, was sie wollen, wenn sie bereit sind, es zu verdienen.

Stier-Mondknoten-Menschen neigen dazu, sich von den Wünschen und Motiven anderer beunruhigen zu lassen. Auf der unbewußten Ebene sind es ihre Probleme bezüglich des Überlebens, die sie zu ihrer Beschäftigung mit anderen veranlassen. Sie müssen die Dinge vereinfachen: aufhören, die Gedanken anderer zu erforschen und einfach nur mit sich selbst in Kontakt kommen. »Was habe ich damit zu tun? Was brauche ich, um mich in dieser Situation wohl zu fühlen?«

Die größte Sehnsucht dieser Menschen ist die Auflösung ihrer Unsicherheit – zu wissen, daß all ihre Bedürfnisse erfüllt werden. Sie sollen in diesem Leben den Reichtum des Universums würdigen und sich nicht die Besitztümer anderer aneignen! Wenn sie in Panik geraten und den Erwerb von Vermögen beschleunigen wollen, verlieren sie den Kontakt mit ihrem natürlichen Rhythmus.

Zeiteinteilung und Prioritäten

Stier-Mondknoten-Menschen sind immer in Eile. Auch wenn sie eine Autofahrt machen, wollen sie einfach nur ankommen, anstatt die Gegend zu genießen, und sie fragen sich, warum es so lange dauert. Diese Menschen wollen umgehend Ergebnisse sehen. Sie sind unglaublich impulsiv und müssen lernen, sich selbst zu zügeln, auf ihr Wohlbefinden zu achten und mit ihrer eigenen Stärke verbunden zu bleiben.

Diese Menschen müssen lernen, Dinge langsam aufzubauen, damit das Fundament sicher ist. Das Tempo zu drosseln ist für sie schwer, da sie nicht daran gewöhnt sind. In diesem Leben ist es jedoch ihre Bestimmung, Schnelligkeit und Intensität durch langsames und stetiges Voranschreiten zu ersetzen.

Ich möchte ein Beispiel für die von ihnen geforderten Wandlungsprozesse geben: Wenn ein Hochhaus abgerissen und neu aufgebaut werden soll, sind zwei Gruppen von Arbeitern daran beteiligt. Eine Gruppe zerstört und beseitigt das vorhandene Hochhaus mit Dynamit, Kränen und Planierraupen. Es kann sein, daß diese Gruppe nur eine Woche für ihre Arbeit benötigt, der Prozeß des Wiederaufbaus des neuen Hochhauses kann jedoch ein ganzes Jahr dauern. In vergangenen Leben gehörten die Stier-Mondknoten-Menschen zur Gruppe der Zerstörer – nun aber müssen sie aufbauen. Der Aufbau erfordert viel mehr Zeit, und keine Stufe sollte unter Zeitdruck vorgenommen oder übersprungen werden, sonst wird die Struktur zusammenbrechen!

Wenn sie sich unwohl fühlen, ist das ein Warnsignal, daß sie bei dem Aufbauprozeß einen notwendigen Schritt vergessen haben. Sie lernen, sich selbst zu vertrauen und das Gefühl des inneren Friedens zu würdigen, das sie aus dem auf eigener Leistung beruhenden langsamen und stetigen Fortschritt erlangen.

Obwohl sie langsam vorgehen müssen, um erfolgreiche Ergebnisse zu erzielen, benötigen Stier-Mondknoten-Menschen doch auch eine bestimmte Anzahl an Anregungen, um sich selbst in Gang zu bringen. In einer Krisensituation sind sie handlungsmotiviert, wenn sie nicht über diese Krisenenergie verfügen, kann sie das daran hindern, ihre Vorhaben weiterzuverfolgen. Ein sinnvolles Hilfsmittel ist dann, sich selbst zeitliche Auflagen zu machen.

Zeitauflagen können als »künstliche Krise« fungieren. Stier-Mond-knoten-Menschen können sich die Schritte ansehen, die sie unternehmen müssen, und sie schriftlich festhalten. Um optimale Ergebnisse zu erzielen, sollten sie sich die Vorgehensweise schwarz auf weiß vor Augen führen: worin das Ziel besteht, welche Schritte erforderlich sind und den Termin für jeden Schritt. Dies vermittelt ihnen aufbauende »Krisenenergie«.

Diese Menschen müssen ihren Plan zur obersten Priorität machen: Dieses Ziel muß die wichtigste Sache in ihrem Leben werden, alles andere muß sich diesem Vorhaben unterordnen. Wenn sie beispielsweise dreißig Pfund abnehmen wollen, müssen sie dies – für einen im voraus bestimmten Zeitraum – zur wichtigsten Sache machen. Alles andere tritt dabei in den Hintergrund: Beruf, Hobby, einfach alles. Am Arbeitsplatz kommt ihre Diät an erster Stelle; egal, was andere tun, sie essen genau das, was auf ihrem Diätplan steht, weil dies oberste Priorität hat. Wenn sie am Nachmittag einen Energieabfall verspüren, trinken sie eine Tasse Kaffee oder nehmen chinesische Kräuter – alles, außer die Diät zu unterbrechen.

Für Stier-Mondknoten-Menschen ist es wichtig, realistisch zu sein und für die Verwirklichung ihres »größten Ziels« eine günstige Zeit zu wählen. Wenn ein Stier-Mondknoten beispielsweise in einem Steuerbüro arbeitet, wäre es falsch, gerade dann dreißig Pfund abnehmen zu wollen, wenn Jahresabschlüsse für das Finanzamt anstehen. Während dieser Zeit hat sein Job berechtigterweise oberste Wertigkeit. Daher muß er einen Zeitraum wählen, der nicht außergewöhnlich stressig ist. Sobald sich Stier-Mondknoten-Menschen einer Richtung verpflichtet haben, können sie ihre zwanghaften Energien aus vergangenen Leben benutzen, um sich auf ihre vorrangigen Ziele zu fixieren, und dann erreichen sie sie auch planmäßig, egal was passiert!

Selbstannahme
Bedürfnisse respektieren

Der erste Schritt in Richtung Selbstannahme besteht für Stier-Mondknoten-Menschen darin, anzuerkennen, daß es in ihnen einen bedürftigen Teil gibt, und die persönliche Verantwortung für die Erfüllung dieser Bedürfnisse zu übernehmen. Wenn sie versuchen, selbstzufrieden zu erscheinen und diesen bedürftigen Teil zu unterdrücken, wird er massiv zum Ausdruck kommen, um auf sich aufmerksam zu machen. Sie haben ihre eigenen Bedürfnisse in so vielen Inkarnationen verleugnet und verschoben, daß der bedürftige Teil nunmehr überenergetisiert ist. Und das ist zu ihrem Vorteil – sie haben sich das Recht verdient, diesen Teil ihres Selbst zu umarmen und aufzugreifen.

Sie können nicht darauf hoffen, in zwischenmenschlichen Beziehungen Wahrheit und Ehrlichkeit zu erleben, wenn sie dieses Verhalten nicht selbst an den Tag legen. Dies bedeutet, nie mehr »Unterlassungssünden« zu begehen – beispielsweise die Aussagen einen anderen stehenzulassen, ohne eine eventuelle Verletzung oder auch eine Zustimmung zum Ausdruck zu bringen. Diese Menschen müssen anfangen über ihr Unbehagen oder ihre Verletzungen, die ihnen ein anderer verbal oder durch seine Handlungen zugefügt hat, zu sprechen. Um dies zu erkennen und gesunde, neue Verhaltensmuster aufzubauen, müssen sie die alten loslassen.

Stier-Mondknoten-Menschen haben sich auf die verborgenen Wünsche anderer eingestellt. Sie sind oftmals sehr einfühlsam, wenn es darum geht, anderen zu helfen, selbstbewußter und weniger von selbstzerstörischen unbewußten Mechanismen beeinträchtigt zu werden. Diese Menschen haben jedoch einen wunden Punkt: Sie können bei anderen klar erkennen, wie sie »sich selbst ein Bein stellen«, nicht jedoch, wie sie selbst es tun. Was jedoch noch schlimmer ist: Sie widersetzen sich mit aller Macht den Hinweisen auf ihre unbewußten Mechanismen.

Es kann für die Menschen, die sich um sie sorgen, klar auf der Hand liegen, daß sie sich selbst verletzen oder sich selbst behindern. Wenn man sie jedoch auf dieses Verhaltensmuster hinweist, neigen sie dazu, dies zu leugnen. Um in diesem Leben Fortschritte zu machen, müssen sie sich unbewußte Schuld und selbstzerstörerische Verhaltensmuster bewußtmachen – und sie loslassen.

Ihr Widerstand gegen Hilfe resultiert teilweise aus der Tatsache, daß die daran gewöhnt sind, selbst die Helferrolle zu übernehmen. Diesen Menschen fällt es schwer zu akzeptieren, daß andere die Fähigkeit besitzen, genau das zu erkennen und es in Hilfe umzusetzen, was für *sie* von Wert sein kann. Ebenso sind sie gegenüber Kritik derart sensibel, daß sie die Vorschläge anderer oftmals als Herabsetzung ihres eigenen Wertes interpretieren, anstatt dies als Ermutigung zu umfassenderem Selbstausdruck zu erkennen. Der Schlüssel liegt in der Konzentration auf das, was sie aufbauen wollen: ihre eigenen Ideen und Ziele. Die Aufgabe der Stier-Mondknoten ist es, anderen zu gestatten, *sie* zu Veränderungen zu ermutigen.

Ein entscheidender Wendepunkt vollzieht sich, wenn sie ihre Zeit und Energie auf Projekte konzentrieren, die für *sie selbst* wichtig sind, und nicht von dem abgelenkt werden, was sie für eine andere Person für wichtig halten. Ich hatte beispielsweise eine Stier-Mondknoten-Klientin, die es liebte, anderen Bücher über deren Interessensgebiete zu kaufen. Es handelte sich um eine sehr großzügige Geste, und sie setzte alles daran, genau das richtige Buch mit den entsprechenden Informationen zu finden, die ihrer Einschätzung nach für den Beschenkten eine Bereicherung darstellen würden. Sie schickte auch einer Freundin von mir, die gar nicht gerne liest, Bücher! Dies ist ein Beispiel dafür, wie diese Menschen Energie von der Verfolgung ihrer eigenen Ziele abziehen und auf andere umlenken, die sie nicht um ihre Hilfe gebeten haben und sie eventuell auch nicht würdigen.

In dieser Inkarnation sind Stier-Mondknoten-Menschen hier, um ihre Kraft zurückzuerlangen. Wenn sie in ihrer Kraft bleiben, können sie sich erlauben, anderen gegenüber liebevoll und hilfsbereit zu sein – nicht aus einer Position der Bedürftigkeit, sondern aus einem Gefühl der Zufriedenheit, das sie befähigt, großzügig zu sein. Daher besteht ihre erste Verantwortung sich selbst gegenüber darin, Dinge zu tun, die ihnen zu der Anerkennung ihres Selbstwertes und zu Zufriedenheit und Lebensfreude verhelfen. Es gibt keine Schlachten mehr zu schlagen, nichts mehr aufzugeben und keinen Teil von ihnen wegzuwerfen. Dies ist ein Leben des Aufbaus: ein Gefühl des Wohlbefindens über ihrer Verbindung mit sich selbst zu schaffen.

Vergebung

Um eine vollständige Selbstakzeptanz zu erlangen, müssen diese Menschen durch einen Prozeß der Vergebung diejenigen loslassen, von denen sie in der Vergangenheit verletzt wurden. Dies schließt Menschen im gegenwärtigen Leben genauso ein wie Gefühle von Argwohn oder Entrüstung, die aus vergangenen Inkarnationen stammen. Vergebung ist wichtig, um ihre eigene Kraft aufrechtzuerhalten. Und ihre beste Motivation zur Vergebung besteht nicht in Großzügigkeit, sondern vielmehr in Sorge um ihre eigenen Bedürfnisse.

In vergangenen Leben schützten sich Stier-Mondknoten selbst durch Rache: Wenn jemand einen Stein nach ihnen warf, dann warfen sie einen Stein zurück – und einen zusätzlichen Stein, um sicherzustellen, daß derjenige aufhören würde. In vorherigen Inkarnationen war es belebend, der Macht anderer standzuhalten, in diesem Leben ist es jedoch Vergeudung von Energie – eine Ablenkung von ihrer neuen, friedfertigen Richtung. Sie wollen sich nur ein Leben voller Zufriedenheit und Stabilität aufbauen und es genießen, auf der Erde zu sein.

Um diese tun zu können, müssen sich Stier-Mondknoten-Menschen der Notwendigkeit des Vergebens stellen, wenn sie mißbraucht oder verletzt wurden – es ist der einzige Weg, wie sie ihre Psyche von der anderen Person befreien und ihren inneren Frieden wiedergewinnen können. Egal, was die andere Person ihnen angetan hat, sie müssen den Mißbrauch verzeihen, und sie müssen sich selbst verzeihen, daß sie den Mißbrauch zugelassen haben. Dies hilft ihnen auch, die Stärke zu erkennen, die sie aus dieser Erfahrung erlangt haben.

Wenn ihnen jemand so großes Unrecht angetan hat, daß Vergebung nicht möglich scheint, könnte es sein, daß sie die Person damit konfrontieren müssen, bevor sie die Situation loslassen können. Eine Möglichkeit dies zu tun wäre für den Stier-Mondknoten, irgendwohin zu gehen, wo er ungestört ist, seine Augen zu schließen und sich vorzustellen, daß die Person, der er nicht verzeihen kann, ihm gegenübersitzt und ihn ansieht. Durch Visualisierung kann er die Person konfrontieren und sie wissen lassen, wie er sich fühlt. Dann muß er intuitiv auf eine Antwort der anderen Person warten.

Wenn die Person in seinen Gedanken mit ernsthaftem Bedauern antwortet, ist der Stier-Mondknoten in der Lage zu vergeben. Wenn die Person jedoch mit Arroganz oder Rechtfertigung antwortet – oder sich offensichtlich immer noch nicht der Schwere des Unrechts bewußt ist –, könnte eine Klarstellung angebracht sein. Der Stier-Mondknoten kann in seiner Vorstellung die Rolle des Täters übernehmen, der den Mißbrauch begangen hat, und der Person die Möglichkeit geben, den Schmerz zu erfahren, den sie ihm zugefügt hat. Dann wird er in der Lage sein, zu vergeben und sie loszulassen.

Vergebung ist für diese Menschen essentiell; sie stellt den Schlüssel für das Loslassen früher schmerzlicher Erinnerungen dar. Wenn sie auf jemanden böse sind und ihm nicht vergeben haben, hat das eine negative psychische Bindung an die andere Person zur Folge.

Ein Grund, warum sie Vergebung verweigern, ist Angst. Wenn sie der anderen Person vergeben, wissen sie nicht, wie sich diese Person in Zukunft ihnen gegenüber verhalten wird, und sie haben Angst, daß sie nicht mehr durch ihre bösen Erinnerungen gegen neue Angriffe gefeit sind. Sie denken, wieder verwundbar gegenüber der Person zu sein, die sie mißbraucht hat. In Wirklichkeit ist es jedoch so, daß sie die Bindung zu dieser Person durchbrechen, wenn sie vergeben. Was immer der andere dann tut, der Stier-Mondknoten kann dadurch nicht mehr verletzt werden.

Erdung

Stier-Mondknoten-Menschen haben so viele Inkarnationen damit verbracht, in das Energiefeld zwischen ihnen selbst und anderen verwoben zu sein, daß sie das Gefühl, geerdet zu sein, nicht mehr kennen: in Kontakt mit ihrem Körper zu sein und die physischen Aspekte des Lebens zu genießen. In vergangenen Leben wollten sie in Verbindung mit höheren Sphären treten – sie wollten »fliegen« –, daher hoben sie mit einem Fuß vom Boden ab, um andere Realitäten zu erleben; und dann hoben sie mit *beiden* Füßen vom Boden ab! Daher kennen sie in dieser Inkarnation das Gefühl der Erdung oder der inneren Stabilität nicht. Ihre Herausforderung besteht darin, wieder mit den Füßen auf den Boden zu kommen und ein Gefühl ihrer eigenen inneren Stärke zurückzuerlangen.

Dankbarkeit

In diesem Leben liegt für diese Menschen einer der Hauptschlüssel zur Zufriedenheit im bewußten Wachrufen des Dankbarkeitsgefühls. Allein dieses Verhalten wird eine bedeutende Veränderung in ihrem Leben bewirken. In vergangenen Leben konnten sie sich überhaupt nicht vorstellen, sich Zeit zu nehmen, um Dankbarkeit zu verspüren. Ihr Bewußtsein war auf Krisenmanagement ausgerichtet, und sie waren süchtig nach Aufregung. Ihre Sehnsucht wurde niemals befriedigt, sie wollten immer mehr. Um in dieser Inkarnation hyperaktive Wünsche auszugleichen, müssen sie sich im Gegenteil üben, was bedeutet, dankbar für das zu sein, was sie bereits haben.

Die Anerkennung der Fülle, die es in ihrem Leben bereits gibt, trägt wesentlich zur Förderung der Dankbarkeitsenergie bei. Wenn sie sich dem gegenüber Dankbarkeit empfinden, was das Leben ihnen bereits gebracht hat, entspannen sie sich und fühlen sich friedvoll und geliebt. Die Energie der Dankbarkeit bringt sie wieder in Verbindung mit sich selbst, und wenn sie auf diese Weise zentriert sind, öffnen sie sich für das Leben, so daß es ihnen mehr bieten kann.

So können Stier-Mondknoten-Menschen zum Beispiel sagen, egal ob sie viel oder wenig Geld haben: »Danke, Universum, daß du mich mit genügend Geld versorgt hast, damit ich mir das (was immer sie haben: ein Dach über dem Kopf, Essen auf dem Tisch usw.) leisten kann.« Wenn sie keinen Partner haben, können sie sagen: »Danke, Universum, für die Freunde, die Familie, die Kollegen, die Kindern, die Haustiere usw., die du in mein Leben geschickt hast, um mich zu lieben.« Darin besteht der Schlüssel zur Fülle, nach der sie gesucht haben. Es hat nichts mit dem zu tun, was um sie herum geschieht; es hat etwas mit freundlicher Anerkennung und Dankbarkeit gegenüber dem zu tun, was sie haben.

Die Verbindung mit der Natur

Jeder muß nährende Energie erhalten, um sich erholt und zufrieden zu fühlen. In vergangenen Leben wurden Stier-Mondknoten-Menschen von der Beziehung zu einem Seelenpartner abhängig, der ihnen diese Fürsorge bot. Wann immer sie in diesem Leben von anderen abhängig sind, um diese Bedürfnisse zu befriedigen, fühlen sie sich im Stich gelassen. So ist es vorherbestimmt, weil ihre Lektion darin besteht, bezüglich der Erfüllung ihrer Bedürfnisse unabhängig zu werden.

In dieser Inkarnation haben diese Menschen eine zauberhafte Beziehung zur Mutter Natur und zur Erde, und es ist vorgesehen, daß daraus ein großer Teil der nährenden Energie entsteht. Ihre Einstimmung auf Mutter Natur befähigt sie, sich direkt mit deren Energie zu verbinden und sie auf eine heilende und belebende Weise aufzunehmen. Um inneren Frieden und innere Stärke zu entwickeln, müssen sich Stier-Mondknoten-Menschen regelmäßig in der Natur aufhalten und bewußte Dankbarkeit für die Unterstützung empfinden, die Mutter Erde ihnen bietet. Diese Vorgehensweise wird ihre vorherrschende emotionale Verfassung auf wundersame Weise in Gelassenheit wandeln. Situationen mit anderen, die Unsicherheit hervorrufen, werden weniger häufig auftreten, wenn diese Menschen ständig die sie stabilisierende innere Ruhe verstärken.

Manche dieser Menschen stellen vielleicht fest, daß das Arbeiten mit Pflanzen oder im Garten wohltuend auf sie wirkt. Es ist zu ihrem Besten, wenn sie die Energie von Mutter Natur ganz in sich aufsaugen – eine Pflanze oder einen Baum berühren und sich von der Erde nähren lassen. Einen Baum zu umarmen kann die gleiche Energie und Freude in ihnen hervorrufen wie das Umarmen einer Person. Eine Person zu umarmen ist ebenfalls gut für sie. Wenn sie aber irgendwelche Vorbehalte verspüren, wen sie umarmen sollen oder welchen Grund sie dafür haben sollten, dann wird ihnen ein Baum immer die »Verbundenheit« bieten, die sie brauchen.

Ihre Fähigkeit, Energie von der Natur aufzunehmen, können sie mit anderen teilen. Wenn sie beispielsweise mit einem Freund im Park spazierengehen und mit ihm ihr Wissen über die Energie der Bäume teilen, dann wird sich der Freund des Geschenks der Naturenergie stärker bewußt sein, während er in Gesellschaft des Stier-Mondknoten-Menschen ist, und wird durch dieses Erlebnis eine dauerhafte Bereicherung erfahren.

Sinnliche Freude

In dieser Inkarnation ist es die Bestimmung der Stier-Mondknoten-Menschen, die sinnlichen Freuden des Lebens zu genießen, geerdet zu sein und ein Gefühl für ihren eigenen Körper wiederzuerlangen. Ziel ist eine spirituelle Ausgewogenheit. In vergangenen Leben entwickelten Stier-Mondknoten-Menschen eine tiefe Freude an spirituellen und psychischen Wahrnehmungsfähigkeiten. In dieser Inkarnation sind ihre Sinne grundsätzlich sehr sensibel und gut entwickelt. Der Grundgedanke ist nun, dem Vergnügen, das ihnen durch ihre physischen Sinne geboten wird, Aufmerksamkeit zu schenken: der Geruch des Frühlings, der Geschmack eines guten Essens, ein Parfüm, das sie mögen, oder die Berührung ihres Partners. Auch Gewichtheben oder andere körperliche Übungen können sinnlich sein – alles, was sie in Kontakt mit ihrem Körper bringt, und das auf eine Weise, die Freude und/oder Selbstwertgefühl zur Folge hat.

Für diese Menschen stellt Musik, die dazu beiträgt, ihre mentalen Schwingungen in harmonische Muster umzuwandeln, eine ausgezeichnete Quelle der Freude dar. Es tut ihnen gut, regelmäßig Musik im Hintergrund laufen zu haben. Sie sind auf die Geräusche der Natur eingestimmt – Wellen, die sich am Strand brechen, und Vogelgesang. Ihren Gehörsinn zu genießen ist grundsätzlich der richtige Weg für sie. Ebenso erwächst ihnen Freude aus ihrer sinnlichen Wahrnehmungsfähigkeit – die Schönheit um sie herum zu bemerken, ein Kunstwerk zu bestaunen oder sich einfach Zeit zu nehmen, um einen Sonnenuntergang zu genießen.

Stier-Mondknoten-Menschen haben grundsätzlich gut entwickelte Geschmacksnerven; sich am Genuß einer guten Mahlzeit zu erfreuen und in piekfeine Restaurants zu gehen ist für sie sicher der richtige Weg. Sich ihres Tastsinns bewußt zu werden ist ebenfalls wohltuend. Sich Zeit zu nehmen, einen Baum, ein Blatt, ein Stück Holz oder Stoff anzufassen – und körperliches Wohlbefinden zu erleben – ist generell geeignet. Sich des Erlebnisses knirschenden Schnees unter ihren Füßen bewußt zu sein kann ebenfalls ein sinnliches Vergnügen darstellen.

Eine andere Möglichkeit, sich stärker zu erden, ist, sich der Kleidung in bezug darauf bewußt zu werden, wie sie sich auf dem Körper anfühlt. Fühlt sie sich sinnlich oder bequem an? Mögen sie das Gefühl, das ihnen dieser Stoff vermittelt? Dann ist das die Kleidung, die sie am Körper tragen sollten, um sich selbst etwas Gutes zu tun und sich zu verwöhnen. Ebenso kann Kleidung ein machtvolles Mittel sein, um Selbstwertgefühl zu entwickeln. Wenn sie für eine wichtige Verabredung die Wahl zwischen einer Aufmachung haben, in der sie sich wohl und zufrieden fühlen, gegenüber einer Aufmachung, von der sie der Meinung sind, daß sie die andere Person beeindrucken wird, dann ist es das beste, die Kleidung zu tragen, in der sie sich wohl fühlen. Auf diese Weise fühlen sie sich in sich selbst wohl, ungeachtet der Reaktion der anderen Person.

Andere sinnliche Erlebnisse, die für diese Menschen ein »gutes Karma« darstellen, sind das Geben oder Empfangen einer Massage und das Verwöhntwerden durch eine Maniküre, Gesichts- und Körperbehandlung, Sauna oder Whirlpool. Wenn sie Zeit darauf verwenden, sich selbst körperliche Belohnungen und sinnliche Freuden zu schenken, dann brauchen sie nicht so viele von anderen.

Beziehungen

Die Suche nach dem Seelenpartner

Stier-Mondknoten-Menschen wurden geboren, um nach ihrem Seelenpartner zu suchen. Dies kann in ihrer Jugend zu Promiskuität führen,
zur Neigung, zu schnell eine Beziehung einzugehen, weil sie die Bindung sosehr wollen. Ihre Herausforderung in diesem Leben besteht
darin, sich weniger auf die Bindung an einen Partner zu konzentrieren,
als vielmehr auf den Aufbau ihrer eigenen Werte – dann werden sie den
richtigen Gefährten anziehen.

Aus vergangenen Leben sind es diese Menschen gewohnt, alles zu geben und den Ausgleich durch die andere Person zu erwarten. Ganz zu
ihrer Überraschung ist es in dieser Inkarnation in ihren Horoskopen
nicht vorgesehen, daß andere sich um sie in der gleichen co-abhängigen
Weise kümmern. Das ist der Weg des Universums, ihnen dabei zu helfen mit mißbrauchender Co-Abhängigkeit zu brechen und zu lernen,
selbstzufriedener zu sein. Tief in ihrem Herzen wollen sie einen Seelengefährten, mehr noch als alles andere auf der Welt – diese bestimmte
Person, mit der sie – basierend auf beiderseitiger Verletzlichkeit, Verbindlichkeit und Stärkung – durchs Leben gehen können. Damit dieser
Traum wahr werden kann, müssen sie zuerst erleben, in sich selbst
ganz zu sein. Nur wenn sie keine andere Person mehr brauchen, um
sich ganz zu fühlen, werden sie den richtigen Lebenspartner anziehen.
Stier-Mondknoten-Menschen fühlen sich manchmal sehr einsam, wenn
sie sich nach ihrem Gefährten sehnen. Sie streben nach dem Glück einer
dauerhaften, zuverlässigen Beziehung. In diesem Leben gehört eine
loyale Beziehung zu ihrem Geburtsrecht. Diese müssen sie sich jedoch
verdienen, wie alles andere in dieser Inkarnation. Wenn sie daran arbeiten, ihre eigene Ganzheit und ihre eigenen Ziele zu erkennen, und wenn
sie selbst ein mächtiger Fluß werden, dann können sie sich mit einem
anderen mächtigen Fluß verbinden, der in die gleiche Richtung fließt.
Zusammen können sie dann dem Meer entgegenfließen.

Invasionsartige Feldzüge

Die Sehnsucht nach dem Seelenpartner veranlaßt die Stier-Mondknoten-Menschen, die Psyche anderer zu erforschen. In vergangenen Leben hat diese Technik für sie funktioniert. Ihr Verständnis für die Ver-

haltensmuster anderer erleichterte eine Verbindung mit dem Ziel gegenseitiger Bestärkung. Sie haben sich jedoch so daran gewöhnt, in die Psyche anderer Menschen einzudringen, daß sie das Gefühl für ihre eigenen Grenzen verloren haben! Wenn sie jetzt in den Energiegipfel einer anderen Person eintreten, gehen sie zu weit und werden aufdringlich – und beide Menschen fangen an, ihr Gefühl der Autonomie zu verlieren. Ebenso spürt die andere Person, daß der Stier-Mondknoten die bindende Energie will, anstatt den anderen einfach nur als eigenständige Person zu schätzen und sie als solche zu bestärken.

Diese Menschen denken, daß jeder die gleichen emotionalen Bedürfnisse haben wie sie selbst: Liebe, Anerkennung, Dankbarkeit. Daher geben sie anderen diese emotionale Unterstützung und Ermutigung. Wenn sie jedoch die Dinge überstürzen und versuchen, die Stimmung des anderen zu verändern, dann sind sie manchmal überrascht, wenn diese Person mit Verärgerung reagiert, weil sie das Gefühl hat, daß ihre Grenzen verletzt wurden.

Stier-Mondknoten werden oftmals auch unabsichtlich zu sehr in das Kraftfeld einer anderen Person verwickelt, und dann fangen sie an, sich unwohl zu fühlen. Wenn sie sich von den Stimmungen anderer zu sehr vereinnahmen lassen, verschwenden sie ihre eigene Energie. Sollte dies der Fall sein, dann müssen sie sich am besten verabschieden und sich eine Pause gönnen, um sich wieder zu erden – ein Spaziergang ums Viertel, einen Baum berühren und die nährende Energie der Natur in sich hineinströmen lassen. Wenn sie sich ruhig, zufrieden und mit ihrer eigenen Energie verbunden fühlen, können sie sich der Person oder Situation erneut nähern. Und dann werden sie wissen, was zu tun ist. In diesem Leben müssen Stier-Mondknoten-Menschen in der Lage sein, ihr eigenes psychisches Energiefeld als eigenständiges Ganzes aufrechtzuerhalten, bevor sie versuchen, eine Verbindung mit einem anderen Menschen einzugehen. Wenn sie sich binden, müssen sie »Raum« in ihrer Beziehung schaffen. Sie neigen dazu, im privaten Bereich alles mit ihrem Partner gemeinsam zu tun, was nicht unbedingt eine gute Idee ist, denn der Partner wird sich vermutlich mit der Zeit wie ein Teil von ihnen fühlen, anstatt wie ein eigenständiges Individuum. Das Aufbauen von Grenzen, die ihrer Individualität und ihren Selbstwert unterstützen, ist bei der Schaffung des Freiraums notwendig, den Stier-Mondknoten-Menschen in ihren Beziehungen – und für sich selbst – brauchen, um sich gut entwickeln zu können. Da sie nicht an Grenzen gewöhnt sind, haben sie anfangs Schwierigkeiten, die Grenzen anderer Menschen zu erkennen und ihre eigenen aufzubauen. Wenn sie jedoch ruhig bleiben, werden sie das notwendige Bewußtsein entwickeln, um die eigenen Grenzen zu definieren, so daß sie stabil werden und eine größere Sensibilität gegenüber den Grenzen anderer haben werden. Gesunde Grenzen fördern die Selbstachtung und den Respekt gegenüber anderen.

Mißbrauch

In früheren Inkarnationen war für die Stier-Mondknoten Mißbrauch ein Thema – sowohl aktiv als auch passiv. Er hatte mit den Macht-kämpfen zu tun, die die Folge von zu engen, zu viele Kräfte raubenden Beziehungen waren. Eine ihrer zentralen Herausforderungen in diesem Leben besteht darin, sich von den Eltern zu lösen und eine eigene Iden-tität zu entwickeln. Sie müssen für sich selbst Grenzen aufbauen, um mit dieser Bindung zu brechen, andernfalls setzt sich der Machtkampf fort.

Diese Menschen müssen lernen, Macht nicht zu mißbrauchen; manch-mal lernen sie diese Lektion, indem sie selbst Opfer von Mißbrauch werden. Dann haben sie die Wahl: Sie können andere mißbrauchen, wenn sie erwachsen sind, oder sie können das Muster durchbrechen und sich nicht für den Mißbrauch revanchieren, den sie erlitten haben. Sie lernen etwas über Liebe und Vergebung; diese Lektionen könnten dem Erlebnis, selbst auf unfaire Weise verletzt worden zu sein, unmit-telbar folgen.

Manchmal leugnen Stier-Mondknoten-Menschen ihre schwierige Kindheit, auch dann, wenn der Mißbrauch für andere klar erkennbar ist. Sie neigen dazu, ihre Eltern als gut darzustellen und glauben, den Mißbrauch als gerechte Bestrafung provoziert zu haben, da sie »schlecht« waren. Sie sind nur allzu gewillt, die Schuld auf sich zu laden. Ich hatte eine Stier-Mondknoten-Klientin, die selbst Mutter von zwei Kindern war. Ihre Eltern hatten sie während ihre Kindheit brutal mißbraucht: sexuell, körperlich und emotional. Trotzdem dachte sie, daß es gute Eltern waren. Diese Frau begab sich in psychiatrische Be-handlung, und eines Tages fragte sie der Arzt: »Was müßten deine Kinder deiner Meinung nach tun, daß du glauben würdest, sie hätten die Bestrafung verdient, die du als Kind erhalten hast?« Diese Frage ließ sie abrupt innehalten, denn sie erkannte, daß ihre Kinder niemals etwas tun könnten, das es rechtfertigen würde, sie derart zu behandeln. Wenn Stier-Mondknoten als Erwachsene mißbraucht werden, müssen sie sich zuallererst einmal eingestehen, daß es sich um Mißbrauch handelt. Dann müssen sie sich selbst aus der Situation befreien und die psychische Bindung durch Vergebung durchbrechen. In vielen Fällen ist eine Psychotherapie oder eine andere Form der Unterstützung für sie sehr anzuraten, da es ihnen die Möglichkeit gibt, Erinnerungen an Mißbrauch und Schuldgefühle aus früheren Leben und der frühen Kindheit aufzudecken und loszulassen. Bei ihrer Tendenz, sich selbst als immanent »böse« und von anderen abgelehnt anzusehen, handelt es sich in Wirklichkeit um ihren hypersensiblen Versuch, andere zu einer Wertschätzung ihrer Person anzuregen. Wenn diese Menschen aufhören, nach Anerkennung zu suchen, dann werden sie nicht mehr so schnell das Gefühl entwickeln, abgelehnt zu werden. Manchmal werden sie von den Menschen gemieden, die sie mißbraucht haben. Der Grund dafür ist verständlich: Wenn jemand einen anderen Menschen mißbraucht hat, ist eine Menge Schuld vorhanden.

Kritisches Urteilsvermögen

Da sie ohne das Wissen geboren wurden, was für sie im Leben wichtig ist, neigen Stier-Mondknoten-Menschen dazu, die Werte anderer zu untersuchen. Dies funktioniert jedoch nie, denn wenn andere sich darüber äußern, was für sie wichtig ist, sagen Stier-Mondknoten zu sich selbst: »*Das* ist nicht wichtig, weil …«, und die andere Person fühlt sich verunsichert.

Stier-Mondknoten-Menschen haben so viele Inkarnationen damit verbracht, das Wertesystem anderer zu übernehmen, daß sie manchmal verbergen, was sie wollen, da sie denken, es sei zwischenmenschlich nicht akzeptabel oder die ihnen nahestehenden Menschen seien nicht damit einverstanden. Um in dieser Inkarnation jedoch ein Gefühl des Selbstwertes aufzubauen, müssen sie zwischen den Werten anderer und ihren eigenen unterscheiden und zu dem stehen, was *sie* wollen. Nur wenn sie dem nachgehen, was sie wirklich wollen, haben sie sich selbst gegenüber ein gutes Gefühl. Wenn es beispielsweise für sie wichtig ist, viel Geld zu verdienen, lassen sie sich leicht von den Wertvorstellungen anderer verunsichern: »Oh – das ist ja so materialistisch, und du bist ein spiritueller Mensch.« Dann fühlen sie sich schlecht und versuchen, diesen Wunsch in sich zu unterdrücken. Dies ist typisch dafür, wie sie ihren eigenen Selbstwert untergraben.

Wenn diese Menschen jedoch versuchen, ihren Wunsch nach Reichtum zu unterdrücken, werden für sie Geldprobleme die Folge sein. Wenn sie versuchen, ihre Geldprobleme zu lösen, wird irgend etwas gegen sie arbeiten – weil sie sich wegen des finanziellen Erfolges schuldig fühlen. Dann werden sie verunsichert sein, weil sie nicht wissen, warum sie diesen Aspekt ihres Lebens nicht auf die Reihe bekommen, und sie werden sich deswegen schlecht fühlen.

Kritisches Urteilsvermögen ist ebenfalls ein Problem, das Stier-Mondknoten-Menschen dazu veranlaßt, »schwierige« Typen als Kandidaten für enge Beziehungen anzuziehen. Möglicherweise ist es durch vergangene Leben bedingt, in denen sie mit emotional gestörten Menschen gearbeitet haben, oder durch den Reiz, den »das Leben am Abgrund« für sie darstellt, daß Stier-Mondknoten dazu neigen, sich von Menschen angezogen zu fühlen, die ein geringes Risiko in bezug auf Nähe bedeuten. Wenn sie sich an einen solchen Menschen binden und ihr Vertrauen in ihn setzen, endet es für sie immer damit, daß sie enttäuscht sind.

Diese Menschen sind sich dessen bewußt; sie wissen, wenn sie mit jemandem Kontakt haben, der so problematisch ist, daß er nicht in der Lage ist, irgend etwas zurückzugeben, aber sie fühlen sich trotzdem angezogen. Sie denken, daß sie helfen können, die andere Person zu heilen, und dann erwarten sie von der anderen Person, daß sie dankbar ist und im Gegenzug Unterstützung anbietet. Dies ist jedoch für Stier-Mondknoten-Menschen mit »Verlieren« gleichzusetzen. Ihre Aufgabe ist es, zu unterscheiden und Beziehungen mit solchen Menschen aufzubauen, die bereits psychisch gesund sind.

Sie können zum Beispiel dann mit den falschen Menschen in Verbindung kommen, wenn sie versuchen, Anerkennung von anderen zu erzielen, indem sie deren Werte übernehmen. Beispielsweise könnten sie über Drogen sprechen, auch wenn sie selbst keine nehmen, und ein Image aufbauen, daß ihrer Meinung nach einen guten Eindruck macht. Dies verwirrt sowohl sie selbst als auch andere: Sie schrecken diejenigen ab, die sich normalerweise von ihnen angezogen fühlen würden, und sie ziehen diejenigen an, die die gleichen Werte haben, für die sie gerade eingetreten sind. Wenn sie mit dem in Kontakt kommen, was wirklich wichtig für sie ist, und diese Werte klar vertreten, dann werden sie Menschen anziehen, die wirklich auf ihrer Wellenlänge liegen. In dieser Inkarnation brauchen Stier-Mondknoten-Menschen Stabilität und keine Krisen. Um dies im Zusammenhang mit Beziehungen zu erreichen, dürfen sie sich von ihrem Partner nicht verunsichern lassen. Wenn der Partner etwas sagt, bei dem sie sich nicht wohl fühlen, können sie ihn wissen lassen: »Ich fühle mich nicht wohl dabei.« Auf diese Weise machen sie der anderen Person ihre Grenzen klar und geben ihr die Möglichkeit, ihnen entgegenkommen zu können und einen Kompromiß zu finden, der ihren eigenen Bedürfnissen entspricht. Wenn die Beziehung sich dann weiterentwickelt, wird es sich herausstellen, ob es sich bei dieser Person um einen passenden Partner handelt oder nicht.

Bindung

Stier-Mondknoten-Menschen lieben die Energie die aus der Verbindung mit einer anderen Person entsteht, so daß man weitaus mehr leisten kann, als einer alleine es vermag.

Da diese Menschen so sehr an Energieaustausch und gegenseitige Unterstützung als Schlüssel zu ihrem Überleben gewöhnt sind, glauben sie unbewußt, daß sie die Energie einer anderen Person brauchen, um leben zu können. Deshalb haben sie in ihren frühen Beziehungen oftmals eine so schlechte Wahl getroffen, ihre Verzweiflung bringt ihre Fähigkeit, die andere Person genau zu beurteilen, zum Verschwinden. Diese Menschen stehen nicht auf festem Boden, wenn sie in die intensive Energie verwickelt werden, die am Anfang einer Beziehung steht. Wenn sie zulassen, daß das passiert, werden sie auf eine Weise verwundbar, die völliges Vertrauen erfordern würde. Wenn die andere Person sie dann zu einer Entscheidung drängt, sind sie versucht, zu schnell eine verbindliche Beziehung einzugehen. Dinge schnell zu erledigen ist für sie jedoch ungünstig; in diesem Leben müssen sie die langsame und stetige Annäherung wählen, um positive Ergebnisse zu erreichen. Bei Beziehungen, in die sie sich »hineinstürzen«, ist das Scheitern geradezu vorprogrammiert, denn ihre Grundlage ist eine befristete Energieverbindung, anstatt daß man wirklich zu der anderen

Person paßt. Wenn Stier-Mondknoten zu schnell vorgehen, werden außerdem die Beziehungen zwischen ihnen und anderen Personen, die stimmen *könnten* (wenn man sich Zeit zur schrittweisen Annäherung nehmen würde), sich nicht gut entwickeln, da die beiden Partner die notwendigen Schritte sanfter Anpassung überspringen.

Um erfolgreiche, langfristige Beziehungen zu verwirklichen, müssen Stier-Mondknoten-Menschen zuerst einmal erkennen, daß ihre Energie ausreichend ist, daß sie von ihrer eigenen Energie leben können. So lange sie sich unvollständig fühlen, werden sie weiterhin Menschen anziehen, die ebenfalls über eine geringe Selbstwertschätzung verfügen. Wenn sie jedoch nicht von ungezügelter Bedürftigkeit getrieben werden, können sie ihre Zeit darauf verwenden herauszufinden, wessen Energie ihnen wirklich zuträglich sein und ihnen Freude bringen wird!

Sexualität
Grundsätzlich sind Stier-Mondknoten-Menschen sexuell sehr aktiv. Sie streben nach der Intensität und Erregung der Sexualität und der Nähe, die durch eine sexuelle Verbindung entstehen kann. In jungen Jahren ist es möglich, daß sie zu Promiskuität neigen. Wenn sie mit einer Person eine Verbindung spüren, wollen sie sofort ins Bett, um mit dem Beziehungsprozeß zu beginnen. Und dann endet die Verbindung ebenso schnell, wie sie begonnen hat, denn es gab keine stabile Basis, die die Leidenschaft hätte unterstützen können.

Diese Menschen haben viele Leben damit verbracht, nach ihrem Seelenpartner zu suchen – dem »Teil des Puzzles«, das mit ihrem »Teil« perfekt zusammenpaßt. Wenn sie ungeduldig sind und am Anfang einer Beziehung sexuell in Kontakt kommen, ohne der Verbindung Zeit zu geben, sich zu festigen, dann liegt das daran, daß sie sich so sehr einen Seelengefährten wünschen und denken, daß die Sexualität ihnen Aufschluß darüber geben wird, wer diese Person ist. Die Ironie besteht darin, daß die sexuelle Energie weitaus intensiver und befriedigender sein wird, wenn sie sich Zeit nehmen, da sie dann eine sinnvolle Basis für die Beziehung geschaffen haben.

Sie hatten jedoch so viele Erfahrungen im vergangenen Leben, bei denen sie mit Menschen sowohl mental als auch emotional verschmolzen sind, daß sie oftmals zu wenig darauf achten, ihren Körper außerhalb des sexuellen Prozesses zu genießen. Es ist möglich, daß sie in Beziehungen ein sexuelles Burnout erleben und nicht verstehen, warum es dazu kommen konnte. In diesem Leben ist vorgesehen, daß sie sich aus dem Energiefeld anderer zurückziehen und ein eigenes stabiles Körpergefühl entwickeln; darin besteht für sie der Schlüssel zu einem erfüllten Sexualleben. Sie müssen sich in Beziehungen bewußt Zeit nehmen und den sexuellen Aspekt so lange nicht forcieren, bis sie mit der anderen Person eine tragfähige sinnliche Beziehung entwickelt haben.

Stier-Mondknoten-Menschen brauchen zahlreiche Beweise körperlicher Zuneigung: Küssen, Händchenhalten, Berührung, Massieren – sich wirklich darauf konzentrieren, wie sich die Hände der anderen Person auf der Haut anfühlen und wie ihr Nervensystem auf die andere Person reagiert, und das ausschließlich auf der körperlichen Ebene (ohne die Unterstützung ihrer Phantasien). Dann müssen sie beobachten, wie sich der Körper der anderen Person anfühlt und ob es zu einer physischen Reaktion im Körper des anderen kommt, wenn sie ihn berühren. Das Aufbauen einer solchen Sensibilität im körperlichen Kontakt bringt ihre ganze Sinnlichkeit zur Entfaltung und wird für eine stabile Basis ihrer Sexualität sorgen. Wenn der Körper der Stier-Mondknoten nicht mit der anderen Person harmoniert, dann ist dies ein wichtiger Hinweis: Er wird die romantische Beziehung, die keine dauerhafte Basis auf der körperlichen Ebene hat, nicht weiter verfolgen wollen.

Mit der Zeit könnten sich bei Stier-Mondknoten-Menschen sexuelle Probleme mit ihrem Langzeitpartner entwickeln. Wenn dies der Fall ist, liegt die Ursache grundsätzlich darin, daß sie Sex gegen etwas anderes austauschen. Wenn eine Stier-Mondknoten-Frau beispielsweise Blumen oder Schmuck geschenkt haben möchte, könnte sie Sex als ein Mittel benutzen, um ihren Partner dahingehend zu manipulieren, daß er ihr diese Dinge kauft. Wenn ein Mann bei seiner Partnerin ein bestimmtes Verhalten erreichen will, könnte er den Sex verweigern oder Sex als Tauschmittel benutzen, um das durchzusetzen, was er will. Auf diese Weise wird das sexuelle Verlangen durch andere Motive abgeschwächt, und mit der Zeit wird der sexuelle Teil ihrer Verbindung weniger intensiv. Die andere Person spürt die Absicht, durch Sex kontrolliert zu werden und fängt an, das Interesse zu verlieren. Als Ergebnis davon könnten Beziehungen, die anfänglich überaus leidenschaftlich waren, als platonische Freundschaft enden, oder ein Gefühl der Impotenz oder Frigidität verursachen. Indem sie versuchen, ihre sexuelle Aktivität neutral zu manipulieren, verlieren Stier-Mondknoten-Menschen den Kontakt mit ihrer eigenen natürlichen Potenz.

In dieser Inkarnation lernen sie, dankbar für das Geschenk zu sein, sexuelle Freude mit ihrem Partner zu teilen, ohne daß andere Motive im Spiel sind. Sie lernen den Wert der einfachen, natürlichen Freuden des Lebens kennen: Essen, Sex, Sichwohlfühlen.

Loyalität

Loyalität und Verbindlichkeit sind für Stier-Mondknoten-Menschen sehr wichtig. Sie »spielen« grundsätzlich nicht herum; sie wollen jemanden, mit dem sie durchs Leben gehen können, einen Partner, der ähnlich empfindet wie sie. Sie wollen Erfüllung finden, daher stellen sie sich, wenn sie heiraten, psychisch auf ihren Gefährten ein und beginnen, den Partner mit Kraft, Wertschätzung und Energie zu nähren – in der Erwartung, daß ihr Gefährte sich revanchieren wird. Dies funktioniert jedoch nicht, da der Stier-Mondknoten nicht erst einmal herausfindet, worin die Bedürfnisse des Partners wirklich bestehen. Anstatt sich auf die Bedürfnisse seines Partners einzustellen, projiziert er seine eigenen Bedürfnisse auf seinen Gefährten. Die tatsächlichen Bedürfnisse und Wünsche seines Partners werden jedoch selten auch nur erkannt.

Für Stier-Mondknoten-Menschen basieren feste Beziehungen darauf, daß jede Person die Verantwortung dafür übernimmt, ihre eigenen Bedürfnisse zu erfüllen und Energie aus Aktivitäten außerhalb der Beziehung zu ziehen. Dann kann eine gesunde Bindung stattfinden, die auf beidseitiger Stärke und dem Austausch von Energie basiert, anstatt sie sich gegenseitig zu entziehen.

Sie lernen, daß Loyalität in einer Beziehung zwischen zwei Menschen darauf basiert, daß beide Menschen sich selbst gegenüber loyal sind. Sie müssen zuerst die Loyalität gegenüber dem eigenen Selbst festigen, bevor sie erwarten können, auf gesunde Art und Weise einem anderen gegenüber loyal zu sein. Beispielsweise bedeutet Loyalität sich selbst gegenüber, daß man ehrlich kommuniziert: »Ich fühle mich nicht wohl dabei«, anstatt persönliche Bedürfnisse herunterzuspielen, um sich dem Partner anzupassen. Es bedeutet, eine Position der Integrität einzunehmen – basierend auf einem inneren Gefühl dafür, was korrekt ist – und bei seinem Standpunkt zu bleiben, statt verschiedene Positionen einzunehmen, abhängig davon, für welche die größte Bestätigung erwartet wird.

Indem sie gemäß ihren eigenen Werten leben, gestatten diese Menschen der richtigen Person, auf sie zu reagieren und sie zu unterstützen. Dies bedeutet auch, das Risiko einzugehen, den Partner zu verlieren. Wenn sie sich selbst treu bleiben, ehrlich zum Ausdruck bringen, was ihre innere Stimme ihnen sagt, wird die andere Person sie entweder bestätigen, indem sie ihnen näherkommt, oder sie wird gehen und Platz schaffen für jemanden, der passender ist.

Wenn Krisen innerhalb einer Ehe Streß erzeugen, sehen Stier-Mondknoten-Menschen Loyalität als eine Qualität an, die zwei Menschen zusammenhält und sie an der Ehe weiterarbeiten läßt, bis sie über den Berg sind. Loyalität setzt die Integrität und Verbindlichkeit beider Menschen voraus, um an dem Punkt zu arbeiten, anstatt aufzugeben. Stier-Mondknoten-Menschen müssen das Gefühl haben, daß die andere Person zu ihnen stehen wird, damit ihnen nicht der Boden unter den Füßen weggezogen wird, wenn sie sich ganz und gar auf die Bindung einlassen.

Da das ein wichtiger Punkt für diese Menschen ist, sollten sie sich am besten am Anfang einer engen Beziehung folgendes eingestehen: »Loyalität ist wichtig für mich – zu wissen, daß mein Partner mit mir durch dick und dünn gehen wird. Ist dies für dich ebenfalls ein wichtiger Punkt in einer Beziehung?« Indem sie dies von Anfang an klarstellen, ermöglichen sie der anderen Person, die Art von Beziehung zu erkennen, die sie anzubieten haben.

Dies ist einer der effektivsten Wege, sich um ihren inneren bedürftigen Teil zu kümmern: für sich selbst zu entdecken, worin ihre Bedürfnisse bestehen, zuzugeben, daß diese Bedürfnisse wichtig sind, und dann klar über diese Bedürfnisse zu sprechen, um zu sehen, wie die andere Person reagiert. Der Gedanke dabei ist, das Geben und Nehmen innerhalb einer Beziehung aus dem Bereich der Erwartungen herauszunehmen und es statt dessen offen zum Thema zu machen. Dann können sie entscheiden, ob beide Partner die Bedürfnisse des anderen erfüllen wollen und sich auf der beständigen Basis, die sie brauchen, glücklich machen wollen.

Verweigerung

Stier-Mondknoten-Menschen neigen dazu, das zu verweigern, was die andere Person braucht, da sie eine vorgefaßte Meinung darüber haben, was die andere Person wirklich braucht. Beispielsweise könnte die andere Person sagen, daß sie mit ihren Freunden an einem Abend in der Woche Bridge spielen will. Der Stier-Mondknoten-Partner könnte dem entgegensetzen: »Du brauchst das nicht, diese Menschen passen nicht zu dir.« Indem er jedoch die zum Ausdruck gebrachten Bedürfnisse seines Partners entwertet, untergräbt er seine Beziehung. Das beste ist, sich wirklich in die andere Person einzufühlen, ohne von seinen eigenen Wünschen beeinflußt zu sein.

Da sich Stier-Mondknoten-Menschen ihrer eigenen Bedürfnisse so sehr bewußt sind, könnte ihre erste Reaktion Widerstand sein, wenn ihr Partner sie um etwas bittet. Sie wollen nicht länger geben, da sie sich leer fühlen. Daher verweigern sie absichtlich, worum sie der Partner gebeten hat, und verteidigen ihre Position, indem sie voreingenommen gegenüber dem reagieren, was der Partner will. In dieser Situation verlieren beide Seiten. Die andere Person fühlt sich unterdrückt und revanchiert sich, indem sie dem Stier-Mondknoten *weniger* oder mit Widerwillen gibt. Dies untergräbt die Bindung, die sie aufbauen wollen, auf gefährliche Weise.

Es ist für diese Menschen von Vorteil, wenn sie ihre Tendenz loslassen, sich ihrem Partner zu verweigern. Der Schlüssel ist oftmals ein kritisches Urteilsvermögen. Verletzt das zum Ausdruck gebrachte Bedürfnis der anderen Person wirklich das Selbstwertgefühl des Stier-Mondknotens? Wenn nicht, ist es angebracht, der anderen Person das zu geben, was sie braucht. Genauso, wie es unpassend für ihn ist, nach den Werten eines anderen Menschen zu leben, ist es unangemessen, von anderen zu erwarten, daß sie nach seinen Werten leben. Andere Menschen sind einfach sie selbst.

Sich die eigenen Bedürfnisse bewußtmachen

Es besteht ein Unterschied zwischen zum Ausdruck gebrachten Bedürfnissen und unausgesprochenen Bedürfnissen. Ersteres ist ein Wunsch, den der Partner ausspricht (eine Stunde pro Tag für sich alleine, Zeit an einem Projekt zu arbeiten, ein gemeinsames Abendessen pro Woche usw.). Wenn Stier-Mondknoten-Menschen diese Bedürfnisse großzügig erfüllen, sind ihre Partner glücklich und reagieren mit überschwenglicher Liebe und Anerkennung. Ein unausgesprochenes Bedürfnis ist etwas, das man auf die andere Person projiziert. Es erfüllt nicht die wahren Wünsche einer Person und führt zu Unzufriedenheit auf beiden Seiten.

Manchmal haben diese Menschen Angst, das offenzulegen, was sie brauchen, weil sie befürchten, daß sie egoistisch erscheinen. Wenn sie das nicht offenlegen, was sie wollen, berauben sie in Wirklichkeit ihren Partner der Möglichkeit, sie glücklich zu machen. Auch verlieren die Menschen allmählich den Respekt vor ihnen, wenn sie nicht ihre Grenzen deutlich machen und andere wissen lassen, was sie brauchen. Diese Menschen protestieren niemals; sie sagen nicht: »Nein! Das ist nicht in Ordnung!« Andere sind geneigt, sie zu übervorteilen, da sie nicht über genügend Selbstwertgefühl verfügen, um für sich selbst einzustehen.

In den Augen der Stier-Mondknoten-Menschen erscheinen andere, als seien sie Götter, die den Schlüssel zur Erfüllung ihrer Bedürfnisse in Händen halten. Sie überbewerten andere jedoch und unterbewerten sich selbst. Das ist das Ungleichgewicht, das zu Leiden in einer Beziehung führt. Sobald sie dies erkannt haben, fangen sie damit an, ihren Partner wissen zu lassen, was sie brauchen und was erforderlich ist, damit sie glücklich sein können. Keine Rechtfertigung und keine Kompromisse – nur einfach das Offenlegen dessen, was sie in der Partnerschaft brauchen. Indem sie unverhohlen sagen: »Das brauche ich, um in dieser Partnerschaft glücklich zu sein«, geben sie anderen die Chance, sich ihnen anzupassen. Die Ironie ist, daß die Veränderungen, die andere daraufhin in ihrem Verhalten vornehmen, grundsätzlich auch förderlich für die Stier-Mondknoten sind.

Diese Menschen haben manchmal das Gefühl, daß sie immer nur gegeben haben und jetzt nichts mehr zu geben haben. Dieses Gefühl der Leere ist in Wirklichkeit zu ihrem Vorteil: Es erinnert sie an die Notwendigkeit, sich nach innen zu wenden und ihre eigenen Bedürfnisse zuerst zu befriedigen. Andernfalls besteht die Leere fort, egal wieviel der Partner ihnen gibt.

Offenlegung

In der Geschichte der Menschheit entstanden viele negative Gedanken und Emotionen als Reaktion auf bestimmte Lebenserfahrungen: besonders Unzulänglichkeit, Schuld und Scham. Diese Gefühle sind nicht persönlich; sie sind Teil des kollektiven Unbewußten. Obwohl sie keine genauen Aussagen über uns als Individuen machen, neigen wir doch dazu, sie zu verbergen, wenn wir uns mit einem dieser Gefühle identifizieren. Dann glauben wir, der einzige Mensch mit diesem furchtbaren Gefühl zu sein.

Dieser Prozeß betrifft die Stier-Mondknoten-Menschen in besonderer Weise. Ein negatives Gefühl kommt in ihnen auf, und sie greifen danach, halten daran fest und versuchen es zu verbergen. Um es zu verbergen, müssen sie es tief in sich vergraben. Es kostet unglaublich viel Energie, diese Gefühle vor anderen zu verbergen, und die Angst, daß jemand etwas darüber herausfinden könnte, bereitet ihnen eine Menge Sorgen. Diese Menschen sind derart feinfühlig und psychisch an andere gebunden, daß sie denken, jeder wüßte zu jeder Zeit, was in ihnen vorgeht, daher versuchen sie mit wirklich großer Anstrengung, diese Gefühle zu verbergen!

Um über diese Sorge hinwegzukommen ist es das beste, wenn sie das, was sie empfinden, einfach offenlegen, eine Schicht nach der anderen. Wenn sie es offenlegen, können sie es loslassen – das Licht wird es zerstreuen. Sie sollten das Offenlegen ihrer Gefühle in nicht bedrohlichen Situationen praktizieren, in denen sie ein gewisses Maß an Vertrauen zu den betroffenen Menschen haben – obwohl jede Situation bedrohlich erscheinen wird, wenn sie zum ersten Mal das Risiko auf sich nehmen.

Sie könnten so anfangen: »Es gibt da etwas, das ich dir mitteilen möchte, und ich habe gewisse Ängste, es zu sagen.« Das entfernt eine Schicht. Dann: »Ich fühle mich innerlich ängstlich, und ich bin mir nicht ganz sicher warum. Es ist, als würde irgendein Gefühl mit dieser Angst einhergehen, und ich bin mir nicht sicher, was es ist.« Dies beseitigt eine weitere Schicht. Wenn jede Schicht offengelegt und losgelassen wurde, wird die nächste Schicht von selbst sichtbar: »Mensch, ich vermute, daß das, was ich in dieser Situation empfinde – aus welchen Gründen auch immer –, einem Gefühl der Unzulänglichkeit gleichkommt.« Punkt. Das war's. Sobald es offengelegt ist, zerstreut es sich – es gibt keine Sorge, kein Gefühl der Unzulänglichkeit mehr, die ganze Sache hat sich aufgelöst. Durch diesen Prozeß werden die negativen Gefühle der Stier-Mondknoten permanent umgewandelt, und sie beginnen, in all ihren Handlungen weniger Sorge zu erleben.

Ziele

Selbstvertrauen

Stier-Mondknoten-Menschen ist es in diesem Leben nicht erlaubt, sich, um Erfolg zu haben, auf andere zu verlassen, weil sie lernen müssen, sich auf sich selbst zu verlassen. Die Ironie ist, daß andere sich um sie versammeln, um ihnen beim Erreichen ihrer Ziele zu helfen, sobald sie lernen, sich auf sich selbst zu verlassen! Ihr Vertrauen erwächst aus dem Wissen, daß, wenn sie ihren Erfolg selbst Schritt für Schritt aufbauen – ihnen niemand etwas streitig machen kann.

Selbstwert schaffen

Wenn Stier-Mondknoten-Menschen andere ansehen, um festzustellen, daß sie Stärke besitzen, werden sie sich nicht mehr fühlen, als ob sie selbst keine besäßen. Wenn ihnen klar wird, daß die Stärke in ihnen steckt, dann haben sie auch eine Menge. Die Inanspruchnahme ihrer Stärke beinhaltet auch ein Erkennen ihres eigenen Wertes. Sie müssen nicht dafür arbeiten, etwas Wertvolles zu werden; ihr Wert wohnt ihnen inne – sie sind ein Geschenk, das sie auf den Planeten mitbringen. Ich hatte eine Klientin mit dieser Mondknotenposition, die mit vom Aussterben bedrohten Arten arbeitete. Sie mußte sich jeden Tag Kleidung zum Wechseln mitbringen, denn beim Umgang mit den Tieren wurde ihre Kleidung beschmutzt und nahm den Geruch an. Eines Tages vergaß sie, andere Kleidung mitzunehmen und mußte auf dem Nachhauseweg ihre Arbeitskleidung tragen, zusätzlich mußte sie an diesem Tag noch ein Tier im Käfig mit nach Hause nehmen. Als sie wartete, um mit dem Fährboot überzusetzen, stellte sie fest, daß die anderen Menschen einen Bogen um sie machten und sie mit Verachtung straften. Dann wurde sie von einem Freund gefragt, der mit Neuwagen handelte und drei Autos auf die Fähre bringen mußte, ob sie einen Wagen an Bord fahren könnte. Als sie in den brandneuen Lincoln Continental stieg, bemerkte sie, daß das Verhalten der Menschen auf der Fähre sich veränderte: Sie waren freundlich, lächelten und winkten ihr zu. Und dennoch blieb ihr Wert der gleiche. Sie konnte feststellen, wie unsinnig es war, andere Menschen den eigenen Wert bestimmen zu lassen.

In dieser Inkarnation besteht das wichtigste Ziele der Stier-Mondknoten-Menschen darin, ein Gefühl des Selbstwertes aufzubauen. Sie lernen, daß sie den Selbstwert nicht dadurch festigen können, daß sie mit den Wertvorstellungen anderer übereinstimmen, um Anerkennung zu erhalten. Ebensowenig können sie Selbstwert erlangen, indem sie sich den Werten anderer widersetzen. In beiden Fällen verlieren sie. Sie gewinnen, wenn sie herausfinden, was wirklich wichtig und wertvoll für sie ist: ihre eigenen Werte. Selbstwert entsteht sozusagen als Nebenprodukt, wenn man gemäß dieser Werte lebt.

Sie begreifen die darin verborgene Wahrheit, könnten sich jedoch immer noch verloren vorkommen, wenn sie zu erkennen beginnen, worin ihre Werte bestehen. Und das ist gut so. Sie sitzen vor einem leeren Blatt Papier – eine einzigartige Gelegenheit, um mit dem in Kontakt zu kommen, was sich auf der tiefsten Ebene ihrer Seele abspielt. Der Gedanke dabei ist, *bewußt zu entdecken*, was wichtig für sie ist; welche Werte ihnen das Gefühl verleihen, geerdet, zuversichtlich und fähig zu sein, sich der Welt ohne Furcht zu stellen. Sie müssen sich selbst fragen: »Nach welchen Prinzipien kann ich leben, die mir in bezug auf mich selbst ein gutes Gefühl verleihen, mir ein Gefühl des Selbstwertes vermitteln und mir einen klaren Weg vorgeben, dem ich folgen kann?«

Wenn sich Stier-Mondknoten-Menschen beispielsweise dafür entscheiden, daß Ehrlichkeit in der Kommunikation einen Wert für sie darstellt, müssen sie anfangen, andere wissen zu lassen, wenn sie sich unbehaglich fühlen. Wenn sie entscheiden, daß es wichtig für sie ist, ihr eigenes Geschäft aufzubauen, können sie anfangen, dafür systematisch Zeit einzuplanen. Diese Menschen verfügen über Disziplin, sobald sie sich über ihre Richtung im klaren sind. Während sie durchs Leben gehen und sich eventuell nicht sicher sind, welche Richtung sie einschlagen sollen, können sie sich selbst fragen: »Würde diese Handlung mir ein gutes Gefühl bezüglich meines Selbst vermitteln, ungeachtet der Konsequenzen in der Außenwelt?« Wenn die Antwort ja ist, können sie mit Vertrauen fortfahren.

Zur weiteren Beurteilung können sie sich selbst fragen: »Vermittelt mir

die Wahl dieser Richtung ein gutes oder ein ängstliches Gefühl?«
»Führt dieser Weg zu innerem Frieden, oder wird er noch mehr Krisen
heraufbeschwören?« Innerer Frieden wird für sie zum Sieg führen.
»Handelt es sich bei meinem Motiv um Selbstanerkennung oder um
die Anerkennung anderer?« Solche Pfade, die den Prinzipien, die sie als
wertvoll ansehen, gerecht werden und die ihnen ein Selbstwertgefühl
verleihen, helfen ihnen zu gewinnen.

Praktische Anwendung
Zielbewußtsein

Stier-Mondknoten-Menschen sind die Baumeister. Sobald sie lernen,
wie sie ihre Zeit verwenden müssen, jeden Schritt so ausarbeiten, daß
er eine stabile Basis hat, und sich nicht schneller vorwärtsbewegen, als
wie es sich angenehm anfühlt, werden die Dinge, die sie aufbauen,
beständig sein.

Die vergangenen Leben dieser Menschen drehten sich um die Projekte
anderer, daher lernen sie in dieser Inkarnation, die Entscheidungen zu
treffen und das Projekt zu lenken. Die für einen Überblick über das
Projekt notwendige Stärke wird sich für sie daraus ergeben, daß sie sich
über ihre Absicht im klaren sind. Wenn sie sich bei jedem Schritt, den
sie unternehmen, ihre Absicht klarmachen (»Was beabsichtige ich mit
diesem Anruf? Welchen Sinn hat dieses Treffen?«), wird ihnen das
helfen, sich auf ihre Richtung zu konzentrieren, und sie werden ständig
Fortschritte machen.

Eine ihrer Aufgaben besteht darin, ein Projekt zu finden, das sie festigt
und glücklich macht. Wenn sie dann die Verantwortung übernehmen,
weil es sich um *ihr* Projekt handelt, wird ihre Energie unaufhaltsam
wachsen. Und die Energie, die sich aus einem Erfolg ergibt, nährt sie
und schafft eine positive Rückkoppelung, die ihnen hilft, sich ihrer
Absicht bewußt zu bleiben und sich auf ihr Ziel zu konzentrieren.

In diesem Leben sollen Stier-Mondknoten anderen gestatten ihnen zu
helfen, wenn sie sich für ihr Ziel entschieden haben. Sie neigen dazu,
sich den Erfolgsprozeß unnötig schwerzumachen. Sie denken, andere
müßten ihnen alles geben, sie unterstützen und sich um all ihre materiellen Bedürfnisse kümmern. Oder sie glauben, alles allein vollbringen
zu müssen, ohne irgendwelche Hilfe. Diese »Alles oder nichts«-Einstel-
lung ist weder richtig noch praktisch.

Es ist wahr, daß sich Stier-Mondknoten ihren eigenen Erfolg verdienen müssen. Sobald sie sich jedoch für ein Ziel entschieden haben und gewillt sind, die Leistung zu erbringen, um Schritt für Schritt dort hinzugelangen, ist es für andere Menschen durchaus angebracht, sie darin zu unterstützen, sie zu bestärken und ihnen zu helfen, das Ziel zu erreichen. Andere können ihnen ihren Weg erleichtern, indem sie Möglichkeiten aufzeigen, auf Schwierigkeiten hinweisen, ihren Weg erweitern und ihnen helfen, sich auf praktische Weise eine Basis zu schaffen.

Sie sollten sich nicht von der Hilfe anderer abhängig machen, aber sie sollten sie akzeptieren, wenn sie offen angeboten wird.

Ein schrittweiser Prozeß

Wenn Stier-Mondknoten-Menschen erkennen, wie lang der Weg ist, der zu ihrem Ziel führt, geraten sie in Panik. All die damit verbundene Arbeit, die zu überwindenden Hindernisse – wie sollen sie da jemals ankommen? Deshalb ziehen sie sich von größeren Zielen zurück, was aus einer Versagensangst resultiert. Alles erscheint viel zu übermächtig. Aus ihrer Sicht würde es sich für jeden übermächtig anfühlen! Die einzige Art, wie langfristige Ziele erreicht werden, besteht darin, daß man den Prozeß in einzelne Schritte aufteilt. Für einen Gymnasiasten ist der Gedanke, ein Arzt zu sein, einschüchternd. Und dennoch ist es die Sache wert, sich durch die Hürden hindurchzuarbeiten, wenn es sich um einen wahren Traum handelt. Zuerst muß der angehende Mediziner nach einigen Jahren erfolgreich die Universität abschließen, dann ein praktisches Jahr absolvieren und sich dann niederlassen. Es handelt sich um einen langen Prozeß, aber er kann sich vollziehen, indem man die einzelnen Abschnitte nacheinander erledigt. Und das Ziel kann erreicht werden, wenn jeder Schritt mit ganzer Aufmerksamkeit getan wurde. Genauso verhält es sich beim Aufbau einer wichtigen Beziehung.

Stier-Mondknoten-Menschen sind nicht daran gewöhnt, eine Strategie zu entwerfen, um ein Ziel zu erreichen, da in vergangenen Leben eine andere Person die Verantwortung für die Festlegung der Schritte übernahm. Nun lernen sie, das Ziel zu bestimmen, das sie erreichen wollen, *und* einen praktischen Plan für dessen Realisierung zu erstellen. Wenn sie die Schritte einhalten, verspüren sie das Vertrauen, daß »es funktionieren wird« – und üblicherweise tut es das auch, solange sie systematisch den Schritten folgen. Trotzdem ist es für diese Menschen nicht immer leicht, sich über das im klaren zu sein, was sie in diesem Leben wollen. Es kann sein, daß viel Selbstreflexion und Seelenerforschung notwendig ist, um festzustellen, was sie aufbauen wollen.

Stier-Mondknoten-Menschen brauchen Werte und ethische Prinzipien, nach denen sie leben können, einen Pfad, den sie Schritt für Schritt entlanggehen können, um Gelassenheit zu erlangen. Wenn sie spirituelle Grundsätze finden, mit denen sie übereinstimmen, ist es ratsam, diese auf praktische Weise in ihrem täglichen Leben anzuwenden. Sie können mit der Praxis weitaus besser umgehen als mit der Theorie. Beispielsweise sind Zwölf-Schritte-Programme großartig für sie (Anonyme Alkoholiker, erwachsene Kinder von Alkoholikern usw.), da diese Programme sich auf eine praktische, schrittweise Umsetzung von spirituellen Prinzipien konzentrieren.

Um ein stabiles Gefühl des Selbstwertes aufzubauen, müssen diese Menschen einem Weg folgen, bei dem sie »das Richtige« gemäß dem tun, was sie ethisch für vertretbar halten, anstatt die Werte anderer zu übernehmen. Wenn sie ihrem inneren Führungssystem folgen, ist ein stabiles Gefühl des Selbstwertes gewährleistet.

Der Umgang mit Geld

Aufgrund der Wohltätigkeitsarbeit, die sie in vergangenen Inkarnationen geleistet haben, haben sich Stier-Mondknoten-Menschen in dieser Inkarnation das Anrecht auf persönlichen Wohlstand verdient. Wohltätigkeitsarbeit ist für sie etwas Selbstverständliches, da in vergangenen Leben andere Menschen ihre Rechnungen bezahlt haben. Daher investieren sie ihre Energie in Dinge, die gut für die Gemeinschaft waren. In dieser Inkarnation ist es für sie jedoch besser, Aktivitäten nachzugehen, für die sie bezahlt werden, da der Prozeß des Geldverdienens hilft, ihr Selbstwertgefühl aufzubauen.

Diese Menschen sind in bezug auf Geld manchmal zu vertrauensselig. Sie wissen, daß das Prinzip »dem Universum vertrauen«, funktioniert. Es ist jedoch ebenfalls richtig, daß »Gott denjenigen hilft, die sich selbst helfen«. Dem Universum zu vertrauen bedeutet nicht, persönliche Verantwortung zu umgehen und irrationale Dinge aus blindem Vertrauen heraus zu tun. Wenn ein Freund sagt: »Kannst du mir 3000 Mark leihen?«, und 3000 Mark alles sind, was der Stier-Mondknoten hat, um seine eigenen Ausgaben zu decken, bedeutet »das Vertrauen in das Universum« nicht, daß man einfach denkt: »Nun gut, ich vertraue dem Universum, und deshalb gebe ich mein Geld einfach weg.« Stier-Mondknoten-Menschen müssen die Verantwortung für ihre eigenen Finanzen übernehmen. Nur dann können sie andere mit einschließen, ohne Angst haben zu müssen, ihre persönliche Stärke und ihren Selbstwert zu verlieren. Wenn sie sich sicher fühlen, können sie dem Universum auf eine Weise vertrauen, die sie befähigt, das zu erkennen, was das Leben ihnen bietet.

Die Verantwortung übernehmen

Um die Verantwortung in bezug auf Geld zu übernehmen und die Türen für persönlichen Wohlstand zu öffnen, müssen Stier-Mondknoten-Menschen bewußt anfangen, Geld Aufmerksamkeit zu widmen: Dinge aufschreiben, den Überblick behalten, wieviel sie ausgeben und wohin ihr Geld geht. Dies befähigt sie, ihr Geld in sinnvolle Kanäle zu leiten. Das Ansammeln von Geld ist ein Spiel, für das diese Menschen ein wahres Talent besitzen. Sobald sie ihre Gedanken darauf richten, können sie es mit wenig Geld langfristig leicht zu Wohlstand bringen. Manchmal fühlen sie sich verärgert, daß sie die Verantwortung für Geld übernehmen müssen. Sie sind wütend, daß sie nicht das »leichtere Leben« führen können, an das sie sich in vergangenen Inkarnationen gewöhnt hatten. Und dennoch ist es heilsam, wenn sie sich um sich selbst kümmern: eine regelmäßige Arbeit, ein sicheres Einkommen, ein Sparguthaben und finanzielle Pläne für die Zukunft. Der Gedanke dabei ist, eine sichere finanzielle Basis zu schaffen, die ihnen erlaubt, auf anderen Gebieten Risiken eingehen zu können. Das vermittelt ihnen ein Gefühl des Wohlbefindens und des Vertrauens und läßt sie sich selbst gegenüber zufrieden sein.

Es gibt Menschen, die sehr gut mit ererbtem Geld umgehen können, Stier-Mondknoten-Menschen gehören jedoch nicht zu dieser Kategorie. Es ist für sie nicht von Vorteil, von einer Erbschaft, dem finanziellen Wohlwollen anderer oder von einem staatlichen Unterstützungsprogramm abhängig zu sein. Jede Situation in der sie von anderen finanziell abhängig sind, schwächt ihr Gefühl des Selbstwertes. In dieser Inkarnation ist es entscheidend, daß Stier-Mondknoten ihr eigenes Geld verdienen und für ihre Energie bezahlt werden.

Wenn sie über ererbtes Geld verfügen, dann ist es in ihrem eigenen Interesse, einen Teil davon zu nutzen, um ihr eigenes Geschäft aufzubauen, oder in irgendeiner Weise eine Sache zu unterstützen, die ihr Selbstwertgefühl fördert. Wenn sie finanziell von ihrem Lebensgefährten abhängig sind, ist es heilsam für sie, eine eigene kleine Tätigkeit zu beginnen oder einen Job außer Haus anzunehmen, auch wenn sie es aus finanzieller Sicht nicht notwendig haben oder der Job nicht gut bezahlt wird. Sie müssen eine eigene Identität aufbauen, unabhängig von ihrer Verbindung mit einer anderen Person. Eine weitere Möglichkeit, ihr Selbstwertgefühl zu stärken, besteht darin, sich regelmäßig Zeit für die Arbeit an einem individuellen Ziel oder Projekt zu nehmen, das für sie wichtig ist.

Wenn diese Menschen von einem staatlichen Unterstützungsprogramm abhängig sind, können sie damit anfangen, Nebenjobs anzunehmen, um Geld zu verdienen. Wenn der Stier-Mondknoten der Elternteil ist, der sich um die Betreuung der Kinder kümmert, könnte er möglicherweise mit einem Service für Kinderbetreuung beginnen. Es geht dabei nicht darum, wie viel oder wie wenig er leistet, sondern um den Aufbau des Selbstwertes, der dadurch erreicht wird.

Stier-Mondknoten-Menschen verfügen über ein angeborenes Verständnis dafür, wie Geld funktioniert und daß es notwendig ist, Geld in Umlauf zu bringen. Ihre Herausforderung besteht darin, es bewußt im Umlauf zu halten. Sobald sie es dazu benutzen, etwas aufzubauen, können sie sehr wohlhabend werden. In vergangenen Leben waren sie derart daran gewöhnt, das Geld anderer Menschen zu benutzen, daß sie den Respekt vor dem Geld verloren haben; sie mußten es ja nicht selbst verdienen. In diesem Leben lernen sie, Geld zu respektieren und es wohlüberlegt auf eine Weise einzusetzen, die es vermehren hilft. Geld ist ihr Lehrer. Sobald sie ihrer Intuition in bezug auf die Funktionsweisen von Geld folgen, wird das Geld selbst ihnen zeigen, wie man mehr daraus macht.

Schulden

Stier-Mondknoten-Menschen schaffen sich oft Probleme, da sie Reichtum mit Schulden gleichsetzen. Ich hatte viele Klienten mit dieser Mondknotenposition, die, bedingt durch dieses Mißverständnis, ungeheure Schulden angehäuft hatten. Ich hatte beispielsweise eine Stier-

Mondknoten-Klientin, die, zusammen mit ihrem Ehemann und einem anderen Paar, eine innovative Kosmetikproduktion startete. Das Geschäft entwickelte sich besser als vermutet, die Bestellungen gingen wie wild ein! Um den unerwarteten Ansturm abzufangen, belastete meine Klientin ihre Kreditkarten, um mehr Mitarbeiter einzustellen, mehr Rohstoffe zu kaufen usw., bis sie Schulden in Höhe von 60 000 Mark angesammelt hatte.

Dann kam es zu einem Zerwürfnis zwischen den Partnern, die Firma brach zusammen, ihre Ehe endete mit der Scheidung, und sie blieb mit 60 000 Mark Schulden zurück. Sie brauchte zehn Jahre, um die Schulden abzuzahlen. Um dies überhaupt tun zu können, lebte sie in einem billigen Appartement, erlaubte sich keinen Luxus, verzichtete auf ihr Sozialleben, nahm zwei Tätigkeiten gleichzeitig an und stand unglaublichen Streß und ungeheure Entbehrungen durch.

Als das Geschäft anfing abzuheben, gefährdete meine Klientin sich, indem sie versuchte, sofort auf eine Anforderung von außen zu reagieren. Sie hätte dem Universum gestatten können, das Geschäft auf natürliche Weise zu entwickeln, indem sie die Gewinne dazu benutzt hätte, das Geschäft aus seinen bescheidenen Anfängen weiter auszubauen. Ich hatte eine andere Stier-Mondknoten-Klientin, die Filme über New-Age-Gruppentreffen produzieren wollte – besonders über diejenigen, die mit dem Entstehen der neuen weiblichen und männlichen Rollen in der Gesellschaft zu tun hatten. Sie war der Ansicht, die Filme hätten eine noble Botschaft, und sie »vertraute auf das Universum«, daß es ihr Geld für dieses Projekt zur Verfügung stellen würde. Sie lieh sich Geld (wodurch sie enorme Schulden anhäufte), um diese Filme zu drehen.

Meine Klientin vertraute darauf, daß das Geld zur Verfügung stehen würde, da »das Universum wollte, daß das Projekt ein Erfolg würde«. Als sie versuchte, noch mehr Geld aufzutreiben, um das Projekt durchzuführen, und sich Verzögerungstaktiken einfallen ließ, als sie das Geld zurückzahlen mußte, das sie sich bereits geliehen hatten, geriet ihr Leben in ein totales Chaos. Schließlich brach das Unternehmen völlig zusammen, und sie mußte Konkurs anmelden – zum zweiten Mal in ihrem Leben. Diesmal waren davon nicht nur die Finanzinstitute betroffen, sondern auch Freunde und Familienangehörige, die ihr Geld geliehen hatten.

Sobald diese Menschen erkennen, daß sie bewußt mit Geld umgehen müssen, akzeptieren sie die Verantwortung. Manchmal verlieren sie jedoch die Kontrolle und machen einen Großeinkauf – indem sie etwas kaufen, das sie nicht brauchen und wofür sie erst später zu bezahlen haben. In vergangenen Leben stellte Geld ein Mittel zur Zerstreuung dar. Daher könnte es in diesem Leben sein, daß sie das Bedürfnis verspüren, einkaufen zu gehen, wenn sie sich langweilen, da sie unbewußt glauben, sich das verdient zu haben. Außerdem gehen sie davon aus, daß jemand anderer dafür bezahlen wird. Die Vernunft sagt ihnen, daß das nicht den Tatsachen entspricht, dennoch können sie nicht anders handeln.

Stier-Mondknoten-Menschen können das Gefühl nicht ertragen, finanziell eingeschränkt zu sein. Dennoch besteht die Ironie darin, daß sie, wenn sie einmal hart arbeiten und die Verantwortung akzeptieren, Geld zu verdienen und es einzuteilen, leicht die Art von Reichtum ansammeln können, die ihnen gestatten wird, ohne Überlegung Geld auszugeben. Aber sobald sie es geschafft haben, müssen sie weiterhin verantwortungsbewußt damit umgehen – in diesem Leben ist es ihnen nicht gestattet, in Geldangelegenheiten »unbewußt« zu handeln.

Nördlicher Mondknoten in Zwilling
und nördlicher Mondknoten im dritten Haus

Übersicht

Eigenschaften, die man entwickeln sollte

Das Arbeiten an folgenden Bereichen bringt verborgene Fähigkeiten und Talente zum Vorschein:
- Gesunde Neugierde
- Fragen stellen, um zu lernen, wie andere denken
- Beide Seiten einer Situation sehen
- Taktgefühl
- Logik
- Kommunikation über innere Widersprüche
- Sich dem Leben und anderen Menschen auf positive Weise nähern
- Andere bewußt beglücken
- Keine bedrohliche Haltung einnehmen, wenn man Ideen zum Ausdruck bringt
- Zuhören
- Offenheit für neue Ideen und Erfahrungen
- Suche nach sachlichen Informationen bevor man Entscheidungen trifft

Verhaltensweisen, die man hinter sich lassen sollte

Ihr Leben wird sich einfacher und friedvoller gestalten, wenn sie daran arbeiten, den Einfluß folgender Tendenzen zu verringern:
- Selbstgerechtigkeit
- Unnahbarkeit
- Anzunehmen, daß andere wissen, »worum es sich gerade handelt«
- Zu denken, man wüßte, was andere sagen, ohne wirklich hinzuhören
- Recht haben zu wollen

- Für »die Wahrheit« eintreten, ohne die Ansichten anderer zu berücksichtigen
- Rücksichtslose Spontaneität
- Patentlösungen anwenden
- Sich selbst zu ernst nehmen; das Leben sehr schwer nehmen
- Aus der Intuition heraus handeln, ohne die Fakten zu untersuchen
- Sich Ideen widersetzen, die dem eigenen Glaubenssystem fremd sind
- Gegenwärtigen Situationen mit Voreingenommenheit begegnen, die auf früheren Erfahrungen basiert

Achillesferse/Falle, vor der man sich hüten muß/Fazit

Die Achillesferse der Menschen mit dem nördlichen Mondknoten in Zwilling besteht in der Selbstgerechtigkeit (»Wenn andere Menschen einfach nur einsehen könnten, daß ich recht habe, und mich dafür zu schätzen wüßten, dann würde ich mich verstanden und akzeptiert fühlen«), was sie auf den falschen Weg der unendlichen Suche nach der Wahrheit führen kann (»Wenn ich auf alles die richtige Antwort habe, dann wird mich jedermann schätzen; dann kann ich mich entspannen und mich mit den Menschen verbunden fühlen«). Es handelt sich jedoch um ein Faß ohne Boden: Da es unmöglich ist, immer recht zu haben, fühlen sie sich niemals gut in bezug auf sich selbst. Und wenn sie anfangen zu argumentieren und andere davon zu überzeugen, daß sie recht haben, will niemand etwas mit ihnen zu tun haben.

Wenn sie jedoch über genügend Bescheidenheit und Offenheit verfügen, um sich verschiedene Ansichten anzuhören – auch solche, die nicht zu ihren bisherigen Erfahrungen passen –, dann können sie Menschen auf eine Weise kennenlernen, die ihnen mehr Zugehörigkeitsgefühl vermittelt. Das Fazit daraus ist, daß sie ab einem gewissen Punkt ihre festgelegten Vorstellungen absoluter Wahrheit loslassen und anfangen müssen, die Menschen einfach so zu nehmen, wie sie sind, ihnen zuzuhören und von ihnen zu lernen. Die Ironie dieser gerechteren und entspannteren Vorgehensweise besteht darin, daß man sich erfolgreicher über die Wahrheit unterhalten kann. Und wenn sich Zwilling-Mondknoten-Menschen wirklich anhören, was für andere wichtig ist, sind ihre Reaktionen angemessener und hilfreicher. Dann schätzen andere Menschen sie und wollen etwas mit ihnen zu tun haben.

Die wahren Wünsche

Diese Menschen wollen ganz frei sein, um nach der Wahrheit zu streben, Abenteuer zu erleben, spontan zu sein und jederzeit recht zu haben. Sie wollen ausführlich von ihrer Wahrheit und ihren intuitiven Prozessen sprechen und erwarten, daß jeder sie versteht, von ihnen lernt und dankbar für ihre Hilfe ist.

Um zu diesem Ziel zu gelangen, müssen Zwilling-Mondknoten-Menschen aufhören, sich auf »ihre Wahrheit« zu konzentrieren und sich statt dessen den Menschen um sie herum zuwenden. Sie müssen der Information zuhören – und sie verstehen –, die andere ihnen über ihr Leben geben. Wenn Zwilling-Mondknoten-Menschen auf diese Weise zuhören, kommt es bei ihnen manchmal zu einem Aha-Effekt, was genau die Reaktion ist, die die andere Person braucht. Und weil sich diese Information genau die Problematik des anderen aufgreift, wird sie dankbar angenommen werden.

Talente/Berufe

Diese Menschen besitzen die Fähigkeit (wenn sie *zuhören*), sich auf die individuellen Denkprozesse anderer einzustellen und Informationen weiterzugeben, die es anderen gestatten, Probleme aus einer erweiterten Perspektive zu betrachten. Verkaufen, Schreiben, Lehren und Kommunizieren in jeglicher Form kann ihnen sowohl Glück als auch materiellen Erfolg bringen.

Ebenso verfügen Zwilling-Mondknoten-Menschen über Begabungen auf den Gebieten der Philosophie und Religion und über ein angeborenes Bewußtsein von Ethik und Moral. Sie können ihr spirituelles und intuitives Bewußtsein dazu benutzen, das Denken anderer zu verstehen, ohne ihre eigene Wahrheit zu verlieren. Wenn sie sich jedoch beruflich in die Suche nach Wahrheit oder Religion vertiefen und das zu ihrem Hauptanliegen machen, könnten sie sich letztendlich isoliert fühlen. Sie tun besser daran, ihre angeborenen Fähigkeiten dazu zu benutzen, sich mit anderen auf einer alltäglichen Basis zu verbinden.

Heilende Affirmationen für den Zwilling-Mondknoten

– »In diesem Leben ist die Kommunikation mit Menschen wichtig.«
– »Ich kann langsamer werden und mir die Zeit nehmen, mit anderen in Kontakt zu kommen.«

- »Wenn ich mich darauf einstelle, wie andere denken, weiß ich, was zu sagen ist.«
- »Wenn ich gewillt bin zuzuhören, um etwas über die andere Person zu lernen, dann gewinne ich.«
- Wenn ich etwas nicht verstehe, ist es in Ordnung, daß ich Fragen stelle.«

Persönlichkeit

Vergangene Leben

Zwilling-Mondknoten-Menschen hatten zwei sehr unterschiedliche Arten von Erlebnissen in vergangenen Leben, die jedoch einen gemeinsamen Nenner hatten: das Streben nach der Wahrheit. Es gab Inkarnationen, in denen sie allein nach der Wahrheit strebten – als Wandermönche in Indien, Nomaden in der Wüste, Einsiedler oder als einfache Menschen, die allein in die Wildnis gingen, um die Geheimnisse der Natur kennenzulernen. Ebenso haben sie viele Inkarnationen damit verbracht, nach der Wahrheit als einem kollektiven Ideal zu suchen, wodurch sie sich von religiösen Institutionen vereinnahmen ließen. Beide Male stand das Streben nach Wahrheit, Spiritualität, Ethik und Erleuchtung im Mittelpunkt ihrer Lebensmotivation, während die Gesellschaft und menschliche Beziehungen vernachlässigt wurden.

Der Philosoph

Diese Menschen haben viele Inkarnationen als Könige der Philosophie verbracht. Entweder als Buddhisten, Hebräer, Moslems oder Christen, haben sie die Menschen in ihrer Umgebung zurückgelassen, um nach der Wahrheit zu streben. Das ist der Grund dafür, warum sie in diesem Leben immer noch dazu neigen, alle anderen zu verlassen und wegzugehen. In allen vorherigen Inkarnationen haben sie nach Erleuchtung gestrebt. Nach so vielen Inkarnationen mit dem gleichen Schwerpunkt haben sie sie erreicht! Für sie gibt es in diesem Leben keine Veranlassung mehr, die Suche fortzusetzen. Am Ende waren sie isoliert und einsam. In diesem Leben besteht ihre Herausforderung darin, ihre Wahrheit zu teilen, sich wieder in die Gesellschaft einzugliedern und mit anderen in Verbindung zu bleiben.

Selbstgerechtigkeit kann für Zwilling-Mondknoten die größte Hürde darstellen, wenn sie sich intensiv mit Menschen in Beziehung setzen und den Frieden und die Liebe verspüren wollen, die einer wahren Verbundenheit innewohnen. Als sie in vergangenen Leben Philosophen und Priester waren, folgten andere Menschen ihren Anweisungen. Sie sind daran gewöhnt, ständig recht zu haben, ohne irgendwelche Zweifel, daher ist es verständlich, daß sie mit einer gewissen Arroganz in diese Inkarnation kommen. Andere Menschen können dieses überhebliche Verhalten jedoch spüren, was sie davon abhält, den Zwilling-Mondknoten-Menschen zuzuhören. Als Ergebnis davon haben Zwilling-Mondknoten-Menschen wiederum das Gefühl, andere Menschen würden ihre Intelligenz unterbewerten, weil sie ihnen nicht zuhören. Dies ist ein Beispiel dafür, wie sehr sie an einem Kommunikationsproblem leiden.

Kommunikationsprobleme

Als Folge ihrer Einsamkeit und Isolation in vergangenen Leben könnten Zwilling-Mondknoten-Menschen den Eindruck erwecken, als könnten sie stundenlange Konversationen ganz alleine bestreiten. Es kann sein, daß sie sich daran erinnern, der anderen Person eine allgemeine Frage zu stellen, wie beispielsweise: »Wie geht es denn so?«, aber wenn die andere Person die Aufmerksamkeit wieder auf sie lenkt, ergreifen sie die Gelegenheit und bedienen sie ausgiebig. Sie können sich über alles, was in ihrem Leben geschieht, ausführlich auslassen, ihre Memoiren zum besten geben und ein Dutzend Geschichten erzählen, aus denen sie jedesmal als Held hervorgehen …, ohne daß sich die andere Person mit einem einzigen Wort an der Unterhaltung beteiligt. Da die andere Person niemals die Gelegenheit bekommt, etwas beizutragen oder ihre eigene Geschichte zu erzählen, verliert sie das Interesse am Zwilling-Mondknoten.

Nach so vielen Leben, in denen sie einsam waren, verspüren diese Menschen das Bedürfnis, ständig zu reden. Sie fühlen sich in der Stille nicht wohl, denn sie setzen sie mit Isolation gleich. Jetzt wollen sie zu anderen Menschen gehören; wenn es daher im Umgang miteinander zur Stille kommt, haben sie das Gefühl, es gäbe ein »Problem«, und werden über alles mögliche reden, einfach nur um die Leere auszufüllen.

Sie lernen, daß es sich bei Konversation um einen Prozeß kunstvoller

Kommunikation handelt: Es kommt dabei darauf an, den eigenen Standpunkt mit solcher Sensibilität mitzuteilen, daß er die andere Person auch erreicht, Möglichkeit zur Antwort zu geben und offen für ein Feedback zu sein. Diese Menschen müssen sich daran erinnern, von Zeit zu Zeit den Scheinwerfer auch auf andere Menschen zu richten, ihnen Fragen über ihr Leben zu stellen und ihre Einschätzung der anderen mitzuteilen, was durchaus hilfreich sein kann. Wenn die Zwilling-Mondknoten-Menschen den Scheinwerfer zu lange auf sich selbst gerichtet lassen, berauben sie sich der Energie, die andere Menschen in die Kommunikation einfließen lassen. Wenn sie diesen Energieverlust verspüren, sollten sie das als Hinweis betrachten, die andere Person sprechen zu lassen. Konversation ist wie das Atmen – ein Einatmen *und* ein Ausatmen; der Zwilling-Mondknoten lernt, daß beide Menschen die Chance haben sollten, ihren Beitrag zu leisten, egal auf wen sich die Aufmerksamkeit richtet.

Wenn sie beispielsweise jemandem von einer Auseinandersetzung erzählen, die sie mit einem Mitarbeiter hatten, dann sollten sie sagen: »Was denkst *du* darüber? Denkst du, daß ich die Situation richtig beurteilt habe?« Nachdem sie die Antwort der anderen Person gehört haben, können sie fragen: »Wie war *dein* Tag? War er friedlich, oder hattest du auch Auseinandersetzungen?« Wenn sie das Gefühl haben, daß die andere Person nicht reden will, sollten sie das klären, indem sie fragen: »Willst du lieber nicht darüber reden, oder denkst du gerade an etwas anderes?« Um die Lebendigkeit in einer Unterhaltung aufrechtzuerhalten, müssen beide Menschen aktiv einbezogen sein. Sobald diese Menschen begriffen haben, wie eine Konversation funktioniert, werden sie auf diesem Gebiet zu Experten.

Zwilling-Mondknoten-Menschen lernen, Kommunikation als ein Werkzeug der Neugierde anzusehen – etwas über die andere Person lernen zu wollen. Sie müssen die Beiträge anderer begrüßen, denn wenn sie mit ihren eigenen Ideen und Einsichten kombiniert werden, kann eine Wahrheit entstehen, die mächtiger ist als eine dieser »Wahrheiten« für sich.

Manchmal erscheinen diese Menschen konfliktfreudig. Sie glauben etwas Wichtiges sagen zu müssen und werden wütend, wenn sie nicht verstanden werden. Daher lassen sie eine Menge Enthusiasmus und Energie in die Kommunikation einfließen, um sicher sein zu können, daß sie ihr Anliegen deutlich machen. Sie können derart hitzköpfig und hartnäckig werden, daß sich andere möglicherweise angegriffen fühlen und defensiv reagieren. Weil die andere Person sich dann der Kommunikation zu widersetzen scheint, können sie noch hartnäckiger werden, bis das Gespräch in einer irrationalen, äußerst emotionalen Weise eskaliert. Sie müssen jedoch erkennen, daß die anderen sich ihrer Art, sich *darzustellen,* widersetzen, nicht ihrer Sichtweise.

Zwilling-Mondknoten-Menschen neigen dazu, sich auf eine sehr direkte Weise auszudrücken – indem sie ihre Meinung als unabänderliche Wahrheit vermitteln –, und jegliche Diskussion über ihre Wahrheit kann zu einer Auseinandersetzung führen. Sie mögen das genießen und es als einen anregenden Austausch von Ideen ansehen, während die andere Person es als ein leeres geistiges Kräftemessen betrachten könnte. Dies kann im täglichen Leben einen Austausch mit Freunden verhindern, weil die Menschen nach einer Weile des Kräftemessens überdrüssig sind. Zwilling-Mondknoten-Menschen müssen lernen, sich zurückzuhalten und der anderen Person genauer zuzuhören. Sie müssen erkennen, daß ihre Stärke in klaren, ruhigen Gedanken liegt, nicht in Emotionen. Ihre Erkenntnisse (wenn sie die Frage richtig verstanden haben) sind meistens wirkungsvolle, präzise Lösungen, und wenn sie sie in einer nicht dramatischen Weise aussprechen, kann die Macht ihrer Ideen wirklich gehört werden.

Diese Menschen müssen an die Intelligenz anderer Menschen glauben und darauf vertrauen, daß sie die Wahrheit erkennen werden, ohne daß sie ihnen eingetrichtert wird. Zwilling-Mondknoten-Menschen lernen, daß es wichtig ist, Ungeduld durch Respekt zu ersetzen, wenn sie wirklich wollen, daß sie *ihre* Meinung mitteilen und sich erfolgreich mit anderen Menschen verbinden können.

Ein anderer Grund, warum diese Menschen so hartnäckig sind, wenn es darum geht, ihre Ideen zu vermitteln, besteht darin, daß sie die Bestätigung haben wollen, daß ihre Wahrheit die »richtige« ist. Es stärkt ihr Selbstwertgefühl und hilft ihnen sich zu entspannen, wenn sie wissen, daß ihre Sichtweise akzeptiert wurde. Aber diese Menschen müssen erkennen können, daß Wahrheit aus sich heraus bestehen kann und nicht der Energie ihres Egos bedarf, damit sie bekräftigt oder hinausposaunt wird, um dadurch ihre Richtigkeit zu verdeutlichen. Je ruhiger Wahrheit vermittelt werden kann, desto besser kann die andere

Person die Gelassenheit entwickeln, sie anzunehmen. Unabhängig davon, wie nobel ihre Motive sind, sollten diese Menschen nicht die explosive Energie des persönlichen Egos benutzen, um ihre Ansicht zu bestärken. Andere werden einfach nicht zuhören.

Geduld und Frustration

Zwilling-Mondknoten-Menschen lernen mit sich selbst und anderen, bei der Entwicklung ihrer Kommunikationsfähigkeit geduldig zu sein. Sie sind nicht daran gewöhnt, sich zu unterhalten. Es ist, als würden sie Latein sprechen, während die Menschen um sie herum Deutsch sprechen. Sie müssen Geduld haben und es langsam angehen, sich einige zusätzliche Momente nehmen, um zu übersetzen, und wirklich auf das hören, was die andere Person gesagt hat.

Die meisten Probleme bei der Kommunikation werden durch unangemessene Antworten verursacht, die dadurch zustande kommen, daß sie nicht richtig hinhören, was andere Menschen sagen. Hier ein einfaches Beispiel: Der Zwilling-Mondknoten hat eine Bekannte, die auf einem Stand bei der Landwirtschaftsmesse arbeitet, und dafür muß sie 100 Äpfel abzählen. Während sie zählt – »67, 68, 69, 70 ...« – bleiben Leute stehen und unterbrechen sie, und sie verliert den Faden. Nun, die Bekannte hat ein Problem, und daher wird die Zwilling-Mondknoten-Person wie von Zauberhand auftauchen, denn sie ist diejenige, die auf alles eine Antwort hat! Die Bekannte sagt: »Diese Äpfel sind für die Landwirtschaftsmesse. Ich muß abzählen ...«, der Zwilling-Mondknoten hört die ersten paar Worte, aber nicht den Rest. Er vermutet zu wissen, worin das Problem besteht, deshalb schweift er ab. Er »kommt zurück«, wenn er bemerkt, daß die andere Person aufgehört hat zu sprechen. Da er aber überhaupt nicht richtig gehört hat, worin das Problem besteht, ist es nur verständlich, daß er eine unangemessene Antwort gibt: »Oh, mach dir darüber keine Gedanken – Äpfel kosten vorne auf dem Markt zwei Mark das Kilo!« Die Bekannte ist irritiert, da sie ein echtes Problem hatte und nicht die Antwort erhielt, die sie brauchte. Und die Zwilling-Mondknoten-Person ist frustriert, da er sich aufhalten ließ, um zu helfen, und die Bekannte es nicht zu würdigen weiß. Beide Menschen haben verloren.

Anstatt frustriert zu sein, muß die Zwilling-Mondknoten-Person innehalten und denken: »In Ordnung, da sie meine Antwort nicht akzeptiert hat, bedeutet das, daß ich nicht effektiv kommuniziert habe. Möglicherweise habe ich das Problem nicht ganz verstanden.« Er muß wieder zu der Bekannten zurückgehen und sich entschuldigen: »Mensch, es tut mir leid – kann sein, daß ich dein Problem nicht ganz verstanden habe. Würdest du es mir noch einmal erzählen?« Die Bekannte wird dankbar dafür sein, daß er sich solche Gedanken macht und zurückgekommen ist, und wenn sie dann wieder anfangen, sich über das Zählen der Äpfel zu unterhalten, kann die Zwilling-Mondknoten-Person aufmerksam zuhören und das Problem genau erkennen. Dann kann er vorschlagen: »Nun, warum machst du nicht zehn Haufen mit je zehn Äpfeln?« Sofort wird die Bekannte erleichtert sein: »Danke! Das ist genau die Antwort, nach der ich gesucht habe!« Wenn die andere Person die Antwort dankbar aufnimmt, gibt es für beide Parteien ein »Hoch«, und beide Menschen gewinnen.

Botschafter der Wahrheit
Oftmals erkennen diese Menschen nicht die ganze Wucht der Nachricht, die sie überbringen. Bei dem obigen Beispiel könnte es sein, daß die Bekannte abends nach Hause geht und plötzlich feststellt: »Weißt du was, das ist der Grund, warum mein ganzes Leben nicht funktioniert! Bei mir ist alles zusammengedrängt, und ich muß es in kleinere Abschnitte einteilen, damit ich damit umgehen kann!« Zwilling-Mondknoten-Menschen sollten von keinem Thema annehmen, daß es nicht wert sei, sich darüber zu unterhalten. Wenn jemand ernsthaft interessiert ist und nach einer Information sucht, sollten diese Menschen der anderen Person immer dabei behilflich sein. Zwilling-Mondknoten-Menschen sind die Überbringer der Wahrheit, und oftmals legen sie eine größere Wahrheit offen, wenn sie anderen helfen, die Information zu finden, nach der sie suchen.

Bedürfnis nach Freiheit
In vergangenen Leben war Freiheit für die Zwilling-Mondknoten-Menschen sehr wichtig – sie mußten frei sein, um ihre Wahrheit zu entdecken. Nun haben sie eine »Schallplatte« in ihrem Unterbewußtsein, die ihnen immer wieder sagt: »Ich muß frei sein, ich muß frei sein.« In diesem Leben ist es jedoch nicht zu ihrem Vorteil, wenn sie auf diese Schallplatte hören. Wenn sie sich in einer Beziehung befinden,

wirklich verstehen, was die andere Person sagt, und ein wirklich gutes Verhältnis haben, kommt ihnen plötzlich: »Ich muß frei sein, ich muß frei sein« in den Sinn, und sie ziehen sich aus der Kommunikation zurück. Dann gehen sie alleine aus und denken, sie würden sich frei fühlen, statt dessen fühlen sie sich aber einsam und sagen: »Was geht hier eigentlich vor? Hier spüre ich überhaupt keine Energie.«

Für diese Menschen ist es heilsam, zurückzugehen und zu sagen: »Mensch, ich habe es mir anders überlegt.« In diesem Leben müssen sie nicht immer recht haben. Sie müssen ehrlich sein, wenn sie zwei verschiedene Antworten auf etwas haben. Sie könnten beispielsweise in einer Beziehung bleiben wollen und gleichzeitig befürchten, nicht tun zu können, was sie wollen, wenn sie bleiben. An diesem Punkt müssen sich Zwilling-Mondknoten-Menschen ehrlich über die Zwiespältigkeit unterhalten: »Um dir die Wahrheit zu sagen, in mir gehen zwei Dinge vor. Einerseits will ich bleiben, andererseits fürchte ich, wenn die Beziehung wirklich eng wird, daß ich nicht mehr Dinge alleine tun kann, die ich tun muß.« Oder zu ihren Kindern könnten sie sagen: »Ich weiß, was mit dir los ist und daß du eine Menge Raum für dich beanspruchst, aber wir müssen eine gewisse Disziplin in dieser Familie einhalten, damit das Miteinander funktioniert.« Wenn sie über beide Seiten des Problems sprechen, wird sich die Antwort von alleine ergeben. Die andere Person wird verstehen, was sie zum Ausdruck bringen wollen, und sich ihnen anpassen.

Allein dadurch, daß sie sich des Bedürfnisses nach Freiheit bewußt sind, wird sich ein Großteil des Problems lösen. Wenn sie sich also vergegenwärtigen, daß die Stimme aus dem Unterbewußtsein kommt, könnten sie sich *entscheiden* sie nicht zu ernst zu nehmen.

Innere Konflikte
Zweifel und Ängste

In vielen vergangenen Leben als spirituelle Berater, Mentoren oder Ratgeber mußten Zwilling-Mondknoten-Menschen eine Position der Sicherheit einnehmen, wenn andere ihre Zweifel und Ängste zum Ausdruck brachten. Ihr Unterbewußtsein sagt ihnen: »Du solltest alle Antworten kennen.« Ihre Ziele erforderten absoluten Glauben und Vertrauen; daher versucht ihr Unterbewußtsein, in diesem Leben alle aufkommenden Ängste oder Zweifel zu entkräften.

Sie neigen zum Rationalisieren, indem sie sich mit anderen auf eine Weise vergleichen, die ihre eigenen Gefühle in Zweifel stellt. Beispielsweise könnte ein Zwilling-Mondknoten-Mensch sagen: »Ich weiß, daß ich mich in meinem Job wirklich nicht glücklich fühle ... aber ich weiß momentan nicht, was ich tun will ... und ich bin froh, daß ich überhaupt einen Job habe! Niemand liebt seinen Job!« Diese Menschen präsentieren sich selbst, als wüßten sie über alles Bescheid. Sie würden nicht sagen: »Ich habe keine Ahnung, was ich mit meinem Leben anfangen möchte.« Statt dessen sagen sie: »Ich habe vor, eine Anwaltsschule zu besuchen«, und nennen dann sechs Gründe, warum sie es tun. Sie führen auch die Nachteile auf: »Ich habe auch schon über die negativen Seiten nachgedacht, aber ich denke, das will ich machen.« Wenn sie sich anderen gegenüber präsentieren, als hätten sie auf alles eine Antwort, macht dieses Verhalten Kommunikation, Interaktion und Mitteilungen, die ihnen neue Informationen und Erkenntnisse bieten könnten, unmöglich.

Sie zögern, anderen ihre Ideen und Meinungen zu entlocken, da sie sich nicht schwach fühlen wollen – sie wollen sich nicht mit der Tatsache konfrontiert sehen, daß sie in Wirklichkeit nicht auf alles eine Antwort haben. Da sie Angst haben, die andere Person könnte ihnen etwas sagen, was sie nicht hören wollen, unterhalten sie sich unabsichtlich auf eine Weise, die andere entmutigt, auch nur irgendeinen Beitrag zu der Konversation beizusteuern. Diese Menschen fürchten auch, daß eine wirkliche Kommunikation mit anderen etwas Tieferes in ihnen zum Vorschein bringen könnte, was ihren Ängsten, Zweifeln und ihrer inneren Verwirrung Auftrieb geben könnte.

Leben in der Gesellschaft

Der Zwilling-Mondknoten lernt, daß es in der Gesellschaft die Freiheit der Wahl gibt. Nicht jeder folgt den gleichen Regeln. Da jeder von uns seinen eigenen Weg verfolgt, ist es auch in Ordnung, unsicher zu sein, Zweifel zu haben und die Bescheidenheit zu besitzen, andere nach ihrer Meinung zu fragen – tatsächlich ist es sogar erforderlich. Zusammenarbeit ermöglicht es Menschen, ihre Talente zu benutzen, um sich selbst zum Ausdruck zu bringen, ihre Wünsche zu erfüllen und Dinge zu tun, die nicht nur zu ihrem eigenen Vorteil sind, sondern auch zum Wohle anderer Menschen und der Gesellschaft als Ganzem.

In Gesellschaft haben wir alle Stärken und Schwächen. Menschen kommen zusammen und tauschen Informationen aus – der Klempner weiß etwas über das Klempnern, der Anwalt kennt sich mit den Gesetzen aus und so weiter. Zwilling-Mondknoten-Menschen sind jedoch nicht daran gewöhnt, um Hilfe nachzufragen. Sie denken, das würde einen Mangel an Intelligenz aufzeigen. Und dennoch gehen wir alle von der grundsätzlichen Überzeugung aus, daß *niemand* alles weiß. Wir sitzen alle im gleichen Boot, und deshalb lenkt derjenige das Boot, der die meiste Erfahrung hat.

Zwilling-Mondknoten-Menschen könnten sich selbst von der Behaglichkeit und Kameradschaft, die eine wechselseitige Abhängigkeit bedeutet, distanzieren, weil sie sich den Vorschlägen anderer Menschen widersetzen, besonders dann, wenn die anderen weniger über die Wahrheit zu wissen scheinen als sie selbst. In dieser Inkarnation müssen sie jedoch lernen, erfolgreich in der Gesellschaft zu leben – und da gibt es eine Menge Menschen, die mehr darüber wissen als sie! Zwilling-Mondknoten-Menschen sollten sich daran erinnern, daß Bescheidenheit von Vorteil ist, da sie ihnen gestattet, anderen zuzuhören und von ihnen zu lernen. Sie müssen herausfinden, wie sie »sie selbst« und dennoch ein kooperativer Teil der Gesellschaft sein können. Weiterhin bietet ihnen Bescheidenheit die Möglichkeit zu lernen, daß es sich bei der Wahrheit um eine universelle Energie handelt, die in jedem Menschen zum Ausdruck kommen kann, daher sollten sie für alle Sichtweisen offen sein.

Dualität

Diese Menschen lernen die Dualität zu akzeptieren: die Widersprüchlichkeiten in anderen und die Dualität ihres eigenen Wesens. Dadurch, daß sie in vergangenen Leben nur die Wahrheit gesucht haben, haben sie sich von der Erfahrung abgetrennt menschlich zu sein. In dieser Inkarnation ist es ihre Aufgabe, wieder etwas über die menschliche Natur zu lernen.

Der Planet Erde funktioniert nach den Prinzipien Yin und Yang, Tag und Nacht, kalt und heiß, gebend und nehmend, weiblich und männlich – offensichtliche Gegensätze, die ein Ganzes ergeben. Zwilling-Mondknoten-Menschen verstehen das Leben, die Menschen und Situationen besser, wenn sie die »Kehrseite« der Medaille betrachten. Sie lernen, zu schauen, zu akzeptieren und an beiden Seiten interessiert zu sein, anstatt die Einstellung einzunehmen: »Es ist nur eine Münze; ist ja toll.« Anstatt die psychischen Konflikte herunterzuspielen, lernen sie etwas über den inneren Frieden, der sich aus der ehrlichen und liebevollen Akzeptanz der widersprüchlichen Seiten ihres eigenen Wesens ergibt. Daher sollten sich Zwilling-Mondknoten-Menschen keine Gedanken darüber machen, ob sie den totalen Überblick haben. Für sie ist es in Ordnung, etwas nicht zu wissen – in diesem Leben ist das sogar zu *bevorzugen*! Zu denken, sie wüßten bereits alles, blockiert ihre Offenheit gegenüber neuen Informationen, die ihr Verständnis für eine Situation verbessern könnten.

Diese Menschen zögern auch, ihren Mitmenschen Dinge zu erzählen, da sie unterstellen, andere wollten sich keine Probleme anhören. Wenn ihnen jemand erzählt: »Ich habe diesen Job gekündigt«, – »Ich habe mit Soundso Schluß gemacht« oder »Ich habe mich entschlossen, nicht auf die Anwaltsschule zu gehen«, dann antwortet die Zwilling-Mondknoten-Person: »Ich wollte es dir nur nicht sagen, aber ich konnte ihn nie leiden«. Oder: »Ich war nicht der Ansicht, daß die Anwaltsschule eine gute Idee für dich war.« Die andere Person könnte antworten: »Warum hast du mir das denn nicht eher gesagt?« Diese Menschen haben Angst, andere zu verletzen, indem die »die Wahrheit aussprechen«. Sie müssen lernen, daß es für die andere Person hilfreich sein kann, wenn sie einfach nur *ihre eigene Meinung* zum Ausdruck bringen.

Jedoch spielt die Motivation, die hinter ihrer Meinungsäußerung steht, eine ausschlaggebende Rolle dafür, wie ihr Ratschlag aufgenommen wird. Wenn ihre Motivation darin besteht, Liebe und Unterstützung zu bieten, wird die andere Person ihre gute Absicht spüren und offen für ihren Beitrag sein. Wenn sie jedoch jemanden verurteilen oder recht haben wollen, wird die andere Person defensiv reagieren. Wenn Zwilling-Mondknoten-Menschen wirklich *helfen* wollen, erfolgt die Interaktion sanft. Sie sollten ihre Auffassung als eine andere Sichtweise anbieten, ein Geschenk der Anteilnahme, und die andere Person selbst herausfinden lassen, ob es für die jeweilige Situation richtig ist oder nicht.

Optimismus

Zwilling-Mondknoten-Menschen neigen zu blindem Optimismus, der sie in Dinge springen läßt, ohne gründlich alle Fakten überprüft zu haben. Manchmal fühlen sie intuitiv, daß jemand ihnen gegenüber unehrlich ist, aber sie übergehen dieses Gefühl mit hohen Erwartungen an große Gegenleistungen und der Einstellung, daß »alles sich zum Guten wenden wird«. Wenn sie sich dieses Ungleichgewichts bewußt werden, müssen sie sich selbst drängen, ihre anderen Möglichkeiten anzuerkennen. Dies wird ihr Selbstvertrauen wieder aufbauen.

Wenn sie erkennen, daß sie sich in keiner klaren Situation befinden, müssen sie sich auf ihre eigene Stärke verlassen. Sie fühlen sich jedoch nicht immer in der Lage, mit den Dingen umgehen zu können. Sie neigen dazu, Menschen blind zu vertrauen, von denen sie das Gefühl haben, daß sie in der wirklichen Welt besser auf sich aufpassen können. Und da sie vertrauenswürdig sind, gehen sie davon aus, daß andere ebenfalls vertrauenswürdig sind – und das kann ihnen eine Menge Ärger einbringen.

Diese Menschen *sollen* sich auf die Hilfe anderer verlassen; sie sollten dies jedoch nicht blind tun. Ihre Herausforderung besteht darin, die Menschen um sie herum zu verstehen und nicht einfach jedem nur aus der Angst heraus zu vertrauen, daß sie keine andere Wahl haben. Sie müssen den Worten der anderen Person zuhören, und weil Zwilling-Mondknoten-Menschen grundsätzlich ehrlich sind, können sie es sagen, wenn andere es nicht ehrlich mit ihnen meinen.

Integrität

Zwilling-Mondknoten-Menschen erwarten von anderen Menschen nicht unbedingt, daß sie ihnen die Wahrheit sagen. Sie denken, daß andere Menschen von einem anderen Bezugspunkt ausgehen, von dem aus es in Ordnung ist, unehrlich zu sein, Notlügen zu erfinden, Geld beiseite zu schaffen und so weiter. Und obwohl sie selbst solche Dinge niemals tun würden, spüren sie doch, daß andere mit einem geringeren Maß an Rechtschaffenheit handeln. Und wieder tritt ihre Erfahrung mit strikten Moralvorstellungen aus vergangenen Leben auf den Plan, so fällt es diesen Menschen schwer, mit den Verhaltensweisen anderer umzugehen, die sie als »Unehrlichkeit und Spielchen« bezeichnen. Diese Menschen müssen erkennen, daß es ihre Aufgabe ist, die anderen wieder mit spiritueller Ethik und Wahrheit vertraut zu machen. Wenn sie andere für »falsch« halten, weil sie sich nicht »moralisch« verhalten, werden sich diese natürlich einer solchen Erkenntnis widersetzen – niemand möchte sich wie ein Sünder fühlen! Daher müssen sie anderen Menschen dabei helfen, den spirituellen Weg in ihr tägliches Leben zu integrieren. Gleichzeitig müssen sie offen für die Sichtweise anderer sein und die Starrheit ihrer Position mäßigen.

Wenn Zwilling-Mondknoten-Menschen ihr Wort geben, dann halten sie es auch – für sie ist das eine Frage der Moral. Und sie erwarten von den Menschen um sie herum, daß sie sich an die Spielregeln halten, die beide Seiten vereinbart haben. Wenn andere Menschen davon reden, etwas zu tun, und es dann doch nicht tun – aus welchem Grund auch immer –, können diese Menschen äußerst ungehalten werden. Sie wollen, daß die ursprüngliche Vereinbarung respektiert wird, und sie wollen wegen jeder Veränderung gefragt werden.

Wenn sie beispielsweise versprochen haben, den Speicher mit jemandem aufzuräumen und dann etwas dazwischenkommt, sagen sie: »Wir haben zwar vereinbart, daß wir heute den Speicher aufräumen, aber es sieht so aus, als hätten wir keine Zeit. Ist jeder damit einverstanden?« Sie hassen es, wenn etwas versprochen wurde und dann nicht eingehalten wird. Sie wissen noch nicht, wie sie diese Eigenschaft anderen Menschen nahebringen sollen – sie wollen nicht, daß andere brüskiert sind oder erklären müssen, wie es zu dieser Diskrepanz kam. Bei diesem Thema können sie ernsthaft verwirrt werden.

Wenn solche Diskrepanzen auftauchen, gibt es dafür normalerweise drei Hauptgründe:

1. Es könnte sich von vornherein um ein Mißverständnis handeln, das die Zwilling-Mondknoten-Person nicht geklärt hat, obwohl sie sich schon am Anfang nicht gut damit gefühlt hat. Wenn sie etwas aus der Vergangenheit zu klären hat, muß sie sich an die Fakten der Situation halten: »Gestern habe ich gehört, daß du … gesagt hast, und jetzt höre ich, daß du … sagst. Ich verstehe diese Diskrepanz nicht. Kannst du mir das bitte erklären, damit ich besser verstehen kann, was du sagst?« Wenn sie wirklich die Situation verstehen wollen und nicht der anderen Person zeigen wollen, daß sie unrecht hat, wird dieser Versuch funktionieren. Andernfalls wird die Person sich unwohl fühlen und defensiv reagieren.

2. Die andere Person könnte in Wirklichkeit gar nicht gesagt haben, was der Zwilling-Mondknoten verstanden hat – im Leben dieser Menschen gibt es viele Beispiele mißlungener Kommunikation. Wenn sich der Zwilling-Mondknoten in etwa an die Worte erinnern kann, dann kann er sagen: »Gestern habe ich dich sagen hören ... Hast du ... *gemeint*, oder hast du etwas anderes gemeint?«

3. Ebenso ist es möglich, daß die andere Person an einem Tag von etwas überzeugt ist und dann – bedingt durch eine Veränderung der Umstände, der Wahrnehmung oder durch ein Feedback – ihre Meinung geändert hat und sich am folgenden Tag genauso für eine andere Richtung stark macht. Ein Teil des Lebens in der Gesellschaft besteht darin zu lernen, wie man sich anpaßt und die Richtung als Antwort auf die Reaktionen anderer ändert. Menschen haben eine Idee, die sie ihrer Umwelt mitteilen. Diese Idee wird, je nach der Reaktion anderer, weiterverfolgt oder geändert, um das Ziel besser erreichen zu können. Beispielsweise könnte jemand überzeugt sein, daß Werbung in der Zeitung A das Geschäft fördern würde. Dann, nachdem wenig Reaktion erfolgte, könnte er genauso der Meinung sein, daß die Zeitung A keine gute Werbeidee war, es dann in Zeitung B versuchen oder ein völlig anderes Medium wählen.

Zwilling-Mondknoten-Menschen könnten diese Situation als Zwiespältigkeiten ansehen, aber sie stellen lediglich eine intelligente Anpassung an die Reaktionen von außen dar. Aus vergangenen Leben in religiöser Umgebung sind diese Menschen daran gewöhnt, nach der ewigen Wahrheit zu suchen: nach den absoluten Gesetzen des Universums, die sich niemals ändern. In dieser Inkarnation lernen sie jedoch, sich in ihrem sozialen Umfeld umzustellen. Sie müssen die Bescheidenheit besitzen, zuzuhören und zu lernen, wie die Regeln in diesem Umfeld funktionieren. Diese Erkenntnis wird ihnen auch erleichtern, offener gegenüber anderen zu sein. Die Reaktionen anderer können diesen Menschen dabei helfen festzustellen, ob sie wirklich einen Beitrag leisten und positive Energie in eine Situation fließen lassen.

Bedürfnisse

Akzeptieren und teilen

Zwilling-Mondknoten-Menschen verspüren einen großen Druck, wenn es darum geht, ihren Standpunkt klarzumachen und gehört zu werden. Dieser Dringlichkeit liegt jedoch der Wunsch zugrunde, sich akzeptiert zu fühlen. Akzeptanz ist das genaue Barometer, an dem sie ablesen können, ob sie richtig liegen. Wenn andere Menschen das akzeptieren, was sie sagen, ist das ein Zeichen dafür, daß sie effektiv kommunizieren. Wenn andere ihre Worte nicht akzeptieren, ist das ein Anzeichen dafür, daß sie sich zurücknehmen und ihre Botschaft in Worte fassen müssen, die andere verstehen können.

Für diese Menschen sind Wahrheiten wie heilige Stufen – die eigentlichen Grundlagen ihrer Erkenntnisse. Sie zögern, ihre Wahrheiten mitzuteilen, da sie befürchten, andere könnten denken, daß sie verrückt seien, oder sie dafür verurteilen, daß sie über die Wahrheit nachdenken, anstatt über das Geldverdienen oder andere materielle Belange. Sie wollen sich anderen gegenüber offenbaren, aber ihre heilige Wahrheit ist derart unantastbar, daß es ihnen schwerfällt, direkt darüber zu sprechen. Die andere Person verliert dann meistens das Interesse. Dann ist der Zwilling-Mondknoten frustriert, weil er nicht weiß, wie er sich über seine Philosophie in wenigen Worten unterhalten soll.

Es ist, als würde man mit Zahnschmerzen die Zahnarztpraxis betreten. Der Patient will wissen: Soll man den Zahn plombieren, ziehen, abschleifen oder eine Wurzelbehandlung machen? Er will nicht, daß der Zahnarzt ihm einen Vortrag über all seine diesbezüglichen Erfahrungen an der Universität hält. Die ganzen Jahre seines Studiums beeinflussen seine Entscheidung, was mit dem Zahn geschehen soll, der Patient will die Erfahrung hinter seiner rein faktischen Einschätzung spüren. Genauso müssen Zwilling-Mondknoten-Menschen lernen, das unmittelbare Bedürfnis der anderen Person zu erfüllen und ihr eine in ihren Augen vielleicht vorläufige oder vereinfachende Antwort zu geben, anstatt einer vollständigen Philosophie. In der gegenwärtigen Inkarnation ist vorgesehen, daß das für sie funktioniert.

Wahrheit ist eine Energie und kein Konzept. Diese Menschen suchen in Wirklichkeit nach der Energie der Wahrheit, sie müssen sich jedoch daran erinnern, daß es nicht vorbestimmt ist, daß sie sich in einer schwerfälligen Weise offenbart. Während sie Ideen mit anderen austauschen, um Probleme in ihrem täglichen Leben zu lösen, werden sie mit der Wahrheit in Kontakt kommen, nach der sie suchen. Wenn sie anderen helfen, auch nur ein oberflächliches Problem oder Mißverständnis zu lösen, wird die Energie der Wahrheit zum Vorschein kommen, und allen Beteiligten wird eine Lösung und innere Ruhe zuteil. In dieser Inkarnation ist für Zwilling-Mondknoten-Menschen vorgesehen, durch einfache tägliche Handlungen und aufrichtige Verbundenheit mit anderen, Zugang zur Wahrheit zu finden.

In der Gegenwart bleiben
Lösungen im Hier und Jetzt

Zwilling-Mondknoten-Menschen haben die Tendenz, so sehr mit abgehobenen, generellen Lösungen beschäftigt zu sein, daß sie sich nicht gestatten, die Freude des Augenblicks zu empfinden. Sie suchen noch immer nach den »ewigen Wahrheiten«. In dieser Inkarnation müssen sie sich jedoch mehr mit gegenwartsbezogenen Lösungen beschäftigen und erkennen, daß sich, wenn sie (und die Menschen um sie herum) in einzelnen Augenblicken glücklich sind, diese Momente summieren und das Glück anhalten wird.

Das gleiche gilt für ihre geschäftlichen Angelegenheiten. Sie können so sehr mit größeren Zusammenhängen beschäftigt sein, daß sie aus den Augen verlieren, wie man eine unmittelbar erfolgreiche Situation schafft. Sie müssen sich des Faktors Zeit bewußter sein und ihre Projekte in bestimmte, zeitlich begrenzte Abschnitte einteilen, anstatt das Gefühl zu haben, daß sie sich »für immer« mit materiellen Angelegenheiten befassen müssen.

Ich hatte beispielsweise einen Zwilling-Mondknoten-Klienten, der ein zweistöckiges Mietobjekt besaß. Als einer seiner Mieter auszog, waren einige geringfügige Installationsarbeiten erforderlich. Anstatt dies zu erledigen und das Objekt wieder zu vermieten, entschied er, daß es sich um einen guten Zeitpunkt handle, um eine gründliche Installationsüberholung vorzunehmen. Dann beschloß er, daß es ein guter Zeitpunkt sei, das Fundament abzustützen – was einen riesigen Aufwand an Zeit und Geld erforderte (was er nicht hatte) und es notwendig machte, das Haus aus seinem gegenwärtigen Fundament zu heben (»um eine gründliche Arbeit machen zu können«). Er glaubte, daß es irgendwann getan werden müsse, daher könne er es auch jetzt gleich hinter sich bringen. Da ihm nicht die Mittel zur Verfügung standen, um die Arbeit sofort zu erledigen, blieb die Wohnung Monat für Monat unvermietet. Als die Familie im oberen Stockwerk auszog, erweiterte er das Projekt, indem er die Installationsarbeiten auf das obere Stockwerk ausdehnte (»es könnte eventuell notwendig sein«). Das gesamte Anwesen war für neun Monate unvermietet, als er zu einer Beratung zu mir kam; bedingt durch die Mietausfälle lief er Gefahr, das Objekt zu verlieren.

Diese Menschen lernen den Wert vorübergehender Lösungen zu schätzen, mit Problemen umzugehen, wenn sie auftauchen, und nicht zu weit in die Zukunft zu planen. Andernfalls verlieren sie die starke Basis, die ihnen einen Ausgangspunkt für zukünftige Expansion bietet. Das Leben auf dem Planeten Erde ist vorübergehend – Ewigkeit existiert nur in der Vorstellung.

Suche nach Sinn

Während Zwilling-Mondknoten-Menschen in einigen Lebensbereichen zu geduldig sind, versuchen sie parallel dazu, in anderen Bereichen die schnellstmögliche Lösung zu finden. Unlogische schnelle Lösungen enden jedoch langfristig immer in Mehrarbeit, weil diese Menschen dann zurückgehen und alles noch einmal langsamer machen müssen. Sie beeilen sich, alles aus dem Weg zu bekommen, damit sie für wichtigere Dinge »frei« sind. Oftmals geht diese innere Ruhelosigkeit mit dem Gefühl einher, sich verirrt zu haben. Tatsächlich brauchen sie ein Ziel, um ihrem Leben eine Richtung zu geben. Es ist jedoch an ihnen, dieses Ziel zu bestimmen – und es muß sich um mehr handeln als das Streben nach Wahrheit. Sie müssen ein individuelles, auf die Gegenwart bezogenes Ziel haben, das sie mit der Gesellschaft verbindet; solange sie dieses Ziel noch nicht bestimmt haben, werden sie sich verloren vorkommen. Das ist ein Grund, warum diese Menschen so oft den Job wechseln. Wenn ihre gegenwärtige Beschäftigung nicht ihr inneres Bedürfnis nach Sinn befriedigt, haben sie keine Bedenken, sie aufzugeben und etwas völlig Neues auszuprobieren, um zu sehen, ob das »paßt«. Sie sind gewillt, so viel formale Ausbildung zu durchlaufen, wie nötig ist, um sich auf den Job vorzubereiten, von dem sie denken, daß er »auf sie zugeschnitten« sei.

Die Suche nach einem Ziel, zu der Zwilling-Mondknoten-Menschen sich aufgerufen fühlen, ist ein Überbleibsel aus vergangenen Leben, in denen sie nach der Wahrheit strebten. In diesem Leben ist es aber ihre Bestimmung, sich mit dem Prozeß, sich mit der Gesellschaft zu verbinden, vertraut zu machen. Wenn sie beispielsweise mit vier Menschen an einem Tisch sitzen, sind diese Menschen am Anfang der Konversation großartig. Wenn sie aber Tag für Tag mit den gleichen vier Menschen zusammen sind, werden sie nervös. Sie denken, daß sie bereits alles gesagt haben, was sie zu sagen hatten. Sicherlich haben sie das, aber sie haben die Antworten der anderen nicht gehört – und darin besteht der nächste Schritt! Diese Menschen müssen anderen *zuhören* und lernen, wie sie auf diesen Antworten aufbauen können, damit die Beziehung wachsen kann. Diese Art des Miteinander kann eine unglaubliche Energie erzeugen, die zu neuen Möglichkeiten des gegenseitigen Kennenlernens führen kann. Wenn die vier Menschen am Tisch neue Erfahrungen machen, verfügen sie auch über neue Erkenntnisse, die sie miteinander teilen können.

Veränderung

Zwilling-Mondknoten-Menschen haben so viele Leben damit verbracht, in religiösen Organisationen, die sich auf die Wahrheit konzentrierten, »gefangen« zu sein, daß es ihnen in diesem Leben widerstrebt, sich nur auf eine Sache zu beschränken. Sie sind gierig nach weltlichen Abenteuern: das Leben zu schmecken; verschiedene Arten von Beziehungen, Berufen und Orten zu erleben.

Und dennoch kann es sein, daß sie auf Menschen neidisch sind, die nur einen Beruf haben, nur einmal heiraten oder ihren Lebensstil immer beibehalten. Sie fragen sich: »Mensch! Wie mag es wohl sein, wenn ich mich einfach ganz einem Lebensentwurf verschreibe?« Ihr Unterbewußtsein weiß jedoch, daß das Leben ziemlich langweilig wäre, würden sie sich ganz einer Sache widmen, und daß sie das einfach nicht können! In diesem Leben müssen sie Möglichkeiten haben, um ihr Leben interessant zu gestalten und die Energie in Bewegung zu halten. Der potentielle Nachteil einer Haltung, die vom Leben als einem ständigen Abenteuer ausgeht, besteht darin, daß sie mit den Menschen, denen sie begegnen, nur auf einer oberflächlichen Ebene in Kontakt kommen. Aber nur dann, wenn sie sich die Zeit nehmen, etwas über andere Menschen herauszufinden, werden sie die Verbundenheit und den inneren Frieden erfahren, nach denen sie suchen. Daher ist es zu ihrem Vorteil, langsamer zu machen und mit den Menschen um sie herum geduldiger zu sein.

In bestimmten Phasen können vorübergehende, oberflächliche Beziehungen für diese Menschen auch gut sein. Indem sie nur bis zu einer gewissen Tiefe gehen, können sie ihr eigenes Gefühl der Harmonie leichter bewahren, während sie mit einer anderen Person zusammen sind. Sobald sie gelernt haben, wie sie mit vielen verschiedenen Menschen auf einer oberflächlichen Ebene umgehen können, können sie auch die Erfahrung machen, wie sie sich tiefer einlassen und dennoch die Energie und Harmonie aufrechterhalten können.

Spontaneität

Diese Menschen lieben es, spontan zu sein – es vermittelt ihnen ein Gefühl der Leichtigkeit und Freude! Manchmal ist Spontaneität für sie von Vorteil, aber sie kann ebenso ein Hindernis für eine intimere Beziehung darstellen. So haben sie beispielsweise die Angewohnheit, sich mit anderen auf die letzte Minute zu verabreden, und oftmals haben die Menschen, mit denen sie sich treffen wollen, keine Zeit. Es ist vorteilhaft für sie, zu erkennen, daß viele Menschen ihr Leben planvoller gestalten; wenn sie sich wirklich mit jemandem treffen wollen, müssen sie das die andere Person im voraus wissen lassen. Wenn die Person sich nicht mit ihnen treffen kann, schließen sie oft daraus, daß »es wohl nicht so sein sollte«. Diese Menschen ziehen die Spontaneität der Planung vor, weil sie nicht im voraus sagen können, ob sie wirklich mit einer bestimmten Person zusammensein wollen. Sie bevorzugen es, frei zu sein, um in jede beliebige Richtung gehen zu können – wo immer die Energie ist und wo immer ihr Abenteuersinn sie hinführt. Sie lernen jedoch, daß es Bereiche gibt, in denen ihre Liebe zur Spontaneität für sie nicht funktioniert, beispielsweise in geschäftlichen Angelegenheiten oder bei Menschen, die Spontaneität nicht schätzen.

Verlangsamung

Zwilling-Mondknoten-Menschen haben das Gefühl, anderen so viele Informationen geben zu müssen, daß all die zu überbringenden Nachrichten wie eine Last wirken. Und dennoch verläuft ihr Leben nicht in der gleichen Geschwindigkeit wie die vergangenen Leben, als sie noch alleine reisten. Sie müssen ihr Tempo selbst drosseln. Letztendlich handelt es sich um ein Leben mit Menschen.

Wenn diese Menschen versuchen, Abkürzungen zu nehmen, werden sie damit enden, daß sie einen Umweg machen müssen, denn sie werden zurückgehen und die Dinge wiederholen müssen. Sie sollten sich immer daran erinnern, daß sie da, wo sie gerade sind, auch wirklich sein sollten, und die Person, die gerade vor ihnen steht, diejenige sein könnte, für die ihre Botschaft bestimmt ist. Das kann den Druck, den sie verspüren, unglaublich erleichtern; wenn sie aber zu schnell vorgehen, um zur *nächsten* Person zu kommen, werden sie die erste Information nicht effektiv vermitteln, und das Gewicht wird immer noch auf ihnen lasten. Ein anderes Problem besteht darin, daß Zwilling-Mondknoten-Menschen sich nicht nur verantwortlich fühlen, die Information zu *vermitteln*, sondern auch sehen wollen, daß die andere Person sie *versteht*. Auf eine Weise ist das richtig. Sie sind in diesem Leben Lehrer, und ihre Aufgabe ist es, Botschaften auf eine Weise weiterzugeben, daß andere sie verstehen können. Wenn sie jedoch von Ungeduld gepackt werden, versuchen sie versehentlich andere anzutreiben, damit sie die Nachricht verstehen, anstatt langsamer zu machen, um sie in der »Sprache« der anderen Person zu präsentieren. Sie müssen sich auf die Tatsache konzentrieren, daß zwölf Informationen, die einem Dutzend Menschen gut vermittelt wurden, mehr wert sind als Hunderte von Nachrichten, die nicht verstanden wurden.

Respekt vor der Sprache

Mehr als jede andere Mondknoten-Gruppe neigen diese Menschen dazu, in ihrer Jugend zu stottern. Das liegt daran, daß ihre Gedanken so schnell sind und sie so viele Leben in Ruhe und Meditation verbracht haben, daß sie nicht daran gewöhnt sind zu sprechen. Ihre Gedanken sind zehnmal schneller als ihr Sprechorgan. Sie kommunizieren mit Begeisterung, weil sie für so lange Zeit nicht in Gesellschaft waren. Sie sind froh, wieder ein Teil von ihr zu sein, obwohl sie sich fürchten, weil sie nicht wissen, wie sie sich zu ihr in Beziehung setzen sollen. All dies kann zu ihrem Stottern beitragen.

Das Stottern kann auf andere Weise nützlich sein. Es bringt diese Menschen dazu, alternative Worte zu finden, falls ihre erste Wortwahl nicht richtig war. Das macht ihnen bewußter, daß sie langsamer werden und genau das aussprechen müssen, was sie meinen: Es lehrt die Worte und die Kunst des Sprechens zu respektieren, um genau das aufzuzeigen, was sie meinen. Indem sie sich selbst motivieren, die einen bestimmten Inhalt richtig wiedergebenden Worte zu gebrauchen, lenken diese Menschen ihre hochgradig kreative geistige Energie konstruktiv in ihre Beziehungen mit anderen.

Sie verfügen über so viel mentale Energie, daß das Ergebnis Frustration ist, wenn sie keinen Respekt vor der Macht der Worte haben. Es ist sehr wichtig für sie, nicht mit Dingen herauszuplatzen. Sich Zeit zu nehmen, um die richtigen Worte zu finden, kanalisiert ihre Energie und verleiht ihnen die notwendige Konzentration. Sie wissen genau, was sie sagen wollen, aber es kann ihnen Schwierigkeiten bereiten, sich verständlich zu machen. Diese Menschen sehen, daß andere klar kommunizieren, und verstehen nicht, warum sie selbst so viele Probleme haben. Deshalb mögen sie Filme mit interessanten, komplexen Dingen, weil sie durch das Zuschauen lernen, was Menschen sagen und wie sie es sagen.

Die wichtigste Sache, an die sich diese Menschen erinnern müssen, ist »langsamer zu machen«. Sie müssen sicher sein, daß das, was sie sagen, von allen Beteiligten genau verstanden wird, anstatt mit einer Reihe von Ideen herauszuplatzen, bevor die erste aufgenommen wurde. Wenn sie beispielsweise sagen: »Ich habe mit Auslandsreisen keine guten Erfahrungen gemacht«, sollten sie einen Moment warten, um zu sehen, wie die Menschen um sie herum reagieren. Wenn andere diese Aussage entkräften, indem sie betonen, wieviel Spaß der Zwilling-Mondknoten doch eigentlich in Tahiti hatte, müssen sie innehalten und klarstellen, was sie genau damit sagen wollten.

Möglicherweise könnten sie es so formulieren: »Ich will damit nicht zum Ausdruck bringen, daß Auslandsreisen für jedermann unangenehm sind, aber ich persönlich habe keinen besonders großen Spaß daran.« Niemand kann die *persönlichen* Erfahrungen eines anderen Menschen entkräften, solange sie klarstellen, daß sie nicht behaupten wollen, dies sei auf jeden zutreffend. Nachdem sie sich die Zeit genommen haben, den ersten Punkt zu klären, könnten sie feststellen, daß sie aus den unterschiedlichen Erfahrungen anderer lernen können. Sie sagen vielleicht: »Wie waren deine Erfahrungen mit Auslandsreisen?«

Für diese Menschen ist es vorteilhafter, wenn sie zu erkennen versuchen, wie andere das Leben sehen. So können sie ihre eigenen Wahrnehmungen erweitern.

Zeiteinteilung

Zwilling-Mondknoten-Menschen lernen zu denken, bevor sie reden. Sie lernen auch, wie wichtig es ist, auf den richtigen Zeitpunkt zu warten, um ihre Meinung darzulegen. Auch wenn der Zwilling-Mondknoten der anderen Person die perfekte Antwort auf ein Problem anbietet, wird es nicht viel nützen, solange diese Person nicht bereit ist, sie anzunehmen. Wenn die andere Person nicht aufnahmefähig ist, müssen diese Menschen es sein lassen, bis sich die nächste Möglichkeit von selbst zeigt. Sie sollten sich auf die Verbindung und ihr Wohlwollen konzentrieren, was sie nur können, wenn sie kein persönliches Anliegen in der Kommunikation haben. Wenn sie darauf festgelegt sind, daß die andere Person das akzeptiert und anerkennt, was sie zu sagen haben, verwandelt sich diese Anteilnahme in eine Kraft, die ihnen Ablehnung einbringt und der anderen Person wie eine Predigt oder Streitlust vorkommt.

Beziehungen

Freiheitsdrang

Zwilling-Mondknoten-Menschen verspüren in dieser Inkarnation ein gewaltiges Freiheitsbedürfnis. Wenn es sie veranlaßt, neue Menschen kennenzulernen, ist dies heilsam für sie und führt zu einer Steigerung ihrer Energie. Wenn ihr Freiheitsdrang jedoch darauf basiert, daß sie vor der Herausforderung, sich mit anderen zu verbinden, davonlaufen, wird das Resultat Rastlosigkeit und Einsamkeit sein.

Bindungsangst

Wenn andere bei diesen Menschen auf den entsprechenden Knopf drücken und sie enttäuschen, besteht ihre Reaktion darin, sich vollständig abzuwenden. Sie haben das Gefühl, daß es sie schwächt, sich mit anderen Menschen zu verbinden, und unterbewußt haben sie Angst davor, von einem anderen Menschen wirklich verstanden zu werden. Es ist auch frustrierend für sie, die Arbeit auf sich zu nehmen, ihre Wahrheit mitzuteilen. Obwohl sie die Wahrheit leicht erkennen, haben sie doch große Probleme, die Wahrheit für andere so zu übersetzen, daß sie verstanden und geschätzt werden kann.

Weil Zwilling-Mondknoten-Menschen lernen sollen, anderen zuzuhören, ist das Stellen von Fragen eine gute Angewohnheit für sie. Sie haben eine gewisse Angst, sich tief und aufrichtig mit anderen zu verbinden; aber wenn sie es *tun*, sind die Gefühle von Akzeptanz und Ganzheit zutiefst befriedigend. Sie können sich wieder mit der inneren Ruhe verbinden, für die sie in vergangenen Leben so hart gearbeitet haben.

In engen Beziehungen müssen sie damit beginnen, daß sie zugeben, in einem »Schneckenhaus« gelebt zu haben. Sie müssen ihre Absicht offenlegen: daß sie aus ihrem »Schneckenhaus« herauskommen wollen, um sich mit der anderen Person zu verbinden – nicht nur in bezug auf ihre Hoffnungen und Träume, sondern auch auf ihre Ängste und Zweifel. Wenn sie sich selbst in der Kommunikation offen zeigen, werden sie wirklich ehrlich sein. Sie werden nicht nur ihre heitere, optimistische Einstellung darüber mitteilen, wie die Dinge sein sollten – sie teilen mit, wie das Leben sich für sie auf der täglichen Ebene darstellt, und sie werden über ihre eigenen Herausforderungen sprechen. Anderen gegenüber empfänglich zu sein kann ihnen wirklich dabei helfen, in ihrem täglichen Leben Siege davonzutragen, die sie niemals alleine hätten erringen können.

Verbindlichkeit

Die meisten dieser Menschen wollen sich in einer dauerhaften, verbindlichen ehelichen Beziehung »niederlassen«, aber ein Teil von ihnen fürchtet gleichzeitig diese Art von Beständigkeit. Sie wollen frei sein, um zu wachsen und sich zu verändern, sich zu bewegen und verschiedene Dinge tun zu können. Wenn sie sich mit einer anderen Person verbinden könnten, die die gleiche Mentalität besitzt, haben sie möglicherweise die Vorteile auf beiden Seiten. Wenn sie jedoch eine Beziehung eingehen, die ihre Freiheit einschränkt, funktioniert das grundsätzlich nicht.

Zwilling-Mondknoten-Menschen finden in ihren Beziehungen nicht leicht einen Bezug zu dem Wort »Verbindlichkeit«. Sie haben sich der

Wahrheit und Harmonie in sich selbst verpflichtet. Sie wollen nicht, daß sich jemand in ihre Philosophie einmischt, und sie sind sich nicht sicher, wie sie sich einer anderen Person gänzlich verpflichten können, ohne daß sich ihre Ansichten mit denen des anderen vermischen. Sie haben das Gefühl, daß es ihre Wahrheiten sind, die sie zu dem machen, der sie sind. Sie können jedoch mit einer Person, die unterschiedliche Meinungen hat, leben, solange beide Menschen offen sind und die Weltanschauung des anderen akzeptieren.

Diesen Menschen widerstrebt es auch, irgend etwas zu unternehmen, das ihre Kontakte einschränkt. Sie lernen, wie man Beziehungen aufnimmt und wie man sich wieder in die Gesellschaft eingliedert, und sie müssen viele unterschiedliche Menschen erleben, um ihr Wissen darüber zu erweitern, wie man so etwas macht. Sie können dieses Vertrautsein mit der Wahrheit und dieses Gefühl innerer Harmonie in die Gesellschaft einbringen, und sie können diese Bewußtseinsqualitäten erweitern, um andere mit einzubeziehen. Wenn sie dies mit unterschiedlichen Menschen in unterschiedlichen Situationen praktizieren, erlangen sie mehr Vertrauen in ihre Fähigkeit, ihr eigenes inneres Glück aufrechtzuerhalten, während sie mit anderen umgehen. Dann können sie Menschen gestatten, näherzukommen, weil sie wissen, daß sie in der Lage sein werden, ihre Harmonie zu bewahren.

Daher kann es für Zwilling-Mondknoten-Menschen länger dauern, sich auf eine verbindliche Beziehung einzulassen, da sie ihr inneres Gefühl des Friedens verlieren, wenn sie zu schnell zu tief gehen. Eine Ehe oder Bindung, die sie in ihrem Umgang mit anderen begrenzen würde, behindert in Wirklichkeit ihre größeren Ziele. Sie brauchen einen Partner, der ihr Bedürfnis unterstützt, sich in der Gesellschaft zu bewegen. Sie brauchen eine Menge Erfahrung mit Beziehungen, um ihr Potential ganz umsetzen zu können. Das bedeutet nicht, daß Monogamie für sie nicht geeignet ist – es handelt sich um das Bedürfnis, mit einer Vielzahl verschiedener Menschen geistig kommunizieren zu können, das nicht beschränkt werden soll.

Vermutungen

Die Neigung, etwas vorauszusetzen, behindert die Beziehungen des Zwilling-Mondknoten-Menschen am häufigsten. Wenn sie handeln, ohne Fakten zu sammeln oder Informationen mit anderen auszutauschen, legen sie selbst den Grundstein für ihre Enttäuschung. Wenn sie Zweifel haben, müssen sie mit der anderen Person sprechen und ihr ohne Vorurteile zuhören. Wenn sie voraussetzen, andere wüßten, daß »alles in Ordnung« ist, geraten sie oft in Schwierigkeiten. Wenn sie Dinge täglich überprüfen – herausfinden, wie es der anderen Person geht, und sie informieren, wie es ihnen geht –, werden sie viel glücklicher sein. Um eine erfüllende Beziehung erleben zu können, müssen sie sich besondere Mühe geben, offen zu kommunizieren.

Mangel an Kommunikation

Wenn sich diese Menschen in einer Beziehung befinden, neigen sie dazu anzunehmen, daß andere wissen, was sie fühlen, und das erleben, was sie selbst erleben. Ich hatte beispielsweise eine Klientin, die eine wunderschöne, romantische Nacht mit einem Mann verbracht hatte. Anschließend meldete er sich nie wieder bei ihr, und sie nahm an, daß er etwas anderes empfunden hatte als sie. Tatsache ist jedoch, daß sie es nicht weiß! Es kann hundert Gründe gegeben haben, warum er sie nicht angerufen hat: Er könnte ihre Telefonnummer verloren haben; er könnte in einer anderen Beziehung gelebt haben, die er noch nicht beendet hatte; vielleicht war etwas passiert, um das er sich zuerst kümmern mußte, und anschließend war es ihm peinlich, nach so langer Zeit anzurufen; oder ihre Rückschlüsse könnten richtig gewesen sein. Das beste wäre jedoch gewesen, ans Telefon zu gehen, zu fragen, wie es ihm geht, ihm mitzuteilen, wie sehr sie den Abend genossen hat, und herauszufinden, warum er sie nicht angerufen hat. Diese Menschen müssen etwas von ihrem Vertrauen einsetzen, um positive Ergebnisse zu erzielen, und in ihrem eigenen Leben die Verantwortung für die positiven Resultate übernehmen.

Wenn Zwilling-Mondknoten-Menschen eine Beziehung zu jemandem haben, melden sie sich oftmals für einen längeren Zeitraum nicht bei der anderen Person. Wenn sie durch eine negative Phase gehen oder sich über etwas in ihrem Leben nicht im klaren sind, möchten sie keinen Kontakt aufnehmen, weil sie nicht sagen wollen: »Mein Freund hat mich gerade verlassen«, oder »Sie haben mir meine Kreditkarten gestohlen«. Sie wollen warten, bis sie sich wieder gefangen haben, damit sie das Positive mitteilen können – sie wollen nicht kommunizieren, wenn sie nicht in Bestform sind.

Natürlich interpretieren viele Menschen diesen Mangel an Kommunikation als einen Mangel an Interesse. Viele romantische Beziehungen von Zwilling-Mondknoten-Menschen scheitern an mangelnder Kommunikation, wenn die andere Person annimmt, daß sie nicht interessiert seien, und sich mit jemand anderem einläßt. Wenn ihnen wirklich daran gelegen ist, eine Beziehung aufrechtzuerhalten, können sie nicht voraussetzen, daß die andere Person weiß, daß »alles in Ordnung« ist. Sie müssen regelmäßig den Hörer in die Hand nehmen oder eine Karte schicken, um die Verbindung aufrechtzuerhalten. Wenn sie durch eine Phase der Zweifel und Unsicherheiten gehen, können sie sich zum Beispiel so ausdrücken: »Ich habe gezögert, dich anzurufen, weil ich dich momentan nicht sehen kann. Ich muß einige Dinge in meinem Leben ordnen, aber ich wollte dich wissen lassen, daß ich an dich denke, und ich wollte mich erkundigen, wie es dir geht.«

Wenn es zu einem Mißverständnis gekommen ist, müssen diese Menschen die Verantwortung dafür übernehmen, es zu beseitigen. Sie könnten es auch als hilfreich empfinden, andere auf potentielle Probleme aufmerksam zu machen: »Manchmal höre ich nicht, was Leute sagen, weil meine Gedanken abschweifen. Wenn du das Gefühl hast, ich hätte dich nicht verstanden, lasse es mich bitte wissen, denn ich möchte klar mit dir kommunizieren.« Zwilling-Mondknoten-Menschen können an etwas denken und gleichzeitig annehmen, es sei von anderen Menschen verstanden worden. Für diese Menschen ist es ein Schock, wenn sie feststellen, daß andere Menschen die Welt nicht genauso interpretieren wie sie selbst. Es ist wichtig für sie, sich bei anderen nochmals rückzuversichern und das bewußt auszusprechen, womit sie gerade gedanklich beschäftigt sind. Wenn sie andere taktvoll auf ihre unterschiedlichen Gedanken und Ideen aufmerksam machen, werden sie feststellen, daß ihre Beziehungen sich auf neue und positive Weise wandeln.

Austausch von Gefühlen

Wenn sich Zwilling-Mondknoten-Menschen die Zeit nehmen, ihre persönlichen Erfahrungen mitzuteilen, sind andere zutiefst bewegt. Als Folge davon erfahren Zwilling-Mondknoten-Menschen mit großer Freude Akzeptanz und Einfühlungsvermögen. Wenn sie Dinge mitteilen, ohne recht haben oder einen Punkt beweisen zu müssen, werden ihre Äußerungen sehr aufrichtig sein. Um andere auf der seelischen

Ebene zu erreichen, müssen sie die Wahrheit darüber sagen, was sie erleben.

Ich hatte beispielsweise einen Klienten mit dieser Mondknoten-Position, dessen Freundin in einer Boutique einige unerwartete Ausgaben zu Lasten seiner Kreditkarte machte. Er stellte sie zur Rede, und obwohl er bereits wußte, daß es sich um Kleider handelte, sollte sie ihm sagen, wofür sie das Geld ausgegeben hat. Als sie »Haushaltsartikel« sagte, zwang er sie mit einer solchen Besessenheit, die Wahrheit zu sagen, daß sie die Beziehung beendete. Diese Menschen hassen Lügen, und sie neigen dazu, mit selbstgerechter Empörung zu reagieren, wenn sie das Gefühl haben, belogen worden zu sein. In diesem Fall handelte es sich bei der Aussage des Mannes jedoch auch nicht um die Wahrheit. Er hätte sagen sollen: »Es gibt da etwas, das ich gerne mit dir besprechen möchte, weil es sehr wichtig für mich ist. Ich habe festgestellt, daß meine Kreditkarte mit einigen nicht geplanten Abzügen belastet wurde, deshalb bin ich der Sache nachgegangen, um herauszufinden, ob ein Irrtum vorliegt. Es stellte sich jedoch heraus, daß es sich um drei Belege für Kleidung handelte, die du unterschrieben hast. Du weißt, daß ich immer großzügig war – ich will, daß du schöne Kleider trägst –, aber ich fühle mich verletzt und hintergangen, weil du nicht gefragt hast, bevor du meine Kreditkarte benutzt hast.«

Aus dieser Ehrlichkeit heraus hätte dann die nächste Wahrheitsebene hervorgehen können. Indem er die Fakten und seine ehrlichen Gefühle vorgetragen hätte, hätte er selbst mehr dafür geöffnet, ihren Charakter genau zu erkennen. Entweder hätte sie sich geändert, um ähnliche ethische Vorstellungen zu haben wie er, oder er hätte erkannt, daß sie keine passende Partnerin für eine enge Beziehung ist. Diese Menschen müssen anderen eine Chance geben, ethisch zu wachsen. Sie können diese Möglichkeit jedoch nur einräumen, wenn sie selbst gewillt sind, rechtschaffen zu handeln – ehrlich ihre Gefühle offenzulegen, anstatt die andere Person dazu zu zwingen, ehrlich zu sein.

Selbstgerechtigkeit

Zwilling-Mondknoten-Menschen widersetzen sich stark der »Wahrheit« anderer Menschen – insbesondere bei den Menschen, mit denen sie täglich zu tun haben. Das kann einer der Gründe dafür sein, warum Menschen das Gefühl haben, sie anlügen zu müssen – die Zwilling-

Mondknoten könnten nicht wirklich wissen wollen, was mit der anderen Person los ist. Aber ihre Abneigung, zuhören zu wollen, kann in schmerzlichen Mißverständnissen mit genau den Menschen enden, an denen ihnen am meisten liegt.

Obgleich sie sagen, sie würden nach »der Wahrheit« suchen, sind sie erschüttert, wenn andere sie aussprechen. Das hat zur Folge, daß andere Menschen sich ermutigt fühlen, sie anzulügen. Diese Menschen können derart selbstgerecht sein, wenn es darum geht, wer recht hat und wer nicht, daß andere nichts mit ihnen zu tun haben wollen.

Zwilling-Mondknoten-Menschen lernen ein gutes Verhältnis mit anderen zu schätzen, unabhängig von ihrem zwanghaften Streben nach philosophischer Wahrheit. Das erfordert auch, daß sie aufhören, andere zu beurteilen. Wenn diese Menschen eine andere Person beurteilen, berücksichtigen sie nicht die ethischen Regeln der anderen Person. Um diese Person besser verstehen zu können, müssen die Zwilling-Mondknoten Fragen stellen: »Was hast du studiert? Was war deine erste berufliche Tätigkeit?« Diese Menschen haben die Tendenz, die Dinge so sehr in der Gegenwart zu sehen, daß sie unterstellen, das Leben anderer Menschen sei immer gleich verlaufen – dennoch ist es faszinierend für sie, wenn andere erzählen, was sie in die gegenwärtigen Lebensumstände geführt hat.

Wenn sie von anderen Menschen »Wahrheit« oder faktische Genauigkeit erwarten, sollten sie sich zuerst immer ganz über ihr eigenes Motiv im klaren sein. Geht es darum, etwas über die andere Person zu lernen und dieser Person zu helfen, sich deutlicher darzustellen? Oder besteht das Motiv darin, recht zu haben? Wenn ihr zugrundeliegendes Motiv das Zuhören ist, werden sie gewinnen, wenn ihr Motiv die Rechthaberei ist, werden sie verlieren.

Zwilling-Mondknoten-Menschen müssen andere als gleichwertig ansehen, wenn sie wollen, daß sie ehrlich kommunizieren. Und Ehrlichkeit entwickelt sich – sie ist nicht unbedingt bei den ersten Zusammentreffen möglich. Wenn diese Menschen anderen den Freiraum zugestehen, mit sich selbst ehrlicher zu werden, wird sich die Ehrlichkeit, nach der sie streben, von selbst zeigen. In persönlichen Beziehungen müssen sie in konstruktiver Weise, die die andere Person nicht befremdet, darüber sprechen, wie wichtig Ehrlichkeit für sie ist. Sie können beispielsweise – unaufdringlich, aber klar – beginnen: »Wir haben mehr Spaß miteinander, wenn wir ehrlich miteinander sind, als wenn wir versuchen, uns gegenseitig zu täuschen. Ehrlichkeit bringt uns näher zusammen und hilft uns, einander zu akzeptieren.«

Kommunikation über innere Widersprüche
Wenn sich diese Menschen selbst zwingen, jemanden eine zustimmende oder verneinende Antwort zu geben, sie aber noch einen gedanklichen Konflikt austragen, wird jede Äußerung eine Lüge sein, denn die Wahrheit ist, daß sie die Antwort noch nicht gefunden haben. Daher ist die »Antwort« – und die korrekte Information, die sie der anderen Person geben sollten –, daß sie zwei Alternativen sehen und nicht wissen, welche sie wählen sollen. Wenn die andere Person das verstanden hat, kann die Zwilling-Mondknoten-Person eine Möglichkeit ausprobieren und gleichzeitig die andere im Auge behalten, sollte die erste sich nicht als positiv erweisen.

Ich hatte beispielsweise eine Klientin mit dieser Mondknotenposition, der angeboten wurde, entweder in einem Büro oder zu Hause zu arbeiten. Einerseits gefiel ihr der Gedanke an den Frieden und die Abgeschiedenheit, wenn sie zu Hause arbeitete, andererseits befürchtete sie aber auch, daß ihre Produktivität darunter leiden könnte. Sie mußte ihrem Vorgesetzten genau das sagen, was sie mir erzählt hatte: »Ich möchte gerne zu Hause arbeiten, und es ist sehr wichtig für mich, meine Produktivität aufrechtzuerhalten. Daher möchte ich es gerne ausprobieren, zu Hause zu arbeiten, sollte meine Produktivität jedoch darunter leiden, würde ich gerne ins Büro kommen.«
In dieser Inkarnation ist es für Zwilling-Mondknoten-Menschen ausgesprochen gut, ihre Meinung zu ändern. Daher sollten diese Menschen versuchen, ihre Ansichten nicht zu eng zu fassen, wenn sie ihre Entscheidung oder ihre momentane Meinung zum Ausdruck bringen. Anstatt zu sagen: »Das ist falsch und wird auch immer falsch bleiben«, sollten sie besser sagen: »Das ist falsch. Es könnte sein, daß ich meine Meinung ändere, aber so erscheint es mir im Augenblick.« Ihre Ansichten könnten sich ändern, daher ist es für diese Menschen in Ordnung, *keine* endgültige Antwort zu haben.

Romantik
Abwechslung

Das Karma der Zwilling-Mondknoten-Menschen ist es, sich mit einer Vielzahl von unterschiedlichen Menschen zu verbinden: mit Schwachköpfen, Betrügern, Aussteigern, Hochschulabsolventen. Manchmal fragen sie sich, wer eigentlich ihr »Typ« ist, weil sie, oberflächlich betrachtet, mit all diesen unterschiedlichen Menschen eine Beziehung finden! Wenn sie mehr Gespür für ihre spirituelle Identität entwickeln und herausfinden, wie sie mit Menschen Informationen austauschen können, wird es für sie Sinn machen, mit so vielen unterschiedlichen Menschen zusammenzusein. Wenn sie ihre »Wahrheit« an so vielen unterschiedlichen Kommunikationspartnern getestet haben, sind sie in der Lage, »ihre Wahrheit« differenziert zu sehen. Dies hilft ihnen zu erkennen, wann ein Konzept wirklich »richtig« ist, und sie freuen sich, wenn sie sehen, wie das Konzept trotz unterschiedlicher Wahrnehmung anderer erfolgreich ist.

Wenn Zwilling-Mondknoten-Menschen anfangen, ihre Sexualität zu erleben, neigen sie dazu, Beziehungen mit einer Vielzahl von Menschen zu suchen. Ihnen fehlte in so vielen Inkarnationen die menschliche Wärme, daß sie sich wie ein Kind im Süßwarenladen verhalten: Sie wollen alles probieren! Tatsächlich ist das in ihrem Fall, innerhalb angemessener Grenzen, kein falsches Verhalten – insbesondere in jungen Jahren. Sie lernen, wie sie mit anderen Beziehungen aufnehmen und dabei ihre innere Wahrheit aufrechterhalten und teilen können. Vielfältigkeit kann ihnen helfen, sie zu teilen, ohne sie zu verlieren.

Diese Menschen verfügen aus vergangenen Leben über ein gut entwickeltes Gefühl der Integrität und würden niemals etwas sagen, um die andere Person in die Irre zu führen. Sie sagen nicht: »Ich liebe dich und werde immer bei dir bleiben«, mit dem Hintergedanken, die andere Person ins Bett zu bekommen. Bedingt durch ein Schuldgefühl, das aus ihrer religiösen Praxis in vergangenen Leben stammt, werden sie jedoch von einer Stimme geplagt, die sagt: »Ich weiß, daß das falsch ist – ich sollte nur mit einem Menschen zusammensein.« Es könnte eine Zeit kommen, zu der dieser Weg der richtige für sie ist, diese Entscheidung muß jedoch auf der Aufrechterhaltung ihrer Wahrheit basieren, während sie mit der anderen Person zusammen sind, ohne sich selbst zu gestatten, in isolierende Selbstgerechtigkeit zu verfallen. Wenn sie sich mit einer Vielzahl von Menschen verabreden, sind sie charmant und bewahren ihr »gutes Benehmen«, damit die Verbindung Fortschritte macht. Wenn sie dieses gleiche »gute Benehmen« beibehalten können, wenn sie mit nur *einer* Person zusammen sind, dann sind sie auf der richtigen Spur.

Während sie sich immer noch in dem Prozeß befinden, sich mit einer Vielzahl von Menschen zu verabreden, muß ihr Motiv klar sein. Wenn sie nur versuchen, ihre Einsamkeit durch Sex erträglicher zu machen, wird das Ergebnis in dieser Nacht eine vorübergehende Befriedigung, aber eine Steigerung ihres Leeregefühls am nächsten Tag sein. Um aus diesem Teufelskreis auszusteigen, müssen sie ihr geistige Verbindung mit der anderen Person als eine Grundlage für körperliche Intimität ausbauen. Bevor sie eine körperliche Beziehung eingehen, sollten sie für eine emotionale Verbindung sorgen. Dann kann der körperliche Austausch ein freudiger Ausdruck dieser Wahrheit sein, und sie werden sich nicht leer oder schuldig fühlen.

Zwanghaftigkeit

Zwilling-Mondknoten-Menschen können in ihrer Zuneigung zu anderen zwanghaft sein, besonders in romantischen/sexuellen Beziehungen. Wenn sie sich zu sehr für eine Idee oder Person engagieren, sollten sie sich von ihrer Zwanghaftigkeit distanzieren, um wieder zu einer ruhigen und konstruktiven Gemütsverfassung zu finden. Wenn sie von einer Idee besessen sind, müssen sie einen anderen Blickwinkel einbeziehen, um ihren Geist zu beruhigen. Wenn sie von einer anderen Person besessen sind, müssen sie – als Ausgleich für die erste Beziehung – eine platonische Freundschaft aufbauen. Zu erkennen, daß sie Wahlmöglichkeiten haben, ist für sie immer positiv.

Oberflächlichkeit

Diese Menschen sind großartig, wenn sie jemanden neu kennenlernen: der einführende Small talk, der Charme, die lockere Verbindung. Sie verhalten sich wie ein professioneller Oberkellner in einem Restaurant – sie wissen, wie sie der anderen Person das Gefühl geben können, willkommen zu sein, wie sie die einleitenden Worte formulieren müssen, damit jeder sich angesprochen fühlt, und welche Gesten und welche Mimik erfolgversprechend sind; aber danach sind sie verloren. In einer romantischen Situation werden sie oftmals nervös und gehen entweder von alleine oder versuchen, sehr bald eine sexuelle Beziehung aufzunehmen. Diese Menschen fühlen sich in ihrem Körper sehr wohl, und dieses Wohlbefinden stellt sich sofort wieder ein, wenn sie versuchen, körperlich in Kontakt zu kommen. Unglücklicherweise sind ihre sexuellen Verbindungen jedoch oft nur von kurzer Dauer und nur vorübergehend befriedigend, wenn sie nicht zuerst geistig-seelische Zuneigung und gegenseitiges Verständnis aufgebaut haben.

Diese Menschen hatten in vergangenen Leben viele Abenteuer. Wenn sie sich auf einen Berggipfel zubewegten, um nach der Wahrheit zu suchen, kreuzte so manche attraktive Person ihren Weg, und sie hatten ein sexuelles Abenteuer mit ihr. Diese Menschen waren aber nicht daran interessiert, sich zu binden – sie waren mit der Suche nach der Wahrheit beschäftigt. Nährende menschliche Bindungen einzugehen oder Liebesbeziehungen ernster zu nehmen, wäre nicht mit ihren Zielen zu vereinbaren gewesen. In diesem Leben nun führt ein solches Verhalten zu Isolation, weil diese Menschen weiterhin vor tiefen Bindungen davonlaufen. Sie wollen anderen nahe sein, aber sie wissen nicht, wie sie es anstellen sollen. Diese Unbeholfenheit kann sehr frustrierend für sie sein, besonders in Liebesbeziehungen.

Zwilling-Mondknoten-Menschen müssen sich jedoch vergegenwärtigen, daß sie eine unglaubliche Gabe besitzen, mit Menschen in Verbindung zu kommen, wenn sie dies nur wollen. Der Schlüssel ist, aufrichtig an der anderen Person interessiert zu sein. Wie denkt sie? Was ist wichtig für sie? Was sind ihre Interessen? Welche Botschaft hat die andere Person für sie, und welche Botschaft haben sie für die andere Person?

Bewußte Kommunikation

Zwilling-Mondknoten-Menschen haben die Neigung, zu direkt zu sein, und das bringt sie in Schwierigkeiten. Sie müssen daran denken, daß sie sich intensiv mit dem auseinandersetzen müssen, was sie tatsächlich vermitteln wollen, und dann auf eine verantwortungsbewußte, sensible Weise kommunizieren. Ich hatte beispielsweise eine Klientin, die seit 26 Jahren mit einem Zwilling-Mondknoten-Mann verheiratet war. Eines Tages kam er nach Hause und sagte – ohne vorherige Vorwarnung: »Ich habe meine Seelengefährtin gefunden und will mich scheiden lassen.« Er hatte diese Frau erst zwei Wochen vorher kennengelernt! Seine Frau war von dieser Nachricht völlig geschockt. Es kostete sie beide mehr als zehn Jahre intensiver Konfrontation und Therapie, um herauszufinden, worin die Probleme bestanden, die ihn zu dieser drastischen Ankündigung bewegt hatten. Letztendlich handelte es sich bei diesem Zusammenstoß lediglich um eine Ablenkung – was dieser Mann wirklich wollte, war, seine Beziehung mit seiner Frau wiederzubeleben. Sie führten eine gute Ehe, die von beiden Seiten auf großer Liebe basierte, und sie sind bis zum heutigen Tag zusammen. Er bekam, was er wollte: Seine Beziehung zu seiner Frau hat sich verändert. Aber seine Frau hat sich niemals wieder emotional erholt, und sie ist nicht fähig, ihm vollständig zu vergeben, was er ihr angetan hat.

Zwilling-Mondknoten-Menschen lernen, daß sie anderen gegenüber unnötig verletzend sein können, wenn sie reden, ohne die Auswirkungen in Betracht zu ziehen. Das ist besonders dann der Fall, wenn das, was sie sagen, nicht wirklich der zugrundeliegenden Wahrheit entspricht, sondern lediglich ein Versuch ist, die andere Person zu verletzen oder Aufmerksamkeit zu bekommen. Sie müssen zuerst für sich klären, was sie fühlen, und dann erst entscheiden, auf welche Weise sie es am besten sagen. Besteht ihr Motiv darin, die Beziehung neu zu beleben oder der anderen Person ein Gefühl der Schuld zu vermitteln? Wenn sich diese Menschen mit schroffer Direktheit ausdrücken, teilen sie oftmals nicht mit, was sie wirklich fühlen. Sie müssen sich mit einem höheren Maß an Verantwortung auf die Lösung von Problemen konzentrieren.

In dem obengenannten Beispiel hätte der Ehemann, anstatt mit einer Schlußfolgerung herauszuplatzen, die er vorher nicht überdacht hatte, mit seiner Frau sprechen und sagen können: »Sieh mal, mir ist eine Frau über den Weg gelaufen, zu der ich mich hingezogen fühle. Ich habe mich bisher nicht mit ihr eingelassen, aber ich ziehe es in Erwägung, denn ich bin in unserer Ehe sehr unglücklich.« Die Wahrheit auf eine sachliche, logische Art zum Ausdruck zu bringen, hätte ihm das gebracht, was er wollte – neue Impulse für seine Ehe –, ohne seine Frau niederzuschmettern. Sie hätten zusammen daran arbeiten können, die Probleme in ihrer Beziehung zu lösen. Und obwohl sie letztendlich noch immer zusammen sind, waren der Schock und die Angst doch so groß, daß die Beziehung niemals wieder vollständig geheilt werden konnte.

Zwilling-Mondknoten-Menschen müssen sich in die Rolle des anderen versetzen und herausfinden, mit welcher Art der Darstellung die andere Person klarkommen könnte. Der respektvolle Gebrauch von Worten hilft diesen Menschen, sich mit anderen auf positive Weise zu verbinden; er hilft bei der Aufrechterhaltung einer glücklichen Beziehung.

Ziele

Austausch von Informationen

Zwilling-Mondknoten-Menschen lernen, wie man die Informationen übermittelt, die dazu bestimmt sind, weitergegeben zu werden, und wie sie die Informationen aufnehmen, die sie brauchen. Um dies möglichst effektiv tun zu können, müssen sie zwischen den verschiedenen Funktionen des Gehirns unterscheiden und den Aspekt betonen, der eine sachliche, logische Ordnung fördert.

Information kontra Intuition

Diese Menschen haben viele vergangene Leben damit verbracht, ihre Philosophie zu entwickeln und sich auf ihre Intuition zu verlassen. Für ihre persönliche einsame Suche nach Wahrheit stellte intuitives Wissen den besten Führer dar. Nun sind sie jedoch wieder in der Gesellschaft, und da wird ihnen sachliche Information helfen, sich auf eine Weise in Verbindung zu setzen, die ihren inneren Frieden wiederherstellt. Wenn sie Entscheidungen treffen, die lediglich auf Intuition beruhen, endet dies fast immer in der Isolation. Wenn sie sich in bezug auf eine Situation unsicher oder verwirrt fühlen, müssen sie nach mehr Information suchen. Diese Menschen verstehen leicht etwas falsch und haben schnell das Gefühl, abgelehnt zu werden, selbst wenn es nicht beabsichtigt war. Wenn sie jedoch ein starkes intuitives Empfinden bezüglich irgendeiner Sache haben, sollten sie dies nicht einfach beiseite schieben. Das Beste ist dann, sich die Zeit zu nehmen, Fragen zu stellen, die ihre Gedanken beruhigen: »Ich habe zwar gehört, was du gesagt hast, aber aus irgendeinem Grund habe ich dabei ein unbehagliches Gefühl. Ich bräuchte dazu noch mehr Informationen, damit ich sicher sein kann, worauf ich mich einlasse.« Diese Menschen profitieren immer von gesammelten Informationen, die ihnen innerlich ein sicheres, warmes Gefühl von »Wahrheit« vermitteln.

Logik kontra Spontaneität

In dieser Inkarnation ist es für Zwilling-Mondknoten-Menschen nicht günstig, Entscheidungen zu treffen, die auf spontanen Impulsen basieren. Wenn sie das spontane Verlangen verspüren, sich ins Flugzeug zu setzen und nach Peru zu fliegen, müssen sie innehalten und diese Idee von einer logischen Ebene betrachten. Entscheidungen, die vernunftbetont und nicht auf der Basis von Zuversicht oder hohen Erwartungen getroffen werden, sind langfristig gesehen die besten.

Diese Menschen lernen auch die Bedeutung eines vernunftbetonten Verhaltens im Alltag kennen. Wenn beispielsweise eine ihrer Wahrheiten in dem Glauben an den Wert der Freundschaft besteht, müssen sie ihr Ziel – Freundschaften aufbauen – im Auge behalten und dann mit Vernunft beobachten, welche Verhaltensweisen eine Freundschaft fördern. Wie entwickelt sich eine Freundschaft aus einer zufälligen Bekanntschaft? Welche gemeinsamen Nenner gibt es in erfolgreichen Freundschaften? Die Vernunft wird ihnen sagen, welche Verhaltensweisen am besten funktionieren, um die Freundschaft aufzubauen, nach der sie suchen. Letztendlich ist Vernunft *wohltuend* für sie. Sie bewirkt einen kontinuierlichen Prozeß, im Rahmen dessen die Dinge gelingen können, und das ist beruhigend für sie. Wenn sie logisch denken, fühlen sie sich verbunden und erkennen, wie sie sich erfolgreich in der Gesellschaft bewegen können. In neuen Situationen können Zwilling-Mondknoten-Menschen mit ihrer Angst umgehen, indem sie eine vernunftbetonte Strategie anwenden, denn das Planen vermittelt ihnen das Gefühl der Kontinuität, das sie brauchen.

Diplomatie

Zwilling-Mondknoten-Menschen sind hier, um die Energie der Wahrheit in Umlauf zu bringen. Wenn andere die Wichtigkeit der Wahrheit im alltäglichen Leben nicht erkennen, bietet es diesen Menschen die Möglichkeit, das behutsam zu lehren, was sie gelernt haben. Die Betonung liegt hierbei auf den Worten »behutsam«, »taktvoll« »liebevoll«, »diplomatisch«, »humorvoll« oder »freundlich«. Sie müssen ihre Botschaft auf eine Weise mitteilen, die kein schlechtes Licht auf die anderen wirft. Dann haben diese nicht das Gefühl, sich verteidigen zu müssen, und werden in der Lage sein, die Botschaft erfolgreich anzunehmen. Zwilling-Mondknoten-Menschen sind von Natur aus hilfsbereit; wenn sie sehen, daß jemand in Schwierigkeiten ist, sind sie unter den ersten, die Hilfe anbieten. Sie wollen der anderen Person wirklich die Lösung des Problems aufzeigen. Aber sie lernen, daß die andere Person nicht in der Lage ist, eine bereits gefundene Lösung zu hören, wenn ihre Art, sie zu vermitteln, abstoßend ist. Diese Menschen müssen Taktgefühl entwickeln und ihren Ideen eine kurze, informative Form geben, damit die anderen gewillt sind, sie anzunehmen.

Um Rat fragen

Zwilling-Mondknoten-Menschen sind zurückhaltend, wenn es darum geht, jemanden um Rat zu fragen, weil sie befürchten, daß es ihre Unsicherheit zeigen könnte. Andererseits glauben sie schon zu wissen, was die andere Person sagen wird. Tatsächlich kann es sein, daß die andere Person ihnen etwas völlig anderes mitteilt, und es könnte sich genau um das handeln, was sie brauchen, um aus ihrem Dilemma herauszukommen! Andere Menschen können den Zwilling-Mondknoten tatsächlich helfen, die Dinge aus einem anderen Blickwinkel zu betrachten und ihnen den Zugang zu neuen Erkenntnissen vermitteln. Sie sind immer überrascht, wenn sie feststellen, daß andere ihre inneren Prozesse wahrnehmen, auch wenn sie nicht offen über ihre Probleme gesprochen haben. Sie glauben, daß andere annehmen, alles sei in bester Ordnung, wenn sie nur ein optimistisches Gesicht aufsetzen. In Wirklichkeit sind andere gegenüber den Stimmungen dieser Menschen sehr sensibel und könnten genau über die Information verfügen, die hilfreich wäre.

Expansion und Integration
Bildung

Bildung ist für Zwilling-Mondknoten-Menschen vorteilhaft, sie genießen es, neues Wissen zu erwerben. Sich umfassend zu bilden hilft ihnen, das »große Bild« zu erkennen, und gewährt ihnen Einblick in die in der Gesellschaft vorhandenen Denkweisen. Es bietet ihnen Struktur und bringt sie mit verschiedenen Meinungen in Berührung, was sie davon abhält, in ihrer eigenen »Wahrheit« steckenzubleiben. Durch Lesen können sie sich ebenfalls darin üben, das Leben aus der gedanklichen Perspektive eines anderes zu sehen. Diese Menschen sind wie eine leere Festplatte im Computer: Es dürstet sie nach Information. Sie lieben das Lesen, um sich über viele verschiedene Bereiche zu informieren; andernfalls langweilt es sie. Das Lesen bietet ihnen auch eine Vielzahl von Themen, über die sie sich mit anderen unterhalten können, was ihnen wiederum mehr Vertrauen in ihre Fähigkeit vermittelt, sich mit anderen in Beziehung zu setzen.

Neue Umgebung

Für diese Menschen ist es heilsam, sich in Situationen zu bringen, in denen sie von unterschiedlichen Menschen umgeben sind, weil jeder sie etwas Neues über sie selbst lehrt. Oftmals sehen sie die Dinge aus einer ethischen oder spirituellen Perspektive, daher sind sie gewillt, sich die Lektionen anderer zu Herzen zu nehmen. Neue Situationen zwingen sie zu fragen, wer sie sind und woran sie glauben. Deshalb müssen sie anfangen, die Menschen kennenzulernen, ihnen Fragen zu stellen, zu lesen; mit anderen Worten: alles in ihrer Macht Stehende tun, um aus jeder neuen Situation zu lernen. Dies stellt eine weitere Chance für sie dar, die Welt aus der Perspektive anderer Menschen zu betrachten.

Wenn Zwilling-Mondknoten-Menschen versuchen, sich zur Ruhe zu setzen und das persönliche Wachstum verweigern, wird außen etwas geschehen, um sie auf eine neue Herausforderung zuzutreiben. Aber diese Menschen können stur sein, wenn es darum geht, die Lektion zu lernen, die für sie vorbestimmt ist. Sie müssen sich über diese Neigung im klaren sein und bewußt offen für Veränderungen sein – um die unnötige geistige oder körperliche Qual zu vermeiden, wenn sie einen »Weckruf« erhalten. Wenn sie sich für die Veränderung entscheiden, motiviert sie die neue Situation und bringt sie zurück in den Fluß des Lebens.

Schreiben

Eine der besten Möglichkeiten, durch die Zwilling-Mondknoten-Menschen die Integration erleben können, nach der sie suchen, ist der regelmäßige Prozeß des Schreibens. Der physische Akt, den Stift in die Hand zu nehmen und das niederzuschreiben, was sie denken, erdet sie und schafft Vertrauen und Stabilität. Das Schreiben beruhigt ihre innere Rastlosigkeit, wodurch die Spannung und Angst in einer Form aufgelöst werden, die ihnen Frieden bringt.

Diese Menschen sind ausgesprochen talentierte Schreiber, auch wenn sie dies erst erkennen, wenn sie sich später durchlesen, was sie geschrieben haben. Sie besitzen die Fähigkeit, Gedanken auf dem Papier auf eine einfache Weise auszudrücken, die weit über die verbale Kommunikation hinausgeht. Wenn sie anfangen, über ihre Probleme oder Erfahrungen zu schreiben, richtet das auch ihr Unterbewußtsein darauf aus, und die Antwort, nach der sie suchen, fließt durch sie hindurch und auf das Papier!

Schreiben stellt eine außerordentliche Befreiung für sie dar. Wenn sie jemand aus der Fassung gebracht hat oder sie sich mißverstanden fühlen, ist eine der besten Therapien, der anderen Person einen Brief zu schreiben. Auch wenn sie ihn niemals abschicken, fühlen sie sich durch das Schreiben schon viel besser. Sie können auch schreiben: »Es war ein harter Tag – ich fühle mich so ausgelaugt.« Der einfache Vorgang, das niederzuschreiben, was sie in diesem Moment gerade empfinden, wird einiges dieser intensiven geistigen Energie entladen. Auf diese Weise lassen sie schweren mentalen Streß los und öffnen sich für Lösungen, die ihnen Frieden bringen.

Für diese Menschen kann das Schreiben auch einen guten Beruf darstellen. Dabei haben sie so viel Flexibilität und Raum für Wachstum, daß es sich um den Traumberuf handeln kann, nach dem sie suchen. Sie sind nicht auf eine Zusammenarbeit oder Struktur angewiesen; sie können sich überall aufhalten, sie selbst sein und ihre Lebensaufgabe erfüllen – und dazu sind sie aufgerufen.

Sprechen

Zwilling-Mondknoten-Menschen sind so an Ruhe gewöhnt, daß sie möglicherweise in größeren Gruppen zu schüchtern sind, um ihre Informationen mitzuteilen – obwohl sie die besten Redner sein können. Nachdem sie den Ideen der anderen Gruppenmitglieder zugehört haben, kann es sein, daß sie eine Diskrepanz zwischen dem erkennen, was gesagt wurde und was wirklich passiert. In diesem Fall ist es ihre Aufgabe, ihre tatsächliche Erfahrung wahrheitsgetreu mitzuteilen. Sie könnten dabei eine solche Energie und Leidenschaft verspüren, daß sie nicht sicher sind, das Richtige gesagt zu haben. Aber wenn sie aufgerufen sind, etwas zu sagen, um die Dinge richtigzustellen, dann sollten sie sich einbringen und es mitteilen.

Sie können dies erfolgreich tun, wenn sie zuerst feststellen, ob sie das, was die andere Person gesagt hat, richtig gehört und verstanden haben, und dann auf positive Weise darauf antworten, um die andere Person zu bestätigen (beispielsweise:»Du hast wortgewandt mit tief empfundener Offenheit, mit Courage gesprochen«). Es kann ebenso hilfreich sein, wenn diese Menschen die Worte der anderen Person benutzen, um eine Beziehung zu ihr herzustellen.

Lehren

In dieser Inkarnation ist es die Aufgabe der Zwilling-Mondknoten-Menschen zu lehren. Sie sind hier, um der Gesellschaft Wahrheiten, Prinzipien und die praktische Anwendung von Ethik zu vermitteln. Wenn Zwilling-Mondknoten-Menschen sich selbst als Lehrer ansehen, anstatt als Philosophen, wird sich ihre ganze Erfahrung über das Mitteilen von Wahrheit verändern und zu einer großen Freude für sie werden. Als Lehrer erwarten sie von anderen nicht, daß sie das wissen, was sie selbst wissen, was ihnen beim Übermitteln ihrer Informationen mehr Geduld verleiht. Wenn sie einer anderen Person helfen, deren eigene Wahrheit zu entdecken, erleben sie Harmonie und erfahren beide das warme Gefühl, das entsteht, wenn die Wahrheit präsent ist.

Als Lehrer müssen sich diese Menschen selbst von schädlichen Ansichten trennen und der anderen Person gestatten, frei zu denken, ohne daß sie versuchen, sie zu einer Schlußfolgerung zu führen, die mit ihrer eigenen identisch ist. Wenn sie als wahre Lehrer handeln, werden beide Seiten gewinnen.

Anpassung an die Gesellschaft

Zwilling-Mondknoten-Menschen haben die Tendenz, sich ihrer eigenen Wahrheit und ihren eigenen Zielen solche Bedeutung beizumessen, daß sie leicht vergessen, behutsam mit anderen umzugehen.

Bedingt durch die vielen Leben, in denen sie sich der spirituellen Wahrheit widmeten, sind diese Menschen in der Lage, die Tür für eine ehrliche Kommunikation zu öffnen, bei der man sich selbst zu erkennen geben kann. Wenn sie dies tun, erfahren alle Beteiligten ein Gefühl der Zeitlosigkeit. Danach entstehen Gefühle wie:»Laß uns heute nacht feiern ... laß uns über die Vergangenheit weinen und lachen ... laß uns von der Zukunft träumen und Pläne machen ... laß uns genau in die-

sem Augenblick *sein* und ihn miteinander teilen.« Zwilling-Mondknoten-Menschen besitzen die Gabe, eine völlig neue Kommunikations-
ebene zu erschließen, wenn sie gewillt sind, ihr innerstes Selbst offenzulegen – ohne recht haben oder den Helden spielen zu wollen.

Fragen

Fragen stellen für diese Menschen ein unschätzbares Werkzeug dar. Es
kann für sie besser sein, eine Frage zu stellen, als die Antwort darauf
zu haben. Wenn sie nicht in der Lage sind, ein gutes Verhältnis mit
jemandem herzustellen, dann sollten sie der anderen Person eine Frage
stellen (keine rhetorische Frage, sondern eine wirkliche Frage) und
ehrlich danach streben zu verstehen, was die andere Person denkt. Die
andere Person wird dann oftmals ihre eigene Wahrheit erkennen, während sie die Frage beantwortet, weil Zwilling-Mondknoten-Menschen
die Wahrheit in ihrem Energiefeld haben!
Solange ihr Motiv darin besteht, in Kontakt zu kommen, wird ihnen
die Form der Kommunikation – was man sagt und wie man es sagt –
automatisch klar. Sie müssen sich selbst dazu zwingen, zuzuhören und
Fragen zu stellen – und es kann ihnen schwerfallen, die innere Ruhelosigkeit zu kontrollieren. Und dennoch ist es für Zwilling-Mondknoten-
Menschen ungeheuer wichtig, Fragen zu stellen, um mehr Information
zu bekommen. Es hilft ihnen dabei, sich präsent und in die Interaktion
einbezogen zu fühlen.
Das Mißverständnis, das diesen Menschen Schwierigkeiten bereitet,
besteht in der Vorstellung, daß es zwei Arten von Unterhaltung gibt:
normale Konversation, bei der Menschen sich einfach über ihr tägliches Leben unterhalten, und tiefergehende Verbindungen, die nur
dann zustande kommen können, wenn man über ein Thema diskutiert, das eine ernsthafte Reflexion erfordert und von großer Bedeutung ist. Die Ironie ist, daß Zwilling-Mondknoten-Menschen eine
wirkliche Kommunikation erreichen können, ohne über Leben und
Tod, Philosophie oder Grundsatzentscheidungen sprechen zu müssen.
Wenn sie sich auf diese Weise engagieren, werden sie plötzlich feststellen, daß jeder mit ihnen zu tun haben will. Im Gegenzug dazu
wollen sie mit vielen verschiedenen Menschen Kontakt haben, denn
sie genießen die Vielfalt der Erfahrungen, die sie dadurch machen
können.

Dieser Prozeß schließt jedoch ein, daß sie die Kontrolle aufgeben. Wenn Zwilling-Mondknoten-Menschen einen Freund fragen: »Warum fährst du nach Chicago?«, wissen sie nicht, was die andere Person sagen wird. Das bedeutet, daß sie nicht wissen, was sie antworten sollen. Weil die andere Person ihnen eine neue Information geben wird, überlassen sie im Grunde genommen die Kontrolle über die Konversation der anderen Person. Einerseits fühlt sich das gut für sie an, andererseits haben sie ständig Angst, nicht zu wissen, was sie als nächstes sagen sollen! Wenn sie aber loslassen und der anderen Person gestatten, die Konversation zu kontrollieren, wird das, was sie sagen wollen, auf natürliche Weise an die Oberfläche kommen, und ihr wahres Selbst kann sich auf positive Weise zeigen.

Wenn Zwilling-Mondknoten-Menschen diese Chance wahrnehmen, die Kontrolle aufgeben, anderen Fragen über deren Leben stellen und offenbleiben, kommt die Verbindung irgendwie zustande. Sie können sich auf ihr angeborenes Vertrauen verlassen, daß das Universum weiß, was es tut, wenn es die Energie zwischen zwei Menschen in Fluß bringt. Ironischerweise verspüren sie überhaupt keine Angst, wenn die andere Person *ihnen* Fragen stellt – es bietet ihnen die Möglichkeit, ihre Wahrheit mitzuteilen!

Körpersprache

Diese Menschen profitieren davon, wenn sie sich der Reaktionen und der Körpersprache anderer bewußt sind. Oftmals sind sie gegenüber ihrer Botschaft aufmerksamer als im Hinblick auf die Wahl ihrer Worte. Es kann sein, daß sie etwas sagen und dann feststellen, daß die andere Person schockiert aussieht. Anstatt es nicht zu beachten, sollten sie bei der anderen Person nachhaken: »Habe ich etwas gesagt, das dich verletzt oder beleidigt hat?« Wenn die andere Person »Ja« sagt, kann der Zwilling-Mondknoten erwidern: »Es war nicht meine Absicht, dich zu verletzen, deshalb denke ich, daß es zu einem Mißverständnis zwischen uns gekommen ist. Was glaubst du, habe ich gesagt?« Nahezu alle Probleme, die sie in Beziehungen haben, können auf unachtsame Kommunikation zurückgeführt werden.

In diesem Leben lernen sie etwas über sich und was es bedeutet, menschlich zu sein. Wenn sie sich selbst in unterschiedlichen Situationen erleben, wächst ihr Verständnis für die menschliche Natur. Wenn sie sich selbst besser verstehen und die Widersprüche erkennen, die einen Teil der menschlichen Erfahrung darstellen, können sie die unterschiedlichen Facetten ihres eigenen Wesens akzeptieren. Dies öffnet den Weg, die Zwiespältigkeiten in anderen zu verstehen und zu respektieren, und sie werden wieder in der Familie der Menschheit willkommen geheißen.

♋ Nördlicher Mondknoten in Krebs
und nördlicher Mondknoten im vierten Haus

Übersicht

Eigenschaften, die man entwickeln sollte

Das Arbeiten an folgenden Bereichen bringt verborgene Fähigkeiten und Talente zum Vorschein:
- Gefühle schätzen und erkennen
- Einfühlungsvermögen
- Andere umsorgen und unterstützen
- Eine eigene Basis und Sicherheit aufbauen
- Ehrliches Offenlegen von Gefühlen und Unsicherheiten
- Bescheidenheit
- Eigenheiten und schwankende Stimmungen anderer ohne Werturteil akzeptieren
- Bei seinen eigenen Gefühlen bleiben

Verhaltensweisen, die man hinter sich lassen sollte

Ihr Leben wird sich einfacher und friedvoller gestalten, wenn sie daran arbeiten, den Einfluß folgender Tendenzen zu verringern:
- Das Bedürfnis, alles und jeden kontrollieren zu müssen
- Der Zwang, die Kontrolle übernehmen zu müssen, ohne die Situation gänzlich verstanden zu haben
- Zuwenig auf den Weg achten, da man zu sehr auf das Ziel konzentriert ist
- Sich für alles alleine verantwortlich zu fühlen
- In engen Beziehungen Gefühle und Ängste verbergen
- Dinge tun, um Respekt und Bewunderung von anderen zu erlangen
- Sich um die Gefühle anderer sorgen und die eigenen leugnen
- Das tun, was »gesellschaftlich akzeptabel« ist, anstatt das, was ehrlich ist
- Denken, daß wichtige Dinge kompliziert sein müssen

Achillesferse/Falle, vor der man sich hüten muß/Fazit

Die Achillesferse der Menschen mit dem nördlichen Mondknoten im Krebs besteht in ihrem Bedürfnis nach Kontrolle (»Wenn ich nur dafür sorgen könnte, daß sie ihr Leben auf die Reihe bringen, dann könnte ich mich entspannen und offen sein«). Tatsache ist jedoch, daß sie niemals in der Lage sind, Situationen – oder Menschen – so sehr zu kontrollieren, daß sie sich sicher genug fühlen können, um sie selbst zu sein. Wenn sie versuchen, die Verantwortung für andere Menschen zu übernehmen, ohne darum gebeten worden zu sein, ist das ein unangemessener Eingriff in die Persönlichkeit anderer.

Die Falle, die sie vermeiden müssen, ist die unendliche Suche nach Anerkennung (»Wenn andere nur endlich meinen Beitrag auf respektvolle Weise anerkennen würden, dann könnte ich mich in meiner Haut wohl fühlen«). Aber es handelt sich um ein Faß ohne Boden. Andere können ihnen nie genug Anerkennung vermitteln, damit sie ein Gefühl des Selbstwertes entwickeln. Nur wenn sie *in sich selbst* die Wichtigkeit ihres Beitrags anerkennen, werden sie sich in bezug auf sich selbst wohl fühlen.

Das Fazit daraus ist, daß sie niemals über genügend Autorität verfügen werden, um sich so sicher zu fühlen, daß sie sich verletzbar machen können. Ab einem gewissen Punkt müssen sie die Chance wahrnehmen und anderen die Wahrheit darüber sagen, wer sie sind und wie sie sich fühlen: ihre Unsicherheiten, ihre Ängste vor Zurückweisung, Unzulänglichkeit und verlassen werden. Die Ironie ist, daß sie letztendlich völlige Sicherheit erlangen, wenn sie riskieren, anderen zu zeigen, wer sie wirklich sind – denn sie übernehmen auf einer tieferen Ebene die Verantwortung für sich selbst, wenn sie ihre Gefühle offenlegen.

Die wahren Wünsche

Diese Menschen wollen zu jeder Zeit die Kontrolle über alle Bereiche ihres Lebens haben. Sie sind voll davon überzeugt, daß sie die Kraft haben, erfolgreich zu sein. Um jedoch dieses Ziel zu erreichen, müssen diese Menschen in Kontakt mit ihren Gefühlen und Unsicherheiten bleiben und anderen die Wahrheit über sich selbst mitteilen.

Indem sie ihre Unsicherheiten anerkennen, finden die Krebs-Mondknoten-Menschen zu einer stabilen Basis, von der aus sie in der äußeren Welt an ihrem Erfolg arbeiten können. Dann bekämpfen sie sich nicht länger selbst, indem sie versuchen, ihre Gefühle zu verstecken oder zu unterdrücken. Dies verleiht ihnen eine ruhige innere Sicherheit, aus der heraus sie ihre Ziele verfolgen können. Wenn sie ihre eigenen Emotionen anerkennen, werden sie ein Bewußtsein für die Gefühle anderer entwickeln. Solange sie anderen Menschen gegenüber offen und hilfsbereit sind, erhalten sie die Unterstützung, die sie auf ihrem eigenen Weg benötigen.

Talente/Berufe

Krebs-Mondknoten-Menschen besitzen die Gabe, andere zu nähren und zu unterstützen, daher machen ihnen alle Berufe, die ihnen die Möglichkeit geben, andere zu umsorgen (physisch, mental oder emotional), Freude. Eine gute Wahl treffen sie mit den Bereichen Nahrungsmittelhandel (Restaurants, Hotels, Gastwirtschaft usw.), Wohnnungsinstandsetzungen und Arbeiten im Haushalt. Sie sind auch sehr gut im Verkauf oder bei der Investition in Immobilien. Bei solchen Investitionen müssen sie jedoch ihrer Intuition folgen.
Krebs-Mondknoten-Menschen verfügen auch über einen ausgeprägten und korrekten Geschäftssinn und ausgezeichnete Fähigkeiten im Bereich Handel und beim Verhandeln. Sie wissen instinktiv, wie sie Dinge in die Tat umsetzen und im Geschäftsleben erfolgreich sein können. Wenn es in ihrem Beruf jedoch nur darum geht, ihren kaufmännischen Scharfsinn zu benutzen, sind sie nicht glücklich, weil das zu »trocken« ist. In ihrem Beruf sollten sie lediglich von ihrem Geschäftssinn Gebrauch machen, wenn es darum geht, andere auf praktische und finanziell sinnvolle Weise zu unterstützen.

Heilende Affirmationen für den Krebs-Mondknoten

- »Wenn ich versuche zu kontrollieren, verliere ich.«
- »Wenn ich meine Gefühle mitteile, gewinne ich.«
- »Ich gewinne, wenn ich die Fähigkeit anderer anerkenne, die Verantwortung für ihr eigenes Leben zu übernehmen.«
- »Es ist richtig meine Gefühle zu zeigen.«
- »Es ist in Ordnung, nicht andauernd alles zu managen.«
- »Niemand kann meine Gefühle für unwahr erklären.«

Persönlichkeit

Vergangene Leben
Entbehrung

Viele Krebs-Mondknoten-Menschen haben in vergangenen Inkarnationen in völlig durchorganisierten Klöstern, Konventen oder anderen Einrichtungen verbracht, wo sie Teil einer starren, gemeinschaftsorientierten, religiös ausgerichteten Umgebung waren. Sie waren von normalen familiären Beziehungen abgeschnitten.

In vergangenen Leben wurden diese Menschen darin trainiert, ihre Gefühle, Instinkte, sexuellen Bedürfnisse und die Freude an den körperlichen Sinnen zu unterdrücken. Abstinenz und Disziplin standen an vorderster Stelle, und der Verzicht auf menschliche Freuden wurde mit Respekt und Förderung belohnt. In dieser Inkarnation neigen sie immer noch dazu, sich von einfachem, menschlichem Kontakt zu distanzieren. Sie sind daran gewöhnt, die Freuden des Lebens aufzuschieben, und oftmals führt das Aufschieben zu einer dauerhaften Verweigerung.

Diese Menschen haben ein hohes Ziel, und bis dieses Ziel nicht verwirklicht wurde, wird alles andere auf Sparflamme geschaltet. Mit diesem Ziel ist ein rechtschaffenes Verhalten verbunden, und sie gestatten sich nicht, von menschlichen Versuchungen abgelenkt zu werden. Das einzige Problem ist, daß das Ziel dauerhaft ist, ein endloses Streben, das aus dem unbewußten Wunsch entsteht, zu spirituellen Höhen aufzusteigen. Weil dieses Ziel aber letztendlich nie ganz erreicht werden kann, streben diese Menschen ständig danach, ohne Zeit für Beziehungen, Spaß oder wirkliches *Leben* zu haben.

Krebs-Mondknoten-Menschen sehnen sich danach, dazuzugehören und ein familiäres Gefühl gegenüber denen zu empfinden, die sie lieben – aber sie haben Hemmungen. Sie haben so viele Leben mit disziplinierendem Training verbracht, daß sie nicht wissen, wie sie es anstellen sollen – sie schämen sich, ihre Gefühle zum Ausdruck zu bringen. Ihre mangelnde Sensibilität gegenüber anderen ist die Folge ihrer verinnerlichten Distanz gegenüber ihren eigenen Gefühlen. In dieser Inkarnation steht jedoch die Unterdrückung ihrer Gefühle, im Namen eines höheren Zieles, im Widerspruch zu der Richtung, die ihre Seelen zur Ganzwerdung und Erfüllung einschlagen müssen.

Respekt

In vergangenen Leben hatten diese Menschen Positionen inne, die mit öffentlicher Autorität, gesellschaftlichem Ansehen und Prestige verbunden waren. Sie waren Feudalherren, Politiker, Geschäftsleute und Haushaltsvorstände. Krebs-Mondknoten-Menschen hatten die Rollen des Chefs inne, sie führten andere und übernahmen die Verantwortung dafür, daß diese sich gesellschaftlich korrekt verhielten.

Bedingt durch viele Inkarnationen, in denen sie das Rampenlicht genossen, suchen sie noch immer nach ihrem Publikum! Respekt ist für diese Menschen wichtig. Sie handeln aus der Motivation heraus, Respekt von anderen zu bekommen. Sie bringen unglaubliche persönliche Opfer. Auf Kosten ihrer eigenen persönlichen Bedürfnisse stehen sie für Prinzipien ein, an die sie glauben – und dennoch zollt ihnen niemand Respekt. Sie werden frustriert, weil sie nicht verstehen, was geschieht, und mit der Zeit können sie dadurch verbittert werden.

In Wirklichkeit sind ihre Leistungen zu ihrem eigenen Vorteil und belohnen sie selbst. Krebs-Mondknoten-Menschen suchen aber unbewußt nach Anerkennung für den Edelmut ihrer Opfer. Dies erschwert die Erfüllung ihrer Aufgabe unnötig. Wenn sie einfach das Bedürfnis nach Anerkennung aufgeben, können sie ihre Ziele erreichen und auf dem Weg dorthin persönliche Freuden genießen.

Dieses Leben ist für sie einfach nicht dazu bestimmt, durch persönliche Opfer Respekt zu gewinnen. In vergangenen Leben war Respekt ein wertvoller Anhaltspunkt für sie. Aber sie spielten diese öffentlichen Rollen in so vielen Leben und hatten die mit Autorität verbundenen Positionen so oft inne, daß sie sich isolierten und einsam wurden: immer wieder sehr viel Verantwortung und wenig persönliches Umsorgtsein! Nun sieht ihr Geburtshoroskop so aus, daß ihnen nicht erlaubt ist, Leistung, Respekt und Ehre über andere, persönliche Werte zu stellen. Krebs-Mondknoten-Menschen müssen der Organisation ihres Lebens mehr Aufmerksamkeit schenken, und das in einer Weise, die sowohl persönlichen Bedürfnissen als auch langfristigen Zielen Rechnung trägt. In diesem Leben müssen sie kein Image für andere aufrechterhalten. Sie werden Anerkennung erlangen, wenn sie nur deshalb ihre Ziele zu erreichen suchen, weil sie ihre Arbeit glücklich macht und diese Arbeit einem öffentlichen Interesse entgegenkommt – sei es für ihre eigene Familie oder für die gesamte Welt.

Sie sind immer noch sehr leistungsorientiert. Wenn aber ihr Motiv für Leistung darin besteht, den Respekt anderer zu erlangen, werden sie niemals mit dem glücklich sein, was sie erhalten, denn ihr Bedürfnis nach Respekt ist unersättlich.

Ironischerweise liegt für diese Menschen der Schlüssel zur Zufriedenheit darin, zu lernen, anderen Respekt entgegenzubringen, anstatt ihn zu fordern. Wenn in irgendeinem Bereich sich der Erfolg zu schnell einstellt, neigen sie dazu, egozentriert und ob ihrer eigenen Wichtigkeit abzuheben. Sie können rücksichtslos werden und unbewußt genau den Sieg unmöglich machen, den sie unbedingt erlangen wollten. Es ist wichtig für sie, Erfolg mit bescheidener Dankbarkeit anzunehmen. Das wird ihr Tempo drosseln und sie mit der Energie des Neubeginns in Kontakt bringen. Sie müssen lernen, diese Zeit zu würdigen – die neue Beziehung, die neue Arbeit, die neue Chance, das neue Zuhause – und den ersten Schritt in ein liebevolles Bewußtsein entgegenbringen. Dies wird für eine solide Grundlage sorgen, auf der Erfolg aufgebaut werden kann.

Wenn Krebs-Mondknoten-Menschen bewußt etwas jenseits ihres Selbst respektieren und würdigen, dann zeigt sich eine Veränderung in ihrer Orientierung, und sie nähern sich Menschen auf neue Weise. Sie behandeln andere mit Rücksicht, Aufmerksamkeit, Einfühlungsvermögen und äußerster Klarheit – und schaffen so eine Situation, die für alle Beteiligten positiv ist.

Zielorientierung

Um ein wichtiges Ziel zu erreichen, bringen diese Menschen Opfer, ohne sich zu beklagen. Harte Arbeit ist ihnen nicht fremd. Sie sind ausgesprochen glücklich, zwölf Stunden täglich zu arbeiten, und ziehen dies persönlichem Vergnügen und Entspannung vor. Ebenso kümmern sie sich selbst darum, daß eine Arbeit erfolgreich abgeschlossen wird, ungeachtet der Anforderungen. Da sie es jedoch gewohnt sind, die Autorität zu sein, lieben sie es, Details zu delegieren, sobald sie dazu in der Lage sind. Sie verachten Feinarbeit nicht; sie wollen einfach nur den Kopf frei haben, um sich auf das übergeordnete Ziel konzentrieren zu können.

Wenn sie sich ein Ziel gesetzt haben, sind sie stets offen für sich ergebende Möglichkeiten. Sie sehen alles als ein Sprungbrett zu ihrem Ziel an. Wenn sie jedoch kein Ziel im Auge haben, dem sie sich verpflichten können, verkümmern ihre natürlichen Fähigkeiten wahrscheinlich, und ihr Ziel wird die Kontrolle über andere und die Aufrechterhaltung des Status quo.

Diese Menschen müssen sich über ihre Zielvorstellungen klar werden, damit sie sich davor hüten, andere unbewußt zu manipulieren, wodurch sie verhindern wollen, das zu bekommen, was sie *nicht* wollen. Um diese Klarheit zu erlangen, können sie ihre Orientierung aus vergangenen Leben zu ihrem Vorteil nutzen. Wenn sie beispielsweise ein Haus vermieten und nicht wollen, daß die Miete zu spät eintrifft, können sie den Mietern sagen, was sie wollen: »Ich tue alles, was in meiner Macht steht, um Ihnen Ihr Leben in diesem Haus angenehm zu gestalten. Der einzige Punkt, bei dem ich nicht flexibel bin, ist die Überweisung der Miete. Sie muß an jedem Ersten des Monats auf dem Konto sein. Wenn ich meine Bankzahlungen nicht am Ersten erledigen kann, haben wir alle Probleme. Daher muß ich die Mietzahlung am Ersten haben – ist das für Sie akzeptabel?«

Wenn sie im beruflichen Umfeld nicht wollen, daß die Mitarbeiter zu spät kommen oder nachlässig in ihrer Pflichterfüllung sind, können sie dem Nachdruck verleihen, indem sie sagen: »Sehen Sie mal, wir sind hier alle ein Team. Wenn wir keine gute Arbeit leisten, wird die Firma keine Gewinne machen, und wir werden alle ohne Arbeit sein. Dies sind die Spielregeln, denen wir folgen, um sicherzustellen, daß wir unsere Ziele erreichen und Erfolg haben: Jeder kommt pünktlich zur Arbeit ...« In persönlichen Beziehungen können diese Menschen zum Ausdruck bringen, was sie wollen, und sehen, ob dies für die andere Person ebenfalls wünschenswert ist. Wenn positive, von beiden Seiten akzeptierte Ziele bestehen, wird die Beziehung lebendig und konstruktiv sein.

Weil für Krebs-Mondknoten-Menschen in früheren Leben das Erreichen eines Ziels einen hohen sozialen Status zur Folge hatte, könnten sie in diesem Leben den unbewußten Wunsch haben, sich für Ziele zu entscheiden, die sehr prestigeträchtig sind, anstatt für die, die wirklich ihrem eigenen Herzenswunsch entsprechen. Das bringt sie in Schwierigkeiten. In diesem Leben müssen sie neu definieren, was für sie wirklich wichtig ist. Ihre Hingabe an ein Ziel ist schön, aber nicht, wenn sie zu Lasten ihrer Beziehungen geht; andernfalls werden sie nicht glücklich sein, wenn sie das Ziel erreicht haben. Das ist der Grund, warum sie ihre eigenen Bedürfnisse höher ansiedeln müssen als die Rolle, die sie für andere spielen. Es ist an der Zeit, ihr Image loszulassen.

Eigenheiten
Ernst

In diesem Leben neigen Krebs-Mondknoten-Menschen dazu, alles zu ernst zu nehmen. Da in vergangenen Leben die »Last der ganzen Welt« auf ihren Schultern ruhte, kommen sie nun mit dem Gefühl in diese Inkarnation, sie müßten eine schwere Verantwortung tragen. Sie werden von Menschen und Situationen angezogen, die bei ihnen das starke Bedürfnis auslösen, die Verantwortung zu übernehmen. Das endet damit, daß sie sich für das Schicksal aller um sie herum allein verantwortlich fühlen. Schon als Kind übernehmen sie oftmals die Verantwortung für das Wohlergehen eines Elternteils, wobei es sich meistens um die Mutter handelt. Sie wurden bereits »alt und ernst« geboren – sie nehmen sogar einen Witz ernst. In der Regel erkennen sie erst im Laufe ihres Lebens, daß es zu ihrem Vorteil sein könnte, wenn sie etwas lockerer werden würden.

Durch ihr ernsthaftes Auftreten senden sie unbeabsichtigt eine Energie nach außen, die andere denken läßt, sie seien unnahbar. Vieles resultiert aus vergangenen Leben, in denen sie *wirklich unnahbar* waren, und sie führen dieses Verhalten unbewußt fort. Jetzt erscheinen sie deshalb als Außenseiter und »über den Dingen stehend«, so als brauchten oder wollten sie nichts von anderen Menschen. Sobald man aber hinter die abweisende Fassade blickt, wird man feststellen, daß sie sehr verwundbar und nüchtern sind. Unglücklicherweise kann es sein, daß die Krebs-Mondknoten die Menschen, die sie aufgrund ihres innersten Wesens am meisten schätzen würden, durch ihr kühles Äußeres abgeschrecken. Manchmal endet das für die Krebs-Mondknoten damit, daß sie unaufrichtige Menschen und soziale Aufsteiger anziehen, die sie manipulieren wollen. Ihr sehnlichster Wunsch ist es, sich den Menschen nahe zu fühlen, mit denen sie eine aufrichtige Beziehung aufbauen können. Deshalb ist es für sie von Vorteil, die unnahbaren Verhaltensweisen zu erkennen und aufzugeben, weil sie andere sonst auf Distanz halten.

Diese Menschen lernen das Leben – und sich selbst – weniger ernst zu nehmen, aber das ist nicht so einfach. Sie hängen an der ernsten Lebenseinstellung und denken, daß es ihnen helfen wird, ihre Ziele zu verwirklichen. Deshalb könnte sie die Tatsache überraschen, daß sie ihre Arbeit viel leichter erledigen können, wenn sie nicht so ernst sind. Wenn sie beschwingter werden und eine verspieltere, offenere Einstellung zum Leben entwickeln, bringt dies ihre Energie ins Gleichgewicht, und sie werden tatsächlich viel effektiver. Andere wollen sich ihnen »anschließen« – und sie haben eine Menge Spaß dabei!

Mangelnde Sensibilität

Bedingt durch vergangene Leben, in denen sie die Autorität waren, sind Krebs-Mondknoten-Menschen daran gewöhnt, die Verantwortung zu übernehmen. Es war ihre Verantwortung, dafür zu sorgen, daß die Felder bestellt waren oder das Geschäft erfolgreich lief, und andere waren von ihrer Fähigkeit abhängig, das Ziel zu erreichen, das das Überleben eines jeden sicherstellte. Daher neigen sie dazu, zu Autoritätspositionen aufzusteigen, dafür zu sorgen, daß das Ziel erreicht wird, und dann Aufgaben an andere zu delegieren, ohne sich immer die Zeit zu nehmen, jedem die Wichtigkeit seiner Rolle zu erläutern. Diese Menschen sind meistens so auf das Erreichen des Ziels konzentriert, daß sie vergessen, daß wahrer Erfolg nicht nur aus der Jagd nach Beförderung oder dem Sammeln von Vorteilen besteht. Die Menschen, die ihnen helfen, können nicht wie Objekte behandelt werden. Krebs-Mondknoten müssen sich die Zeit nehmen, die Situation, in der die andere Person sich befindet, zu verstehen und eine emotionale Verbindung herzustellen. Die andere Person wird ihre Ziele unterstützen, wenn sie sich die Zeit genommen hat, ihr Interesse an der anderen Person zu zeigen. Wenn ein Mitarbeiter zu spät kommt, kann es zu ihrem Vorteil sein zu fragen, was zu Hause los war, anstatt ihn auszuschelten. Gibt es irgendeinen Grund für das häufige Zuspätkommen des Mitarbeiters? Sie müssen sich immer daran erinnern, sich selbst in die Lage der anderen Person zu versetzen und diese mit Einfühlungsvermögen zu behandeln, genauso, wie sie *selbst* behandelt werden möchten.

Krebs-Mondknoten-Menschen hassen es, wenn es so aussieht, als hätten sie nicht alles im Griff, aber sie sind oft ungeschickt im Umgang mit emotionalen Verstimmungen. Sie messen Gefühlen oft einen geringen Wert bei und sehen sie als etwas an, das von der Erledigung einer

Arbeit ablenkt. Wenn ihre eigenen Stimmungen ihnen beim Erreichen praktischer Ergebnisse einen Strich durch die Rechnung machen, verurteilen sie sich dafür hart. Wenn die Probleme anderer Menschen bei der Erledigung einer Arbeit stören, können sie sie ebenfalls hart dafür verurteilen. Dies läßt sie rücksichtslos erscheinen und macht es anderen schwer, eine Beziehung zu ihnen zu finden.

Manchmal reagieren Krebs-Mondknoten-Menschen auf die Frustration über ihre Unfähigkeit, mit Menschen umzugehen, indem sie »explodieren« – was die Gefühle aller Beteiligten überstrapaziert und auch entwertet. Andere haben in Gegenwart dieser Menschen Angst, sie selbst zu sein, weil sie niemals wissen, was die Wut der Krebs-Mondknoten auslösen könnte. Bis der Krebs-Mondknoten gelernt hat, wie man auf eine neue Weise zu den Gefühlen anderer Menschen Zugang findet, vollführen diese einen »Eiertanz«. Wenn Krebs-Mondknoten die emotionalen Verstimmungen anderer auf eine mitfühlende Weise erkennen und anerkennen, können sie ihnen helfen, sich wieder auf die anstehende Aufgabe zu konzentrieren. Krebs-Mondknoten lernen ein beständiges Bewußtsein für Gefühle in ihre Persönlichkeit zu integrieren.

Für diese Menschen ist es heilsam und wertvoll, sich zu entschuldigen, wenn sie einen Fehler gemacht haben oder rücksichtslos auf den Gefühlen anderer herumgetrampelt sind. Sich zu entschuldigen ist heilsam, weil es ihnen ein neues Gefühl der Menschlichkeit und der Zusammengehörigkeit vermittelt. Andere erkennen dann, daß diese Menschen nicht aus Stein sind und auch Fehler machen können. Dies macht die Krebs-Mondknoten bei anderen beliebt. Deshalb ist *jede* mit einem aufrichtigen Bedauern verbundene Entschuldigung eine gute Entschuldigung!

Obwohl Krebs-Mondknoten-Menschen eine Sensibilität gegenüber Gefühlen erst lernen müssen, reagieren sie auf den geringsten Anschein einer Zurückweisung übertrieben empfindlich. Der Schlüssel dazu ist, objektiver – weniger auf sich selbst konzentriert – und bewußter wahrzunehmen, wie sie die unmittelbaren Bedürfnisse anderer Menschen erfüllen können.

Ich hatte beispielsweise einen Krebs-Mondknoten-Klienten, der Teilhaber an einem Steakhaus war. Wenn ein Gast ein Steak zurückgehen ließ, weil es nicht genügend durchgebraten war, nahm er das persönlich. Seine Einstellung dazu war: »Also gut, ich habe es richtig zubereitet; was ist also mit dem Gast los?« Wenn sich diese Menschen in jeder Situation darauf konzentrieren, ob sie genügen, sind sie immer in der Defensive. Sie müssen das Ego etwas beiseite lassen und ihre Wahrnehmung mehr darauf richten, wie sie die andere Person umsorgen können. Wenn sie sich darauf konzentrieren, ihr Bestes zu geben, damit andere das Gefühl haben, unterstützt und umsorgt zu sein, ist beiden gedient, und die Energie steigt.

Widerstand
Krebs-Mondknoten-Menschen weigern sich, von irgend jemandem Ratschläge anzunehmen – sie wollen ihre eigene Sache durchziehen. Sie sind ein wenig hochnäsig, weil sie glauben, bereits alles zu wissen. Um sich ihren Respekt zu verdienen, muß ein anderer mit etwas kommen, woran sie nicht gedacht haben – das hinterläßt bei ihnen einen tiefen Eindruck. Dann haben sie das Gefühl, doch noch jemanden gefunden zu haben, der ihnen etwas bieten kann. Wenn sie einen Ratschlag annehmen, dann von jemandem, der in einer bestimmten Sache erfolgreich ist und ihnen zeigen kann, wie man es macht. Sie haben nur Respekt vor Menschen, die Macher sind, keine Schwätzer! Das ist ein Grund dafür, warum sie so gute Geschäftsleute sind. Sie werden nicht von den Ideen anderer abgelenkt oder von »Die schnelle Mark«-Programmen angelockt; sie blicken immer hinter die Fassade.
Möglicherweise hängt es mit ihren religiösen Werten aus vergangenen Leben zusammen, daß Krebs-Mondknoten-Menschen grundsätzlich nicht von Habgier überwältigt werden. Und auch das macht sie zu guten Geschäftsleuten, denn für sie sind Aussagen nicht verlockend, die einen hohen Gewinn bei geringem Einsatz versprechen. Sie sind praktisch veranlagt und gewillt, hart zu arbeiten, indem sie dafür sorgen, daß das Ziel Schritt für Schritt erreicht wird. Sie verfügen über einen sicheren Instinkt und ein angeborenes Talent, all die Teile des Puzzles so zu organisieren, daß das übergeordnete Ziel erreicht wird.
Da diese Menschen von Geburt an derart zielorientiert sind, versuchen sie, wenn sie sich einer Herausforderung gegenübersehen, selbst herauszufinden, wie sie es bewerkstelligen können, bevor sie jemand anderem davon erzählen. Und meistens beißen sie sich daran fest. Sie wollen die Entscheidungen treffen, denn sie sind auch bereit, die volle

Verantwortung für das Ergebnis zu tragen. Es ist für sie auch schwierig, Hilfe von anderen anzunehmen, weil sie glauben, daß andere nicht den gesamten Umfang erfassen. Wirklich gute Manager entlocken aber anderen ein Feedback und arbeiten die Positionen anderer in die Konzeption ein, bevor sie eine abschließende Entscheidung treffen. Stier-Mondknoten-Menschen müssen sich daran erinnern, daß niemand in der Lage ist, alle Möglichkeiten zu erkennen. Ihr Leben wäre viel einfacher, wenn sie über die Beiträge anderer nachdenken würden, bevor sie handeln.

Prinzipien
Berufsethik

Krebs-Mondknoten-Menschen haben manchmal Probleme, andere zu managen. Sie orientieren sich an einer starken Berufsethik und wollen, daß andere diesen Erwartungen entsprechen. Das Problem ist aber, daß sie ihre Mitarbeiter nicht optimal fördern, wenn sie sich selbst als Ideal darstellen. Andere Menschen können dem niemals genügen; Stier-Mondknoten sind gewillt, alles zu geben, um die Arbeit erledigt zu bekommen, und andere wollen das eben nicht unbedingt. Sie fühlen sich von Anfang an unterlegen – sie geben nicht ihr Bestes, weil sie wissen, daß sie den Idealen des Krebs-Mondknotens nicht genügen können.

Diese Menschen hatten in so vielen Inkarnationen die Autorität inne, daß sie mit dem starken Bedürfnis in dieses Leben gekommen sind, jedem sagen zu müssen, was er zu tun hat. Sie verfügen über ein ausgeprägtes Gefühl für Regeln, Disziplin und Zielorientierung. Aus diesem Grund bleiben sie auch häufig allein.

In vergangenen Leben haben diese Menschen die Rolle des Chefs so gut gespielt, daß sie den Zugang zu ihrer eigenen Menschlichkeit und das Gefühl der Verbundenheit mit der Welt und anderen Menschen verloren haben. Daher besteht ihr höchstes Ziel in diesem Leben darin, einen Weg zu finden, wie sie ihre Verbundenheit wiedererlangen können.

Um sich verbunden zu fühlen und das Beste aus ihren Angestellten und Mitarbeitern herauszuholen, können Krebs-Mondknoten-Menschen mit vielen Möglichkeiten experimentieren. Das Wichtigste ist jedoch, daß sie versuchen sollten, am Arbeitsplatz anderen ein Freund zu sein – andere nach ihrer Meinung fragen, sich für das Leben anderer interessieren und sich die Zeit nehmen sie auf einer persönlichen Ebene kennenzulernen. Indem sie anderen ihre Anerkennung aussprechen und darauf hinweisen, was andere gut machen, fördern Krebs-Mondknoten-Menschen deren positive Energie.

Verbindlichkeit

Unabhängig von ihrer Rolle (Chef, Liebhaber, Angestellter, Freund usw.) sind Krebs-Mondknoten-Menschen äußerst zuverlässig – sie halten immer ihr Wort. Sie sind stolz darauf, absolut zuverlässig zu sein, wenn sie für etwas die Verantwortung übernehmen oder ein Versprechen geben. In dieser Inkarnation kann das Festhalten an Verpflichtungen jedoch ausufern. Sie gehen auch dann Verpflichtungen ein, wenn sie nicht unbedingt notwendig sind, und halten noch an ihnen fest, wenn sie schon lange überholt sind. Es kann sein, daß sie nicht auf sich selbst aufpassen und ihr eigenes Bedürfnis nach Sicherheit nicht berücksichtigen, nur um einer Verpflichtung Rechnung zu tragen.

Wenn sie beispielsweise zugestimmt haben, an einer bestimmten Veranstaltung teilzunehmen, gehen sie auch dann hin, wenn sie sich nicht wohl fühlen und sich ihr Zustand dadurch noch zusätzlich verschlechtert. Oder sie halten an einer destruktiven Ehe fest, anstatt sich für eine nährende Partnerschaft zu entscheiden, weil die Ehe in ihren Augen die erste Verpflichtung war, die sie eingegangen sind. Sie fühlen sich an ihr Wort gebunden, und sie verstehen nicht, wenn andere Menschen nicht nach den gleichen Werten leben. Folglich haben sie oftmals Angst, eine Abmachung mit anderen Menschen zu treffen, weil sie befürchten, gefangen zu sein, sobald sie einmal ihr Wort gegeben haben.

Die Vorstellung, zu seinem Wort zu stehen, ist ehrenwert, aber das Festhalten daran könnte sie den Kontakt zu ihrer Intuition und dem natürlichen Fluß verlieren lassen, die ihnen Erfahrungen bringen würden, die emotional befriedigend und ihrem persönlichen Wachstum förderlich sind. Krebs-Mondknoten-Menschen müssen nicht auf ein Vergnügen verzichten, um einer Verpflichtung nachzukommen. Wenn beides nicht miteinander in Einklang zu bringen ist, müssen sie die Situation überdenken und entscheiden, was für sie wichtiger ist. Wenn diese Menschen ihrer Intuition folgen und dem nachgehen, was sie wirklich wollen, erweist sich die Situation ironischerweise am Schluß auch für die anderen Menschen als vorteilhafter.

Bedürfnisse

Emotionale Bestätigung

Krebs-Mondknoten-Menschen haben ein unglaubliches Bedürfnis, ihre Gefühle bestätigt zu bekommen, um ihr Bewußtsein für Gefühle zu stärken und ihre eigenen Gefühle zum Ausdruck bringen zu können. Diese Menschen kamen mit der Unterdrückung ihrer Emotionen in diese Inkarnation, was jedoch aus früheren Leben stammt. Es kann sein, daß sie ihr Elternhaus dafür verantwortlich machen, so daß es den Anschein hat, als hätte ein Elternteil ihren Gefühlen die Berechtigung abgesprochen und sie davon abgebracht, anderen zu zeigen, was sie empfinden. In unserer Kultur wird fast jedem kleinen Jungen gesagt: »Sei ein Mann, weine nicht!« – Krebs-Mondknoten-Jungen nehmen dies sehr ernst. Es kann sein, daß ihre Eltern ihnen hundert verschiedene Anweisungen gaben, sie aber diese Anweisung am deutlichsten hörten.

Verletzbarkeit riskieren

Diese Menschen müssen weder ihre persönlichen Bedürfnisse negieren noch so tun, als ob ihre Gefühle nicht existieren. Ihre Emotionen wurden in so vielen Leben unterdrückt, daß diese nunmehr eine große Menge an nicht zu leugnender Energie bilden! Für Krebs-Mondknoten-Menschen ist es vorbestimmt, ein Privatleben zu haben, in dem sie sich in vertrauensvoller Weise um andere kümmern und ebenso von anderen umsorgt werden. Dadurch, daß sie soviel Zeit damit verbracht haben, ihre Gefühle zu unterdrücken, ist der Gedanke, emotional verletzlich zu sein, für sie furchteinflößend. »Was? Ich soll anderen zeigen, wie ich mich fühle? Du machst wohl Witze! Warum sollte ich meine Gefühle offenlegen und anderen Macht über mich verleihen?« Sie sind versteinert, weil sie daran gewöhnt sind, alles unter Kontrolle zu haben. Und dennoch ist vorgesehen, daß gerade die ehrliche Offenbarung ihrer Gefühle zu positiven Gefühlen führt. Damit sie in diesem Leben ganz und auch weicher werden können, müssen ihre Gefühle akzeptiert werden.

Eine weitere Unterdrückung bewirkt, daß ihre Gefühle noch stärker zum Ausdruck kommen wollen und ihnen noch mehr Angst machen. Je länger sie sich weigern, ihre gefühlvolle Seite zu zeigen, um so verkrüppelter werden sie. Krebs-Mondknoten-Menschen lernen ihre Gefühle in die anderen Teile ihres Selbst zu integrieren. Eine der besten Techniken, dies zu tun, ist, durch Situationen zu gehen, die angst machen, und die Gefühle zu erleben, die dadurch geweckt werden. Indem sie ihre Gefühle anerkennen, wird ihre übergroße Intensität verschwinden.

Das Problem ist jedoch, daß Krebs-Mondknoten-Menschen instinktive Reaktionen entwickelt haben, die darauf ausgerichtet sind, ihre Gefühle um jeden Preis zu vermeiden. Daher wurden ihre Emotionen irgendwie eingefroren. Das Leben kann trocken, langweilig und angefüllt mit äußeren Leistungen sein, bleibt jedoch ohne jegliche innere Bedeutung und Befriedigung. Deshalb besteht eine ihrer größten Herausforderungen in diesem Leben darin, den Mut zu besitzen, mit ihren Gefühlen in Kontakt zu treten und diese Gefühle anderen gegenüber zum Ausdruck zu bringen. Das bestätigt ihre Gefühle und integriert sie in den Rest ihrer Persönlichkeit.

Ebenfalls durch vergangene Leben bedingt, in denen ihre Emotionen unterdrückt wurden, kamen diese Menschen mit einer gewissen Schüchternheit in diese Inkarnation. Sie fühlen sich zu unerfahren, um mit anderen auf der »Gefühlsebene« in Verbindung zu treten. Sobald sie sich aber daran gewöhnen, erkennen sie, daß sie mehr Talent besitzen als jede andere Mondknotengruppe, auf die Gefühle anderer – auf eine fürsorgliche und stärkende Weise – zu reagieren. Es kostet sie nur ein wenig Zeit, sich bis zu dem Punkt zu entwickeln, von dem an sie mit sich selbst zufrieden sind.

Sorge und Leidenschaft

Möglicherweise ist es durch die Erfahrungen aus vergangenen Leben in Klöstern bedingt, daß Krebs-Mondknoten-Menschen eine unglaubliche Abneigung gegen Leidenschaft und eine sehr ausgeprägte Fähigkeit zur Selbstkontrolle besitzen. Sie sind darauf programmiert, »niemals die Kontrolle zu verlieren und sich niemals gehenzulassen«. Daher stellen emotional leidenschaftliche Beziehungen eine unglaubliche Herausforderung für sie dar – und können sie letztendlich befreien.

Wenn diese Menschen es mit jemanden zu tun haben, der ihre Leidenschaft weckt, werden ihre ursprünglichen Bedürfnisse lebendig und drohen sie zu überwältigen. Weil diese Bedürfnisse unterdrückt wurden, scheint es ihnen, als würden sie nun von ihnen überwältigt. Die Ironie dabei ist, daß das, was die Krebs-Mondknoten am meisten fürchten, auch gleichzeitig das ist, was sie am meisten wollen und brauchen. Sie sehnen sich danach, das Umsorgtsein und die Erfüllung zu erleben, die aus einer tiefen Verbindung mit einer anderen Person resultiert. Nichts anderes wird sie letztendlich im Leben zufriedenstellen.

Früher oder später müssen sie loslassen und ihren Gefühlen gestatten, daß sie von jemand anderem in Aufruhr gebracht werden, um in diesem Leben ganz werden zu können. Leidenschaft kann entweder die größte Quelle der Qual und Frustration darstellen oder die Herausforderung, die sie über die Beschränkung der inneren Kontrolle hinausträgt und die schmerzhaften Grenzen, die sie zwischen sich und anderen errichtet haben, auflösen.

Krebs-Mondknoten-Menschen haben ein unglaubliches Bedürfnis nach stabilen Verhältnissen, derer sie sich sicher sein können und wo sie sich geliebt fühlen. In letzter Konsequenz suchen sie nach jemandem, der genauso stark und zuverlässig ist wie sie selbst, den sie lieben und um den sie sich kümmern können. Sie brauchen das Umsorgtsein und die Rückversicherung aber so sehr, daß sie oft Angst haben, es zu verlieren, wenn es ihnen angeboten wird. Sie versuchen dann, die Kontrolle darüber zu erlangen, um es festzuhalten. Die Ironie ist, daß sie letztendlich genau das von sich stoßen, was sie am meisten brauchen, wenn sie versuchen, es zu kontrollieren.

Solange sie diese Quelle der Liebe und Sicherheit außerhalb ihres Selbst suchen, fordern sie die Enttäuschung heraus. Deshalb müssen sie letztendlich eine Sensibilität gegenüber ihren eigenen Bedürfnissen entwickeln. Sie müssen sich »selbst umarmen«, sich selbst bemuttern und Liebe geben, bevor sie es von jemand anderem wollen. Bei dieser Vorgehensweise fließt ihre Energie, die nach außen gerichtet und zielorientiert ist, wieder in sie selbst, und sie werden fähig, sich zufrieden und umsorgt zu fühlen.

Wenn ihre eigene Energie zentriert ist, können sie verletzlich und sensibel gegenüber anderen sein, weil sie sich um ihre eigenen Bedürfnisse gekümmert haben und nun emotional sicher sind. Wenn sie nicht verzweifelt versuchen, geliebt zu werden, sind andere Menschen in der Lage, sie zu lieben. Wenn sie sich selbst Halt geben, erlangen sie das innere Vertrauen, mit anderen in Ruhe zusammensein zu können, ohne kontrollieren, »gut aussehen« oder das Gefühl haben zu müssen, »etwas tun zu müssen«. Wenn sie einfach nur »sein« können, umsorgen sie andere, indem sie einfach aus ihrer inneren Fülle schöpfen.

Anerkennung

Bedingt durch vergangene Inkarnationen kommen diese Menschen mit einem starken Gefühl des *inneren Stolzes* auf den Planeten. Sie sind an eine beachtliche Anerkennung für ihre Leistungen gewöhnt und wollen, daß andere Menschen diesen Stolz nähren. Das einzige Problem dabei ist, daß sie niemals genug Anerkennung bekommen können, um sich zufrieden zu fühlen. Es ist immer das *nächste* Ziel, das sie, wenn es erreicht ist, wirklich glücklich macht. Sie können nicht gewinnen, wenn sie auf diesem Weg bleiben.

An diesem Punkt hat ihr Stolz aus vergangenen Leben eine Mauer der Isolation um sie herum geschaffen. Sie sind so sehr daran gewöhnt, ihre Ziele zu erreichen, daß sie unbewußt auf die herabsehen, die nicht gelernt haben, viel zu leisten. Dieses Gefühl der Überlegenheit entfremdet Krebs-Mondknoten von anderen. Ihre Bestimmung in diesem Leben ist es, andere zu lehren, wie sie ihre eigenen Ziele erreichen können; dann »liegen sie richtig« und sind unglaublich glücklich.

Es sich schwermachen

Krebs-Mondknoten-Menschen sind oftmals so sehr darauf aus, den Respekt anderer zu erlangen, daß sie sich das Leben unbewußt schwerermachen, als es notwendig ist. Sie denken oft, daß eine Aufgabe schwer sein muß, um wertvoll zu sein. Sie sagen sich selbst so lange, wie schwierig die Aufgabe ist, bis die gesamte Situation überwältigend wird und nicht mehr zu steuern ist. Dabei handelt es sich um ein selbstzerstörerisches Muster.

Die Wahrheit ist, daß Leistung für diese Menschen nicht schwierig ist. Bereits als Kind erreichten sie ihre Ziele so mühelos, daß sie keine Anerkennung von anderen erhielten. Daher haben sie diesen Bereich neu bewertet. Sie nahmen an, daß andere ihnen möglicherweise mehr Aufmerksamkeit, Sympathie und Anerkennung entgegenbrächten, wenn die Aufgabe noch schwieriger wäre. Daher können sie nun, als Erwachsene, Probleme haben, die sie nicht bewältigen (Gewicht, Verhaltensweisen, Finanzen usw.). Sie glauben tatsächlich, daß diese Probleme unlösbar sind, auch wenn sie ihr Bestes versuchen. Und sie können sich auch als Opfer der Umstände fühlen.

Ich hatte beispielsweise eine Krebs-Mondknoten-Klientin, die Anfang vierzig war. Ihr Kampf gegen ihr Übergewicht wurde mit Anfang zwanzig ein Problem, bis zu diesem Zeitpunkt hatte sie mit Essen nie irgendwelche Schwierigkeiten. Dann, nach einer enttäuschenden Liebesaffäre, nahm sie 10 Pfund zu. Sofort begann sie ihre erste Diät, befolgte die Regeln und verlor diese Pfunde wieder ohne Anstrengung. Sie wußte nicht, daß es eigentlich schwer war. Sechs Monate später sagte eine Bekannte, von der sie eigentlich Bewunderung erhofft hatte, im Brustton der Überzeugung, daß man von dieser Diät festgestellt hatte, daß sie ein ausgemachter Schwindel sei. Die Bekannte sprach darüber, wie schwierig es sei, an Gewicht zu verlieren. Meine Klientin nahm sofort wieder 10 Pfund zu, fügte noch 20 hinzu und war damit fast im gesamten jungen Erwachsenenleben 30 Pfund übergewichtig. Viele Jahre fühlte sie sich zutiefst frustriert, weil ihrer Ansicht nach die Tatsache, übergewichtig zu sein, zu einem nicht zu bewältigenden Problem geworden war.

Sobald diese Frau anfing, ihr Ziel als »schwierig« anzusehen – und dazu passend auch noch Respekt erzielen wollte –, verlor sie ihre Leistungskraft. Als ich diese Frau wiedertraf, hatte sie glücklicherweise die 30 Pfund verloren und ihr Gewicht bereits seit über zwei Jahren gehalten. Sie hatte sich einfach entschieden, die Verantwortung für das Problem zu übernehmen und das Erreichen des gewünschten Gewichts zu ihrer ersten Priorität zu machen – und sie setzte ihre gesamte Leistungskraft aus vergangenen Leben ein. Sie sparte Geld, verbrachte ihre Ferien in einer »Schlankheitsfarm« und befolgte die dort erhaltenen Anweisungen auch, nachdem sie wieder zu Hause war.

Wenn sich diese Menschen schließlich entscheiden, etwas in Angriff zu nehmen, verfügen sie immer über die Disziplin, um über das Problem hinauszuwachsen. Sie müssen aufhören, sich selbst so ernst zu nehmen, die Verantwortung übernehmen und ihr Leben in Ordnung bringen. Es ist einfach. Sie müssen es einfach nur »tun« und nicht eine so große Sache daraus machen – egal, ob jemand anderer sie dafür respektiert oder ihre Methode gutheißt. Sobald sie die Verantwortung übernommen haben, sind sie automatisch wachsam – indem sie die Menschen und Ideen einbeziehen, die ihnen beim Erreichen ihres Ziels helfen können. Und es ist für sie von Vorteil, Ziele zu erreichen, die sie sich schon lange gesetzt hatten, weil es sie frei macht, neue Ziele zu verfolgen. Diese Menschen werden niemals ohne Ziele sein!

Grenzen

Krebs-Mondknoten-Menschen haben sehr klare Grenzen – in ihren Gedanken –, die andere nicht überschreiten sollten. Ihre Grenzen sind nicht unbegründet. Sie müssen von anderen mit einer gewissen Vorsicht behandelt werden, damit sie in bezug auf sich selbst ein gutes Gefühl haben. Das Problem ist, daß andere nicht wissen, wo diese Grenzen sind, und sie deshalb unbeabsichtigt überschreiten können. Als Reaktion auf Verletzungen bleiben diese Menschen in Gegenwart des »Täters« grundsätzlich still und beschweren sich dann anschließend bei allen möglichen anderen Leuten. Sie müssen lernen, direkt auf die Person zu reagieren, von der sie das Gefühl haben, nicht respektvoll behandelt worden zu sein. Sie müssen sagen: »Halt! Hier ist meine Grenze!«, und andere wissen lassen, was sie empfinden. Dies kann schwierig erscheinen, da sie die emotionalen Reaktionen anderer fürchten und Angst haben, nicht zu wissen, was sie antworten sollen, wenn die andere Person beleidigt ist. Es kann sein, daß sie dadurch eingeschüchtert werden und deshalb nicht direkt mit der Sprache herausrücken, weil sie ihre Gefühle nicht rechtfertigen wollen. Es genügt einfach zu äußern: »Sieh mal, als du das gesagt hast, hat das meine Gefühle verletzt.« In geschäftlichen Situationen genügt folgender Satz: »Sehen Sie, das ist mein Wunsch.«

Sicherheit
Grundlagen

Diese Menschen müssen sich darauf konzentrieren, sich mit ihrer eigenen Basis zu verbinden. Auf diese Weise werden sie über einen sicheren Platz verfügen, wo sie »sein« können, weil sie dies brauchen, um eine authentische, tiefe Verbundenheit mit anderen zu empfinden. Sobald sie in Kontakt mit ihrer eigenen Basis sind, können sie sich nach draußen wagen und erfolgreich mit anderen kommunizieren. Wenn die Energie der anderen Menschen zu intensiv oder aufreibend wird, können sie sich in sich selbst zurückziehen. Wenn sie sich nicht mit ihrem »Heimathafen« verbunden haben, könnten sie sich ungewollt mit anderen Menschen identifizieren und versuchen, sie zu kontrollieren, um die Beziehung zu stabilisieren.

Der Kauf einer Wohnung oder eines Hauses ist für diese Menschen eine weitere Möglichkeit, wie sie das Gefühl, eine Basis zu haben, stärken können. Manchmal kommt es auch zu einer emotionalen Heilung, wenn wir etwas auf der materiellen Ebene unternehmen. Dies ist der Fall, wenn sich Krebs-Mondknoten-Menschen ein Zuhause kaufen. Sobald ihre häusliche Umgebung sicher und komfortabel ist, fühlen sie sich bei den Dingen sicherer, die sie in der Welt leisten wollen. Ein stabiles Zuhause ist für sie stärkend. Sie fühlen sich dann geerdeter und geschützter und können leichter einfach sie selbst sein.

Tatsächlich ist es so, daß diese Menschen über ausgezeichnete Fähigkeiten im Immobilienbereich verfügen und auf diesem Gebiet sicherlich erfolgreich sind. Als Makler oder Verkäufer fühlen sie sich von »guten Geschäften« angezogen und verfügen über den Geschäftssinn, der den Abschluß für alle Beteiligten zum Vorteil werden läßt. Sie können Häuser neutral als Geschäftsobjekte sehen und erliegen nicht den subjektiven Überlegungen und Gefühlen, die andere mit »ihren Häusern« verbinden. Sie machen Häuser ausfindig, die die Grundbedürfnisse ihrer Klienten erfüllen (in der Nähe einer guten Schule, innerhalb eines realistischen Preisgefüges usw.). Sie haben ein Gespür für das, was für die andere Person wichtig ist. Sie sind auch gut darin, ein Geschäft so kreativ zu organisieren, daß der Verkauf zustande kommen kann, auch wenn dies anfänglich noch unmöglich erschien.

Auf der Investitionsebene haben sie ein Gespür für »gute Immobiliengeschäfte«, sie erwerben ein Anwesen und vermieten es anschließend. Auf diese Weise sind sie in der Lage, ein Geschäft anzufangen, das so groß werden kann, wie sie es wollen. Sie wissen, wie eine Immobilie genutzt werden kann, damit sie den optimalen Gewinn abwirft (beispielsweise, indem man ein großen Haus in einzelne Apartments unterteilt und sie vermietet). Ihre Fähigkeiten beziehen sich jedoch nur auf Gebäude, die bereits erbaut sind – nicht unbedingt auf Brachland.

Zugehörigkeit

Diese Menschen haben viele Leben damit verbracht, für Dinge einzustehen, die außerhalb ihres Selbst lagen; daher fühlt sich ein Teil von ihnen jetzt als Nomade. Sie sind immer auf dem Sprung und suchen nach dem nächsten realisierbaren Ziel oder Projekt. Ihr tiefstes Bedürfnis ist es, sich wohl zu fühlen und das Gefühl zu haben, sich entspannen zu können, weil sie dazugehören. Aber es fällt ihnen schwer, ein Gefühl der Zugehörigkeit zu entwickeln; selbst innerhalb ihrer Familie fühlen sie sich oftmals fremd. Der erste Schritt, dies zu ändern, besteht in einer Verbundenheit mit sich selbst, die sie erlangen können, indem sie ihren inneren Impulsen treu bleiben.

Wenn einem Krebs-Mondknoten beispielsweise unangenehmer Klatsch über einen Freund zu Ohren kommt, ist es das beste, Kontakt mit seiner Intuition aufzunehmen. Hat er das Gefühl, daß die Information wahr ist oder daß es einen Grund gibt, bestürzt zu sein? Wenn er aus dem Bauch heraus ein ruhiges Gefühl hat, kann er dem vertrauen. Tatsächlich erlangen Krebs-Mondknoten-Menschen ein Gefühl der Zugehörigkeit, wenn sie sich selbst vertrauen und ihrer Intuition folgen. Sie müssen aber auch die Erfahrung machen, zu anderen zu gehören, was sie wiederum erreichen können, indem sie andere wissen lassen, wenn sie sich verletzlich fühlen. Das gibt anderen die Möglichkeit, ihre Arme zu öffnen und diesen starken Krebs-Mondknoten-Menschen zu zeigen, wie sehr sie geliebt werden.

In diesem Leben müssen die Krebs-Mondknoten ihren Gefühlen Aufmerksamkeit schenken, sie müssen sich mit Menschen umgeben, die sensibel und hilfsbereit sind. Für Krebs-Mondknoten ist es wichtig, eine Technik zu entwickeln, mittels derer sie zwischen Menschen unterscheiden können, die sich so viel aus ihnen machen, daß sie für den Krebs-Mondknoten emotional hilfreich sind, und solchen, die sie nicht unterstützen. Die beste Vorgehensweise besteht darin, ehrlich offenzulegen, wie sie sich fühlen, wenn andere etwas tun, von dem sie sich berührt fühlen, um dann zu sehen, wie die andere Person reagiert.

Wenn beispielsweise eine Freundin des Krebs-Mondknotens eine Party gibt und ihn nicht einlädt, wäre es das beste, es der Freundin direkt zu sagen: »Ich fühlte mich ausgeschlossen, als du mich nicht zu deiner Party eingeladen hast.« Keine Rechtfertigung, keine Manipulation – einfach nur die ehrliche Mitteilung seiner emotionalen Reaktion auf das Geschehene. Wenn die Freundin sagt: »Du hast keinen Grund, dich ausgeschlossen zu fühlen – ich habe dich letztes Jahr zu drei Partys eingeladen!«, und damit seine Gefühle als unbegründet hinstellt, dann gibt ihm das einen Hinweis, daß er es mit einer Person zu tun hat, der es gleichgültig ist, wie er sich fühlt. Wenn die Freundin jedoch erwidert: »Es tut mir leid, wie du dich fühlst, und ich kann es nachempfinden, aber in diesem speziellen Fall ...«, und erklärt, wie es dazu gekommen ist, weiß der Krebs-Mondknoten, daß es sich um eine Person handelt, die seine Gefühle respektiert. Indem sie ihre persönlichen Gefühle offenlegen und diese Gefühle von anderen verstanden und akzeptiert werden, entsteht die Vertrautheit, nach der Krebs-Mondknoten suchen.

Beziehungen

Kontrolle

Für Krebs-Mondknoten-Menschen ist die Tendenz zu kontrollieren der größte Stolperstein in ihren intimen Beziehungen. Dies passiert so automatisch, daß sie nicht einmal merken, daß sie es tun. Sie sind immer zwei Schritte voraus, um zu versuchen, das Verhalten der anderen Person zu beeinflussen, indem sie sich selbst zurücknehmen. Wenn sie beispielsweise den Eindruck haben, daß ihr Partner sich gefangen fühlt und nahe daran ist, die Beziehung zu beenden, kann es sein, daß sie in Urlaub fahren, um der anderen Person mehr Freiraum zu geben und sie dadurch zum Bleiben zu bewegen. Sie sind nur allzu gewillt, ihre eigenen Gefühle und Bedürfnisse dem Bestreben zu opfern, die Menschen um sie herum zufrieden und damit »unter Kontrolle« zu halten. Wenn sie dies tun, gewinnt niemand.

Selbstkontrolle

Diese Menschen sind in Wirklichkeit äußerst sensibel gegenüber Emotionen, sowohl gegenüber ihren eigenen als auch denen ihrer Mitmenschen. Andere haben von ihnen den Eindruck, als seien sie unsensibel. Tatsächlich sind sie aber zu sensibel und wissen nicht mit den Gefühlen umzugehen, die in ihnen und anderen auftauchen. Bis sie ein System entwickelt haben, das ihnen gestattet, eine gefühlsmäßige Verbindung zu anderen Menschen mit Vertrauen und Erleichterung zu erleben, wird ihre automatische Reaktion in dem Versuch bestehen, sich selbst oder andere zu kontrollieren, weil dadurch die Frage beseitigt wird, wie man mit Gefühlen umgehen muß. Sie versuchen ihren

Partner zu verplanen, damit sie die Beziehung kontrollieren können, dies läßt jedoch keine Fürsorge entstehen. Letztendlich fühlen sie sich entfremdet.

Krebs-Mondknoten schränken sich häufig selbst stark ein, indem sie auf eine Weise handeln, von der sie glauben, daß ihr Partner sie so haben will. Ihre unbewußte Vorstellung ist dabei: »Ich gestatte dir mich zu kontrollieren; deshalb wirst du so sein, wie ich dich haben will.« Es ist alles auf die Schaffung von vorhersehbaren, stabilen Situationen ausgerichtet, auf die sie sich verlassen können – Lebendigkeit, wahrer emotionaler Austausch und Verbundenheit mit der anderen Person sind so schwer möglich.

Manchmal sehen diese Menschen Emotionen als Schwäche an. Wenn andere emotional werden, verschließen sie sich und fühlen sich innerlich reserviert, weil die Emotionen bei ihnen den Instinkt auslösen, aus allen sich bietenden Gelegenheiten einen Vorteil zu ziehen! Wenn dies eintritt, ist es das beste, bewußt *keinen Vorteil* aus der Situation zu ziehen. Ihre Herausforderung besteht darin, einfach nur dazusein, ohne zu versuchen, die Kontrolle zu übernehmen. Dann, nachdem sie sich entspannt haben, werden sie intuitiv wissen, was sie tun müssen, um wirklich hilfsbereit zu sein.

Sie sind so daran gewöhnt die Verantwortung zu übernehmen, daß sie sogar glauben, sie seien für die Gefühle anderer Menschen verantwortlich. Sie denken, alles hänge von ihnen ab. Auch das kann zur Unterdrückung ihrer Emotionen führen, weil sie die andere Person nicht verärgern wollen. Aber sie tun niemandem einen Gefallen damit, wenn sie verbergen, was sie fühlen und wer sie wirklich sind. Eine der größten Lektionen, die Krebs-Mondknoten-Menschen lernen, besteht darin, ihre eigenen Gefühle nicht um einer anderen Person willen zu unterdrücken.

In Wirklichkeit müssen diese Menschen sicherstellen, daß ihre Gefühle anerkannt und ihre Bedürfnisse erfüllt werden. Wenn sie sich nicht um ihre eigenen Bedürfnisse kümmern, werden sie nicht in der Lage sein, anderen zu helfen. Wenn sie das tun, was sie tun müssen, um Glück und Fülle in sich selbst zu finden, gewähren sie ihrem Partner mehr Freiraum, wodurch ihre Beziehung aufblühen wird.

Kontrolle über andere

Solange Krebs-Mondknoten-Menschen noch nicht ihre eigene emotionale Identität ausgebildet haben, verinnerlichen sie die Emotionen anderer. Wenn die Menschen um sie herum enttäuscht sind, sind sie ebenfalls enttäuscht. Dann versuchen sie die andere Person zu kontrollieren, wodurch sie glauben, die Kontrolle über sich selbst zu haben. Auf eine Krise reagieren sie mit Patentlösungen; tatsächlich haben sie Talent, anderen dabei zu helfen, Dinge in den Griff zu bekommen. Bedingt durch die Neigung, ihre eigenen Gefühle zu unterdrücken, unterdrücken sie die Gefühle anderer ebenfalls. Wenn jemand enttäuscht ist, besteht ihr erster Impuls darin, die Gefühle dieser Person zu leugnen und sie dazu zu drängen, ruhig und bedacht zu sein. Diese Menschen haben eine zwanghafte Neigung, die Verantwortung zu übernehmen und die Ordnung wiederherzustellen – oftmals bevor sie die Situation vollständig verstanden haben. Sie müssen sich vor der Versuchung hüten, Ratschläge zu erteilen, bevor sie gefragt wurden, und sich statt dessen auf die umsorgende, nährende Energie konzentrieren, die sie anderen geben können. Sie müssen erkennen und akzeptieren, daß die wechselnden Stimmungen der Menschen Teil eines größeren Zusammenhangs sind.

Manchmal geben sie sich emotionalen Ausbrüchen hin – sie werden wütend, explodieren und sind beleidigt – eine Vermeidung von Gefühlen und ein Weg, eine Situation zu beenden. Unbewußt benutzen sie den Ausbruch als Verteidigungsmechanismus gegen Gefühle, die in ihnen aufsteigen. Sie explodieren und gehen sofort darüber hinweg, aber in der Zwischenzeit haben sie alle eingeschüchtert und zur Ordnung gerufen, so daß sie nicht mit den zugrundeliegenden Gefühlen umgehen müssen.

Unbewußt versuchen Krebs-Mondknoten-Menschen Emotionen zu vermeiden, weil sie nicht wissen, wie sie mit ihnen umgehen sollen. Eine ihrer Herausforderung besteht darin, zu lernen, ohne wütende Reaktionen, mit Situationen umzugehen, in denen sie sich unzulänglich fühlen. Ein Schritt in diese Richtung ist, bewußt geduldiger mit ihrem Gegenüber zu sein. Sie sollten neugierig auf die andere Person sein und ihr Fragen stellen, um die Situation besser verstehen zu können. Wenn sie anfangen, den größeren Zusammenhang zu erkennen, sind sie normalerweise in der Lage, eine Übereinstimmung herbeizuführen, ohne in der jeweiligen Situation rücksichtslos über die Gefühle der anderen hinwegzugehen. Um Vorschläge zu unterbreiten, die andere gewillt sind anzuhören, müssen sie zuerst für eine gute emotionale Beziehung sorgen. Das erfordert Zeit. Sobald sich die andere Person emotional verstanden fühlt, wird sie für die Ratschläge offen sein, die diese Menschen anzubieten haben.

Krebs-Mondknoten-Menschen sind altbewährte Leistungstypen, die unglaublich gute Ratschläge erteilen. Wenn sie sich ein Problem anhören, erkennen sie sehr schnell eine erfolgreiche und praktische Lösung. Ironischerweise ziehen sie oft Menschen an, die Probleme haben, mit denen *sie* selbst in ihrem Leben konfrontiert sind. Indem sie auf die für andere bestimmten Antworten hören, die sie intuitiv erkennen, werden sie wissen, was sie selbst tun müssen. Dies hilft ihnen auch, ein Gefühl der Verbundenheit zu erlangen.

Krebs-Mondknoten-Menschen können zwischen Kontrolle und Fürsorge wählen. Wann immer sie auf eine Situation mit Kontrolle reagieren, verlieren sie. Wann immer sie aus einer Position der Fürsorge und dem Willen, hilfsbereit zu sein, reagieren, gewinnen sie.

Zielfixierung

Krebs-Mondknoten-Menschen bemerken nicht, wie kontrollierend sie auf andere wirken. Sie kommen in dieses Leben und sind darauf fixiert, all das zu leisten, was getan werden muß. Und oftmals lassen sie sich von der gerade anstehenden Aufgabe so vereinnahmen, daß sie sich der Gefühle der beteiligten Menschen nicht bewußt sind. Wenn andere dann gekränkt sind, fühlen sie sich isoliert und verstehen nicht, was passiert ist.

Ich hatte beispielsweise eine Krebs-Mondknoten-Klientin, die sich eine Wohnung in einem Wohnblock kaufte. Sie wollte dabei helfen sicherzustellen, daß die Hausgemeinschaft gut funktionierte. Daher kandidierte sie für den Beirat der Eigentümergemeinschaft. Ihre Aufgabe war es, einmal pro Woche das Gelände abzugehen und Regelverstöße von Bewohnern festzuhalten (Parken im Parkverbot, zu lautes Radio usw.). Sie nahm ihre Aufgabe sehr ernst, und schon bald hatte sie sich eine Menge Feinde geschaffen. Sie war so sehr darauf konzentriert, ihre Aufgabe zu erfüllen, daß sie vergaß, sich Gedanken darüber zu machen, wie sich die Menschen fühlten, wenn sie eine Mahnung erhielten.

Krebs-Mondknoten lernen die Perspektive der anderen in ihre Überlegungen einzubeziehen und darüber nachzudenken, wie sie sich selbst fühlen würden, wenn sie in der entsprechenden Situation wären. Dies hilft ihnen, Vertrauen in ihre Fähigkeit zu entwickeln, so mit anderen umzugehen, daß erfolgreiche Ergebnisse erzielt werden.

Krebs-Mondknoten müssen ihr Tempo verlangsamen und sich die Zeit nehmen zu kommunizieren, und manchmal müssen sie auch willens sein, die Antwort *nicht zu wissen*. Die Klientin mit der Eigentumswohnung hätte beispielsweise, anstatt unverzüglich eine Abmahnung zu erteilen, zu dem »Täter« gehen und sicherstellen können, daß die Hausordnung richtig verstanden wurde. Sie hätte erläutern können, warum diese Ordnung zum Vorteil jedes Bewohners ist, und hätte fragen können, wie der »Täter« in Zukunft dafür sorgen wolle, die Regel einzuhalten. Krebs-Mondknoten müssen gewillt sein, nicht »von oben herab« auf andere zuzugehen; sie sollten anderen gestatten, Vorschläge zu unterbreiten, wie man eine Sache erledigen kann. In dieser Situation hätte der »Täter« sagen können: »Machen Sie sich keine Gedanken, ich werde den Wagen gleich wegfahren, damit Sie keine Mahnung schreiben müssen. Danke, daß Sie mich darauf angesprochen haben!« Der Punkt ist dabei, daß es im Leben mehr gibt, als bestimmte Ziele zu erreichen – aus der Verbindung mit anderen erwächst eine Zufriedenheit, die für beide Seiten hilfreich ist.

Emotionale Risiken

Der größte Wunsch von Krebs-Mondknoten-Menschen in ihren Beziehungen ist, sich sicher zu fühlen und zu wissen, daß sie geliebt werden, wie sie wirklich sind. Wie können aber andere sie kennen und lieben, wenn sie sich selbst nicht öffnen? Die größte Herausforderung für diese Menschen ist, zuzulassen, verletzlich zu sein. Das Risiko einzugehen, ihre Gefühle offenzulegen, bereitet den Boden für emotionale Vertrautheit mit sich selbst und mit anderen Personen. Für sie selbst fühlt es sich an, als stünde ihr Überleben auf dem Spiel – es überwältigt sie! Und dennoch sind dies genau die Schritte, die sie unternehmen müssen, um glücklich zu sein, sich erfolgreich mit Menschen in Beziehung zu setzen und sich zu Hause zu fühlen.

Kommunikation von Gefühlen

Diese Menschen können wahre Einzelgänger sein. Sie haben solche Angst, ihre Gefühle anzuerkennen, daß sie vor dem Risiko zurückschrecken, andere Menschen an sich herankommen zu lassen. Sie wollen nicht verletzt werden. Sie lernen jedoch, daß die *Angst,* verletzt zu werden, weitaus schlimmer ist, als wenn sie ihre heftigsten Gefühle tatsächlich erleben. Sie scheuen vor ihren Gefühlen zurück, weil sie mit ihnen nicht vertraut sind; wenn sie sie wirklich offenlegen, werden sie eine neue Tiefe in ihrem Leben und ein unglaubliches Gefühl der Befriedigung finden.

Krebs-Mondknoten-Menschen fürchten, von Gefühlen überwältigt zu werden und die Kontrolle zu verlieren. Sie müssen sich jedoch keine Gedanken darüber machen, ständig von ihren Gefühlen überrollt zu werden, denn sie haben keine Neigungen, verantwortungslos zu sein. Auch wenn sie einmal feststellen sollten, in eine negative Richtung abgedriftet zu sein, können sie dem immer entkommen, indem sie sich einfach in ihrer angeborenen Fähigkeit üben, die Verantwortung zu übernehmen. Sie lernen, darauf zu vertrauen, daß Gefühle vorübergehender Natur sind – wie die Gezeiten des Meeres.

Gefühle bereichern das Leben um eine Dimension, die eine vollständige Verbindung mit anderen ermöglicht. Sich mit anderen nur gedanklich zu verbinden hinterläßt in Beziehungen einen schmerzlichen Mangel. In diesem Leben lernen diese Menschen, daß sie den inneren Reichtum von anderen viel mehr wertschätzen können, wenn sie deren Gefühle einbeziehen. Indem sie ihre eigenen Gefühle mitteilen, ermöglichen Krebs-Mondknoten anderen Personen ein umfassenderes Verständnis von sich selbst.

Intimität

Krebs-Mondknoten-Menschen müssen sich selbst folgende Frage stellen: »Wenn eine Beziehung nicht auf einer ehrlichen Verbindung basiert, was bleibt dann in Krisenzeiten noch von ihr übrig?« Diese Menschen wollen und müssen Vertrautheit erleben; sie können sie schaffen, indem sie bereit sind, verletzlich zu sein, anstatt zu kontrollieren. Es kann sein, daß es ihnen leichter fällt positive Gefühle auszudrücken, aber sie müssen sich an ihre Absicht erinnern, Gefühle wie Angst, Traurigkeit, Betroffenheit, Frustration, Wut oder Unsicherheit, nicht zu rechtfertigen oder hinauszuzögern, sondern sie offenzulegen, damit sie sich von ihnen befreien können.

Alles, was Krebs-Mondknoten-Menschen tun müssen, ist, sich darüber auszutauschen, was sie zu einem bestimmten Zeitpunkt wissen. Zum Beispiel: »Ich fühle mich mit dem, was du gesagt hast, nicht wohl, aber ich bin mir nicht sicher, warum.« – »Als du das gesagt hast, wurde ich wütend. Ich weiß nicht warum, aber ich wollte dich nur wissen lassen, was in mir vorgeht.« – »Ich fühle mich nervös und scheine darauf zu reagieren, indem ich zuviel rede.« – »Ich weiß, daß wir das vereinbart hatten, aber in der Situation selbst habe ich mich mit unserem Abkommen nicht mehr wohl gefühlt.« Ungeachtet dessen, was sie befürchten, wird sich die Situation doch immer auf eine für beide Seiten stärkende Weise lösen lassen, wenn sie es tatsächlich riskieren, ihre Gefühle mitzuteilen und andere erkennen lassen, von welcher Perspektive sie ausgehen.

Ziele

Gefühlen vertrauen
Sich einbringen

Krebs-Mondknoten-Menschen verfügen aus vergangenen Leben über eine ungeheure Integrität. Sie müssen an dieser Ehrlichkeit festhalten, um ihren inneren Prozeß offenzulegen und andere wissen zu lassen, wie sie sich fühlen. Bedingt durch viele Inkarnationen, in denen diese Menschen eine bedeutende Rolle in der Gesellschaft gespielt haben und immer in der Öffentlichkeit standen, sind sie daran gewöhnt »jemand zu sein« – indem sie behaupten, die Verantwortung zu übernehmen, um gesellschaftliche Aufgaben zu erfüllen. In diesem Leben sind ihre Gefühle jedoch so stark, daß sie Beachtung fordern. Es kann sein, daß Krebs-Mondknoten auf andere kalt und geschäftsmäßig wirken, aber das liegt nur daran, daß sie unbewußt versuchen, ihre Gefühle zu leugnen, um so zu erscheinen, als hätten sie »alles im Griff«.

Sie müssen ihr Tempo verlangsamen und sich die Zeit nehmen, auf sich selbst zu hören. Grundsätzlich ignorieren sie das, was sie fühlen, oder arbeiten direkt dagegen an. Sie müssen sich selbst nun bewußt neu erziehen. Der Gedanke dabei ist, sich nicht dazu zu zwingen, Gefühle umgehend zu kommunizieren, sondern sich genügend Zeit zu nehmen, die Gefühle an sich heranzulassen und sich dann über sie zu unterhalten. Das ist für Krebs-Mondknoten-Menschen neu – wie für ein Kind, das Laufen oder Sprechen erlernt –, deshalb müssen sie Geduld haben. Wenn sie damit experimentieren, werden sie feststellen, daß die Menschen um sie herum auf wundersame Weise ihr neues Verhalten unterstützen. Es motiviert andere und gibt ihren Beziehungen mehr Nähe, wenn sie wahre Vertrautheit schaffen, anstatt seichte, auf Verpflichtungen beruhende Verbindungen.

Bedingt durch viele vergangene Leben, in denen sie für die Unterdrückung ihrer Gefühle belohnt wurden, neigen Krebs-Mondknoten-Menschen dazu, Gefühle als eine Schwäche anzusehen. Aber Gefühle haben nichts mit Schwäche zu tun, sie spiegeln einfach nur eine Reaktion im Körper wider.

Für diese Menschen sind Gefühle positiv und heilsam; wenn sie ihre Gefühle zeigen, macht sie das bei anderen beliebt, und oftmals entwickelt sich die Situation für alle Beteiligten positiv.

Kommunikation

Krebs-Mondknoten-Menschen sind sehr leistungsorientiert und können dies zu ihrem Vorteil benutzen, indem sie genau die Sache zu ihrem Ziel machen, die sie am meisten herausfordert: ehrliche Offenlegung ihrer Gefühle, Ängste und ihrer Verwundbarkeit. Sie müssen dies lernen, damit sie gegenüber anderen Einfühlungsvermögen entwickeln können. Wenn sie zunächst zu schüchtern sind, jemanden wissen zu lassen, wie sie sich fühlen, können sie einen Anfang wagen, indem sie einen Brief schreiben. Wenn sie im entscheidenden Augenblick plötzlich vergessen, was sie sagen wollten, können sie sich Notizen aufschreiben, um ihrem Gedächtnis auf die Sprünge zu helfen.

Ihre Absicht muß es sein, sich ehrlich und in einer verantwortungsvollen, nicht schuldzuweisenden Form über ihre gefühlsmäßigen Reaktionen zu unterhalten. Zum Beispiel: »Als du dein Versprechen nicht gehalten und gestern nicht angerufen hast, habe ich mich verunsichert und enttäuscht gefühlt – ich habe eine andere Verabredung abgesagt, weil ich mit dir vereinbart hatte, auf deinen Anruf zu warten.« Diese Menschen müssen sich über das, was geschehen ist, sachlich unterhalten und dann die Gefühle zum Ausdruck bringen, die sie als Reaktion auf die Ereignisse erlebt haben. Dann müssen sie aufhören zu reden und der anderen Person die Möglichkeit geben, darauf zu antworten. Sie müssen den Prozeß verlangsamen und für die Interaktion einen angemessenen Raum schaffen, innerhalb dessen zwei Menschen sich aufeinander einstellen können, anstatt sich sofort auf Ergebnisse zu konzentrieren.

Krebs-Mondknoten-Menschen ärgern sich oft darüber, daß sie immer die Starken sein müssen – diejenigen, auf deren Hilfe sich andere verlassen. Es kann sein, daß sie deswegen aufgebracht sind, weil sie selbst niemanden haben, bei dem sie um Rat nachfragen könnten, wenn sie in eine entsprechende Situation geraten. Die Lösung liegt darin, daß sie zulassen, daß ihnen geholfen wird, und trotzdem andere unterstützen. Wenn sie aber Hilfe annehmen, tun sie das normalerweise in einer dramatischen Weise: »In Ordnung – ich würde heute gerne dein Auto benutzen, aber mach dir keine Gedanken – ich werde es dir in genau zwei Stunden wieder zurückbringen, und keine Sekunde später!« Von da an überbetonen sie, wie verantwortungsvoll sie waren, daß sie den Wagen zurückgebracht haben, anstatt die Unterstützung der anderen Person anzunehmen und dankbar dafür zu sein. Sie lernen Hilfe und Fürsorge von anderen mit Dankbarkeit und Liebe anzunehmen. Sie lernen, daß wechselseitige Abhängigkeit keine Form der Schwäche ist, sondern vielmehr ein Gefühl der Zugehörigkeit mit anderen fördert, das dem Leben eine gewisse Tiefe verleiht.

Konzentration auf den Prozeß

Krebs-Mondknoten-Menschen hatten in vergangenen Leben so viel Erfahrung mit der Verwirklichung von Zielen gesammelt, daß das jetzige Leben oft zu einer Serie von Zielerfüllungen wird, ohne Freude am eigentlichen Prozeß zu empfinden. Egal wie viel sie leisten, es befriedigt sie nicht. Sie leisten zuviel und schieben die Dankbarkeit für den momentanen Augenblick und die Fülle um sie herum auf, damit sie statt dessen danach streben können, das nächste Ziel zu erreichen.

In vergangenen Leben hatten sie ein Maximum an Erfolg. Deshalb ist in diesem Leben für sie nicht vorgesehen, Glück zu finden, indem sie Ziele erreichen. Die eigentliche Vorgehensweise ist nun wichtig; Glück wird ihnen durch die Freude am Prozeß erwachsen. Sie müssen den Anfängen mehr Aufmerksamkeit schenken, der Förderung von Projekten und ihrem Wachstum. Es kann sein, daß sie noch immer Ziele erreichen, die weit über das hinausgehen, was andere leisten, aber sie werden es auf die richtige Weise tun – auf eine Art, die Spaß macht und für sie selbst und die Menschen um sie herum förderlich ist.

Ergebnisse kontra Teilschritte

Krebs-Mondknoten-Menschen können dieses Leben nicht nach der Devise »Der Zweck heiligt die Mittel« gestalten. Um sich sicher fühlen zu können, müssen sie in Kontakt mit dem Prozeß bleiben, anstatt nach dem nächsten Ziel zu streben. Das wird sie auch davor bewahren, andere Menschen unbeabsichtigt emotional zu mißbrauchen, auszubeuten oder zu verletzen. Es kann sein, daß es immer noch Phasen gibt, in denen der Kontrollzwang einsetzt und sie versuchen, ihr Leben von der Vernunft aus zu steuern, aber sie müssen sich daran erinnern, wieviel Schmerz das verursacht. Die Tendenz der Krebs-Mondknoten, das Endergebnis über den Prozeß zu stellen, führt auch zu einem Mangel an Energie, Vitalität und persönlicher Freude. Anstatt sich beispielsweise auf das Ziel zu konzentrieren, eine erfolgreiche Ehe zu führen, sollten sie sich auf den Vorgang konzentrieren, eine erfolgreiche Ehe zu schaffen. Sie müssen sich die Zeit nehmen festzustellen, ob ihr Partner die Beziehung genießt. Das Ziel könnte sein, eine beiderseitig unterstützende, glückliche Ehe zu führen, in der beide Gefühle offenlegen und eine Nähe schaffen, so daß jeder Partner erkennen kann, wer der andere wirklich ist. Wenn sie sich um die kleinen Dinge kümmern, lernen sie, daß die großen Dinge sich von selbst ergeben. Es kann sein, daß andere ihre ständige Sorge um Rechtschaffenheit bei jedem Schritt des Prozesses nicht verstehen, aber die Krebs-Mondknoten, die im äußeren Leben sehr viel leisten, müssen ihrem Selbst und ihrer Entwicklung treu bleiben. Wenn sie sich um die »Kleinigkeiten« kümmern (beispielsweise ehrlicher Austausch von Gefühlen, Bewußtsein für die Gefühle anderer, emotionale Verbundenheit mit der Situation, schrittweises, behutsames Vorangehen), dann sind sie wirklich auf dem richtigen Weg.

Ziele und Zufriedenheit

Weil Krebs-Mondknoten-Menschen über unglaubliche Fähigkeiten verfügen, Ziele zu erreichen, ist es wichtig, daß sie zwischen ihren eigenen Zielen und denen, die von der Gesellschaft auferlegt werden oder an die sie sich in der frühkindlichen Umgebung gewöhnt haben, unterscheiden. Ihre Ziele machen sie durch den Prozeß der Verwirklichung glücklich. Ihre unbewußte Zielorientierung zwingt sie, immer nach der Befriedigung »beim nächsten Projekt« zu suchen; als Folge davon genießen sie nicht die reiche Fülle, über die sie bereits verfügen. Wenn sie bewußt das erkennen und würdigen, was sie haben, erhalten sie auf ausgeglichene Weise Energie für weitere Leistungen.

Ein anderes Ziel, das Krebs-Mondknoten-Menschen tiefe Befriedigung bieten kann, ist die Konzentration auf emotionale Verbundenheit und Vertrautheit in Beziehungen. Dies bestärkt sie, ihre Vorgehensweise zu verlangsamen und sich selbst und die andere Person bewußt wahrzunehmen.

Eine Möglichkeit, wie sie intensiveren Zugang zu ihren Gefühlen bekommen können, was ihnen auch eine größere Sicherheit in ungewohnten Situationen vermitteln wird, ist, sich darauf zu konzentrieren, das Zentrum der Energie in ihren Körper zu verlegen. Krebs-Mondknoten-Menschen fokussieren ihre Lebensenergie normalerweise von den Schultern aufwärts bis zum Scheitel – sie sind »kopflastig«. Diese Menschen müssen die Energie nach unten, in den unteren Rumpfbereich (den Bereich unterhalb des Bauchnabels) bringen. Wenn sie mit dem Bewußtsein dieses Kraftzentrums in sich durch den Tag gehen, wird ihr Selbstwertgefühl zu einer stabilen Größe in ihrem Inneren, die ruhig, nährend und ganz ist, unabhängig von der Meinung anderer. Wenn sie die Energie in den unteren Rumpfbereich leiten, können sie sich zentrieren, und ihr Herz beginnt sich zu öffnen.

Dies gestattet ihnen auf eine völlig neue Weise, auf die negativen Emotionen anderer zu reagieren. Ihre erste Reaktion war, die Gefühle zu ignorieren oder zu unterdrücken und gleich auf eine Lösung zuzugehen – damit die andere Person wieder »über den Dingen stand«. Die Zauberformel ist, es zu ihrem Ziel zu machen, daß sie das schätzen lernen, was die andere Person fühlt, und die Emotion zu respektieren und sich in sie einzufühlen. Dann werden sie auch eine angemessene Reaktion finden, die der anderen Person wirklich helfen und die Bindung zwischen ihnen vertiefen wird.

Ich hatte beispielsweise eine Klientin mit dieser Mondknoten-Position, die mit einem Mann befreundet war, an dem ihr sehr viel lag. Sie lebten beide in New York, wo es eine Menge gesellschaftlicher Aktivitäten gibt. Eines schönen Tages, als er sich auf einer Geschäftsreise in Minneapolis befand, rief er sie aus Langeweile und Frustration an. Es war nur eine kurze Konversation, weil sie nicht wußte, was sie sagen sollte, um ihn wieder aufzumuntern. Sie hätte z. B. auf seine Ruhelosigkeit sagen können: »Es tut mir leid, das zu hören.« Sobald diese Geborenen sich in die Gefühle der anderen Person einfühlen, fallen ihnen die richtigen Worte ein. In diesem Zusammenhang hätte das sein können: »Vielleicht sollte ich mich ins Flugzeug setzen und das Wochenende mit dir verbringen.« Dann hätte die Antwort eine positive Lösung für beide Seiten gebracht. Diese Menschen werden so lange nicht in emotionalen Situationen angemessen zu antworten wissen, bis sie gelernt haben, die Gefühle anzuerkennen und für gültig zu erklären, die andere ihnen mitteilen.

Das Vermächtnis

Krebs-Mondknoten-Menschen lernen, wie sie mit anderen auf eine Weise kommunizieren müssen, die tröstlich und hilfreich ist. Sie müssen lernen, anderen Schwächen zuzugestehen und dadurch ihre besten Seiten zum Vorschein zu bringen. Beispielsweise hatte ich einen Krebs-Mondknoten-Klienten, der Teilhaber eines großen Restaurants im Südwesten der USA war. Es stellte sich heraus, daß sein Chefkoch Alkoholiker war, was beim Einstellungsgespräch nicht bekannt war. Nachdem er bereits einige Monate gearbeitet hatte, landete der Koch für drei Tage im Gefängnis. Nachdem der wieder auf freiem Fuß war, kam er wieder ins Restaurant. Gute Chefköche waren selten, und mein Klient war auf ihn angewiesen. Der andere Besitzer begrüßte ihn begeistert: »He, John – schön, daß du wieder da bist!« Aber mein Klient verhielt sich reserviert. Warum konnte er dem Koch nicht das Gefühl geben, daß er geschätzt wurde, wenn er ihn schon weiterarbeiten ließ? Diese Menschen müssen lernen, ihre Anerkennung auszusprechen, wenn sie jemanden brauchen.

Lehren

Krebs-Mondknoten-Menschen sind sich von Geburt an derart bewußt, wie sie ihre Ziele in der materiellen Welt erreichen können, daß sie oft voraussetzen, daß andere über das gleiche Wissen verfügen. Es gibt aber keine andere Mondknotengruppe mit einem solchen Wissen, egal wie überlegen sie auch sein mag. Eine Aufgabe der Krebs-Mondknoten besteht in diesem Leben darin, andere zu lehren, wie sie Ziele erreichen können.

Durch ihre Erfahrung in vielen Inkarnationen merken diese Geborenen sofort, wenn andere sich unbewußt selbst sabotieren, sich in unproduktivem Verhalten ergehen oder zulassen, von weniger wichtigen Angelegenheiten abgelenkt zu werden. Sie erkennen auch ganz klar, wie die Probleme gelöst werden können – wie andere sich positionieren müssen, um ihr Ziel zu erreichen. Wenn sie die Bedürfnisse einer anderen Person deutlich wahrnehmen, können die Krebs-Mondknoten ihre angeborene praktische Veranlagung nutzen, um dabei mitzuhelfen, die Träume dieser Person Wirklichkeit werden zu lassen.

Wenn Krebs-Mondknoten-Menschen erkennen, daß jemand auf eine Weise vorgeht, die den Zweck verfehlt, ist es nicht ihre Aufgabe, denjenigen zu »bestrafen«, sondern ihn vielmehr auf eine konstruktive Weise zu lehren, sein Ziel zu erreichen. Eine der besten Möglichkeiten, wie diese Menschen ihr Interesse an anderen zum Ausdruck bringen können, ist ihnen zu helfen, ihre Ziele klar zu erkennen und sie dann zu ermutigen, sie zu verfolgen.

In dem Beispiel des Kochs hätte mein Klient sich die Zeit nehmen sollen, ihn besser kennenzulernen. Warum war er ein Chefkoch? Was wollte er leisten? Was wollte er damit erreichen, daß er in diesem speziellen Restaurant arbeitete? Wenn sein Ziel darin bestand, seiner Frau und seinem Kind ein besseres Leben bieten zu können, und es seine Absicht war, in diesem Restaurant zu arbeiten, weil er ein gutes Image aufbauen wollte, hätte mein Klient gewußt, wie er ihn auf eine unterstützende Weise hätte motivieren können.

Geduld ist eine weitere Fähigkeit, die Krebs-Mondknoten-Menschen entwickeln. Ihre Aufgabe ist es, durch vorbildhaftes Verhalten zu lehren und so die anderen anzuspornen. Sie haben in vergangenen Leben so viel geleistet, daß andere ihnen zuhören, wenn sie die Rolle des verständnisvollen Lehrers einnehmen.

Sensibilität und Anteilnahme

Bedingt durch die Unterdrückung persönlicher Gefühle in vergangenen Leben, wurden die »gefühlvollen« Seiten der Krebs-Mondknoten-Menschen zum Verschwinden gebracht. Wenn sie ihre Gefühle zum

Ausdruck bringen, sind viele Menschen in ihrer Umgebung erleichtert. Da sie die Gefühle ihrer Mitmenschen leicht aufnehmen, ist es heilsam, wenn sie ihre Gefühle auf eine verantwortliche Weise mitteilen: »Ich fühle mich in dieser Situation nicht wohl«; »Ich habe mich unwohl gefühlt, als du das gesagt hast – es hat sich nicht wie eine faire Antwort angehört, die die Bedürfnisse aller berücksichtigt.« Wenn sie das Risiko eingehen, ihre Gefühle zu verbalisieren, hat dies oft zur Folge, daß andere von ihren emotionalen Hemmungen geheilt und befreit werden. In Gruppensituationen kann es sein, daß andere an sie herantreten und sagen: »Ich bin so froh, daß du das gesagt hast! Es ist genau das, was ich empfunden habe, aber ich wußte nicht, wie ich es in Worte fassen sollte.« Durch solche Reaktionen bestätigt ihnen das Universum, daß sie auf dem »richtigen Weg« sind.

Indem sie sich in vergangenen Leben nicht zu ihrem Emotionalkörper bekannten, haben sich Krebs-Mondknoten-Menschen von den Vorzügen des Menschseins getrennt. In mancher Hinsicht könnten sie sogar das Gefühl haben, nicht zu den anderen Menschen zu gehören. Sie haben Verständnis für Ziele, Leistungen und Verantwortung – aber wozu? Wo ist die Belohnung – der wahre Wert – des Menschseins? Sie liegt in den umsorgenden und feinen Gefühlen, die jemand durch das emotionale Selbst erfährt. Jede äußere Erfahrung ist leer ohne die innere, emotionale Bereicherung, die aus ihr resultiert. Solche Gefühle mit jemandem zu teilen ist die belebendste und herrlichste aller Erfahrungen.

Widder-Mondknoten haben sich das Recht verdient, Anspruch auf die Vorzüge und Freuden zu erheben, die man als Teil der menschlichen Familie hat. Es ist für sie äußerst angebracht, ihr Tempo zu verlangsamen und die wohltuende Erfahrung zu machen, die der menschliche Körper einem bietet: das Erleben von Gefühlen.

♌ Nördlicher Mondknoten in Löwe
und nördlicher Mondknoten im fünften Haus

Übersicht

Eigenschaften, die man entwickeln sollte

Das Arbeiten an folgenden Bereichen bringt verborgene Fähigkeiten und Talente zum Vorschein:
- Individualität
- Gewillt sein, die »Hauptrolle« zu übernehmen
- Den eigenen Herzenswünschen folgen
- Die eigene Willenskraft stärken
- Enthusiasmus
- Selbstvertrauen
- Risiken eingehen
- Einen Bezug zu den kindlichen Seiten in anderen finden
- Das Leben genießen – Spaß haben
- Das Leben als ein Spiel ansehen
- Verantwortung für sich übernehmen

Verhaltensweisen, die man hinter sich lassen sollte

Ihr Leben wird sich einfacher und friedvoller gestalten, wenn sie daran arbeiten, den Einfluß folgender Tendenzen zu verringern:
- Dem Gruppendruck nachzugeben, um dazuzugehören
- Sich von emotionalen Situationen distanzieren
- Unnahbarkeit
- Darauf warten, daß andere einem sagen, was zu tun ist
- Den Überblick haben, was tatsächlich los ist
- Auf »mehr« Wissen zu warten, bevor man in Aktion tritt
- Übertriebene Tagträumerei
- Vor Konfrontationen davonlaufen

Achillesferse/Falle, vor der man sich hüten muß/Fazit

Für die Menschen mit dem nördlichen Mondknoten im Löwen besteht die Achillesferse in dem vorrangigen Bedürfnis, sich von Gleichgesinnten akzeptiert zu fühlen (»Wenn ich mich nur auf das Leben einlasse und mich den anderen anpasse, dann werden mich meine Freunde automatisch unterstützen und mir zum Glück verhelfen«). Das ist aber ein Faß ohne Boden: Ihre Freunde können ihnen niemals genug Unterstützung geben, damit sie sich als Individuen entfalten und die aufregenden Möglichkeiten des Lebens zu ihrem Vorteil nutzen. Sie müssen sich selbst der beste Freund werden und sich dazu ermutigen, sich um die Dinge zu kümmern, die sie glücklich machen.

Die Falle, die sie vermeiden müssen, ist die nie endende Suche nach Wissen (»Wenn ich über genügend Wissen verfüge, werde ich mich zufrieden genug fühlen, um kreativ zu handeln«). Sie werden niemals das Gefühl haben, genügend zu wissen, um eine erfolgreiche, kreative Handlung zu garantieren. Deshalb passen sie sich weiterhin an und warten darauf, daß das Glück sie findet. Daraus ergibt sich das Fazit, daß sie ab einem gewissen Punkt das Risiko eingehen und anfangen müssen, für ihr *eigenes Glück* zu sorgen. Die Ironie dabei ist, daß das Wissen, das sie brauchen, um erfolgreich zu sein, ihnen mühelos zufliegt, sobald sie die Initiative ergreifen und anfangen, für ihr Glück zu sorgen.

Die wahren Wünsche

Der sehnlichste Wunsch von Löwe-Mondknoten-Menschen ist, Liebe zu bekommen. Ihr Bedürfnis, die liebevolle Energie anderer zu erleben, ist nahezu unersättlich. Um diese Energie erfolgreich in ihr Leben zu bringen, müssen sie zuerst Liebe geben, indem sie Menschen motivieren – sie wissen, wie sie das Rampenlicht benutzen können, um andere glücklich zu machen. Indem sie ihre Kreativität einsetzen, um zum Glück anderer beizutragen, verschaffen sie sich ein »Publikum« oder eine Gruppe von Gleichgesinnten, von denen sie unterstützt, akzeptiert und geliebt werden. Löwe-Mondknoten-Menschen machen am Applaus und der Zustimmung anderer fest, ob sie gefragt sind. In diesem Prozeß der Schaffung von Glück erhalten sie – solange sie in Übereinstimmung mit ihren eigenen humanitären Idealen bleiben – die Bestätigung, daß sie ein wichtiger Teil des gesamten Lebensflusses sind.

Talente/Berufe

Diese Menschen sind geeignet für Berufe, die individuelle, kreative Leistung erfordern. Unterhaltung (Gesang, Schauspielerei usw.), die Führung eines Unternehmens oder irgendeine andere Tätigkeit, bei der sie im Mittelpunkt stehen, setzt ihre unglaublich kreative Energie auf eine konstruktive Weise frei, die allen Freude bringt. Andere gute Möglichkeiten sind Arbeit mit Kindern, Spekulationen, Spiele und Sport. Löwe-Mondknoten-Menschen besitzen auch die Gabe der Objektivität – sie können genau erkennen, was gespielt wird. Wenn dieses Talent als Mittel benutzt wird, um Ziele zu erreichen, die ihnen Spaß machen, ist ihre Fähigkeit, Dinge objektiv zu betrachten, für sie von Vorteil. Wenn sie sich jedoch auf Berufe einlassen, die die Objektivität als solches zum Ziel haben (Wissenschaftler, Erfinder, Ingenieure, Röntgentechniker usw.), könnte es in ihrem Leben an Vitalität oder Freude mangeln. Sie sind besser beraten, dieses angeborene Talent für sehr kreative Projekte zu nutzen.

Heilende Affirmationen für den Löwe-Mondknoten

- »Die einzige Person, die für mein Glück sorgen kann, bin ich.«
- »Wenn ich Spaß habe, liege ich richtig.«
- »Wenn ich den Impulsen des inneren Kindes folge, gewinne ich.«
- »Ich gewinne, wenn ich aktiv für die Ergebnisse arbeite, die ich will.«
- »Wenn ich zu dem Kind in anderen eine Beziehung finde, gewinnt jeder.«
- »Wenn ich anderen Freude mache, fühle ich mich einbezogen.«

Persönlichkeit

Vergangene Leben

Löwe-Mondknoten-Menschen haben viele Leben damit verbracht, unbeteiligte Zuschauer zu sein und zu beobachten, wie andere kommunizieren. Sie waren Wissenschaftler, Beobachter, jene, die ihre persönliche Identität geopfert haben, um humanitäre Themen und Ideale zu fördern. Sie sind daran gewöhnt, ihre kreative Energie mit den Träumen und Bestrebungen anderer zu verbinden, ohne ihre eigenen Bedürfnisse und Wünsche zu berücksichtigen.

Deshalb haben sie in vergangenen Leben den Kontakt mit der lebendigen Energie ihres inneren Kindes verloren. In diesem Leben haben sie unbewußt wieder eine Umgebung gewählt, die ihr inneres Kind negiert, damit sie diesen Punkt aufarbeiten können und die Verbindung mit ihrer vitalen Energie wiedererlangen. Es kann sein, daß sie in eine gewalttätige Familie geboren wurden, in der das objektive Beobachten des elterlichen Verhaltens eine Frage des Überlebens war. Oder sie wurden in eine Alkoholikerfamilie geboren, in der die emotionalen Reaktionen eines Elternteils, oder beider Elternteile, nicht vorhersehbar waren. Und weil sie ihren Bezugspersonen nicht trauen konnten, bestand der einzig sichere Weg darin, die eigenen Gefühle zu unterdrücken. Möglicherweise wurde ihnen durch den frühen Verlust eines Elternteils ein zusätzliches Verantwortungsgefühl aufgebürdet, und sie hatten das Gefühl, daß es für sie nicht in Ordnung war, einfach nur Kind zu sein.

Diese Menschen haben so viele Leben damit verbracht, objektiv zu sein und alles von einem wissenschaftlichen Standpunkt aus zu betrachten, daß sie in diesem Leben wirklich Angst davor haben, sich auf etwas einzulassen. Sie befürchten, ihre Objektivität zu verlieren; unbewußt haben sie das Gefühl, daß es genau das war, was ihnen in der Vergangenheit Sicherheit gegeben hat. Aber dieses Leben ist dazu da, sich einzulassen und zu lernen, wie man spielt! Sie haben in zu vielen Leben eine steife, wissenschaftliche Haltung eingenommen – sie hatten auf diesem Planeten keinen Spaß – deshalb müssen sie jetzt anfangen, die Dinge zu genießen. Wenn sie mit Kindern zusammen sind, wird ihnen ihr eigenes inneres Kind widergespiegelt. Wenn sie sehen, wie Kinder spielen und einfach nur sie selbst sind, werden sie angeregt, selbst zu spielen und sich auf das Leben einzulassen. Darin besteht ihre Herausforderung – in das Zentrum der Vitalität ihres Lebens zurückzugehen.

Bedingt durch ihre wissenschaftliche Orientierung in vergangenen Leben, kommen Löwe-Mondknoten-Menschen mit einer »Labor-Objektivität« in diese Inkarnation – ständig beobachten sie die Fakten, ohne den Versuch zu wagen, etwas zu ändern oder in irgendeiner Weise einzugreifen. Das macht es ihnen möglich, sehr klar zu erkennen, was passiert. Wenn sie sich jedoch zu sehr mit der Rolle des Beobachters identifizieren, kann das zu einem Ego-Trip werden, bei dem sie sich zurückhalten, die Beurteilung anderen überlassen und ein Überlegenheitsgefühl haben.

Es kann sein, daß sie die Einstellung haben: »Wir werden jetzt mit dem ganzen Unsinn aufhören und die Dinge beim Namen nennen!« Wenn sie dann den Ausdruck auf dem Gesicht der anderen Person sehen, fühlen sie sich schlecht. Aber ihr Verstand sagt ihnen: »Nun gut, ich habe es gesagt! Ich werde dazu stehen!« Sie gewöhnen sich an die Unbeugsamkeit ihrer Position. In diesem Leben sehen sich diese Menschen jedoch der Herausforderung gegenüber, die objektiven Tatsachen anderen auf eine positive Weise zu vermitteln. Eine, die sie zum Lachen bringt und/oder ihnen hilft, ihre Perspektive zu verändern und die Last, die auf ihren Schultern liegt, zu erleichtern. In dieser Inkarnation müssen die Löwe-Mondknoten-Menschen nicht nur *erkennen,* was geschieht, sondern *aktiv daran teilhaben,* um die Gegebenheiten für alle Beteiligten, einschließlich sie selbst, in etwas Positives umzuwandeln. In dieser Inkarnation liegt ihre Aufgabe darin, zu lernen, wie sie das bekommen können, was sie wollen, und zwar nicht durch Distanz, sondern durch intensives Teilnehmen.

Beobachtung kontra Handlung
Löwe-Mondknoten-Menschen haben manchmal das Gefühl, als würden sie in die Dramatik anderer Menschen hineingezogen, sie selbst können sich nur – hilflos – zurücklehnen, auch wenn sie erkennen, was die Stunde geschlagen hat. Sie denken, daß andere Menschen in der Lage sind, für sie die Handlungsrichtung zu bestimmen, »ihr Boot am Wind zu halten«, die Richtung zu ändern und Vorteile aus den aktuellen Bedingungen zu ziehen. Löwe-Mondknoten-Menschen fühlen sich oft, als würden sie beobachten, wie der Wind aus einer anderen Richtung weht, und sich der Wellen bewußt sein. Sie scheinen aber nicht in der Lage zu sein, sich an die Energie anzukoppeln und Vorteile aus der Situation zu ziehen.
Diese Menschen fahren sich auf einer Seite des kreativen Prozesses fest. Um einen Traum erfolgreich in die Tat umzusetzen, erfordert die Vorgehensweise sowohl Beobachtung als auch Handlung. Manchmal ist es erforderlich, fest an den Tauen zu ziehen, um das Boot körperlich zu manövrieren, wieder ins Gleichgewicht zu kommen, wenn das Boot schwankt, schwere Gegenstände in ausgewogene Positionen zu bringen, um auf die neue Richtung vorbereitet zu sein, und »die Luken dichtzumachen«, um sich auf die Veränderung vorzubereiten. Es muß

eine Menge Energie aufgewandt werden. Die genaue Beobachtung der vorhandenen Kräfte ist ein ebenso wichtiger Teil des kreativen Prozesses, damit die gesamte Energie in die richtige Richtung gelenkt wird. Löwe-Mondknoten-Menschen sind großartig in der Beobachtungsposition, aber sie müssen sich daran erinnern, in Aktion zu treten, um Veränderungen in der physischen Welt herbeizuführen.

»Wissenschaftliche« Haltung kontra Kreativität

Das permanente Denken der Löwe-Mondknoten-Menschen kann lähmend sein. Sie analysieren alles, bedenken all die Dinge, die schiefgehen könnten, beobachten die Stimmungen der Menschen um sie herum und eignen sich so alles verfügbare Wissen an, damit sie auch ja keinen Fehler machen, wenn sie sich endlich entschließen, in Aktion zu treten. Es gibt aber so viele unterschiedliche Dinge zu berücksichtigen, daß sie davon überwältigt und gelähmt werden. Diese Tendenz, nach Sicherheit durch zuverlässiges Wissen zu streben, kann sie davon abhalten, die Risiken einzugehen, die ihre Vitalität erhöhen würden. Oftmals hält sie das in einem starren, passiven Leben gefangen.

Diese Menschen lernen, beweglicher zu werden; sie müssen anfangen, ihrer Intuition zu vertrauen, anstatt sich an ihren logischen Strategien festzuklammern. Sie müssen gewillt sein, in Erwägung zu ziehen, daß ihre Grundannahmen falsch sein könnten. Sie glauben jedoch oft, daß sie durch ihr Wissen den anderen überlegen sind. Obwohl dieses »Wissen« sie davon abhält, ihre Träume in die Tat umzusetzen, halten sie möglicherweise eigensinnig daran fest. »Damit ich meinem Herzen folgen und die Chance wahrnehmen kann, das zu schaffen, was ich will, müssen zuerst die Bedingungen X, Y und Z erfüllt sein.« Aber das ist niemals der Fall. Diese Menschen müssen den Gedanken loslassen, daß sie die völlige Kontrolle über den Erfolg oder das Scheitern ihrer Träume haben. Wenn sie ihre Bedenken beiseite räumen und anfangen, das zu tun, was sie im jeweiligen Moment können, werden sie Schritt für Schritt ihre Träume verwirklichen. Wenn sie nicht gewillt sind, das zu tun und die »richtigen Voraussetzungen« niemals erfüllt sind, zögern diese Menschen es häufig so lange hinaus, ein Risiko einzugehen, bis es zu spät und der Zugang zu den Möglichkeiten versperrt ist. Löwe-Mondknoten-Menschen lernen, wie sie die Begrenzungen einer »wissenschaftlichen« Haltung überwinden und wirklich kreativ sein können. Kreativität kann nicht geplant oder auf den Stundenplan gesetzt werden. Es handelt sich um einen Prozeß, bei dem man in Einklang mit den Materialien, der Intuition und Energie vorgeht, die zum jeweiligen Augenblick zur Verfügung stehen. Das bedeutet auch, zu entscheiden, welche Richtung man einschlagen möchte, und dann mit dem universellen Fluß zusammenzuarbeiten, um das Ziel in die Tat umzusetzen. Das Endresultat muß nicht unbedingt dem entsprechen, was man erwartet hat, aber die Energie dieser Erwartung wird sich freudig und erfolgreich manifestieren.

Löwe-Mondknoten-Menschen müssen das akzeptieren, was das Universum ihnen bringt, damit ihre Träume wahr werden. Wenn sie zum Universum sagen »Ich will darauf eine Antwort« und das Universum ihnen eine Antwort gibt, dann sagt ihnen ihr Verstand jedesmal »Nein, das ist es nicht«. Sie stellen ihre eigenen Antworten in Frage, indem sie nicht nach ihnen handeln. Sie drehen sich im Kreise und fühlen sich von ihrer Lebenskraft abgeschnitten. Wenn dies der Fall ist, dann ist es für diese Menschen ein Hinweis zu handeln. Sie müssen auf irgendeine Weise am Leben teilhaben: das Telefon in die Hand nehmen und einen Freund anrufen, einem geliebten Menschen ein Geschenk schicken oder sich zum Sport oder einer anderen Aktivität anmelden, wodurch sie wieder mit ihrer Energie in Kontakt kommen. Wenn sie mit ihrer eigenen Energie verbunden sind, fühlen sie sich leicht verstanden und in der Lage, sich mit anderen emotional und intellektuell zu verbinden – sie fühlen sich wunderbar!

Sich der universellen Strömung anvertrauen

Löwe-Mondknoten-Menschen mangelt es an der Erkenntnis, aus ihrer persönlichen Stärke heraus kreative Veränderungen in ihrem Leben vorzunehmen. Sie denken, daß die gesamte Energie in der universellen Strömung liegt, deshalb fühlen sie sich machtlos. Oftmals setzen sie sich sogar beleidigenden Situationen aus, weil sie glauben, daß das eben so ist, und sie nicht davon ausgehen, daß sie die Kraft haben, die Situation zu ändern. Eine ihrer wichtigsten Lektionen in diesem Leben ist, zu erkennen, daß sie die Kraft – ja sogar besondere Fähigkeiten – haben, um eine konstruktive Veränderung herbeizuführen, die auf ihrer eigenen Sicht des größeren Zusammenhangs basiert.

In vergangenen Leben haben sich diese Menschen auf den Fluß der universellen Energie eingestellt und sich von ihr leiten lassen, und das hat großartig funktioniert. Solange sie ihr eigenes Ziel, das im Einklang mit ihrem inneren Kind stehen sollte, aktiv verfolgen, können sie in diesem Leben wieder darauf vertrauen, daß die universelle Strömung sie in die entsprechende Richtung führen wird. Eine Gefahr besteht nur dann, wenn sie keine innere Verbindung mit ihrem Ziel verspüren. Dann handelt es sich in Wirklichkeit nicht um die Führung des Universums, sondern um die *Energie anderer Menschen,* die auf sehr egoistischen Motiven basieren kann.

Löwe-Mondknoten-Menschen passen sich auch häufig an, um andere Menschen zu besänftigen. Es ist ihre Art, zu kooperieren und akzeptiert zu werden, ohne sich tiefer auf die Dinge einzulassen und emotionale Störungen zu riskieren. Das einzige Problem dabei ist, daß diese Menschen zeitweise damit enden, von anderen Menschen manipuliert zu werden. Wenn sie diesen Wirbelstrom aus den Wünschen anderer Menschen spüren, dann sollten sie einfach Abstand gewinnen und sich vorübergehend zurückziehen, damit sie ihre eigenen Gefühle gegenüber dieser Situation erkennen und bewerten können – und dann einfach auf das vertrauen, was sie wollen. Ihre Aufgabe ist es, dem zu folgen, was ihr inneres Kind glücklich macht. Wenn solche Gefühle stärker wachsen, werden diese Menschen wissen, daß sie auf dem richtigen Weg sind.

Ihre Gedanken – die nach »wissenschaftlichen« Kriterien beurteilen, was für jeden das Beste ist – sind in diesem Leben kein guter Maßstab. Sie müssen sich vielmehr auf die Freude des inneren Kindes konzentrieren. Wenn sie sich entscheiden, in diese Richtung zu gehen, fühlt sich möglicherweise jemand, der wegen seiner eigenen Bedürfnisse auf sie gezählt hat, gekränkt oder enttäuscht. Aber sie sollten immer im Gedächtnis behalten, daß es sein kann, daß diese Person, in einem größeren Zusammenhang betrachtet, genau das für ihre eigene Verantwortlichkeit lernen muß. Löwe-Mondknoten-Menschen können nicht wissen, was die Lektionen der anderen sind. Was sie aber mit Sicherheit einschätzen können, ist das Gefühl der reinen Freude in ihnen selbst; dieses Gefühl ist das einzige sichere Leuchtfeuer in Richtung angemessener Handlungsweise.

Wenn Löwe-Mondknoten-Menschen ihrem Verstand folgen, anstatt der Sehnsucht ihres eigenen Herzens, dann verweigern sie sich ihrer vorrangigen Aufgabe in dieser Inkarnation – das zu tun, was sie glücklich macht. Diese Menschen haben in vielen Leben humanitären Zwecken gedient, dadurch wurde ihr inneres Kind sehr zurückgedrängt. Die meisten Menschen würden viel darum geben, wenn sie in diesem Leben die folgende Anweisung erhalten würden: Spiele und habe Spaß dabei! Die Löwe-Mondknoten dürfen das tun, weil sie automatisch auf verantwortungsvolle Weise handeln. Ihr Pfad einer korrekten Handlungsweise besteht nunmehr darin, ihrer Individualität zu folgen und ihre eigenen Träume zu verwirklichen, ohne anderen zu gestatten, ihnen in die Quere zu kommen.

Gleichgesinnte

Es kann sein, daß diese Menschen im jetzigen Leben Schwierigkeiten im Umgang mit Gruppen haben, was noch zu ihrer Verwirrung bezüglich der Energie anderer Menschen beiträgt. In vergangenen Leben waren sie sehr in Gruppen involviert, haben jedoch dadurch den Kontakt mit ihrer eigenen Individualität verloren. In dieser Inkarnation neigen sie dazu, sich zu entscheiden, zu welcher gesellschaftlichen Gruppe sie gehören wollen, und dann dafür zu sorgen, daß sie dazugehören. Sie fangen an, sich so zu kleiden, wie diese Menschen, drücken sich auf ähnliche Weise aus, passen ihr Verhalten an und übernehmen deren Ansichten. Wenn die Gruppe sie akzeptiert, zahlen sie die Tatsache, so zu sein, wie jeder andere, mit dem Verlust ihrer Identität. Das Problem ist, daß sie umgekehrt vorgegangen sind! Anstatt sie selbst zu sein und z. B. ihre eigene Individualität zum Ausdruck zu bringen und sich Freundschaften zu suchen, die auf wahrer innerer Affinität beruhen, haben sie ihren *Verstand* benutzt, um zu entscheiden, mit wem sie befreundet sein wollen. Schon als Kinder haben diese Menschen die Neigung, sich sehr schnell Gefährten anzuschließen und dann in Schwierigkeiten zu geraten, weil sie ihren Freunden folgen, statt ihrem eigenen Urteil.

Löwe-Mondknoten-Menschen stehen in allen Gruppensituationen der Herausforderung gegenüber, ihre eigene Individualität zum Ausdruck zu bringen. Oftmals endet es für sie damit, daß sie Teil einer Gruppe sind und andere annehmen, daß sie dazugehören. Irgendwann fällt in einem entscheidenden Augenblick ihre »Maskerade«, weil die Menschen um sie herum erkennen, daß die Löwe-Mondknoten nicht wirklich sie selbst sind. Als Folge davon verspüren andere einen Mangel an gegenseitigem Vertrauen.

Es wäre für diese Menschen von Vorteil, wenn sie das wahre Wesen einer Gruppe verstehen würden. Gruppen, auf deren Unterstützung man wirklich zählen kann, basieren auf einem natürlichen Zusammenkommen von Individuen, die sich ihres innersten Wesenskerns bewußt sind und ein eigenes Gefühl dafür besitzen, was wichtig ist. Diese Gruppen bilden sich spontan aus einer natürlichen Zuneigung. Deshalb müssen besonders die Löwe-Mondknoten-Menschen sich ihres innersten Wesenskerns bewußt sein, wenn sie gesunde Gruppenfreundschaften pflegen wollen. Wenn sie ihre eigene Individualität zum Ausdruck bringen, werden sie auch die Individualität anderer erkennen und respektieren. Ihre Verbindungen werden auf gegenseitigem Respekt vor der Einzigartigkeit des anderen basieren, anstatt den Wünschen und Erwartungen anderer nachzugeben.

Tagträume kontra Handlung

Sehr oft verlieren sich die Löwe-Mondknoten-Menschen in Tagträumen bezüglich der Zukunft. Dies resultiert aus der Traurigkeit, die sie empfinden, weil sie noch nicht zu der Vitalität gefunden haben, nach der sie suchen. Ihre Tagträume umfassen alle Bereiche: wie es später einmal sein wird, wie sie irgend jemanden zufällig einmal wieder treffen werden, wie es mit jemandem, den sie kennen, sein könnte – wie es möglicherweise sein wird …, bis ihr Bewußtsein völlig von Träumen erfüllt ist. Wenn sie jedoch zu viel Energie auf Tagträume verwenden, wird ihr kreatives Feuer geschwächt. Es ist notwendig, daß sie weniger Zeit mit Tagräumen und dafür mehr Zeit mit Aktivitäten verbringen. In diesem Leben ist es positiv für sie, Entscheidungen zu treffen: »Was möchte ich gerne schaffen? Was würde mir Spaß machen?« Viele unterschiedliche Ideen tauchen in ihnen auf, und ihr inneres Kind sagt: »O ja, laß uns dies machen!« Das einzige Problem besteht darin, daß sie sich für Jahre zurücklehnen und darüber nachdenken und letztendlich doch nichts tun. Wenn sie Jahre vergeuden, ohne ihre Träume zu verwirklichen, schafft das in ihnen eine tiefe Traurigkeit.

Der Punkt, Träume zu verwirklichen, ist sehr wichtig. In dieser Inkarnation verfügen Löwe-Mondknoten-Menschen über die Macht, ihr eigenes Schicksal zu bestimmen, aber es liegt an ihnen, die Verantwortung zu übernehmen und es auch wirklich zu tun! Sie müssen sich einen Traum aussuchen, der sie tief bewegt, und dann die Schritte in der äußeren Welt unternehmen, die diesen Traum Wirklichkeit werden lassen. Manchmal kann das ein frustrierender Prozeß sein. Möglicherweise besteht eine solche Kluft zwischen ihrem Traum und der Realität, daß es fast unmöglich erscheint, beides miteinander in Einklang zu bringen. Aber diese Menschen verfügen über ein einzigartiges Talent, all das in der materiellen Welt zu verwirklichen, wovon sie träumen. Der erste Schritt besteht darin, zu erkennen, daß die Teilnahme am Spiel der Kreativität Spaß machen und befriedigend sein kann. Sie müssen den Prozeß der Verwirklichung ihrer Träume genießen und das Glück nicht auf »später« verschieben.

Manchmal besitzen Löwe-Mondknoten-Menschen die Tendenz, mit ihren Träumen ungeduldig zu werden und erzwingen zu wollen, daß sie Realität werden. Manchmal erscheint die Kluft zwischen ihren Träumen und den momentanen Gegebenheiten zu groß, und sie geben sich geschlagen. Aber das ist nicht zu ihrem Vorteil, denn in ihrem Herzen sehnen sie sich weiterhin nach ihrem Traum und fühlen sich mit der sie umgebenden Realität unzufrieden. Sie müssen selbst ihr Tempo verringern und dem kreativen Prozeß gestatten, sie zu führen. Wenn sie den ersten Schritt in Richtung ihres Ziels erfolgreich getan haben, wird der nächste Schritt automatisch vor ihnen auftauchen. Wenn sie darauf warten, das gesamte Bild zu erkennen, bevor sie in Aktion treten, werden sie niemals genug »Wissen« erlangen, um das Vertrauen zu haben, zu handeln. Ihre Vitalität wächst, wenn sie Risiken eingehen.

Konzentration kontra Ablenkung

Löwe-Mondknoten-Menschen müssen lernen, ihr Ziel im Auge zu behalten. Sie werden so leicht von den vielfältigen Möglichkeiten des Lebens abgelenkt, daß sie Schwierigkeiten haben, sich auf das Ziel zu konzentrieren, das sie ursprünglich begeistert hat. Sie lernen, ihre Willenskraft zu stärken und auf dem Weg zu bleiben, ungeachtet der Ablenkungen und Hindernisse. Um dies tun zu können, müssen sie sich selbst als Spieler und nicht als Beobachter sehen.

Wenn sie anfänglich eine Möglichkeit erkennen, um ihren Traum zu verwirklichen, lassen sie sich von der daraus erwachsenden Glücksenergie begeistern und bewegen sich in diese Richtung. Dann erkennen sie, daß es keinen geraden, einfachen Weg gibt zwischen dem Punkt, wo sie stehen, und dem, wo sie hinwollen. Wenn die Dinge ins Schwanken geraten und sich nicht so entwickeln, wie sie es sich vorgestellt haben, neigen sie dazu, aufzugeben oder sich von einem anderen Weg ablenken zu lassen, der ihnen langfristig weniger Energie bietet.

Löwe-Mondknoten-Menschen lernen, daß sie nicht immer auf geradem Wege vorwärtskommen, wenn sie das Glück schaffen wollen, das sie sich für ihr Leben vorstellen. Wenn sie sich auf ihr Ziel zubewegen, ist oft eine zweite Kraft involviert – ein Widerstand gegen ihren Traum. Dann müssen sie sich zurückziehen und über dieses Widerstand hinauswachsen – eine Entwicklung ihrer Persönlichkeit, die sie auf eine neue Ebene führt. Es ist ein bißchen wie im Märchen. Der Prinz muß Charakterproben bestehen (den Drachen töten usw.), bevor er die Prinzessin bekommt. Die zweite Kraft, auf die diese Menschen stoßen, ist in Wirklichkeit Teil ihres Charakters und hat sie immer behindert. Dieser Teil wird nur sichtbar, wenn er zwischen ihnen und dem steht, was sie wollen. Wenn sie den Preis gewinnen wollen, müssen sie sich diesem Charaktertest unterziehen – an Stärke und Selbstdisziplin gewinnen und ihre größten Ängste überwinden, nicht klein beigeben.

Kreativität

Eine der Hauptlektionen, die Löwe-Mondknoten-Menschen lernen müssen, besteht darin, sich auf die Freude eines kreativen Prozesses einzulassen. Ihre größte Frustration kann aus der Diskrepanz zwischen ihren Träumen und der krassen Realität entstehen, die sich um sie herum offenbart. Obwohl diese Menschen daran gewöhnt sind, sich an die Vorgaben anderer anzupassen, ist es in diesem Leben an ihnen, die Situationen zu schaffen, die sie wollen. Aber sie wissen nicht wie. Wie kann jemand, der so sehr an eine objektive, distanzierte Haltung gewöhnt ist, sich plötzlich umdrehen und etwas Kreatives schaffen? Wie soll er bloß damit anfangen? Die Angst, es nicht zu wissen, ist es, die die Löwe-Mondknoten-Menschen in die Falle gehen läßt, nach immer mehr Wissen zu streben, das sie ihrer Ansicht nach zum Handeln befähigen kann. Letzten Endes ist das Ziel die Antwort. Wenn sie sich völlig auf das konzentrieren, was sie schaffen wollen, wird das Wissen, das sie brauchen, auf sie zukommen.

In dieser Inkarnation ist es ihre Aufgabe, ihre Träume unmittelbar zu verwirklichen. Wenn sie ihre Träume weiterhin verschieben, werden sie niemals gewinnen. Ich arbeitete einmal mit einer Löwe-Mondknoten-Klientin, die brillante Ideen für einfache Probleme im Haushalt hatte. Diese waren so nützlich, daß es für mich klar war, daß sie sofort zum Bestseller würden. Wann immer sie über ihre Ideen sprach, war sie begeistert, lebendig und sprühte vor Energie. Ich war ebenfalls begeistert und ermutigte sie, die Initiative zu ergreifen und diese Produkte auf den Markt zu bringen. Aber ihre Suche nach mehr Wissen führte sie in unglaubliche Komplikationen. Sie dachte, daß sie einen Patentanwalt beauftragen müsse, um sicher zu sein, daß keine der Ideen bereits patentiert sei – und jede Idee, die sie überprüfen ließ, bedeutete Wochen des Wartens und eine Menge Geld. Während sie ihre Zeit, Energie und ihr Geld vergeudete, weil sie nach mehr Wissen suchte, wurde sie durch ihre Widerstände derart lustlos und entmutigt, daß sie schließlich aufgab. Durch ihr unendliches Bedürfnis nach mehr Wissen ging ihr die Schlichtheit und Energie ihres ursprünglichen Traumes verloren.

Wissen kontra Erfahrung

Löwe-Mondknoten-Menschen hoffen immer, daß sie genügend Wissen erlangen werden, um Vertrauen in ihre Handlungen haben zu können. Aber diese Menschen könnten 200 Jahre alt werden und würden noch immer denken, daß sie nicht über genügend Wissen verfügen, um zu handeln! Sie müssen aufhören, das Wissen als Ausrede zu benutzen, um Aktivitäten hinauszuzögern, und sich endlich eingestehen, daß es manchmal in Ordnung ist, einen Fehler zu machen. Tatsächlich ist es so, daß wir durch Fehler, die wir machen, authentischeres Wissen darüber erlangen, was im Leben tatsächlich funktioniert.

Auf eine bestimmte Weise verfügen Löwe-Mondknoten-Menschen über viel solides Selbstvertrauen. Es basiert jedoch auf dem Vertrauen gegenüber ihrer eigenen Wissensbasis. Sie besitzen völliges Vertrauen in das, was sie zu wissen glauben, ihr »Wissen« beruht jedoch auf ihren vergangenen Erfahrungen und Beobachtungen. Wenn sie starre Gedankenmuster ausbilden, die nur auf Wissen aus der Vergangenheit basieren, begrenzen sie das Potential ihrer Zukunft. Ihre Herausforderung besteht darin, den Willen aufzubringen etwas nicht zu wissen –

zu versuchen, kindlich und experimentierfreudig zu sein. Sie müssen ihrem Herzen folgen – versuchen, Dinge zu tun, auch wenn andere Menschen sie nicht tun – und herausfinden, was dann passiert. Dies wird Vitalität in ihr Leben bringen, und sie werden erkennen, daß sie im Hier und Jetzt positive Ergebnisse schaffen können, auch wenn sie scheinbar nicht wissen, wie sie es bewerkstelligen sollen.

Diese Menschen müssen lernen, der Dynamik ihres inneren Kindes zu folgen, was sie zu neuen, unerforschten Gebieten der Freude, Begeisterung, Entdeckung, Romantik und Kreativität vordringen läßt. Wenn sie dies nicht tun, werden sie unzufrieden, verwirrt und haben keine Verbindung dazu, warum der Trommler, dem sie gefolgt sind, sie nicht zu einem fröhlicheren Ort geführt hat. Jedes Festhalten an »Wissen« oder »Voraussetzungen« als Führer, wird ein Hindernis sein. Beispielsweise hatte ein Löwe-Mondknoten-Klient von mir die vergangenen 22 Jahre mit dem Versuch verbracht, seine Frau zu verlassen, damit er ein neues Leben beginnen könne. Aber er war auf den Gedanken fixiert, daß er genügend Geld anhäufen mußte, um, sollte er seine Frau verlassen, finanziell für sie sorgen zu können. In diesen 22 Jahren gab sie – entsprechend seinem steigenden Verdienst – immer mehr Geld aus, so daß er nicht in der Lage war, genügend Geld anzusammeln, um seine Bedingungen zu erfüllen. Seine Frau aber war kreativ, unabhängig und sehr intelligent. Indem er ihr nicht gestattete, ihr Leben allein zu meistern, und weil er ständig danach strebte, seine Bedingungen zu erfüllen, bevor er handelte, hielt er sich selbst in einer unglücklichen Ehe gefangen.

Um ihre eigene Vitalität und Lebensfreude zu erhöhen, müssen Löwe-Mondknoten-Menschen Unbekanntes wagen und ihre Wahrheit direkt durch Erfahrungen finden. Risiken einzugehen, ohne alle Folgen zu kennen, erfordert Vertrauen. Und um ein innovatives Wissen zu erlangen, bedarf es des unschuldigen Mutes eines Kindes. Diese Menschen müssen der Lebendigkeit in ihnen selbst vertrauen. Wenn sie ihr Ziel im Auge behalten, werden sie erkennen, welche Anpassungen sie auf dem Weg vornehmen müssen, um dorthin zu gelangen, wo sie hinwollen.

Taktik

Löwe-Mondknoten-Menschen sind hervorragend im Spielen und können jede Rolle darstellen, die sie wollen. Ihre Objektivität gestattet es ihnen, ausgezeichnete Strategien zu entwickeln. Sobald sie ein Ziel fest ins Auge gefaßt haben, können sie erkennen, wie sie ihre Rolle in bezug auf die anderen involvierten Menschen spielen müssen, damit ihr Traum Wirklichkeit wird. Dieses Talent kann besonders in Situationen nützlich sein, in denen sie sich unsicher fühlen. Wenn sie sich selbst gestatten, die Situation als Spiel zu betrachten, können sie ihre angeborenen schauspielerischen Fähigkeiten einsetzen.

Sobald sie ihre Rolle erkennen, können sie eine Gewinnstrategie entwickeln. Es kann sein, daß die Strategie von ihnen verlangt, unterschiedliche Rollen zu spielen, sobald sich die Situation verändert. Der Grundgedanke ist, die Rolle, die sie spielen müssen, als Mittel anzusehen, das zu diesem Zeitpunkt ihrem Ziel förderlich ist, und sie dann auch voll und ganz zu spielen. Das können sie sehr gut, und es bringt ihnen gleichzeitig eine Menge Spaß! Der einzige Punkt, bei dem sie vorsichtig sein müssen, ist die Wichtigkeit der Fairneß und die Beschränkung auf Rollen, die im Interesse aller Beteiligten sind.

Löwe-Mondknoten-Menschen würden gut daran tun zu erkennen, daß sie ihren Sinn für das Drama benutzen können, um einen Punkt zu betonen, damit andere ihnen zuhören. Andere Menschen ziehen oft einen Vorteil aus der Tendenz der Löwe-Mondknoten, sich schnell anzupassen. Dann ärgern sie sich darüber, daß andere sie nicht ernst nehmen und ihnen nicht den gebührenden Respekt zollen. Deshalb müssen sie standhaft sein, wenn sie sich abgrenzen: »Ich habe gerade ein wichtiges Telefonat zu führen; ich kann im Moment nicht mit dir sprechen, ich werde aber in 15 Minuten fertig sein.« Es ist nicht der Inhalt, sondern die Art, wie sie sprechen, die die Aufmerksamkeit anderer auf sich lenkt.

Diese Menschen sind auch deshalb ausgezeichnete Spieler, weil sie sich nicht darauf versteifen, auf einer emotionalen, egozentrierten Ebene zu »gewinnen«. Weil sie sich der größeren Kräfte und der vorherrschenden Energie der universellen Strömung bewußt sind, wissen sie, wann sie nach vorne drängen und wann sie sich zurückziehen müssen, wenn es um ihren Einsatz und ihr Ziel geht. In diesem Leben lernen sie, daß sogar eine »falsche« Handlung – wenn sie der Energie des Glücks in ihrem Herzen folgen – besser ist als Untätigkeit. Es ist jedoch wichtig, daß sie sich immer daran erinnern, daß es sich um ein Spiel handelt. Wenn sie gewinnen wollen, müssen sie nochmals ihre Strategie neu einschätzen, bevor sie eine neue Richtung einschlagen.

Bedürfnisse

Persönliches Wachstum

Diese Menschen brauchen dringend die Energie der Zustimmung. Sie haben so viele vergangene Leben damit verbracht, distanziert und »ein Nichts« zu sein, daß sie in dieser Inkarnation eine schreckliche Angst haben, »jemand« zu sein – und sie selbst zu sein. Bedingt durch viele Leben, in denen sie ihre Identität einem größeren Zusammenhang untergeordnet haben, haben sie den Bezug dazu verloren, wer sie sind. Das macht sie zu ausnehmend guten Schauspielern und Schauspielerinnen; sie sind gewillt, die Rolle von irgend jemand anderem zu spielen, um die Zustimmung zu erhalten, die sie so dringend brauchen. Tatsächlich ist es so, daß die Zustimmung heilsam für diese Menschen ist, die eine Wertschätzung und ein Lob für ihre positive Teilnahme zum Ausdruck bringt – sie verankert sie in ihrer eigenen lebendigen Persönlichkeit.

Das Ego entwickeln

Die Funktion des Ego (wie sie in diesem Kapitel besprochen wird), ist, Bedürfnisse zum Ausdruck zu bringen und die Wünsche und Bedürfnisse eines Individuums mit dem Rest der Welt in Einklang zu bringen. Das Ego stellt verbal die Richtung dar, in die ein Individuum gehen will. Es trifft Entscheidungen und spornt den Willen an. Löwe-Mondknoten-Menschen haben viele Leben damit verbracht, ihr Über-Ich zu entwickeln, das auf einer von der Gesellschaft, der Familie oder der Kirche vorgegebenen Moral oder auf humanitären Idealen basierte. Als Ergebnis davon haben sie den Kontakt mit ihrem persönlichen Ego verloren – einem Gefühl von sich selbst als Individuum, mit individuellen Bedürfnissen und Richtungen. Sie wissen von ihrem Es, ihren spontanen, unbewußten Reaktionen und ihrem Über-Ich, aber sie haben keinen Kontakt mit dem Teil ihres Ego, der als Vermittler zwischen den beiden fungiert. Daher neigen sie dazu, zwischen einem zu großen Entgegenkommen und einer Erlaubnis, daß andere einfach über sie hinweggehen, und Wutausbrüchen, wenn ihre »Grenzen der Fairneß« verletzt wurden, hin und her zu pendeln. Oft verstehen sie nicht einmal, was passiert, und sie können sich ihre Wut auf sich selbst oder andere nicht erklären.

Ohne ein Ego, das ihnen hilft, gute Entscheidungen zu treffen, werden diese Menschen möglicherweise sehr starrsinnig. Wenn sie denken, daß sie aus Vernunftgründen (Gebote, Pflichten, spirituelle oder ethische Prinzipien) eine Situation nicht verlassen dürfen, auch wenn ihnen ihr Instinkt sagt, daß sie es besser tun sollten, dann verharren sie in der Situation, koste es, was es wolle. Diese Engstirnigkeit kann zu ihrem Vorteil sein, wenn sie sie aktiv bei der Verfolgung ihrer Ziele einsetzen. Sie arbeitet gegen sie, wenn sie in einer stagnierenden, beengenden Situation verharren. Ihr Motiv, zu bleiben, kann auch Sicherheit, Geborgenheit und Angst vor Veränderung sein. Normalerweise versuchen sie ihre Trägheit in etwas Positives zu verwandeln, indem sie in der alten Situation eine neue Herausforderung finden, was ihnen ein Gefühl der Kreativität verleiht. Tatsache ist jedoch, daß auch das wieder als Selbsteinschränkung enden wird, wenn sie nicht darüber hinausgehen. Es kann sein, daß sie den Mut finden, sich zu befreien, wenn sie sich selbst einen bestimmten Zeitpunkt vorgeben. Sie können diesen dazu benutzen, sich vorzubereiten, um den Sprung in ein neues Leben zu wagen. Wenn sie sich entschieden haben und sich weigern, irgendeine andere Möglichkeit in Betracht zu ziehen, dann aktivieren sie ihren Willen, und plötzlich verfügen sie über die Kraft und Energie zur Veränderung.

Löwe-Mondknoten-Menschen sind in diese Inkarnation gekommen, um bewußt ein stabiles Ego zu entwickeln. Ihre Herausforderung besteht in der Stärkung ihres Ego, indem sie es anerkennen und sowohl verbal zum Ausdruck bringen, was sie aus der Über-Ich-Perspektive wahrnehmen, als auch das, was sie vom Es her erleben. Sie könnten beispielsweise sagen: »Ich weiß, daß ich deshalb nicht böse sein sollte, denn du hattest einen harten Arbeitstag; du bist müde und willst einfach nur vergessen, was du alles um die Ohren hattest. Aber ich bin sehr enttäuscht, wenn du nach Hause kommst, die Zeitung nimmst, dich vor den Fernseher setzt und kein Wort mit mir sprichst. Ich möchte gerne, daß wir uns jeden Abend eine gewisse Zeit nehmen, in der wir uns umeinander kümmern und unsere Beziehung wieder aufleben lassen.« Sobald sie ihre eigene Wahrheit zum Ausdruck gebracht haben, das, was sie fühlen und wollen, ohne sich selbst zu beschränken, fangen sie an, ein Gefühl für ihre einzigartige Individualität zu entwickeln. Das erfordert unglaublichen Mut, aber es ist für diese Menschen der einzige Weg, sich selbst auf einer lebendigen und sicheren Basis zu erden und ganz zu werden. Wenn sie sowohl die Positionen ihres Über-Ich als auch die ihres Es anderen auf eine liebevolle, aber bestimmte Weise mitteilen, werden kreative Lösungen sichtbar, ihr Ego wird stärker, und andere schenken dem, was sie sagen, Aufmerksamkeit. Wie können andere sie wirklichen kennenlernen und ihnen das geben, was sie wollen, wenn sie sich nicht mit ihnen über ihre Gefühle unterhalten?

Die Willenskraft stärken

Löwe-Mondknoten-Menschen haben in diesem Leben den Auftrag, ihre Willenskraft zu entwickeln und auszubauen, damit sie ihre Träume aktiv verfolgen können. Sie verfügen über mehr innere Stärke, als sie selbst annehmen, und sie lernen, diese zu erkennen und zu integrieren. Ein Teil dieses Prozesses besteht darin anzuerkennen, daß es einer Menge Zeit bedarf, Dinge von Wert zu schaffen. Wenn sie wollen, daß ein Traum Wirklichkeit wird, müssen sie auch gewillt sein, Zeit dafür aufzuwenden. Die anderen Menschen, die davon betroffen sind, brauchen Zeit, um sich auf den Traum des Löwe-Mondknotens einzustellen, und die vorbereitenden Schritte müssen auf der materiellen Ebene getan werden. All diese Dinge erfordern Zeit, deshalb müssen diese Menschen für den langen Weg Durchhaltevermögen aufbringen.

Sie werden ihre Herzensträume verwirklichen, wenn sie gewillt sind, langsam voranzugehen, um jede Stufe des Prozesses zu vollenden und zuzulassen, daß sich der nächste Schritt von selbst offenbart. Wenn sie sich auf das Ziel konzentrieren und den Kontakt zu ihrem inneren Glücksgefühl aufrechterhalten, wird dies die Charakterstärke aufbauen, die sie benötigen, um mit den Ergebnissen ihrer Arbeit umzugehen – und sie gänzlich zu würdigen. Um sich jedoch mit ihrer inneren Kraft zu verbinden, müssen sich die Löwe-Mondknoten-Menschen durch einen Berg von Selbstzweifeln kämpfen: »Was ist, wenn ich scheitere? Was ist, wenn ich es nicht kann?« Der Grundgedanke ist, nicht über das Scheitern nachzudenken, und es statt dessen einfach zu versuchen. Es kann sein, daß diese Menschen sehr lange brauchen, bis sie anfangen, ihre innere Stärke zu erkennen, aber sobald sie sie annehmen, kann sie nichts mehr aufhalten!

Willenskraft ist das Instrument, das sie brauchen, um ihre Träume zu verwirklichen. Sie werden auch dadurch gestärkt, daß sie sich daran erinnern, daß das, wonach sie suchen, auch nach ihnen sucht. Zum gleichen Zeitpunkt, zu dem sie beharrlich Schritte unternehmen, um ihr Ziel zu erreichen, winkt ihnen ihr Traum zu und bringt sie weiter.

Selbstmotivation

Um sich motiviert zu fühlen, müssen Löwe-Mondknoten-Menschen oft in eine bestimmte Richtung getrieben werden. Sie spüren, wie von einer Person oder Situation ein Sog ausgeht, wenn sie diesem Sog folgen, stellen sie fest, daß sie richtig liegen. Aber in dieser Inkarnation müssen sie sich daran erinnern, in Verbindung mit ihrer inneren Motivation zu bleiben und nicht einfach das zu tun, was andere von ihnen fordern.

Manchmal werden diese Menschen so distanziert und inaktiv, daß sie sich von allem zurückziehen, das sie betrifft. Das kann sich besonders für diejenigen schwierig gestalten, mit denen sie eine gemeinsame Verantwortung teilen (wie beispielsweise Ehe- oder Geschäftspartner), denn wenn eine Krise auftaucht, neigen diese Menschen dazu zu verschwinden, und die Menschen um sie herum müssen die Situation bereinigen. Wenn es zu einer Krise innerhalb der Familie kommt, wollen sie meist nicht mit hineingezogen werden – sie möchten überhaupt nichts unternehmen. Andere haben das Gefühl, als müßten sie die Löwe-Mondknoten anstupsen oder ihnen drohen, damit sie sie dazu bringen zu helfen.

Anstatt darauf zu reagieren, ziehen sich die Löwe-Mondknoten-Menschen oftmals noch weiter zurück. Sie spüren all die emotionale Energie bei den Menschen um sie herum – und wissen nicht, was sie tun sollen. Sie sollten sich dann nur für einen Augenblick zurückziehen und Kontakt mit ihrem Herzen aufnehmen. Was möchten sie, daß in dieser Situation geschieht? Was würde sie glücklich machen? Sobald sie es erkennen, müssen sie die Verantwortung übernehmen und ihren Teil beitragen, um ein positives Ergebnis zu erzielen.

Wenn sie ihrer *inneren Stimme* folgen, muß sie niemand zwingen oder auffordern, weil sie bereits aktiv ihre eigene Richtung verfolgen. Es kann sein, daß sie als Individuum einen ganz bestimmten Bereich der Beziehung fördern oder bestimmte Konflikte lösen wollen. Um allen gegenüber hilfreich und fair zu sein, sollten sie die Bereiche definieren, an denen sie sich beteiligen möchten, und andere wissen lassen, wann auf sie gezählt werden kann – und wann nicht. Beispielsweise können sie beim Spielen mit den Kindern Glück empfinden, brauchen aber jeden Abend direkt nach der Arbeit eine Stunde, um zu sich selbst zu kommen und sich zu zentrieren. Sie sollten herausfinden, welche Bedürfnisse ihr Ehepartner hat, und dann einen Weg finden, um den Anforderungen beider Partner gerecht zu werden.

Weil diese Menschen lernen, in Kontakt mit ihrem inneren Selbst zu kommen und ihre Wünsche klar zu definieren, müssen sie sich daran erinnern, nur solche Verpflichtungen einzugehen, die im Einklang mit dem stehen, was sie wollen oder was sie als wirklich fair empfinden – und dann ihr Wort halten! Wenn sie sagen, daß sie sich auf einen bestimmten Bereich einlassen werden, müssen sie sich auch an dieses Versprechen halten. Andererseits müssen sie ehrlich mit den betroffenen Menschen darüber sprechen, wenn sie sich entschieden haben, an etwas Bestimmtem nicht teilzuhaben. Durch den Prozeß der offener werdenden Kommunikation wird ein höheres Maß an Ordnung geschaffen, die allen Beteiligten mehr Freude bringt.

Engagement

Löwe-Mondknoten-Menschen sind davon abhängig, Liebe von anderen zu bekommen. Wenn sie es riskieren, ihre Gefühle und Wünsche mitzuteilen, dann neigen sie dazu, sie zurückzunehmen, wenn andere sie nicht sofort darin bestätigen. Dann werden sie ganz schnell wieder still. Aber es kann sein, daß sie etwas mehr Energie – etwas Dramatik – in ihre Kommunikation einfließen lassen müssen, damit andere verstehen können, was ihnen wichtig ist. Sie müssen bestimmt auftreten, wenn sie ihre Bedürfnisse zum Ausdruck bringen wollen und andere sie ernst nehmen sollen. Und ihr Motiv sollte nicht nur darin bestehen, ihren Willen durchzusetzen, sondern die Integrität ihrer Persönlichkeit auszudrücken, damit ihr Charakter und ihr Ego sich entwickeln können. Wenn sie ihre wahren inneren Reaktionen nicht ehrlich und bestimmt zum Ausdruck bringen, sind sie zu anderen unbeabsichtigt unfair: Sie verweigern anderen die Möglichkeit, wirklich zu erkennen, wer sie sind, mit ihnen zu kommunizieren und ihre Bedürfnisse zu erfüllen.

Diese Menschen besitzen ein unglaubliches Talent, andere in eine enthusiastische Stimmung zu versetzen und sie glücklich zu machen. Sie können dieses Talent sowohl im Beruf als auch im persönlichen Bereich anwenden. Der Schlüssel dazu ist der Wille, sich auf andere einzulassen und sowohl mit ihrem Herzen als auch mit ihrem Verstand zu kommunizieren. Wenn sie in einer Situation enttäuscht sind und sich zurückziehen, verliert jeder. Wenn sie jedoch ihr Interesse steigern und fortfahren, konstruktive Energie in die Situation fließen zu lassen, gewinnt jeder.

Löwe-Mondknoten-Menschen besitzen eine unglaubliche Fähigkeit, mit den Wünschen und Emotionen anderer Menschen umzugehen. Da ihr Ego nicht an ihren Willen angekoppelt ist, haben sie die Objektivität zu erkennen, wie eine gegebene Situation sich fair entwickeln kann, so daß die unterschiedlichen Bedürfnisse berücksichtigt werden. Sie müssen lernen, sich lediglich für einen Moment zu distanzieren – gerade lange genug, um zu erkennen, was geschieht – und dann ihre Energie benutzen, um die Situation richtig einzuschätzen.

Sie müssen gewillt sein, ins Zentrum einer Situation zu treten und anzufangen, mit den Menschen zu *spielen*. Auf diese Weise können sie die passende Energie schaffen, durch die die unterschiedlichen Wünsche der beteiligten Personen zum Wohle des Ganzen integriert werden und Gerechtigkeit, Gleichheit und Harmonie möglich werden. Dies ist der schönste Nutzen, den sie aus ihrer Fähigkeit, sich zu distanzieren, ziehen können – sie in ein bewußtes Engagement umzuwandeln, bei dem sie ihren Willen auf eine wirklich kreative Weise trainieren. Sie müssen sich auch daran erinnern, ihre *eigenen Wünsche* mit einzubeziehen – als einen Teil der Gleichung –, sonst wird die Lösung langfristig nicht positiv sein.

Löwe-Mondknoten-Menschen können selbstbewußt sein, aber das ist schwächend für sie. In Wirklichkeit sind sie am glücklichsten und vertrauensvollsten, wenn sich ihre Aufmerksamkeit nach außen konzentriert und die Menschen um sie herum fördert. Wenn sie jedoch sehr viel über sich selbst reflektieren, verrennen sie sich in Gefühlen der Unsicherheit, ihre Energie beginnt sich um sie selbst zu drehen, anstatt sich nach vorne zu bewegen. Daher ist Engagement für andere eine wesentliche Voraussetzung für ihr Glück und ihre Vitalität.

Verpflichtung

Löwe-Mondknoten-Menschen neigen dazu, ernsthafte Probleme zu haben, wenn es um Verpflichtungen geht. Die Probleme tauchen normalerweise dann auf, wenn sich diese Menschen gestatten, sich tief auf etwas einzulassen – besonders, wenn es um Liebesbeziehungen geht. Es kann sein, daß plötzlich jemand in ihr Leben tritt, von dem sie sich derart angezogen fühlen, daß sie sagen: »Nun gut, ich werde das Risiko eingehen und mich binden.« Und sie wollen es wirklich. Die romantische Energie ist für sie heilsam – sie stimuliert ihre ureigene Vitalität, verleiht ihnen Lebendigkeit und erfüllt sie mit Freude.

Da diese Menschen über ein feines Gespür verfügen, was die andere Person will, spielen sie für diese die Rolle des idealen Gefährten. Sie bezaubern sie und sagen all die Dinge, die sie hören möchte. Sie lassen viel romantische Energie entstehen, worauf die andere Person mit Liebe und Zuneigung reagiert. Die Freude besteht auf beiden Seiten, und die Dinge laufen für eine Weile sehr gut. Aber ab einem gewissen Moment fängt der Partner an, sich zu entspannen, ist bestimmter und setzt seinen eigenen Willen durch – und die Löwe-Mondknoten-Person ist irritiert. Wenn sie sich Mühe gibt, den »idealen Partner« zu verkörpern, erwartet sie vom Partner, daß er das gleiche für sie tun sollte. Sie ist sehr gekränkt, wenn der Partner anfängt, er selbst zu sein; oftmals zieht sie sich einfach zurück, läßt sich weitertreiben und geht so niemals eine wirkliche Verpflichtung als Basis für eine Beziehung ein, die auf lange Sicht beide Partner mit Energie versorgt.

Die Verpflichtung der Löwe-Mondknoten-Person muß auf einer tieferen Ebene vollzogen werden – nicht nur dann, wenn die Dinge gut laufen. Das ist gegenüber der anderen Person nicht fair, die auf die Annäherungsversuche des Löwe-Mondknotens reagiert und offen und verletzlich wird, nur um dann mit einem gebrochenen Herzen dazustehen, wenn der Löwe-Mondknoten seine Meinung ändert und sie verläßt, indem er sich emotional oder physisch zurückzieht. Und gerade weil diese Menschen über ein starkes Gefühl der Fairneß verfügen, müssen sie gewillt sein, die Beziehung aufmerksam zu beobachten und ihre kreativen Fähigkeiten einzusetzen, um sie blühen zu lassen.

Ihre Herausforderung besteht darin, die intensive Vorstellung der Situation, die sie verwirklichen wollen, mit dem kreativen Willen der anderen Person zu verknüpfen. Der erste Schritt sollte sein, herauszufinden, wer die andere Person wirklich ist. Welche Ideale, Träume und Ziele hat sie? Was möchte sie in diesem Leben gerne schaffen und erleben? Und wo ist sie gewillt, sich anzupassen, um den individuellen Bedürfnissen der Löwe-Mondknoten-Person Rechnung zu tragen? Über diese Dinge muß man sich austauschen, um herauszufinden, ob die beiden Persönlichkeiten zueinander passen. Wenn die Löwe-Mondknoten-Person mit den Werten und Zielen des Partners im Einklang ist, kann dies zu einer für beide Seiten hilfreichen Verbindung führen. Beide Individuen können sich zusammen auf die Erfüllung ihrer gemeinsamen Ziele hinbewegen. Diese Menschen müssen erkennen, daß die Lebendigkeit einer romantischen Liebe nicht nur bei zwei Menschen mit identischen Idealen, Bedürfnissen und Zielen zu finden ist. Tatsächlich wird das Feuer, nach dem sie suchen, von zwei Temperamenten erzeugt, die in manchen Punkten sehr unterschiedlich sind; dadurch, daß man zur Individualität ermutigt, wird das Feuer um so mehr entfacht.

Verantwortung übernehmen

Es kann sein, daß Löwe-Mondknoten-Menschen einiges übersehen, was um sie herum vorgeht, weil sie sich von so vielen anderen Dingen ablenken lassen. Wenn sie die unterschiedlichen Aspekte einer Situation übersehen, besteht ihr größtes Problem darin, daß sie sich nicht darauf einstellen, inwiefern sie selbst jeweils betroffen sind. Statt dessen ignorieren sie alles Unangenehme. Dadurch wollen sie vermeiden, die Verantwortung zu übernehmen und ihre Gefühle klar darzulegen. So manche Situation bleibt ungeklärt, weil diese Menschen nicht ehrlich und deutlich sind. Am nachteiligsten wirkt sich diese Neigung normalerweise auf ihre privaten Beziehungen aus. Wenn sie erkannt haben, was andere wollen, und die anderen enttäuscht oder geknickt sind, könnte sich der Löwe-Mondknoten durch die unglaublich heftigen emotionalen Reaktionen der anderen überwältigt fühlen, die er nicht erwartet hatte. Dann sind diese Menschen am Boden zerstört – sie wissen einfach nicht, was sie getan haben, um eine solche Wut hervorzurufen. Schließlich haben sie die ganze Sache nur ignoriert und einfach weitergelebt!

Wenn sie aber dann zurückblicken, haben sie immer das Gefühl, daß sie das, was sie empfanden, nicht einfach hätten übersehen sollen, und sie wünschen sich, sie hätten ehrlich kommuniziert, um der anderen Person die Möglichkeit zu geben, darauf zu reagieren.

Um Probleme dieser Art zu vermeiden, müssen sie ihre besondere Aufmerksamkeit darauf richten, was die andere Person wirklich will. Sie sollten nicht nur erkennen, was anderen schmeichelt oder sie besänftigen könnte, sondern durch ein wirkliches Verständnis die Werte und Träume der anderen Person erkennen. Dann können sie lernen, ihre Herzen zu öffnen und persönliche Verantwortung zu übernehmen.

Vertrauen

Viele Probleme beim Übernehmen von Verantwortung haben mit Vertrauen zu tun. Löwe-Mondknoten-Menschen verletzen das Vertrauen anderer Menschen, ohne es zu beabsichtigen oder zu erkennen, daß sie es getan haben. Wenn diese Menschen fähig sind, das Kind in anderen zu erkennen, werden sie feststellen, daß jeder Mensch von einem bestimmten Maß an Vertrauen ausgeht, daß andere ihr Wort halten werden. Sie können dieses Vertrauen nicht einfach verletzen oder nicht berücksichtigen, ohne selbst ein böses Nachspiel zu erleben. Sobald sie ihr Wort geben, müssen sie es halten, genauso, wie sie es gegenüber einem Kind tun würden – um das Vertrauen zu bestärken, das andere in sie setzen. Wenn sie ihre Pläne ändern, müssen sie diejenigen, die auf sie zählen, im voraus darüber informieren und nicht einfach nur ihren eigenen Weg verfolgen.

Sobald sie einmal gewissen Regeln im Umgang mit anderen Menschen zugestimmt haben – oder andere in dem Glauben lassen, daß sie den Regeln zugestimmt haben –, müssen sie die Verantwortung übernehmen und sich an die Regeln halten. Wenn sie beispielsweise eine Beziehung eingegangen sind und eine der Regeln Monogamie ist, müssen sie monogam sein und sich nicht von momentanen Ablenkungen in irgendeine andere Richtung treiben lassen. Sie müssen ihr Wort halten und genau das tun, was sie versprochen haben.

Weil sie in vergangenen Leben Distanz gelernt haben, bemerken sie möglicherweise nicht, wie sehr andere an ihnen hängen; wenn sie aber rücksichtslos vorgehen, werden andere heftig reagieren. Löwe-Mondknoten-Menschen lernen, daß die Menschen anderer Mondknoten-gruppen das Leben häufig viel persönlicher nehmen, als sie selbst es tun.

Erstarrung kontra Vitalität

Löwe-Mondknoten-Menschen haben die Tendenz, sich »festzufahren«, wenn sie glauben, etwas zu »wissen«. Sie greifen sich ein paar objektive Fakten heraus und kommen dann zu einem Resümee, das auf ihrer Wahrnehmung der Situation, ihrem Ziel und ihren eigenen Bedürfnissen basiert. Oftmals versteifen sie sich auf ihre Position und weigern sich nachzugeben. Dann fangen sie an, die Zukunft zu planen, indem sie von ihrer Entscheidung ausgehen, wobei sie überzeugt sind, daß diese Entscheidung »objektiv und unwiderruflich richtig« sei.

Das Problem dieser Vorgehensweise liegt darin, daß diese Menschen gerne ihre Schlußfolgerungen ziehen und sich ein bestimmtes Wissen aneignen, ohne mit den anderen zu diskutieren, die ebenfalls betroffen sind. Es kann sein, daß sie sich an etwas erinnern, das die andere Person einmal gesagt hat, und ihr »Wissen« dann daran festmachen, anstatt sich mit der anderen Person zusammenzusetzen und eine neue Wahrheit durch Kommunikation entstehen zu lassen. Sie müssen gewillt sein, sowohl ihre Gefühle und Ängste mitzuteilen, als auch das Resümee, das sie infolge ihrer offenen Geisteshaltung und neuer Anregungen von außen ziehen.

Ein feines Bewußtsein für die Gefühle anderer wird die Löwe-Mondknoten-Menschen zum Handeln befähigen, ohne unerwartete Widerstände hervorzurufen. Wenn sie von Anfang an verstehen, wie andere sich fühlen, werden sie fähig sein, ihre Entscheidungen auf eine Weise zu präsentieren, die von anderen akzeptiert werden kann. Wenn sie gewillt sind, die Logik beiseite zu lassen und sich in das Gebiet der Gefühle und des Enthusiasmus vorwagen, werden sie entdecken, daß sie einzigartige Fähigkeiten haben, ihre Pläne so zu präsentieren, daß andere die darin für sie liegenden Vorteile erkennen können.

Wenn ein Löwe-Mondknoten beispielsweise mit jemandem eine Beziehung beginnt und die Leidenschaft erlischt – vielleicht war sie auch niemals richtig vorhanden –, dann reagiert er möglicherweise instinktiv darauf, indem er die Beziehung einfach aufgibt, ohne irgendwelche Erklärungen. Das kann bei der anderen Person zu heftigen emotionalen Reaktionen führen: Verwirrung, Mißtrauen gegenüber dem anderen Geschlecht, Gefühle der persönlichen Unzulänglichkeit ... manchmal erkennen die Löwe-Mondknoten-Menschen nicht, wie unfair und verletzend sie sein können. Wenn sie die Verantwortung übernehmen und die Richtung offen anerkennen, in die sie persönlich gehen wollen, kann das für beide Seiten hilfreich sein: »Ich verspüre die Leidenschaft einfach nicht mehr und sehe es als ein Zeichen dafür, daß ich gehen muß. Ich bin ehrlich mit dir, weil ich will, daß du weißt, wie es um mich steht. Dadurch hast du die Möglichkeit, jemand anderen zu finden, der dich viel glücklicher machen kann, als ich es vermag.«

Diese Menschen besitzen eine unglaubliche Fähigkeit, die Stimmung zu heben, indem sie sich in die Gefühle anderer Menschen versetzen. Wenn sie Dinge auf eine Weise präsentieren, die den Enthusiasmus anderer weckt, motiviert die daraus resultierende Energie *sie selbst* zur Handlung. Tatsächlich können die Gefühle und die emotionale Energie anderer Menschen zu einer Quelle der Kraft für sie werden – ein Treibstoff, der sie motiviert, ihre Träume in die Tat umzusetzen. Daher sind sie besser beraten, sich die Gefühle anderer Menschen bewußtzumachen und mit der emotionalen Energie zu arbeiten, anstatt sie einfach zu übersehen oder zu ignorieren.

Beziehungen

Dynamik
Teilnahme
Löwe-Mondknoten-Menschen mögen nicht zu streiten. Es mag zwar sein, daß sie Experten im Provozieren von Streit sind, aber wenn es darum geht, ein emotional brisantes Thema kontrovers zu diskutieren, ziehen sie sich zurück. Entweder sitzen sie ganz ruhig da und blenden die andere Person einfach aus, oder sie verlassen die Situation, um sich nicht damit auseinandersetzen zu müssen. Sie betreiben Vogel-Strauß-Politik – sie stecken ihren Kopf in den Sand und hoffen, daß das Problem von selbst verschwindet. Sie glauben, weil sie nicht an dem Drama um sie herum teilhaben, sei es auch nicht ihr Fehler, wenn die Beziehung ins Negative abdriftet. Und dennoch ist es so, daß ihr Mangel an Anteilnahme oft das Herz derer bricht, die sie lieben wollen.

Wenn sich diese Menschen aus einer Situation zurückziehen, werden sie unzugänglich. Wenn sich ihrem Empfinden nach die emotionale Intensität verflüchtigt hat, kommen sie zurück und tun, als wäre nichts geschehen. Das Problem ist, daß sich dadurch bei den Menschen in ihrer Umgebung negative Erinnerungen aufstauen.

Manchmal liegt es an ihren Idealen, wie eine Beziehung sein sollte: »Ohne irgendwelche Dramatik, keine Diskussionen, keine zu lösenden Probleme; in Beziehungen hat man keine Probleme.« Sie weigern sich zu erkennen, daß eine Krise in Wirklichkeit ein Brennpunkt sein kann, der zwei Menschen enger zusammenwachsen läßt und gegenseitiges Verständnis und Einfühlungsvermögen fördert. Wenn man gewillt ist, einen anderen Menschen bei Enttäuschungen und Krisen zu unterstützen, führt das zu einer Tiefe gegenseitiger Wertschätzung, offenen Gebens und Loyalität, die man anders nicht erreicht hätte. Es kommt zu einem feinstofflichen Prozeß, wenn sich zwei Menschen verpflichten, das Geben und Nehmen auf einer tiefen Ebene zu teilen, und gewillt sind, etwas Positives aus einer Situation zu machen, die anfänglich negativ erschien. Wenn die Löwe-Mondknoten die Energie, die sie in das Zurückziehen und ihr abweisendes Verhalten fließen lassen, einsetzen, um sich zu engagieren und Glück zu erzeugen, ist es für alle Beteiligten zum Vorteil!

Gerechtigkeit
Teilweise resultiert die Distanz der Löwe-Mondknoten-Menschen aus ihrem angeborenen Gefühl für Fairneß. Sie unterstützen die Individualität anderer und wollen sich nicht bei anderen einmischen oder sie unterdrücken. In diesem Leben lernen diese Menschen aber, Grenzen zu ziehen, nein zu sagen und über Verletzungen zu sprechen. Sie müssen ihr eigenes Schicksal in die Hand nehmen und der anderen Person die Möglichkeit geben, sich zu ändern. Der einfache, ehrliche Ausdruck ihrer Individualität ist sehr viel gesünder für sie, als eine Beziehung kommentarlos abzubrechen.

Da sie die Gabe besitzen, sich bewußt wahrzunehmen, was für die andere Person angenehm ist, gehen diese Menschen davon aus, daß andere eine ebenso feine Wahrnehmung haben. Wenn andere keinen Ausgleich schaffen, denken sie, daß die Situation unfair sei, und ziehen sich zurück. In Wirklichkeit ist es aber so, daß andere nicht so objektive, gute Beobachter sind wie sie selbst, und oftmals nicht wissen, wie sie ihnen eine Freude machen können, es sei denn, die Löwe-Mondknoten geben ihnen Anhaltspunkte.

Löwe-Mondknoten-Menschen haben aus vergangenen Leben so viel Erfahrung damit, sich nicht nur ihrer eigenen, sondern auch der Sehnsüchte anderer bewußt zu sein, daß sie, wenn sie etwas wollen, bereits sichergestellt haben, daß es auch für die Menschen in ihrer Umgebung positiv ist. Weil wir alle das Gefühl haben, daß andere genauso sind wie wir, unterstellen die Löwe-Mondknoten, daß die Wünsche anderer ebenfalls die Interessen ihrer Mitmenschen berücksichtigen. Aber das ist nicht der Fall. Andere überprüfen grundsätzlich nicht die »Fairneß« ihrer Sehnsüchte in bezug auf andere Menschen, und viele ihrer Bedürfnisse könnten egoistisch und kurzsichtig sein. Wenn Löwe-Mondknoten-Menschen daher einfach den Wünschen anderer zustimmen, endet es für sie oftmals damit, daß sie verlieren. Dann lehnen sie die andere Person ab, weil sie nicht rücksichtsvoll waren. Sie lernen auf sich selbst aufzupassen: wenn sie sich in einer neuen Situation befinden, die sie nicht als fair empfinden, ist es wichtig, daß sie andere Menschen wissen lassen, wie sie sich fühlen.

Emotionale Energie

Löwe-Mondknoten-Menschen fühlen sich mit intensiven Emotionen nicht wohl. Sie entziehen sich möglicherweise der Kommunikation, weil sie es zu keiner Konfrontation kommen lassen wollen. Sobald sie eine Entscheidung getroffen haben – z. B. daß sie eine Beziehung nicht weiter aufrechterhalten wollen – ziehen sie sie einfach durch. Es kann sogar sein, daß sie den weiteren Kontakt mit der anderen Person vermeiden, die sich dann im Stich gelassen fühlt und nicht weiß, warum die Löwe-Mondknoten-Person nichts mehr mit ihr zu tun haben will. Innerlich sind sich diese Menschen der Gefühlsintensität ihres Partners derart bewußt, daß es ihnen schwerfällt das auszudrücken, was sie empfinden. Wenn sie sich daran erinnern, ihre umfassende Sichtweise der Geschehnisse genauso mitzuteilen wie ihre Gefühle, wird ihnen das bei der Kommunikation helfen. Es widerstrebt ihnen, der anderen Person zu sagen, was »falsch« ist. Sie haben Angst, es könnte die andere Person zutiefst verunsichern.

Alles ist vom Motiv der Löwe-Mondknoten-Menschen abhängig.

Wenn es sich bei ihren Mitteilungen über das Verhalten des Partners um einen Ausdruck von Liebe und des Willens handelt, die Beziehung aufrichtig zu unterstützen, wird ihr Partner die liebevolle Absicht spüren. Wenn sie ihre Ansichten aber aus einer Wut heraus vortragen, werden sie verlieren. Ihre objektive Sichtweise kann für die andere Person wirklich sehr hilfreich sein. Probleme werden aber dann auftauchen, wenn diese Menschen hartnäckig an ihrer Meinung festhalten und darauf bestehen, daß sie recht haben, ungeachtet der Reaktion der anderen Person.

Löwe-Mondknoten-Menschen neigen dazu, in ihren Beziehungen wenig Energie aufzuwenden. Sie leugnen das, was wirklich passiert. Auch wenn sie in der Beziehung mißbraucht werden, sagen sie sich: »So ist es eben; da muß jeder durch.« Sie halten weiterhin an ihren Idealen, Träumen und Erwartungen in bezug auf die Beziehung fest, ohne Energie darauf zu verwenden, das zu schaffen, was sie wollen. Bis sie eines Tages so desillusioniert sind, daß sie aufgeben. Dann beenden sie das Ganze und gehen. Statt dessen müssen sie lernen, ihre kreative Energie zu benutzen, um Dinge dahingehend zu ändern, wie sie sie haben wollen.

Diese Menschen versäumen unglaubliche Chancen im Leben, wenn sie Romantik, Spiel und Liebe außer acht lassen. Sie verfügen über das Potential, ihr ganzes Leben lang Liebe zu erfahren, und dennoch enden sie oftmals ohne Liebe. Wenn sie in der Liebe den kürzeren ziehen, dann normalerweise deshalb, weil sie nicht gewillt sind, genügend Energie in eine Beziehung zu investieren.

Kinder
Löwe-Mondknoten-Menschen können wunderbar mit Kindern umgehen, Kinder bedeuten für sie »gutes Karma«. Wenn sie mit Kindern zusammen sind, bringt sie das in Kontakt mit ihrem inneren Kind. Tatsächlich ist es so, daß eine der Hauptaufgaben der Löwe-Mondknoten in dieser Inkarnation die Kontaktaufnahme mit dem inneren Kind ist. Sie sollten diesem Kind erlauben, zu spielen und sich offen auszudrücken. Die Freude und Vitalität, die sie beim Spielen empfinden, pulsiert in ihnen und klingt in den Kindern wider, die mit dem erwachsenen Löwe-Mondknoten mehr Spaß haben, als sie es jemals alleine haben würden.

Diese Menschen erkennen die Individualität eines jeden Kindes und sind sich bewußt, wie das Kind auf äußere Anregungen reagiert. Sie behandeln Kinder auf eine Weise, die einerseits zur Disziplin anregt, andererseits aber Raum für ihre Individualität läßt. Es wäre sehr vorteilhaft, wenn sie ihr Wissen über den Umgang mit Kindern mündlich oder schriftlich mit anderen Menschen teilen würden oder wenn sie einen Beruf wählen würden, in dem sie mit Kindern arbeiten. Dies hilft anderen zu lernen, wie man mit Kindern umgeht, und macht alle glücklicher.

Geben und Nehmen

Löwe-Mondknoten-Menschen können unnahbar erscheinen, und dennoch sehnen sie sich nach einer romantischen, leidenschaftlichen Beziehung, die ihre Lebendigkeit fördert. Liebesbeziehungen basieren auf dem Geben – denn das gegenseitige Geben hält die Flamme am Brennen. Das Geben kann sich in vielen Formen manifestieren: Komplimente, Ermutigung, Geschenke, Zustimmung, Verständnis, Motivation der anderen Person und viele andere kleine und große Möglichkeiten. Diese Menschen haben ein sehr gutes Gespür dafür, was und wie sie geben müssen.

Punkte anschreiben

Für Löwe-Mondknoten-Menschen ist das Motiv das Wichtigste. Wenn sie aus einem reinen Motiv heraus geben – um ihren Beitrag zu leisten und die Energie am Fließen zu halten –, entsteht Glück ganz beiläufig. Wenn sie aber mit der Erwartungshaltung geben, etwas zurückzuerhalten oder Punkte anzuschreiben, dann fordern sie die Enttäuschung heraus.

Für Löwe-Mondknoten-Menschen ist es leicht, Geschenke und Unterstützung von anderen anzunehmen. Dadurch, daß es in vergangenen Leben ihre Aufgabe war, Liebe und Hilfe freundlich anzunehmen, sind sie an das Annehmen gewöhnt. Nach vielen von so einem Verhalten geprägten Inkarnationen setzte jedoch eine Trägheit ein. Sie haben sich festgefahren, sind übersättigt und haben den Kontakt mit ihrem eigenen Engagement verloren – der Vitalität, Begeisterung und Kreativität, die erwächst, wenn man in der Liebe der gebende Teil ist. In diesem Leben wollen diese Menschen ihre kreative Kraft wiedererlangen. Und es ist das Geben, durch das sie einen Zuwachs an Energie erleben können.

Das Problem ist, daß sie nicht instinktiv, ohne Gedanken an Erwiderung, geben. Und dennoch kann diese Art von Geben sie befreien, so daß sie letztendlich mehr erhalten. Wenn diese Menschen sich darauf konzentrieren, das zu geben, was sie können, egal in welcher Situation sie sich befinden, dann halten sie die Kanäle offen, um so viel zu erhalten, daß es ihre kühnsten Erwartungen übersteigt. Wenn sie aber geben, um zu bekommen, dann erhalten sie nur das, was ihren Erwartungen entspricht, die natürlich begrenzt sind.

Wenn der Löwe-Mondknoten starre Vorstellungen davon hat, was andere ihm zurückgeben sollten, dann erzeugt er Situationen, in denen andere sehr viel geben, ohne daß er es bemerkt. Beispielsweise könnte er einen Bekannten zum Essen einladen. Einen Monat später hat er ein ernsthaftes Problem, und sein Bekannter verbringt Stunden am Telefon, um ihn zu trösten und ihm zu helfen, die Situation aus einem positiveren Blickwinkel zu sehen. Wenn er die aufgewandte Zeit und Energie nicht anerkennt, könnte er immer noch erwarten, daß sein Bekannter ihn ebenfalls zum Essen einlädt, und wenn der Bekannte dies nicht tut, fühlt er sich gekränkt. Wenn er aber freiwillig und ohne Erwartung einer Gegenleistung geben würde, bliebe er offen für die Fülle des Lebens, die aus unerwarteten Quellen strömt. Es würde ihm auch helfen, all die Kleinigkeiten anzuerkennen, die andere für ihn tun und die er vorher gar nicht bemerkt hatte.

Diese Menschen könnten anderen auch die Form mißgönnen, in der sie das erhalten, was sie ihnen zukommen lassen. Wenn sie die anderen mit – materiellen oder immateriellen – Geschenken überhäufen, erscheint ihnen selbst das Geben als eine riesige Sache, und sie verlangen von der anderen Person, daß sie es entsprechend zu würdigen weiß. Sie lernen eine beständige Freigebigkeit zu entwickeln – in all den kleinen Formen zu geben, die letztendlich die wichtigsten sind.

Wenn die Löwe-Mondknoten-Menschen weiterhin im Auge behalten, wieviel sie geben, ohne zu erkennen, daß sie bei dieser Vorgehensweise selbst erhöht und energetisiert werden, fangen sie an, sich als Märtyrer zu fühlen. Wenn sie sich selbst nur als Gebende und Liebende betrachten, werden ihre Handlungen zu einem Ego-Trip, anstatt einer Erweiterung ihres Selbst. Manchmal sehen sie sich selbst als jemanden, der seine eigenen Absichten vernachlässigt, um eine andere Person mit Energie zu versorgen und sie glücklich zu machen. Dabei handelt es sich nur um eine andere Form des Punkte Anschreibens. Tatsache ist jedoch, daß es die Löwe-Mondknoten niemals richtig begeistert oder erfüllt, wenn sie Dinge erhalten. Was sie wirklich und zutiefst befriedigt, ist das Geben und die liebevolle und anerkennende Reaktion der anderen Person. Das brauchen sie, um sich energetisiert zu fühlen. Wenn sie die Kunst des Gebens um ihrer selbst willen erlernen und Freude am Glück anderer empfinden können, erfahren sie die Befriedigung, in einem wirklich umsorgenden Milieu zu leben.

Andere anerkennen

Manchmal zeigen die Löwe-Mondknoten-Menschen eine zynische Reaktion, wenn andere ihnen helfen wollen. Sie neigen dazu, die Unterstützung anderer wenig zu schätzen, manchmal sogar bis zu dem Punkt, daß sie diejenigen zurückweisen, die ihnen förderlich wären. Andere haben aber keine Lust mehr zu geben, wenn das, was sie anbieten, nicht gewürdigt und anerkannt wird. Diese Menschen sind so sehr darauf ausgerichtet, daß ihnen die universelle Strömung all das bringen wird, was sie zur Verwirklichung ihrer Träume brauchen, daß sie vergessen, den besonderen Beitrag der Menschen in ihrem Umfeld anzuerkennen.

Diese Menschen können habgierig sein, wenn es darum geht, Geschenke anzunehmen, ohne sich wirklich dafür zu revanchieren. Sie müssen die Menschen, die ihnen helfen, großzügig anerkennen und loben. Auf diese Weise ermutigen sie andere, für sie dazusein, wenn sie weitere Unterstützung benötigen. Anstatt sich nur mit dem zu beschäftigen, was andere nicht für sie tun, könnten sie diesen Aspekt ausgleichen, indem sie sich jeden Tag bewußt Zeit nehmen, um das anzuerkennen, was andere ihnen geben. Das schließt auch die kleinen Dinge ein, wie die Tür aufhalten, ihnen einen guten Tag wünschen oder ihnen einfach nur zulächeln. Löwe-Mondknoten-Menschen müssen erkennen, was ihnen gegeben wird, weil diese Geisteshaltung ihnen in ihren Beziehungen sehr viel mehr Freude und Liebe bringen wird.

Manchmal vergessen Löwe-Mondknoten-Menschen, das Besondere der Menschen anzuerkennen, die ihre Energie zum Fließen bringen, und denken, daß sie mit jedem eine erfolgreiche Bindung aufbauen können, der ihren grundsätzlichen Vorstellungen entspricht. Ihre Neigung, die Menschen unterzubewerten, mit denen sie eine besondere Verbindung haben, führt dazu, daß sie rücksichtslos mit den Menschen umgehen, mit denen sie eine Liebesbeziehung haben. Sie denken, daß die Männer bzw. die Frauen ohnehin alle gleich sind und daß es egal ist, mit wem sie eine Beziehung eingehen. Anstatt sich die Mühe zu machen, sich auf jemanden einzulassen, der die Lebendigkeit in ihnen fördert, entscheiden sie sich für jemanden, der näher bei ihnen wohnt, einen passenderen Hintergrund hat und vieles mehr.

Wenn Löwe-Mondknoten-Menschen andererseits ihre Energie einbringen und sich ganz der Beziehung verpflichten, dann geben sie so viel, daß die andere Person überwältigt ist. Es kann sein, daß die andere Person sich in sie verliebt, aber alles als selbstverständlich hinzunehmen scheint, weil sie nichts von der Energie weiß, die diese Menschen aufwenden, um die Beziehung lebendig zu halten. Diese Menschen benötigen die Energie der Anerkennung, damit sie wissen, daß ihre Leistung geschätzt wird, und sie angeregt werden, ihre kreativen Fähigkeiten zu mobilisieren.

Romantische Liebesbeziehungen

Romantische Liebesbeziehungen sind für diese Menschen sehr wichtig und gesund. Sie können jedoch von keinem Menschen verlangen, daß er ihnen all die Anregung bietet, die sie benötigen, um ihre Vitalität und Freude aufrechtzuerhalten. Sie selbst müssen einer Vielzahl von kreativen Interessen und Projekten nachgehen, die ihnen helfen, sich zu energetisieren und glücklich zu bleiben. Die Arbeit mit Kindern kann ihnen diese Stimulation bieten, ebenso wie Schauspielern, Malen, Bildhauern, Musik oder etwas anderes, das kreativ ist und Spaß macht. Ihre größte Freude empfinden sie, wenn sie sich auf etwas mit ihrer ganzen Kreativität und ihrem ganzen Engagement einlassen – entweder auf ein Projekt oder eine Liebesaffäre!

Bedingt durch so viele vergangene Inkarnationen voller Objektivität und Beobachtung, sind sich die Löwe-Mondknoten-Menschen sehr bewußt, was ihnen Freude bringt und wie sie innerlich auf die Menschen reagieren, denen sie begegnen. Sie sind sich wirklich romantischer Beziehungen sofort bewußt. Wenn sie jemanden treffen, zu dem sie sich sehr hingezogen fühlen, werden ihre innersten Gefühle aktiviert – sie können es fast körperlich spüren, es gibt nichts zu überlegen. Normalerweise fühlen sie sich von der besonderen Lebendigkeit einer Person angezogen – einem bestimmten Lebensfunken.

Wenn sie ein Ziehen in ihrem Herzen verspüren, dann vergewissern sie sich, ob die andere Person das gleiche empfindet. Wenn es aber nicht auf Gegenseitigkeit beruhen würde, würden diese Menschen es nicht wahrnehmen. Grundsätzlich ist es aber so, daß die andere Person sich der Intensität der Anziehung weniger bewußt ist und am Anfang weniger interessiert erscheint. Wenn die Löwe-Mondknoten dann aufgeben, bevor die andere Person Zeit hatte, sich der Verbindung bewußt zu werden, verlieren beide Menschen. Deshalb müssen diese Menschen ihrer Gabe des genauen Erkennens einer wahren Liebesverbindung vertrauen, und langsam genug machen, damit die andere Person genügend Zeit hat, um die Tiefe der Verbindung zu erkennen. Das beste ist, wenn sie sich der anderen Person auf einer unverfänglichen Freundschaftsbasis nähern und Zeit investieren, um eine aufrichtige Beziehung aufzubauen.

Diese Menschen lieben romantische Liebesbeziehungen und brauchen sie tatsächlich, um ihre Vitalität und Kreativität zu aktivieren. Sie wissen, welches Spiel sie zu spielen haben, damit es zu einer romantischen Liebesbeziehung kommt, und wie sie die Leidenschaft entfachen müssen. Das Problem ist nur, daß ihnen die Luft ausgeht, wenn die Beziehung eine Weile dauert. Dann haben sie es satt, immer derjenige zu sein, der das Feuer entfacht und das Beste in der anderen Person zum Vorschein bringt. Sie sind so sehr damit beschäftigt, die Individualität der anderen Person zur Entfaltung zu bringen, daß sie vergessen, Situationen zu schaffen, in denen ihre eigene Einzigartigkeit anerkannt werden kann. Sie stellen die andere Person ins Rampenlicht und leugnen ihre eigenen Bedürfnisse nach kreativem Ausdruck und Aufmerksamkeit.

Diese Menschen müssen in einer Liebesbeziehung die Verantwortung dafür übernehmen, daß nicht nur die andere Person, sondern auch sie selbst geehrt und geliebt werden, damit der Energiefluß sich nach beiden Seiten bewegt. Wenn sie sich weigern, ihre eigenen Bedürfnisse zum Ausdruck zu bringen, schaffen sie unbewußt ein Ungleichgewicht. Wenn sie erkennen, daß sich die Beziehung einzig und allein um die andere Person dreht und keine Energie zurückkommt, dann verlieren sie das Interesse.

Ich hatte beispielsweise eine Klientin mit dieser Mondknotenposition, die ihre eigenen Interessen zurückstellte, um ihren Freund glücklich zu machen – sie tat die Dinge, die er mochte, hatte kleine Überraschungen für ihn und so weiter. Sie forderte ihn auf, zu sagen, was er von einer Beziehung erwartete, und unterwarf dann ihre eigene Identität der Erfüllung seiner Bedürfnisse. Er war sehr verliebt in sie, aber sie merkte, daß sie das Interesse verlor, weil die Energie nicht zurückkam. Anstatt sich von der Beziehung zurückzuziehen (die normale Reaktion dieser Menschen), entschied sie sich, die Initiative zu ergreifen und ihn wissen zu lassen, was sie brauchte, um glücklich zu sein.

Sie sehnte sich nach Romantik, also kaufte sie ihm ein Buch *101 Möglichkeiten zu sagen, ich liebe dich.* Sie ließ ihn wissen, daß romantische Karten und Blumen für sie wichtig seien, um die Liebe zu erhalten. Sie sagte ihm, wie er reagieren solle, wenn sie schlechte Laune habe: »Bring mich einfach nur zum Lachen, dann ist es sofort wieder vorbei.« Sie gab ihm praktisch eine Bedienungsanleitung an die Hand, wie man sie glücklich machen konnte. Mit diesem direkten Versuch, für das Glück zu sorgen, das sie brauchte, lag sie genau richtig. In diesem Fall hat der Freund die Botschaften nicht verstanden, und sie trennte sich von ihm. Da sie aber »ihren Teil erledigt« hatte, war es die erste Beziehung, die sie mit dem Gefühl aufgab, das Bestmögliche getan zu haben.

Partnerwahl

Löwe-Mondknoten-Menschen denken, sich für den »richtigen Gefährten« zu entscheiden, sei bereits eine fünfzigprozentige Garantie für eine glückliche Ehe. Das Problem ist nur, daß sie versuchen, ihren Partner vom Verstand her zu wählen, anstatt der energetischen Verbindung zu vertrauen, die sie zu einer anderen Person spüren. Das kann entweder dazu führen, daß sie überhaupt nicht heiraten oder in einer unglücklichen Ehe festsitzen, weil sie die Signale ihres Herzens nicht gehört haben und ihre Wahl mit dem Kopf getroffen haben. Sie sagen sich: »Diese Person verfügt über einen guten sozialen Hintergrund, sie hat finanzielle Sicherheiten, sie verfügt über die Qualitäten, die ich bei einem Partner suche, sie ist attraktiv, sie wäre eine gute Mutter/ein guter Vater, sie hat das richtige Alter, die richtige Größe, das richtige Gewicht; das macht grundsätzlich ›Sinn‹.« Und das war's dann – sie heiraten. Und dennoch ist es so, daß sie in persönlichen Beziehungen auf lange Sicht nicht glücklich werden, wenn sie ihre Wahl aufgrund logischer Kriterien treffen.

Wenn sie älter sind, sind diese Menschen grundsätzlich offener für eine Beziehung, die auf dem Glück basiert, das sie auf einer beständigen Basis mit der anderen Person erleben. Wenn sie eine solche Beziehung finden, dann entspricht die andere Person überhaupt nicht ihren ursprünglichen Vorstellungen; und dennoch ist es die Person, die ihr Herz mit Freude erfüllt.

Das romantische Miteinander, nach dem die Löwe-Mondknoten in Beziehungen suchen, ist für sie ständig verfügbar, wenn sie sich mit einer Person zusammentun, die ihr kreatives Feuer auf einer lebendigen, authentischen, nichtrationalen Ebene entfacht. In einer solchen Beziehung, in der der Körper über die Anziehung mit entscheidet, haben sie großes Talent, die Romantik lebendig zu halten – sie brauchen das, um das Gefühl zu haben, ein glückliches Leben zu führen.

Freundschaft

Löwe-Mondknoten-Menschen haben viele vergangene Leben verbracht, in denen Freundschaften im Vordergrund standen. In diesen Beziehungen wurde unbeabsichtigt gegenseitige Abhängigkeit geschaffen. Weil sie sich so sehr mit ihren Freunden identifizierten, haben diese Menschen den Kontakt mit ihrer eigenen Individualität verloren. Wenn sie in dieser Inkarnation bei ihren Freunden und Bekannten nach Unterstützung suchen, gehen sie leer aus. Der Grund ist, daß sie lernen müssen, sich nicht auf Kosten ihrer eigenen Individualität und Kreativität auf ihre Freundschaften zu verlassen.

Während diese Menschen lernen, sie selbst zu sein, sind Freunde für sie eher ein Hindernis als eine Bereicherung. Wenn sie beispielsweise in einer Liebesbeziehung ein Problem haben und einen Freund um Rat fragen, schlägt ihnen der Freund oft eine Richtung vor, die für sie nicht positiv ist. Sicher will der Freund sie nicht unglücklich machen; aber meistens sind die Ratschläge anderer nicht objektiv, sondern eine Widerspiegelung dessen, wie sie mit der Situation umgehen würden, also nicht unbedingt das Beste für die Löwe-Mondknoten-Person. Diese Menschen lernen, sich nicht von den Ratschlägen anderer abhängig zu machen. Sie sind selbst Meisterstrategen; wenn sie ihrer eigenen Intuition folgen, gewinnen sie immer.

Wenn diese Menschen ihren Freunden vertrauen und die Freunde sie im Stich lassen, oder sie das Gefühl haben, übervorteilt zu werden, dann ist das eine Botschaft des Universums: »Du solltest das nicht tun. Du solltest dich nicht selbst gefährden. Du solltest anfangen, wirklich du selbst zu sein!« Sie identifizieren sich so sehr mit ihren Freunden, daß sie über das Maß dessen geben, was in einer Freundschaft angebracht ist. Dann erwarten sie von der anderen Person, daß sie sich in gleichem Maße revanchiert. Wenn das aber nicht der Fall ist, sind sie enttäuscht. Sie lernen die Grenzen einer Beziehung zu wahren, zu geben, was sie können – ohne Erwartungen hinsichtlich einer Gegenleistung und ohne ihre eigene Stärke und Energie zu verletzen. Wenn sie ihre eigene Individualität entwickeln, sich entscheiden, ihre eigene Kreativität auszudrücken und auf ihren eigenen Füßen stehen, stellen sie fest, daß sich zuverlässigere Freunde von ihnen angezogen fühlen.

Eine ihrer wichtigsten Aufgaben ist es zu lernen, andere für stark und fähig genug zu halten, um selbst für die Siege in ihrem Leben zu sorgen. Wenn sie dies tun, verhindern sie, daß andere unnötigerweise von ihnen abhängig werden. Wenn sie aber an dem Gedanken festhalten, daß andere ohne sie nicht auskommen können, handelt es sich um einen Ego-Trip. Wenn sie aber an die Individualität, Stärke und das Vertrauen anderer glauben, erlangen sie Vertrauen in ihre Fähigkeit, eine eigene Identität zu entwickeln und ihren eigenen Träumen zu folgen – von dem kleinen inneren Kind geführt zu werden, das es liebt, zu spielen und sich wohl zu fühlen. Sie müssen genau diesen Teil von sich zum Ausdruck bringen, ungeachtet des Drucks von außen oder der Akzeptanz ihrer Freunde.

Ziele

Selbstakzeptanz

Löwe-Mondknoten-Menschen lernen sich selbst zu akzeptieren, ihr inneres Kind anzunehmen und zu umarmen. Sie lernen, zu respektieren, daß sie ebenfalls Bedürfnisse haben, zu erkennen, was sie glücklich macht, und ihr Glück selbst in die Hand zu nehmen. Sobald sie ihre Wünsche und Bedürfnisse anerkennen, können auch andere diese akzeptieren und ihnen helfen, das zu bekommen, was sie wollen.

Obwohl diese Menschen erkennen, was passieren wird, fühlen sie sich dennoch völlig unvorbereitet, wenn es dann wirklich eintrifft. Sie müssen lernen, zu akzeptieren, daß das normal ist, und nicht zu hart gegenüber sich selbst zu sein. Es ist unmöglich, immer auf eine neue Situation vorbereitet zu sein – daher rühren die Begeisterung, Freude und der Schwung des Lebens! Durch den Umgang mit Situationen, die völlig ungewohnt sind, gewinnt man Erfahrung. Die besten Gelegenheiten, um die eigene Stärke und den Einfallsreichtum zu testen, sind die ungewohnten Situationen, denen wir auf unserem Weg begegnen.

Andere gewinnen

Sobald Löwe-Mondknoten-Menschen festgelegt haben, in welche Richtung sie gehen wollen, ist es nur noch eine Frage, die Menschen um sie herum dazu zu bringen, sich an ihrem Vorhaben zu beteiligen. Am besten ist es, wenn sie ihre Richtung offen bekanntgeben, den Ausgangspunkt mitteilen, von dem aus sie ihre Entscheidung getroffen haben, und dann andere auffordern mitzumachen. Zum Beispiel: »In einem größeren Zusammenhang gesehen verlaufen die Entwicklungen meiner Meinung nach so. Deshalb habe ich mich entschlossen, diese Richtung einzuschlagen. Nun, da du die Zusammenhänge kennst, bist du bereit mitzumachen, oder hast du das Gefühl, daß es eine andere Richtung gibt, die du lieber alleine gehen würdest?«

Ich hatte einen Klienten, dessen Aufgabe es war, die Produktion auf den heutigen technischen Stand zu bringen. Um dies tun zu können, war er auf die Mitarbeit der Betriebsleiter angewiesen. Deshalb ging er in jeden Produktionsbereich, um die Betriebsleiter zu überzeugen, daß das Computerzeitalter seinen Siegeszug angetreten hatte und es keine andere Wahl gab, als auf Computer umzustellen. Theoretisch stimmten sie zu; aber als es dann so weit war, die Computer wirklich zu installieren und die Produktion umzustellen, brachten die Betriebsleiter all ihre Einwände vor und verrichteten ihre Arbeit weiterhin nach der alten Methode. Mein Klient stieß überall auf Widerstand und Streit.

Es wäre viel einfacher gewesen, hätte er weniger Zeit mit Erklärungen verbracht und statt dessen seinen Willen deutlicher zum Ausdruck gebracht. Zum Beispiel so: »Ich bin sicher, daß sich jeder darüber im klaren ist, daß das Computerzeitalter angebrochen ist. Deshalb wird unsere Produktion bis Juni nächsten Jahres völlig automatisiert. Deshalb brauchen wir jetzt Betriebsleiter, die damit umgehen können. Glauben Sie, in der Lage zu sein, sich umzustellen und das neue System zu lernen? Glauben Sie, sich an das anpassen zu können, was wir jetzt brauchen, so daß Sie weiterhin mit uns zusammenarbeiten können?« Dann wäre die Energie der Betriebsleiter in Richtung Zusammenarbeit gelenkt worden und nicht in Richtung Opposition.

Zukunftsorientierung

Löwe-Mondknoten-Menschen verfügen über eine angeborene Fähigkeit, Dinge vorherzusehen, bevor sie geschehen: eine Kunstrichtung zu schätzen, bevor andere ihren Wert erkennen, ein Gespür für Gelegenheiten im Immobilienbereich zu haben, bevor andere entsprechende Ideen entwickeln, einen Trend zu erfassen, bevor er populär wird. Ihre Herausforderung besteht darin, den Vorteil aus den Möglichkeiten zu ziehen, die sie erkennen.

Ihre Neigung, sich zurückzunehmen, kann sie dazu verleiten, die Nutzung ihres Potentials zu verweigern. Sie können sich zum Beispiel für eine Möglichkeit begeistern, sich dann aber zurückziehen, weil sie den »Rummel« erkennen oder denken, daß die beteiligten Menschen keine noblen Absichten haben. Sie lernen zu erkennen, daß ihnen ihre einzigartige Fähigkeit, das »Spiel« zu durchschauen, die Energie verleiht zu gewinnen! Und eben wegen ihrer ethischen, klaren Herangehensweise, fördert ihre Teilnahme die Qualität des Spiels für alle Beteiligten.

In diesem Leben ist es die Aufgabe der Löwe-Mondknoten, andere zu führen. Sie müssen sich engagieren und durch eine gute Führung die Ungerechtigkeiten vermeiden, zu denen es andernfalls kommen würde. Löwe-Mondknoten-Menschen lernen, ihre Stärke zu trainieren und zu erkennen, daß sie, wenn sie die Dinge auf sich zukommen sehen, sich für eine Richtung einsetzen oder sie ändern können.

Kreative Energie
Energieübertragung durch Schauspiel

Löwe-Mondknoten-Menschen sind geborene Schauspieler. Weil sie über kein starkes Gefühl von Individualität verfügen, machen sie ihr Ego an keiner bestimmten Rolle fest und identifizieren sich auch nicht damit. Ihre angeborene Objektivität gestattet ihnen, alle herausragenden Merkmale des Charakters zu erkennen, den sie spielen; sie schlüpfen in die Rolle und engagieren sich völlig. Schauspielerei, als Beruf oder Hobby, ist für diese Menschen eindeutig ein gesundes Ventil, und für ihre Zuschauer eine bewegende, bereichernde Erfahrung.

Für Löwe-Mondknoten-Menschen ist jede Form der Darstellung wundervoll. Sie sind die geborenen Unterhalter. Wenn sie auf der Bühne sind, leuchtet ihr gesamtes Wesen auf. Sie lieben die Energie, die entsteht, wenn sie andere Menschen glücklich machen. Genau das ist ihre Aufgabe in diesem Leben – anderen auf einer persönlichen Ebene Liebe zu geben. Weil die Beziehung zwischen Darsteller und Publikum persönlich ist, blühen sie in dieser Umgebung auf.

Solange sie einen Weg finden, im Rampenlicht zu stehen, funktioniert die Situation für alle Beteiligten. Und dennoch weigern sie sich oftmals, weil sie befürchten, sich zum Narren zu machen oder von ihren Freunden negativ beurteilt zu werden. Diese Menschen haben viele vergangene Leben damit verbracht, zu beobachten, wie andere im Rampenlicht standen; in diesem Leben haben sie nun Angst, selbst erfolgreich zu sein, weil sie es noch nicht ausprobiert haben. In diesem Leben ist es ihre Aufgabe, ins Rampenlicht zu treten, weil ihr Ego sich entwickeln muß – sie brauchen diese Energie, um einen Ausgleich herzustellen, und sie behindern ihre Entwicklung erheblich, wenn sie nicht hinausgehen und es tun.

Löwe-Mondknoten-Menschen haben die Fähigkeit, ihr Publikum durch die Emotionen, die sie zum Ausdruck bringen, zu bewegen. Sie können die Energie des Publikums wahrnehmen und sind fähig, das Publikum ihre eigene Energie spüren zu lassen. Sie können die Emotionen des Publikums kontrollieren und sie in eine neue Richtung lenken, während sie den Fluß der Energie fast körperlich spüren können, so, als wären die Emotionen des Publikums mit ihren eigenen verbunden. Es ist ein Gefühl von Kontrolle und Macht – aber ein positives, das Enthusiasmus, Begeisterung und emotionale Verbundenheit erzeugt. Diese Menschen werden durch diesen Prozeß unglaublich energetisiert. Obwohl es sein kann, daß sie sich anschließend geschwächt fühlen, so werden sie sich doch auch lebendig fühlen! Wenn sie andere diese emotionale Erfahrung machen lassen, spüren beide Seiten die Lebendigkeit und heilende Kraft der Verbindung, und jeder gewinnt. Wenn sie dieses Talent in einem kleineren Umfeld anwenden – mit einem Kind oder einem Partner –, können sie gleichermaßen erfolgreich sein. Löwe-Mondknoten-Menschen haben auch in ihrem täglichen Leben die Möglichkeit, eine Rolle zu spielen, die andere aufheitert und ihre Last mittels Inspiration und Humor erleichtert. Und dennoch schätzen sie ihre Fähigkeiten manchmal zu gering ein. Dann denken sie, daß es wichtiger sei, die Person zu sein, die die Lieder oder Stücke schreibt – aber es ist der Sänger oder Schauspieler, der auswählt und das Publikum direkt anspricht, und das lieben sie! Wenn sie in anderen positive Energie und Enthusiasmus anregen, sind sie selbst begeistert und engagiert.

Höheres Bewußtsein: Verbindung zu Engeln

Löwe-Mondknoten-Menschen besitzen die Gabe, mit ihren Engeln Verbindung aufzunehmen – eine Bewußtseinsebene, die ihnen den nächsten Schritt bei der Erfüllung ihrer Wünsche aufzeigt. Diese Menschen haben einen klaren, objektiven Blick für die Zukunft und können Dinge im voraus erkennen. Sie müssen eine Sache auswählen und sich dann dafür entscheiden, sie aktiv auszuführen.

Sobald sie diese Entscheidung treffen, tauchen eine Menge Ideen in ihnen auf, wie sie ihre Träume erfolgreich verwirklichen können. Die richtige Reihenfolge wird spontan deutlich; wenn sie einem Schritt folgen, zeigt sich auch schon der nächste. Der zeitliche Ablauf grenzt an ein Wunder. Wenn sie einen Schritt nach dem anderen machen, öffnen sich Türen und ihnen werden die richtigen Erfolgschancen geboten. Aber es liegt an ihnen, auf diese Hilfe der Engel zu reagieren, indem sie die Schritte nacheinander tun. Löwe-Mondknoten-Menschen müssen sich selbst in intensive Situationen voller Risiko, Begeisterung oder Romantik begeben, um wirklich ihre kreativen Talente zum Ausdruck bringen zu können. Das sind die Phasen, in denen sie sich am lebendigsten fühlen.

Löwe-Mondknoten-Menschen brauchen zusätzlich ein Prinzip oder Ideal, nach dem sie leben und das über ihr persönliches Leben hinausgeht. Sie brauchen einen Stern, dem sie folgen können – eine spirituelle Verpflichtung, die sie bestärkt und sie durch einen kreativen Prozeß hin zum Ziel führt. Dieses Ideal muß als vernünftiges Prinzip all ihren Handlungen zugrunde liegen. Beispielsweise könnte es sich um die Verpflichtung handeln, »ihrem Glück zu folgen«, ungeachtet irgendwelcher Ängste und Unsicherheiten. Es könnte bedeuten, ihre Wahrheit auszusprechen, ohne Rücksicht auf die Reaktionen anderer, oder übergeordnete Anliegen, wie Menschenrechte, Weltfrieden oder Umweltschutz. Ihr wahres Ziel wird keine Gefühle von Traurigkeit oder Verbissenheit erzeugen; es wird emotional förderlich sein. Indem sie sich an eine Sache anpassen, die über das persönliche Umfeld hinausgeht, wachsen sie auch selbst darüber hinaus und sind gewillt, Risiken einzugehen und wirkliche Veränderungen vorzunehmen.

Löwe-Mondknoten-Menschen verfügen über die unglaubliche Fähigkeit, etwas durch ihre Vorstellungskraft zu erschaffen – durch den Gebrauch ihrer Fähigkeit, zu visualisieren und eine Verbindung mit Engeln aufzunehmen. Sie können die Menschen und Situationen anziehen, die sie sich einfach nur durch die Kraft ihrer Wünsche herbeisehnen. Wenn sie sich wirklich zu etwas entschließen, dann wird ihnen das gegeben, worum sie das Universum bitten – wenn es zu ihrem Wohle ist. Und plötzlich verändert sich ihr Leben – neue Menschen und Situationen tauchen auf, um ihnen eine andere Richtung aufzuzeigen, die die Erfüllung ihrer Wünsche ermöglichen wird. Ihre Aufgabe ist es, die neuen, sich bietenden Möglichkeiten anzunehmen. Probleme tauchen dann auf, wenn sie versuchen, diese Möglichkeiten zu analysieren und zu bewerten – dann versäumen sie den richtigen Zeitpunkt. Sie lernen in Richtung ihrer Träume zu gehen: Risiken zu wagen und die kreative Energie für ihre Verwirklichung einzusetzen, auch wenn sie sich am Anfang noch nicht ganz über den Weg im klaren sind.

Löwe-Mondknoten-Menschen müssen einfach nur ihre Gedanken auf das Ziel konzentrieren und das tun, was notwendig ist, um ihren eigenen Widerstand aufzulösen, was zum kreativen Teil dazugehört. Wenn man etwas Neues und Lebendiges schaffen will, wird die Trägheit zum Widerstand. Manchmal bedarf es einer unglaublichen Intensität, um die alten, sich ständig wiederholenden Muster zu durchbrechen und über sie hinauszuwachsen. Es braucht Willen, Disziplin und eine feste Absicht, das Neue zu schaffen, koste es noch soviel Energie. Letztendlich sind es Freiheit und Lebendigkeit, die diese Menschen wollen. Der aktive Prozeß, ihre Träume kreativ zu verwirklichen, wird sie dort hinführen.

Lebendigkeit

Löwe-Mondknoten-Menschen wünschen sich ein Erlebnis, das ihnen das Gefühl gibt, lebendig zu sein, also antwortet das Universum, indem es ihnen eine Situation anbietet, die ihre Lebenskraft anregen und wiederaufbauen kann. Wenn sie die Chance annehmen und durch sie hindurchgehen, erlangen sie auf ihrem Weg viel Wachstum, Lebendigkeit und Freude. Oft tritt ihre Ratio auf den Plan und entkräftet ihre kreativen Impulse. In diesem Leben ist es nicht ihre Aufgabe, auf ihre Vernunft zu hören, sondern ihrer Intuition zu folgen.

Entscheidungen treffen

Diese Menschen empfinden oft eine starke Diskrepanz zwischen den Botschaften ihres Verstandes und denen ihres Herzens. Die Entscheidung läuft darauf hinaus, zwischen kreativer Leidenschaft und Sicherheit zu wählen – wenn sie sich für kreative Leidenschaft entscheiden, gewinnen sie, wenn sie die Sicherheit wählen, verlieren sie. Wenn sie sich zurückliegende Erfahrungen ansehen, können sie erkennen, wie es in ihrem Leben gelaufen ist.

Löwe-Mondknoten-Menschen sollten sich fragen, ob auf der Vernunft basierende Entscheidungen zu einem gesteigerten – oder verminderten – Gefühl von Lebendigkeit führen. Wenn sie einem Weg folgen, von dem sie wissen, daß er richtig ist, der aber ihre persönliche Vitalität einschränkt, sollten sie nochmals überlegen, bevor sie Jahre an einen Weg verschwenden, den sie später bereuen werden. Sie müssen die ehrliche Reaktion, die sie aus ihrem eigenen Inneren erhalten, erkennen und auf sie vertrauen.

Ich habe einmal direkt neben einem Seniorenwohnheim gelebt und habe den Bewohnern viele Fragen über ihr Leben gestellt. Wenn sie zurückblicken, was war für sie wichtig? Was hätten sie gerne anders gemacht? Obwohl sie zu vielen Dingen unterschiedliche Antworten gaben, so antworteten doch alle, daß sie niemals die Dinge bereut haben, die sie versucht haben und dann scheiterten; was sie bereuten, waren die Dinge, die sie tun wollten und nicht getan haben – die Chancen, die sie nicht wahrgenommen hatten. Löwe-Mondknoten-Menschen lernen diese Chancen zu nutzen.

Das soll nicht heißen, daß sie mit ihrem Leben auf unverantwortliche Weise umgehen sollen. Sie sollen Entscheidungen treffen, um ihrer Lebendigkeit zu folgen, und diese Entscheidungen dann auf eine intelligente Art umsetzen, die andere Menschen ebenfalls berücksichtigt. An einer destruktiven, mißbräuchlichen Ehe um der Kinder willen festzuhalten, wäre beispielsweise nicht klug. Es würde den Kindern die Botschaft vermitteln: »Ich kann es ertragen und leiden. Es ist in Ordnung, wenn man im Leben unglücklich ist.« Es wäre jedoch klug, die Ehetrennung auf eine verantwortungsbewußte Weise zu handhaben – beispielsweise den Kindern von Anfang an sagen, daß es Probleme in der Ehe gibt, damit die Kinder nicht in letzter Minute einen Schock erleben. Löwe-Mondknoten-Menschen müssen ihre Pläne auf eine kreative, verantwortungsbewußte Weise verwirklichen, die Rücksicht auf die Gefühle anderer nimmt.

In Aktion treten

Manchmal stellt es für Löwe-Mondknoten-Menschen die größte Herausforderung dar, die Dinge zu verwirklichen, die sie glücklich machen. Sie sind so sehr daran gewöhnt, etwas für andere zu tun, daß sie das fröhliche Kind in ihnen auf Sparflamme setzen.

Die Ironie dabei ist, daß in den meisten Fällen jemand auftaucht, um ihnen zu helfen, sobald diese Menschen für sich selbst in Aktion treten. Wenn sie sich zurückhalten und warten, weil sie Angst haben zu handeln, bevor sie nicht alles zusammen haben, was sie brauchen, wird niemals etwas passieren. Ihre Handlungen mögen für die anderen eventuell keinen Sinn machen, aber wenn sie im Zusammenhang mit diesen Handlungen ein Glücksgefühl in ihren Herzen verspüren, ist es ihre Aufgabe danach zu handeln, egal, ob andere sie unterstützen oder nicht.

Die Löwe-Mondknoten-Menschen haben während vergangener Leben all ihr wirkliches Wissen in ihrem inneren Kind angesammelt, deshalb ist ihr Leben voller Freude, wenn sie ihrem inneren Kind folgen. Wenn sie im Gegensatz dazu nach Wissen suchen, um sich abzusichern, bringen sie niemals genügend Energie auf, und die Chancen bleiben ungenutzt. Das innere Kind möchte Spaß haben, spielen, Risiken eingehen und etwas tun, das sie glücklich macht. Wenn sie beispielsweise die Idee haben: »Ich glaube, heute habe ich Lust, schwimmen zu gehen!«, und von dieser Idee begeistert sind, folgen sie ihrem inneren Kind, wenn sie gehen und es tun. Jedesmal, wenn sie diesem Bedürfnis nach

Spaß und Aufregung folgen und gemäß der Stimme ihres inneres Kindes handeln, wird dieser Teil ihres Selbst aufgewertet und stärker. Eine Verbindung mit dem inneren Kind aufzubauen, um festzustellen, ob sie richtig liegen oder nicht, wird sie zum Erfolg führen.

♍ Nördlicher Mondknoten in Jungfrau
und nördlicher Mondknoten im sechsten Haus

Übersicht

Eigenschaften, die man entwickeln sollte

Das Arbeiten an folgenden Bereichen bringt verborgene Fähigkeiten und Talente zum Vorschein:

- Teilnahme
- Ordnung in das Chaos bringen
- Routine schaffen
- Sich auf das Hier und Jetzt konzentrieren
- Aus Mitgefühl heraus handeln
- Für andere von Nutzen sein
- Analysieren und einordnen
- Durch Erfahrung Selbstvertrauen erlangen
- Mäßigung
- Risiken eingehen, anstatt Angst zu haben
- Details bemerken und schätzen

Verhaltensweisen, die man hinter sich lassen sollte

Ihr Leben wird sich einfacher und friedvoller gestalten, wenn sie daran arbeiten, den Einfluß folgender Tendenzen zu verringern:

- Opfer zu sein (oder ein Opferbewußtsein zu haben)
- Verwirrung und Desorientierung
- Sich weigern zu planen
- Fluchtverhalten/Suchtneigung (Drogen, Alkohol, übermäßiges Schlafen, Tagträume usw.)
- Maßlosigkeit
- Hypersensibilität
- Selbstzweifel
- Gefühle der Unzulänglichkeit

- Verweigerung
- Mangelnde Verbindlichkeit/Untätigkeit
- Aufgeben

Achillesferse/Falle, vor der man sich hüten muß/Fazit

Die Achillesferse der Menschen mit dem nördlichen Mondknoten in Jungfrau ist ihr Opferbewußtsein (»Wenn ich nicht die ständige, mitleidvolle Aufmerksamkeit und das Verständnis anderer habe, wird mich irgend jemand ausnutzen«). Es handelt sich dabei um ein Faß ohne Boden: Andere werden ihnen niemals genügend Bestätigung vermitteln, damit sie ihr inneres Gefühl der Hilflosigkeit und Verwirrung überwinden können. Nur wenn sie in sich hineinsehen, können sie entdecken, welche äußeren Strukturen sie aufbauen müssen, um an Stärke und Zielstrebigkeit zu gewinnen.

Die Falle, die sie vermeiden müssen, ist die unendliche Suche nach einem Retter oder Mentor, dem sie sich anvertrauen können (»Wenn ich nur genügend Vertrauen habe, wird Gott die Dinge schon in Ordnung bringen«). Das Leben zeigt ihnen jedoch, daß eine innere Hingabe in der äußeren Welt nicht Ordnung und Produktivität bewirkt. Der einzige Weg, wie sie ihre Ziele erreichen können, ist, ihr Leben auf die Weise zu organisieren, die *sie* brauchen, damit sie sich sicher und stark fühlen können.

Das Fazit daraus ist, daß sie niemals das Gefühl haben, genügend Vertrauen zu besitzen, um in die Welt hinauszugehen und etwas Produktives zu leisten. Ab einem bestimmten Punkt müssen sie einfach anfangen, aktiv am Leben teilzunehmen. Die Ironie dabei ist, daß sie das Vertrauen erlangen werden, nach dem sie suchen, wenn sie anfangen, sich zu beteiligen und lernen, was zu erfolgreichen Ergebnissen führt.

Die wahren Wünsche

Der sehnlichste Wunsch dieser Menschen ist, sich in dem warmen Gefühl einer persönlichen Verbindung mit dem Universum zu verlieren. Sie wollen alles an etwas Größeres als sie selbst abgeben, das sie unterstützen und ihnen ein erweitertes Gefühl der Identität vermitteln soll. Jungfrau-Mondknoten-Menschen haben ein unersättliches Bedürfnis, Frieden und Harmonie zu erleben. Um dieses Ziel jedoch erfolgreich meistern zu können, müssen sie in die Welt hinausgehen und anderen dienen. Wenn sie die Aufmerksamkeit von ihren eigenen Ängsten abwenden und sich statt dessen auf das Hier und Jetzt konzentrieren, erkennen sie leicht, wie sie in chaotischen Situationen die Ordnung wiederherstellen können.

Talente/Berufe

Diese Menschen sind ausgezeichnete Ärzte, Zahnärzte, Krankenschwestern oder Krankenpfleger, weil sie durch diese Berufe die Möglichkeit haben, ihre heilende Energie zu nutzen, während sie anderen auf praktische Weise dienen. Psychologe, Heiler, Diätassistent, Ernährungswissenschaftler, Wirtschaftsprüfer, Veranstalter und Handwerker wären ebenfalls eine gute Wahl. Jungfrau-Mondknoten-Menschen haben beruflich ein »gutes Karma« und kommen gut mit Mitarbeitern und Angestellten aus. Sie können eine Aufgabe in einer Stunde erledigen, für die ein anderer fünf Stunden benötigen würde; sie sollten in einer Position sein, in der es honoriert wird, daß die Arbeit rasch getan wird, anstatt einfach nur für einen Stundenlohn zu arbeiten.

Heilberufe sind auch deshalb eine ausgezeichnete Wahl, weil sie mit körperlichen Leiden zu tun haben. In Bereichen, in denen der Erfolg davon abhängt, dem Detail Aufmerksamkeit zu widmen, werden die Jungfrau-Mondknoten-Menschen angehalten, ihr Augenmerk auf die Gegenwart zu richten. Die Aufgabe, vorrangig auf der körperlichen Ebene Ordnung zu schaffen, löst bei ihnen psychischen Streß.

Jungfrau-Mondknoten-Menschen verfügen auch über Mitgefühl und die Fähigkeit, sich der größeren Zusammenhänge bewußt zu bleiben. Dieses aus früheren Leben stammende, weit entwickelte spirituelle Bewußtsein ist für die Jungfrau-Mondknoten von großem Wert, wenn sie sich aktiv daran beteiligen, greifbare Ergebnisse zu schaffen. Berufe, deren Ziel die Entwicklung eines spirituellen Bewußtseins und Versöhnung ist, untergraben die Erdung, die diese Menschen brauchen, um sich stark und vollständig zu fühlen.

Heilende Affirmationen für den Jungfrau-Mondknoten
– »Ich bin der einzige Mensch, der diese Situation in Ordnung bringen kann, dann tue ich es doch am besten gleich.«
– »Ich bin kein Opfer.«

- »Wenn ich mich zurückziehe, verliere ich; wenn ich mich daran beteilige, positive Ergebnisse zu schaffen, gewinne ich.«
- »Wenn ich mich konzentriere und einen Plan habe, öffnet mir das gesamte Universum den Weg zum Erfolg.«

Persönlichkeit

Vergangene Leben

Diese Menschen verfügen über ein angeborenes Bewußtsein für die spirituellen Dimensionen des Lebens und stehen im Einklang mit den höher entwickelten, liebenden Teilen ihres eigenen Wesens. Sie sind außerordentlich sensibel, leicht zu verletzen und sehr vorsichtig, wenn es darum geht, anderen Schmerz zuzufügen. Tatsächlich entwickeln sie manchmal mehr Aufmerksamkeit und Fürsorge gegenüber den Leiden anderer als gegenüber den eigenen.

Auflösung des Ego

Jungfrau-Mondknoten-Menschen haben viele Leben mit der Auflösung des Ego verbracht – durch Meditation oder andere Formen spiritueller Suche; Drogen- und/oder Alkoholmißbrauch; Abgeschiedenheit und Zeit zur Reflexion in Klöstern, Gefängnissen oder Heimen; Hingabe an Musik, Poesie oder Kunst. Egal, wie die Auflösung herbeigeführt wurde, in diesem Leben müssen sie mit den Auswirkungen umgehen. Wenn sie im Rahmen einer spirituellen Orientierung erfolgte, wird dieses Leben ein völliges Chaos sein, bis sie einen spirituellen Weg finden, der dem aus vergangenen Inkarnationen ähnlich ist. Wenn sie durch den Konsum von Drogen und Alkohol bewirkt wurde, haben sie in diesem Leben Suchtneigungen, die erneut problematisch sind und durch spirituelle Praxis überwunden werden müssen (Zwölf-Schritte-Programmm der Anonymen Alkoholiker usw.). Fähigkeiten in den Bereichen Poesie, Musik und Kunst können ebenfalls noch vorhanden sein und einen Weg darstellen, mit höheren Bewußtseinsebenen Verbindung aufzunehmen.

Diese Menschen hatten viele vergeistigte Erfahrungen und Inkarnationen, in denen sie Stück für Stück ihre eigene Identität aufgaben, um mit einer höheren Energie zu verschmelzen. Diesen Prozeß haben sie jedoch bereits abgeschlossen; wenn sie sich in diesem Leben gestatten, sich weiter aufzulösen, wäre das eher destruktiv. Sie haben es bereits geschafft, in ihrer Vision aufzugehen. In diesem Leben wollen sie ihre Vision nun in der physischen Welt in die Tat umsetzen.

Bescheidenheit

In vergangenen Leben haben sich diese Menschen gereinigt, indem sie ihre eigenen Motive hinterfragten und erkannten, wo es ihnen an Tugend mangelte. Dadurch haben sie sehr große Einsicht erlangt, die ihnen nun gestattet, anderen gegenüber frei von Vorurteilen zu sein. In diesem Leben halten sie sich in keiner Weise für etwas »Besseres« – ihre Selbstreflexion hat zu wahrer Bescheidenheit geführt.

Jungfrau-Mondknoten-Menschen haben so viele Leben als Opfer verbracht, daß sie jetzt dazu neigen, zu schnell aufzugeben. Sie können nicht gut mit Konfrontation, Wettbewerb oder anderen heftigen Reaktionen umgehen, die sich gegen sie richten. Ihre Psyche ist sehr sensibel, und das Leben erscheint diesen Menschen sehr hart. Grundsätzlich glauben sie nicht, daß noch mehr materieller Wohlstand sie glücklicher machen würde. Da es nicht ihre Motivation ist, zu leben, um materiellen Besitz anzuhäufen, geben sie auf, wenn die Welt ihnen andere Belohnungen für ihre Teilnahme verweigert.

Bedingt durch vergangene Leben, in denen sie übervorteilt wurden, ist es nicht ungewöhnlich, daß diese Menschen ihre Einwilligung zu einer öffentlichen Verwertung ihrer kreativen Arbeit geben, ohne selbst eine Entschädigung zu erhalten. Oft beansprucht dann jemand anderer sowohl die Anerkennung als auch das Geld. Häufig macht es ihnen nicht einmal etwas aus. Letztendlich hat die Arbeit ja ihren Zweck erfüllt. Durch die klösterlichen Erfahrungen in vergangenen Leben könnten sie auch ein Armutsgelübde abgelegt haben, und sich deshalb bei dem Gedanken unwohl fühlen in dieser Inkarnation Reichtümer anzusammeln. Unbewußt haben sie das Gefühl, daß das Ansammeln von Geld etwas Unreines ist. Sie müssen aber erkennen, daß Geld ein Nebenprodukt des Dienens ist – ein Barometer für die Nützlichkeit ihres Engagements.

Jungfrau-Mondknoten-Menschen sind wirklich mitfühlend und wollen helfen, wo immer sie können. In diesem Leben müssen sie erkennen, daß sie besser auf einer breiteren Ebene helfen können, wenn sie sich eine solide materielle Basis verschaffen und sich gestatten, ein Leben voller Energie zu führen. In dieser Inkarnation ist es nicht günstig, die Opferrolle einzunehmen; sich dieser Neigung zu *widersetzen* ist der erhabenere Weg für sie.

Auflösung kontra Konzentration

Diese Menschen haben viele Leben verbracht, in denen sie von der Gesellschaft getrennt waren. Sie sind nicht daran gewöhnt, sich in der Welt zu bewegen. Man stelle sich vor, wie es ist, lange Zeit in Klöstern zu leben, in denen der Gong signalisiert, daß es Zeit ist aufzustehen, zu meditieren, zu beten, Übungen zu machen, zu essen, zu arbeiten und zu schlafen. Klöster funktionieren auf diese Weise, damit die Bewohner ein Bewußtsein für die Zeitlosigkeit, Formlosigkeit und den Energiefluß erlangen, die den irdischen Dingen des Lebens zugrunde liegen. Während dies in einem Kloster sehr gut funktioniert, müssen Jungfrau-Mondknoten-Menschen nun lernen, draußen in der Welt zu leben.

Sie müssen lernen, wie sie sich selbst eine gewisse Struktur schaffen können – wie sie für sich selbst den Gong schlagen können. Weil sie beispielsweise daran gewöhnt sind, daß jemand anderer ihren Zeitplan organisiert, haben sie Probleme, pünktlich zu sein. Wenn sie jedoch die Selbstdisziplin aufbringen, nach den Regeln zu leben, die der Gesellschaft Struktur verleihen, erlangen sie eine unglaubliche Kraft und das Selbstvertrauen, das sie benötigen, um in der Welt draußen zu funktionieren. Daher ist es für sie wichtig, Verantwortung zu übernehmen und sicherzustellen, daß sie pünktlich zu ihren Verabredungen kommen. Struktur bringt auf verschiedenen Ebenen Ordnung und Stabilität in ihr Leben, die nährend und unterstützend sind.

Bedingt durch die Abgeschiedenheit vergangener Leben, wissen Jungfrau-Mondknoten-Menschen, wie sie sich – durch die Kraft ihrer Gedanken und ihrer Imagination – selbst beschäftigen können. Was aber in der Vergangenheit funktioniert hat, ist in dieser Inkarnation in Wirklichkeit ein Nachteil, weil sie jetzt positive, praktische, greifbare Ergebnisse in der materiellen Welt erzielen müssen. Daher sind alle Formen des Fluchtverhaltens für sie schädlich. Tagträumerei, Drogen, Alkohol, zuviel Einsamkeit, exzessives Schlafen – jede Form des Rückzugs vom Leben untergräbt ihr Selbstvertrauen.

Das soll nicht heißen, daß sie es sich nicht ab und zu gutgehen lassen

Nördlicher Mondknoten in Jungfrau

sollen, aber sie müssen wachsam sein gegenüber übertriebenen Flucht-
wegen, die zu einem Suchtverhalten führen.

Imagination, Tagträume und Phantasie

Diese Menschen verfügen aus ihren früheren Leben über ein intensives
Bewußtsein für Übersinnliches und/oder Phantastisches. Wenn diese
Fähigkeiten jetzt nicht in korrekte Bahnen gelenkt werden, können sie
zu einer Schwäche werden, die in Wahnvorstellungen, Angst und Unruhe enden. Wenn Jungfrau-Mondknoten-Menschen jedoch auf ein
Ziel hinarbeiten, können sie ihre übersinnlichen Fähigkeiten als Werkzeug benutzen, um eine Arbeit effektiv zu erledigen.

Jungfrau-Mondknoten-Menschen sollten ihre kreative Vorstellungskraft nach außen fließen lassen, indem sie anderen damit dienen und
greifbare Ergebnisse schaffen, anstatt sie nach innen, auf unbestimmte
Selbsterforschung zu richten. Dieser harte Prozeß ist notwendig, um
ihre Visionen wahr werden zu lassen, indem sie recherchieren, ihr Vorhaben organisieren, es in die Tat umsetzen und dann sehen, daß es in
die Öffentlichkeit gebracht wird. In diesem Leben fällt es ihnen leicht
und macht ihnen Spaß, eine Arbeit zu erledigen – sobald sie ihr Ziel
bestimmt haben.

Diese Menschen müssen Tagträumerei und Phantasie vermeiden.
Wenn sie mit ihrer Situation nicht glücklich sind, benutzen sie ihre
Phantasie, um in ihre eigene Welt zu entfliehen, anstatt an der Situation
selbst zu arbeiten. Wenn diese Phantasien in Maßen entwickelt werden, können sie ihnen eine bessere Vorstellung davon vermitteln, was
sie tatsächlich wollen. Aber es erfordert unglaubliche Disziplin, die
Energieverbindung mit der Phantasie zu durchbrechen. Sie macht so
süchtig, daß es für diese Menschen besser ist, tiefergehende Phantasien
zu vermeiden. Sie fühlen sich von imaginativen Glückszuständen derart angezogen, daß sie daran gehindert werden, für die Ordnung und
Zufriedenheit in ihrem täglichen Leben zu sorgen, die sie brauchen, um
wirkliches Glück zu erleben. Es kann beispielsweise sein, daß sie sich
derart in eine Phantasie über eine ideale Familie hineinsteigern, daß sie
davon abgehalten werden, eine befriedigende familiäre Beziehung in
ihrem eigenen Leben aufzubauen.

Ich hatte einen 48jährigen Klienten mit dieser Mondknoten-Position,
der einer Phantasie über die »ideale Frau« nachhing, und angesichts

der Kraft seiner Imagination, war sie in seiner Vorstellungskraft fast zur Wirklichkeit geworden! Er hatte viele Beziehungen, war aber nicht in der Lage, sich wirklich zu binden, weil keine der Partnerinnen an die Frau in seiner Phantasie heranreichte. So ging das über 30 Jahre, und er lebte noch immer allein und fühlte sich deprimiert. Unglücklicherweise nahm er sich selbst die Chance zu lernen, um was es in einer Beziehung geht, indem er sich nicht darauf konzentrierte, wie er sich tatsächlich in Gegenwart der Frau fühlte, mit der er seine Zeit verbrachte. Auf diese Weise können diese Menschen davon abgehalten werden, konstruktiv zu handeln, um ihre Träume auf der physischen Ebene wahr werden zu lassen.

Verwirrung kontra Kommunikation

Manchmal gleiten die Jungfrau-Mondknoten-Menschen in einen verwirrten Bewußtseinszustand ab. Für viele Menschen kann Verwirrung etwas Gutes sein: der Ausgangspunkt einer höheren Ordnung. Aber für Jungfrau-Mondknoten ist Verwirrung nicht vorteilhaft. Wenn sie verwirrt sind, üben sie Kritik an sich selbst und zweifeln an allem, was sie tun, so daß die gegenwärtige Richtung ihrer Handlungen in Frage gestellt wird. Sie müssen sich von dieser Energie abwenden, sich erneut auf die Gegebenheiten der äußeren Welt konzentrieren, die diese Verwirrung verursacht haben, und dann wieder in die Situation einsteigen und die Ordnung wiederherstellen.

Wenn sie beispielsweise durch liegengebliebene Schreibarbeit verwirrt werden, ist es das beste, sich hinzusetzen und die Unterlagen durchzugehen, sich direkt mit ihnen auseinanderzusetzen und sie auf eine Weise zu ordnen, die für sie Sinn macht. Wenn sie das Verhalten eines Mitarbeiters verwirrt, sollten sie sich der Situation unverzüglich stellen, mit der betreffenden Person reden und herausfinden, wodurch ihr Verhalten hervorgerufen wird.

Wenn sie sich einem Problem gegenübersehen, ist es für Jungfrau-Mondknoten-Menschen normalerweise von Vorteil, einen Therapeuten aufzusuchen oder sich bei einem Freund auszusprechen, weil die Interaktion es ihnen ermöglicht, eine praktischere Perspektive zu finden. Ihre Vorstellungskraft ist derart aktiv, daß sie, auf sich gestellt, die Probleme ausufern lassen und sich alle möglichen unlösbaren Probleme vorstellen. Ihre eingebildeten Ängste lähmen sie zu sehr, um die

Schritte zu unternehmen, die wieder Ordnung in ihr Leben bringen würden. Daher ist es für sie sehr hilfreich, ein Feedback darüber zu bekommen, ob ihre Ängste auf der Realität basieren oder ein Produkt ihrer überaktiven Vorstellungskraft sind. Jungfrau-Mondknoten-Menschen sind viel erfolgreicher, wenn sie aktiv ausprobieren, was auf der praktischen Ebene funktioniert.

Wenn Jungfrau-Mondknoten-Menschen das Gefühl haben, innerhalb einer Beziehung ihre Grenzen zu verlieren, und Probleme haben, ihre Frustration mit ihrem Partner zu besprechen, sind sie auch nicht gewillt, mit einer dritten Person darüber zu sprechen. Sie sind so sensibel, wenn es darum geht, ihren Partner zu verletzen, daß sie es sogar vermeiden, sich die Verletzung vorzustellen. Es kann sein, daß dem Partner gesagt werden muß: »Halt! Dieses Verhalten akzeptiere ich nicht! Wenn du dich weiterhin so verhältst, zwingst du mich dazu, dich zu verlassen!« Ein Eheberater kann ein wertvoller Begleiter sein, wenn sie mit ihrem Partner sprechen.

Diese Menschen sind in Wirklichkeit selbst ausgezeichnete Berater, sowohl beruflich als auch privat. Andere spüren ihr unglaubliches Einfühlungsvermögen, und natürlich vertrauen sie ihnen deshalb. Jungfrau-Mondknoten-Menschen verfügen über eine Energie, die bei anderen Vertrauen schafft; sie besitzen einen analytischen Verstand, der sie befähigt, klare, praktische Ratschläge zu erteilen; und sie haben die bemerkenswerte Fähigkeit, Intuition mit gesundem Menschenverstand zu kombinieren.

Unbestimmtheit kontra Detail

Diese Menschen sind so daran gewöhnt, ein Bewußtsein für die größeren Zusammenhänge aufrechtzuerhalten, daß sie die Details im Hier und Jetzt leicht überschauen können. Dies kann sie zu Handlungen veranlassen, die nicht zu ihrem Besten sind. Solange sie aber ihre Aufmerksamkeit auf die aktuellen Details einer jeden Situation richten, irren sie sich sehr selten.

Wenn sie zulassen, daß sie unkonzentriert sind, machen sie sich oft Sorgen, ohne zu wissen warum. Dann fühlen sie sich auch verletzlich gegenüber Angriffen, werden übermäßig mißtrauisch und ängstlich gegenüber anderen Menschen. Wenn sie sich in solchen Augenblicken daran erinnern, sich auf die Einzelheiten dessen zu konzentrieren, was um sie herum vorgeht (die Kleidung, die jemand trägt, die Gegenstände in einem Schaufenster, das Spüren der Luft auf ihrer Haut usw.), dann beruhigen sie sich wieder und fühlen sich sicher.

Ängste aus vergangenen Leben kontra Gegenwart

Jungfrau-Mondknoten-Menschen haben in vergangenen Leben die Konsequenzen von Gesetzesübertretungen erfahren. Daher haben sie in diesem Leben ein starkes Gefühl für Recht und Unrecht, und eine starke Abneigung, das Gesetz zu brechen. Sie waren in vergangenen Leben sehr abergläubisch und machen sich viele Gedanken über Omen, deren Botschaft man befolgen sollte, um eine furchterregende Bestrafung zu vermeiden. Wenn sie aber auf Omen achten, werden sie von sachlichen Details abgelenkt. Sie hatten mit spirituellen Lehren in vergangenen Leben so viele Erfahrungen, daß sie in dieses Leben kommen und nach Vorzeichen suchen und dabei völlig ignorieren, was auf der greifbaren Ebene geschieht. Anstatt nach Omen Ausschau zu halten, sollten diese Menschen besser die greifbaren Fakten beobachten und ein direktes Feedback von anderen erbitten, um sicherzustellen, daß sie auf dem richtigen Weg sind. Wenn sie befürchten, daß etwas nicht in Ordnung ist, sollten sie sich nicht zurückziehen, sondern besser nach vorne schreiten und sich engagieren, die Hilfe anderer heranziehen, sich der Angst stellen und eine Umgebung schaffen, die das Schlimmste verhindert.

Für diese Menschen sind Tätigkeiten sehr geeignet, die sie in die Gegenwart zurückbringen. Buchhaltung ist gut für sie, weil sie dadurch jederzeit über ihre eigene finanzielle Situation informiert sind. Es stärkt ihnen den Rücken, wenn sie ihre Aufzeichnungen hervorholen und erkennen können, wieviel sie letztes Jahr ausgegeben haben und wie es im Vergleich dazu in diesem Jahr aussieht. Es vermittelt ihnen ein kraftvolles Gefühl der Erdung, Orientierung und des Vertrauens.

Da sie mit Tätigkeiten glücklich sind, die Aufmerksamkeit für das Detail erfordern, um erfolgreiche Ergebnisse zu erzielen, sind zum Beispiel Computer ein ausgezeichnetes Arbeitsmittel für sie.

Selbstzweifel und Sorge kontra Vertrauen und Aktivität

Jungfrau-Mondknoten-Menschen können sehr introvertiert und in sich gekehrt sein. Wenn sie sich um etwas sorgen, ziehen sie sich in sich zurück, um Trost und Verständnis zu finden. Unglücklicherweise verfügen sie nicht über die Fähigkeit, diesen inneren Prozeß zu kontrollieren, so daß die Sorgen, Zweifel und Verdächtigungen endlos sind. Diese Menschen neigen auch dazu, sich selbst abzuwerten und auf ihr Leben zurückzublicken, um zu erkennen, was sie falsch gemacht haben. Dies kann zu einem unglaublichen Gefühl des Versagens führen, was in keinem Verhältnis zu den Tatsachen steht. Wenn sie sich zurückziehen und über ihr Leben reflektieren, versuchen sie die Dinge zu verstehen; diese Vorgehensweise ist für sie aber nicht vorteilhaft. Sie müssen um jeden Preis Selbstzweifel vermeiden.

Das Ungünstigste, was Jungfrau-Mondknoten-Menschen tun können, ist, die Lauterkeit ihrer Ziele in Zweifel zu ziehen. Mit der Zeit haben sie ein klares Bild ihrer Zielvorstellungen gewonnen, sie haben sie bereits peinlich genau in ihren Gedanken durchgespielt, um sicherzustellen, daß sie auf einem lauteren Motiv basieren, niemandem schaden, sondern anderen dienen. In diesem Leben finden sie heraus, wie sie ihre Visionen auf der praktischen Ebene verwirklichen können. Für sie ist es heilsam, Dinge auszuprobieren, weil sie dadurch herausfinden können, wie die Dinge auf der materiellen Ebene funktionieren.

Wenn diese Menschen auf Chaos stoßen, klammern sie sich an den Gedanken, das Chaos *innerlich* beseitigen und darüber hinauswachsen zu können, so daß die Situation sich dann *äußerlich* schon von selbst lösen wird. Das schafft bei denjenigen Frustration, die erwarten, daß die Jungfrau-Mondknoten-Person sich aktiv an der Lösung des Problems beteiligen wird. Andere verstehen es nicht, wenn sich diese Menschen zurückziehen. Es verursacht aber auch bei den Jungfrau-Mondknoten-Menschen selbst Frustration, weil sie sich mißverstanden fühlen und nicht einsehen, warum ihr System nicht funktioniert. In diesem Leben sind sie jedoch nicht fähig, ihre Probleme dadurch zu lösen, daß sie sich in sich zurückziehen. Aus astrologischer Sicht liegt die Lösung in einer äußeren Handlungsweise.

Jungfrau-Mondknoten-Menschen neigen auch dazu, sich selbst durch Gefühle der Unzulänglichkeit in Frage zu stellen, die wirklich negative Folgen haben können. Manchmal greifen sie intuitiv ein Problem im voraus auf oder sind besorgt über ihre Beziehung zu einer Person oder die Entwicklung einer Situation, wissen aber nicht warum. Wenn sie sich auf ihre Ängste konzentrieren, stellen sie sich alle Arten von Katastrophen vor und interpretieren äußere Ereignisse auf eine Weise kritisch, die ihre Verwirrung noch bestätigt. Um wieder zu einem Gefühl der inneren Ausgeglichenheit zu finden und gegen ihre Ängste anzukämpfen, zweifeln sie dann ihre intuitive Reaktion an. Beide Wege funktionieren nicht, ob sie nun ihren Verstand benutzen, um ihre Ängste zu rechtfertigen oder sie zu leugnen. Dann ist es sinnvoll, außerhalb ihres Selbst nach weiteren objektiven Informationen zu suchen.

Die Intuition dieser Menschen ist grundsätzlich richtig. Man stelle sich beispielsweise vor, daß sie, bevor sie zur Arbeit fuhren, vergessen haben, ein Fenster zu schließen. Plötzlich fängt es an zu regnen, und sie machen sich aus unerklärlichen Gründen Sorgen um ihr Zuhause. Sie stellen sich vor, es würde jemand einbrechen oder ein Feuer würde die Wohnung verwüsten. Sie haben Angst um ihr Zuhause und wissen nicht warum. Die Lösung ist, nach Hause zurückzukehren, wo sie dann sicherlich feststellen werden, daß das Fenster offensteht und es hereinregnet. Sie sollten weder ihre Intuition in Frage stellen noch ihren Ängsten nachgeben, sondern sich vielmehr mit der Situation auseinandersetzen, die Fakten analysieren und nach mehr Informationen suchen, wenn sie sie benötigen.

Jungfrau-Mondknoten-Menschen müssen mehr Vertrauen in das entwickeln, was sie tun wollen – und Vertrauen bauen sie am besten dadurch auf, daß sie handeln. Vertrauen ist eine Qualität aus ihren vergangenen Leben. Durch ihre Erfahrung mit Hingabe und dem Erkennen größerer Zusammenhänge, haben sie ein Vertrauen in die jeweils unmittelbare Manifestation des Lebens entwickelt. In diesem Leben wissen sie intuitiv, daß »alles gut ist und alles genau so geschieht, wie es geschehen soll«. Wenn sie sich daran erinnern, erlangen sie inneren Frieden und Vertrauen.

Ich hatte beispielsweise eine Klientin mit dieser Mondknotenposition, die ihren Job verlor. Sie benutzte die Angst, um sich selbst zur Aktivität anzutreiben; obwohl sie drei Monate Zeit hatte, um eine andere Arbeitsstelle zu finden, fing sie sofort mit der Suche an. Sie erhielt zwei Angebote und zog das Angebot vor, das ihren idealistischen Vorstellungen über die Arbeit in einem Vorort entsprach, da sie nicht im Zentrum arbeiten wollte. Als sie bereits zehn Tage an der neuen Arbeitsstelle war, erkannte sie, daß sie einen Fehler gemacht hatte und rief an, um sich erneut für die andere Stelle zu bewerben. Nach vielen Problemen und Widerständen stellten sie sie ein, aber sie war froh,

Nördlicher Mondknoten in Jungfrau

diese Erfahrung gemacht zu haben.« »Wenn ich sofort in der Stadtklinik
gearbeitet hätte, dann hätte ich es nicht zu würdigen gewußt. Dann
würde ich mich noch immer fragen, ob ich in dem Vorort nicht glücklicher gewesen wäre. Aber jetzt weiß ich es!«

Dienen oder Leiden

Für Jungfrau-Mondknoten-Menschen ist Dienen das Gegenmittel für
inneres Leiden. Diese Menschen empfinden eine große Verbundenheit
mit der Menschheit und ein tiefes Mitgefühl für das Leiden anderer.
Auch wenn jemand einer anderen Person Unrecht tut, können sie normalerweise doch beide Seiten verstehen.

Diese Menschen lernen gemäß ihrem Mitgefühl zu handeln. Sie verfügen über das innere Wissen, daß sie hier sind, um anderen Menschen
zu dienen; und dennoch geraten sie ins Wanken, wenn sie damit beginnen. Wenn Unsicherheiten auftauchen, müssen sie sich daran erinnern,
daß ihr Motiv zu helfen rein ist – ihre einzige Absicht ist es, zu helfen
und die Ordnung wiederherzustellen. Wenn sie sich auf die andere
Person und auf das, was sie tun können, um zu helfen, konzentrieren,
sind sie von ruhigem Vertrauen erfüllt. Um glücklich zu sein, müssen
sie immer etwas zu tun haben. Irgendeine freiwillige Arbeit zu leisten
oder bei Freunden oder in der Familie auszuhelfen, gibt ihnen das
Gefühl, nützlich und zufrieden zu sein. Für sie ist es heilsam, vielen
nach außen gerichteten Tätigkeiten nachzugehen.

Normalerweise sind sie nicht motiviert, sich bei der Förderung ab-
strakter Ideen zu beteiligen: Welthungerhilfe, Weltfrieden oder Umweltschutz. Sie sind motiviert, Menschen zu helfen. Wenn jemand sagt:
»Ich habe Hunger« oder »Ich leide unter allergischen Reaktionen auf
meine häusliche Umgebung«, können sie nicht nein sagen. Wenn jemand Zugang zu ihnen findet und sie rührt, schlägt ihr Herz bei dem
Gedanken höher, helfen zu können. Sie müssen die Interaktion jedoch
auf ein Ziel ausrichten, um ihre hilfreichen Energien zum Fließen zu
bringen.

Manchmal konzentrieren Jungfrau-Mondknoten-Menschen ihr Bedürfnis zu helfen auf sich selbst. Dann beschäftigen sie sich ausschließlich mit sich selbst, was wiederum zu einer Vielzahl von Problemen
führt. Wenn beispielsweise jemand im Büro wütend wird, dann denken
sie eher »Was versucht er mit mir zu machen?« als »Was kann ich tun,

damit er sich besser fühlt?« Sie setzen voraus, daß jeder jederzeit weiß, was sie tun und denken: »Ich bin in der schwächeren Position. Andere müssen darauf Rücksicht nehmen, weil sie raffinierter, stärker und gegenwartsbezogener sind, und wissen sollten, wie sensibel ich bin.« Der Gedanke, daß sie weniger wert seien als andere, ist jedoch nicht richtig. In Wirklichkeit ist es so, daß sie, bedingt durch viele vergangene Leben, die sie mit Selbstreinigung verbracht haben, in vielen Punkten in ihrer Entwicklung weiter fortgeschritten sind.

Auch wenn andere Menschen ein überhebliches Verhalten an den Tag legen, heißt das noch lange nicht, daß sie immer wissen, was sie tun. Wenn die Jungfrau-Mondknoten-Menschen deshalb annehmen, daß andere wüßten, wie sensibel sie sind, sie aber dennoch verletzen, ist das eben nicht richtig. In Wirklichkeit sind die meisten anderen Menschen nicht so feinfühlig wie die Jungfrau-Mondknoten, sondern sind oft grob, ohne es zu bemerken. Jungfrau-Mondknoten müssen aufhören, sich auf sich selbst zu konzentrieren, und ihr Interesse auf andere Menschen lenken. Sie müssen versuchen, ihre Fähigkeiten zu nutzen, um die jeweilige Situation zu verbessern, weil andere ihre beruhigende, heilende Energie brauchen und begrüßen.

Manchmal kehren diese Menschen ihre geringe Selbstwertschätzung um und sehen sich selbst in einer überlegenen Position. Wenn sie sich selbst als überlegen ansehen, können sie es sich leisten, zuvorkommend zu sein; wenn sie sich selbst als minderwertig ansehen, erwarten sie von anderen Menschen, daß sie nett zu ihnen sind. Jede der beiden Positionen ist jedoch ein Extrem, und keine funktioniert wirklich, weil beide das Ich in den Mittelpunkt stellen und nicht das Dienen.

Wenn diese Menschen Dinge aus einem Gefühl der Liebe heraus tun, erzeugen sie eine spirituelle Qualität, die mit dem Universum in Verbindung steht, nach dem sie sich sehnen. Wenn sie aus einer Pflicht heraus handeln, tun sie es mit ihrem Kopf, wenn sie aus Mitgefühl handeln, kommt es von ihrem Herzen. Wenn sie darüber nachdenken müssen, jemand anderem zu helfen, dann ist etwas nicht richtig. Der eigentliche Wunsch zu helfen, erwächst spontan, wenn sie sich kennen und mit ihren Gefühlen in Verbindung stehen.

Geben kontra Schwächung

Diese Menschen sind von Natur aus sehr sensibel, verletzlich, hilfsbereit, mitfühlend und versöhnlich – das öffnet Tür und Tor, von anderen ausgenutzt zu werden.

In Beziehungen können Jungfrau-Mondknoten-Menschen den richtigen Weg finden, indem sie einschätzen, ob sie im Kontakt Energie verlieren oder gewinnen. Andere Menschen spüren ihr Mitgefühl und werden von ihnen angezogen wie die Motten vom Licht. Sie hören sich die Probleme unvoreingenommen und einfühlsam an und bemerken dann oftmals, daß ihre eigene Energie geschwächt ist. Ihre Aufgabe ist es, zu unterscheiden, wer wirklich daran interessiert ist, eine Lösung zu finden, und wer einfach nur nach einer Schulter sucht, an der er sich ausweinen kann. Sie dürfen in ihrem Leben nur solchen Menschen helfen, die wirklich nach produktiven Lösungen suchen. Der Kontakt mit diesen Menschen ist für Jungfrau-Mondknoten-Menschen gut, weil sie ihnen Vertrauen in ihre Fähigkeit, Probleme zu lösen, vermitteln. Wenn sie ihre Ideen mit Menschen teilen, die wirklich nach Lösungen suchen, ist es für beide Seiten ein Gewinn.

Wenn sie jedoch Menschen helfen, die nur nach Mitleid suchen und deren Konversation eine Einbahnstraße endloser Probleme ist, verlieren die Jungfrau-Mondknoten sowohl an Energie als auch an Selbstvertrauen. Die andere Person geht dann normalerweise weg und fühlt sich – vorübergehend – großartig, die Jungfrau-Mondknoten-Person spürt jedoch einen solchen Energieverlust, daß sie kaum noch fähig ist, sich ins Bett zu schleppen. Dies verringert ihre Fähigkeit, denjenigen zu helfen, die wirklich nach Lösungen suchen. Alle verlieren, wenn die Jungfrau-Mondknoten-Menschen zulassen, auf diese Weise ausgebeutet zu werden.

Wenn sie erlauben, daß ihre Energie geschwächt wird, vermittelt das die Botschaft: »Es ist in Ordnung, eine andere Person auszunutzen, so daß sie sich schlechter fühlt, während du dich selbst besser fühlen kannst.« Wenn sie diesen Mißbrauch nicht zulassen, geben sie der anderen Person die Möglichkeit innezuhalten, ihr Verhalten zu überprüfen und zu lernen, anderen gegenüber sensibler zu werden.

Diese Menschen haben ein verstecktes Motiv zuzulassen, daß sie mißbraucht werden. Sie haben viele vergangene Leben mit Leid, Selbstverleugnung und Schmerz verbracht, und sie glauben, daß »niemand wirklich weiß, was ich mitgemacht habe«. Auf einer unbewußten Ebene suchen sie danach, daß ihr Leiden anerkannt wird, und geben deshalb vor, daß andere Menschen ihre Probleme bei ihnen abladen können, weil sie erwarten, dann selbst an der Reihe zu sein und über ihren Kummer und ihre Sorgen sprechen zu können.

Andere revanchieren sich aber nicht grundsätzlich, indem sie ihnen zuhören. Und wenn sie dann doch endlich jemanden finden, der ihnen zuhört, dann führt sie das in einen instabilen Zustand voller Ängste und Sorgen. Die intensive Beschäftigung mit unlösbaren Problemen – ihren eigenen oder denen anderer – ist für sie in diesem Leben nicht von Vorteil. All die Gefühle von Schmerz, Märtyrertum und Leid aus vergangenen Leben werden am besten in der Büchse der Pandora gehalten: Nicht den Deckel öffnen!

Liebe in Dienen umwandeln

In vergangenen Leben haben die Jungfrau-Mondknoten-Menschen eine Menge Verständnis und Liebe erfahren, die sie nun teilen wollen. Dennoch müssen sie sich in diesem Leben konzentrieren, engagieren und ihre Weisheit für andere zugänglich machen. Sie lernen, wie sie Liebe in Dienen umwandeln können – und wie sie sich wieder mit ihren Gefühlen der grenzenlosen Liebe und des Mitgefühls in sich verbinden können.

Sie verfügen auch über heilende Fähigkeiten, die aus der unglaublichen Kraft ihres Glaubens erwachsen. Nicht selten ist es in ihrem eigenen Leben zu einer erstaunlichen Heilung gekommen. Sie wissen genau, daß körperliche Gebrechen eine tiefere psychische Ursache oder eine spirituelle Dimension haben. Sobald sie die einem Leiden zugrundeliegende Ursache verstanden haben, erfolgt die Heilung oft ganz spontan. Es ist die Kraft ihres Glaubens, in Verbindung mit ihrer Wahrnehmung des größeren Zusammenhangs, die diese Heilungen beschleunigt. Weil allein ihre Gegenwart in anderen Vertrauen hervorrufen kann, sind sie großartige Krankenschwestern und Ärzte.

Sie sind auch Heiler, die die Hände auflegen. Deshalb ist es für sie das Beste, Gegenstände, Haustiere oder Menschen direkt anzufassen, um ihnen zu helfen, sich zu erden. Wenn sie im körperlichen Bereich völlig präsent sind, kommen all ihre hellsichtigen, spirituellen Fähigkeiten zur Entfaltung.

Nördlicher Mondknoten in Jungfrau

Wenn sie anfangen, Menschen zu heilen – während sie sich ganz auf den jeweiligen Augenblick konzentrieren und sehr genau beobachten, wo die Energie hinfließt und wie die andere Person reagiert –, öffnet sich ihre Psyche, und sie erkennen, wo sie ihre Hände auflegen müssen, um einen optimalen Effekt zu erzielen. Während sie auf diese Weise heilen, können sie sagen, in welchem Bereich die andere Person nicht in Kontakt mit ihrer inneren Energie steht. Sie können es kaum erwarten, diese Energien zu aktivieren, damit die andere Person sich für ihre eigene Ganzwerdung öffnen kann.

Durch intensive Selbstbeobachtung und Selbstüberprüfung sind diese Menschen gänzlich unvoreingenommen gegenüber anderen Menschen geworden. Sie besitzen ein tiefes Verständnis für die allgemeine Not der Menschheit, das ihr Mitgefühl und ihre Akzeptanz gegenüber anderen fördert. Diese Menschen müssen jedoch lernen, zwischen Unvoreingenommenheit im ethischen Bereich und der Notwendigkeit, ein praktisches Urteilsvermögen an den Tag zu legen, zu unterscheiden. Oftmals nehmen sich diese Menschen selbst zurück und unterwerfen sich dem Willen von Persönlichkeiten, die wesentlich bestimmter auftreten.

Ich hatte beispielsweise eine Klientin mit dieser Mondknoten-Position, die seit neun Monaten von ihrer Arbeit äußerst mitgenommen war. Sie arbeitete als Krankenschwester und hatte ein Problem mit einem Mann im Krankenhaus. Sie sandte ständig liebevolle Energie in seine Richtung, um zu versuchen, die Situation zu verbessern, aber zu ihrer großen Überraschung nutzte es überhaupt nichts. Sie wurde so verzweifelt, daß sie sich entschloß, den Job zu kündigen, den sie so sehr liebte. Dann, eines Nachts, bedrohte dieser Mann ihr Leben, und sie entschloß sich endlich, jemandem zu erzählen, was vorgefallen war. Schließlich verlor der Mann seine Arbeitsstelle, aber meine Klientin war deswegen neun Monate äußerst verzweifelt gewesen.

Hierbei handelt es sich um ein perfektes Beispiel dafür, was für Jungfrau-Mondknoten-Menschen funktioniert und was nicht. Diese Frau ließ über neun Monate zu, daß sie schikaniert wurde, indem sie ihrem Peiniger still und leise Licht, Mitgefühl, Verständnis und Liebe schickte, anstatt sich aktiv zu engagieren, um das Problem aus der Welt zu schaffen. In vergangenen Leben hatte sie mit dieser Methode Erfolg, nicht jedoch in diesem Leben. Sicherlich ist es immer eine gute Idee, jemand anderem Licht zu senden, aber für diese Menschen ist es letztendlich notwendig, daß sie direkt handeln, um die negativen Gegebenheiten zu ändern.

Bedürfnisse

Selbstvertrauen

Jungfrau-Mondknoten-Menschen müssen in dieser Inkarnation Selbstvertrauen aufbauen. Wegen ihres sensiblen Wesens leben sie mit unterschwelligen Gefühlen von Hilflosigkeit und ständiger Verwundbarkeit. Dies kann nur allzu leicht zu Verwirrung oder unkontrollierter Angst führen. Sie können diese Gefühle so lange nicht loslassen, bis sie den Grund herausgefunden haben. Wenn sie Hilfe von außen in Anspruch nehmen, können sie leichter erkennen, daß ihre Befürchtungen wenig mit der Realität zu tun haben.

Ich hatte beispielsweise einen Klienten mit dieser Mondknotenposition, der ungeheure Ängste hatte, einen Job anzunehmen, der sich auf dem Papier sehr gut anhörte. Bei dieser Stelle handelte es sich genau um das, was er wollte, und die Person, die ihm die Arbeit anbot, versprach ihm den Himmel auf Erden. Dennoch fühlte er sich besorgt, ohne zu wissen warum. Während er mir den Fall schilderte, erwähnte er, daß er früher schon einmal in diesem Teil des Landes gearbeitet hatte, mit zwiespältigen Erfahrungen: Er hatte zwar eine Menge Geld verdient, fühlte sich sozial aber sehr isoliert, weil die Menschen dort starke Vorurteile gegen seinen Lebensstil hatten. Nun befand er sich an einem Punkt, an dem ihm sein gesellschaftliches Leben ebenso wichtig war wie sein finanzieller Erfolg. Sobald er verstanden hatte, woher seine Ängste rührten, traf er die verantwortungsbewußte Entscheidung, den Job nicht anzunehmen.

Den Jungfrau-Mondknoten-Menschen ist das Selbstvertrauen nicht angeboren. Sie haben tiefsitzende Ängste, die aus ihrem Mangel an praktischer Erfahrung in der Welt resultieren. Vertrauen ist ein Ergebnis erfolgreicher Erfahrungen. Sie werden feststellen, daß ihr Vertrauen in jedem Bereich ihres Lebens stark wächst, wenn sie sich bewußt Ziele setzen.

Vertrauen durch Erfahrung

Weil Jungfrau-Mondknoten-Menschen in ihrem Unterbewußtsein nicht viele Erinnerungen an Erfahrungen in der äußeren Welt haben, stehen weltliche Dinge für sie an erster Stelle. Für diese Menschen ist eine aktive Vorgehensweise das beste: durch Praxis lernen, ausprobieren, durch eigene Lernprozesse herausfinden, was für sie funktioniert und was nicht. Jungfrau-Mondknoten sind keine Theoretiker, die Bücher als letzte Autorität ansehen – sie wollen praktische Ergebnisse sehen.

Sie wollen nicht unbedingt recht haben und sind gewillt, Fehler zu machen, während sie herauszufinden versuchen, wie sie Dinge erfolgreich verwirklichen können. Diese natürliche Offenheit und Bescheidenheit ist für sie von Vorteil, weil Fehler ein notwendiger Teil des Lernprozesses sind. Diese Menschen lernen gewöhnlich schnell und brauchen nicht lange, eine Vorstellung davon zu bekommen, was in einer Situation funktioniert und was nicht.

Erfahrungen aus vergangenen Leben, die die Jungfrau-Mondknoten-Menschen in geschlossenen Anstalten gemacht haben, sind sehr mit ihrem Karma verbunden. Das ist der Grund, warum sie in der gegenwärtigen Inkarnation Angst haben, unterzugehen oder verrückt zu werden – es ist möglich, daß Teile ihrer Psyche in der Vergangenheit aus der Balance geraten sind. Arbeit ist in diesem Leben ein ausgezeichnetes Gegenmittel für sie. Wenn sie sich auf ihre Arbeit und positive Ergebnisse konzentrieren, wird ihre Psyche, egal welcher Teil von ihr aus dem Gleichgewicht geraten war, sich durch die praktische Notwendigkeit, die Arbeit erledigt zu bekommen, wieder stabilisieren.

Verletzlichkeit

Jungfrau-Mondknoten-Menschen sind extrem sensibel, und sie nehmen an, daß andere ebenso sensibel seien. Wenn sie jedoch genauer hinsehen, können sie hinter der Maske, die andere Menschen tragen, deren wirkliche Motive, Sehnsüchte und Unsicherheiten erkennen. Weil sie selbst diese Fähigkeit besitzen, nehmen sie an, andere wären ebenfalls dazu in der Lage. Deshalb fühlen sie sich sehr verletzlich, wenn sie draußen in der Welt sind. Sie müssen jedoch verstehen, daß andere nicht in sie hineinsehen können, da sie noch nicht den Selbstreinigungsprozeß durchlaufen haben, der erforderlich ist, um andere Menschen zu durchschauen.

Diese Menschen nehmen ebenfalls an, daß anderen bewußt ist, wie sensibel sie sind, wie sehr sie nachgeben und sich zurücknehmen, um Verletzungen zu vermeiden. Aber das stimmt nicht. Deshalb müssen diese Menschen klar definierte Grenzen errichten und andere wissen lassen, wenn sie sich verletzt fühlen. Anstatt zu weinen und aufzugeben, sollten sie ganz genau feststellen, was in den Augen der anderen Person passiert, und eine klare, konstruktive Richtung der jeweiligen Handlungsweise festlegen.

Konzentration nach außen: Teilnahme

Jungfrau-Mondknoten-Menschen konzentrieren sich zu sehr nach innen. Eine meiner Klientinnen mit dieser Mondknoten-Position sagte immer wieder: »Ich kann darüber hinwegkommen, wenn ich einfach in mich hineingehe und darüber nachdenke.« Mein Rat war immer: »Nein! Engagieren Sie sich aktiv, um Ordnung in diese Situation zu bringen.«

Es ist schwer herauszufinden, was in den Köpfen dieser Menschen vorgeht, weil ihre erste Reaktion darin besteht, sich zurückzuziehen. Da es also für andere schwer ist, sie zu verstehen, werden ihre Gefühle manchmal nicht berücksichtigt. Um sie effektiv einzubeziehen, sollte man ihnen spezifische Fragen stellen, um zu klären, wie sie eine Situation beurteilen, wie sie sich dabei fühlen und was sie wollen. Sobald sie sich im klaren darüber sind, was sie erreichen wollen, fangen sie an zu handeln.

Ihre Neigung, sich nach innen zu konzentrieren, ist für sie besonders in zwischenmenschlichen Situationen von Nachteil. Der Schlüssel liegt in der Verbindung mit anderen und einer gemeinsamen Problemlösung. Wenn sie anderen aktiv helfen, Schritte zu unternehmen, um Ordnung in eine Situation zu bringen, helfen sie sich selbst. Solange sie sich daran erinnern, daß ihr Motiv Hilfsbereitschaft ist, sind sie mit dem Vertrauen erfüllt, das sie benötigen, um sich mit Freude zu engagieren. Für sie ist es sehr bestärkend, wenn sie das im Gedächtnis behalten.

Diese Menschen verfügen über eine unglaubliche Fähigkeit, den Fluß des Lebens in eine organisierte Form zu bringen. Sobald sie ein spezielles Ziel vor Augen haben, scheint sich alles wie von selbst zu ergeben. Für sie liegt der Schlüssel in der Richtung – indem sie sich einfach auf eine Zielvorstellung konzentrieren, tauchen die Schritte in fehlerlosen, ordentlichen Abschnitten vor ihnen auf, durch die sie am effizientesten ihr Ziel erreichen können. In schwierigen Situationen sind sie fähig, die heiklen Bereiche zu erkennen. Indem sie ihre Energie darauf konzentrieren, am Anfang eine stabilere Basis zu schaffen, verhindern sie, daß Dinge später auseinanderbrechen.

Jungfrau-Mondknoten-Menschen wurden mit den oben beschriebenen Fähigkeiten geboren, und doch wissen sie oft nicht, daß sie sie besitzen. Es ist, als entdeckten sie einen neuen Raum in ihrem Inneren, der Fähigkeiten birgt, Dinge zu ordnen, zu analysieren und spirituelle Ethik erfolgreich in die materielle Welt einzubringen.

Urteilsfähigkeit

In vergangenen Leben haben die Jungfrau-Mondknoten-Menschen eine spirituelle Orientierung entwickelt. Einige der Lehren, die ihnen vermittelt wurden, waren jedoch nicht richtig oder unvollständig. Indem sie ausprobieren, was tatsächlich auf der greifbaren Ebene funktioniert, können sie dies zu unterscheiden lernen. Sie könnten beispielsweise gelernt haben, daß es richtig ist, für alle Lebewesen mitfühlende Liebe zu empfinden. Vermutlich wurden ihnen nicht die Techniken beigebracht, mit denen man diese Wahrheit in der heutigen Welt praktiziert, ohne selbst Schaden zu nehmen oder ihn anderen zuzufügen. Es ist an ihnen zu lernen, wie man das tut. Sobald sie erkennen, wie sie handeln müssen, sind sie Experten bei der praktischen Umsetzung.

Diese Menschen lernen in jedem Bereich ihres Lebens die Lektion der Klarheit und Urteilsfähigkeit: Was ist Wirklichkeit und was Phantasie; was ist förderlich und was destruktiv; wer braucht ihre Hilfe wirklich, und wer möchte nur Mitleid; wann dienen sie, und wann werden sie schikaniert. Sie müssen differenzieren, damit sie ihr Bewußtsein klären und anfangen können, eine effiziente Ordnung zu schaffen, die ihrem Leben Stärke, Stabilität und Vertrauen verleiht.

Handeln kontra Aufgeben

Jungfrau-Mondknoten-Menschen müssen gegen die Neigung ankämpfen aufzugeben. Widerstände zu überwinden ist Teil des Prozesses, der für sie notwendig ist, um innere Stärke und Selbstvertrauen zu erlangen. Uns allen mangelt es an Vertrauen auf Gebieten, bei denen es uns an Erfahrung fehlt. Der Unterschied ist nur, daß die meisten Menschen nicht aufgeben, wenn sie sich mit Widerständen konfrontiert sehen. Dies müssen auch Jungfrau-Mondknoten-Menschen in diesem Leben lernen.

Eine Lösung für das gewohnte Muster, sich zu distanzieren und zu kapitulieren, besteht in der Erkenntnis, daß ihr Leben nicht besser wird, wenn sie sich in sich zurückziehen und aufgeben. Das Universum schickt ihnen weiterhin die gleichen Situationen – mit unterschiedlichen Menschen –, damit sie die Möglichkeit haben, dieses Muster zu durchbrechen und ihre Lebendigkeit zu erfahren. Menschen, die es mit Jungfrau-Mondknoten zu tun haben, müssen erkennen, daß sie nicht beabsichtigen, jemanden zu verletzen, wenn sie sich zurückziehen. Manchmal brauchen sie ihren Partner, um von ihrer selbsterwählten Isolation loszukommen. Dies muß jedoch sanft geschehen, mit Verständnis und Liebe, und keinesfalls auf eine verurteilende oder harte Weise. Manchmal tut diesen Menschen Hilfe gut.

Wenn sie in eine Krise verwickelt werden, müssen sie gegen ihre Neigung ankämpfen, sich nicht einzumischen, und statt dessen ihr Engagement auf konstruktive Weise steigern. Dann gewinnen sie, genau wie jeder andere Beteiligte. Ich hatte beispielsweise eine Jungfrau-Mondknoten-Klientin, die seit fünf Jahren bis über beide Ohren in einen Mann verliebt war, er ebenso in sie. Sie schienen das ideale Paar zu sein. Sie war jedoch sieben Jahre älter als er, was ihm Probleme bereitete, wovon sie aber nichts wußte. Eines Tages gestand er ihr unter großen Qualen, daß er die Beziehung abbrechen werde, wobei er ihr erklärte, daß der einzige Grund der Altersunterschied sei. Meine Klientin war am Boden zerstört, anstatt Einwände zu erheben, zog sie sich zurück und ließ zu, daß er sich von ihr trennte. Er ging nach Europa, heiratete eine Frau, die jünger war als er, und bekam ein Kind mit ihr. Anläßlich einer Geschäftsreise kam er zurück und lud meine Klientin zum Abendessen ein. Er war unglücklich, noch immer in sie verliebt, aber es war zu spät, das Leben beider neu zu gestalten. Anstatt sich zurückzuziehen, hätte meine Klientin sich vorwärts bewegen und engagieren müssen, um die Ergebnisse zu schaffen, die sie sich wünschte. Sie hätte zum Beispiel sagen können: »Warte mal einen Augenblick, damit können wir fertig werden.« Die Ergebnisse hätten für sie beide ein Sieg sein können.

Extreme kontra Mäßigung

Jungfrau-Mondknoten-Menschen reagieren in den Augen anderer Menschen mit extremen Verhaltensweisen, indem sie zu konzentriert oder völlig unkonzentriert sind; zu vertrauensselig oder zu mißtrauisch; der perfekte Fußabtreter oder völlig unnahbar und unverwundbar. Sie sind emotional sehr erlebnisfähig. Um Probleme zu vermeiden, müssen sie sich auf die praktischen Aspekte einer jeden Situation konzentrieren, exakte Überlegungen bezüglich der betroffenen Personen anstellen und dann über die angemessene Energie und die produktivste Herangehensweise entscheiden.

Jungfrau-Mondknoten-Menschen lernen, ihre ausgeprägte Neigung zur Tagträumerei einzuschränken und auch in anderen Bereichen ihres Lebens maßzuhalten. Dies fällt ihnen nur dann leicht, wenn sie die Gegebenheiten objektiv zur Kenntnis nehmen. Sie verfallen nur dann in Extreme, wenn sie sich in ihren eigenen – von außen hervorgerufenen – Reaktionen verlieren. Sie finden zum Weg der Mäßigung, indem sie andere Menschen berücksichtigen, sich auf die Details dessen konzentrieren, was gerade geschieht, und eine praktische Lösung für die anstehende Situation ausarbeiten. Diese Menschen müssen lernen, auf einer praktischen, zielorientierten Ebene mit dem Leben umzugehen.

Wenn sie beispielsweise Firmeninhaber sind und ihre Angestellten nicht zu ihrer Zufriedenheit arbeiten, sollten sie nicht aus Mitgefühl übersehen, was geschieht, oder sich selbst aufopfern und zum Arbeitstier werden, noch sollten sie böse auf die Mitarbeiter werden. Sie müssen lediglich objektiv die Einzelheiten der Situation beobachten und eine Reihe von Regeln und Vorschriften aufstellen, die Teil des Arbeitsalltags werden. Nur diejenigen Mitarbeiter, die die Regeln befolgen, dürfen bleiben. Eigentlich verfügen diese Menschen über ein großartiges Berufskarma, und sie sind bei ihren Angestellten und Mitarbeitern stets beliebt. Um aber dennoch zu vermeiden, daß sie ausgenutzt werden, müssen sie Arbeitsplatzbeschreibungen definieren und sie schriftlich niederlegen. Dies überträgt ihre Vision auf die Angestellten und gestattet allen, auf ein gemeinsames Ziel hinzuarbeiten.

Ordnung

Ordnung in das Chaos bringen

Jungfrau-Mondknoten-Menschen fühlen sich von Situationen angezogen, in denen etwas unternommen werden muß, um ein bestehendes Problem zu beseitigen. Weil sie über die Fähigkeit verfügen, Probleme in Situationen, in denen Chaos oder Nachlässigkeit vorherrscht, zu lösen, ist es ihre Aufgabe, Ordnung zu schaffen. Wenn diese Menschen chaotische Zustände um sich herum erkennen, besteht ihre erste Reaktion darin, sich zurückzuziehen, wodurch die ganze Angelegenheit zusammenbricht. Wenn in diesem Leben etwas nicht funktioniert, müssen sie aktiv werden und tiefer in die Sache einsteigen. Wenn sie aufgeben, verliert jeder – weil andere unbewußt darauf zählen, daß sie sich beteiligen.

Für Jungfrau-Mondknoten-Menschen ist es auch sehr wichtig, in ihrem Lebensumfeld – sowohl im häuslichen als auch im beruflichen Bereich – Ordnung zu halten. Ordnung und Organisation verleihen ihrem Leben Klarheit und Stärke.

Auf der psychischen Ebene sind Chaos und Verwirrung besonders schädlich; sie untergraben ihr Vertrauen, in der Welt tätig werden zu können. Wenn sie ihre physische Umgebung in Ordnung haben, verleiht ihnen das ein Gefühl psychischer Ordnung, was sie wiederum befähigt, zuverlässig ihre Aufgaben zu erfüllen.

Tatsächlich ist der Vorgang, ihre Umgebung aufzuräumen, für Jungfrau-Mondknoten-Menschen geradezu heilsam. Wenn sie ein Gefühl innerer Angst verspüren, ist es manchmal – für Männer und Frauen – das Beste, den Staubsauger zur Hand zu nehmen, Papierkram aufzuarbeiten, Geschirr abzuwaschen, Staub zu wischen oder die Wohnung aufzuräumen – diese einfachen Tätigkeiten können für die Menschen einen therapeutischen Zweck erfüllen. Sich physisch auf eine konstruktive Weise zu bewegen, wandelt ihre innere Angst in Produktivität.

Struktur und Planung

Im Bereich des Planens übertreiben es diese Menschen manchmal. Sie verbringen dann so viel Zeit mit der Planung ihres Lebens, daß sie vergessen zu *leben*. Dies kann sich in einer sehr pflichtbewußten, arbeitsintensiven Phase äußern. Dann wieder kompensieren sie, indem sie überhaupt nichts planen, ihre Stärke verlieren und sich in einem Leben ohne Grenzen verlieren. Es handelt sich um die zwei Seiten der gleichen Medaille: der Wunsch, sich zu verlieren – entweder in Aktivitäten oder in Formlosigkeit – und keine Verantwortung dafür zu übernehmen, die Strukturen aufzubauen, die für Ausgeglichenheit in ihrem Leben sorgen würden. Ein Großteil dieser Verhaltensweisen resultiert aus Erfahrungen früherer Leben, als andere Menschen dafür verantwortlich waren, ihre Zeitpläne aufzustellen. In diesem Leben ist es jedoch ihre Aufgabe. Um ihrem Leben eine klare Struktur und Sinn zu geben, müssen Jungfrau-Mondknoten-Menschen ihre Ziele bewußt definieren und fähig sein, ihre Zeit entsprechend einzuteilen. Am besten funktioniert das für sie, indem sie eine bestimmte Zeit einplanen, um ihre Vorhaben konsequent zu überdenken. Sie könnten beispielsweise festlegen, daß sie Zeit für Arbeit, Training, Freundschaften, Spiel, Liebe, Meditation und Musik brauchen. Dann ist es für sie vorteilhaft, eine Liste der Bereiche aufzustellen, die wichtig für sie sind, und dann bewußt ihre Woche durchzustrukturieren, damit sie für jedes Vorhaben Zeit finden. Dies hilft ihnen sehr dabei, zu einem erfüllten und ausgeglichenen Leben zu finden.

Wenn sie sich auf einer physischen Ebene organisieren, erlangen sie ein klareres Bild darüber, wo sie in den unterschiedlichen Bereichen ihres Lebens genau stehen. Ich hatte beispielsweise eine Klientin mit dieser Mondknotenposition, die einen unbestimmten Argwohn gegenüber ihrem Börsenmakler verspürte. Um ihre Ängste auszuräumen, nahm sie sich all ihre Aufzeichnungen über die Aktiengeschäfte zur Hand, die sie mit ihm gemacht hatte, und rechnete genau aus, wieviel Geld sie durch die Transaktionen und wieviel Geld er durch die Provisionen verdient hatte. Sobald sie die Fakten und Zahlen vor sich hatte, konnte sie die Realität der Situation erkennen, und ihre Angstgefühle lösten sich auf.

Beziehungen

In diesem Leben lernen Jungfrau-Mondknoten-Menschen, wie man nein sagt und nicht zuläßt, in Beziehungen mißbraucht zu werden. Manchmal sagen sie sehr sanft nein, und die Nachricht kommt nicht bei den Menschen an, die sie mißbrauchen. Diese Menschen müssen es andere wissen lassen, wenn es zu einer Unausgeglichenheit im Geben gekommen ist oder wenn sie mehr Unterstützung benötigen, statt sich von der Beziehung zurückzuziehen. Wenn jemand die Nachricht nicht verstanden hat, ist das ganz einfach ein Anzeichen dafür, daß der Jungfrau-Mondknoten seine Herangehensweise ändern sollte. Sollte sich der Mißbrauch fortsetzen, müssen sie die Intensität ihres Nein so lange steigern, bis die andere Person es verstanden hat.

Liebesbeziehungen

Wie bereits erwähnt, zeigen Jungfrau-Mondknoten-Menschen in Liebesbeziehungen extreme Verhaltensweisen, indem sie entweder eine völlig Unnahbarkeit und einen Mangel an Engagement an den Tag legen oder sich der anderen Person völlig unterwerfen. Auch hier ist das Mittelmaß der Schlüssel zum Erfolg. Sie verhindern ein solches Mittelmaß, da sie ab dem Augenblick, in dem sie dem Menschen begegnen, zu dem sie sich in Liebe hingezogen fühlen, ein Gramm geben und dann sofort ein Kilogramm – bevor man sich versieht, haben sie sich völlig verloren. Sobald sich diese Menschen verlieben und die andere Person ihnen nicht das gibt, was sie wollen, versuchen sie, sich ihre eigenen Vorstellungen auszureden: »Nun gut, kann sein, daß ich zu festgelegt bin.« Dann lösen sie sich in einem Zustand der Verwirrung auf, indem sie einfach nur zustimmen, ohne für sich selbst einzutreten. Dies passiert ihnen normalerweise nicht bei ihren Freundschaften, denn sie haben keine besondere Angst, Freunde zu verlieren. Und wenn ihre Arbeitsstelle ihrer Gesundheit oder ihrem Wohlbefinden schadet, treffen sie die Entscheidung, etwas anderes zu machen. Wenn es sich aber um eine persönliche, intime Beziehung handelt, haben sie furchtbare Verlustängste.

Eine andere Falle, mit der sie sich konfrontiert sehen, ist der Verlust ihres Selbstrespekts. Sie neigen dazu, die Person, für die sie liebevolle Gefühle empfinden, höher einzuschätzen als sich selbst. Sie machen die andere Person zum Mittelpunkt; und sobald sie das getan haben, sind sie verloren. Damit Liebesbeziehungen sich für sie positiv entwickeln, müssen sie die Beziehung als solche höher bewerten als die andere Person.

Wenn sie sich verlieben, schaffen diese Menschen die Realität, die sie wollen, in ihrem Kopf, und dann leben sie diese Realität. Sie erzeugen Glück, indem sie eine innere Einstellung und eine aktive Vorstellung miteinander kombinieren – es ist fast, als hätten diese Menschen in ihren Gedanken eine Liebesaffäre. Diese bricht jedoch zusammen, wenn sich die Phantasie zu sehr von der Realität entfernt hat. Um eine realistische Ebene zu schaffen und tiefe Enttäuschungen zu vermeiden, müssen sie die andere Person ständig in ihre Phantasie mit einbeziehen. Jungfrau-Mondknoten-Menschen müssen ihre Beziehung ständig überprüfen. Investieren sie zu viel oder zu wenig Energie? Besteht ein Gleichgewicht zwischen Geben und Nehmen? Führt ihr Engagement zu einem Gefühl des Vertrauens oder der Unzulänglichkeit? Sie müssen gewillt sein, die andere Person wissen zu lassen, wo ihre Grenzen sind. Dies fördert Respekt und ermöglicht ihnen, die Freude zu erleben, sich mit jemand anderem auszutauschen und auf ein gemeinsames Ziel hinzuarbeiten. Sobald sie eine Bindung eingehen, ist es für beide Seiten hilfreich, ihre Ziele innerhalb der Beziehung aufzuschreiben. Je klarer sie sich darüber sind, was sie erreichen wollen, desto größer sind ihre Erfolgschancen. Von Zeit zu Zeit sollten die Ziele neu überdacht werden, weil sich die Beziehung im Laufe der Zeit ebenfalls verändert.

Innerhalb einer Ehe könnten die gemeinsamen Ziele darin bestehen, sich gegenseitig zu unterstützen; zweimal im Monat zu einem romantischen Dinner auszugehen; sich gegenseitig beim Erreichen individueller Ziele zu bestärken; die Finanzen gemeinsam und auf eine erfreuliche Art zu regeln; sich gegenseitig Vertrauen zu schenken; einmal im Jahr einen Eheberater aufzusuchen, damit die Beziehung im Gleichgewicht bleibt.

Wenn sich Jungfrau-Mondknoten-Menschen in einer Beziehung verwirrt fühlen, rührt das meistens daher, daß die Diskrepanz zwischen der Realität und ihrer Vorstellung, wie sie die Dinge gerne hätten, zu groß geworden ist. In diesem Fall müssen sie zuerst ihre individuellen Ziele und auch ihre gemeinsamen Ziele in der Beziehung klären. Wenn sie die innere Stärke erlangt haben, die aus einer Ordnung ihrer eigenen Gedanken resultiert, können sie ihrem Partner gegenübertreten, um Klarheit zu schaffen.

Wenn sie diesen Dialog eröffnen, sollten sie am besten zunächst einmal davon Abstand nehmen, sich über ihre Ziele und Grenzen zu unterhalten. Statt dessen sollten sie der anderen Person zuhören, welche Vorstellungen sie von der Beziehung hat. Dann können sie immer noch entscheiden, ob sie wirklich gut zu der anderen Person passen. Wenn sie gleich zu Anfang über ihre Ziele und Grenzen sprechen, setzen sie sich dem Risiko aus, getäuscht, beschwatzt oder ausgenutzt zu werden, weil die andere Person zustimmen könnte, nur um sie in der Beziehung zu halten.

Wenn die Jungfrau-Mondknoten-Person feststellt, daß die Ziele beider Partner wirklich im Einklang stehen, kann sie ihre Grenzen definieren, und die Verhandlungen können beginnen. Wenn sie aber tatsächlich feststellen sollte, daß ihre Vorstellungen und Grenzen unvereinbar sind, muß die Jungfrau-Mondknoten-Person den Mut haben, die Beziehung zu beenden oder sie in eine neue Form bringen, die für beide Seiten positiv ist – beispielsweise Freunde zu bleiben, statt zu heiraten. Sie fängt dann sofort an, darüber zu phantasieren, wie es letztendlich doch wieder harmonisch werden könnte und wie sie durchhalten müßte, in der Hoffnung, daß sie die andere Person ändern kann. Diese Vorgehensweise führt zu keinem Ergebnis. Nicht nur, daß sie reine Zeit- und Energieverschwendung ist, sie erzeugt auch sehr viel Enttäuschung und Schmerz.

Wenn diese Menschen sich auf eine Liebesbeziehung einlassen, müssen sie ihr besonderes Augenmerk auf ihre Interaktion während der ersten Wochen richten. Wenn sie erkennen, daß die Beziehung sich nicht gut entwickelt, sollten sie sie sofort abbrechen. Wenn sie in Kontakt mit der Realität bleiben – in jedem Bereich ihres Lebens –, wird ihr Leben sich positiv entwickeln. Für sie ist es sehr wichtig, daß sie nicht in einer Traumwelt leben.

Anziehung

Jungfrau-Mondknoten-Menschen fühlen sich oft von Menschen angezogen, die über Qualitäten verfügen, an denen es ihnen mangelt: Stärke, Bestimmtheit, Entscheidungsfreude und dergleichen. Sie hängen sich an diese Person in dem Versuch, ihr nachzueifern und diese Qualitäten in sich aufzunehmen. Anstatt zu erkennen, daß es eigentlich diese bestimmten Eigenschaften sind, die sie suchen, haben sie das starke Gefühl, die andere Person zu wollen. Sie müssen sich dieses Problems bewußt sein, wenn sie sich auf eine intime Beziehung einlassen. Als Teil dieser Dynamik gestatten sie dann der anderen Person, sie schlecht zu behandeln, nur um das zu bekommen, was sie glauben zu wollen. Bis sie diese in ihnen nicht entwickelte Qualität selbst erlangt haben, haben sie Angst vor einer Konfrontation und dem Risiko, die andere Person zu verlieren.

Indem sie die Eigenschaften der anderen Person erkennen, von denen sie sich angezogen fühlen, können sie die *Entwicklung dieser Qualitäten in sich selbst* bewußt zum Mittelpunkt der Beziehung machen, anstatt die andere Person. Diese Vorgehensweise verleiht ihnen mehr Objektivität und genügend emotionale Distanz, um ihre eigene Identität aufrechtzuerhalten, was wiederum beiden Partnern hilft, die Beziehung sanfter und ehrlicher zu gestalten. Genauso, wie es viele potentielle Freundschaften gäbe, die sie erfüllen würden, und viele potentielle Berufe, an denen sie Freude haben könnten, so gäbe es auch viele potentielle intime Beziehungen, die für sie befriedigend sein könnten. Wenn eine Beziehung verletzend ist, sollten sie niemals vergessen, daß sie es sich leisten können, die Gelegenheit wahrzunehmen und sich zu verabschieden.

Praktische Strategien im Umgang mit anderen

Bevor sie sich zu sehr verlieben, sollten die Jungfrau-Mondknoten-Menschen sowohl die Ziele und Absichten der anderen Person als auch ihre eigenen klar definieren. Sie müssen Grenzen setzen: »Was willst du? Was bin ich gewillt zu akzeptieren? Was akzeptiere ich nicht?« Es ist zu ihrem Vorteil, die Möglichkeit einer – auch unbeabsichtigten – Täuschung zu vermeiden, indem sie zum richtigen Zeitpunkt praktische Schlüsselfragen stellen. Ist die andere Person verheiratet, oder lebt sie mit jemandem zusammen? War sie schon einmal verheiratet? Warum wurde diese Ehe geschieden? Welche Einstellung hat sie zu einer Bindung? Einige Antworten könnten sich im Laufe der Beziehung verändern, deshalb ist es von Vorteil, diese Art von Fragen von Zeit zu Zeit erneut zu stellen.

Diese Menschen haben einen unglaublichen Raumanspruch. Sie brauchen Zeit für sich alleine, um sich von der Welt zurückzuziehen und einfach nur zu sein, damit sie sich regenerieren und wieder mit ihrer Kraft, Energie und Vision verbinden können. Sie wissen, daß sie das brauchen, auch wenn sie nicht erklären können warum, und manchmal fällt es ihnen unglaublich schwer, dieses Bedürfnis den ihnen nahestehenden Menschen verständlich zu machen. Wenn sie versuchen, ihr Bedürfnis nach Rückzug mitzuteilen, reagiert die andere Person oftmals mit dem Versuch, es ihnen auszureden oder indem sie auf irgendeine andere Weise nicht ihre Grenzen respektiert. Dann werden die Jungfrau-Mondknoten wortkarg und ziehen sich einfach ohne Erklärung zurück. Das befremdet die andere Person und kann sie rasend machen, weil sie nicht versteht, was vorgeht. Die beste Lösung ist, sich auf eine Art Stundenplan festzulegen: Wieviel Zeit brauchen sie für sich alleine, ab wann können sie wieder mit der anderen Person zusammensein? Dann können sie dem Partner mit einem klaren Vorschlag gegenübertreten. Eine praktische Vorgehensweise ist:

1. *Die Vision mitteilen:* »Ich möchte folgendes für uns erreichen … eine glückliche Zeit, in der wir uns wirklich einander widmen können.«

2. *Die einzelnen Schritte mitteilen:* »Es gibt aber bestimmte Dinge, um die ich mich kümmern muß, bevor ich Zeit mit dir verbringen kann. Ich muß einige Einkäufe erledigen, mich mit meinen Freunden treffen, und ich brauche etwas Zeit für mich allein, um mich zu erholen, bevor ich dich treffen kann.«

3. *Den Plan mitteilen:* »Deshalb brauche ich die nächsten drei Tage, um mich um diese Dinge zu kümmern. Ich werde dich am Donnerstag anrufen und wäre am Freitag gerne mit dir zusammen.«

Um sich auf diese Weise mitteilen zu können, müssen Jungfrau-Mondknoten von einem zentrierten Zustand ausgehen, in dem sie sich unter Kontrolle haben. Diese Menschen sind großartig, wenn es darum geht, Pläne zu machen. Sie erkennen, wie alle Details organisiert werden müssen, damit sich positive Entwicklungen für alle Beteiligten abzeichnen. Andere werden einverstanden sein, wenn sie von einer verantwortlichen Position aus agieren, anstatt aus einer hilflosen.

Wenn Jungfrau-Mondknoten-Menschen von der Fülle der Ereignisse in ihrem Leben zu sehr überrollt werden, reagieren sie manchmal, indem sie sich aus der Situation zurückziehen, bis sie sie klarer definieren und effektiver mit ihr umgehen können. Es kann jedoch zu einem Vertrauensbruch kommen, wenn sie die andere Person nicht darüber informieren, daß sie sich zurückziehen wollen, besonders dann, wenn es keine Anzeichen dafür gibt, wie lange die Pause anhalten wird. Egal, wie schwer es ist, ein offener Austausch über ihre Pläne ist der Schlüssel zu einer positiven Beziehung.

Bedingt durch die Nachwirkungen der verschiedenen Formen von Einsiedelei, in denen sie in vergangenen Inkarnationen lebten, kamen diese Menschen nicht mit einem angeborenen Wissen in dieses Leben, wie man eine langfristige Beziehung aufrechterhält. Als Priester mögen sie zwar in die privaten Erlebnisse anderer eingeweiht gewesen sein, es mangelt ihnen jedoch an durch immer wiederkehrende persönliche Erfahrungen erworbenem Wissen. Wenn in einer Beziehung Probleme entstehen, vermeiden sie deshalb, zu kämpfen oder heftige Emotionen auszudrücken. Sie erkennen nicht, daß es sich bei einer Spannung um eine Aufforderung ihres Partners handelt, ihnen näherzukommen und sich zu engagieren, indem sie ihr unglaubliches Talent, Chaos in Ordnung zu verwandeln, benutzen.

Ziele

Entwicklung der eigenen Persönlichkeit

Jungfrau-Mondknoten-Menschen lernen, wie sie sich selbst energetisch neu aufladen können, damit ihre Interaktionen mit anderen erfreulichere und produktivere Ergebnisse zur Folge haben. Diese Menschen lieben Selbsthilfeprogramme und können mit allem gut umgehen, was mit Analyse und Technik zu tun hat. Sie besitzen ein besonderes Talent, erfolgreich an sich selbst zu arbeiten, so daß ihr Verhalten positive Ergebnisse in der äußeren Welt bewirkt. Sie verfügen auf einer sehr tiefen und heilsamen Ebene über ein angeborenes Verständnis für Psychologie, was sie befähigt, sich selbst zu verändern. Wenn sie diese Talente trainieren – daran arbeiten, ihr »eigenes Haus in Ordnung zu bringen« –, sind sie voller Energie, glücklich und produktiv.

Selbstzufriedenheit

Jungfrau-Mondknoten-Menschen müssen Selbstzufriedenheit entwickeln, damit sie das Vertrauen haben, gesunde und gegenseitig stärkende Beziehungen zu schaffen. Sie haben zu viele Inkarnationen in Hilflosigkeit verbracht, weil sie von großen Organisationen abhängig waren, um zu überleben.

Indem sie nach Selbstzufriedenheit streben, erzeugen diese Menschen die Stärke, die ihnen gestattet, in konstruktiver Weise verletzlich zu sein.

Wenn sie in bezug auf ihr Wohlergehen, ihre Finanzen oder irgend etwas anderes von jemand abhängig sind, führt dies nur allzu leicht in einem völligen Aufgeben ihrer Kraft. Es besteht auch das Problem einer angeborenen Neigung zur Anbetung und Ergebenheit. Als sie im Kloster gelebt haben, war die Hingabe an ein spirituelles Ideal angebracht; aber jetzt kann ihnen die Ergebenheit gegenüber dem falschen Menschen zum Verhängnis werden. Daher ist es für diese Menschen wichtig, ständig kritisch zu beurteilen, wem oder was sie sich hingeben. Wenn sie dem richtigen Menschen begegnen, wird ihre Ergebenheit verstanden und gewürdigt; wenn nicht, werden sie schikaniert.

Diese Menschen lernen, sich auf andere Menschen zu verlassen, um wirklich sie selbst sein zu können. Sie müssen beobachten und erkennen, wer die anderen wirklich sind, und sich dann in Bereichen auf sie verlassen, in denen sie zuverlässig sind und die eindeutig zu ihren wichtigsten Charaktereigenschaften zählen. Wenn eine Person beispielsweise von Natur aus monogam ist, kann sich der Jungfrau-Mondknoten auf die Monogamie dieser Person verlassen; wenn eine Person immer das tut, was sie verspricht, kann sich der Jungfrau-Mondknoten darauf verlassen, daß sie ihr Wort hält; und wenn eine Person unsensibel ist, kann sich der Jungfrau-Mondknoten mit hoher Wahrscheinlichkeit darauf verlassen, daß sich dieses Verhalten fortsetzen wird.

Solange die Jungfrau-Mondknoten-Menschen selbstzufrieden bleiben, bewahren sie ihre Identität. Dann können sie sich in jeder Partnerschaft als »ganze« Person einbringen. Für sie bedeutet selbstzufrieden zu sein nicht, daß sie sich anderen nicht hingeben sollen – es bedeutet vielmehr, daß sie nicht zerbrechen werden, wenn sich andere nicht von der Seite zeigen, die sie erwartet haben.

Strukturen schaffen

Bedingt durch vergangene Leben, in denen andere Menschen ihre Zeit und ihren Tagesablauf kontrolliert haben, sind Jungfrau-Mondknoten-Menschen nicht daran gewöhnt, sich gut zu organisieren. Deshalb müssen sie in diesem Leben lernen, wie sie ihre Zeit konstruktiv nutzen können. Jetzt sind sie frei! Sie stellen ihre eigenen Regeln auf und folgen ihnen freiwillig.

Strukturen sind ungeheuer wichtig, um ihr Leben davor zu bewahren, sich aufzulösen, was für sie bedeuten würde, sehr großen Ängsten und

Gefühlen der Unsicherheit gegenüberzustehen. Sie müssen die persönliche Verantwortung übernehmen und ihre Zeit so planen, daß ihre Bedürfnisse in allen Bereichen erfüllt werden.

Ernährung

Für diese Menschen sind Ernährung und Gesundheit wichtig. In vergangenen Leben übernahmen Klöster oder andere Institutionen für sie die Verantwortung, für eine ausgewogene Ernährung zu sorgen – in diesem Leben müssen sie das selbst tun. Sie sind gegenüber verschiedenen Lebensmitteln extrem empfindlich und verspüren sofort Reaktionen. Sie sollten sich diese Reaktionen auf bestimmte Lebensmittel merken und ihre Ernährung entsprechend umstellen.

Völlerei ist in diesem Leben beispielsweise schädlich für sie. Sie müssen Nahrungsmittel zu sich nehmen, die ihnen dabei helfen, sich geerdet, stabil und zuversichtlich zu fühlen. Sie tun gut daran, Zucker aus ihrer Ernährung zu streichen, wenn sie feststellen, daß er Angst oder einen Konzentrationsmangel verursacht. Sie benötigen auch ein regelmäßiges Trainingsprogramm, das ihnen hilft, sich physisch stark zu fühlen, damit ihr Selbstvertrauen wachsen kann.

Mehr als jede andere Mondknotengruppe, müssen diese Menschen achtsam sein, damit sie keiner Alkohol- oder Drogensucht verfallen. Ihre Gedanken sind bereits unkonzentriert, und Drogen und Alkohol fördern dies noch zusätzlich auf eine ungesunde, übertriebene Weise.

Ordnung

Für Jungfrau-Mondknoten-Menschen ist eine ordentliche Umgebung sehr wichtig. Im Chaos sind sie nicht besonders leistungsfähig. Für sie ist es sehr wichtig, ihr Zuhause und ihren Arbeitsplatz gepflegt, sauber und ordentlich zu halten. Aber auch hier ist das zugrundeliegende Thema Vertrauen. Wenn ihre Umgebung gepflegt und ordentlich ist, fühlen sie sich stärker und zuversichtlicher im Hinblick auf ihre Fähigkeit, in der Welt außerhalb ihres Selbst für Ordnung zu sorgen.

Listen aufstellen

Listen eignen sich ausgezeichnet, um diesen Menschen zu helfen, ihr Denken zu organisieren. Das Planen macht es ihnen möglich, ihre mentale Energie zu konzentrieren und ein Gefühl von regelmäßiger Aktivität und Stärke in der materiellen Welt zu erlangen. Beim Treffen von Entscheidungen hilft es ihnen, wenn sie physisch auf einem Zettel alle Argumente für und gegen eine Entscheidung aufschreiben, damit sich der richtige Weg herauskristallisiert.

Jungfrau-Mondknoten-Menschen fahren gut damit, wenn sie sich einen Terminkalender zulegen und ein Organisationssystem ausarbeiten. Wenn sie Details organisieren, verleiht ihnen das mehr Vertrauen in ihre Fähigkeit, ihre Vorstellungen umzusetzen.

Trainingsprogramm

Ein regelmäßiges Trainingsprogramm ist für diese Menschen sehr wichtig. Dreimal pro Woche zur Gymnastik zu gehen, um den Körper zu trainieren, scheint eine Kleinigkeit – aber in ihrem Fall verleiht ihnen die regelmäßige Übung ein Gefühl des Selbstwerts und des Wohlbefindens. Die positiven Auswirkungen, die Disziplin für ein regelmäßiges Trainingsprogramm aufzubringen, stärkt ihre emotionale, mentale und spirituelle Kraft genauso wie ihre physische Energie.

Haustiere

Haustiere sind für Jungfrau-Mondknoten-Menschen ein wahrer Gewinn. Ein Haustier zwingt sie zu einer gewissen Regelmäßigkeit und bietet ihnen jemanden, um den sie sich auf einer greifbaren Ebene kümmern können. Gleichzeitig bieten Haustiere ein Ventil für die bedingungslose und grenzenlose Liebe, die Jungfrau-Mondknoten unbedingt jemandem schenken wollen. Bei Haustieren müssen sie die richtige Balance zwischen bedingungsloser Liebe und Disziplin finden.

Pünktlichkeit

Diese Menschen haben Probleme, pünktlich zu sein, weil in vergangenen Leben andere ihre Zeit strukturiert haben. Jetzt ist es wichtig für sie, Pünktlichkeit zu lernen. Wenn sie zu spät kommen, fühlen sie sich schuldig; das löst wiederum das Gefühl aus, weniger wert zu sein als andere. Wenn sie pünktlich sind, haben sie die Regeln befolgt und können mit allem umgehen, was von diesem Punkt an auf sie zukommt. Wenn sie zu spät kommen, gerät ihr ganzer Tag aus dem Gleichgewicht, und sie tragen ständig ein Gefühl der Unsicherheit mit sich herum.

Das Problem ist, daß sich ihr Bewußtsein so sehr daran gewöhnt hat, in einem Zustand der Zeitlosigkeit zu leben, daß sie bewußt planen müssen, wann sie das Haus verlassen sollten, um pünktlich am Ziel anzukommen. Andernfalls wird sie ständig etwas ablenken. Pünktlichkeit erfordert in ihrem Fall bewußte Aufmerksamkeit.

Eine Methode, die funktioniert, ist, im voraus zu planen, wieviel Zeit sie benötigen werden, um ihren Zielort pünktlich und dennoch bequem erreichen zu können, und dann noch zehn Minuten zuzugeben. Einige Jungfrau-Mondknoten-Menschen haben diese Neigung so kompensiert, daß sie immer bewußt ihrer »Zeit voraus« sind! Sie treiben sich selbst an, nur um sicherzugehen, daß sie bereits vor der vereinbarten Zeit an ihrem Ziel ankommen. Dies versetzt sie in einen ständigen Streßzustand, der ihr Nervensystem angreift. Es bringt sie außerdem dazu, anderen gegenüber, die zu spät kommen, intolerant und verurteilend zu sein. Und um es an dieser Stelle noch einmal zu sagen, der Pfad der Mäßigung ist der gesündeste Weg.

Nördlicher Mondknoten in Waage
und nördlicher Mondknoten im siebten Haus

Übersicht

Eigenschaften, die man entwickeln sollte

Das Arbeiten an folgenden Bereichen bringt verborgene Fähigkeiten und Talente zum Vorschein:

- Zusammenarbeit
- Diplomatie und Takt
- Wachsendes Bewußtsein für die Bedürfnisse anderer
- Selbstlosigkeit: Unterstützung bieten, ohne Gegenleistung zu erwarten
- Situation schaffen, in denen beide Seiten gewinnen
- Teilen
- Die Dinge mit den Augen des anderen sehen
- Selbstbewußtsein vermitteln

Verhaltensweisen, die man hinter sich lassen sollte

Das Leben wird sich einfacher und friedvoller gestalten, wenn sie daran arbeiten, den Einfluß folgender Tendenzen zu verringern:

- Impulsivität
- Gedankenlose Selbstbezogenheit
- Mangelndes Bewußtsein für das Bedürfnis anderer, unterstützt zu werden
- Selbstsucht
- Mangelndes Urteilsvermögen in bezug auf Geld
- Von anderen erwarten, daß sie genauso sind, wie man selbst
- Gleichgültigkeit, wie man von anderen gesehen wird
- Kompromißunfähigkeit
- Wutausbrüche
- Übertriebene Existenzängste

Achillesferse/Falle, vor der man sich hüten muß/Fazit

Die Achillesferse der Waage-Mondknoten-Menschen ist die Selbst-sucht (»Mein Überleben hängt davon ab, daß ich mich zuerst um mich selbst kümmere, andere sollten sicherstellen, daß meine Bedürfnisse zuerst erfüllt werden, egal, was sonst irgend jemand will«). Bei dem Gefühl, daß andere ständig ihre Bedürfnisse erfüllen müssen, damit sie sich sicher und verbunden fühlen können, handelt es sich um ein Faß ohne Boden: Sie werden feststellen, daß sie immer mehr Aufmerksam-keit und Energie brauchen, nur um sich gut zu fühlen. Sie müssen einen Partner finden, dem sie Liebe schenken können, damit er sich so ener-getisiert fühlt, daß er sich auf natürliche Weise dankbar zeigt. Befrie-digung erwächst aus der Verbindung mit Menschen, die sie genau so sehen, wie sie wirklich sind, sie verstehen und etwas an sie zurückgeben wollen.

Die Falle, die sie vermeiden müssen, ist eine endlose Suche nach Unab-hängigkeit (»Wenn mein Selbstvertrauen groß genug ist, habe ich auch das Vertrauen, mich mit anderen erfolgreich zu verbinden und werde mich nicht mehr so einsam fühlen«). Das Leben zeigt den Waage-Mondknoten-Menschen, daß Leistungen und Unabhängigkeit ihnen noch lange nicht das Gefühl geben, ganz zu sein. Das Fazit daraus ist, daß ihr Selbstwertgefühl niemals stark genug sein wird, um Teil eines Teams zu werden. Ab einem gewissen Punkt müssen sie das Risiko eingehen, sich ganz der Unterstützung anderer Menschen zu widmen. Die Ironie dabei ist, daß, sobald sie jemand anderem selbstlos helfen, ihr wahres Selbst zu leuchten beginnt.

Die wahren Wünsche

Der größte Wunsch dieser Menschen ist, ihren eigenen Weg zu gehen, der Mittelpunkt der Aufmerksamkeit zu sein, sich selbst in unter-schiedlichen Lebenssituationen zu entdecken und sich mit Menschen zu umgeben, die sie energetisch aufladen. Um dies zu erreichen, müssen Waage-Mondknoten-Menschen ihre Aufmerksamkeit weniger auf sich selbst und mehr auf andere richten und das Wesen der Menschen ent-decken, die sie angezogen haben. Sobald sie erkennen, von welchen Menschen sie wirklich bewundert und unterstützt werden, und sobald sie diesen Menschen Energie geben, wird die Energie, die auf sie zu-rückkommt, die Situation schaffen, die sie wollen.

Talente/Berufe

Diese Menschen sind ausgezeichnete Berater, Diplomaten und Friedensstifter. Sie besitzen die Fähigkeit, die Persönlichkeit und die Anliegen von verschiedenen Personen klar zu erkennen und sich erfolgreich darüber auszutauschen, so daß gegenseitiges Verständnis und faire, harmonische Kompromisse möglich werden. Waage-Mondknoten-Menschen haben auch Talente in den Bereichen der Ästhetik und Kunst. Sie sind großartige Entertainer oder öffentliche Redner, wenn es ihr Ziel ist, ihr Publikum zu verzaubern, energetisch aufzuladen und ihm Vertrauen zu geben. Sie haben eine besondere Begabung für soziale Berufe und können es darin sowohl zu materiellem als auch persönlichem Erfolg bringen.

Bedingt durch ihr Bewußtsein, eine eigenständige Persönlichkeit zu sein, verfügen Waage-Mondknoten-Menschen über die natürliche Fähigkeit, sich unabhängig zu fühlen und andere zu führen. Wenn sie ihr aus vergangenen Leben stammendes Selbstvertrauen als ein Werkzeug benutzen, um Frieden zu stiften und für andere Gerechtigkeit zu schaffen, führen ihre angeborenen Fähigkeiten zu positiven Ergebnissen. Wenn sie jedoch Berufen nachgehen, die ihre eigene Unabhängigkeit zum Ziel haben, sind sie unzufrieden und haben das Gefühl, niemals ihr Ziel erreicht zu haben. Wenn sie jedoch ihrer starke Persönlichkeit benutzen, um andere zu unterstützen, erlangen Waage-Mondknoten-Menschen ein Gefühl innerer Zufriedenheit und Vollkommenheit.

Heilende Affirmationen für den Waage-Mondknoten

- »Wenn ich mich darauf konzentriere, andere zu unterstützen, fühle ich mich zufrieden.«
- »Wenn ich in anderen erfolgreich ihr Selbstvertrauen anrege, gewinnen wir beide.«
- »Wenn das Team erfolgreich ist, gewinne ich.«
- »Wenn ich mit anderen teile, habe ich mehr.«

Persönlichkeit

Eigenschaften des Kriegers

Durch ausgeprägte Leistungsorientierung, Selbstzufriedenheit und unabhängige Handlungsweise gekennzeichnete frühere Inkarnationen haben zu einem Bewußtsein geführt, das die gemeinsame Leistung eines Teams oder Partnerschaft nicht kennt. Waage-Mondknoten-Menschen haben in zu vielen Leben die Rolle des Kriegers gespielt. Ein Krieger auf dem Schlachtfeld kümmert sich um niemanden sonst, nur darum, daß er am Leben bleibt und den Feind tötet. Wenn er auch nur einen kurzen Blick auf einen Kameraden wirft, kann sein Körper schon zerstört werden. Daher richtet sich sein eigentliches Interesse auf sich selbst: seinen Körper, seine Kampfkraft, seine Position im Hinblick auf die Möglichkeit zu überleben.

Diese Menschen haben heute einen ausgeprägten Überlebenswillen und eine Kämpfermentalität. Das ist alles, was sie kennen. Sie sind von Konkurrenzdenken geprägt, zielorientiert und taktisch, sich immer bewußt, welche Folgen das, was sie tun oder was gerade passiert, für sie haben wird. Sie sehnen sich danach, mit anderen zusammenzusein, andere zu lieben und sich geliebt zu fühlen, aber sie wissen nicht wie. Sie haben Angst, ihre starke Selbstkontrolle aufzugeben, denn sie fürchten, daß die »Schlacht« in jedem Moment beginnen könnte und sie stark und auf der Hut sein müssen, um zu überleben.

Diese Menschen müssen aber erkennen, daß dieses Leben nicht das eines Kriegers ist. Da draußen ist niemand, der sie zerstören oder ihnen Dinge wegnehmen will. Sie müssen zur Kenntnis nehmen, daß sie von Kameraden umgeben sind. In diesem Leben ist es ihre Aufgabe, *anderen* zu helfen, die Schlacht zu gewinnen; indem sie anderen helfen, gewinnen auch die Waage-Mondknoten-Menschen.

In all diesen Leben als Krieger haben diese Menschen den Kontakt mit der Liebe verloren, mit der Fähigkeit, mit anderen Menschen zusammenzuarbeiten. Deshalb sind sie mit dem Gefühl in dieses Leben gekommen, in bezug auf Teamarbeit und Beziehungen unbeholfen zu sein. Sie sollten sich aber keine Gedanken machen, denn ihr jetziges Horoskop ist darauf ausgerichtet, sich wieder mit Menschen zu verbinden.

Solange sie sich darüber im klaren sind, wo sie stehen, werden sie von ihren alten Verhaltensweisen nicht behindert. Ganz im Gegenteil, in diesem Leben geht es für sie um Partnerschaft – und es wird keinen Mangel an Gelegenheiten geben.

Harte Disziplin

Bedingt durch die Erfahrungen als Krieger in vergangenen Leben, haben die Waage-Mondknoten-Menschen eine Disziplin entwickelt, die den anderen Mondknotengruppen fremd ist. Auf den Punkt gebracht lautet sie: »Keine Fragen stellen – das wäre Unsinn!« In ihren vergangenen Leben beim Militär wurde Wert auf die Ordnung ihrer Kleidung und persönlichen Habe gelegt, weshalb diese Menschen in diese Inkarnation kommen und der Organisation in ihrer Umgebung und ihrem Leben eine große Bedeutung beimessen. Ihre Toleranzgrenze gegenüber Disziplin und starren Einschränkungen ist sehr hoch, und sie denken, daß andere gewillt sein sollten, die gleichen Härten und Entbehrungen auszuhalten. Sie haben wenig Verständnis dafür, wenn andere nicht die gleichen Einschränkungen und Opfer akzeptieren wollen, die sie gewillt sind, auf sich zu nehmen – eine Einstellung, die ihre Beziehungen zerstört.

Keine andere Mondknotengruppe hat die gleiche Fähigkeit, unter Bedingungen strenger persönlicher Disziplin und Entbehrung konstruktiv zu handeln. Eigentlich blühen die Waage-Mondknoten-Menschen durch die Herausforderung, unter ungünstigen Bedingungen für ihr eigenes Überleben zu sorgen, erst richtig auf. Das ist das »Höchste« für sie!

Diese Menschen haben ein solch starkes Selbstwertgefühl, daß sie glauben, jeder sei wie sie. Unbewußt suchen sie nach einem Partner, der genauso ist wie sie. Wenn die andere Person dann nicht die gleichen Qualitäten aufweist, sind sie sehr frustriert und fühlen sich betrogen.

Eine der Lektionen, die die Waage-Mondknoten-Menschen in diesem Leben lernen müssen, ist die Schönheit individueller Unterschiede. Wer sie sind und was sie in eine Beziehung einbringen, kann sich sehr stark von dem unterscheiden, was die andere Person zu bieten hat. Die Herausforderung besteht darin, den individuellen Unterschieden Aufmerksamkeit zu schenken und die Qualitäten zu würdigen, die andere in die Beziehung einbringen. Damit dies möglich ist, müssen sie zuerst ihre Definition von Stärke hinterfragen.

Bedingt durch so viele Inkarnationen, die als Krieger verbracht wurden, schließt ihre Definition von Stärke normalerweise nur das Folgende ein: Mut; intensive Leistung; der Wille, Opfer zu bringen und Entbehrungen auszuhalten; hundertprozentige Zielorientierung; Bestehen auf sofortigen Ergebnissen; Disziplin; leidenschaftliches Engagement (Heldenmentalität); sehr hoher Energielevel; persönliche Risikobereitschaft.

Und dennoch gibt es auch Stärken, die diese Menschen nicht haben, die ihre Partner aber in ihr Leben bringen könnten. Das wären beispielsweise die Fähigkeit, den *Prozeß* zu würdigen, der notwendig ist, um ein Ziel zu erreichen (dies drosselt das Tempo der Waage-Mondknoten-Menschen und verleiht ihnen mehr Stabilität); Kommunikationsstärke; Mitgefühl (vermittelt den Waage-Mondknoten-Menschen letztendlich das Gefühl dazuzugehören); Verspieltheit (macht den Prozeß, ein Ziel zu erreichen, angenehm); analytische Fähigkeiten und die Fähigkeit, mit Details umzugehen; Diplomatie; Sensibilität gegenüber den Bedürfnissen anderer; die Fähigkeit zur Zusammenarbeit (bestärkt beide Seiten sehr); Abenteuerlust; Führungsqualitäten; Kreativität und Erfindungsgabe.

In dieser Inkarnation müssen sich die Waage-Mondknoten-Menschen mit anderen auf einer partnerschaftlichen Ebene zusammenschließen, um erfolgreich und zufrieden zu sein. Damit sie die Vorteile einer Partnerschaft erlangen, besteht ihre Herausforderung erst einmal darin, die Eigenschaften der anderen, die nicht den ihrigen entsprechen, zu würdigen.

Wutausbrüche

Waage-Mondknoten-Menschen neigen zu Wutausbrüchen, ein Verhalten, das sie lernen müssen abzulegen. Sie haben die Wut eines Kindes. Wenn sie ihren Willen nicht durchsetzen können, bekommen sie einen Wutanfall, um die andere Person zur Zustimmung zu zwingen. Wenn sich die andere Person dem widersetzt, lassen sie die Situation so weit eskalieren, bis sie ihren Willen bekommen.

Für diese Menschen ist es jedoch nicht positiv, wenn sie Gewinn-/Verlustsituationen schaffen. Langfristig isolieren sie sich dadurch genau von den Menschen, denen sie nahe sein wollen. Wenn sie gewinnen, indem sie ihren Willen auf Kosten einer anderen Person bekommen, dann müssen sie den Preis dafür bezahlen – die andere Person wird sich ihnen gegenüber verschließen und sich zurückziehen, weil sie sich vor solchen verletzenden Taktiken schützen will. Es kann sein, daß die Waage-Mondknoten-Menschen übers ganze Gesicht strahlen und sich überhaupt nicht des Schadens bewußt sind, den sie bei der anderen Person angerichtet haben. Sie denken, daß die andere Person sich für sie freuen sollte, weil sie doch letzten Endes »gesiegt« haben. Es werden viele bittere Lektionen notwendig sein, bis sie lernen, daß niemand durch Einschüchterung und Wut gewinnt. Siege, die durch das Angreifen anderer erlangt wurden, bewegen die betroffenen Menschen dazu, daß sie mit den Waage-Mondknoten nichts mehr zu tun haben wollen. Dadurch schwinden der gegenseitige Austausch, die Energie und die Bewunderung, die diese Menschen so sehr begehren.

Entscheidungen treffen

Diese Menschen treffen schnelle Entscheidungen. Sie sind an unverzügliche Handlung gewöhnt, weil sie nur sich selbst und ihre eigenen Ziele berücksichtigen. Normalerweise sind sie sich ihrer Wirkung auf andere Menschen nicht bewußt und benutzen, ohne es zu bemerken, Menschen, um ihre eigenen Ziele voranzutreiben.

Wenn diese Menschen Entscheidungen treffen, ohne anderen Menschen zu erlauben, sie zu unterstützen, bekommen sie möglicherweise nicht das, was sie wollen, weil sie den Nutzen der Energie und der Ideen anderer unterschätzt haben. Bevor sie irgendeine Handlung beginnen, sollten sie sich daran erinnern, andere bewußt in den Prozeß der Entscheidungsfindung einzubeziehen. Ihr Widerwillen, die Meinung anderer zu berücksichtigen, stammt teilweise von der früheren Schlachtfeldmentalität – »Menschen sind grundsätzlich gegen mich«. Ein Großteil dieser falschen Denkweise kann aufgelöst werden, wenn sie lernen, wie man sich auf eine Weise auf andere einstellt, die für beide Seiten von Vorteil ist. Ich hatte einmal eine Klientin mit dieser Mondknotenposition, die mir gestand: »Ich arbeite für mich so sehr an meiner Ehe, daß ich nicht in der Lage bin, meinen Mann zu erkennen, ich kann ihn nicht verstehen und ich weiß nicht, wer er ist!«

Zu wenig durchdachte Entscheidungen können den Waage-Mondknoten-Menschen viel unnötiges Leid verursachen. Sie haben solche Angst, nicht ihren Willen zu bekommen, daß sie sich rücksichtslos für ihre Ziele einsetzen. Sie fürchten, in ihren Handlungen blockiert zu werden, wenn sie einen Moment zögern, um eine andere Person in die Planung einzubeziehen. Was sie jedoch nicht verstehen, ist, daß die Berücksichtigung anderer nicht gleichbedeutend damit ist, ihr Programm aufzugeben. Es bedeutet vielmehr, sich um die Belange der anderen Person zu kümmern und gewillt zu sein, auf einen Kompromiß hinzuarbeiten, der beiden Seiten gerecht wird.

Ich hatte beispielsweise eine Klientin, die in einer Beziehung mit einem Waage-Mondknoten lebte. Sie hatten seit fast einem Jahr monogam zusammengelebt. Eines Tages sagte der Waage-Mondknoten, daß er noch einmal weg müsse und erst spät in der Nacht zurückkommen werde. Da sie eine sehr gute Intuition hatte und eine entsprechende Szene vor ihrem geistigen Auge sah, sagte sie: »David, du wirst mit einer anderen Frau schlafen!« Er wurde wütend – diesen Menschen fällt es schwer zu lügen, und sie sind leicht aus der Fassung zu bringen, wenn sie dabei erwischt werden. Sie fing an, Fragen zu stellen, um verstehen zu können, was los war, aber er war so sehr auf sein Vorhaben fixiert, das er sich weigerte, sich die Zeit zu nehmen, mit ihr zu reden. Er wollte nicht zu spät zu seiner Verabredung mit der anderen Frau kommen, deshalb ging er, ohne das Problem zu klären. Stunden später rief er sie an und brachte überschwengliche Entschuldigungen vor. Er habe einen Fehler gemacht, er liebe sie, sie sei die einzige für ihn, es würde niemals mehr passieren. Aber es war zu spät – sie hatte ihr Herz verschlossen und sich bereits entschieden, ihn zu verlassen.

Nach der Aussage meiner Klientin war es nicht das Ereignis als solches gewesen, das sie veranlaßt hatte, sich zu distanzieren, sondern es war vielmehr die Art und Weise, wie der Waage-Mondknoten damit umgegangen war. Sie konnte ihm nicht vergeben, daß er sich nicht um ihre Gefühle gekümmert hatte und die Situation nicht mit ihr ausdiskutieren wollte. Wenn diese Menschen sich gegenüber den Einwänden ihrer Partner verschließen, verlieren beide.

Überleben

Waage-Mondknoten-Menschen sind übermäßig um ihr Überleben besorgt, in diesem Leben ist es jedoch unangebracht, sich so stark darauf zu konzentrieren. Sie haben bereits gelernt, wie man überlebt; nun sind sie hier, um anderen Menschen zu helfen und ihnen die Energie und das Vertrauen zu geben, die sie stärker machen. Indem sie geben, erlangen Waage-Mondknoten-Menschen ein ungeheures Selbstvertrauen und inneren Frieden.

Diese Menschen müssen alles, was sie als Krieger gelernt haben, anwenden und es in der Beziehung mit anderen konstruktiv umsetzen. Das bedeutet, daß sie ihre Waffen niederlegen und sich umsehen, damit sie erkennen können, was ihre Kameraden machen. Braucht die Person neben ihnen etwas Aufmunterung, bevor sie in die Schlacht geht? Ihre Aufgabe ist es, andere Menschen zu bestärken, damit diese gewinnen. Niemand sonst hat bessere Voraussetzungen, um anderen beim Gewinnen zu helfen, als die Waage-Mondknoten.

Narzißmus

Waage-Mondknoten-Menschen müssen sich vor Narzißmus hüten. Sie bauen eine Fassade auf, als hätten sie alles unter Kontrolle und verfügten über Qualitäten, die andere bewundern. Andere machen ihnen Komplimente, und sie fühlen sich gut dabei, aber insgeheim haben sie ständig Angst, daß sich das, was sie wirklich mögen und wer sie wirklich sind, nachteilig auf das künstlich aufgebaute Image auswirken könnte. Manchmal versammeln sie Menschen um sich, die für ihr Ansehen im Vorteil sind. Ich hatte beispielsweise einen Klienten mit dieser Mondknotenposition, der sich zu sehr übergewichtigen Frauen hingezogen fühlte, was er aber keinen seiner Freunde wissen ließ, weil er ihren Spott fürchtete. Er hielt seine wahre Leidenschaft geheim, weil sie nicht dem Image entsprach, das er nach außen hin aufbauen wollte. Solche Vorgehensweisen halten sie jedoch davon ab, ein wahres Gefühl inneren Vertrauens durch die Gewißheit zu erlangen, daß andere sie genauso lieben und akzeptieren, wie sie sind. Sie werden dies niemals lernen, wenn sie nicht das Risiko eingehen, sich selbst zu offenbaren. Waage-Mondknoten-Menschen laufen Gefahr, der Selbstliebe nachzugeben – und andere auszuschließen, die ihr wahres Sicherheitsgefühl erweitern könnten. Sie neigen dazu, sich nur um ihr eigenes Glück zu sorgen oder eingebildet zu werden – dergestalt, daß sie sich körperlich nur deshalb in Topform halten, um dem Leben das Beste abzugewinnen, was es zu bieten hat. Ihre Werte sind auf eine naive Art oberflächlich. In dieser Inkarnation sind sie jedoch dafür bestimmt, ihr eigenes Seelenleben besser kennenzulernen, indem sie eine andere Person genausosehr lieben, wie sie sich selbst lieben.

Befangenheit

Waage-Mondknoten-Menschen können schrecklich befangen und ab-
lehnend gegenüber den Teilen ihres Wesens sein, die sie negativ beurteilen. Deshalb verlieren sie Kraft, wenn sie sich auf sich selbst konzentrieren. Alles, was sie sehen, sind die Eigenschaften, die sie nicht akzeptieren können und deshalb krampfhaft zu verbergen suchen. Diese
Vorgehensweise hindert jedoch andere daran, ihnen nahezukommen.
Da andere nicht wissen, was diese Menschen verbergen, können sie
ihnen nicht vertrauen und ziehen sich zurück. Waage-Mondknoten-
Menschen interpretieren das als Feedback, daß etwas an ihnen nicht
stimmt – genau das, was sie von Anfang an vermutet hatten!

Es ist im ureigensten Interesse der Waage-Mondknoten-Menschen, mit
der Selbstverurteilung aufzuhören und einfach sie selbst zu sein. Wenn
sie einige Eigenschaften besitzen, die nicht ganz ihren Vorstellungen
entsprechen, können andere ihnen in diesen Punkten Unterstützung
bieten. Sie haben die letzten Inkarnationen als Krieger verbracht – was
können sie also über gesellschaftliche Umgangsformen wissen? Sie
brauchen die Hilfe derjenigen, die während zahlreicher Inkarnationen
in der Gesellschaft gelebt haben, um die Regeln zu lernen. Indem sie
ehrlich zu sich selbst sind, lernen sie, wie sie sich verändern müssen,
und fangen an, sich mit Menschen zu verbinden und positive Beziehungen aufzubauen. Sie müssen sich auf die Welt und andere einstellen,
anstatt auf sich selbst. Wenn sie sich nur auf sich selbst konzentrieren,
um zu erkennen, was die andere Person ihnen zurückgibt, können sie
nur ihre eigene Unvollständigkeit erkennen, und sie verlieren ihr Vertrauen. Wenn sie sich aber darauf konzentrieren, die andere Person zu
unterstützen und zu heilen, werden sie sich nicht länger gehemmt fühlen. Wenn sie ihre Energie in andere investieren, werden sie die Anerkennung und Energie erhalten, die sie brauchen. Tatsächlich liegt der
Schlüssel zu ihrem eigenen Selbstvertrauen in der Förderung des Vertrauens und der Begeisterung anderer.

Vermutungen

Waage-Mondknoten-Menschen glauben zu wissen, was in anderen
vorgeht, deshalb verzichten sie oftmals auf die Kommunikation und
gehen direkt zur Handlung über. Dies untergräbt in ihren Beziehungen
das Vertrauen, obgleich es in Anbetracht ihrer militärischen Erfahrun-

gen in vergangenen Leben verständlich ist. Sie wurden gelehrt, den »Feind« aus der Entfernung zu erkennen. Zwar beobachteten sie das Vorgehen des Feindes, hatten jedoch erst direkten Kontakt mit ihm, wenn sie sich in der Schlacht befanden. Auch in dieser Inkarnation beobachten sie andere Menschen aus der Entfernung, stellen Vermutungen über ihre Identität, ihre Verhaltensmuster, Vorlieben und Abneigungen an. Für diese Menschen ist die Wahrheit das, was sie sehen – sie vermuten die »Wahrheit« über die andere Person und handeln dann nach dieser »Wahrheit«. Sie hören der anderen Person nicht zu. Vielmehr interpretieren sie die Handlungen anderer nach dem Kriterium, was sie selbst denken würden, wenn sie so handeln würden.

Sie verurteilen auch andere, wenn sie ihre Probleme nicht genauso schnell lösen oder ihre Ziele nicht genauso schnell erreichen, wie das ein Waage-Mondknoten tun würde. Wenn andere es nicht nach ihrem Vorbild tun, vermuten sie: »Sie machen nicht das, was ich ihnen gesagt habe. Sie übernehmen nicht die Verantwortung und setzen sich nicht damit auseinander.« Die anderen setzen sich aber sehr wohl damit auseinander, jedoch auf ihre eigene Art und Weise, und der Waage-Mondknoten hat sich nur nicht darauf eingestellt, die Situation wirklich zu verstehen.

Sie verurteilen andere auch, wenn diese sich selbst Schaden zufügen. Sie verstehen nicht, wie Menschen Dinge tun können, die nicht zu ihrem eigenen Vorteil sind. Sie können sich nicht vorstellen, warum andere nicht die Disziplin besitzen, topfit zu sein, ein angefangenes Projekt zu beenden oder eine gewisse Ordnung in ihrer Umgebung aufrechtzuerhalten.

Waage-Mondknoten-Menschen lernen, daß jeder seinen ganz eigenen Stil hat. Sie sind derart zielstrebig und unbeirrt, daß sie in andere Ziele hineinprojizieren, die für sie selbst wichtig sind; dann erteilen sie anderen Anweisungen, wie sie diese Ziele auf dem schnellsten und direktesten Weg erreichen können. Sie verurteilen andere, wenn diese nicht ihren Empfehlungen folgen. Sie machen den Fehler, nicht zu berücksichtigen, daß andere ihr eigenes Programm haben könnten und daß es andere Werte geben könnte, als ein Ziel auf dem schnellstmöglichen Weg zu erreichen. Waage-Mondknoten müssen lernen, die Zielvorstellungen, Werte und den Arbeitsstil anderer Menschen zu entdecken.

Die Regeln

Waage-Mondknoten-Menschen stellen ihr eigenes Wertesystem auf und vermuten, daß alle anderen ihrem Niveau gerecht werden und ihren Regeln folgen, einfach nur, weil ihnen selbst die Regeln sinnvoll erscheinen. Es kommt nur zu negativen Auswirkungen, wenn sie sich auf inflexible Weise an die Regeln klammern. Wenn andere Menschen nicht nach ihren Regeln vorgehen, sind Waage-Mondknoten enttäuscht; wenn sich andere ihren Regeln widersetzen, wächst die Wut der Waage-Mondknoten. Sie erkennen nicht, daß die andere Person weder eine Chance hatte zuzustimmen, noch darüber informiert wurde, wie die Regeln genau lauten.

Gerechterweise muß man jedoch feststellen, daß das Problem mit Regeln nicht der Fehler dieser Menschen ist. Unbewußt befinden sie sich noch immer beim Militär, wo jeder äußerst diszipliniert ist und ganz genau den verständlichen Anweisungen, dem Protokoll und dem Verhaltenskodex folgt. Das Gute am Militär ist, aus der Sichtweise der Waage-Mondknoten, daß es nicht persönlich ist.

Jeder hat Regeln, Maßstäbe, Ideen und Werte. Die meisten Menschen sind sich ihrer Ideen als solche bewußt – nicht als etwas Absolutes. Für die Waage-Mondknoten-Menschen sind ihre Regeln aber die »Satzung«, nach der sie leben – »das Gesetz«. Anderen Menschen ist es durchaus möglich, ihre eigenen Maßstäbe und Ideen zu haben, und dennoch offen für die Meinung anderer zu sein. Waage-Mondknoten-Menschen können meistens keine andere Sichtweise als ihre eigene erkennen.

Ein Beispiel dafür, wie schmerzhaft dies sein kann, ist die Geschichte einer Klientin, deren Vater ein Waage-Mondknoten war. An ihrem Hochzeitstag hatte er das Gefühl, daß sein Vater, also der Großvater meiner Klientin, sie bis zum Altar führen sollte. Meine Klientin haßte ihren Großvater, weil er sie in der Kindheit mißbraucht hatte. Ihrem Vager lag jedoch mehr an den Regeln als an seiner eigenen Tochter, und er bestand darauf, daß der Großvater sie bis zum Altar führte, »einfach um des Respektes willen«. Seine militärische Programmierung durfte rücksichtslos über die Gefühle seiner eigenen Tochter hinweggehen, selbst an ihrem Hochzeitstag.

Waage-Mondknoten-Menschen müssen sich mit ihren Freunden und Partnern zusammensetzen und die Regeln ausarbeiten, die beide Seiten akzeptieren können. Nur wenn die Regeln beiderseits akzeptiert werden, können diese Menschen von anderen erwarten, daß sie nach ihnen leben. Wie die anderen reagieren, wenn die Waage-Mondknoten-Menschen ihre Regeln mitteilen, wird ebenfalls viel über die Beziehung aussagen.

Indem sie die Maßstäbe und Regeln anderer entdecken, können die Waage-Mondknoten-Menschen ihr eigenes Wertesystem erweitern. Tatsächlich ist es so, daß ihre Fähigkeit, ein Gefühl innerer Freiheit zu entwickeln, davon abhängt. Wenn es innerhalb einer Beziehung beiderseits akzeptierte Regeln gibt, wird die daraus resultierende Verbindung kraftvoll, effizient und persönlich lohnend sein. Und die Beziehung wird auf einem Fundament basieren, das Dauerhaftigkeit garantiert.

Projektion

Weil die Waage-Mondknoten-Menschen so sehr mit ihrer eigenen Identität beschäftigt sind, kann es durchaus sein, daß sie überhaupt nicht wissen, mit wem sie es in einer Beziehung zu tun haben. Sie projizieren ihre eigene Identität auf die andere Person und versuchen dann, eine Beziehung zu dieser Person zu finden – die sich merkwürdigerweise nicht gut entwickelt!

Wenn es sich herausstellt, daß andere Menschen nicht so sind, wie sie glauben, überrascht sie das. Sie malen sich die Rolle der anderen Person aus, und wenn der Partner sie nicht spielt, sind sie enttäuscht. Sie denken dann, daß die andere Person nicht »fair« gegenüber ihnen ist.

Um es noch einmal zu betonen: Sie beginnen eine Beziehung unter den Bedingungen ihrer eigenen militärischen Erfahrungen aus vergangenen Leben, wo jeder als ein Objekt angesehen und danach beurteilt wurde, wie gut er seine Funktion erfüllte.

Ich hatte beispielsweise eine Klientin mit dieser Mondknotenposition, die nach 23 Jahren Ehe herausfand, daß ihr Ehemann die gemeinsame Tochter mehrere Jahre lang sexuell belästigt hatte. Sie hatte keine Ahnung, was geschehen war, bis ihre Tochter in eine Therapie ging. Für diese Art des »Nichtwissens« kann es viele Gründe geben; aber im Falle der Waage-Mondknoten-Menschen ist es der, daß sie niemals erkennen, wer die andere Person wirklich ist.

Als Folge der Projektion ihrer eigenen Identität auf andere, erwarten sie, daß diese ebenso stark, großzügig, selbstsicher und diszipliniert sind wie sie selbst – und sie fühlen sich betrogen, wenn der Partner diese Charakteristika nicht aufweist. Sie müssen sich in die Lage der anderen Person versetzen. Auf diese Weise können sie den Grad an Stärke, Großzügigkeit, Selbstsicherheit und Disziplin feststellen, über den die andere Person verfügt. Dann haben sie realistischere Vorstellungen. Dann werden sie darüber hinaus bestimmte positive Qualitäten entdecken, die die andere Person in die Beziehung einbringt. Sie lernen, daß wir alle unterschiedliche Persönlichkeiten sind und daß darin das Potential für Wachstum in unerwartete und lohnende Richtungen liegt.

Bedürfnisse

Anerkennung

Waage-Mondknoten-Menschen dürstet es nach Anerkennung, und sie wollen in das Energiefeld der anderen Person eingeschlossen sein. Sie fühlen sich entspannt und glücklich, wenn andere sie mit Liebe »nähren«. Dies ist ein wertvolles Bedürfnis: In dieser Inkarnation wird die Liebe anderer die spirituelle Ausgeglichenheit fördern, die sie brauchen.

Das Problem liegt jedoch in der Methode, mit der sie die Aufmerksamkeit und Energie anderer bekommen wollen. Zu diesem Zweck verwickeln sie sich in Konkurrenzkampf, Ehrgeiz und ergreifen die Initiative, ohne sich mit anderen abzusprechen. Sie geben an und versuchen sich gut darzustellen, um die Aufmerksamkeit und liebevolle Energie auf sich zu ziehen, die sie so dringend brauchen. Wenn andere Menschen sich unterhalten, sagen die Waage-Mondknoten etwas über sich, damit sich die Aufmerksamkeit wieder auf sie richtet. Sie gehen nicht wirklich auf die andere Person ein – sondern nur so weit, daß ihr eigenes Bedürfnis nach Liebe und Anerkennung befriedigt wird. Dieses Bedürfnis veranlaßt die Waage-Mondknoten auch, sich in Situationen in einen Konkurrenzkampf zu begeben, wo Kooperation für sie selbst mehr von Vorteil wäre.

Die Lösung liegt darin, ihre Konzentration davon abzuwenden, sich selbst gut darzustellen und der anderen Person zu helfen, sich wohler zu fühlen. Wenn die Waage-Mondknoten den Menschen um sie herum helfen, glücklich zu sein, werden ihnen Akzeptanz, Liebe und Anerkennung automatisch zufliegen.

Vertrauen in Beziehungen

Diesen Menschen mangelt es in Beziehungen an Vertrauen, was durch die fehlenden Erfahrungen mit Partnerschaften in vergangenen Leben bedingt ist. Sie untergraben ihr eigenes Selbstvertrauen auch dadurch, daß sie zu viel Energie auf sich selbst konzentrieren. Wenn es beispielsweise zu einem Mißverständnis innerhalb einer Beziehung kommt, sollten sie sich darauf einstellen und versuchen herauszufinden, was die andere Person denkt und fühlt. Die Tendenz der Waage-Mondknoten ist es, sich sofort auf sich selbst zu konzentrieren – entweder auf ihre eigenen verletzten Gefühle, oder auf das, was sie falsch gemacht haben. Sie blicken niemals über ihren eigenen Horizont hinaus, um festzustellen, was in der anderen Person vorgeht, und das zermürbt ihr Vertrauen in die Beziehung. Dann nehmen sie an, daß die andere Person irgend etwas an ihnen nicht mag, und es endet für sie damit, daß sie sich nicht akzeptiert fühlen. Oder sie verurteilen ihren Partner hart und kommen zu der Ansicht, daß es nur sehr wenige Menschen in der Welt gibt, zu denen sie eine Beziehung finden können.

Eigentlich verfügen die Waage-Mondknoten-Menschen über eine Menge Vertrauen, sie stehen jedoch so lange auf der zwischenmenschlichen Ebene nicht mit ihm in Kontakt, bis sie anfangen, es zu teilen. Indem sie sich darauf konzentrieren, wie sie anderen helfen können, mehr Selbstvertrauen zu erlangen, verspüren sie ebenfalls mehr Selbstvertrauen.

Wegen ihrer angeborenen Beratungsfähigkeiten ziehen andere Menschen sie automatisch ins Vertrauen. Alles hängt von ihrer *Motivation* ab, anderen zuzuhören. Tun sie es, notgedrungen für eine gewisse Zeit, damit sie dann die Aufmerksamkeit wieder auf sich selbst lenken können? Oder hören sie mit der ernsthaften Motivation zu, helfen zu wollen und nichts als Gegenleistung zu erwarten, als die Freude über die Mitwirkung am Heilungsprozeß der anderen Person?

Diese Menschen verfügen über eine unglaubliche Fähigkeit, andere zu ermutigen, Krieger zu sein – ihnen so viel Vertrauen und Energie zu geben, daß sie sich auf ihren Weg begeben. Aber sie haben Angst, daß andere von ihnen abhängig werden. Sie wollen nicht, daß andere ihre

Energie, ihre Ideen oder ihre Lebenskraft schwächen. Tatsächlich ist es aber so, daß die andere Person etwas an sie zurückgeben wird – dann stehen sie wieder vor der Herausforderung, das Geschenk des anderen anzunehmen. Das erfordert Bescheidenheit und die Erkenntnis, daß Waage-Mondknoten nicht völlig selbstzufrieden sind. Es ist Bestandteil der Lektion des Gebens und Nehmens – Teil einer Gemeinschaft zu sein.

Teilen und Selbstlosigkeit
Teilen ist für Waage-Mondknoten-Menschen wichtig. Sie haben viele vergangene Leben in der Isolation verbracht und vermißten die Freuden einer Partnerschaft. In diesem Leben ist ihr Bedürfnis, einen Partner zu haben, sehr groß; sie müssen dieses Bedürfnis anerkennen, um sich emotional zufrieden und genährt zu fühlen. Eine selbstlose Liebe, ohne Gedanken an persönliche Gegenleistungen, ist der Schlüssel, um die Nähe und Harmonie zu realisieren, die ihr Herz erfüllen wird. Wenn die andere Person Stärke erlangt, wird ihr Glück die Waage-Mondknoten-Person durchdringen und befriedigen.
Diese Menschen besitzen eine ungeheure Liebe zum Leben, und in dieser Inkarnation lernen sie, diese zu erweitern, indem sie andere einschließen. Sie müssen die andere Person in ihr Leben einbeziehen, die Grenzen des anderen entdecken und dann aus sich herausgehen und ihre Erfahrungen teilen. Sie müssen sich daran erinnern, daß das Teilen von Erfahrungen mit dieser einen Person erfüllender ist, als ihr eigenes Ziel zu erreichen.

Akzeptanz
Selbstschutz
Bedingt durch so viele vergangene Inkarnationen als Krieger, haben diese Menschen die Eigenschaft der Unzugänglichkeit entwickelt. Sie sind sehr wählerisch, wenn es um das Image geht, das sie nach außen zeigen, und wenn Menschen etwas anderes in ihnen sehen, sind sie empört. Sie versuchen zu kontrollieren, wie die Menschen sie wahrnehmen: »Wie können sie so etwas von mir behaupten? So sehe ich mich überhaupt nicht!« Diese defensive Haltung macht es anderen Menschen schwer, zu ihnen eine Beziehung zu finden.
Waage-Mondknoten-Menschen erlauben sich häufig völlig unerwartete Verhaltensweisen, damit andere nicht in der Lage sind, sie richtig

einzuschätzen. Es handelt sich um ein taktisches Manöver. Weil sie befürchten, daß andere sie nicht interessant genug finden könnten, weigern sie sich, völlig »erkannt« zu werden. Sie glauben, daß die Menschen der anderen Mondknotengruppen alle gleich sind, und sie wollen nicht wie alle anderen sein. Sie haben Angst, daß die Offenlegung ihrer Emotionen und die Vertraulichkeit mit Menschen sie mit jedem anderen auf eine Stufe stellen wird – und sie dann nicht mehr anders und aufregend sein werden.

Unabhängigkeit kontra gegenseitige Abhängigkeit

Der Krieger in den Waage-Mondknoten-Menschen will über einen scharfen Verstand, Unabhängigkeit und emotionale Freiheit verfügen, damit er nach seinem Willen weiterziehen kann.

Es kann für Waage-Mondknoten-Menschen ziemlich entnervend sein, anderen nahezukommen und sie zu unterstützen. Sie befürchten, wenn sie erst einmal angefangen haben, jemandem zu geben, sich dann für diese Person verantwortlich zu fühlen, was gegen ihre »Nomaden«-Mentalität verstößt. Unbewußt wollen sie nicht festgebunden werden. Diese Menschen müssen in ihrem Gedächtnis behalten, daß es sich jetzt um das Leben von Menschen handelt. Ihre größten Belohnungen werden sie durch gegenseitige Abhängigkeit erhalten, nicht durch sich selbst isolierende Unabhängigkeit. Sie haben bereits erlebt, was extreme Unabhängigkeit bedeutet; diesen Weg erneut zu gehen, wird nur damit enden, daß sie die tiefe Verbundenheit mit anderen vermissen werden, nach der sie sich sosehr sehnen. Wenn sie über ihre Ängste hinausgehen und eine andere Person unterstützen, dann schaffen sie eine Bindung und erlangen die Anerkennung und Wertschätzung, nach denen sie verzweifelt suchen.

Wenn Waage-Mondknoten-Menschen andere unterstützen, stärken sie automatisch deren eigene Kraft. Deshalb schaffen sie in Wirklichkeit keine Abhängigkeit, sondern helfen anderen, eine höhere Ebene der Selbstzufriedenheit zu erlangen. Manchmal ärgern sie sich jedoch und denken: »Warum sind andere Menschen eigentlich nicht schon längst so unabhängig, wie ich es bin? Wenn jeder wäre wie ich, wäre die Welt ein schöner Ort!« Sie wollen nicht eitel erscheinen, aber die Verhaltensmuster aus vergangenen Leben sind stark, und die Disziplin des Kriegers ist eine Einstellung, die sie nur schwer aufgeben können.

Wenn sie erkennen, daß gegenseitige Abhängigkeit einen erstrebenswerteren Weg darstellt als die Isolation, werden sie feststellen, daß sie ein ausgeprägtes Talent besitzen, erfolgreich Beziehungen aufzubauen.

Harmonie

Waage-Mondknoten-Menschen sind des Krieges müde; in dieser Inkarnation wollen sie friedliche Beziehungen erleben. Trotzdem haben sie intensive Beziehungen, die sehr emotional sind, und ihre Unfähigkeit, mit anderen zu kommunizieren, kann diese Intensität noch fördern. Sie sind jedoch bereit, sich auf die nächste Ebene zuzubewegen – hin zu mehr Fürsorge, mehr gegenseitiger Abhängigkeit und mehr Mitgefühl. Sie müssen sich für den Frieden entscheiden, ihr Schutzschild an den Nagel hängen und sich Beziehungen aufbauen, in denen sie sich erlauben können, verwundbar zu sein.

Geduld

In diesem Leben lernen die Waage-Mondknoten-Menschen Geduld. Wutanfälle sind ein Symptom für ihre Ungeduld. Oftmals ist es genau die Situation, die sie sehr glücklich gemacht hätte, in der sie einfach gehen, weil sie nicht sofort ihren Willen bekommen haben.

Diese Menschen haben ein Übermaß an impulsiver Energie, die aus vergangenen Leben stammt. Wegen dieser Leidenschaftlichkeit müssen die Waage-Mondknoten-Menschen ihre Geduld fördern und verstehen, daß es bestimmter aufeinanderfolgender Schritte bedarf, damit ihre Pläne Wirklichkeit werden. sie sind so sehr auf etwas ausgerichtet und wollen es so intensiv, daß ihnen der eigentliche Prozeß qualvoll langsam erscheint. Sie laufen auf Hochtouren – aber es gibt keine Schlacht mehr zu schlagen, und langsamer zu werden und die Dinge zu durchdenken, ist für sie in diesem Leben notwendig, damit sie zu wahrer Erfüllung finden.

Wegen ihrer Impulsivität verstehen diese Menschen manchmal überhaupt nicht, warum sie etwas wollen. Wenn sie sich zur Geduld überwinden könnten, würden sie den größten Zusammenhang erkennen. Dann könnten sie ihn auch der anderen betroffenen Person erklären, und eine Menge Probleme würden sich auflösen. Der anderen Person wäre dadurch die Möglichkeit zu Kooperation und Verständnis gegeben.

Sensibilität und Besonnenheit

Waage-Mondknoten-Menschen sind sehr sensibel – auf eine unsensible Weise. Sie selbst haben sehr tiefe Gefühle, wenn es aber darum geht, die Gefühle anderer Menschen zu verstehen, sind sie sehr oberflächlich. Verletzungen erleben sie auf einer sehr tiefen Ebene. Und wegen dieser intensiven Gefühle glauben sie, daß sie andere sehr gut verstehen können. Für ein wirkliches Verständnis wäre es jedoch notwendig, die Eigenheiten anderer Menschen zu berücksichtigen oder einzugestehen, daß die eigenen Handlungen einen anderen Menschen auf negative Weise beeinflussen könnten. Dieses mangelnde Verständnis steht hinter vielen Mißverständnissen in ihren Beziehungen. Waage-Mondknoten müssen aktiv nach einer tieferen Ebene in ihrer Verbindung zu anderen streben.

Diese Menschen müssen sich selbst daran erinnern, sich der Bedürfnisse und Gefühle anderer Menschen bewußt zu sein. Wenn beispielsweise zwei Freunde die Straße entlanggehen und der eine mehrere Pakete trägt und der andere nichts, dann ist derjenige, der nichts trägt, wahrscheinlich ein Waage-Mondknoten – niemand sonst würde so wenig auf die andere Person Rücksicht nehmen. Dinge, die für jeden anderen Menschen offensichtlich sind, leuchten diesen Menschen einfach nicht ein. Wenn sie sich in diesem Leben an erfolgreichen und glücklichen Beziehungen freuen wollen, müssen sie bewußt Selbstlosigkeit und ein Gefühl für die Bedürfnisse und Gefühle anderer entwickeln.

Beziehungen

Mangelnde Erfahrung
Das Leben eines Kriegers ... so bin ich eben!

Wegen ihrer vergangenen Leben, die sie in militärischer Umgebung verbracht haben, mangelt es den Waage-Mondknoten-Menschen an Erfahrung bezüglich persönlicher Beziehungen. Dort werden Beziehungen durch das Protokoll und starre, sachliche Vorschriften geregelt, die von jedem verstanden werden.

Ein weiteres Problem ergibt sich daraus, daß Krieger normalerweise nicht an einem Ort bleiben, um eine Familie zu gründen – sie ziehen weiter, um die nächste Schlacht zu schlagen. Diese Menschen sind klassische Kandidaten für einen One-night-stand, sie machen eine Eroberung und ziehen dann weiter zur nächsten Person. Für sie sind Liebe und Sexualität eine Art Wettbewerb. Sie mögen das Liebesspiel. Sobald sie Erfolg haben, also die andere Person »erobert« haben, müssen sie sich der nächsten Herausforderung stellen. Das ist alles, was sie kennen. Wenn sich diese Neigung jedoch zu einem Leben voller schneller, oberflächlicher Beziehungen entwickelt, bleiben sie mit einem Gefühl eigenartiger Leere zurück.

Die Ironie ist, daß die Waage-Mondknoten-Menschen wahre Meister in puncto Beziehung werden, sobald sie verstehen, wie Beziehungen funktionieren. Sie verfügen über eine sehr große Sensibilität und diplomatisches Geschick, sobald sie verstehen, wie sie Zugang zu ihnen finden und sie anwenden können. Weil es ihr Lebensinhalt ist, vergangene Inkarnationen auszugleichen, indem sie mit anderen eine Partnerschaft eingehen, wird es immer eine Menge Menschen geben, die sich von ihnen angezogen fühlen.

Urteilsfähigkeit – willst du damit sagen,
daß es noch andere Menschen gibt?

Diese Menschen wünschen sich einen Partner, mit dem sie die Freuden des Lebens auf einer gleichberechtigten Basis teilen können. Damit ein wirklicher Energieaustausch möglich ist, müssen sie jedoch den richtigen Partner wählen. Teil einer erfolgreichen Beziehung ist ein kritisches Urteilsvermögen – die Fähigkeit, zu erkennen, bei wem es sich wirklich um einen potentiellen Partner handelt, und nicht einfach nur danach zu urteilen, inwiefern diese Person die Bedürfnisse des Waage-Mondknotens erfüllt.

Diese Menschen können eine Beziehung auch falsch einschätzen, wenn sie sich nur auf die Eigenschaften der anderen Person konzentrieren, die sie mögen. Sie schließen die weniger ansprechenden Eigenschaften aus, wobei sie das übersehen, was wirklich passiert.

Der erste Schritt besteht für die Waage-Mondknoten-Menschen in dem Wunsch, etwas über die andere Person zu erfahren. Hat diese Person Ziele und Ideale, die den eigenen ähnlich sind? Hat die Person Ziele, die sie glauben unterstützen zu können? Gibt oder nimmt die andere Person lieber? Welche Werte hat die andere Person? Welche Art von Identität will sie aufbauen? Waage-Mondknoten-Menschen müssen die Bescheidenheit besitzen, bewußt neugierig auf die Identität des potentiellen Partners zu sein und nicht ihre eigenen Ideen in ihn hineinzuprojizieren. Um die Werte eines anderen Menschen verstehen zu können, muß man Fragen stellen, seine eigene Identität beiseite schieben und sich zugestehen, daß das Kennenlernen des anderen zeitweilig großen Raum einnimmt.

Grundsätzlich ist es vorteilhafter, wenn der Waage-Mondknoten der anderen Person zuerst Fragen stellt, und dann seine eigene Position darlegt. Die Neigung ist jedoch, sofort zu sagen: »Ich wünsche mir eine Ehe ohne Kinder, in der beide Partner arbeiten und eine Menge Geld verdienen. Was wünschst du dir?« Wenn die andere Person entgegenkommend sein will, wird sie eine Antwort geben, die so interpretiert werden kann, als würde sie die Position des Waage-Mondknotens unterstützen.

Genau so geraten diese Menschen in Probleme. Sie haben so eine starke Identität, daß die andere Person eine direkte Konfrontation vermeidet, weil es sonst zum Ende der Verbindung kommen könnte. Andere werden grundsätzlich nachgeben, sei es nun, indem sie die Wichtigkeit ihrer eigenen Position herunterspielen oder indem sie dem zustimmen, was die Waage-Mondknoten-Person will.

Ich hatte einen Waage-Mondknoten-Klienten, dessen Erfahrungen dieses Problem sehr gut veranschaulichen. Während seiner zweiten Ehe war er unglaublich in seine Frau verliebt, die zwölf Jahre jünger war als er. Er hatte aus erster Ehe ein Kind, und er und seine zweite Ehefrau hatten beschlossen, daß sie keine Kinder haben wollten. Dies war seine Idee, sie redete es sich jedoch nur ein, weil sie ihn sosehr liebte. Sobald die Abmachung getroffen war, von der er annahm, daß sie den Bedürfnissen beider entsprach, ließ er eine Sterilisation vornehmen. Während der ersten vier Jahre schien die Ehe sich gut zu entwickeln, und er war sehr glücklich. Dann kam es zu einem traumatischen Wochenende, an dem sie ihn um die Scheidung bat, weil sie Kinder haben wollte. Die Ehe erfüllte seine Bedürfnisse, aber nicht ihre. Er war seelisch derart stark erschüttert, daß es ihn Jahre kostete, bis er sich emotional von dieser Erfahrung erholt hatte. Für beide Seiten hätte die Enttäuschung vermieden werden können, wenn sich mein Klient die Zeit genommen hätte, die wirklichen Wünsche seiner Partnerin herauszufinden. Dann hätte er sich immer noch entscheiden können, ob er sie genügend liebte, um seinen ursprünglichen Entschluß aufzugeben und ihren Wunsch nach einem Kind zu erfüllen.

Waage-Mondknoten-Menschen müssen ihren Gefühlen der Liebe und Anziehung vertrauen, wenn sie sich für einen Partner entscheiden. Sobald sie einen entsprechenden Partner gefunden haben und eine Beziehung eingehen, besteht die Herausforderung für diese Menschen darin, wachsam gegenüber den sich verändernden Bedürfnissen ihres Partners zu sein. Wenn sie Nähe zulassen und in Kontakt bleiben, erzeugen sie derart liebevolle Gefühle in ihrem Partner, daß das Ergebnis überwältigend ist.

Der richtige Zeitpunkt ... andere haben Bedürfnisse?

Wenn es um das Geben geht, müssen die Waage-Mondknoten-Menschen den Zeitvorstellungen ihres Partners mehr Aufmerksamkeit schenken. Wenn ihr Partner ein Bedürfnis zum Ausdruck bringt, dann ist das für sie der Zeitpunkt zu geben. Dann sollten sie alles andere zurückstellen und darauf hören, was der Partner zu diesem Zeitpunkt braucht. Wenn sie so lange warten, bis sie sich bereit fühlen zu geben, wird die Gelegenheit an ihnen vorübergegangen sein.

Der Partner könnte sie beispielsweise um Hilfe bei einem Vorhaben bitten. Dann sagt die Waage-Mondknoten-Person möglicherweise: »Ach, komm schon, das kannst du doch alleine.« Sie will weder ihre Energie in eine andere Richtung lenken noch sich mit den Problemen des Partners auseinandersetzen. Dieser instinktive Egoismus hat eine feine, aber destruktive Auswirkung auf die Beziehung. Waage-Mondknoten-Menschen können nicht die Vorteile einer Partnerschaft in Anspruch nehmen, ohne sich durch Geben zu revanchieren. Wenn sie jemanden finden, mit dem sie zusammensein wollen, müssen sie sich auch im Hinblick auf den Zeitpunkt nach dem Partner richten, wenn sie diese Person nicht verlieren wollen. Das Thema dieses Lebens ist: Wenn sie ihre wichtigste Beziehung an die erste Stelle setzen, gewinnt jeder.

Ängste
Angst vor emotionaler Verwicklung

Sosehr die Waage-Mondknoten-Menschen in dieser Inkarnation auch eine Beziehung wollen und brauchen, so hat ein Teil in ihnen doch fürchterliche Angst davor. Sie haben Angst vor gefühlsmäßiger Verwirrung – sie brauchen diese spezielle Beziehung zu einer anderen Person aber so sehr, daß sie das Risiko einfach eingehen müssen. Eine ihrer Ängste ist, »nicht klarzukommen« – eine falsche Entscheidung zu treffen und sie nicht mehr rückgängig machen zu können. Sie sind solche Perfektionisten, daß sie wollen, daß auch ihre wichtigste Beziehung perfekt ist. Wenn sie sich für die falsche Person entscheiden und sich die Beziehung nicht gut entwickelt, werden sie zugeben müssen, daß sie Probleme haben.

Weil diese Menschen einen so großen Wert darauf legen einen guten Eindruck zu machen, ist es für sie ebenso wichtig, daß ihr Partner gut aussieht. Wenn sie bei ihrem Partner einige Eigenschaften feststellen, die weniger erfreulich sind, dann wollen sie, daß sich der Partner ändert und nörgeln an ihm herum. Wenn es die Absicht der Waage-Mondknoten-Person ist, vor anderen gut dazustehen, weil sie einen attraktiven Partner hat, dann wird das niemals funktionieren. Wenn sich der Partner jedoch ändern will und der Waage-Mondknoten gewillt ist, ihn zu unterstützen, können beide Menschen gewinnen.

Bis sie ihre Stärke und Disziplin endlich benutzen, um der anderen Person zu helfen, ihre Begrenzungen zu überwinden, wird sich deren Zustand oft noch verschlechtern. Wenn eine Waage-Mondknoten-Person beispielsweise festgestellt hat, daß ihr Partner zugenommen hat und unglücklich darüber ist, ist das erste, was sie tun sollte, sich auf den Partner einstellen, um herauszufinden, was er will. Sie könnte dann etwa sagen: »Ich habe bemerkt, daß du dir wegen deines Gewichts Sorgen machst, und ich habe bemerkt, daß du weiterhin zu viel ißt. Bist du wegen irgendeiner Sache unzufrieden? Ich würde gerne wissen, was mit dir los ist und ob ich etwas für dich tun kann.« Durch diese Vorgehensweise, sich zu sorgen und versuchen die andere Person zu verstehen, kann sie lernen, wie sie ihr helfen kann. Diese Menschen lernen sich mehr um die Beziehung zu kümmern als um ihr Image.

Waage-Mondknoten-Menschen können nicht verstehen, warum sich andere damit abfinden, schlecht behandelt zu werden. Sie können nicht verstehen, wie sehr jemand einen anderen Menschen lieben kann, und sie fürchten sich vor Leidenschaft und Bindung. Sie haben Angst, daß die wirkliche Liebe zu jemandem sie zu einem Punkt führen könnte, der nicht gut für sie ist. Sie müssen ihrem Herzen vertrauen und glauben, daß sie in der Zusammenarbeit mit der anderen Person eine ge-

sunde Beziehung aufbauen können. In diesem Leben ist es ihnen möglich, die Freuden zu entdecken, die es mit sich bringt, wenn sie die Liebe, die sie für sich selbst empfinden, auf eine andere Person ausweiten.

Angst vor Co-Abhängigkeit

Diese Menschen haben schreckliche Angst vor einer co-abhängigen
Beziehung. Die Ironie ist, daß sie naturgemäß vom Geben des Partners
abhängig werden, weil sie ständig auf der nehmenden Seite sein wollen.
Der Partner jedoch kann nicht in diesem Maße abhängig werden, weil
er vom Waage-Mondknoten nichts zurückbekommt. Wenn der Partner sie verläßt (körperlich oder emotional), sind diese Menschen am
Boden zerstört und wissen einfach nicht, warum die Beziehung sich
nicht gut entwickelt hat.

Wenn diese Menschen innerhalb einer Beziehung eine wirkliche gegenseitige Abhängigkeit wollen, dann sollten sie immer versuchen, mehr
zu geben, als sie erhalten. Dann werden sie der »starke« Teil sein und
die Freuden erleben, verletzlich und gegenseitig voneinander abhängig
zu sein, ohne die Gefahr, im Stich gelassen zu werden.

Waage-Mondknoten-Menschen müssen aufpassen, daß sie ihr Bedürfnis nach Unabhängigkeit nicht als Abwehr gegen ein Engagement in
der Partnerschaft benutzen. Sie wählen für ihre Forderungen nach Unabhängigkeit oft einen schlechten Zeitpunkt und scheinen schroff, aggressiv und befremdet. Dies veranlaßt ihren Partner zu denken, daß
sich der Waage-Mondknoten nichts aus ihnen macht und daß beide
Seiten sich nicht umeinander kümmern. Natürlich will die andere Person nicht alleine der verletzliche Teil in der Beziehung sein, und fängt
daher an, sich emotional zurückzuziehen. Dieses Bedürfnis nach Zeit
für sich, kann in einer engen Beziehung sehr nachteilig sein. Wenn
damit nicht angemessen umgegangen wird, fühlen sich die Menschen,
die dem Waage-Mondknoten nahestehen, ungeliebt, ungeschützt und
nicht angenommen.

Waage-Mondknoten-Menschen sind so sehr daran gewöhnt, unabhängig und geheimnistuerisch zu sein, daß sie verwirrt werden, wenn andere sie wirklich erkennen. Sie befürchten, daß es sie schwach machen
wird, wenn sie sich einer anderen Person gegenüber verletzlich zeigen.
Sie wollen immer unabhängig sind und eine Beziehung haben – und
beides zusammen geht nicht! Wenn sie andere führen, stehen sie im

Mittelpunkt und fühlen sich wohl. Wenn aber jemand anderer die Verantwortung übernimmt, ist ihnen das peinlich, weil sie dann nicht wissen, welche Rolle sie übernehmen sollen. Sie müssen erkennen, daß andere ihnen normalerweise erlauben werden zu führen, wenn sie sich nur Zeit geben, sich in die Situation hineinzuversetzen und zu kommunizieren. Andere wollen nicht unbedingt die Verantwortung übernehmen; sie wollen nur nicht gesagt bekommen, was sie zu tun haben, ohne daß ihre Gefühle berücksichtigt werden.

Waage-Mondknoten-Menschen räumen der Unabhängigkeit einen hohen Stellenwert ein, aber gerechterweise muß man sagen, daß sie ihren Partner ebenfalls dabei unterstützen, unabhängig zu sein. Ihre jetzige Aufgabe besteht darin, anderen zu helfen, in die Führungsrolle hineinzuwachsen.

Angst vor Kompromissen und Veränderungen

Kompromisse sind ein wesentlicher Bestandteil glücklicher Beziehungen. Nur dadurch, daß man die Bedürfnisse der anderen Person genauso erkennt und respektiert wie die eigenen, können beide Seiten gewinnen. Wenn die Waage-Mondknoten-Menschen von einem luftleeren Raum aus agieren, indem sie nur ihre eigenen Wünsche in Betracht ziehen, schaffen sie in Beziehungen eine Gewinn-Verlust-Situation. Schließlich zieht die Person, die verliert, davon, um jemanden zu finden, der fairer spielt. Das erste, was Waage-Mondknoten tun müssen, ist, die Individualität des Partners anzuerkennen und seine Bedürfnisse und Unsicherheiten zu verstehen.

Manchmal wollen diese Menschen jedoch keine Kompromisse schließen. Sie wollen sich nicht die Zeit nehmen, die andere Person wirklich zu verstehen. Sie befürchten, daß sie ihre eigene Position opfern müssen, wenn sie sich über die der anderen Person im klaren sind. Indem sie sich jedoch dagegen wehren, das Bedürfnis nach Kompromissen anzuerkennen, verleugnen sie die Wichtigkeit der anderen Person und legen auch hier den Samen dafür, daß sie letztendlich allein bleiben. Sensibilität gegenüber der anderen Person ist essentiell. Wenn der Partner verunsichert ist, ist der Zeitpunkt gekommen, alles andere liegen zu lassen und das zu tun, was notwendig ist, um die Harmonie wieder herzustellen.

Von Herzen geben kontra aufrechnen
»Wie du mir, so ich dir«-Spiele

Waage-Mondknoten-Menschen neigen zu einem »Wie du mir, so ich dir«-Bewußtsein. Sie wollen, daß alles ausgeglichen ist, und sie verlangen von ihrem Partner, daß er an den Opfern teilhat, die sie bringen müssen. Wenn sie beispielsweise um fünf Uhr morgens aufstehen müssen, wollen sie, daß die andere Person mit ihnen aufsteht. Anstatt das Bedürfnis ihres Partners nach Schlaf zu erkennen und dafür zu sorgen, daß die andere Person ausgeglichen ist, will der Waage-Mondknoten, daß sie aufsteht, Frühstück macht oder etwas anderes tut, um ihm zu helfen, damit ein Gleichgewicht vorhanden ist. Ein wahres Gleichgewicht bedeutet jedoch, daß beide Partner einander zu 100 Prozent unterstützen, um ausgeglichen und glücklich zu sein. Die Beziehung wird sich entwickeln, wenn der Waage-Mondknoten aufhört, in jedem Augenblick zu kontrollieren, ob er seinen gerechten Anteil erhält.

Wenn diese Menschen geben, dann sollten sie es tun, ohne davon viel Aufhebens zu machen. Sie neigen dazu, sich genau zu merken, wie viel sie geben, und dann genau die gleiche Menge Energie als Gegenleistung zu erwarten. Und zu guter Letzt erwarten sie Anerkennung und überschwenglichen Dank von der anderen Person; wenn sie diese nicht bekommen, erinnern sie ihren Partner daran, wieviel sie für ihn getan haben. Indem sie Anerkennung fordern, haben die Waage-Mondknoten-Menschen das Geschenk zurückgenommen und es in einen Handel verwandelt – das ist der Stil eines Kriegers! Das Geheimnis des Gebens liegt darin, sich für das Nehmen zu öffnen. Andere werden immer mehr zurückgeben, als diese Menschen erwarten, wenn ihr Geben rein ist, ohne Erwartung einer Gegenleistung. Wenn sie ihre Energie auf die andere Person konzentrieren, wird das daraus resultierende Glück ihres Partners ihr Herz erfüllen und sie ebenfalls glücklich machen.

Konkurrenzdenken

Diese Menschen sind aus früheren Leben als Krieger an den Wettkampf gewöhnt. In diesem Leben kann sie ihr Kampfgeist jedoch daran hindern, das zu bekommen, was sie wollen. Sie sind so sehr daran gewöhnt zu kämpfen, daß ihnen alles wie eine Schlacht erscheint. Sie bauen Widerstand auf, wo keiner ist, indem sie vermuten, daß andere sich ihnen widersetzen, provozieren sie genau den Widerstand, den sie fürchten. Beispielsweise sind sie in der Lage, impulsiv zu einem Abenteuer abzureisen, ohne ihren Partner zu benachrichtigen, wodurch sie Zweifel und negative Gefühle hervorrufen. Andere Verhaltensweisen, die ihre Beziehung sabotieren, sind Rücksichtslosigkeit, Unbesonnenheit, defensive Wutausbrüche, Schweigsamkeit und andere raffinierte (und weniger raffinierte) Taktiken, die auf der Idee basieren, daß sie sich gegen andere wehren müssen, um ihren Willen zu bekommen.

Diese Menschen lernen, daß ihr Partner ihnen keine Probleme schaffen, sondern ihnen helfen und sie unterstützen will. Es ist also eine Veränderung der Perspektive erforderlich. In guten Beziehungen bringen beide Partner ihre Bereitschaft zum Ausdruck, sich gegenseitig bis in die tiefsten Ebenen vordringen zu lassen, um aus einer Position der Verwundbarkeit und Nähe zu teilen.

Karmische Partner

Waage-Mondknoten-Menschen fühlen sich oft zu Partnern hingezogen, die über ein gewaltiges Potential verfügen, denen es jedoch an dem notwendigen Selbstvertrauen mangelt, um dieses Potential erschließen und ihre Ziele erreichen zu können. Oftmals handelt es sich dabei um Menschen, denen sie aus einem früheren Leben etwas schuldig sind. Möglicherweise hat die andere Person ihre Identität geopfert und ihnen auf irgendeine Weise geholfen zu gewinnen, und jetzt ist es an ihnen, sich für diesen Gefallen zu revanchieren.

Auf einer bestimmten Ebene wissen diese Menschen, daß in diesem Leben das Thema Partnerschaft im Mittelpunkt steht, und suchen deshalb aktiv nach einem Gefährten. Ihr starkes Selbstbewußtsein wird jedoch in ihrer Aura so deutlich, daß es anderen Menschen gegenüber als eine Barriere fungiert. Sie müssen daran arbeiten, dieses Kraftfeld aufzulösen. Dies können sie am effektivsten erreichen, indem sie die Energie an andere weitergeben, die sie benötigen. Die andere Person erhält eine »Aufladung« des Selbstvertrauens, und der Waage-Mondknoten erfährt eine Befreiung. Beide Menschen gewinnen. Das Ergebnis ist eine Öffnung der Aura der Waage-Mondknoten-Person, durch die sie mehr Liebe und Energie annehmen kann.

Gegenseitige Abhängigkeit

Zu lernen, wie man sich mit anderen auf eine sinnvolle Weise in Beziehung setzt, stellt für die Waage-Mondknoten-Menschen in diesem Leben die größte Herausforderung dar. Egal in welchem Bereich ihres Lebens sie gewinnen, es steht immer eine starke Partnerschaft dahinter. Sie lernen zu erkennen, daß sie die Energie anderer brauchen, um ihr eigenes Wohlbefinden zu steigern und ihre Ziele zu erreichen.

Autonomie oder Beziehung?

Diese Menschen verfügen über solche Fähigkeiten, andere Menschen zu unterstützen und sei zu bestärken, daß sie eine lange Reihe von Beziehungen erleben, die nicht andauern. Die Menschen, die ihnen nahestehen, sind dann selbst stark genug und gehen, aus verschiedenen Gründen, ihre eigenen Wege. Dies geschieht manchmal, weil die Waage-Mondknoten-Menschen – unbewußt – daran arbeiten, die Autonomie der anderen Person zu fördern, damit sie ebenbürtig sein kann, anstatt ein Team aufzubauen. Sobald der Partner selbständig wird, braucht er die Waage-Mondknoten-Person nicht mehr, und beide Individuen trennen sich. Der Waage-Mondknoten fühlt sich dann aber geknickt – es scheint ihm unfair, daß der Partner ihn verließ, sobald er stark war.

Wenn die gegenseitigen emotionalen Verbindungen – die Sensibilität gegenüber der anderen Person und der Wunsch, sie glücklich zu machen – fehlen, werden die Waage-Mondknoten oftmals von ihrem Partner verlassen. Für den Partner wird die Verbindung dann trocken und lieblos – basierend auf einem System von Erwartungen, Gegenleistungen, Forderungen und Fair play –, deshalb geht er, um das Nährende in einer anderen Beziehung zu finden.

Für diese Menschen liegt der Schlüssel darin, zu erkennen und entsprechend zu handeln, wenn ihr Partner Unterstützung braucht. Dann wird der Partner froh sein, bleiben zu können, weil er sich verbunden fühlt, und der Waage-Mondknoten wird all die positive Energie zurückerhalten. So gewinnen beide Seiten.

Zuhören und Sensibilität

Wenn Waage-Mondknoten-Menschen wollen, daß eine Beziehung langfristig besteht, müssen sie lernen, gegenüber den Bedürfnissen ihres Partners sensibel zu sein und zuzuhören. Sie müssen auch aufpassen, daß sie andere nicht verletzen – physisch, psychisch oder emotional. Wenn ihr Partner nicht viele Forderungen stellt, ignorieren Waage-Mondknoten-Menschen ihn häufig. Sie sind dann geschockt, wenn der scheinbar entgegenkommende Partner sie verläßt. Sie hatten die Individualität des anderen Menschen nicht berücksichtigt.

Waage-Mondknoten-Menschen müssen manchmal einfach nur reagieren, um die Ängste ihres Partners zu verringern. Nicht alle Fragen werden mit der Absicht gestellt, eine genaue, sachliche Antwort zu bekommen. Manchmal ist das Motiv auch, eine Rückversicherung oder ein Gefühl der Nähe zu erhalten. Wenn ein Frischvermählter beispielsweise fragt: »Glaubst du, daß wir uns immer sosehr lieben werden?«, dann will er nicht hören: »Ich hoffe es, aber ich glaube, daß das niemand so recht weiß« – eine typische Antwort für einen Waage-Mondknoten. Er will vielmehr hören: »Sicher werden wir das!«

Ziele

Diese Menschen können egoistisch sein. Sie handeln impulsiv und völlig ohne Rücksicht auf die Situation anderer. Sie neigen dazu, unerwartet die Führung zu übernehmen, wenn ihre Ziele nicht schnell genug erfüllt werden. Sie neigen auch dazu, nach ihren Vermutungen vorzugehen, ohne zu klären, in welcher Situation sich die andere Person befindet. Selbst wenn es ihr Motiv ist, in bester Absicht für alle Beteiligten zu handeln, haben andere doch oft das Gefühl, daß ihnen die Verantwortung genommen wird und sie abgelehnt werden, weil sie nicht in den Prozeß einbezogen sind. Dadurch wird das Vertrauen – ein Schlüsselproblem für diese Menschen – in der Beziehung auf beiden Seiten untergraben.

Obwohl das Nachfragen beim Partner eine einfache Lösung für viele Probleme darstellt, fürchten sich diese Menschen dennoch, es zu tun. Etwas in ihnen sagt: »Wenn ich nachfrage, sieht es so aus, als hätte ich kein Vertrauen.« In Wirklichkeit bewirkt vielmehr das *Nichtnachfragen*, daß die andere Person ihr Vertrauen in Frage stellt und sich die Waage-Mondknoten-Menschen wieder einmal isoliert, mißverstanden und nicht angenommen fühlen.

Ich habe beispielsweise einen Klienten mit dieser Mondknotenposition, der in der Gastronomie tätig ist. Er gab seinem Geschäftsführer die Anweisung: »Heute abend haben wir eine besondere Party, ich will, daß die Tische bis 19 Uhr gedeckt sind.« Um 18.40 Uhr waren die Tische noch nicht gedeckt und die ersten Gäste trafen bereits ein. Mein Klient dachte: »Oh, mein Gott! Das bekommt er nicht mehr geregelt!« Deshalb machte er alles allein. Er war schockiert und wütend, als der Geschäftsführer ihn später darauf ansprach, und, anstatt ihm dankbar zu sein, sagte: »Sie haben mir nicht vertraut!« Der alte Krieger hatte ein Ergebnis erzwungen, ohne die Zeitplanung und die Gefühle der anderen Person einzubeziehen.

Diese Menschen müssen sich die Zeit nehmen zu kommunizieren, anstatt ihren Willen zu erzwingen. Mein Klient hätte zu seinem Geschäftsführer sagen können: »Stefan, ich mache mir ein wenig Sorgen, daß die Tisch noch nicht gedeckt sind. Läuft alles nach Plan oder kann ich etwas tun, um dir zu helfen?« Durch Nachfragen bei seinem Geschäftsführer hätte er sich versichern können, daß die Arbeit erledigt werden würde, und hätte gleichzeitig das Gefühl, ein Team zu sein, entstehen lassen, das diese Menschen so verzweifelt suchen. Wenn sie sich Zeit nehmen, verfügen diese Menschen über die seltene Gabe der Diplomatie, die auf beiden Seiten eine ungeheure Zuneigung schaffen kann, während gleichzeitig das Ziel erreicht wird.

Waage-Mondknoten-Menschen müssen zu der anderen Person eine Beziehung finden, wenn sie Anweisungen erteilen. In ihrem Fall genügt es nicht, einfach nur die Fakten aufzuzählen, sie müssen auch erklären, warum die Anordnungen im Zusammenhang mit der anstehenden Situation wichtig sind und ihr Vertrauen in die andere Person zum Ausdruck bringen, daß sie die Arbeit erfolgreich erledigen wird. Waage-Mondknoten-Menschen glauben, daß sie die Anweisungen so leicht gemacht haben, daß jeder sie erfüllen kann, die Wahrheit ist jedoch, daß das, was für sie selbst einfach erscheinen mag, für andere eine sehr schwierige Aufgabe sein kann.

Bevor sie Anordnungen treffen, sollten diese Menschen auch erkennen, wie die andere Person sich fühlt. Wenn die andere Person beispielsweise nervös ist, wird sie völlig aus der Fassung gebracht, wenn sie noch mehr Anweisungen erhält. Sich die Zeit zu nehmen, eine solide Basis für die Beziehung zu finden, bewirkt, daß die andere Person die Anordnungen mit mehr Freude ausführt, und gibt zusätzlich die Sicherheit, daß die Arbeit korrekt erledigt wird. Sinnvoll ist es auch, die andere Person bei ihren Überlegungen bezüglich der Vorgehensweise einzubeziehen und den individuellen Stil dieser Person zu berücksichtigen.

Entwicklung der Persönlichkeit
Synergieeffekte
Die Lösung besteht für diese Menschen durchweg in der Partnerschaft. Auch beim Erreichen persönlicher Ziele ist ihnen der Erfolg sicher, wenn sie zusammen mit einem Partner an dieses Ziel herangehen. Wenn es einer Waage-Mondknoten-Person unmöglich erscheint, 20 Pfund abzunehmen, dann ist es das beste, einen Freund zu finden, der das gleiche Problem hat, und dann zusammen abzunehmen. Während sie dem Freund hilft, sich an die Diät oder das Trainingsprogramm zu halten, verliert auch gleichzeitig die Waage-Mondknoten-Person an Gewicht. Das gleiche gilt für jedes andere persönliche Ziel, bei dem sie Probleme hat, es zu erreichen: Wenn sie eine andere Person findet, mit der sie sich zusammentun kann, werden beide gewinnen.

Diese Menschen haben die Fähigkeit, anderen so viel Vertrauen zu vermitteln, daß diese anfangen, an sich selbst zu glauben. Sie haben großen Erfolg als Berufsberater, Psychologen, Lehrer, Trainer und in verwandten Berufen.

Waage-Mondknoten-Menschen müssen sich jedoch stets bewußt sein, daß kein egoistisches Motiv ihrer Handlungsweise zugrunde liegt. Daher ist die Fähigkeit, objektiv zu sein, besonders wichtig: Sie müssen die Ziele der anderen Person erkennen.

Intimität und Verletzlichkeit
Waage-Mondknoten-Menschen müssen ihre Fähigkeit entwickeln, verletzlich zu sein und offen gegenüber den Gefühlen und Ansichten anderer zu werden. Sie lernen zuzulassen, daß andere sie wirklich kennenlernen, indem sie ihnen ihre Gefühle und Ängste mitteilen. Diese Menschen haben starke Widerstände dagegen aufgebaut, verletzlich zu sein. Sie lernen jedoch, daß sich hinter Verletzlichkeit eine große Stärke verbirgt – in Wirklichkeit ist der beste Krieger derjenige, der weiß, wann er zu kämpfen und wann er Frieden zu schließen hat. Wenn sie sich jedoch nicht auf die andere Person einlassen, werden sie auch nicht wissen, um welche Situation es sich gerade handelt.

Damit ihre Beziehungen sich auf längere Sicht gut entwickeln, müssen sie auch lernen, wie sie mit dem Partner vertrauter werden können. Intimität wird möglich, wenn sie gegenüber den Unsicherheiten der anderen Person sensibler und gleichzeitig offener werden, die eigene Verletzlichkeit zum Ausdruck zu bringen Wenn ihr Vertrauen zunimmt, sind auch sie fähig zu wachsen.

Wenn sie verletzt wurden, besteht ihre erste Reaktion darin, sich zurückzuziehen und andere nicht wissen zu lassen, daß sie etwas bewegt hat. In diesem Leben lernen sie, wie wertvoll es ist, sich zu öffnen und zuzulassen, daß andere sich um sie kümmern. Indem sie ihre Verletzlichkeit teilen, wird das, wofür sie sich ursprünglich schämten, zu einer Qualität, die sie feiern können, und sie stellen fest, daß sie mit anderen auf eine authentische Weise verbunden sind. Dann können sie anderen gestatten, ihr wahres Selbst zu kennen – statt des Images, das sie nach außen darstellen. Diese Menschen verfügen über eine angeborene Ehrlichkeit, Courage und Direktheit. Wenn sie für sich zulassen, anderen gegenüber verletzlich zu sein, ist das auf dem Weg der Selbstentdeckung ein großer Sprung nach vorn.

Waage-Mondknoten-Menschen haben Angst, daß sie die Menschen verlieren werden, die sie beeindrucken wollen, wenn sie ihre Verletzlichkeit nach außen zeigen. Statt dessen ist es das Offenlegen ihrer Verletzlichkeit, das sie bei anderen beliebt macht. Denn andere wissen dadurch, wie sie ihnen helfen und ihnen Vertrauen vermitteln können. Dadurch schließen sie die andere Person auf einer tieferen Ebene in ihr Leben ein und fühlen sich gleichzeitig von ihr akzeptiert. Und die alten Gefühle der Isolation lösen sich auf.

Teamarbeit

Waage-Mondknoten-Menschen haben keinen Sinn für Teamarbeit. Sie verfügen aus früheren Leben über keine Erfahrung auf diesem Gebiet. Als Krieger übernehmen sie die anstehende Arbeit allein. Sie ärgern sich über andere, die die Verantwortung teilen wollen. Sie wollen die Arbeit allein managen, weil sie Angst haben, daß die andere Person alles falsch machen könnte. Sie bringen auch nicht die Geduld dafür auf, daß jemand zwei oder drei Tage braucht, um das zu erledigen, was sie an einem Tag schaffen – und zudem noch besser! Und dennoch sind sie in diesem Leben nicht dazu da, die Arbeit allein zu erledigen – sie wissen bereits, daß sie dazu in der Lage sind. Sie verfügen über ein unglaubliches Selbstvertrauen, wenn es darum geht, kurzfristige Ziele zu erreichen. Wenn sie aber jetzt ein Ziel allein erreichen, empfinden sie nicht das Glück, das sie erwartet hatten. In diesem Leben besteht ihre Aufgabe darin, ihre eigenen Ziele im Rahmen einer Teamleistung zu erreichen.

Waage-Mondknoten-Menschen verfügen über die unglaubliche Fähigkeit, andere zu bestärken, und können bei jedem dieser Menschen erkennen, in welchen Bereichen der einzelne jeweils mehr Selbstvertrauen benötigt. Sie begrüßen die Fehler anderer, die die Stellen beleuchten, an denen es ihnen an Vertrauen mangelt. Sie erkennen dadurch, wo sie andere motivieren und sich selbst zu einem äußerst wertvollen und beliebten Teil des Teams machen können.

Zuallererst müssen sie immer überlegen, was das Beste für das Team ist. Für die Mitglieder eines Teams gehört es sich nicht, wenn sie die Kommunikation abbrechen; sie müssen einen Moment pausieren, um den Kontakt miteinander zu halten und ein positives Gefühl der gegenseitigen Abhängigkeit zu entwickeln. Zu diesem Zwecke muß jedes Mitglied gewillt sein, seine Bedürfnisse sachlich zum Ausdruck zu bringen – nicht aus Verärgerung oder aus einer »Auge um Auge, Zahn um Zahn-Einstellung« heraus, sondern als Mittel, um jeden anderen innerhalb des Teams zu bestärken. Hierbei handelt es sich um eine andere Art, verletzlich zu sein.

Partnerschaft

Weil die andere Person Qualitäten in die Beziehung einbringt, an der es dem Waage-Mondknoten möglicherweise mangelt, ist es dessen Aufgabe, möglichst objektiv zu erkennen, wer die andere Person wirklich ist, was sie zu bieten hat und welche Talente und Qualitäten sie einbringt, um das Team zu fördern. Es kann sein, daß sie kein Selbstvertrauen oder keine Initiative zeigt, aber möglicherweise bringt sie Qualitäten wie emotionale Sensibilität, Fürsorge, Verspieltheit, Spaß, Mitgefühl, Versöhnlichkeit oder Abenteuerlust ein. Wenn der Waage-Mondknoten fähig ist, den individuellen Beitrag der anderen Person zu verstehen, kann er viel offener dafür sein, diese Fähigkeit zu akzeptieren und von ihr energetisiert zu werden.

Der größte Wunsch der Waage-Mondknoten-Menschen ist, sich mit jemand anderem zu verbinden und die Träume und Pläne dieser Person zu bestärken. Daher ist es ihre Verantwortung, die einzelnen Vorstellungen und Ziele dieser Person genau kennenzulernen, damit sie feststellen können, ob sie mit ihrer eigenen Seele korrespondieren. Wenn sie sich von ganzem Herzen um ihren Partner kümmern, erleben sie letztendlich Freude und Erfüllung.

Gewinnsituationen für beide Seiten schaffen

Waage-Mondknoten-Menschen sind *die* Friedensstifter des Tierkreises. Sie besitzen das Talent, beide Seiten einer Situation oder eines Konflikts klar zu erkennen und einen konstruktiven Austausch zwischen den verschiedenen Positionen in Gang zu bringen. Diese Fähigkeit ist die beste Voraussetzung für den Beruf des Ehe- und Familienberaters – oder für jede Tätigkeit, die den Ausgleich von zwei unterschiedlichen Sichtweisen erfordert, einschließlich des diplomatischen Dienstes. Wenn Waage-Mondknoten-Menschen anderen dabei helfen, sachlich zu werden, erwächst ihnen daraus der zusätzliche Vorteil, ihre eigene Fähigkeit zu vergrößern, die Identität anderer zu respektieren. Dann sind sie auf dem richtigen Weg, um persönliche Ausgeglichenheit, Frieden und Glück zu finden.

Diese Menschen haben das Talent, eine Beziehung erfolgreich durch Harmonie, Verständnis, Teamarbeit und Zufriedenheit zu fördern. Wenn sie sich daran erinnern, diese Fähigkeiten zu trainieren, schaffen sie fast immer eine Gewinnsituation für beide Seiten. Ein Beispiel: Ein Waage-Mondknoten-Mann liebt es, schnelle Motorräder zu fahren. Er hat eine Frau und drei kleine Kinder, und seine Frau macht sich Sorgen wegen der Risiken, die er eingeht. Anstatt ihren Standpunkt zu verstehen, wird er ärgerlich, hat das Gefühl, daß seine Unabhängigkeit angegriffen wird und bekommt einen Wutanfall. Das Problem wird in der Beziehung zu einer Sackgasse. Im Laufe der Jahre wird diese Situation zu einer von vielen Sackgassen, in denen es keine gegenseitige Kommunikation gibt, und deshalb keine Lösung. Das Paar lebt sich auseinander und die Ehe wird beendet – wenn nicht physisch, so doch emotional.

Lassen Sie uns nach einer Alternative suchen, bei der beide Seiten gewinnen. Beim ersten Mal, als seine Frau Bedenken über das Motorradfahren äußerte, hätte der Waage-Mondknoten-Mann tief durchatmen und sich hinsetzen können, um mit ihr zu reden. Er hätte ihr Fragen stellen können, um herauszufinden, warum genau sie sich Sorgen machte. Allein die Tatsache, daß er sich die Zeit nahm, um ihren Standpunkt kennenzulernen, hätte eine Atmosphäre der Harmonie, der Fürsorge und der Unterstützung geschaffen. Sobald er ihre Bedenken verstanden hätte, hätten sie die Möglichkeit gehabt, eine Lösung zu erarbeiten.

Der Schlüssel liegt darin, *gemeinsam* eine Lösung zu finden. Wenn seine Frau befürchtete, daß er einen schlimmen Unfall haben könnte und sie mit der finanziellen Verantwortung für ihre drei Kinder alleine gelassen würde, hätten sie möglicherweise eine umfangreiche Lebensversicherung abschließen können, die sowohl ihr ein größeres Sicherheitsgefühl vermitteln als auch seine Freude am Motorradfahren vergrößern würde. Die Waage-Mondknoten-Menschen verfügen über die Fähigkeit, sich den Dingen direkt zu stellen. Sie müssen den Willen entwickeln, die Bedenken ihres Partners zu verstehen und mit ihnen zusammenzuarbeiten, um jede Herausforderung in eine Gewinnsituation für beide Seiten umzuwandeln.

♏ Nördlicher Mondknoten in Skorpion
und nördlicher Mondknoten im achten Haus

Übersicht

Eigenschaften, die man entwickeln sollte

Das Arbeiten an folgenden Bereichen bringt verborgene Fähigkeiten und Talente zum Vorschein:
- Selbstdisziplin
- Konstruktive Veränderungen anstreben
- Alles loslassen, was Stagnation und ein niedriges Energielevel verursacht
- Unnötigen Besitz beseitigen
- Dinge genießen, ohne sie besitzen zu müssen
- Unterstützung von anderen akzeptieren (Ideen, Geld, Chancen)
- Risikoreiche Situationen genießen, die die eigene Lebendigkeit fördern
- Bewußtsein für die Sehnsüchte, Wünsche, Bedürfnisse und Motive anderer
- Offenheit für Partnerschaft und das Verschmelzen der Kräfte

Verhaltensweisen, die man hinter sich lassen sollte

Das Leben wird sich einfacher und friedvoller gestalten, wenn sie daran arbeiten, den Einfluß folgender Tendenzen zu verringern:
- Festhalten an Bequemlichkeit und Status quo
- Gier
- Übermäßige Sorge um Kapitalzuwachs und Besitz
- Anzweifeln vergangener Entscheidungen
- Starrsinnigkeit
- Sich in sinnlichen Gelüsten festfahren
- Dinge immer wieder auf eine (komplizierte) Weise erledigen, auch wenn es einfachere Möglichkeiten gäbe
- Widerstand gegen Veränderungen und die Vorschläge anderer

Achillesferse/Falle, vor der man sich hüten muß/Fazit

Die Achillesferse der Menschen mit dem nördlichen Mondknoten in Skorpion ist die Bequemlichkeit (»Das Ziel des Lebens ist, daß es angenehm ist; ich brauche viel Besitz, um zu überleben«), was sie in die Falle einer unendlichen Anhäufung von Besitz führt (»Wenn ich endlich genug Geld und Besitz habe, werde ich mich in bezug auf mich selbst gut fühlen und kann mit anderen eine Partnerschaft eingehen«). Dieses Denken führt auf allen Ebenen zur Stagnation: materiell, körperlich, mental, emotional und spirituell. Die Lebenserfahrung hat gezeigt, daß Skorpion-Mondknoten niemals genügend materiellen Besitz anhäufen, um die Veränderungen vorzunehmen, die Vitalität in ihr Leben bringen würden. Skorpion-Mondknoten-Menschen müssen gewillt sein, ihr gegenwärtiges Maß an Komfort einzubüßen, um einen Zuwachs an Kraft und Lebendigkeit zu erreichen.

Das Fazit daraus ist, daß sie niemals über genügend Geld und persönlichen Besitz verfügen werden, um sicher ihrer Einschätzung nach die Bindung mit einem anderen Menschen erlauben zu können und das Gefühl zu haben, daß genug da ist, um all ihre Bedürfnisse zu erfüllen. Ab einem gewissen Punkt müssen sie einfach die Sorge um ihr materielles Wohl loslassen und ihre ganze Kraft in die Partnerschaft einbringen. Die Ironie dabei ist, daß die beide Seiten stärkende Beziehung sie reich machen kann!

Die wahren Wünsche

Was diese Menschen wirklich wollen, ist Geld. Sie wollen finanzielle Mittel und materielle Besitztümer anhäufen, um ein Gefühl des Komforts und der Stabilität zu erlangen, damit sie endlich anfangen können, »wirklich zu leben«. Um dieses Ziel zu erreichen, müssen sie gewillt sein, diejenigen zu finden, die ähnliche Werte und Mittel (Geld oder Fähigkeiten) haben, die sie teilen können, und eine Partnerschaft mit diesen Menschen aufzubauen.

Wenn die Skorpion-Mondknoten-Menschen ihre Talente benutzen, um die Energie ihres Partners zu vergrößern und sich mit dem anderen Menschen zu einem Team verbinden, anstatt ein Gefühl des Getrenntseins aufrechtzuerhalten, kann das Ergebnis eine große finanzielle Entlohnung für beide Seiten sein. Durch die vertragliche Vereinbarung, daß sie einen Anteil am Gewinn erhalten werden, sind die Skorpion-Mondknoten-Menschen frei, um sich auf die Förderung der Energie und Kraft ihres Partners zu konzentrieren, so daß der Erfolg des Teams wächst. Im Zusammenhang mit finanziellen Vereinbarungen sind die Skorpion-Mondknoten-Menschen besser beraten, wenn sie ihren Partner fragen, was fair wäre, weil andere sie mehr anerkennen, als sie sich selbst.

Talente/Berufe

Diese Menschen sind großartige Verleger, da sie die Fähigkeit besitzen, sich in die Gedanken anderer hineinzuversetzen, ihre Absichten zu erkennen und das Material in klarer Form ans Licht zu befördern. Sie verfügen über das Talent, die Projekte und Geschäfte anderer zu fördern, und wenn sie dies tun, revanchiert sich die andere Person auf großzügige Weise bei ihnen. Dies ist besonders dann der Fall, wenn sie mit dem Geld anderer Menschen arbeiten – bei Bankgeschäften, Versicherungen oder im Investment. Sie sind auch für den Beruf des Psychologen – indem sie anderen helfen, Veränderungen vorzunehmen, können sie sich selbst ebenfalls verändern – und den des Privatdetektivs geeignet.

Skorpion-Mondknoten-Menschen haben eine angeborene Gründlichkeit und einen gesunden Menschenverstand, wodurch sie dauerhafte Erfolge aufbauen können. Wenn sie diese Gaben aus vergangenen Leben einsetzen, um Stabilität in Krisensituationen zu schaffen, erzeugt ihre Zuverlässigkeit eine Atmosphäre, in der sich alle Beteiligten gut und sicher fühlen. Wenn sie jedoch in Berufen tätig werden, die sehr an der Erhaltung des Status quo orientiert sind, deren Ziel Bewahren ohne Wachstum ist, werden sie schnell träge, festgefahren und verlieren an Vitalität. Sie sind besser mit solchen Berufen beraten, die krisenorientiert sind oder ständige Veränderung und Wachstum erfordern, weil solche Berufe Spannung und die Möglichkeit zu persönlicher Entwicklung mit sich bringen.

Heilende Affirmationen für den Skorpion-Mondknoten

– »Veränderung anzunehmen, wird zu mehr Lebendigkeit führen.«
– »Wenn ich den mit einem Energiezuwachs verbundenen Wandel wähle, gewinne ich; wenn ich den Status quo wähle, verliere ich.«
– »Die Alternative zur Veränderung ist Stagnation.«
– »Wenn ich andere bestärke, erkennen sie meinen Wert.«

– »Wenn ich mich intensiv mit den Werten und Motiven anderer auseinandersetze, weiß ich, wem ich vertrauen kann.«

Persönlichkeit

Vergangene Leben
Starre, einschränkende Werte
Skorpion-Mondknoten-Menschen sind mit aus vergangenen Leben stammenden starren Vorstellungen bezüglich der Möglichkeiten, für ihr Wohlbefinden zu sorgen, in diese Inkarnation gekommen. Dies ist eine sehr schwere Last für sie. Ihre wichtigste Herausforderung in diesem Leben besteht darin, loszulassen. Sonst bringen zu viele materielle Besitztümer, unbegründetes Festhalten an Werten aus vergangenen Leben und die Weigerung, sich mit anderen zu verbinden, diese Menschen in der Zustand der Stagnation.

Sie müssen offen für die Energie des Lebens sein und sich die Ideen anderer anhören. Wenn jemand sagt: »Hör mal – dieser Mantel ist nicht attraktiv, es wäre viel besser, ihn auszuziehen und den Mantel darunter zu tragen«, dann besteht ihre erste Reaktion darin, das festzuhalten, was sie haben. Wenn sie aber zuhören und diesen Mantel (den alten Wert) ausrangieren, fühlen sie sich viel leichter. Wenn sie sich einen Wert betrachten und ihr Energieniveau sinkt, handelt es sich um genau den Wert, den sie loslassen müssen.

Sie können zwei Dinge tun, um sich das Loslassen zu erleichtern: Erstens müssen sie die Werte und Ideale neu beurteilen, die ihnen hinderlich sind – Werte in bezug auf Arbeit, Religion, Beziehungen, Selbstbewußtsein, Ethik, Kreativität, Familie, Ziele und so weiter. Zweitens müssen sie sich mehr für die Werte anderer Menschen interessieren. Sie müssen wirklich auf das hören, was anderen wichtig ist, weil andere Menschen wertvolle Perspektiven bieten können, die die Energie der Skorpion-Mondknoten-Person fördern und ihre Last erleichtern.

In diesem Leben sind sich andere oftmals des Werts der Skorpion-Mondknoten-Menschen stärker bewußt als diese selbst. Das liegt daran, daß es die Aufgabe der Skorpion-Mondknoten ist, anderen zu helfen, greifbare Ergebnisse zu erzielen, und andere wissen, was sie von der Skorpion-Mondknoten-Person brauchen, damit diese sie unterstützen kann. Wenn sie andere Menschen bestärken und ihnen helfen, ihre Träume in die Wirklichkeit umzusetzen, revanchieren sich die anderen, indem sie sie mit der Energie versorgen, die sie zur Veränderung und zum Wachstum benötigen.

Skorpion-Mondknoten-Menschen halten auch an spirituellen Werten auf eine Weise fest, die eher zur Einengung, als zur Erweiterung führt. Nehmen wir beispielsweise an, daß der Skorpion-Mondknoten Ehrlichkeit, Integrität und Loyalität schätzt. Diese Werte sind sicherlich richtig, wenn sie gegenwartsbezogen sind. Wenn die Skorpion-Mondknoten-Menschen jedoch 22 Jahre der gleichen Arbeit nachgehen, diese aber bereits nach fünf Jahren ihre Lebensenergie ernsthaft unterdrückt hat, sind sie sich selbst gegenüber nicht loyal. Auch ihre spirituellen Werte müssen auf die Gegenwart übertragen werden. Was bedeutet Loyalität? Loyalität heißt, gegenüber dem tiefsten inneren Kern des Selbst ehrlich zu sein, und der kann sich im Laufe des Lebens verändern.

Scheuklappen

Für diese Menschen ist es ebenfalls nützlich, wenn sie nicht allzu zielstrebig und konzentriert sind. Sobald sie ihr Ziel festgelegt haben, müssen sie bedächtig an das Projekt herangehen, indem sie ihren Blickwinkel erweitern. Wenn sie andere Menschen und andere kreative Strömungen mitwirken lassen, gestalten sich ihre Bemühungen interessanter und machen mehr Spaß. Dann ist es vorrangig, die enge Beziehung zu genießen, die entsteht, wenn sie sich mit anderen verbinden, um ein gemeinsames Ziel zu erreichen. Dies hilft den Skorpion-Mondknoten-Menschen, die Betonung auf die einbezogenen Menschen zu legen, anstatt auf die Aufgabe als solche.

Wenn sie nicht bewußt üben, ihren Geist offenzuhalten, fahren sie sich mit bestimmten Denk- und Handlungsweisen so fest, daß sie in bezug auf die anstehenden Aufgaben zwanghaft werden. Sie haben darunter am meisten zu leiden, denn dies führt für sie zu einer unglaublichen Mehrarbeit.

Ich hatte beispielsweise eine Skorpion-Mondknoten-Klientin mit einem »schwierigen« Horoskop, das auf ein Leben des Lernens, des Wachstums und der Leistung hinwies. Das Universum schenkte ihr jedoch den Segen einer glücklichen Ehe.

Die Aspekte zwischen ihrem Horoskop und dem ihres Mannes waren fabelhaft – eine wahre Erfüllung auf allen Ebenen: Kommunikation, nonverbale Verbundenheit, Liebe und starke sexuelle Übereinstimmung. Ab einem gewissen Zeitpunkt war sie jedoch von dem Gedanken besessen, ein Kind haben zu wollen. Als sie nicht schwanger wurde, wurde Sexualität ausschließlich zum Mittel, um das Ziel Schwangerschaft zu erreichen. Schließlich zermürbte die Negativität, die sie entwickelte, weil sie ihren Willen nicht bekam, die ursprüngliche Harmonie des Paares. Dies zeigt, wie Eigenwilligkeit und die absolute Konzentration darauf, ihren Willen zu bekommen, die Gaben blockieren kann, die das Universum diesen Geborenen bereits geschenkt hat.

Der Schlüssel dazu ist, sich ihrer Scheuklappen bewußt zu werden. Sobald sie erkannt haben, was sie tun, können sie innehalten, tief durchatmen, ihren Horizont erweitern und einsehen, daß es letztendlich gar nicht so wichtig ist, daß sie ihren Willen bekommen.

Um diese Scheuklappen ablegen zu können, wird ihnen eine große Leistung abverlangt. Es ist für sie wirklich schwer, sich aus diesem emotionalen Bereich herauszubewegen. Es handelt sich um ein neues Verhalten; sobald sie sich jedoch wirklich auf die Motive, Bedürfnisse und Wünsche des Gegenübers konzentrieren, haben sie ausgesprochenes Talent, eine Verbindung mit anderen herzustellen, die mehr Kraft und Vitalität für beide Seiten entstehen läßt.

Sinnlichkeit

Skorpion-Mondknoten-Menschen verfügen aus vergangenen Leben über viele Erfahrungen in bezug auf Bequemlichkeit und Vergnügen; die sinnlichen Seiten des Lebens sind für sie durchaus kein Neuland. Diese Neigung aus vergangenen Leben kann sogar zu einer übermäßigen Hingabe an Essen, Trinken und Anhäufung von Besitz führen. Wegen ihrer instinktiven Einstellung gegenüber dem Sinnlichen glauben sie, daß Genüsse ständig wiederholbar sind. In dieser Inkarnation ist diese Vorstellung jedoch nicht realistisch. Für diese Menschen führt die Wiederholung von Vergnügen zu der Last der Anhäufung – in Form von Besitz, Übergewicht, Arbeitssucht oder Stagnation.

Wenn sie beispielsweise Krabben mögen, essen sie ohne Maß und Ziel. Letztendlich besteht der einzige Weg, ihre Gelüste zu zügeln, darin, Übermaß zu reduzieren und zu erkennen, daß die langfristigen Konsequenzen den momentanen Genuß nicht wert sind. Für diese Menschen gibt es keinen Mittelweg – sie müssen zu den Dingen, die sie beeinträchtigen, völlig auf Distanz gehen und ihnen nie mehr nachgeben. Ihre sinnlichen Gelüste müssen durch Selbstdisziplin gemäßigt werden, damit sie wirkliche Herrschaft über sich selbst erlangen.

Manchmal bedarf es einer äußerlichen Krise, damit sie sich gezwungen fühlen, exzessive Verhaltensweisen zu ändern. Wenn sie beispielsweise Herzprobleme bekommen, stellen sie sofort auf eine gesunde Diät um. Diese Menschen erfahren mit ihren physischen Sinnen viele wahre Genüsse: berühren, schmecken, riechen – sie wurden mit einer Sensibilität gegenüber der Mutter Natur geboren. Deshalb mögen sie auch Gartenarbeit. Sie lieben es, mit ihren Händen zu arbeiten und Befriedigung durch die Beziehung zur Erde zu erlangen. Wenn sie mit der Energie der Natur in Berührung kommen, erlangen sie ein Gefühl der Ruhe und Freude, das im Gegensatz zu ihrer mentalen Vorstellung, wie Dinge wachsen sollten, steht. Wenn sie sich bewußtmachen, was jede Pflanze braucht, um gedeihen zu können, und ihr das auch geben, lehrt sie das den Wert, sich auf eine Energie außerhalb des Selbst einzustellen, um individuelle Bedürfnisse zu erkennen.

Der harte Weg
Selbständigkeit

Skorpion-Mondknoten-Menschen waren in vergangenen Leben harte Arbeiter: Bauern, Grundbesitzer und Bauhandwerker oder Baumeister. In diesen Inkarnationen hing ihr Überleben von ihrer Selbständigkeit ab – indem sie ihren eigenen Weg gingen und etwas aufbauten, von dem sie überzeugt waren. Sie verdienten sich ihren Lebensunterhalt durch ihre eigenen Leistungen; Besitz und Anhäufung von Reichtum waren die Belohnung, die ihren Wert widerspiegelte.

Diese Menschen waren die Baumeister. Daher gehen sie in diesem Leben alles mit dem Verstand eines Baumeisters an – langsam und stetig, und keinen Schritt überspringend. Sie lieben es, stolz auf ihre Arbeit zu sein, gründlich zu sein und Aufgaben mit sehr viel Härte und Anstrengung zu erledigen, um sicher sein zu können, daß die Ergebnisse ihren Vorstellungen genau entsprechen. Obwohl diese Herangehensweise in vergangenen Leben gut funktioniert hat, fahren sie sich in diesem Leben fest und verlangsamen ihre Entwicklung, mit dem Ergebnis, daß sie oftmals aufgeben – die Aufgabe wird ihnen einfach zuviel.

In vergangenen Leben bestanden die Ziele in Reichtum, Besitz, einer vollen Scheune und materiellem Komfort. Um sich darauf konzentrieren zu können, die materiellen Bedürfnisse ihrer Familie zu befriedigen, mußten sie ihre Sensibilität und ihre nichtmateriellen Bedürfnisse unberücksichtigt lassen. Dadurch entwickelten sie das Verhalten, sich nur auf die anstehende Arbeit zu konzentrieren.

Ihr Selbstwertgefühl basierte auf dem, was sie taten, nicht darauf, wer sie als Individuum waren. Die Ironie in diesem Leben ist nun, daß ihnen wirklicher materieller Erfolg so lange verwehrt bleibt, bis sie sich mit einem Partner zusammentun. In vergangenen Leben haben sie aufgebaut, was ihrer Einschätzung nach wichtig war, nun müssen sie aber das aufbauen, was für die Gesellschaft wichtig ist. Um dies zu erreichen, müssen sie sich mit anderen zusammentun. Es ist ihnen nicht länger gestattet, ihre Aufgaben alleine zu erledigen, weil dies nur ihr Gefühl der Isolation, Machtlosigkeit und Stagnation verstärken würde.

In vergangenen Leben haben Skorpion-Mondknoten nicht den Wert der Menschen um sie herum bemerkt, daher besteht ihre Herausforderung nun darin, die Stärken und Talente anderer zu erkennen und sich mit ihnen mit dem Ziel gegenseitiger Bestärkung zusammenzuschließen. In dieser Inkarnation ist es für sie vorbestimmt, den Widerstand gegenüber Partnerschaft loszulassen und die Mittel zu teilen. Sie lernen, wie sie ihre Kraft mit anderen verschmelzen, ihr Leben neu energetisieren und ihren Weg erleichtern können. Sie können die Kraft wiedererlangen, indem sie diejenigen unterstützen – und von denjenigen unterstützt werden –, die selbst Kraft haben und sowohl materielle, als auch spirituelle Vorteile aus dem gegenseitigen Energieaustausch ziehen.

Arbeitswut

Auch wenn sie sich im allgemeinen nicht darüber im klaren sind, so kann ihre extreme Arbeitswut doch abschreckend auf die Menschen in ihrer Umgebung wirken. Sie lernen auf eine Weise zu delegieren, die andere bestärkt und die Kreativität der anderen Person einbezieht. Wenn sie ihrer Tochter beispielsweise zeigen, wie man einen Kuchen bäckt, und sie ihr erlauben, es auf ihre Art zu machen, gibt das dem Kind die Möglichkeit, seine Fähigkeiten zu entwickeln, seine Kreativität einzubringen und Vertrauen in seine eigene Stärke zu gewinnen. Kreativität ist Energie. Wenn ein Mensch Energie für etwas verwenden will, muß er das Gefühl haben, daß er kreativ ist und es auf seine Weise tun kann. Dieser Gedanke ist für Skorpion-Mondknoten-Menschen neu. Anstatt an die Kreativität des Kindes zu denken, konzentrieren sie sich normalerweise darauf: »Wir müssen einen Kuchen backen, du mußt dich immer genau an das Rezept halten und immer die richtigen Zutaten verwenden.« Ihr Fokus richtet sich nicht auf die Person, sondern auf die Arbeit. Nun lernen sie, sich wieder auf die Person und die Möglichkeiten zu konzentrieren, ihr bei der Entwicklung des für die anstehende Arbeit notwendigen Vertrauens zu helfen.

Hilfe annehmen

Für diese Menschen war in vielen Inkarnationen das Überleben körperlich schwierig, so daß sie sich in dieser Inkarnation nur wohl fühlen, wenn das Leben aus einem harten, langen Prozeß nach dem anderen besteht. Das ist aber nicht richtig, auch wenn es sich so anfühlt. Skorpion-Mondknoten-Menschen müssen dieses Wohlbefinden gegen die Spannung und Vitalität eintauschen, die entstehen, wenn sie Dinge mit anderen zusammen unternehmen.

Der Widerstand dieser Menschen, Hilfe von anderen anzunehmen, basiert auch auf dem Gefühl, daß sie bereits alles wissen – deshalb wollen sie nicht zuhören. Sie bestehen darauf, alles auf ihre Weise zu tun, um sich selbst durch ihre eigenen Leistungen bestätigen zu können. Unglücklicherweise handelt es sich dabei um ein Faß ohne Boden. In dieser Inkarnation können sie ihr Selbstwertgefühl niemals – alleine – so weit aufbauen, daß sie sich selbst damit gut fühlen.

Dieses Muster zu erkennen ist der erste Schritt, um es aufzugeben. Indem sie für die Vorschläge anderer offen sind – die Art wie deren Energie und deren psychologisches Verständnis die Situation verändert –, können sie erkennen, wie sie das, was sie in der Vergangenheit gelernt haben auf das gegenwärtige Problem anwenden können. Dadurch werden wiederum ihre Leistungen effektiver.

Skorpion-Mondknoten-Menschen haben ein so gutes Herz, daß andere ihnen immer helfen wollen, wenn sie es nur zulassen würden. Dazu bedarf es der Bescheidenheit, andere einzubeziehen, und des Willens, alleinige Besitzansprüche loszulassen. Wenn sie anfangen, andere zu schätzen, öffnen sie sich automatisch, um die Hilfe zu akzeptieren, die andere ihnen anbieten.

Sie sind all der harten Arbeit aus vergangenen Inkarnationen und auch der harten Arbeit in diesem Leben überdrüssig, aber sie setzen Veränderung gleich mit mehr Leistung, und deshalb schrecken sie vor Veränderungen zurück. In Wirklichkeit liegt der Schlüssel zu neuer Lebendigkeit, Freiheit und Freude in der Veränderung! Deshalb ist der Wille, Risiken einzugehen und sich Veränderungen zu unterwerfen – auch wenn es einen Verlust an Kontrolle und Komfort bedeutet –, der richtige Weg.

Ihr Leben ist hart, weil sie versuchen, alles allein zu bewältigen und sie sich nicht mit den Ideen anderer auseinandersetzen wollen. In Wirklichkeit hören sie überhaupt nicht, was die andere Person sagt (sie wollen es nicht hören), weil sie glauben, das ihre Last dadurch noch schwerer wird. Wenn sie sich aber für die Vorschläge anderer öffnen, nähren diese sie mit der Energie, die sie brauchen. Tatsächlich brauchen sie das Wissen anderer, um aus ihren eingefahrenen Gleisen herauszukommen und bei ihren gewaltigen Aufgaben unterstützt zu werden.

Widerstand

Starrsinn

Bis zu einem gewissen Grade haben die Skorpion-Mondknoten-Menschen eine angeborene Abneigung dagegen, daß andere Menschen »recht« haben, weil das für sie von Nachteil ist. Ohne es zu bemerken, bewegen sie dadurch die Menschen, die zu ihrer Energie und ihren Mitteln etwas beitragen wollen, dazu, sich von ihnen abzuwenden.

Sie neigen zu extremem Starrsinn und schaden sich selbst durch dieses Verhalten ebensosehr wie den Menschen um sie herum. In vergangenen Leben mußten sie ihre ganze Entschlußkraft und ihre konzentrierte Willenskraft zusammennehmen, um ihre Ziele zu erreichen; durch übermäßige Anwendung wurde ihre Entschlußkraft zu irrationalem Starrsinn. Dieser blockiert sie nun darin, die Ideen zu akzeptieren, um ihre Energie neu zu beleben und sich von Hemmungen zu befreien.

Starrsinn kann zu einem der größten Widerstände für diese Menschen werden. Wenn jemand sie auffordert, etwas zu tun, dann tun sie es absichtlich nicht; wenn jemand sagt: »Tu das nicht!«, dann tun sie es trotzdem, einfach nur, weil sie nicht wollen, daß ihnen gesagt wird, was sie zu tun haben. Diese Menschen sind deshalb so starrsinnig, weil sie andere Menschen als Gegner ansehen, so daß es in jeder Situation Gewinner und Verlierer gibt. Fordert sie jemand auf, etwas Bestimmtes zu tun, sind sie viel besser beraten, nachzuforschen und die andere Person zu fragen: »Warum bist du der Meinung, daß ich das tun soll? Was ist dein Ziel und deine Absicht?« Dieser Starrsinn verbreitet eine Energie, die die andere Person ungehalten macht. Wenn der Skorpion-Mondknoten jedoch fragt: »Was versuchst du zu erreichen, wenn du es auf diese Weise tust?«, verschwinden die Gefühle des Wettkampfs und des Starrsinns.

Sobald sie die Absicht der anderen Person verstehen, entwickeln die Skorpion-Mondknoten-Menschen eine größere Bereitschaft, sie zu unterstützen und eine Situation zu schaffen, in der beide gewinnen.

Wenn diese Menschen starrsinnig werden, hängt es oft mit der Zeitplanung zusammen. Sie haben die Angewohnheit, langsam vorzugehen, weil sie denken, daß dies die beste Art ist, um ihr Ziel zu erreichen. Wenn andere Menschen dann Vorschläge unterbreiten, durch die sie ihr Ziel schneller erreichen können, haben sie Angst, ihr Tempo zu beschleunigen. Sie befürchten, zu schnell zu werden, einen Schritt auszulassen und die Kontrolle zu verlieren. Dann könnte das Ergebnis nicht zu 100 Prozent von ihnen stammen – sie haben ein so ausgeprägtes Besitzdenken, daß der Gedanke an Teilen sie verunsichert.

In mancher Hinsicht mögen sie damit recht haben. Denn wenn sie allen Vorschlägen von anderen wahllos vertrauen, laufen sie Gefahr, daß einige davon in eine Richtung führen, die nicht der ihres Prozesses entspricht. Deshalb müssen sie sich auf die Motivation anderer einstellen und zeitweilig zulassen, daß sie in das Kraftfeld der anderen Person eintreten, um zu erkennen, ob sie sich durch die Verbindung gestärkt und energetisiert fühlen. Wenn die Antwort ja ist, dann ist es auch in ihrem Interesse, auf die alleinige Urheberschaft zu verzichten, sich an das Timing der anderen Person anzupassen und am Aufbau einer beide Seiten stärkenden Partnerschaft mitzuwirken.

Wenn Menschen mit einem schnellen Tempo auf der Bildfläche erscheinen, haben sie Angst, schneller zu werden und dadurch Instabilität und Fehler zu erzeugen. Was sie dabei jedoch übersehen, ist die Power der anderen Person.

So kann es beispielsweise sein, daß sie den Zug von New York nach Delaware nicht verpassen wollen, weil es der letzte Zug an diesem Tag ist, auch wenn der Partner, mit dem sie unterwegs sind, ein Privatflugzeug besitzt! Sie müssen in Betracht ziehen, daß Menschen mit einem schnelleren Tempo möglicherweise über Talente und Mittel verfügen, die ihnen dabei helfen könnten, ihre Ziele schneller und direkter zu erreichen – mit aufregenden Erlebnissen entlang des Weges.

Veränderung, Wachstum und Erneuerung

Solange diese Menschen glauben, alles zu wissen, schränken sie ihren Erfahrungsbereich ein. Das ist genau der Punkt, warum sie sich in bestimmten Gleisen festfahren. Sie kennen ihre Bedürfnisse, und deshalb glauben sie zu wissen, was für sie selbst und die andere Person positiv ist. Und dann sind sie überrascht, wenn die andere Person nicht automatisch einverstanden ist. Wenn sie vergessen, die Werte und Bedürfnisse anderer einzubeziehen, sind sie geschockt, wenn man sich ihren Plänen widersetzt. Das Geheimnis ist, daß sie einen zusätzlichen Schritt tun müssen, um zu erforschen, wovon die andere Person ausgeht.

Skorpion-Mondknoten-Menschen verfügen über besondere Kenntnisse, wie man Beziehungen, Geschäfte usw. aufbaut; sie können Dinge auf eine Weise aufbauen, daß sie sehr lange halten. Sie können sich jedoch so sehr darin verzetteln, Dinge greifbar und stabil zu machen, daß sie die Aufregung, die mit Veränderungen verbunden ist, nicht erleben.

Es gibt zwei Arten von Sicherheit: die Sicherheit, so viele materielle Besitztümer sein eigen zu nennen, daß man von jeglicher Veränderung abgeschnitten ist, und die Sicherheit, die aus der Erfahrung resultiert, über persönliche Begrenzungen hinausgewachsen zu sein und dadurch ein Gefühl der Macht erlangt zu haben. Aus dieser Position entsteht ebenfalls persönliche Sicherheit – denn egal, zu welcher Veränderung es kommen wird, man fühlt sich selbstsicher, zuversichtlich und kraftvoll. Damit dies möglich werden kann, brauchen Skorpion-Mondknoten-Menschen die Erfahrung anderer und die persönliche Bescheidenheit, um einzusehen, daß andere ihnen ein Wissen vermitteln können, das wertvoller ist als alles, was sie in der Vergangenheit erfahren haben.

Bedürfnisse

Bindungen loslassen

Solange sich Skorpion-Mondknoten-Menschen auf materielle Ziele konzentrieren, erscheinen ihre Bedürfnisse unendlich. Die Ironie ist, daß sie sich wesentlich besser fühlen, wenn sie aufhören, den inneren Mechanismus in Gang zu halten, der zwanghaft nach Besitz strebt, und anfangen, ihre Besitztümer loszulassen. Dann tritt eine neue Energie in ihr Leben. Der Friede und die Zufriedenheit, nach denen sie suchen, können dann auf eine neue und unerwartete Weise erlebt werden: im spirituellen Bereich. In diesem Leben ist es für sie vorbestimmt, das Auffüllen innerer Leere mittels materieller Dinge aufzugeben, und statt dessen Wegen zu folgen, die zur Erfüllung ihrer spirituellen Bedürfnisse führen. Die Anerkennung des nicht greifbaren, spirituellen Teiles ihrer Selbst wird ihnen das Gefühl des Selbstwertes vermitteln. Durch jeden Schritt, den sie in Richtung Erkenntnissuche gehen – indem sie ein Tagebuch führen, eine Therapie beginnen oder Risiken eingehen und transformierende Erfahrungen machen –, werden sie sofortige Belohnung ernten.

Geld

Bei diesen Menschen scheint sich immer alles um Geld zu drehen. Das Thema Geld ist immer mit dem Gefühl einer Krise und dem ständigen Bedürfnis, mehr davon anzuhäufen, verbunden. Ebenso kann es ihnen in bezug auf Geld an Logik mangeln, indem sie entweder zu sehr daran festhalten oder es zu freizügig ausgeben. Oft haben sie das Gefühl, sich in einem ständigen Kampf zu befinden – sie arbeiten unglaublich viele Stunden, nur um über die Runden zu kommen.

Sie haben viele Ideen über Geld, die nicht richtig sind. Wenn sie anderen Menschen erlauben würden, ihnen Ratschläge in bezug auf Geld zu erteilen, hätten sie viel weniger Streß. Aber sie sind starrsinnig und wollen die Dinge auf ihre eigene Art erledigen – den harten Weg gehen. Jedesmal, wenn sie das tun, verlieren sie. Jemand könnte beispielsweise zu ihnen sagen: »Alles was du tun mußt, ist diesen Elektroofen loszuwerden, dann wird deine Stromrechnung jeden Monat um 50 Mark niedriger sein.« Dann antwortet die Skorpion-Mondknoten-Person: »Nein, nein! Ich muß diesen Elektroofen behalten, weil meine Tochter ihn schon während ihres Studiums benutzt hat usw., usw.« Um Wohlstand und Entspannung zu erlangen, müssen sie loslassen.

Das Geheimnis des Geldzuwachses liegt in der klaren Verteilung des Geldes. Wenn sie reich sein wollen, dann müssen diese Menschen lernen, ihr Geld gut zu verwalten, anstatt es zu hamstern. Sie glauben, daß der Schlüssel zum Reichtum darin besteht, das Geld festzuhalten, während das Gegenteil zutrifft. Geld zirkuliert gern und wird von Menschen angezogen, die es in Bewegung halten. Wenn sie dem Geld nicht gestatten, von ihnen zu anderen zu fließen, dann kann auch nur eine bestimmte Menge zu ihnen zurückfließen, weil sie selbst kein freier Kanal sind.

Sie fangen an zu lernen, daß mehr Geld auf sie zufließt, wenn sie Geld mit Liebe loslassen – es mit Freude einsetzen, um das Wohlergehen anderer zu fördern. Es handelt sich sowohl um die Einstellung zum Geld als auch um den angemessenen Umgang mit ihm. Sie müssen beide Seiten des Umgangs mit Geld wertschätzen – das Erhalten und das Geben –, damit das Geld sich leicht zu ihnen hingezogen fühlen kann. Diesen Menschen fällt es jedoch unglaublich schwer, irgend etwas loszulassen – Geld am meisten!

Es gibt viele Dinge, die Skorpion-Mondknoten-Menschen tun können, um die Einstellung zu fördern, Geld mit Liebe loszulassen. Wenn sie ihre Rechnungen bezahlen, können sie dabei bewußt Liebe empfinden. Wenn sie die Überweisung für die Miete oder Hypothek ausfüllen, können sie der Person oder der Bank bewußt Liebe und gute Wünsche mitsenden. Wenn sie Dankbarkeit empfinden (»Dem Himmel sei Dank, daß ich genug Geld habe, um meine Rechnungen zu bezahlen«), anstatt ihre Ausgaben nur widerwillig zu akzeptieren, öffnen sie sich dafür, daß ihnen mehr Geld zufließt, und gleichzeitig stärken sie noch die Energie, daß ein gutes finanzielles Karma in ihr Leben tritt.

Ein anderer Schlüssel zu einem sinnvolleren Umgang mit Geld ist, Dankbarkeit für das zu empfinden, was sie haben, anstatt sich nach mehr zu sehnen – was sich, auf der Energieebene, in Angst und Sorge äußert, nicht genug zu haben. Dankbarkeit für das, was sie haben, löst die Angst auf, wodurch sie nicht länger den Fluß des Geldes und materieller Dinge blockieren. Wenn sie Geld und Besitz in Liebe durch sich hindurchfließen lassen, werden sie immer mehr bekommen.

Anhäufung und Besitz

Diese Menschen sind aus vergangenen Leben derart an das Anhäufen gewöhnt, daß sie denken, Lösungen hätten etwas mit mehr Anhäufung zu tun. Sie glauben, daß sie ihr Problem im Griff haben, wenn sie es beschreiben können. Sie kennen sich selbst – all ihre starken und weniger starken Seiten –, deshalb denken sie, nichts weiter wissen zu müssen. Wenn sie sich mit einem Freund über ein Problem unterhalten und dann weggehen, dann nehmen sie das Problem mit, anstatt der Lösung, selbst wenn der Freund ihnen eine erfolgversprechende Lösung angeboten hat. Sie wollen keine Lösungen. Sie wollen das Gefühl der Anhäufung, und das bedeutet, an ihren problematischen Verhaltensmustern festzuhalten. Sie erkennen nicht, daß sie durch den Prozeß der Anhäufung und des Besitzes Begrenzung um Begrenzung akzeptieren, bis ihr Leben bald langweilig und festgefahren ist. Für Skorpion-Mondknoten-Menschen ist Gewinnen gleichzusetzen mit dem Loslassen einschränkender Gedankenmodelle. In dieser Inkarnation lernen sie die Vorschläge anderer zu schätzen und dankbar die Lösungen anderer einzubeziehen, um ihre selbst auferlegten Beschränkungen abzubauen. Dann werden sie frei und fangen an, die Lebendigkeit des Lebens zu genießen.

Für diese Menschen stand das Thema der Anhäufung in vergangenen Leben an erster Stelle, und es setzt sich in dieser Inkarnation auf allen Ebenen fort. In diesem Leben bewahren sie alles noch lange über den Zeitpunkt der Nützlichkeit und des Bedarfs hinaus auf. Wenn Skorpion-Mondknoten-Menschen neue Aktivität in ihrem Leben wollen, müssen sie das Übermaß loswerden. Beispielsweise haben sie Kleider in ihrem Schrank, die sie seit 15 Jahren nicht getragen haben – möglicherweise auch noch in einer anderen Größe –, und dennoch glauben sie, daß sie sie in der Zukunft noch gebrauchen können. Das Beste, was sie tun können, ist, ihren Kleiderschrank zu entrümpeln und ein Paket für eine Wohlfahrtsorganisation zu packen.

Sie werden überrascht sein, wie dies ihr Leben neu energetisiert. Sobald sie sich entschlossen haben, etwas zu verschenken oder zu etwas auf Distanz zu gehen, dürfen sie nicht zurückblicken. Diese Menschen haben ein solch starkes Anhäufungskarma, daß es für sie äußerst schädlich ist, wenn sie auf eine vergangene Beziehung zurückblicken oder an einen Besitz denken, von dem sie sich getrennt haben. Sie werden ihn sofort wieder ins Haus zurückholen.

Neue Energie

Um ihr Leben neu zu gestalten, Geld zu verdienen und ein Gefühl der Macht zu erlangen, brauchen die Skorpion-Mondknoten-Menschen die Hilfe anderer. Das erfordert die Bescheidenheit zu sagen: »Sieh mal, du hast die Energie, die ich brauche. Was muß ich tun, damit eine Wechselwirkung zustande kommt?« Sie müssen experimentieren, um herauszufinden, wodurch die Energie auf einer praktischen Ebene auf sie zurückkommt, zumal das Erkennen und das Gefühl für diese Art von Energie für sie absolutes Neuland darstellt. Sie sind nicht daran gewöhnt, sich nach anderen umzusehen, damit ihre Bedürfnisse erfüllt werden. Die Energie, die sie brauchen, kann jedoch nur von anderen Menschen kommen – die sie ihnen wiederum nur geben werden, wenn die Skorpion-Mondknoten ihnen genau das zukommen lassen, was sie benötigen. Skorpion-Mondknoten-Menschen müssen sich auf das einstellen, was andere ihnen sagen und sie auf genau diese Art und Weise unterstützen. Wenn sie in irgendeiner Hinsicht das Gefühl haben, festgefahren zu sein, können sie sich mit einer anderen Person zusammentun, die gewillt ist, Zeit, Energie und Geld in sie zu investieren – und plötzlich wird dieser Bereich ihres Lebens vor Energie überquellen.

Selbstdisziplin

Es mag sein, daß die Skorpion-Mondknoten-Menschen denken, daß sie über Selbstdisziplin verfügen, in Wirklichkeit handelt es sich jedoch um eine Charaktereigenschaft, die sie in diesem Leben erst noch entwickeln müssen. Diese Menschen neigen zu Exzessen und kennen oft kein gesundes Maß in ihrem Leben. Tatsächlich ist es so, daß ihnen nichts anderes übrig bleibt, als die von außen auferlegte Disziplin zu akzeptieren, weil sie selbst über keine Disziplin verfügen. Manchmal mißverstehen sie harte Arbeit mit Selbstdisziplin, ihr zwanghaftes zu viel Arbeiten ist jedoch nur ein Zeichen von Exzeß. Selbstdisziplin bedeutet, das Selbst auf ausgeglichene, bewußte Weise zu einem vorbestimmten Ziel zu führen – die Fähigkeit, einen Plan zu machen und ihn auszuführen.

Sobald sich diese Menschen entschließen, sich zu disziplinieren, tun sie es auch! Sie zögern es lange durch halbherzige Bemühungen hinaus, und plötzlich tun sie es einfach – dann lassen sie keine Alternativen mehr für sich zu. Sie schweifen sehr leicht ab; wenn sie es tun, verfallen sie zurück in den Exzeß und fühlen sich anschließend sehr elend. Dadurch lernen sie, daß sie mehr Selbstwertgefühl entwickeln, wenn sie ihre Selbstdisziplin aufrechterhalten.

Für diese Menschen bedeutet Selbstdisziplin auch, sich auf eine Weise neu zu orientieren, die in ihrem eigenen Interesse ist. Sie müssen anfangen, mit sich selbst auf die gleiche Weise umzugehen, die sie im Kontakt mit anderen lernen: netter, sensibler und weniger fordernd zu sein. Sie müssen sich zwischendurch immer wieder fragen: »Was gibt mir in dieser Situation ein Gefühl der Stärke, Freiheit und Lebendigkeit?« Anstatt eine Aufgabe nach der anderen zu übernehmen, sollten sie ihre eigenen Bedürfnisse nach Ruhe und Erholung erkennen, und dann die Dinge tun, von denen sie wieder energetisiert werden. Dies hat den Sinn, für Kräfte außerhalb ihres Selbst offen zu sein – für Menschen oder die Natur –, um sie in Richtungen zu lenken, die ihre Aufgaben und ihr Leben leichter machen.

Äußere Hindernisse können in Wirklichkeit hilfreiche Mittel sein, um ihre ausgeprägte und schwächende Starrheit zu durchbrechen. Wenn es beispielsweise regnet und sie deshalb den Schuppen nicht reparieren können, kann es sich durchaus um einen Wink des Universums handeln, daß sie langsamer machen und sich ausruhen sollen. Wenn andere Menschen sich ihnen zu »widersetzen« scheinen, will das Universum ihnen wahrscheinlich sagen: »Du arbeitest zu hart. Dies ist ein Eingriff von außen, damit du zunächst einmal tief durchatmest!« Wenn sie es von dieser Seite betrachten, werden sie die zu hohe Energiekonzentration aufgeben und die Vorschläge anderer akzeptieren.

Manchmal hören sich Skorpion-Mondknoten-Menschen die Vorschläge anderer an und wissen, daß sie diese befolgen sollten, aber sie haben einen inneren Widerstand, das zu tun, was zu ihrem eigenen Besten wäre. Wenn sie sich auf ihre unmittelbaren Bedürfnisse nach Belohnung konzentrieren, werden diese aufgebauscht, und ihre Gefühle geraten völlig außer Kontrolle. Um dies zu vermeiden, müssen sie mental nur auf das konzentriert bleiben, was sie wirklich wollen. Das wird ihnen die Kraft verleihen, die Falle, umgehende Entlohnung haben zu müssen, zu umgehen, und sie werden automatisch über die für die Erreichung ihres Ziels notwendige Selbstdisziplin verfügen.

Skorpion-Mondknoten-Menschen müssen oftmals von außen zu einer Veränderung getrieben werden. Wenn sie sich in einer Krise befinden, regt sie das zum Handeln an. Aber anstatt auf eine ernsthafte Krise zu warten, sind sie besser beraten, die Veränderung früher zu akzeptieren. Indem sie sich selbst beispielsweise einen Zeitraum von drei Monaten geben, innerhalb dessen sie ihr Haus vorbereiten und es zum Verkauf anbieten, oder einen Monat einplanen, um einen neuen Diätplan zu finden, haben sie Zugriff auf die Energie, die sie zur Veränderung brauchen, ohne sich einer Situation aussetzen zu müssen, die ihrem Wohlbefinden schadet. Auf jeden Fall müssen sie aber die Entscheidung treffen und die Verpflichtung eingehen, eine Phase mit harter Arbeit und Unannehmlichkeiten durchzustehen, um aus ihrem Trott herauszukommen. Und es ist gut, wenn sie sich von anderen helfen lassen, anstatt es auf ihre Weise zu tun und den harten Weg zu wählen.

Werte

Skorpion-Mondknoten-Menschen müssen ihr gesamtes Wertesystem neu aufbauen, denn sie werden von ihrem alten zermürbt. Das Universum hilft ihnen loszulassen, indem es sie mit Menschen in Kontakt bringt, deren Glaubensvorstellungen und Werte konträr zu ihren revisionsbedingten Einstellungen sind.

Sobald sie mit einer neuen Wert- oder Glaubensvorstellung konfrontiert werden, tritt der gegensätzliche Wert des Skorpion-Mondknotens an die Oberfläche. Genau in diesem Augenblick verspüren diese Menschen eine Spannung: Was sollen sie tun? Welchem Weg sollen sie folgen? Wenn sie sich auf das Neue einlassen und das Gefühl haben, daß der neue Wert tatsächlich nützlicher und richtiger ist, müssen sie den alten sofort fallenlassen, den neuen willkommen heißen, entsprechend handeln und nicht mehr zurückblicken. Auf diese Weise können sie sich verändern. Dazu ist Integrität, Mut, Selbstdisziplin und Handlungsfähigkeit notwendig. Wenn sie sich für die Veränderung entscheiden, gewinnen sie; wenn sie sich für die altbekannte Vorgehensweise entscheiden, verlieren sie.

Diese Menschen lernen, mehr Offenheit für Vorgehensweisen zu entwickeln, die für sie positiv sind – sie sind zu rigide, wenn es um ihr Wertesystem aus vergangenen Leben geht. Die Prinzipien, an denen sie festhalten, sind oft richtig; wenn sie jedoch auf die Form fixiert sind, in der diese Prinzipien zum Ausdruck kommen sollten, verlieren sie den Elan und sind auf ihr Verhaltensmuster fixiert. Es könnte beispielsweise sein, daß sie Schönheit – eine spirituelle Qualität – sehr schätzen, und sich dann darauf versteifen, daß alles in ihrer Umgebung einer »perfekten Ordnung« zu entsprechen habe. Es kann sein, daß sie Hingabe in der Ehe schätzen und sich dann auf eine spezielle Form der Hingabe versteifen.

Anstatt beispielsweise zwanghaft perfekte Ordnung innerhalb ihrer Wohnung mit Schönheit gleichzusetzen, können sie zu ihren Mitbewohnern sagen: »Ich lege einen sehr großen Wert auf Schönheit. Habt ihr eine Idee, wie wir mehr Schönheit in unsere Wohnung bringen könnten?« Dies führt zu einer erweiterten Vorstellung von Schönheit, die über die der Skorpion-Mondknoten hinausgeht. Sie müssen sich in diesem Leben daran erinnern, daß die Quelle ihrer Energie nicht in ihren Wertvorstellungen oder Aufgaben liegt, sondern in der Verbindung mit anderen Menschen, die für alle Beteiligten einen Kräftezuwachs mit sich bringt.

Skorpion-Mondknoten-Menschen lernen auch, wie sie ihre Bedürfnisse befriedigen können, ohne in Extreme zu verfallen. Wenn sie beispielsweise Schönheit und Ordnung schätzen, ist es für sie energetisierend, wenn sie sich darauf konzentrieren, diese Dinge zu schaffen – bis zu einem gewissen Punkt. Wenn sie über diesen Punkt hinausgehen, fühlen sie sich in dem gefangen, was sie selbst geschaffen haben. Oder sie erwarten von anderen, daß sie ihre Arbeit – entsprechend ihrer Vorgehensweise – fortsetzen, damit die Dinge schön und ordentlich sind.

Selbstwert
Skorpion-Mondknoten-Menschen glauben über ein solides Selbstwertgefühl zu verfügen – und in mancher Hinsicht ist das auch so –, in bestimmten Situationen übertreiben sie ihren Wert jedoch, und dann würdigen sie sich wieder selbst herab. Weil sie daran gewöhnt sind, die Dinge auf ihre Art zu erledigen, scheinen sie sehr unabhängig zu sein. Sie vertrauen auf ihr Wissen, jede Situation bewältigen zu können. Sie sind sich ihrer Talente, Fähigkeiten und ihrer Bereitschaft, hart zu arbeiten, bewußt, und sie schätzen ihren eigenen Einfallsreichtum.

Das Problem ist jedoch, daß sie sich selbst nur aus ihrer eigenen Perspektive schätzen, wenn es aber um ihren Wert im Vergleich zu anderen geht, neigen sie zur Untertreibung. Das ist ein Grund für ihre finanziellen Probleme. Unbeabsichtigt beschränken sie sich selbst, denn gemessen an den Maßstäben der anderen Person, sind sie oft viel wertvoller, als sie selbst wissen. Deshalb müssen sie sich die Zeit nehmen, um zu lernen, was die anderen an ihnen schätzen, und dann diese Qualitäten stärken.

Unbewußt haben Skorpion-Mondknoten-Menschen starke Gefühle der Wertlosigkeit. Diese Gefühle kommen jedoch nur an die Oberfläche, wenn die Skorpion-Mondknoten anfangen, sich mit anderen zu vergleichen. Wann immer sie sich schon mit anderen vergleichen, haben sie ein Gefühl der Unzulänglichkeit. Wenn sie sich jedoch auf die Fähigkeiten und Talente konzentrieren, die andere haben, und diese fördern, indem sie sie ihnen bewußtmachen, erkennen die Skorpion-Mondknoten plötzlich ihren eigenen Wert. Wenn sie anderen dabei helfen, ihre Träume auf praktische Weise zu verwirklichen, strahlen die Skorpion-Mondknoten. Dann wissen sie, daß sie einen Anteil am Erfolg der anderen Person haben. Wenn die Werte der anderen Person den ihren ähnlich sind, wird das, was sie für wichtig erachten, noch zusätzlich verwirklicht.

Bisher basierte ihr Selbstwert weitgehend auf dem, was sie tun, nicht auf dem, wer sie sind; daher glauben sie, ihre Fähigkeiten ständig unter Beweis stellen zu müssen, um sich gut zu fühlen. In diesem Leben definieren sie ihren Selbstwert neu – sie lernen, daß ihr Selbstwert mit der Person zu tun hat, die sie sind, den Qualitäten, die sie besitzen, und damit, wie sie mit anderen Menschen Beziehungen aufbauen.

Kreative Wandlung

In dieser Inkarnation sind die Skorpion-Mondknoten-Menschen für große Wandlungen ausersehen. Nur durch vollständige Transformationen können sie der starren Routine entfliehen, in die sie so leicht verfallen, und die Energie und Lebendigkeit wiedererlangen, nach denen sie sich sehnen. Für sie wird Transformation durch den Kontakt mit anderen Menschen möglich: zu dem Zugang finden, was andere für wichtig erachten, und neue Richtungen einschlagen, die Begeisterung auslösen.

Skorpion-Mondknoten-Menschen waren einst die Baumeister. In dieser Inkarnation müssen sie jedoch zuerst das Fundament erneuern, um gesunde neue Strukturen aufbauen zu können. Sie können nicht erwarten, daß sie einen Wolkenkratzer auf dem Dach eines anderen aufbauen können. Es ist an der Zeit, all das loszulassen, was sie unterdrückt hat: die Vergangenheit, übermäßigen materiellen Besitz, alles, was in der Gegenwart seine Bedeutung verloren hat.

Risiken eingehen

Für Skorpion-Mondknoten-Menschen ist es wichtig, die Risiken, die sie eingehen, klar voneinander abzugrenzen. Es gibt einen Unterschied zwischen ungerechtfertigten Risiken, die zu einem Gefühl der Rücksichtslosigkeit führen, und angemessenen Risiken, die ein Gefühl des Wachstums zur Folge haben. Wenn den Skorpion-Mondknoten Zweifel kommen, ist es das beste, andere zu fragen, wie sie die Situation einschätzen.

Ich hatte beispielsweise eine Klientin mit dieser Mondknoten-Position, die ein Haus fand, in das sie sich verliebte. Alles schien perfekt, aber irgendwie fühlte sie sich nicht wohl bei der Angelegenheit. Deshalb fragte sie ihren Schwiegervater nach seiner Meinung, und er sagte, daß er das Haus wegen der Wälder dahinter nicht mochte. Das machte ihn nervös, weil sie zwei kleine Kinder hatte und viel Zeit zu Hause verbrachte. Daher fuhr sie noch einmal alleine hin und ließ die Energie des Hauses auf sich wirken, und sie hatte kein gutes Gefühl dabei. Dann sah sie sich die Schulen im Umkreis an und erhielt Informationen über die Lehrpläne, die ihr ebenfalls ein ungutes Gefühl vermittelten. Während ihrer Nachforschungen erzeugte das Feedback, das sie bekam, kein Gefühl der Lebendigkeit, sondern ein Gefühl der Angst in ihr. Da jedoch ihr Bedürfnis nach Anhäufung sehr stark war, gab sie noch ein Baugutachten in Auftrag. Dabei kam heraus, daß das Haus bauliche Mängel aufwies. Auf diese Art und Weise ließ sie sich letztendlich von den Beiträgen anderer helfen, zu ihrer Entscheidung zu finden, und trotz ihres Wunsches, das Haus zu kaufen, ging sie das Risiko nicht ein.

Dieses Beispiel zeigt, daß ein Unterschied zwischen dem Wohlbefinden auf der psychischen und der physischen Ebene besteht. Wenn sie Entscheidungen treffen, die auf dem basieren, was physisch bequem, also leicht und vorhersehbar ist, ergibt sich daraus üblicherweise nicht der Weg, der zur Veränderung anregt und sie glücklich macht. Wenn sie sich mit einer Person oder einem Projekt außerhalb ihres Selbst zusammentun und sie sich körperlich glücklich und energetisiert fühlen, dann ist das ein Signal, dem sie vertrauen können.

Spiritualität

In dieser Inkarnation haben die Skorpion-Mondknoten-Menschen starke spirituelle Bedürfnisse, die sie erfüllen müssen: Ruhe, Entspannungsphasen zum Nachdenken, zur Kreativität und Erneuerung. Sie sind von der harten Arbeit in vergangenen Inkarnationen so müde, daß sie sich in diesem Leben ausruhen müssen. Das Problem ist nur, daß ihnen das Ausruhen fremd ist. Im Gegenteil, sie sind so sehr daran gewöhnt, ihre materielle Welt in Ordnung zu halten, daß sie noch immer nur an das Überleben denken.

Diese Menschen müssen erkennen, daß in dieser Inkarnation ihre spirituellen und psychischen Bedürfnisse ebenso wichtig sind wie ihre physischen Bedürfnisse. Eigentlich sind ihre spirituellen Bedürfnisse noch viel wichtiger. Die materiellen Probleme haben sie bereits gelöst, nun ist es an der Zeit, den spirituellen Bereich zu entdecken und sich auf Erfahrungen einzulassen, die der persönlichen Transformation förderlich sind: Psychologie, bewußtseinserweiternde Seminare oder Selbsthilfegruppen. Sie müssen sich auf Aktivitäten einlassen, die sie von den Fesseln des materiellen Denkens befreien.

Solange sie ihren Selbstwert an materiellen Ergebnissen festmachen, sind sie von der äußeren Welt abhängig, um ihr Gefühl des Wohlbefindens aufrechtzuerhalten. Dies hinterläßt bei ihnen ein tiefes Gefühl der Machtlosigkeit, weil es unmöglich ist, Veränderungen zu verhindern – alles Materielle unterliegt zwangsläufig Veränderungen. Ein Hauptthema der Skorpion-Mondknoten-Menschen ist die Akzeptanz von Veränderungen, denn es ist hoffnungslos, an irgend etwas Materiellem festzuhalten: Alles Materielle entsteht, reift, löst sich auf und verschwindet. Der *Geist* jedoch stirbt niemals, und diese Menschen lernen, sich auf die spirituelle Seite des Lebens einzulassen. Anstatt zu sagen: »Ich will, daß diese Dinge nach meinen Vorstellungen laufen«, entdecken sie die spirituelle Kraft zu sagen: »Ich will es genau so, wie es ist.« Und dann gewinnen sie – sie erkennen, welche Handlungen notwendig sind, und ihr Leben entwickelt sich wunderbar! Sie lernen, sich mit der universellen Energie zu verbinden und der natürlichen Entfaltung des Lebens zu vertrauen.

Skorpion-Mondknoten-Menschen finden heraus, daß, wenn sich eine Tür schließt, sich eine andere öffnet. Wenn sie den Dingen gestatten, sich aus ihrem Leben zu entfernen, ohne emotional an ihnen festzuhalten, erlangen sie eine Unabhängigkeit, Stärke und Freiheit, die sie nie zuvor erlebt haben. Dann wird ihre Last um vieles leichter, und sie können das Leben genießen, ohne von den sich verändernden materiellen Bedingungen absorbiert zu werden. Wenn sie sich selbst mit Elan anpassen und Chancen ergreifen, die im Einklang mit dem universellen Plan stehen, dann sind sie auf dem richtigen Weg.

Im materiellen Bereich sind ihre Bedürfnisse endlos. Das einzige, was diesen Menschen ein Gefühl der Befriedigung vermitteln wird, ist der spirituelle Bereich. Daher besteht der Schlüssel darin, aufzuhören, weitere materielle Verpflichtungen einzugehen und anzufangen, Bindungen zu schaffen, die ihr spirituelles Bewußtsein fördern werden. Wenn sie sich zusammen mit anderen Menschen spirituell weiterentwickeln, wird der Austausch mit anderen ihnen die Energie vermitteln, die sie benötigen, um sich zu verändern.

Beziehungen

Mangel an Bewußtsein

Skorpion-Mondknoten-Menschen gehen an Beziehungen auf die gleiche Weise heran wie an alles andere – aus der Perspektive des Baumeisters. Aus vergangenen Leben sind sie an die Jahreszeiten und den natürlichen Lauf der Zeit gewöhnt und auch daran, daß Leistung zu vorhersehbaren, beständigen Ergebnissen führt. In Beziehungen verbringen sie gern ihre Zeit mit der anderen Person, halten Händchen, reden und finden heraus, was sie mit dieser Person unternehmen möchten. Jede Situation wird zu einem Baustein, und die Beziehung wächst, basierend auf ihrer Freude an jedem Stadium und dem Ausmaß des Respekts, den sie gegenseitig empfinden.

Und dennoch können Skorpion-Mondknoten gleichzeitig das Wesen und die Bedürfnisse anderer Menschen nicht wirklich erkennen. Ich hatte beispielsweise einen Skorpion-Mondknoten-Klienten, der ein Workaholic war. Er fühlte sich verpflichtet, Geld zu verdienen, um seiner Familie einen gehobenen Lebensstil zu bieten und seine vier Kinder auf die besten Schulen zu schicken. Seine Frau, die er von ganzem Herzen liebte, sagte ihm immer wieder, daß sie diese luxuriöse Umgebung nicht brauche; was sie brauche, sei, daß er mehr Zeit mit ihr verbringe. Er konnte nicht verstehen, daß sie es nicht zu würdigen wußte, daß er so viele Stunden außer Haus war, um Geld zu verdienen – letzten Endes mußte er die Schule für die Kinder bezahlen, das war schließlich die Hauptsache.

Deshalb zögerte er es hinaus, mehr Zeit mit seiner Frau zu verbringen, und dachte, wenn die Kinder ihre Ausbildung beendet hätten, würden sie anfangen, ihr gemeinsames Leben zu genießen – worauf er sich sehr freute. Bevor sein viertes Kind mit der Ausbildung fertig war, starb seine Frau. Unnötig zu erwähnen, daß er viel Reue empfand. Möglicherweise hatte seine Frau gespürt, wie wenig Zeit ihr blieb. Ihr Bedürfnis, mit ihm zusammenzusein, basierte wahrscheinlich auf dem Bewußtsein, daß er keine Möglichkeit hatte, sie zu verstehen – außer das zu schätzen, was ihr wichtig war.

Manchmal versteifen sich diese Menschen derart auf etwas, daß sie schroff reagieren, ohne es zu bemerken. Eine Klientin mit dieser Mondknotenposition, eine Großmutter, war derart leistungsorientiert und tüchtig, daß eines ihrer Enkelkinder in ihrer Gegenwart völlig schweigsam wurde. Sie mußte sich um so viel kümmern, um für alle zu sorgen, daß ihre Stimme ungeduldig klang und dadurch andere zur Eile anhielt. Ihr Enkelsohn sagte daraufhin nichts mehr. Nachdem sie eine Woche mit den Kindern verbracht hatte, bemerkte sie, was sie tat, und sagte: »Ihr müßt alle verstehen, daß es nichts mit euch zu tun hat, wenn eure Großmutter in diesen aufgeregten Zustand gerät. Manchmal mache ich mir solche Sorgen, alles erledigt zu bekommen, daß ich nicht bemerke, wie ich mit euch rede und wie sich meine Stimme anhört.« Sofort fing ihr Enkelsohn wieder an zu sprechen.

Skorpion-Mondknoten-Menschen erkennen, daß andere Menschen sich negativ berührt fühlen, wenn sie sich zu sehr auf ein Ziel konzentrieren. Sie beabsichtigen das nicht und bemerken es oft nicht einmal, bis sie anfangen, diesem Verhalten mehr Aufmerksamkeit zu widmen. Wenn sie jedoch mit den Menschen in ihrem Umfeld über die jeweilige Situation sprechen, nehmen sie es auch nicht persönlich.

Die Werte anderer

Diese Menschen fühlen sich wohl, wenn sie Dinge auf eine bestimmte Art erledigen und wenn sie ein bestimmtes Wertesystem aufbauen. Sie wollen nicht von den Wertvorstellungen anderer Menschen herausgefordert werden. Wenn sie feststellen, daß jemand, den sie respektieren, nach Wertmaßstäben lebt, die sich von ihren eigenen unterscheiden, besteht ihre erste Reaktion darin, persönlich enttäuscht zu sein, anstatt ihre Grenzen zu erweitern, um ein umfassenderes Verständnis für die andere Person zu erlangen.

Sie lernen, daß die Werte anderer Menschen keine Bedrohung ihrer eigenen Werte darstellen. Werte sind eine Widerspiegelung der jeweiligen persönlichen Bedürfnisse und Vorlieben. Eine Person, die sehr dünn ist und sehr leicht friert, mag beispielsweise dicke, unförmige Wintermäntel, wohingegen eine zweite Person eine andere Art von Mänteln bevorzugt, die mehr ihre Körperform betonen. Eine Person legt in einer Beziehung großen Wert auf körperliche Anziehungskraft, wohingegen für eine andere mentale Harmonie von größerer Bedeutung ist.

Hier gibt es weder ein »Richtig« noch ein »Falsch«. Je offener sie dafür sind, etwas über die Werte anderer zu lernen, desto besser können sie die andere Person und ihre Realität verstehen und anerkennen. Dann können sie auch viel leichter akzeptieren, was andere zu bieten haben, ohne das Gefühl, sie – oder sich selbst – ändern zu müssen, damit es zu einer konstruktiven Beziehung kommen kann.

Skorpion-Mondknoten-Menschen verfügen über ein großartiges Geschäftskarma, weil sie in der Geschäftswelt weitaus offener und aufnahmefähiger für neue Ideen sind. Dort haben die Menschen ein gemeinsames Ziel: Geld zu verdienen. Wenn es darum geht, gibt es nur sehr wenige Konflikte mit dem Wertesystem der Skorpion-Mondknoten, weil sie in der Lage sind, sich auf das übergeordnete Ziel zu konzentrieren. Wenn jemand mit einer Geschäftsidee an sie herantritt, die auf Vorstellungen basiert, die sich wesentlich von den ihren unterscheiden, dann hören sie trotzdem zu, weil sie das Endergebnis schätzen. Das ist der Schlüssel. In jedem Bereich ihres Lebens müssen sich diese Geborenen auf gemeinsame Werte konzentrieren und gewillt sein, ihre Arbeitsweise an die der anderen Person anzupassen.

Wenn ihre Werte in irgendeinem Bereich zu begrenzt und festgefahren sind, stehen sie in ständigem Konflikt mit anderen, um ihr Terrain zu sichern. Wenn sich ihre religiöse Haltung beispielsweise nur auf ein Glaubenssystem beschränkt, müssen sie in ständiger Alarmbereitschaft sein, um alle anderen Glaubensrichtungen abzuwehren. Wenn sie jedoch nach einem tieferen Sinn suchen (beispielsweise nach dem Ziel jeder Religion, universelle Werte wie Liebe, Vergebung, Harmonie und Selbsterkenntnis zu fördern), dann können sie auch unterschiedliche Wege akzeptieren, die zu diesem übergeordneten Ziele führen, was für sie bereichernd ist.

Eine Verbindung mit anderen herstellen

Skorpion-Mondknoten-Menschen neigen dazu, die Entscheidungen für das Team an sich zu reißen. Es kann sein, daß ihr Partner ihnen sagt: »Warum kannst du nicht einfach mit mir zusammenarbeiten? Du stürmst immer alleine voran und machst alles so, wie du es willst.« Skorpion-Mondknoten-Menschen bemerken überhaupt nicht, daß sie den Wert des anderen in Frage stellen, wenn sie ihren Partner aus der Entscheidungsfindung ausschließen.

Diese Menschen haben die Tendenz, sich gegenüber der anderen Person durchzusetzen, sie benutzen die Energie des anderen und lassen sich von ihr anregen, um die Dinge dann doch auf ihre eigene Weise zu erledigen. Sie benutzen die Energie der Partnerschaft, um ihre eigenen Interessen voranzutreiben, ohne zu erkennen, daß es eigentlich die Partnerschaft ist, die ihnen die Kraft verleiht. Sobald sie erkennen, wieviel die andere Person zu ihrer eigenen Stärke beigetragen hat, wird es ihnen leichterfallen, ihren Partner in die Entscheidungsfindung einzubeziehen. Manchmal wollen Skorpion-Mondknoten-Menschen einfach nur alleine losstürmen und nicht erst noch den anderen berücksichtigen, aber sie werden eine fruchtbare Zeit alleine verbringen, wenn sie ihren Partner in ihre Pläne einweihen, weil er sie dann unterstützen wird.

Wenn sie ein Problem haben, ist ihre erste Reaktion, es für sich zu behalten, anstatt die Meinungen anderer hinzuzuziehen, und sie unterstellen, daß andere Menschen genauso vorgehen. Wenn diese Menschen sich auf die andere Person einstellen, um zu erkennen, wie sie wirklich helfen können, dann begrüßen andere ihre Ideen, Perspektiven und Vorschläge – und die Skorpion-Mondknoten-Person hat das Gefühl, geschätzt zu werden. Dann gewinnen alle! Und genauso, wie sie die Kraft haben, anderen zu helfen, haben andere die Kraft, ihnen zu helfen, wenn sie nur die Bescheidenheit besitzen, dies anzunehmen. Wenn sie sich auf die Angelegenheit anderer einlassen, besteht der Schlüsselfaktor in dem zugrundeliegenden Motiv. Sollte es darin bestehen, ein Werturteil abzugeben oder die andere Person manipulieren zu wollen, damit sie nach ihrer Methode vorgeht, dann wird die andere Person es spüren und abweisend reagieren. Wenn aber das Motiv darin besteht, sich wirklich liebevoll auf die andere Person einzulassen, wird sie das spüren und mit Dankbarkeit reagieren.

Diese Menschen haben die Verantwortung für ihr zugrundeliegendes Motiv. Wenn sie Zweifel haben, ob sie auf eine andere Person zugehen und sie über ihre Probleme befragen sollen, dann sollten sie sich zuerst über ihr Motiv klarwerden. Wenn es darin besteht, die andere Person zu verändern, sollten sie sich lieber zurückziehen, denn dann werden sie verlieren. Wenn es ihr Motiv ist, ein besseres Verständnis für die andere Person zu erlangen, können sie darauf vertrauen, daß ihr Interesse willkommen sein wird. Sie sind geborene Therapeuten, die andere Menschen heilen, indem sie ihnen zuhören und ihr tiefes Verständnis zum Ausdruck bringen.

Wenn die Skorpion-Mondknoten-Menschen mit dem Motiv auf die andere Person zugehen, wirklich deren Last erleichtern zu wollen, erkennen sie immer, was sie tun können, um zu helfen. Manchmal bedeutet das, einen kleinen Teil der Last auf ihre eigenen Schultern zu nehmen: für die andere Person die Wäsche erledigen, ein Formular ausfüllen oder einen Botengang machen. Es kann durchaus sein, daß ihre Ratschläge, wie die andere Person ihre Arbeit erledigen sollte, nicht hilfreich sind: »Wenn du einfach immer am gleichen Wochentag deine Wäsche waschen würdest, würdest du auch nicht in einen solchen Zeitdruck geraten!« Wenn die andere Person irritiert ist, weiß der Skorpion-Mondknoten, daß sein Vorschlag nicht besonders sinnvoll war. Wenn er aber sagt: »Hör mal, ich habe ein paar Minuten Zeit, würde es die helfen, wenn ich eine Maschine Wäsche für dich laufen lassen würde?«, und die andere Person mit Dankbarkeit reagiert, dann wird er wissen, daß es sich um die Hilfe handelte, die die andere Person brauchte.

Wenn sie sich nicht sicher sind, was sie tun sollen, können sie immer noch die Frage stellen: »Was kann ich tun, um dir zu helfen?« Und die andere Person wird es ihnen sagen – das ist sehr einfach und praktisch. Durch solche Interaktionen werden sie ein liebevolles Band mit der anderen Person knüpfen, das ihnen Belohnungen bringen wird, die weit über ihre Erwartungen hinausgehen.

Für Skorpion-Mondknoten ist es ein neues Verhalten, sich Menschen auf diese Weise zu nähern; je öfter sie so handeln, desto einfacher wird es. Ihr Leben wird eine neue Dimension der Fülle und Liebe erreichen, weil sie die einzigartige Befriedigung erfahren, tief mit anderen Menschen verbunden zu sein.

Tiefe Verbindungen

Skorpion-Mondknoten-Menschen sind dafür bestimmt – auf wirklicher Gleichwertigkeit basierende –, tiefe Bindungen mit anderen einzugehen. Ihre erstaunliche Bindungsfähigkeit ist durch ihr Talent bedingt, anderen das Gefühl zu vermitteln, daß sie verstanden werden. Wenn sie genau zuhören und Zugang zu der anderen Person finden, verleiht ihr Einfühlungsvermögen dem Gegenüber das Gefühl, geliebt und akzeptiert zu sein. Da sie gut zuhören können, ist es ihnen auch möglich, sich mit der psychischen Energie einer anderen Person zu verbinden. Es ist diese tiefe Bindung mit anderen, die ihnen das Tor zur Erneuerung und dem Loslassen der Stagnation öffnet.

Sich auf andere einstellen

Um ihre Kraft zu steigern, lernen Skorpion-Mondknoten-Menschen den Wert anderer schätzen, damit sie offen für eine erfolgreiche Verbindung sind. Manchmal machen sie jedoch andere nieder – deren Wichtigkeit, Wert und positive Eigenschaften –, um ihren eigenen Wert zu demonstrieren. Es ist, als ob sie unbewußt das Gefühl hätten, daß sie selbst wertvoller werden, wenn sie jemand anderen herabwürdigen. Das ist aber niemals der Fall; es läßt sie lediglich mit dem Gefühl zurück, isoliert und geschwächt zu sein.

Wenn in der Firma beispielsweise jemand sagt, daß der Leiter der Buchhaltungsabteilung eine ausgezeichnete Arbeit leistet, erwidert möglicherweise eine Person dieser Mondknotengruppe: »Ich kenne den Leiter einer Buchhaltungsabteilung, der diesen Kollegen glatt in die Tasche stecken würde.« Wenn ein Mitarbeiter seine Arbeit gut erledigt, nimmt der Skorpion-Mondknoten diese Leistung auf die leichte Schulter und rügt ihn in einem anderen Bereich, anstatt ihm zu seinem Erfolg und seinen guten Ergebnissen zu gratulieren. Wenn es nach der Einschätzung dieser Menschen geht, ist irgend etwas an dem Verhalten anderer Menschen immer falsch oder weniger gut, als es sein könnte.

Infolgedessen werden die Menschen um sie herum entmutigt – sie haben das Gefühl, daß ihr Licht unter den Scheffel gestellt und ihr Wert herabgewürdigt wird. Skorpion-Mondknoten-Menschen merken wirklich nicht, wieviel Schaden sie bei anderen Menschen anrichten oder wie sie bei denen an Hochachtung verlieren, die sie eigentlich beeindrucken wollen. Es ist in ihrem eigenen Interesse, sich dessen bewußtzuwerden und das Herabwürdigen anderer zu beenden.

Ein Experiment, das ihnen helfen kann, von diesem Verhalten Abstand zu nehmen, besteht darin, sich jeden Tag eine gute Eigenschaft der anderen Person bewußtzumachen. Möglicherweise hat die Sekretärin eine angenehme Stimme oder die Fähigkeit, Kunden die Befangenheit zu nehmen, während sie auf einen Gesprächstermin warten. Möglicherweise strengt sich die Buchhalterin besonders an, die Zahlen zu liefern, die die Führungskräfte benötigen, damit sie schnell reagieren und das Beste aus sich bietenden Gelegenheiten herausholen können. Diese Übung wird ihnen eine große Hilfe sein, ihre Tendenz aus früheren Leben, andere herabzusetzen, abzustellen und ihre angeborene Fähigkeit zu fördern, andere wertzuschätzen.

Skorpion-Mondknoten-Menschen brauchen in diesem Leben die Anerkennung anderer, um sich gut zu fühlen. Sie brauchen die Energie, die in Partnerschaften entsteht, und sie lernen, die Bescheidenheit zu entwickeln, dies zuzugeben. Da sie eigentlich praktische Menschen sind, können sie zu sich selbst sagen: »In Ordnung, die Wahrheit ist, daß ich die Anerkennung anderer brauche, um glücklich zu sein. Was muß ich deshalb tun, um sie zu bekommen? Ich sollte besser herausfinden, was für sie wichtig ist, und es ihnen geben. Und wenn ich sie in meine Handlungen einbeziehe und ihnen das Gefühl gebe, daß sie wertvoll sind, dann werden sie mir das Gefühl geben, wichtig zu sein.«

In jedem Bereich ihres Lebens ist es für diese Menschen am besten, wenn sie einen starken Partner haben, dessen Kraft sie bewundern und dessen Talente sie anerkennen. Wenn sie lernen, die einzigartigen Talente, Perspektiven und Erfahrungen anderer bewußt zu würdigen, erkennen sie auch, wie sie ihre eigenen Mittel und Talente mit denen eines anderen Menschen zusammenbringen können, um etwas zu schaffen, das über die Vorstellungen und Möglichkeiten jedes einzelnen hinausgeht.

Zuhören

Skorpion-Mondknoten-Menschen glauben bereits alles zu wissen, deshalb sind sie nicht offen für die Erkenntnisse, die andere ihnen mitteilen, die ihren Weg aber einfacher machen würden. Das bedeutet, daß sie ständig Gelegenheiten verpassen, um aus ihren Begrenzungen auszubrechen.

Manchmal kommen diese Menschen wegen eines Gefühls der Unzulänglichkeit nicht klar. Ich hatte beispielsweise eine Skorpion-Mondknoten-Klientin, die Gesangslehrerin war. Am Anfang hatte sie viele Schüler, sie war durch ihre Ausbildung und Erfahrung sehr qualifiziert. Nach einer Weile blieben ihre Schüler jedoch weg, und niemand sagte ihr warum. Eigentlich waren die Leute zu ihr gekommen, um ihren Gesang zu verbessern – aber sie machte mit ihnen wochenlang Atemübungen, um ihre Fähigkeit zu singen zu erweitern. Sie gab ihnen nicht das, was sie wollten, und hatte dafür alle möglichen Rechtfertigungen. Unbewußt hatte sie jedoch das Gefühl, nicht richtig Klavier spielen zu können, und fürchtete, nicht fähig zu sein, die Stücke zu spielen, die ihre Schüler zum Singen mitbrachten. Sobald sie ihre Bedenken offen geäußert hatte, unterbreiteten andere ihr viele Vorschläge. Schließlich engagierte sie einen Musikstudenten, der ihre Schüler begleitete, während sie sich auf deren Gesang konzentrierte.

Wenn diese Menschen ihre Gefühle der Unzulänglichkeit anerkennen, sind andere in der Lage, ihnen zu helfen; wenn sie aber alles zu wissen glauben, sind sie nicht offen zu lernen und sitzen in der Falle fest. Wenn andere mit neuen Ideen an sie herantreten, die im Widerspruch zu ihren eigenen Werten stehen, neigen sie dazu, sie sofort zu verwerfen, selbst wenn sie sich über den Vorschlag freuen. Darin besteht einer ihrer größten Fehler. Möglicherweise hören andere damit auf, ihnen Vorschläge zu unterbreiten, die ihre Probleme lösen könnten, weil sie wissen, daß diese Menschen kein offenes Ohr dafür haben.

Die Lösungen, die sie für ihre Probleme akzeptieren, sind derart begrenzt, daß diese gar nicht mehr gelöst werden können. Beispielsweise könnte es sein, daß sie ihr Auto verkaufen wollen, aber so sehr an ihm hängen, daß sie übertriebene Verkaufsbedingungen stellen: Der Käufer muß blondes Haar sowie mindestens zwei Jahre Universitätsausbildung haben und Nichtraucher sein. Natürlich werden sie den Wagen niemals verkaufen!

Skorpion-Mondknoten fahren sich in solch problematischen Situationen weitaus länger fest als die Menschen anderer Mondknotengruppen. Um aus diesem Muster auszubrechen, müssen sie sich für eine völlig andere Sichtweise *öffnen*, die auf einem Wertesystem basiert, das sich von ihrem eigenen unterscheidet. Dann können sie ihre Bedenken mit der anderen Person besprechen: »Welche Konsequenzen ziehe ich daraus, daß ich sosehr an dem Wagen hänge? Was ist, wenn der Wagen nicht gut behandelt wird?« Nachdem sie gehört haben, wie die andere Person das Problem gemäß ihrem eigenen Wertesystem lösen würde, können sie ihre Position noch einmal überdenken. Manchmal ist es für sie leichter, den Rat eines Fremden anzunehmen, als auf ihren Partner zu hören. Es kann sein, daß sie ihrem Partner gegenüber voreingenommen sind und seinen Vorschlag zu gering einschätzen, obwohl es meistens ihnen sehr nahestehende Menschen sind, die ihnen die besten Ratschläge erteilen können und ihre Stärken am besten kennen. Deshalb ist es in ihrem Interesse, wirklich auf diejenigen zu hören, die sie am besten kennen, und es zuzulassen, wenn sie bei den Ausführungen der anderen das Gefühl von Wahrheit und Energie haben.

Wenn sie glauben, bereits alles zu wissen, drehen sich ihre Beziehungen nur darum, ihre grundlegenden physischen Bedürfnisse zu befriedigen. Sobald diese jedoch erfüllt sind, fühlen sie sich immer noch matt und lustlos. Sie müssen über ihre körperlichen Bedürfnisse hinausgehen, um Vitalität, Bestärkung, persönliches Wachstum und Transformation zu erleben. Das ist das Glück, nach dem sie suchen, nichts anderes wird sie befriedigen.

Kritisches Urteilsvermögen
Skorpion-Mondknoten-Menschen haben eine innere Angst, daß die Ideen anderer richtig sein könnten und sie selbst sich ändern müssen. Große Veränderungen gehen immer mit Angst und/oder Begeisterung einher, das ist nur natürlich. In ihrem tiefsten Inneren wollen sich diese Menschen verändern. Sie wollen die bedrückenden Lasten ablegen, die ihr Leben so schwierig machen; sie wissen, daß sie für den Fluß der Vorschläge und Erfahrungen anderer offen sein müssen. Sie lernen, andere Menschen nicht länger als Störenfriede anzusehen, sondern als rettende Helfer.

Sobald sie sich entschließen, offen zu sein, taucht das Problem des kritischen Urteilsvermögens auf. Ihr Erfolg hängt oft von der wohlüberlegten Wahl ab, mit wem sie sich zusammentun. Da nicht jeder ein »rettender Helfer« ist, müssen sie genau unterscheiden, wem sie die Erlaubnis geben, auf sie Einfluß zu nehmen und sie zu verändern. Der Trick dabei ist, sich auf das Energiefeld der anderen Person einzustellen. Wenn sie sich geschwächt fühlen, hat diese Person möglicherweise für sie schädliche Absichten oder mißbraucht sie für persönliche Ziele. Der richtige Partner erweckt neue Ideen, die ihre eigene Energie, Kreativität und Begeisterung anregen. Es gibt Menschen, mit denen sie sehr kraftvolle Verbindungen eingehen können; wenn sie durch eine bestimmte Person energetisiert werden, sind sie letztendlich auch gewillt, auf überholte Werte zu verzichten. Dann haben sie es mit einer Kraft zu tun, die mächtiger ist als ihre Werte, und wenn sie ihr folgen, wird die Beziehung funktionieren.

Hellseherische Fähigkeiten

Skorpion-Mondknoten-Menschen haben die Fähigkeit, sich zu den verborgenen Gedanken anderer Zugang zu verschaffen. Wenn sie neben einer Person stehen und sich öffnen, um deren Energie aufzunehmen, werden sie über deren Charakter oder Motive Bescheid wissen. Wenn sie das Wesen eines Menschen ablehnen, dann deshalb, weil sie ihre eigenen Werte auf ihn projizieren. Wenn sie dies tun, schaden sie sich selbst. Sie werden aber niemals in die Irre gehen, wenn sie sich mit positiven Absichten »einschalten« und ihren Empfindungen in bezug auf die andere Person vertrauen.

Wenn diese Menschen den inneren Aufruhr anderer fühlen, wollen sie helfen – aber ohne Feedback wissen sie nicht wie. Wenn jemand, um den sie sich Sorgen machen, enttäuscht ist und sich hilflos fühlt, besteht ihre beste Reaktion darin zu fragen: »Was kann ich tun, um dir zu helfen?« Es kann sein, daß die andere Person eine völlig unlogisch klingende Antwort gibt: »Ich brauche jemanden, der mich jeden Morgen um 9 Uhr anruft und mir sagt, daß ich aufstehen und mein Bett machen muß.« Wenn sie die andere Person auf genau diese Art und Weise unterstützen, werden sie von da an große Wertschätzung erfahren. Dadurch entwickeln sich ihre Beziehungen konstruktiv.

Ängstlichkeit

Wenn Skorpion-Mondknoten-Menschen Ängste haben, widerstrebt es ihnen, ihre wahren Gefühle zu zeigen. Sie wollen in keinen Konflikt geraten, deshalb decken sie ihre Emotionen zu, wodurch die Kommunikation aufhört. Statt dessen lernen sie nun, sich durch die Blockade hindurchzuarbeiten, indem sie sie mit der anderen Person besprechen. Sie müssen über ihre Vermutungen bezüglich der anderen Person hinausgehen und die Konfrontation riskieren – indem sie das Risiko einer peinlichen Situation auf sich nehmen, um durch ehrliche Kommunikation eine engere Bindung zu schaffen.

Wenn sich diese Menschen Sorgen machen, weil sie nicht wissen, wie sie sich in die Beziehung einbringen sollen, handelt es sich um einen Fingerzeig des Universums. Sie müssen dann auf einer tieferen Ebene nachforschen, um die Wünsche, Motive und Werte der anderen Person zu verstehen. Das wird ihre Ängstlichkeit auflösen.

Wenn ihnen beispielsweise jemand widerspricht, haben sie automatisch das Gefühl, ihren Standpunkt verteidigen zu müssen. Wenn sie in diesem Moment die Situation bewußt umkehren und die Perspektive der anderen Person kennenlernen, nimmt allein die Tatsache, daß sie den Blickwinkel verändern, bereits den Druck von ihnen.

Seelengefährten

Für die Skorpion-Mondknoten-Menschen ist Partnerschaft eines der zentralen Themen in diesem Leben. Deshalb werden sie viele Gelegenheiten haben, Beziehungen mit Seelengefährten zu erleben. Bei einer solchen Beziehung handelt es sich um eine tiefe Verbindung auf der energetischen Ebene – mit jemandem, bei dem die »Chemie« stimmt und der sie anregt. Wenn sie ihren Partner bestärken, reagiert er mit Wertschätzung und Fürsorge. Die gegenseitige Energie belebt jene Teile der Skorpion-Mondknoten-Person, die während vergangener Leben träge geworden sind.

In Beziehungen mit Seelengefährten spielt nicht immer die Sexualität eine Rolle. Wenn zwei Menschen ein gemeinsames Ziel haben – beispielsweise ein Buch zu schreiben, ein Restaurant zu betreiben, ein Geschäft aufzubauen –, dann kann es sich auch hier um eine Beziehung von Seelengefährten handeln. Diese beiden Menschen werden dann auf einer energetischen oder psychischen Ebene eins, um ihr Projekt noch stärker vorantreiben zu können. Beide Seiten müssen gewillt sein, persönliche Belange zurückzustellen, damit die Energie beider Partner integriert werden kann. Diese Menschen müssen bereit sein, zu verstehen, wer die andere Person ist, was sie zu bieten hat und worin ihre Mittel bestehen. Die Stärken der Skorpion-Mondknoten liegen darin, beide Seiten zusammenzuführen, um ein gemeinsames Ziel zu erreichen.

Bei Freundschaft oder Liebesbeziehungen gilt das gleiche Prinzip. Wenn Paare noch jünger sind, haben sie meistens das Ziel, gemeinsam Kinder aufzuziehen. Später steht dann eher im Mittelpunkt, ein gemeinsames Leben gemäß bestimmter spiritueller Ideale zu führen, durch gegenseitige Hilfe oder transformierende Erfahrungen zusammenzuwachsen, sich gegenseitig beim Erreichen gemeinsamer Ziele im gesundheitlichen Bereich zu unterstützen und so weiter.

Bedingt durch frühere Leben, in denen sie den körperlichen Sinnen große Bedeutung beimaßen, sind die Skorpion-Mondknoten-Menschen jetzt durchaus an Sexualität und körperlichem Ausdruck ihrer Zuneigung interessiert. Sie sind sich ihres Körpers bewußt und wissen, wie sie sich an ihm erfreuen können. Sie sind jedoch so auf die sinnlichen Freuden fixiert, daß sie die Transformation vergessen, die auf der energetischen Ebene durch sexuelle Interaktionen möglich ist.

Wenn sie sich auf die psychischen Energien und Mittel ihres Partners bewußt einstellen, übertrifft die Erfahrung bei der sexuellen Vereinigung bei weitem ihre Vorstellungen. In diesem Bereich haben die Skorpion-Mondknoten-Menschen verborgene Talente, die zur Entfaltung kommen, sobald sie mehr Wert darauf legen, die psychisch-spirituelle Übereinstimmung und Beziehung mit der körperlichen zu verbinden.

Ziele

Gegenseitigkeit

Weil Skorpion-Mondknoten-Menschen dazu neigen, in Extremen zu denken (»Mein Weg oder dein Weg«), geben sie manchmal, bei dem Versuch, sich anderen anzupassen, all ihre Werte auf. In diesem Leben wollen sie damit aufhören und sich statt dessen die Position des »Wir« aneignen und nach ihr vorgehen.

Sie haben das Talent, dem Partner Ermutigung, Enthusiasmus und Unterstützung zu bieten, was heilend auf ihn wirkt und sein Leben erleichtert. Er erkennt in der Skorpion-Mondknoten-Person einen Seelengefährten und eine Quelle der Kraft und reagiert darauf mit Liebe, Anerkennung und Dankbarkeit.

Wenn sich andere jedoch bei den Skorpion-Mondknoten-Menschen revanchieren wollen, indem sie nach deren Wünschen fragen, dann kann es durchaus sein, daß sie sich verschließen und so tun, als ob sie alles unter Kontrolle hätten. Sie müssen anderen aber gestatten, ihre Situation zu erkennen und Dinge vorzuschlagen, die auch ihr Leben leichter machen. Das ist das Prinzip der Gegenseitigkeit. Wenn diese Menschen sehen, wie andere Unterstützung annehmen und von ihr bestärkt werden, lernen sie dadurch, wie sie selbst ebenfalls dankbar Unterstützung annehmen können.

Zuwendung annehmen

In diesem Leben sind Zuwendungen für Skorpion-Mondknoten-Menschen heilsam. Andere sollen ihnen Geld, Energie, Ideen und ähnliches geben. Ihre Aufgabe ist es dabei, das loszulassen, was Sie festhalten, sich zu leeren und offen zu sein für die Unterstützung und Energie der anderen. Dies gilt für jeden Bereich ihres Lebens.

Für sie ist es vorteilhaft, jemand anderen um Rat zu fragen, wenn sie ein Problem bewältigen wollen. Wenn eine andere Person einen Vorschlag macht, von dem sie wissen, daß er richtig ist, sich aber weigern, ihn umzusetzen, dann ist es an der Zeit, Selbstdisziplin zu praktizieren und ihr Bedürfnis nach sofortiger Befriedigung und Erfüllung ihres Ziels zu zügeln. Wenn sie Zweifel haben, können sie jederzeit einen Versuch starten und ausprobieren, ob der Vorschlag auf der praktischen Ebene funktioniert.

Wenn die Skorpion-Mondknoten andere Menschen um Rat fragen, die in den Bereichen erfolgreich sind, in denen sie dazulernen wollen, genießen sie es wirklich, sich die Ideen und Perspektiven anderer anzuhören, und sie werden dadurch viel stärker.

Bescheidenheit und Aufnahmefähigkeit

Skorpion-Mondknoten-Menschen scheinen oft auf sich selbst konzentriert. Wenn sie sich nicht auf andere einstellen, wird das durch ihre Worte widergespiegelt. Um sich in Gegenwart anderer wohl zu fühlen, müssen diese Menschen bewußt danach streben, sich auf der Basis eines tiefen Verständnisses mit ihnen zu verbinden – dann werden sie automatisch Worte benutzen, die bei anderen Vertrauen hervorrufen. Diese Menschen fühlen sich eigentlich sehr frustriert, wenn sie sich nur mit sich selbst beschäftigen, weil sie aus dieser Position nicht wirklich verstehen können, was um sie herum vorgeht. Sie können es nur verstehen, wenn sie auf die Konzentration auf sich selbst verzichten und völlig die Position der anderen Person übernehmen – ohne Vorurteile. Eine Sache, die sie in diesem Leben lernen, ist die Bescheidenheit, anzuerkennen, daß sie andere brauchen und daß es stärkend ist, sich mit dem Energiefeld anderer Menschen zu verbinden. Es ist wichtig, daß sie zwischen den Menschen unterscheiden, die ihr Energiefeld anregen, und solchen, die dies nicht tun.

Wenn Skorpion-Mondknoten-Menschen anderen dabei helfen, ein Ziel zu verwirklichen, dann haben sie das Gefühl, selbst etwas erreicht zu haben, und erlangen dadurch Selbstvertrauen. Weil sie ihre Kreativität und Kraft mit anderen verbunden haben, wächst die Energie und Freude über den Erfolg. Andere wissen, daß sie es ohne die Energie und Unterstützung dieser Menschen nicht geschafft hätten, daher wollen sie sich revanchieren. Das ist der Schlüssel, wie Skorpion-Mondknoten-Menschen ihren Selbstwert auf eine Weise erhöhen können, die sie energetisiert und befreit. Es ist traurig, daß die Skorpion-Mondknoten-Menschen oftmals die Geschenke nicht zu schätzen wissen, die sie aus ihren selbsterzeugten Fesseln befreien könnten. Wenn sie diese Gaben nicht schätzen und respektieren, können sie sie auch nicht richtig nutzen. Diese Menschen lernen nicht nur das zu würdigen, was sie durch ihre eigene Leistung hervorgebracht haben, sondern auch die Gaben, die andere ihnen zukommen lassen.

Erfolgreiche Partnerschaft

Skorpion-Mondknoten-Menschen sind besser beraten, wenn sie ihre Fähigkeiten in die Projekte anderer Menschen einbringen oder sich an einem Projekt beteiligen, das auf der Idee einer anderen Person basiert. Ideen von ihnen, die eine nicht greifbare oder spirituelle Quelle haben, sind davon ausgenommen. Sie sind besser beraten, ein Vorhaben zu verfolgen, das von einem Punkt außerhalb ihres harten, beschränkten Wertesystems ausgeht.

Andere bestärken

Weil die Skorpion-Mondknoten-Menschen viele frühere Leben damit verbracht haben, ein Gefühl des Selbstwertes aufzubauen, sind sie erstaunt, wenn andere Menschen nicht ihren eigenen Wert erkennen. Sie verstehen es nicht, wenn andere nicht ihre angeborenen Fähigkeiten würdigen und nicht das tun, was auf einer praktischen Ebene notwendig ist, um ihre Talente zu nutzen und sich gut zu fühlen. Die größte Herausforderung der Skorpion-Mondknoten besteht darin, ihre Partner oder andere ihnen nahestehenden Personen erfolgreich zu bestärken.

Ihnen fällt es leicht, zu ihrem Partner eine positive Einstellung zu haben. Sie können die Talente der anderen Person loben und diese Person ermutigen. Das Problem ist nur, daß die Liebespartner, die diese Menschen anziehen, nicht den Willen zu haben scheinen, die erforderlichen Handlungen in Angriff zu nehmen. Sie sind meistens nicht motiviert, praktische, sie selbst bestätigende Ziele zu erreichen, und/oder es mangelt ihnen an den dafür erforderlichen Qualitäten.

Wenn ihr Partner nicht von innen heraus motiviert ist, können diese Menschen das nicht verstehen und wissen nicht, wie sie den Partner in die Gänge bringen können. Deshalb wenden sie sich ihren eigenen Fähigkeiten zu und benutzen die Energie der Partnerschaft, um selbst solide Ergebnisse zu erreichen. Unglücklicherweise handelt es sich dabei wieder um das gleiche alte Szenario, bei dem sie alles allein erledigen müssen, was dem Partner das Gefühl der Hilflosigkeit vermittelt und ihn aus dem kreativen Prozeß ausschließt.

Wenn die Skorpion-Mondknoten-Menschen feststellen, daß sie sich in einer solchen Situation befinden, müssen sie sich die Zeit nehmen, um einen noch tieferen Kontakt mit ihrem Partner aufzubauen. Wenn sie sich dem Partner mit einem aufrichtigen Interesse an seinen Beweggründen nähern, können sie anfangen, die Wünsche und Bedürfnisse der anderen Person zu erkennen.

Skorpion-Mondknoten-Menschen sind Experten, wenn es darum geht, die verborgenen Wünsche und Antriebskräfte anderer aufzudecken, und sie können ihren Partner in Kontakt mit seiner eigenen inneren Motivation bringen. Dies alleine stellt schon eine Bestärkung dar. Wenn der Partner durch dieses Talent des Skorpion-Mondknotens unterstützt wird, wird er in Aktion treten, und das Ergebnisse wird auch finanzielle Belohnung beinhalten. Das sind die Wünsche dieser Menschen: Selbstwertgefühl in ihrem Partner aufzubauen und Sicherheit und Komfort für beide Seiten zu erlangen.

Dabei tauchen nur dann Schwierigkeiten auf, wenn diese Menschen versuchen, anderen zu sagen, wie sie etwas zu tun haben. Das führt zu keinen positiven Ergebnissen, weil sie die Talente und Kräfte der anderen Person nicht kennen; sie kennen nur ihre eigenen.

Es fällt ihnen schwer, diese Selbstbezogenheit zu kontrollieren. In diesem Leben ist es aber ihre Aufgabe, das, was sie wissen, auf das Wertesystem der anderen Person zu übertragen, um ihr beim Gewinnen zu helfen.

Synthese

Diesen Menschen fällt es sehr schwer, die Richtung zu ändern. Sie setzen sich ein Ziel, finden heraus, wie sie es erreichen und konzentrieren ihre Energie so stark darauf, daß es fast unmöglich ist umzukehren – auch wenn sie auf halbem Weg feststellen, daß sie die falsche Richtung eingeschlagen haben.

Ich hatte eine Skorpion-Mondknoten-Klientin, eine Lehrerin, die Mitglied eines Ausschusses an ihrer High-School war. Aufgabe des Ausschusses war es, einige Veränderungen vorzunehmen. Sie kam in das Meeting und hatte sich in Gedanken bereits einen genauen Plan zurechtgelegt. Als ein anderes Mitglied des Ausschusses einen anderen Plan zur Diskussion stellte, wurde sie sehr ungeduldig. Sie versuchte ihn davon zu überzeugen, daß ihr Weg der richtige sei und daß seine Idee einerseits belanglos und andererseits nicht realisierbar sei und daß die Gruppe zudem auch keine Zeit habe, um darüber nachzudenken. Sie hatte den genauen Plan und seine Ausführung im Kopf, und alles andere kam einer Drohung ihr gegenüber gleich.

Synthese ist ein schwieriges Thema für diese Menschen, weil sie ihre eigene Position nicht lange genug loslassen können, um wirklich das in sich aufzunehmen, was die andere Person sagt. Sie müssen sich selbst bewußt darin üben, sich auf die gemeinsame Zielvorstellung zu konzentrieren und Überlegungen darüber anzustellen, wie man ihre eigenen Ideen und die der anderen Person kombinieren kann, um einen optimalen Erfolg zu erzielen.

Sie erlernen die Kunst der Zusammenarbeit. Der erste Schritt besteht darin, sich zu erinnern, daß die beteiligten Menschen immer wichtiger sein müssen als das Ziel. Bei dem erwähnten Beispiel hätte sich meine Klientin darauf konzentrieren müssen, daß die Menschen das Wichtigste sind. Als andere ihre Ideen einbrachten, hätte sie sich deren Perspektive anhören und herausfinden müssen, welche kreativen Fähigkeiten sie in das Projekt einbringen würden.

Für die Skorpion-Mondknoten ist es schwer, die Menschen als wichtiger anzusehen, es erfordert Übung. Normalerweise befinden sie sich mitten in einer Situation, bevor sie überhaupt bemerken, daß sie jemandem auf die Füße getreten haben. Aber auch an diesem Punkt können sie noch innehalten und sich entschuldigen: »Ich habe gerade bemerkt, daß ich mich so sehr auf meine Idee konzentriert habe, daß ich deinen Vorschlag überhaupt nicht richtig gehört habe. Ich möchte mich entschuldigen, falls ich deine Gefühle verletzt habe.« Dann können sie den wohlüberlegten Versuch machen, sich die Idee der anderen Person anzuhören.

Stagnation vermeiden
Die Energie der Veränderung

Skorpion-Mondknoten-Menschen haben große Schwierigkeiten, aus ihren eingefahrenen Gleisen auszubrechen – sie fahren sich in Situationen fest, die unbefriedigend für sie sind. Damit diese Menschen aus ihrer Routine ausbrechen, müssen sie von etwas sehr begeistert sein. Wenn sie mit etwas konfrontiert werden, das sie begeistert, müssen sie auch die Selbstdisziplin besitzen, dem zu folgen und auf dem Weg zu bleiben, der ihre Energie nährt. Sie müssen gewillt sein, Faktoren loszulassen, von denen sie unterdrückt werden.

In gewisser Weise lieben es die Skorpion-Mondknoten-Menschen, einen bestimmtem Trott zu verfolgen, weil es bequem und vertraut ist. Andererseits wissen sie, daß das Leben ihnen dann nicht genügend zu bieten hat und sie nicht die Erfahrungen machen, die sie wollen. Sie müssen aber erst einen bestimmten Grad an Unzufriedenheit spüren, damit sie die Dinge verändern wollen. Unannehmlichkeiten und Unzufriedenheit zwingen sie zur Veränderung und Erweiterung ihres Horizonts.

So kann es beispielsweise sein, daß eine Skorpion-Mondknoten-Person umziehen will, weil sie sich in ihrer momentanen Situation nicht mehr wohl fühlt. Ein Umzug erfordert eine Menge Energie: den gesamten

Hausrat zu sortieren, das Haus zum Verkauf vorzubereiten und so weiter. Sie muß gewillt sein, sich anzustrengen, und es bedarf der Selbstdisziplin, um die Arbeit zu erledigen, die die Veränderung möglich macht. Wenn sie sich jedoch dazu aufrafft, dann wird die »Krisenenergie« sie mit Begeisterung erfüllen und sie vorantreiben – besonders dann, wenn sie es zusammen mit einem Partner durchsteht und gewillt ist, nicht alles mit der ihr eigenen Härte zu erledigen. Zuverlässigkeit ist eine gute Eigenschaft, wenn es darum geht, etwas aufzubauen, sie kann aber hinderlich sein, wenn eine Veränderung ansteht.

Die Energie der Veränderung unterscheidet sich von der Energie des Aufbaus. Die Energie des Aufbaus erfordert einen gründlichen schrittweisen Prozeß. Die Energie der Veränderung verlangt jedoch schnelle, äußerst große Beweglichkeit. Skorpion-Mondknoten-Menschen müssen das Alte über Bord werfen, in eine neue Richtung gehen, Dinge loswerden, die ihnen hinderlich sind, und schnelle Ergebnisse der Perfektion vorzuziehen. Wenn sie sich zu langsam bewegen, verlieren sie den Schwung, den sie brauchen, um die Veränderung durchzuziehen. Es ist wie bei einem Surfer auf dem Meer – wenn er zu lange überlegt, verpaßt er die Welle. Skorpion-Mondknoten-Menschen müssen die Welle der Veränderung erreichen, auch wenn sie dadurch vorübergehend die Kontrolle verlieren und sich ängstlich fühlen, wird die Welle sie doch zum Strand tragen, wenn sie auf ihr stehenbleiben. Um die Veränderung vollziehen zu können, müssen sie den Kontakt zu der neuen Energie, die sie verspüren, aufrechterhalten. Wenn sie sich von dem Alten verabschieden, ist es für sie besser, wenn sie zu viel ausrangieren, als zu wenig. Im nachhinein werden sie feststellen, daß es der viel klügere und befriedigendere Weg war, die Veränderung vorzunehmen, als all das zu schaffen, was sie jetzt ausrangiert haben.

Begrenzungen loslassen

Skorpion-Mondknoten-Menschen verfügen über kein angeborenes Gefühl der Balance. Sie steuern in eine Richtung, und ihr Bewußtsein ist dann so sehr auf diese Richtung fixiert, daß sie nichts anderes mehr sehen – sie gehen einfach immer weiter.

Dadurch sind sie an die physische Welt, an Sachzwänge gebunden und entwickeln keine geistigen Interessen. Deshalb gestaltet sich ihr Leben so schwierig – sie sind zu materialistisch orientiert, und um sie herum gibt es eine zu große Fülle. Sie müssen es sich um ihrer selbst willen leichtermachen, damit das Leben einfacher für sie wird. Diese Menschen sind besser beraten, wenn sie ihre materielle Situation nicht mehr in den Mittelpunkt stellen und sich vor Augen führen, was sie in diesem Leben wirklich erleben wollen. Wie können sie ihre finanziellen Angelegenheiten auf eine Weise in Ordnung bringen, die ihnen die Freiheit gibt, zu den Horizonten vorzudringen, die sie als aufregend empfinden? Weil die Ratschläge anderer in diesem Leben für sie hilfreich sind, wäre es sehr klug, ein monatliches Beratungsgespräch oder ein Krisenmeeting mit einem Freund zu vereinbaren, um zu klären, in welche Richtung sie gehen.

Diese Menschen lernen den weltlichen Dingen weniger Wert beizumessen, damit sie frei sind, sich mit spirituellen Themen zu beschäftigen und ihre seelische Verbindung mit anderen zu genießen. Wenn sie sich beispielsweise ein Haus kaufen und die Aufgabe haben, dieses Haus einzurichten, ist ihre erste Reaktion, es auf ihre Weise zu tun, damit sie einen Bezug zu jedem Detail haben und das Haus ihren Stil widerspiegelt. Diese Vorgehensweise führt zu einer Fortsetzung der Bindung an die Werte und den materiellen Bereich aus früheren Leben. Wenn Skorpion-Mondknoten-Menschen so vorgehen, verlieren sie.

Wenn sie statt dessen einen Innenarchitekten beauftragen – oder einen Freund mit künstlerischem Talent –, der anderen Person gestatten, ihr Geschick einzubringen und offen für die Vorstellung der anderen Person bleiben, dann werden die Skorpion-Mondknoten ein wunderschönes Zuhause haben, an dem sie sich jedoch nicht festklammern. Dann können sie ein Wohlbefinden erleben, das durch ihr Zuhause unterstützt wird, ohne dadurch eingeschränkt zu werden. So bleiben sie frei, um sich mit den seelischen und astralen Bereichen zu beschäftigen, die so belebend für sie sind.

Übersicht

Eigenschaften, die man entwickeln sollte

Das Arbeiten an folgenden Bereichen bringt verborgene Fähigkeiten und Talente zum Vorschein:
- Auf die Intuition, hellseherische Fähigkeiten und unsichtbare Führung vertrauen
- Aus einem höheren Bewußtsein heraus sprechen
- Spontaneität – ein Gefühl für Freiheit und Abenteuer entwickeln
- Offene Kommunikation, frei von Zensur
- Selbstvertrauen
- Zeit mit sich alleine und in der Natur verbringen
- Geduld
- Intuitives Zuhören – die Bedeutung hinter den Worten verstehen

Verhaltensweisen, die man hinter sich lassen sollte

Das Leben wird sich einfacher und friedvoller gestalten, wenn sie daran arbeiten, den Einfluß folgender Tendenzen zu verringern:
- Vorhersagen, was andere denken werden
- Unentschlossenheit
- Ständige Suche nach mehr Information
- Anderen nach dem Mund reden
- Intuitives Wissen mittels Logik entkräften
- Klatschen
- Ungeduld – sofort eine Antwort haben wollen
- Den Wahrnehmungen anderer vertrauen, statt den eigenen – einschließlich der Wahrnehmungen anderer in bezug auf die eigene Person

Achillesferse/Falle, vor der man sich hüten muß/Fazit

Die Achillesferse der Menschen mit dem nördlichen Mondknoten in Schütze ist die mentale Sicherheit (»Wenn ich nur herausfinde, was andere Menschen denken, und dann das Richtige sage, damit sie meinen Ideen zustimmen, dann werde ich mich immer sicher fühlen«).

Dadurch geraten sie in die Falle einer unendlichen Suche nach Information (»Wenn ich nur genügend Fakten zusammentrage, werde ich in der Lage sein, die ›Wahrheit‹ herauszufinden, und dann werde ich auch wissen, was ich tun muß«). Dies ist jedoch ein Faß ohne Boden: Sie können die Gedanken der Menschen niemals gut genug lesen, um sicher zu sein, daß sie das Richtige sagen werden. Sie müssen die Kontrolle loslassen und auf ihre Intuition vertrauen. Das Handeln aus ihrer eigenen Wahrheit heraus bringt die Integrität mit sich, die ihnen die richtigen Menschen zuführt. Sie werden ihnen helfen, die Sicherheit und innere Ruhe zu erlangen, nach der sie suchen.

Das Fazit daraus ist, daß sie niemals genug Information haben werden, um zu wissen, was die »Wahrheit« ist. Ab einem gewissen Punkt müssen die Schütze-Mondknoten-Menschen einfach über ihre Logik hinausgehen, hinein in ihre Intuition, und das leben, was eine höhere Wahrheit ihnen sagt. Sie können dann klar erkennen, was um sie herum geschieht, wenn sie Vertrauen in ihre spirituelle Führung haben.

Die wahren Wünsche

Was diese Menschen wirklich wollen, ist, sich mit anderen verbunden zu fühlen, wenn sie ganz sie selbst sind. Sie wollen, daß jeder in ihrer Umgebung ihnen völlig zustimmt – ihren Standpunkt versteht, sie akzeptiert und unterstützt und ihre guten Absichten erkennt. Damit sie dies erreichen, versuchen sie die Menschen dahingehend zu manipulieren, daß sie genauso denken wie sie selbst. Wenn sie ihr Einfühlungsvermögen benutzen, glauben Schütze-Mondknoten-Menschen, genau die richtigen Worte zu wählen, um andere zu einer Meinungsänderung und Zustimmung zu bewegen. Das funktioniert aber nicht; um ihre Ziele zu erreichen, müssen sie ihre Aufmerksamkeit zurück auf ihre eigene Wahrheit richten.

Wenn Schütze-Mondknoten-Menschen die Worte aussprechen, die sie intuitiv empfinden, werden die Situationen, in denen sie sich befinden, harmonisch. Wenn sie aus ihrem höheren Selbst heraus sprechen und handeln, ziehen sich Gefährten, die nicht zu ihnen passen, zurück, und es tauchen die Menschen auf, die zu ihnen passen. Weil die Schütze-Mondknoten-Menschen dann in Übereinstimmung mit ihrer höheren Wahrheit handeln, werden sie von anderen verstanden, die eine ähnliche Einstellung haben.

Talente/Berufe

Diese Menschen sind äußerst intuitiv und haben übersinnliche Fähigkeiten. Durch ihr intuitives Bewußtsein können sie zum Beispiel die Aura anderer Menschen lesen und channeln. Ebenso können sie in Situationen äußerst erfolgreich sein, die die Interaktion mit anderen Ländern erfordern. Diese Menschen sind am glücklichsten und auch finanziell am erfolgreichsten, wenn sie ihre Talente benutzen, um Lösungen zu finden. Eine gute Wahl treffen sie mit folgenden Berufen und Tätigkeiten: Rechtsanwalt, religiösem oder spirituellem Führer, Professor, Verleger oder Werbefachmann – überhaupt mit jedem Beruf, bei dem sie mit der Verbreitung von Ideen auf einer breiten Ebene befaßt sind.

Schütze-Mondknoten-Menschen verfügen über die angeborene Fähigkeit, die Gedankengänge anderer zu verstehen, wodurch sie oft sich daraus ergebende Folgen voraussehen. Wenn sie die Wahrheit, die sie erkennen, mittels ihrer intuitiven Vorgehensweise und ihrer angeborenen kommunikativen Fähigkeiten zum Ausdruck bringen, schaffen sie für alle Beteiligten eine Gewinnsituation. Wenn sie jedoch in Berufen tätig sind, deren Ziel es ist, die Meinung anderer zu verstehen und wiederzugeben, sind sie bei weitem nicht so gut. Banale Dinge zu lehren oder über Vorhaben zu schreiben, die mit Fakten zu tun haben, statt mit Inspiration, führt bei ihnen zu Unbehagen und der Angst, unerwartet verletzt zu werden. Sie sind besser beraten, wenn sie ihre angeborenen sprachlichen/schriftstellerischen Fähigkeiten dazu benutzen, höhere Wahrheiten zu vermitteln und zu vollziehen.

Heilende Affirmationen für den Schütze-Mondknoten

– »Wenn ich meinem eigenen Wahrheitssinn folge, gewinne ich.«
– »Meine Intuition wird mir spontan den richtigen Weg zeigen, wenn die Gelegenheit dazu auftaucht.«

- »Wenn ich andere sie selbst sein lasse, bin ich frei.«
- »Wenn ich auf meine Intuition vertraue und den Eindruck verbal mitteile, den ich in einer bestimmten Situation habe, gewinne ich.«

Persönlichkeit

Vergangene Leben

Schütze-Mondknoten-Menschen haben viele Leben in Positionen verbracht, in denen es für sie essentiell war zu verstehen, wie andere denken: als Lehrer, Schriftsteller, Redner und Verkäufer. Lehrer sind nur erfolgreich, wenn sie die Gedankengänge ihrer Schüler verstehen und Informationen auf eine Weise übermitteln, die von den Schülern angenommen werden kann.

Durch diese Fähigkeit, den Standpunkt anderer zu erkennen, haben sie den Kontakt mit ihrer eigenen Wahrheit verloren. Nun ist es an der Zeit, daß sie sich mit ihrer Spiritualität verbinden – und sich selbst wiederentdecken.

Diese zentrale Fähigkeit hat auch zur Folge, daß diese Menschen sich über Gott und die Welt unterhalten können – sie sind nicht auf den Mund gefallen. Sie können die Gedanken der anderen Menschen lesen, sie können stundenlang eine oberflächliche Konversation führen und den anderen durch die ungezwungene Konversation und die gegenseitige Akzeptanz ein angenehmes Gefühl vermitteln.

Sie sind sich aber so sehr der Gedankengänge anderer Menschen bewußt, daß sie die Ideen anderer oftmals überbewerten. Sie glauben, die Worte der anderen Person benützen zu müssen, um verstanden zu werden, und schon verlieren sie sich und haben vergessen, was sie sagen wollten. Daher sollten sie intuitive Erkenntnisse direkt zum Ausdruck bringen, ohne zu versuchen, sie zu redigieren oder zu übersetzen.

Unentschlossenheit

Den Schütze-Mondknoten-Menschen fällt es sehr schwer, Entscheidungen zu treffen. Sie sind daran gewöhnt, beide Seiten zu sehen, und deshalb haben sie auch dann noch den alternativen Standpunkt im Kopf und sind verwirrt, wenn sie genau wissen, was zu tun ist. Wenn sie sich beispielsweise selbst fragen: »Sollte ich auf diese Party gehen oder zu Hause bleiben und mich ausruhen?«, dann sagt ihnen ihre Intuition, welche Entscheidung sie glücklich machen wird. Aber dann hinterfragen sie ihr Wissen: »Ja, es würde mich glücklich machen, zu Hause zu bleiben, denn ich brauche Erholung, aber wenn ich nicht zu dieser Party gehe, versäume ich möglicherweise etwas ... Andererseits brauche ich wirklich etwas Erholung – ich war jetzt drei Nächte hintereinander unterwegs ... und dennoch kann es sein, daß auf dieser Party einige sehr interessante Leute sind ...« und so weiter und so weiter. Schon sehr bald sind sie nicht mehr in der Lage, eine Entscheidung zu treffen. Um diesem Problem aus dem Weg zu gehen, dürfen sie nicht zulassen, daß sie ihr erstes intuitives »Wissen« in Frage stellen. Ihre Intuition trifft fast immer zu 100 Prozent zu. Sie lernen dies zu erkennen, sich darauf zu verlassen und die Intuition zu ihrem Führer zu machen. Zusätzlich müssen sie darauf vertrauen, daß sie nichts oder niemanden »verpassen« werden, das oder der wirklich für sie bestimmt ist. Wenn sie ihrem spontanen inneren Wissen folgen, werden sie immer die richtigen Entscheidungen treffen.

Prognosen

Bedingt durch ihre Unsicherheit gehen Schütze-Mondknoten-Menschen durch einen langwierigen und nervenaufreibenden Prozeß, in dem sie über ihre eigene Zukunft und die Zukunft anderer spekulieren. Sie trauen ihrer Intuition nicht. In vergangenen Inkarnationen waren sie so sehr daran gewöhnt, Teil des Lebens und der Vorstellungen anderer Menschen zu sein, daß sie den Kontakt zu ihrer eigenen Identität verloren haben. Durch all ihre vergangenen Leben, in denen sie sich mit größeren Gruppen identifiziert haben, haben sie gelernt, auf andere zu vertrauen. Nun müssen sie sich aber auf sich selbst verlassen – ohne zu versuchen, ihre Intuition zu »erklären«. Wenn sie versuchen, mit Logik an die Intuition heranzugehen, werden sie nur noch mehr verwirrt.

Dieser Prozeß ist für sie sehr schmerzlich. Sie geraten innerlich in einen solchen Konflikt, daß sie das Gefühl haben, über keine stabile Basis mehr zu verfügen. Diese Menschen können bei jeder Entscheidung das Pro und das Kontra erkennen, und weil sie im Laufe der Zeit alle vorhandenen Aspekte bedacht haben, haben sie das Gefühl, daß es sich nicht um eine Situation handelt, in der sie gewinnen können. Der ganze

Prozeß wird mit Verlust gleichgesetzt: Was haben sie bei jeder der unterschiedlichen Möglichkeiten zu verlieren? Wenn sie sich auf die negativen Aspekte konzentrieren, werden sie immer unsicherer.

Dennoch wollen diese Menschen etwas *gewinnen*. Sie müssen auf ihr Ziel konzentriert bleiben, und wenn sie andere einbeziehen, sollten sie nur die Menschen auswählen, die ihnen dabei helfen können das zu bekommen, was sie wollen. Die Ironie ist, daß das Universum sie in dem Moment unterstützt, in dem sie eine klare Entscheidung treffen, und dann wird sich alles reibungslos und zu ihrer Zufriedenheit entwickeln.

Bevor sie jedoch zu diesem Punkt gelangen, treiben sie die Menschen in ihrem Umfeld fast zum Wahnsinn, weil sie jede Entscheidung mit möglichst vielen Menschen besprechen wollen. Ihre guten Freunde können das, was diese Menschen wirklich suchen, hinter ihren verzweifelten, »logischen« Argumenten heraushören und sie liebevoll zu ihrem eigentlichen, intuitiven Wissen zurückführen. Schütze-Mondknoten-Menschen brauchen viel mehr Hilfe, um ihre Träume zu verwirklichen, als sie ahnen. Sie brauchen spirituelle Hilfe – direkt vom Universum selbst –, um ihre Ziele zu erreichen, und in diesem Leben steht ihnen diese zur Verfügung, vorausgesetzt, sie sind offen dafür.

Sie lernen, daß es notwendig ist, den vorangehenden Schritt loszulassen, um den nächsten Schritt in Richtung ihres Ziels zu unternehmen. Verlust ist immer Teil eines größeren Gewinns. Um die Vorteile eines unabhängigen Lebensstils zu erlangen, müssen sie die Abhängigkeit von ihrem Partner loslassen; um die Annehmlichkeiten einer Beförderung zu erhalten, müssen sie ihren gegenwärtigen Job aufgeben. Sie müssen auf den Gewinn konzentriert bleiben – die neuen Entwicklungsmöglichkeiten, die neue Umgebung und die Menschen, mit denen sie es zu tun haben, wenn sie auf ihre Ziele hinarbeiten und ihrer spontanen inneren Eingebung folgen.

In dem Moment, in dem sie sich entscheiden: »Ich treffe diese Wahl«, oder »Ich schlage diesen Weg ein«, erreichen sie eine neue Ebene. Sie müssen nicht mehr durch das schmerzliche Zwischenstadium der Vermutungen gehen. Alles, was sie zu tun haben, ist, dem zu vertrauen, was sie intuitiv als richtig empfinden, sich zu entschließen ihrem intuitiven Weg zu folgen und ihre Logik zu benutzen, um den besten Weg herauszufinden, damit ihre Vorstellungen wahr werden.

Wenn sie die Reaktionen anderer herauszufinden versuchen, sehen sie lediglich, wie andere reagieren werden, bevor sie ihre Entscheidung treffen. Wenn die Schütze-Mondknoten-Menschen ihre Entscheidung jedoch treffen, ändert sich auch die Reaktion der anderen. Daher können die Schütze-Mondknoten mit ihrem Verstand nicht vorhersagen, wie andere auf sie reagieren werden. Ihre Erfahrungen in bezug auf Entscheidungen bringen sie immer wieder zu dem gleichen Punkt: In diesem Leben ist es von Vorteil, wenn sie auf ihre Intuition vertrauen und ihrem eigenen Weg folgen.

Argumentation und Logik

Bedingt durch vergangene Leben, in denen sie in die Gesellschaft eingebunden und von anderen abhängig waren, haben diese Menschen gelernt, wie sie mit jedem zurechtkommen können. Und in vergangenen Inkarnationen haben sie über deduktives Denken ihre Ziele erreicht. So kamen sie zu Schlußfolgerungen, die einerseits auf den erhaltenen Informationen und andererseits auf ihrem Bewußtsein für die Wünsche der Menschen in ihrer Umgebung basierten. Ihre Entscheidungen beruhten auf einem umfangreichen System, bei dem sie alle Faktoren in Erwägung zogen und dadurch die richtige Lösung für die jeweilige Situation fanden. In vergangenen Inkarnationen funktionierte diese Vorgehensweise sehr gut für sie, in diesem Leben führt jedoch nur ein induktives Denken zu positiven Entwicklungen. Diese Vorgehensweise basiert auf dem intuitiven Erkennen der richtigen Lösung und dem Gebrauch der Logik, um herauszufinden, wie man etwas auf der praktischen Ebene umsetzt. Zuerst wird die Lösung festgelegt, und dann erst wird bestimmt, wie man etwas am besten durchführt.

Schütze-Mondknoten-Menschen haben in diesem Leben die Erlaubnis, unlogisch zu sein. In vergangenen Leben haben sie die Logik überstrapaziert, und deshalb können sie jetzt alles als »in gewissem Sinne richtig« ansehen, weil sie die Wahrheit in jedem Standpunkt erkennen können. Daher kann Logik sie nicht zu richtigen Schlußfolgerungen führen.

Etwas zu überdenken verursacht diesen Menschen ebenfalls Probleme. Es fällt ihnen sehr schwer, nein zu sagen, hauptsächlich deshalb, weil sie das Risiko hassen, bei irgend etwas eine gute Gelegenheit zu verpassen. Auch wollen sie sich nicht das Wohlwollen irgendeiner Person verscherzen. Wenn sie sich über eine Entscheidung unterhalten, die sie getroffen haben, ist es für sie ausgesprochen gut, wenn sie nicht alle ihre logischen Gründe äußern. Sie sollten einfach nur ehrlich sein: »Danke, daß du mir diese Möglichkeit angeboten hast. Es klingt großartig, aber ich habe das Gefühl, daß ich momentan in eine andere Richtung gehen sollte.« Sie werden überrascht sein, wie einfach die Menschen ihre Entscheidungen akzeptieren werden, ohne daß sie sich rechtfertigen müssen. Wenn sie sich unter Druck fühlen, können sie immer noch sagen: »Es ist einfach so ein Gefühl; ich habe wirklich keine Erklärung dafür.« Dies ist viel besser, als Dinge zu tun, die sie nicht wirklich wollen, nur weil sie keine gute Ausrede haben, um abzulehnen. Es ist auf jeden Fall auch besser, als zu lügen: In dieser Inkarnation wird ihre Identität durch Lügen durcheinandergebracht.

Über Wahlmöglichkeiten nachzudenken oder zu sprechen schadet Schütze-Mondknoten-Menschen, und es ist auch nicht vorteilhaft, wenn sie anderen Wahlmöglichkeiten lassen. Sie müssen direkt sein: »Ich habe mich dafür entschieden und möchte es zu diesem Zeitpunkt haben.« Wenn die andere Person das nicht mag, wird sie gehen und Platz machen für jemanden mit größerer Verbundenheit. Wenn die andere Person jedoch einverstanden ist, wird sie die Schütze-Mondknoten-Person unterstützen und respektieren, und die Beziehung wird enger werden.

Fakten sind für diese Menschen ebenfalls nicht hilfreich, es sei denn, daß sie sie als Sprungbrett benutzen, um zu ihrem intuitiven Prozeß überzugehen. Wenn sie aber nach immer mehr Fakten suchen, um schließlich eine Entscheidung treffen zu können, wird dies zu einem endlosen Prozeß. Sie werden niemals genug Informationen erhalten, um sich in bezug auf ihre Entscheidungen sicher zu fühlen. Wenn eine Entscheidung lediglich auf Informationen basiert, ändern sie ihre Meinung, wenn sie neue Informationen erhalten.

Die Wahrheit bleibt bestehen; wenn sie daher Entscheidungen treffen, die auf einem inneren Gefühl oder intuitivem Wissen basieren, haben sie auch die Kraft, für sie einzutreten. Ich hatte beispielsweise eine Klientin mit dieser Mondknotenposition, die unter Verdauungsproblemen litt. Sie las zahlreiche Bücher und war dennoch nicht in der Lage, sich selbst zu heilen. Sie fing mit einer Methode an, las neue Informationen, änderte ihre Meinung und verfolgte eine andere Richtung.

Dann begann sie eines Tages mit einem Programm, durch das sie in Kontakt mit ihrer eigenen Wahrheit kam: Sie fastete drei Tage lang und begann dann – den Empfehlungen entsprechend – allmählich wieder mit der Nahrungsaufnahme, wobei sie bemerkte, wie ihr Körper auf jedes Nahrungsmittel reagierte. Dann zog sie ihre eigenen Schlüsse – aus ihrer persönlichen, inneren Erfahrung heraus –, welche Nahrungsmittel ihr Probleme verursachten. Sie ist heute hundertprozentig von diesen Diätrichtlinien überzeugt (was für diese Menschen äußerst selten ist!), weil die Entscheidung auf ihrer eigenen Erfahrung basiert.

Wenn diese Menschen tatsächlich den Kontakt mit ihrem intuitiven Wissen verloren haben, sollten sie sich eine Liste mit den jeweiligen Pros und Kontras machen (»Sollte ich mir ein neues Auto kaufen?« »Sollte ich mich für diesen Job bewerben?«). Sie sollten sich alle Pros notieren (»Ein neuer Wagen gibt mir neuen Schwung, vermittelt mir mehr Selbstvertrauen, bietet mir ein verläßliches Beförderungsmittel« usw.), und auch alle Kontras (»Dafür muß ich jeden Monat zusätzliches Geld aufwenden; meine Mutter wird sagen, ich sei extravagant; ich werde meinen jetzigen Wagen verkaufen müssen« usw.), und dürfen nichts auslassen. Das hilft ihnen, all ihre Bedenken und Überlegungen aus dem Kopf zu bekommen. Dann, sobald alles niedergeschrieben ist, können sie zurücktreten und objektiv an die Situation herangehen. Diese Vorgehensweise befreit sie, ermöglicht ihnen, die größeren Zusammenhänge zu erkennen, und bringt sie wieder in Kontakt mit ihrer intuitiven Wahrheit.

Falscher Einsatz des Verstandes
Erläuterungen

Grundsätzlich sind zu viele Erklärungen für Schütze-Mondknoten-Menschen nicht vorteilhaft. Wenn sie beispielsweise die Äußerung eines anderen Menschen als gegen ihr Ziel gerichtet interpretieren, bestehen sie auf einer umfassenden Erklärung, was die andere Person damit gemeint hat. Sie wiederholen ihre Argumente immer wieder und versuchen es mit Logik, um die andere Person von ihrer Perspektive zu überzeugen. Damit tun sie etwas, was sie eigentlich am meisten fürchten. Sie verleihen negativen Gedanken großes Gewicht und beeinflussen die Beziehung negativ. Sie sind grundsätzlich besser beraten, wenn sie Kleinigkeiten unter den Tisch fallen lassen, es sei denn, daß ihr

Motiv für Rückfragen darin besteht, der anderen Person zuzuhören und mehr über sie zu erfahren. Wenn ihr Motiv jedoch ist, die andere Person von ihrer Ansicht zu überzeugen, werden sie in dieser Beziehung grundsätzlich verlieren.

Diskussionen

Diskussionen sind für Schütze-Mondknoten-Menschen nicht positiv. Sie haben ein zu großes Bedürfnis, daß andere das Leben aus ihrer Perspektive sehen. Für sie ist eine Diskussion kein anregender Austausch zwischen zwei Menschen, der dazu bestimmt ist, beiden Seiten eine umfassendere Sichtweise zu vermitteln – diese Menschen wollen, daß ihr Standpunkt gewürdigt wird, und deshalb bringen sie bei Debatten Kontrolle ins Spiel. Andere spüren das und ziehen sich lieber zurück.

Wenn Schütze-Mondknoten-Menschen versuchen, ihre Vorstellungen von Wahrheit bei anderen durchzusetzen, hören sie kaum noch zu. Sie konzentrieren sich darauf, die Gedanken der anderen Personen in die von ihnen gewünschte Richtung zu manipulieren. Diese Herangehensweise kann die andere Person durchaus vorübergehend in die Knie zwingen, die Schlacht wird jedoch weitergehen!

Diese Menschen geraten manchmal unbeabsichtigt in eine Debatte. Wenn sie dann für sich noch keine Entscheidung getroffen haben, versuchen sie eine andere Person in ihren außerordentlich logischen Prozeß der Entscheidungsfindung einzubeziehen. Die andere Person wird dann meistens wütend und fühlt sich manipuliert oder gezwungen, voreilige Schlüsse zu ziehen. Der Schütze-Mondknoten versteht nicht, warum die andere Person wütend wird, diese glaubt hingegen, daß der Schütze-Mondknoten versucht, sie zur Akzeptanz einer ihnen persönlich nicht entsprechenden Meinung zu zwingen – die andere Person befindet sich in einem Kampf um ihre eigene Integrität.

Diese Menschen sind viel besser beraten, wenn sie sich grundsätzlich von Debatten fernhalten. Wann immer sie versuchen, einen Punkt zu machen, indem sie ihre individuelle Logik einbeziehen, begeben sie sich auf Glatteis. In solchen Momenten der Versuchung sollten sie sich an einen friedlichen Platz in sich selbst zurückziehen.

Manipulation

Wenn die Schütze-Mondknoten-Menschen ihre Fähigkeit, andere zu verstehen, dazu benutzen, um andere irrezuführen, geraten sie selbst in Probleme. Manchmal haben sie damit eine Zeitlang Erfolg, aber möglicherweise geht der Schuß dann auf zerstörerische Weise nach hinten los.

Möglicherweise erkennen sie in einer Situation, daß sie – wenn sie es vom logischen, linearen Ablauf der Dinge betrachten – in ihr den kürzeren ziehen werden. Dann geraten sie in Panik und versuchen herauszufinden, wie sie ihre Position sichern können. Sie suchen nach verschiedenen Möglichkeiten, wie sich die Situation entwickeln könnte, und dann machen sie sich daran, die anderen dahingehend zu beeinflussen, daß das Ergebnis für sie von Vorteil ist.

Wenn diese Menschen jedoch ihre Ziele erreichen, indem sie andere manipulieren, können sie diesen Weg nur durch ständige Manipulation gehen. Und das ist anstrengend!

In diesem Leben ist es ihre Aufgabe, die Wahrheit, die zur Heilung beiträgt, Optimismus und Vertrauen in die Welt zu bringen. Wenn sie ihrer Bestimmung nicht nachkommen, indem sie andere manipulieren, um ihren Willen durchzusetzen, ziehen sie unwissentlich einen Gegner an, der stärker ist als sie. Alles, was der Gegner tun muß, um zu gewinnen, ist ehrlich zu sein. Wenn sie sich dagegen wehren, als Vermittler der Rechtschaffenheit zu fungieren, werden sie eine Situation anziehen, in der die Wahrheit sie besiegen wird.

Schütze-Mondknoten-Menschen geraten oft in Panik, wenn sie das Leben nur aus einer logischen Perspektive betrachten. Für uns alle gibt es Phasen, in denen die Dinge nicht nach unseren Vorstellungen laufen und das Szenario äußerst beängstigend erscheint. Das ist der Zeitpunkt, an dem wir uns an unser Vertrauen erinnern müssen. Wenn diese Menschen auf ihr Leben zurückblicken, werden sie erkennen, daß jede Veränderung Wachstum und Fortschritt für sie bedeutet hat. Es gibt tausend Möglichkeiten, wie sich eine Situation entwickeln kann, weil die Menschen ihre eigenen, unerwarteten Beiträge hinzufügen. Wenn man Vertrauen in ein positives Endergebnis hat, wird sich der positive Weg von selbst eröffnen.

Notlügen

Weil die Schütze-Mondknoten-Menschen so freundlich sind und mit jedem gut auskommen wollen, fallen sie in das Verhaltensmuster zurück, Notlügen zu gebrauchen. Manchmal scheint es so, als kämen sie damit durch, sie haben aber ein äußerst schlechtes Gewissen, weil sie spüren, daß sie sich auf unsicherem Boden bewegen. Sie müssen vorsichtig sein, damit die Lüge nicht herauskommt, und das erzeugt Spannung. Eine Verdrehung der Tatsachen fällt auf unangenehme Weise auf sie selbst zurück.

Wenn sie sich auch nur auf eine »kleine Notlüge« einlassen – in der Hoffnung, daß die andere Person die ursprüngliche Abmachung vergessen hat oder mit einer kleinen Unehrlichkeit von ihnen einverstanden ist – können sie das ebenfalls vergessen. Die Unstimmigkeit, die sie zu vertuschen glaubten, wird unweigerlich auf eine Weise ans Licht kommen, die für sie selbst am peinlichsten ist. Sobald sie sich aber dieser Auswirkungen bewußt sind, sind diese Menschen viel zu intelligent, um ihre mentale Energie mit Notlügen zu vergeuden.

Wenn die Schütze-Mondknoten-Menschen andere manipulieren, engen sie sich ebenfalls ernsthaft auf einer persönlichen Ebene ein – es ist für sie schmerzhaft und unnötig einschränkend, und das auf eine Weise, die sie vermutlich selbst nicht erkennen. Diese Menschen fürchten, daß sie mit dem Willen der anderen Person einverstanden sein müssen, wenn sie sie nicht manipulieren können. Wenn sie nicht elegant manipulieren, haben sie das Gefühl, überhaupt keine Macht zu besitzen. Aber genau das Gegenteil ist der Fall. Ihre Stärke in dieser Inkarnation – eine wirklich besondere Gabe – ist die Wahrheitsliebe. Wenn sie ihren eigenen Standpunkt ehrlich darlegen, respektieren andere das, was sie sagen. Andere Menschen werden sich ihrer Meinung dann anschließen oder auf eine direkte Art reagieren, was zu einem größeren Verständnis und Vertrauen führt.

Positive Eigenschaften

Für die Schütze-Mondknoten-Menschen ist es sehr wichtig zu gewinnen, ein weiterer Grund für ihre Neigung, alle Möglichkeiten in Betracht zu ziehen, bevor sie eine Entscheidung treffen. Der Wunsch, sich vorwärts zu bewegen, ist bei diesen Menschen so stark, daß jede Entscheidung ein gewaltiges Ausmaß annimmt – sie wollen keinen Fehler machen. Und dennoch werden sie bei einer Rückschau auf ihr Leben erkennen, daß sie niemals einen Fehler gemacht haben, wenn sie ihrer Intuition gefolgt sind. Die Hauptmotivation dieser Menschen ist der Wunsch, zu gewinnen und die nächste Ebene zu erreichen – dieser Wunsch ist für sie richtig und heilsam.

In diesem Leben wollen sie dem Sog der Gedanken anderer Menschen entkommen; sie wollen Lebendigkeit auf einer neuen Ebene erleben. Daher werden sie nicht gewinnen können, wenn sie ihre Entscheidungen von alten Denkmustern abhängig machen; es wird sie auf der Stelle treten lassen. Sie müssen auf all das vertrauen, was ihnen ein Gefühl der Energie und Vitalität vermittelt, denn das ist der »Gewinn«, nach dem sie suchen. »Gewinn« bedeutet für sie Wachstum und der Wunsch, sich weiterzuentwickeln und Erfolg zu haben.

Wenn Schütze-Mondknoten-Menschen den Eindruck haben, daß sie etwas unterdrückt und ängstlich stimmt, ist es nicht die richtige Wahl. Dann ist es für sie besser, nein zu sagen, weil sich diese Situation dann nicht zu ihrem Vorteil entwickeln wird. Ihr hyperaktives Gehirn wird jedoch versuchen, sich einzuschalten und zu sagen: »Das ist eine gute Sache und du mußt es tun usw., usw.«

Wenn sie sich jedoch gestatten, ihrer Intuition zu folgen, können sie auf jeden Fall ehrlich antworten. Sie müssen jedoch warten, bis sie ihren Standpunkt deutlich erkennen, bevor sie antworten. Wenn diese Menschen eine klare Einstellung haben, präsentieren sie ihre Entscheidung automatisch auf eine liebevolle Art, die die andere Person akzeptieren kann.

Intuition

Mittels der Logik, die sie in vergangenen Leben entwickelt haben, sind die Schütze-Mondknoten-Menschen fähig zu erkennen, daß es unsinnig ist, das Leben aus einer negativen Perspektive zu betrachten. Bedingt durch so viele vergangene Leben, in denen sie von der Kraft der Vernunft abhängig waren, haben diese Menschen unglücklicherweise den Kontakt mit der Kraft der Wahrheit verloren. Sie ignorieren die Warnsignale ihrer ausgeprägten Intuition und denken weiter positiv, während wichtige Situation sich für sie negativ entwickeln. Und dann fühlen sie sich völlig unvorbereitet – sie haben es nicht auf sich zukommen sehen.

Damit ihnen das nicht noch einmal passiert, entwickeln sie eine »logische« Struktur der Angst, um sich vor zukünftigem Schmerz zu schützen. Dadurch zeigt sich das folgende Szenario: Indem sie der Logik vertrauen, denken sie über eine Situation positiv und fühlen sich glücklich. Sobald sie sich an vergangene Enttäuschungen erinnern, die auftauchten, wenn sie sich zufrieden fühlten, setzt die Angst ein. Um Enttäuschungen zu vermeiden, erwägen sie alle möglichen negativen Resultate und werden ängstlich und unglücklich. Das Ergebnis dieser mentalen Gymnastik ist ein grundsätzliches Mißtrauen gegenüber dem Leben, anderen Menschen und sich selbst. Deshalb müssen sie in diesem Leben lernen, auf ihre *Intuition* zu vertrauen, um Schmerz zu vermeiden.

Wenn Schütze-Mondknoten-Menschen ihre Intuition mißachten und sich nur aus logischen Erwägungen oder wegen ihrer Bedenken, was andere sagen werden, in eine bestimmte Situation begeben, verlieren sie immer. Wenn sie auf ihre innere Stimme hören und ihrer Intuition folgen, gewinnen sie immer.

Heiterkeit

Schütze-Mondknoten-Menschen sind meist positiv gestimmt, heiter und kontaktfreudig, haben glückliche, unbeschwerte Beziehungen mit anderen und sind hilfsbereit. Sie haben Zugang zu Erkenntnissen, die sie von ihren Geistführern und Engeln erhalten, und sind offen für Inspiration von höheren Mächten. Diese Menschen sind gewillt, hart zu arbeiten, um die Ergebnisse zu erreichen, von denen sie das Gefühl haben, daß sie für sie bestimmt sind.

Schütze-Mondknoten-Menschen haben ein Gefühl, daß sie es schaffen werden – und das unterstützt ihre heitere Grundstimmung. Sie erkennen zwar all die Dinge, die schieflaufen können, aber sie gehen trotzdem vorwärts und tun etwas – koste es, was es wolle. Wenn sie negativ werden, dann deshalb, weil sie zuviel nachdenken. Ihre Gedanken waren in vergangenen Leben zu aktiv, deshalb ist es jetzt das beste, wenn sie die Dinge an ihr höheres Selbst übergeben und ihre Geistführer bitten, sie in die richtige Richtung zu leiten. Wenn sie ihren Geist entspannen, wird ihr angeborenes Vertrauen in positive Ergebnisse sich wieder festigen können.

Eine der wertvollsten Gaben, die Schütze-Mondknoten-Menschen mit

Nördlicher Mondknoten in Schütze

anderen teilen können, ist ihre einzigartige Fähigkeit, anderen zu helfen, über negative Gedanken hinwegzukommen und ihnen zu zeigen, wie sie zu einer positiven Sichtweise finden können. Wenn sie diese Fähigkeit in ihr Schreiben oder Sprechen aufnehmen, ist ihre Botschaft bei allen willkommen, an die sie gerichtet ist. Auch ihre eigenen Gedanken werden heiterer, wenn sie anderen helfen, sich auf die heitere Seite zu konzentrieren.

Bedürfnisse

Abgeschiedenheit
Persönliche Integration statt Teilen

Auch wenn Schütze-Mondknoten sich in vergangenen Leben daran gewöhnt haben, sich mit Menschen zu umgeben, ist es in diesem Leben besonders wichtig für sie, eine gewisse Zeit für sich alleine zu verbringen. Wenn sie von den Menschen weggehen, erlangen sie Klarheit, verbinden sich mit ihrer Wahrheit und finden zu einem Gefühl des Friedens und Wohlergehens. Manchmal sind sie besser beraten, sich nicht mit anderen über ihre Ideen zu unterhalten. Wenn sie eine Erkenntnis haben, ist ihre erste Reaktion, diese ausgiebig mit jedem anderen zu teilen. Während sie dies tun, geht die Kraft ihrer Erkenntnis verloren.

Wenn andere der Wahrheit der Schütze-Mondknoten nicht gleich zustimmen, versuchen sie sofort die Sichtweise der anderen zu übernehmen. Auch wenn die andere Person nicht direkt eine andere Meinung äußert, sind die Schütze-Mondknoten-Menschen doch so sensibel gegenüber den Reaktionen anderer, daß sie jeden Widerstand spüren; dann werden sie unsicher, und die Energie geht verloren. Statt dessen sollten sie eine neue Erkenntnis oder Offenbarung so lange für sich behalten, bis sie von ihr gestärkt wurden, sie integriert und begonnen haben, deren Auswirkungen in ihrem eigenen Leben umzusetzen.

Natürliche Lebensweise: Der große Zusammenhang

Für Schütze-Mondknoten-Menschen ist es sehr heilsam, wenn sie sich von der Gesellschaft zurückziehen, Zeit im Freien verbringen und wieder in Kontakt mit der Natur kommen. Es erinnert sie daran, sie selbst zu sein, und stärkt ihr Vertrauen in die Kraft und Authentizität ihrer persönlichen Erfahrungen. Der Kreislauf der Natur trägt zu einem Gefühl inneren Friedens bei und hilft ihnen, sich daran zu erinnern, daß sich durch diesen Kreislauf ein Plan zeigt, der größer ist als der menschliche Geist. Die Nebensächlichkeiten, von denen sie besessen sind, verlieren an Wichtigkeit. Aufenthalte auf dem Land erweitern den Horizont dieser Menschen. Sonst kommt es zu Kurzschlußreaktionen: Ihr Geist ist derart aktiv, daß sie überreizt sind, wenn sie zu viel Zeit mit Menschen und in der Stadt verbringen. Wenn sie Kontakt mit Tieren haben, hilft das den Schütze-Mondknoten-Menschen ebenfalls, sich zu entspannen und Klarheit zu erlangen.

Auslandsreisen sind für diese Menschen ebenfalls positiv. Durch die fremde Sprache und die andere Mentalität sind sie gezwungen, die Menschen auf eine unkomplizierte, natürliche Weise wahrzunehmen. Dann werden sie sich der Einfachheit und Schönheit ihrer Mitmenschen bewußt, sie beobachten ihre Sitten und Bräuche, ihre Art, sich zu kleiden und ihre Kommunikationsformen. Möglicherweise denken Schütze-Mondknoten-Menschen, daß das, was sie genießen, eine einfachere Kultur ist, in Wirklichkeit ist es jedoch ihre eigene Fähigkeit, Menschen und Ereignisse auf eine einfachere Weise zu sehen.

Diese Menschen haben das Bedürfnis nach Einfachheit. Für sie besteht der Weg zur Einfachheit darin, andere Menschen ernst zu nehmen und ihrer eigenen Intuition zu vertrauen. Wenn sie lernen, ihre Denkweise zu vereinfachen und sich selbst gegenüber ehrlich zu bleiben, fangen sie automatisch an, andere auf eine ähnliche Weise zu sehen. Sobald sie aus einer Übereinstimmung mit sich selbst heraus handeln, werden sie in der Lage sein, sich vorzustellen, daß andere ebenfalls ohne Täuschungsabsichten und Hintergedanken handeln. Wenn sich ihre Gedanken auf diese Weise entkrampfen, wird ihr Leben wesentlich freudvoller.

Schütze-Mondknoten-Menschen müssen auf allen Ebenen wieder mit dem in Kontakt kommen, was natürlich ist. Eine Klientin mit dieser Mondknotenposition hatte einen Welpen. Eines Tages, als ich sie besuchte, wurde sie unruhig und sah immer wieder auf die Uhr, weil es Zeit war, mit dem kleinen Hund hinauszugehen. Der Welpe schlief aber! Laut ihrem Buch über die Aufzucht von Welpen war es Zeit für einen Spaziergang – sie sah nur die Regeln!

Diese Klientin hatte den Kontakt mit den tatsächlichen Gegebenheiten verloren. Schütze-Mondknoten müssen wieder dem natürlichen Rhythmus der Menschen, Beziehungen und Ereignisse vertrauen.

Verständnis und Akzeptanz

Wenn Schütze-Mondknoten-Menschen – nicht vorübergehend, sondern auf einer tiefen und dauerhaften Ebene – verstanden und akzeptiert werden wollen, müssen sie sie selbst sein. Obwohl sie oft vorhersehen, wie die Menschen in ihrer Umgebung reagieren werden, so sind sie dennoch manchmal überrascht. Ich hatte beispielsweise eine Schütze-Mondknoten-Klientin, die ein Stück geschrieben hatte, in dem es um ihre Jugend und die Menschen in ihrer Familie ging. Sie hatte schreckliche Angst, daß bestimmte Familienmitglieder das Stück sehen könnten, weil sie annahm, daß es verletzend für sie sein würde. Während sie an dem Stück schrieb, stellte sie Vermutungen an und versuchte vorauszusehen, wie deren Reaktionen auf jede Zeile sein würden. Sie machte sich vor allem Gedanken darüber, wie ihre Mutter auf das Stück reagieren würde. Endlich wurde das Stück am Broadway aufgeführt, und einige ihrer Verwandten, einschließlich ihrer Mutter, besuchten die Premiere. Ganz zu ihrer Überraschung liebten sie das Stück! Ihre Mutter strahlte vor Stolz über den Erfolg ihrer Tochter. Die Erleichterung, die meine Klientin verspürte, war unglaublich. Indem sie ihre Wahrheit mitteilte, schuf sie eine Situation, in der alle Beteiligten gewinnen konnten. Weil das Stück zudem ehrlich war – sie erzählte die Geschichte aus ihrer Perspektive, nicht aus der eines anderen –, war es beim Publikum ebenfalls ein Erfolg.

Wenn das Motiv, das hinter der direkten Kommunikation steht, der Ausdruck des Selbst ist – ohne die Absicht, jemand anderen zu verletzen oder zu manipulieren –, dann haben diese Menschen immer Erfolg. Für die Schütze-Mondknoten-Menschen ist es auch vorteilhaft, wenn sie ein wenig selbstgerecht werden. Sie neigen zu sehr dazu, mit den Ideen anderer einverstanden zu sein und lassen oft zu, daß sie übervorteilt werden. Wenn sie aber sagen: »Das kannst du mit mir nicht machen! Ich verdiene es nicht, so behandelt zu werden!«, und für sich selbst einstehen, dann ist das positiv für sie!

Identität

Schütze-Mondknoten-Menschen suchen so sehr nach einer Haltung, die ihnen inneren Frieden vermittelt, daß sie möglicherweise die Lebensphilosophie eines anderen Menschen übernehmen. Es kann sein, daß dieses System für eine Weile funktioniert. Es kann auch sein, daß sie die Prinzipien dieses Glaubenssystems als die einzige Wahrheit akzeptieren und sich weigern, über diese Grenzen hinauszugehen.

Für Schütze-Mondknoten-Menschen ist es in Ordnung, wenn sie vorübergehend die Lebensphilosophie eines anderen Menschen übernehmen und sie als Sprungbrett in Richtung Wahrheit benutzen; aber sobald sie sich mit der Energie der Wahrheit verbunden haben, ist es das beste, die Begriffe nicht mehr zu verwenden, die sie aus dieser Philosophie übernommen haben.

Diese Menschen müssen von anderen viel lernen, um die ganze Wahrheit zu finden, nach der sie suchen. Sie müssen zuhören und die Lehren des Lebens annehmen, anstatt sich an Büchern oder irgendwelchen Autoritätsfiguren festzuhalten. Die Anregungen anderer Menschen können ihnen helfen, Ungereimtheiten innerhalb ihres Denkens zu erkennen, und auch alternative Auffassungen bieten, durch die sie befähigt werden, praktischen Erfolg zu erzielen.

Sie lernen, daß jedes festgelegte Glaubenssystem sie von einer lebendigen, kraftvollen Verbindung mit der Ganzheit der Wahrheit abschneidet. Wahrheit liegt jenseits jedes Standpunktes. Sie ist eine Energie, kein Konzept. Wahrheit bewegt sich, sie fließt, und die Schütze-Mondknoten lernen zuzulassen, daß sie von der Wahrheit geführt werden.

Sich selbst akzeptieren

In vergangenen Leben waren die Schütze-Mondknoten-Menschen Lehrer, und jetzt versuchen sie weiterhin, andere zu belehren. Es ist ihnen wichtig, daß ihre Wahrheit von anderen akzeptiert wird. In diesem Leben ist die Akzeptanz ihrer Ideen jedoch kein Barometer, an dem sie ablesen können, ob sie richtig liegen. Sie sollten sich statt dessen darauf konzentrieren, ihre Wahrheit beispielhaft zu leben, die Wahrheit bei ihrem eigenen Verhalten anzuwenden, so daß sie als selbstverständlich erscheint.

Diese Menschen verspüren eine große spirituelle Leere. Sie glauben, daß es ihnen an etwas mangelt, daß ihnen Stärke und Selbstvertrauen gibt. Und tatsächlich übersehen sie ihr eigenes Selbst. Sie waren in so vielen Inkarnationen mit der Gesellschaft verflochten, daß sie den Kontakt mit der Ruhe und Präsenz ihrer spirituellen Verbindung verloren haben. Deshalb haben sie ein tiefes Bedürfnis, wieder zu ihrer Spiritualität Zugang zu gewinnen. Die spirituelle Suche als oberstes Ziel wieder aufzunehmen, ist für die Schütze-Mondknoten-Menschen in dieser Inkarnation auf jeden Fall vorteilhaft.

Dieses Bedürfnis kann einerseits befriedigt werden, indem sie spirituelle Bücher lesen und Zeit alleine verbringen, in der sie beten oder meditieren. Auf einer Ebene des täglichen Lebens können sie ihre Verbindung zu ihrer Spiritualität stärken, indem sie ihre Wünsche anerkennen. In der Kommunikation halten sie sich oft zurück, ihre Wünsche zu äußern aus Angst, daß diese von anderen nicht akzeptiert werden können. Bei unseren Wünschen handelt es sich jedoch um eine Aufforderung des spirituellen Teils unseres Selbst, das uns zwingt, in eine bestimmte Richtung zu gehen, damit wir unsere eigene Ganzwerdung erfahren können. Wenn diese Menschen daher ihre Wünsche akzeptieren und sie anderen gegenüber zum Ausdruck bringen, machen sie einen Schritt in Richtung Selbstannahme.

Die Ironie dabei ist, daß sie weniger verzweifelt nach der Akzeptanz anderer suchen, wenn sie anfangen, sich selbst zu akzeptieren. Dann sind sie ehrlich zu sich selbst und haben den Mut, ihre eigenen Wünsche offen darzulegen. Das Resultat wird sein, daß sie eine enorme Zufriedenheit, Erfüllung und Frieden verspüren – ein Gefühl der inneren Ganzheit.

Direkte Kommunikation

Für die Schütze-Mondknoten-Menschen besteht ein wichtiges Ziel darin, sich in der Kunst der direkten Kommunikation zu üben. Durch dieses Ziel fühlen sie sich eingeschüchtert, denn in vergangenen Leben haben sie manipulative und indirekte Verhaltensweisen entwickelt. In diesem Leben mögen sie diese Eigenschaften an anderen nicht, können sich jedoch selbst unbeabsichtigt so verhalten.

Diese Menschen verfügen aus früheren Leben über die Gabe der Redegewandtheit. Sie sind sehr diplomatisch, manipulieren andere gern und mögen keine Konfrontationen. Wenn es ihnen gelingt, andere von ihrem eigenen Standpunkt zu überzeugen, müssen sie nicht das Risiko eingehen direkt zu werden, weil die anderen bereits ihrer Meinung sind. Durch diese Vorgehensweise verlieren jedoch alle Beteiligten, weil die Kommunikation nicht auf Direktheit und Wahrheit basiert.

Für die Schütze-Mondknoten-Menschen ist es besser, sich die einer Situation immanente Wahrheit anzusehen und einfach das zu sagen, was sie wahrnehmen, ohne mit Hilfe der Logik zu ergründen, was für sie von größtem Vorteil wäre. Indem sie auf diese Vorgehensweise vertrauen, wird die Macht der Wahrheit ihnen den Weg zum Erfolg ebnen. Das gute Gefühl, das sie dabei haben werden, ist die Bestätigung dafür, daß sie auf dem richtigen Weg sind.

Der Wunsch verstanden und akzeptiert zu werden

Schütze-Mondknoten-Menschen müssen sehr direkt sein. Wenn sie ihre Worte abwägen, verlieren sie den Faden und ihre Energie. Sie neigen auch dazu, sich zurückzuhalten, weil sie Probleme befürchten, wenn sie laut werden. Wenn sie anderen jedoch nicht ihre Meinung und ihre Wünsche mitteilen und sich nicht erlauben, laut zu werden, werden sie übersehen oder ignoriert.

Schütze-Mondknoten-Menschen haben eine ungeheure Angst, mißverstanden zu werden. Sie bauen ihre Sicherheit und ihren inneren Frieden in einem hohen Maß auf der Harmonie mit anderen auf. Damit das Gefühl, akzeptiert zu werden, stabil ist, muß diese Harmonie jedoch auf dem Offenlegen ihrer eigenen Wünsche basieren.

Sobald diese Menschen mit irgend etwas konfrontiert werden, erkennen sie es sofort als richtig oder falsch. Wenn sie aber sagen, was sie fühlen, könnten andere denken, daß sie etwa verwirrt seien. Die Zeit beweist ihnen aber normalerweise, daß ihr erster Eindruck richtig war – deshalb ist es in Ordnung, wenn sie das Wort ergreifen und andere daran erinnern, daß ihre Vorahnungen richtig waren. Weil sie sich sosehr wünschen, von anderen akzeptiert zu werden, wollen sie nicht, daß andere von ihnen denken, sie seien arrogant. Deshalb stellen sie oft ihr Licht unter den Scheffel. Eigentlich sind diese Wahrnehmungen nicht ihre eigenen Ideen; sie sehen sie einfach intuitiv. Indem sie dies besonders betonen, können sie andere Menschen motivieren, sich mit ihrem eigenen intuitiven Prozeß zu verbinden.

Schütze-Mondknoten-Menschen lernen ihrem ersten inneren Gefühl zu vertrauen. Wenn sie es mit jemandem zu tun haben, der wichtig für sie ist, haben sie anschließend oft ein Gefühl des Verständnisses und der Harmonie. Später fällt ihnen dann etwas ein, das sie während der Konversation gesagt haben: »Ich fragte mich, ob er verstanden hat, was ich damit sagen wollte? O nein! Er denkt womöglich, daß ich denke, daß ...« und schon verspüren sie Angst! Die gesamte Konversation läuft nochmals in ihrem Kopf ab. Sie sezieren sie und bemerken all die Stellen, an denen es zu einer Fehlkommunikation gekommen sein könnte. Und schon bald sind sie überzeugt, daß es zwischen ihnen und der anderen Person zu einem schweren Mißverständnis gekommen ist.

Sie denken darüber nach, ob sie die andere Person anrufen sollten, um alles zu erklären. Das macht die Situation aber grundsätzlich nur noch verworrener – und die andere Person könnte an der Ernsthaftigkeit des Schütze-Mondknotens zweifeln. Diese Menschen spüren das, und dann fühlen sie sich beschämt und noch viel unsicherer als zuvor. Indem sie die Interaktion in Frage stellen, führen sie der Beziehung negative mentale Energie zu, was ihrer Verbindung mit der anderen Person schadet. Diese Vorgehensweise ist nicht positiv für sie.

Schütze-Mondknoten-Menschen müssen lernen, ihrem inneren Wissen zu vertrauen: dem Gefühl, das sie direkt nach der Kommunikation haben. Wenn sie dann spüren, daß etwas nicht ganz in Ordnung war, ist ihre Intuition richtig. Entweder war die andere Person ihnen gegenüber nicht ehrlich, oder es ist zu einem Mißverständnis gekommen. Wenn ihr erstes Gefühl ist, daß alles gut gelaufen ist, müssen sie diesem Gefühl vertrauen und nicht die Konversation rekonstruieren. Für diese Menschen hat die Intuition eine viel größere Bedeutung als die Logik.

Den eigenen Standpunkt definieren

Es ist besser, wenn diese Menschen sich über ihren Standpunkt und über ihre Wünsche im klaren sind, bevor sie ihre Entscheidung mit anderen diskutieren. Ich hatte beispielsweise eine Klientin mit dieser Mondknotenposition, die Schauspielerin war. Ein sehr bekannter New Yorker Produzent bot ihr die Möglichkeit zum Vorsprechen einer Rolle an, bei der sie singen und tanzen mußte. Meine Klientin war eine gute Sängerin, aber keine gute Tänzerin. Ihre spontane Reaktion war: »O nein. Das hat keinen Zweck. Muß ich mich wirklich der Tortur dieses Vorsprechens unterziehen? Was wird der Produzent sagen, wenn ich ablehne? Kann sein, daß er es persönlich nimmt und mich für das nächste Stück nicht mehr zum Vorsprechen einlädt. Was ist, wenn dies eine Gelegenheit ist, die zu großem Erfolg führt, und ich das nicht erkenne?«

Schließlich rief sie den Produzenten an und erklärte ihm, daß sie das Gefühl habe, daß sie nicht die Richtige für diese Rolle sei, weil ihre Stärke im Gesang liege und nicht im Tanz. Nachdem er sich die Sache nochmals durch den Kopf gehen ließ, stimmte er zu, daß es sich möglicherweise nicht um das richtige Angebot für sie handelte. Die Interaktion endete mit einem positiven Eindruck.

Meine Klientin wußte – vor dem Anruf –, wo sie stand. In der Konversation ging es darum, ihren Standpunkt mitzuteilen. Sie hatte ihre Entscheidung getroffen, bevor sie mit dem Produzenten sprach, deshalb konnte sie direkt und taktvoll kommunizieren. Die Herausforderung für Schütze-Mondknoten besteht darin, herauszufinden, wo sie stehen. Sobald sie dies tun, teilen sie ihre Entscheidung automatisch auf eine Weise mit, die es anderen gestattet, verständnisvoll und kooperativ zu sein.

Innere Ruhe

Eine der größten Herausforderungen, denen sich die Schütze-Mondknoten-Menschen gegenübersehen, besteht darin, innere Ruhe zu erlangen. Eine Sichtweise, die ihnen helfen könnte, wäre, das Leben als Abenteuer, Experiment und Entdeckungsreise anzusehen. Abenteuer bedeutet für sie Spaß, Expansion und Lernen.

Während sie sich auf Abenteuer einlassen, entdecken sie mehr über den Weg anderer, der sich von ihrem unterscheidet. Das erfordert einen beherzten Sprung ins Unbekannte; wenn sie es jedoch tun, wendet sich alles zum Guten, und sie fühlen sich stark und lebendig.

Geduld

Schütze-Mondknoten-Menschen lernen Geduld zu haben. Oft wollen sie Ergebnisse erzwingen. Sie wollen, daß das, was sich vor ihrem inneren Auge abspielt, sofort eintritt. Sie identifizieren sich so sehr mit ihrem gedanklichen Prozeß und ihr Geist arbeitet derart schnell, daß sie schneller voranschreiten als der natürliche Energiefluß. Wenn die Dinge nicht richtig zu laufen oder nicht in Ordnung zu sein scheinen, müssen diese Menschen ihr Tempo bewußt verringern und Geduld haben. Sie müssen abwarten und sehen, was sich als nächstes innerhalb der natürlichen Folge der Ereignisse zeigt.

Diese Menschen haben oft das Gefühl, daß ihnen die Zeit davonläuft. Diese nervöse Energie ist für ihren Körper, ihren Geist und ihren allgemeinen Gesundheitszustand sehr anstrengend. Manchmal ist es ein gesundheitliches Warnsignal, das sie aufrüttelt und sie zwingt, langsamer zu werden und mehr zu beobachten. Sie lernen, dem Leben gegenüber offener zu werden – nicht zu versuchen, es zu kontrollieren. Die Verlangsamung erlaubt ihnen, mit der Wahrheit des jeweiligen Augenblicks in Kontakt zu treten.

Entspannung

Weil sie dazu neigen, mental hyperaktiv zu sein, fällt es diesen Menschen auch sehr schwer, sich zu entspannen. Die Gedanken kreisen ständig in ihrem Kopf und lassen ihr Nervensystem auf Hochtouren laufen, manchmal haben sie auch Schlafprobleme. Es ist für sie eine Herausforderung, Wege zur Entspannung zu finden. Es gibt viele Dinge, die ihr Gefühl der Ruhe fördern können. Meditation ist ein großartiges Heilmittel. Sie beruhigt das Nervensystem und fordert ihren inneren Frieden. Ein heißes Bad und Schwimmen beruhigen ebenfalls. Eigentlich haben alle Aktivitäten, die mit Wasser zu tun haben, einen beruhigenden Effekt – auch ein Aquarium, der Ausblick aufs Meer oder eine Kassette mit Meeresgeräuschen.

Regelmäßige Gymnastik hilft den Schütze-Mondknoten-Menschen, ausgeglichener zu werden und ihre Gedanken mit ihrem Körper in Einklang zu bringen. Sport oder sonstige Aktivitäten in der freien Natur sind sehr gut für sie: Joggen, Radfahren, Wandern, Laufen, Bergsteigen oder Camping. Sie werden auch erstaunt sein, welch tiefe Entspannung ihnen das Studium der Philosophie und spirituelle oder religiöse Praktiken ermöglicht.

Beziehungen

Enge Beziehungen
Freundschaft

Schütze-Mondknoten waren in früheren Leben viel mit Menschen zusammen. Sie lernten sich auf andere einzustellen, waren an ihren täglichen Gewohnheiten interessiert und wollten die Gesetzmäßigkeiten ihres Lebens herausfinden. Als Folge davon sind sie in diesem Leben, besonders in jungen Jahren, gesellschaftlich sehr aktiv, sie telefonieren viel, gehen viel mit Freunden aus und nehmen an Veranstaltungen teil. Und dennoch erfüllt das gesellschaftliche Leben in dieser Inkarnation nicht ihre tiefsten Bedürfnisse. Eigentlich schwächt es ihre Energie, wenn sie zu viel mit Menschen zusammen sind, und macht sie hypersensibel und unsicher. Sie fühlen sich klarer, wenn sie Zeit alleine verbringen.

Wenn die Schütze-Mondknoten-Menschen in ihrer Kommunikation direkter werden und sich nicht mehr auf Konversationen einlassen, die sie in Wirklichkeit nicht interessieren, stellen sie fest, daß Menschen, mit denen sie wenig verbindet, nicht mehr zu ihrem Freundeskreis zählen. Ihre guten Freunde wissen jedoch ihre direkte Art zu schätzen. Deshalb hilft ihnen ihre Direktheit, zwischen Menschen zu unterscheiden, die zu ihnen gehören, und jenen, zu denen sie keine tiefe Verbindung haben.

Diese Menschen können großartige Ratgeber sein. Sie hören sich bereitwillig jede Geschichte an und versuchen zu helfen; weil sie verstehen, wie andere denken, fühlt sich jeder mit ihnen wohl. Es ist aber zu ihrem Vorteil, wenn sich die Anzahl der Menschen um sie herum verringert, weil sie dann mehr Zeit mit gleichgesinnten Freunden verbringen können, die ihnen im Gegenzug ebenfalls etwas geben können.

Schütze-Mondknoten-Menschen verharren manchmal in oberflächlichen Beziehungen, weil sie ein unersättliches Bedürfnis nach Aufmerksamkeit haben. Dafür tun sie einfach alles: erfinden Geschichten, geben vor, neugierig auf Menschen zu sein, die sie überhaupt nicht interessieren, und schaffen auch unnötige Probleme in ihrem Leben, nur um im Mittelpunkt des Interesses zu stehen. Eigentlich handelt es sich bei diesem Bedürfnis um ein Gefühl der Ruhelosigkeit und die Angst vor Langeweile.

Beim Kontakt mit ihren Freunden müssen diese Menschen vorsichtig sein, daß sie sich nicht zum Klatsch verführen lassen. Andere Menschen scheinen damit klarzukommen, wann immer diese Menschen sich jedoch an Klatsch beteiligen, hat das für sie in diesem Leben negative Folgen. In dieser Inkarnation sollten sie davon Abstand nehmen.

Liebe

Schütze-Mondknoten-Menschen lernen, daß sie letztendlich sich selbst schaden, wenn sie ihren Partner manipulieren. In Liebesbeziehungen versuchen sie zu kontrollieren, indem sie eine enge Bindung zu ihrem Partner herstellen. Sie halten die Kommunikationskanäle ständig offen – wenn auch oberflächlich –, damit sie an den Gedanken ihres Partners teilhaben und die Situation unter Kontrolle halten können. Diese Menschen bleiben mit ihrem Partner durch ständige Anrufe und ähnliches in dauernder Verbindung, und sie sind sehr sensibel gegenüber dem kleinsten Rückzug von seiten der anderen Person. Unglücklicherweise findet diese Kommunikation auf einer oberflächlichen, »geschwätzigen« Ebene statt, und sie thematisiert nicht die zugrundeliegenden, wichtigen Punkte der Beziehung. Diese Menschen fühlen sich jedoch ohne diesen ständigen Kontakt sehr unsicher: Sie fürchten, die Kontrolle zu verlieren und von der anderen Person verlassen zu werden. Sie können den ganzen Tag mit Klatsch verbringen, über dies und jenes reden, den Partner auf den neusten Stand der Ereignisse bringen und ihre Gedanken mitteilen.

Im Laufe der Jahre werden die Schütze-Mondknoten-Menschen des ständigen geistigen Austausches überdrüssig und glauben nur noch die Kontrolle aufrechterhalten zu müssen. Dann wird es ihnen langweilig, und sie denken darüber nach, die Beziehung zu beenden, besonders wenn es ihnen nicht gelungen ist, die andere Person dahingehend zu manipulieren, daß sie tut, was sie wollen. In diesem Moment halten sie nicht nur die andere Person in der Abhängigkeit gefangen – sie sind auch selbst in die Falle gegangen. Und je länger die Co-Abhängigkeit anhält, desto verwirrter und mental schwächer werden sie. Oftmals versuchen sie die Bindung aufzulösen, die sie eingegangen sind, und werden auf den Partner wütend, um eine mentale Distanz zu schaffen und wieder zu einem Gefühl der Freiheit und Unabhängigkeit zu gelangen. Manchmal denken sie sich einen »Fluchtplan« aus, der den Partner völlig überraschend trifft, wenn sie gehen.

Es ist grundsätzlich nicht falsch, bestimmte Präferenzen zu haben, wenn es um das Verhalten des Partners geht; diese Menschen würden jedoch Zeit sparen, wenn sie am Anfang einer Beziehung direkter vorgehen würden. Sie haben die Vorstellung, daß sich das Verhalten des Partners nach der Hochzeit langsam durch freundliche Manipulation ändern wird. Diese Technik bringt ihnen jedoch in diesem Leben keinen Erfolg.

Wenn die gegenseitige Anziehung anhält, sollten die Schütze-Mondknoten-Menschen ihre Vorstellungen bezüglich eines Lebens darlegen, das voller Abenteuer und Spaß ist. Wenn sie ihre Phantasien über die Zukunft offen mitgeteilt haben, dann werden sie erkennen, ob die andere Person auf ihre Träume reagiert. Wenn sie auf Widerstand stoßen, dann wird keine noch so große mentale Manipulation im Laufe einer dreißigjährigen Ehe die andere Person ändern. Wenn sie aber Begeisterung und Unterstützung erleben, sind die Voraussetzungen für eine gute Beziehung gegeben.

Zeitweilig steigern sich diese Menschen so sehr in ihre mentalen Prozesse hinein, daß sie den Kontakt zu ihrem Körper und ihrer Sexualität verlieren. Um wieder auf die Erde zurückzukommen, sollten sie es mit einem Camping- oder Abenteuerurlaub versuchen. Wenn sie draußen in der Natur sind, beruhigt sich ihr hyperaktives Nervensystem, und sie können wieder zu ihrer natürlichen Sinnlichkeit und ihrem körperlichen Rhythmus finden. Auch wenn sie Sexualität als Spaß oder unerwartetes Abenteuer ansehen, gelingt es ihnen wieder, Kontakt mit ihrem Körper zu finden.

Manchmal haben diese Menschen das Gefühl, nicht die richtigen Liebeskandidaten anzuziehen. Dies ist aber nur deshalb der Fall, weil sie nicht sie selbst sind; sie verwandeln sich sozusagen in ein Chamäleon, um akzeptiert zu werden. Bei der Suche nach einem Liebespartner benutzen sie zuerst die Logik und dann ihre Fähigkeit, zu verstehen, wie die andere Person denkt, um eine künstliche Harmonie zu schaffen. Wenn sie ihre Vorstellungen aber ständig ändern, damit sie von der anderen Person akzeptiert werden, trüben sie ihr eigenes Gefühl dafür, wer sie sind und was sie wollen.

Beziehungen, die auf Wahrheit basieren, bleiben natürlicherweise bestehen. Beziehungen, die auf Manipulation beruhen, müssen durch Manipulation aufrechterhalten werden. Wenn diese Menschen natürlich und direkt reagieren, werden sie zu denjenigen, die sich von ihrem wahren Wesen angezogen fühlen, eine noch engere Bindung aufbauen. Schütze-Mondknoten-Menschen müssen sich mit einem Partner zusammentun, den ihre Wahrheit anspricht! Und eine solche Person können sie nur finden, indem sie sie selbst sind und sich auf direkte Weise ausdrücken.

Loyalität und Verbindlichkeit

Schütze-Mondknoten-Menschen lernen, daß Loyalität nicht auf dem Mitleid gegenüber einem anderen basiert. Dies ist eine vorübergehende Loyalität, die unter Belastungen zusammenbricht. Loyalität bedeutet in Wirklichkeit, daß man geliebte Menschen ständig bei dem Erreichen ihrer Ziele unterstützt und wirklich das tut, was man gesagt hat. Bis diese Menschen lernen, ihr Wort zu halten – einfach nur weil sie ihr Wort gegeben haben –, werden andere ihnen gegenüber keine Loyalität zeigen.

Integrität kontra Manipulation

In engen Beziehungen sehen sich diese Menschen der Versuchung gegenüber, ihre mentale Wendigkeit dazu zu benutzen, die andere Person zur Veränderung zu bewegen. Sie versuchen zwar, taktvoll vorzugehen, aber in Wirklichkeit handelt es sich um Manipulation – und die andere Person wird sich wehren. Es kann sein, daß der Geborene beispielsweise zu sich selbst sagt: »Sie ist perfekt, aber sie muß sich in diesem einen Bereich ändern. Wenn ich sie dazu bringe, das Leben aus einer anderen Perspektive zu betrachten, dann wird sie sich ändern.« Diese Taktik funktioniert aber nicht auf lange Sicht. Sie führt zu Verärgerung, Wut und vergeudeter Zeit.

Eine direkte Herangehensweise führt zu viel besseren Ergebnissen. Der Schütze-Mondknoten kann beispielsweise sagen: »Sieh mal, ich liebe alles an dir. Aber die richtige Frau für mich sollte auch diese eine Eigenschaft besitzen. Bist du gewillt, diese Eigenschaft zu entwickeln?« Diese Menschen verfügen über ein angeborenes Taktgefühl. Sie brauchen sich keine Sorgen zu machen, daß sie etwas Falsches sagen werden. Ihre Herausforderung besteht darin, für etwas einzutreten und dann zu sehen, wie die andere Person reagiert.

Direkt zu sein bedeutet nicht, mit der anderen Person böse zu sein. Direkt zu sein bedeutet einfach nur, daß sie die Wahrheit sagen müssen. Sie sollten bestimmt, aber nicht aggressiv sein. Bestimmtheit bedeutet, die Dinge so darzustellen, wie sie sind; bei Aggression ist das Motiv Wut.

Manchmal, wenn sich diese Menschen direkt ausdrücken, werden sie sehr emotional. Sie fühlen sich verletzlich, und ihre Gefühle sind sehr intensiv, weil sie seit so langer Zeit aufgestaut sind. Wenn diese Menschen anfangen zu sprechen, sind ihre Worte oft sehr emotional. Aber das ist durchaus in Ordnung – es wird sich zu ihrem Vorteil auswirken.

Moral und Ethik

Schütze-Mondknoten-Menschen betrachten alles von so vielen Perspektiven aus, daß ihnen kein Glaube und keine Meinung wirklich »heilig« ist. Deshalb führen sie andere in bezug auf ihre Motive und Absichten in die Irre. Das kann sogar so weit gehen, daß sie andere dafür demütigen, daß sie ehrlich waren: »Warum hat er das gesagt? Das war einfach dumm! Jetzt bekommt er nicht, was er wollte. Er hätte einfach nur das sagen sollen, was die anderen hören wollten.« Diese Menschen erkennen oft nicht den mit der Wahrheit verknüpften Wert. Ihnen mangelt es an Vertrauen in das Leben und die Vorteile, die aus einer Orientierung an den natürlichen Gesetzen erwachsen. Sie glauben, daß alles von ihrer Fähigkeit abhängt, andere auszubooten. Sie entdecken jedoch die Stärke, Ruhe und das Vertrauen, die sich entwickeln, wenn die Worte eines Menschen sein wahres inneres Wesen zum Ausdruck bringen.

Wenn sie nicht integer vorgehen, projizieren sie das auch auf andere und werden anderen Menschen gegenüber mißtrauisch. Dies führt zu einem Verfolgungswahn, Argwohn und Kummer, weil sie vermuten, daß andere ebenfalls versuchen, sie zu manipulieren und zu übervorteilen.

Die drei Energien Ehrlichkeit, Wahrheit und Freiheit sind voneinander abhängig. Ohne Ehrlichkeit werden die Schütze-Mondknoten-Menschen niemals die Wahrheit erkennen und Freiheit erlangen. Unehrlichkeit führt zu Verwirrung, und wenn wir andere verwirren, werden wir von der Verwirrung in unserem eigenen Leben letztendlich selbst besiegt.

Konstruktive Kommunikation
Zuhören

Trotz ihres großen Einfühlungsvermögens hören sie doch oft nicht wirklich zu, was die andere Person sagt. Sie konzentrieren sich so darauf, ihre eigene vorgefaßte Meinung mitzuteilen oder einen bestimmten Eindruck bei der anderen Person hervorzurufen, daß es zu keiner wahren Kommunikation oder einem gegenseitigen Wachstum kommen kann.

Schütze-Mondknoten-Menschen müssen in ihrer Konversation friedfertiger werden – den stärkeren Wunsch entwickeln, die Wahrheit durch gegenseitigen Austausch von Ideen zu finden. Durch diese Vorgehensweise werden sie ihre eigene Wahrheit wiederfinden, während sie gleichzeitig ihre Intuition im Hinblick darauf beobachten, ob die Worte anderer richtig und wichtig sind. Sie haben so viele Leben als Lehrer und Dolmetscher verbracht, daß sie nun zu genau auf die Worte achten, die andere benutzen. Anstatt in diesem Leben mit beiden Ohren den Worten zu lauschen, sind sie besser beraten, wenn sie mit einem Ohr zuhören und ihr anderes Ohr auf ihre eigene Intuition richten. Wenn sie intuitiv zuhören, werden sie das, was gesagt wurde, wirklich verstehen und in der Lage sein, mit anderen eine wohltuende Beziehung zu schaffen.

Lösungen finden

Schütze-Mondknoten-Menschen müssen ihre Interaktionen mit anderen als eine Möglichkeit sehen, um für ihre Probleme eine wirkliche Lösung zu finden, und nicht als endlosen Austausch von Informationen. Fragen und Neugierde funktionieren für diese Menschen nicht. Sie sehen bereits zu viele Möglichkeiten. Sie müssen ihren Wunsch, Fragen zu stellen, loslassen und einfach nur offen für das sein, was ihr intuitiver Prozeß ihnen aufzeigt.

Diese Menschen lernen, daß die besten Lösungen entstehen, wenn sich die Ideen zweier Menschen harmonisch verbinden – dann wird eine höhere Erkenntnis möglich, die keiner von beiden allein hätte erlangen können. Die Energie der Wahrheit kann entstehen, wenn zwei Menschen offen für die Ideen des anderen sind und gemeinsam die Wahrheit finden wollen.

Umgangsformen

Bedingt durch so viele vergangene Inkarnationen, in denen sie sehr intensiv am gesellschaftlichen Leben teilnahmen, sind die Schütze-Mondknoten-Menschen hypersensibel gegenüber den Meinungen anderer geworden und wollen alles unbedingt so machen, daß es von der Gesellschaft akzeptiert wird. Sie legen zu viel Wert auf gutes Benehmen und denken ständig an gesellschaftliche Umgangsformen, an Takt, Höflichkeit und Diskretion. Deshalb können sie nicht verstehen, wenn andere unhöflich oder ordinär sind oder die Etikette überhaupt nicht kennen.

Anstatt andere Menschen dafür zu verdammen, daß sie mit den gesellschaftlichen Umgangsformen nicht vertraut sind, können sie anderen dabei helfen zu lernen, wie sie auf eine Weise kommunizieren können, die für die Gesellschaft als Ganzes hilfreich ist. Dies ist eine Gabe, die sie teilen müssen.

Diese Menschen wollen beispielsweise niemanden in eine Situation bringen, in der er nein sagen muß – sie wollen liebenswürdig sein und die Beziehung freundlich gestalten. Sie sind sich darüber im klaren, wie andere denken, und haben ein starkes Gespür dafür, wann der richtige Zeitpunkt gekommen ist, um eine Idee vorzutragen. Deshalb haben sie kein Verständnis, wenn andere Menschen sie in die meist unangenehme Situation bringen, nein sagen zu müssen. Wenn dies der Fall ist, gehen Schütze-Mondknoten davon aus, daß dies beabsichtigt und unfair ist. Meist merken andere Menschen es jedoch gar nicht, wenn sie irgend jemanden in eine schwierige Situation bringen.

Schütze-Mondknoten-Menschen sind sich der Gedanken anderer so sehr bewußt, daß sie ganz klar sagen können, wenn irgendeine ihrer Handlungen oder Äußerungen die andere Person verletzt hat. Dann fühlen sie sich schlecht. Sie sind nette Menschen und wollen niemanden verletzen. Es ist jedoch genauso wichtig, daß sie ihre eigenen Gefühle berücksichtigen. Wenn sie sich zurückhalten und sich nicht direkt ausdrücken, werden sie verletzt. Wenn sie sich aber direkt geäußert haben – nicht verletzend, sondern offen –, haben sie die Verantwortung für sich selbst übernommen. Nur dann sind sie in einer Position, aus der heraus sie anderen helfen können.

Sprache
Diese Menschen glauben oft, daß sie Schwierigkeiten haben, sich auszudrücken und mit anderen Menschen umzugehen. Tatsächlich haben
sie sehr gute kommunikative Fähigkeiten, obwohl sie den Kontakt mit
anderen oft als Qual empfinden. Weil sie es mit der Sprache so genau
nehmen und sich der Gedankengänge der anderen Person sosehr bewußt sind, bemühen sie sich sehr, die Worte zu wählen, die sowohl von
ihrem Gegenüber genau verstanden werden als auch exakt das treffen,
was sie ausdrücken wollen. Verständlicherweise ist eine solche mentale
Gymnastik selbst bei einer einfachen Konversation eine Qual.
Schütze-Mondknoten-Menschen bemerken überhaupt nicht, daß die
meisten Menschen sich weitaus weniger präzise ausdrücken. Sie dagegen hören zu genau auf die Worte anderer und erkennen dadurch oft
nicht ihre eigentliche Bedeutung. Es kann auch sein, daß sie die andere
Person unterbrechen und Nebensächlichkeiten korrigieren, was bei der
anderen Person zu Frustration führt! Die Absicht dieser Menschen ist
dabei überhaupt nicht, die andere Person gegen sich aufzubringen, sie
versuchen nur, möglichst gut zu kommunizieren.
Wenn sie in einem Gespräch feststellen, daß das Gegenüber Worte in
einem anderen Zusammenhang benutzt als sie selbst, müssen sie die
Person fragen, was sie für sie bedeuten. Das hilft den Schütze-Mondknoten dann, sich auf die andere Person einzustellen und verringert das
Festhalten an bestimmten Worten. Auch wenn diese Menschen meist
äußerst intelligent sind, so kann ihre Fixierung auf Worte ihren Intel-
lekt dennoch behindern und die Konversation zum Erliegen kommen
lassen. Sie müssen über die Worte hinaus die Bedeutung dessen erkennen, was gesagt wurde.

Ziele

Ein harmonisches Leben schaffen
Vertrauen und Urteilskraft
Schütze-Mondknoten-Menschen lernen, sich selbst und ihrem inneren
Wissen zu vertrauen. Wenn sie auf ihre Intuition hören, gewinnen sie
grundsätzlich. In diesem Leben besteht ihre Herausforderung darin, zu
dem zu stehen, was sie empfinden, und gemäß diesem natürlichen Wis-

sen zu handeln. Sobald sie eine Entscheidung getroffen haben, stimmen andere Menschen ihnen zu und unterstützen und stärken sie – so einfach ist das!

Diese Menschen sind sehr stark motiviert, anderen zu helfen. Sie müssen aber erkennen, daß die beste Hilfe darin besteht, das mit anderen zu teilen, was sie intuitiv wahrnehmen und die Logik und Spekulationen beiseite zu stellen. Solange ihr Motiv rein ist, können sich die Schütze-Mondknoten-Menschen in jeder Situation auf ihr inneres Wissen verlassen.

Wenn sie die Motivation der anderen Person erkennen, werden die Schütze-Mondknoten-Menschen wissen, ob sie für ihre Sichtweise offen oder ob sie vorsichtig sein müssen. Worin bestehen die Bedürfnisse und Wünsche der anderen Person? Was ist für sie im Leben wichtig? Schütze-Mondknoten müssen sich auch fragen: Worin besteht das besondere Motiv der anderen Person in bezug auf mich? Will sie mir helfen und mich unterstützen, oder sucht sie einfach nur nach einem Resonanzboden für ihre eigene Meinung? Wenn der Schütze-Mondknoten auf seine Intuition hört, dann kann er das Motiv der anderen Person wahrnehmen. Falls der andere die Absicht hat zu helfen, ist es für den Schütze-Mondknoten von Vorteil, sich mit der Wahrheit der anderen Person auseinanderzusetzen.

Integrität

Für diese Menschen ist es notwendig, nach ethischen Prinzipien zu leben. Genauso, wie man das Gesetz der Schwerkraft nicht umgehen kann, ohne hinzufallen, so können diese Menschen nicht die spirituellen Gesetze verletzen, ohne mit schmerzhaften Konsequenzen konfrontiert zu werden. Daher ist es zu ihrem eigenen Vorteil, wenn sie sich mit den spirituellen Gesetzen, die in dieser Welt existieren, vertraut machen und mit ihnen kooperieren, anstatt sich ihnen zu widersetzen. Schütze-Mondknoten-Menschen lernen auch, daß die Folgen einer Lüge immer destruktiv sind. Lügen mögen vorübergehend zu Erfolg führen oder eine schwierige Situation kurzzeitig entschärfen. Die jeder Situation zugrundeliegende Wahrheit stellt jedoch immer den Schlüssel zur Veränderung, erneuerndem Wachstum und größerer Lebendigkeit dar; und sie ist der einzige Weg, um eine natürliche Übereinstimmung zu erkennen.

Nördlicher Mondknoten in Schütze

Schütze-Mondknoten-Menschen entdecken, daß Lügen in jeglicher Form sogar in den meisten weltlichen Angelegenheiten einen Verstoß gegen ein höheres, universelles Gesetz darstellen. Letztendlich führt Lügen zu einem Mangel an Klarheit bezüglich des eigenen Wesens, zu Mißtrauen anderen gegenüber sowie zu Isolation und Angst. Der momentane Halt, den Lügen bieten, birgt keine wahre Lösung in sich, sondern führt zu weiteren Lügen, mehr Verwirrung und einer Schwächung der Persönlichkeit. Im Gegensatz dazu wird die andere Person offener, wenn man aus einer Haltung der Liebe und Fürsorge heraus spricht, und gleichzeitig bestärkt es beide Menschen auf eine Weise, sie selbst zu sein, die sie zu noch größerer Nähe führt.

Zu helfen, wo immer sie können, ist bei dieser Mondknotengruppe eine Manifestation der Liebe. Sie sind in der Lage, mit einer Fülle an Informationen umzugehen und viele Dinge gleichzeitig zu tun, wodurch sie zu einem Rädchen im Getriebe werden, das die Dinge für alle anderen reibungslos in Gang hält. Im Rahmen ihrer Hilfsbereitschaft müssen sie aufmerksam gegenüber ihrer eigenen inneren Stimme werden, anstatt nur auf die Stimmen anderer Menschen zu hören. Um es noch einmal zu sagen, sie müssen aufhören, sich Gedanken zu machen, was andere von ihnen halten könnten, und einfach das tun, was ihrer Ansicht nach richtig ist.

Durch die direkte Mitteilung dessen, was ihrem Gefühl nach richtig ist, handeln sie in Übereinstimmung mit dem größeren Zusammenhang, den sie möglicherweise nicht verstehen, den sie jedoch als wahr empfinden. Die Erfahrung zeigte ihnen, daß andere nicht so reagiert haben, wie sie es erwartet haben, nachdem sie deren Standpunkt übernommen hatten. Daher können sie sich ebensogut mit der Kraft und dem Schutz der Wahrheit verbinden – ein Sprachrohr für das sein, was sie als richtig ansehen – und beobachten, wie ihr Umfeld reagiert. Sie werden feststellen, daß sie mehr Abenteuer erleben werden, wenn sie den Sprung ins Vertrauen wagen!

Der spirituelle Weg

Diese Menschen haben so viele Leben damit verbracht, die Dinge aus unterschiedlichen Perspektiven zu betrachten, daß sie oft naiv und kurzsichtig sind und nicht weit genug in die Zukunft blicken, um die Konsequenzen ihrer Handlungen zu erkennen. Sie leben eine freudlose

Spiritualität; ohne Optimismus, Vertrauen und die innere Sicherheit, die andere zu haben scheinen. In dieser Inkarnation haben die Schütze-Mondknoten-Menschen die Aufgabe, Zugang zu ihrer Spiritualität zu finden und den spirituellen Weg zu gehen.

Gewissen

Wenn Schütze-Mondknoten-Menschen versucht sind, etwas zu ihrem eigenen Vorteil auf Kosten einer anderen Person zu tun, werden sie von ihrem Gewissen ermahnt: »Nein – tu das nicht. Das ist nicht rechtens.« Dann benutzen sie möglicherweise die Logik, um einen vernünftigen Weg aus dem Dilemma zu finden: »Es macht nicht den Eindruck, als wäre es richtig, dies zu tun. Aber wenn ich es nicht tue, kann dies oder jenes passieren. Und es ist ja wirklich keine große Sache.« Indem sie die Situation aus so vielen verschiedenen Perspektiven betrachten, verlieren sie die Wahrheit aus den Augen und rechtfertigen ihre Entscheidung letztendlich mit ihrem Eigeninteresse.

Wahrheit ist keine Ansichtssache, wenn die Schütze-Mondknoten-Menschen gegen die Stimme ihres Gewissens handeln, verlieren sie immer. Sie verlieren dadurch die Verbindung mit ihrer eigenen Spiritualität – weil ihre auf Unehrlichkeit basierende Entscheidung die Tür zu dem Wohlbefinden verschließt, nach dem sie suchen. Sie setzen sich dann zusätzlich unvorhersehbaren materiellen Verlusten aus, weil die Situation sich auch äußerst ungünstig entwickeln kann. Sie können nicht erwarten, die Freuden des spirituellen Friedens zu erlangen, wenn sie ihr tägliches Leben nicht ehrlich leben.

Die richtige Lösung liegt in der Hinwendung zu ihrem spirituellen Pfad und dem Versprechen – auf der tiefsten Ebene –, der Stimme ihres Gewissens und ihrer Intuition zu folgen. Für diese Menschen ist die Verpflichtung gegenüber der Wahrheit entscheidend, um sich von der Oberflächlichkeit abzulösen und ihre ethische und spirituelle Stärke wiederzuerlangen. Sie wissen, daß sie den inneren Frieden erreichen, den sie suchen, wenn sie in ihrem Alltag nach den Prinzipien der Wahrheit und Integrität leben.

Verbindlichkeit

Schütze-Mondknoten-Menschen haben so viele vergangene Leben damit verbracht, Entscheidungen zu treffen, die ihnen kurzfristig dienlich waren, daß sie an eine zeitlich begrenzte Sichtweise gewöhnt sind. Verbindlichkeit – sein Wort um jeden Preis zu halten – baut jedoch moralische Stärke auf, die zu Frieden und Freude führen wird. Diese Menschen haben schnell eine Ausrede parat, warum sie ihr Wort nicht halten – sie führen dann eine alternative Perspektive an, die ihr Verhalten rechtfertigt.

Verbindlichkeit heißt nicht an etwas festzuhalten (einem Job, einer Beziehung usw.), wenn die Situation sich destruktiv entwickelt und einen schwächt. Verbindlichkeit bedeutet, die eigenen Absichten direkt zu äußern und, wenn sich die Situation verändert, ehrlich mit der anderen Person darüber zu reden. Genaugenommen bedeutet Verbindlichkeit, der eigenen Integrität zu folgen – es handelt sich um eine Verpflichtung gegenüber der Wahrheit.

Schütze-Mondknoten-Menschen lernen ihr Wort zu halten. Wenn sie versprechen, etwas zu tun oder zu einer bestimmten Zeit an einem bestimmten Ort zu sein, dann sollten sie diese Abmachung einhalten, als würde ihr Leben davon abhängen. In bestimmter Hinsicht ist dies auch der Fall. Wenn sie ihr Wort hundertprozentig halten, erlangt ihr Wort Wirksamkeit. Jeder Verstoß gegen die Integrität läßt ihr Wort an Kraft verlieren und bewegt das Universum dazu, seine Unterstützung zurückzuziehen. Wenn sie ihren Verpflichtungen stets nachkommen – oder es vorher mitteilen, wenn ihnen das nicht möglich ist –, werden andere sich auf sie einstellen und die Ziele der Schütze-Mondknoten-Menschen unterstützen. Sie lernen die Macht der Loyalität kennen.

Führung
Spontaneität kontra Impulsivität
Schütze-Mondknoten-Menschen sind am erfolgreichsten, wenn sie auf ihre inneren Reaktionen hören. Wenn ihr äußeres Umfeld sie beispielsweise zwingt, eine Entscheidung zu treffen, dann wird ihr inneres Wissen sofort ja oder nein signalisieren. Auch wenn sie nicht immer bemerken, daß sie geführt werden, haben diese Menschen eine besondere Verbindung zu ihren Geistführern – ihrer personifizierten Vorstellung einer höheren Macht –, die ihnen klar aufzeigen, welcher Richtung sie folgen sollen. Manchmal haben sie das Gefühl, daß diese Führung nicht verfügbar sei, aber in Wirklichkeit blockieren sie sie selbst. Sie

steht ihnen immer zur Verfügung, wenn sie nur ihre Gedanken beruhigen, sich einstimmen und eine Antwort hören wollen.

Während ihrer Abenteuerreise werden sie mit spirituellen Wahrheiten und Einsichten konfrontiert, und sie müssen anfangen, sie in ihrem täglichen Leben anzuwenden. Es kann sein, daß ihr Weg nicht sehr viel Logik aufweist und sie sich zeitweilig verrückt vorkommen, wenn sie ihrer Führung folgen, ohne vorher die Route genau geplant zu haben. Manchmal kann es auch sein, daß diese Führung sie veranlaßt, in eine unerwartete Richtung zu gehen und ein Abenteuer zu erleben, das sie nicht im voraus abschätzen können – und dennoch, wenn sie ihr folgen, gewinnen sie.

Diese Menschen lernen zwischen Impulsivität und Spontaneität zu unterscheiden. Wenn sie impulsiv handeln, dann verlieren sie. Impulsivität kann für sie zu einer Besessenheit werden. Wenn sie zulassen, daß ihre Gedanken hyperaktiv sind, besonders in bezug auf ihre Ängste, fühlen sie sich aufgefordert, etwas zu tun, damit sie ihren inneren Frieden wiedererlangen. Aber hier bestimmt das Motiv das Ergebnis. Wenn der Schütze-Mondknoten versucht, den Standpunkt der anderen Person zu ändern, damit er selbst seinen Willen bekommt, endet die impulsive Handlung für ihn in einem Verlust an Sicherheit.

Spontaneität dagegen bedeutet, frei zu handeln, ohne zu überlegen. Spontaneität steht im Einklang mit der Wahrheit; hinter ihr versteckt sich keine Manipulation. Spontane Menschen teilen ihre Wahrheit im jeweiligen Augenblick mit, ohne daß sie von einer Angst, dem Ego oder einem bewußten Motiv getrieben werden. Wenn Schütze-Mondknoten in dieser Weise auf eine Situation reagieren, handeln sie immer richtig oder sagen Worte, die zu ihrem Besten sind. Dadurch erlangen sie auch inneren Frieden, weil sie wissen, daß ihre Handlungsweise mit keiner versteckten Absicht verknüpft ist. Bedingt durch die Reinheit ihres Motivs können sie darauf vertrauen, daß die langfristigen Ergebnisse zum Besten aller Beteiligten sein werden.

Die spirituelle Verbindung

Bedingt durch viele vergangene Leben, in denen sie sich zu sehr an der Meinung anderer orientiert haben, kamen sie in diese Inkarnation, ohne zu wissen, worin ihre eigenen Ideen bestehen. Auf eine Weise ist dies von Vorteil. Sie verfügen über keinen vorgefaßten Glauben und sind deshalb offen für Ideen, die aus ihrem intuitiven Wissen stammen. Und doch sind sie es überhaupt nicht gewöhnt, dieser spirituellen Führung zu vertrauen.

In diesem Leben verfügen sie über derart ausgeprägte hellseherische und intuitive Fähigkeiten, daß sie anderen damit sogar helfen können, wenn sie dies wollen – auch auf beruflicher Ebene. Sie können hervorragend Tarotkarten deuten. Die »erspürten« Botschaften der Bilder, kombiniert mit der angeborenen geistigen Beweglichkeit der Schütze-Mondknoten, kann ihnen selbst und anderen neue, kreative Lebensperspektiven vermitteln.

Diese Menschen haben häufig einen direkten Zugang zu ihren spirituellen Führern. Wenn die Schütze-Mondknoten einem klar definierten Ziel folgen, liegen sie richtig. Ihre Aufgabe ist es, ihrer inneren Führung zu gestatten, sie direkt zu ihrem Ziel zu führen. Wenn sie sich beispielsweise entschließen, aktiv am gesellschaftlichen Leben teilzunehmen und eine glückliche Beziehung aufzubauen, dann sagt ein Freund: »Hättest du Lust am Samstag abend auf eine Party zu gehen?« Wenn diese Energie aufsteigt, dann handelt es sich um die Botschaft ihres Führers, daß es ihrem Ziel dienlich ist, wenn sie auf diese Party gehen. Aber dann stellen die Schütze-Mondknoten Vermutungen an: »Die Leute, die mich eingeladen haben, werden auch andere Menschen einladen, die bestimmt keine Kandidaten für eine Liebesbeziehung sein werden. Außerdem hat mich mein anderer Freund gefragt, ob wir uns bei ihm einen Film ansehen. Und ich habe auch nicht die passende Kleidung. Wenn ich also jemanden kennenlernen würde, würde er möglicherweise kein Interesse an mir haben, weil ich nicht gut aussehe.« Nach dieser umfassenden mentalen Gymnastik geht er nicht zu der Party. Später beschwert er sich: »Ich bekomme nie, was ich will!« Spekulationen anzustellen hat für diese Menschen immer zur Folge, daß sie verlieren.

Wenn die Schütze-Mondknoten-Menschen nicht ihrer Intuition folgen, können ihre Führer ihnen auch nicht helfen, das zu bekommen, was sie wollen. Es könnte so einfach sein. Sie müssen nur ihrer Abenteuerlust und ihrem intuitiven Wissen folgen – und die Freude wird den Weg zu ihnen finden.

Nördlicher Mondknoten in Steinbock
und nördlicher Mondknoten im zehnten Haus

Übersicht

Eigenschaften, die man entwickeln sollte

Das Arbeiten an folgenden Bereichen bringt verborgene Fähigkeiten und Talente zum Vorschein:

- Selbstkontrolle
- Das Leben aus der Position eines Erwachsenen angehen
- Selbstachtung
- Zielorientierung
- Sensible Annäherung an Problemlösungen
- Einhaltung von Verträgen und Versprechen
- Loslassen der Vergangenheit
- Für sich selbst sorgen
- Verantwortung für den eigenen Erfolg übernehmen

Verhaltensweisen, die man hinter sich lassen sollte

Das Leben wird sich einfacher und friedvoller gestalten, wenn sie daran arbeiten, den Einfluß folgender Tendenzen zu verringern:

- Abhängigkeit
- Launenhaftigkeit
- Unsicherheit, die zur Untätigkeit führt
- Begrenzung des Selbst durch Angst
- Benutzen der Vergangenheit, um die Gegenwart zu verhindern
- Isolation – zuviel Zeit zu Hause verbringen
- Mangel an Selbstachtung
- Vermeidung persönlicher Risiken
- Kontrolle anderer durch emotionale Überreaktionen

Achillesferse/Falle, vor dem man sich hüten muß/Fazit

Die Achillesferse der Menschen mit dem nördlichen Mondknoten im Steinbock ist die Abhängigkeit. Der Wunsch, daß man sich um sie kümmert (»Wenn es niemanden gibt, der sich um mich kümmert, werde ich nicht überleben«), kann dazu führen, daß sie in die Falle einer unendlichen Suche nach Sicherheit gehen (»Wenn ich nur über eine ausreichend starke Basis verfüge, werde ich die Energie besitzen, die ich brauche, um die Verantwortung für mein Leben zu übernehmen«). Sie entwickeln anderen gegenüber emotionale Abhängigkeiten, die Menschen dazu zwingt, eine Basis für ihre Sicherheit zu werden. Es handelt sich jedoch um ein Faß ohne Boden: Sie können nie genug Bestätigung erhalten, um sich sicher zu fühlen. Daher erreichen sie nie die Sicherheit, die sie ihrer Einschätzung nach brauchen, um handlungsfähige Erwachsene zu werden und die Verantwortung für ihr Leben zu übernehmen.

Das Fazit daraus ist, daß sie ab einem gewissen Punkt einfach das Risiko eingehen müssen, sich den anstehenden Aufgaben zu stellen und sich der vollen Verantwortung für die Konsequenzen bewußt zu sein. Wenn die Steinbock-Mondknoten-Menschen ein Ziel erkennen, das wirklich wichtig für sie ist, und ihr Leben danach ausrichten, erlangen sie die Sicherheit und Selbstachtung, die sie brauchen. Die Ironie dabei ist, daß sie sich sicher fühlen und ihre eigenes Ziel unter Kontrolle haben, sobald sie die Verantwortung übernehmen.

Die wahren Wünsche

Der größte Wunsch dieser Menschen ist eine Umgebung, in der sie sich sicher, geschützt und umsorgt fühlen und in der sie abgöttisch geliebt werden – ein Ort, an dem sie das Gefühl haben, wirklich dazuzugehören. Um dies zu erreichen, müssen sie den Gedanken aufgeben, daß ein bestimmter Mensch – oder eine Gruppe von Menschen – ihnen dies bieten kann. Statt dessen müssen Steinbock-Mondknoten selbst die Verantwortung für ihre Wünsche und Bedürfnisse übernehmen. Indem sie ein Ziel verfolgen, das sie energetisiert, oder indem sie ein Ideal oder eine Lebensphilosophie finden, die ihre Selbstachtung aufbauen, werden sie Gefühle der Zugehörigkeit entwickeln, egal in welchen Situationen sie sich befinden.

Menschen mit dem nördlichen Mondknoten im Steinbock müssen ihren Blick auf einen Punkt richten, der über ihre zwiespältigen emotionalen Bedürfnisse und die anderer Menschen hinausgeht. Wenn sie Verbindung mit einem höheren Prinzip oder einer spirituellen Strömung aufnehmen, fühlen sie sich geschützt und geborgen.

Talente/Berufe

Diese Menschen sind die geborenen Chefs. Daher treffen sie mit einer Position im Management, als öffentlicher Redner, Politiker und Unternehmer eine gute Wahl. Andere Menschen sind gewillt, an ihren Zielen mitzuarbeiten, weil sie sich Menschen, die ihnen unterstellt sind, mit Sensibilität nähern.

Zusätzlich verfügen Steinbock-Mondknoten über ein sehr ausgeprägtes Einfühlungsvermögen. Sie sind sich immer der Gefühle anderer bewußt, und wenn sie diese Fähigkeit in beruflichen Situationen nutzen, ermutigt ihre Sensibilität andere Menschen, ihnen mit Wohlwollen und Enthusiasmus zu helfen. Wenn sie sich jedoch auf Berufe einlassen, deren Schwerpunkt auf Dienstleistungen liegen (beispielsweise Manager von Hotels oder Restaurants), verstricken sie sich oft in Gefühlen der Hilflosigkeit und sind unfähig, den Überblick über eine Situation zu gewinnen. Sie sind besser in zielorientierten Berufen aufgehoben, in denen sie ihre Sensibilität nutzen können, um andere liebevoll auf ein bestimmtes Ziel hinzuführen.

Heilende Affirmationen für den Steinbock-Mondknoten

- »Ich kann andere nicht kontrollieren, aber ich kann mich selbst kontrollieren.«
- »Indem ich die Vergangenheit loslasse, kann ich wirkungsvoller mit der Gegenwart umgehen.«
- »Wenn ich die Verantwortung übernehme, gewinne ich.«
- »Wenn ich Selbstachtung empfinde, bin ich auf dem richtigen Weg.«
- »Ich muß nicht von irgend jemand anderem abhängig sein, der sich um mich kümmert.«
- »Ich kann in jeder Situation die Verantwortung übernehmen.«

Persönlichkeit

Vergangene Leben

Steinbock-Mondknoten-Menschen haben viele Leben als Haushalts-vorstand verbracht. Als zentrale Figur innerhalb eines Hauses oder auf einem Bauernhof waren sie gänzlich mit ihrer Familie oder ihrem Clan identifiziert. Durch diese Inkarnationen haben sie sowohl ein natürliches Verständnis dafür entwickelt, wie eine Familie funktioniert, als auch die emotionale Anpassung an andere, die für diese Mondknoten-Gruppe charakteristisch ist. Jedoch sind sie selbst in vergangenen Leben nicht viel herumgekommen. Auch wenn in diesem Leben ihre größte Freude darin besteht, etwas von der Welt zu sehen, so ist das Problem trotzdem, erst einmal die Voraussetzung dafür zu schaffen! Indem sie die meiste Zeit im häuslichen Umkreis verbrachten und damit auf Erfahrungen in der Welt verzichteten, opferten sie ihre Kompetenz und ihre Selbstachtung. In dieser Inkarnation lernen sie für ihr eigenes Schicksal verantwortlich zu sein.

In vergangenen Leben war das Zuhause alles für diese Menschen, und die Familie kümmerte sich um all ihre Bedürfnisse. Sie wurden ernährt, gekleidet, sie hatten ein Dach über dem Kopf und sie waren geschützt. Deshalb kamen sie mit ungeheuren Abhängigkeitsbedürfnissen in dieses Leben und suchen nun nach anderen, die ihnen helfen, ihr Leben zu bewältigen. Wenn die Dinge sich nicht so entwickeln, wie sie es wollen, überreagieren sie emotional, weil sie unbewußt hoffen, daß andere das Ausmaß ihrer Enttäuschung erkennen und ihr Verhalten ändern. Bei anderen Menschen kommt dies jedoch so an, als wolle man sie kontrollieren, und sie sind deshalb nicht gewillt, ihr Verhalten zu ändern.

Sie müssen alle Tendenzen ablegen, andere Menschen durch Emotions-ausbrüche manipulieren zu wollen, und sich statt dessen anderen mit gelassener Selbstachtung, die sich von emotionalen Reaktionen distanziert, annähern. Dies wird möglich, wenn sie die Verantwortung für sich selbst übernehmen und ihre eigenen Lebensziele festlegen.

Familienkarma

Diese Menschen haben ein schwieriges Familienkarma. Nur allzuoft wurden sie in eine Situation geboren, in der engste Familienmitglieder viele emotionale Probleme haben, und die Steinbock-Mondknoten verbringen viel Zeit damit, sensibel und einfühlend zu sein. Sie sind ausgelaugt von den ständigen Forderungen der sie umgebenden Menschen, weil sie die Probleme anderer zwar aufnehmen, sich jedoch nicht in der Lage fühlen, sie bei den anstehenden Veränderungen zu unterstützen.

Aus vergangenen Leben sind diese Menschen so sehr daran gewöhnt, Familienmitglieder zu umsorgen, daß sie das Gefühl für ihre eigene Richtung verloren haben. Folglich haben sie in diesem Leben Schwierigkeiten, wenn sie in zu engen Kontakt mit den Mitgliedern ihrer Kernfamilie kommen. In Wirklichkeit ist nicht die Nähe das Problem, sondern vielmehr ihre unbewußte Absicht: »Wenn ich diesen Menschen auf die richtige Bahn führe, kann ich endlich mein eigenes Leben leben, meine eigenen Ziele verfolgen und ich selbst sein!«

Wegen dieses unbewußten Motivs hat ihre Unterstützung von Familienmitgliedern eine unangenehme emotionale Intensität. Sie wollen die Hilfeleistungen hinter sich bringen, damit sie ihr eigenes Leben leben können. Das Problem beinhaltet zwei Faktoren:

1. Der Versuch, die anderen Menschen auf die richtige Bahn zu führen, ist eine Möglichkeit, die Verpflichtung hinauszuzögern, sich um ihr eigenes Leben zu kümmern.

2. Der Versuch, jemand anderem zu helfen, erfolgreich zu sein, ist verfrüht, wenn sie noch nicht gelernt haben, selbst erfolgreich zu sein.

Die erste Aufgabe besteht für diese Menschen darin, die Entscheidung zu treffen, sich von der totalen emotionalen Verbundenheit mit ihrer Familie zu distanzieren. Sobald sie das tun, befinden sie sich in einer Position, aus der heraus sie ihr eigenes Leben in die Hand nehmen können. Es ist gut für sie, Kontakt mit Familienmitgliedern zu haben, wenn sie die emotionalen Bedürfnisse anderer aus einer distanzierten Position verstehen können. Wenn ihr Glück nicht länger davon abhängt, die Probleme der ganzen Familie zu lösen, sind sie wirklich gut darin, die Familie auf eine Weise zu führen, die produktive Ergebnisse für alle Beteiligten bringt.

Wenn Steinbock-Mondknoten-Menschen mit ihrer Familie auf die Weise umgehen würden wie mit geschäftlichen Angelegenheiten, wäre ihr Familienleben außerordentlich harmonisch. In Wirklichkeit sind sie ausgezeichnete Manager, denn sie besitzen ein natürliches Verständnis für Menschen und können andere auf eine sanfte, niemanden verletzende Weise dazu bringen, gemeinsam an der Erreichung eines Zieles zu arbeiten. Sie müssen sich den Familienmitgliedern auf die gleiche Weise annähern: aus einer Position der Autorität, nicht einer der Bedürftigkeit. Um dies tun zu können, müssen sie die Ziele des anderen Menschen erkennen und ihn dann bei der Verwirklichung dieses Ziels objektiv unterstützen. Andererseits müssen sie eigene Ziele haben, um die Familie leiten zu können, die Rolle des Managers annehmen zu können und den Familienmitgliedern das Erlangen der Ziele erleichtern zu können, die den Interessen aller förderlich sind.

Emotionale Sensibilität

Diese Menschen sind gegenüber ihren eigenen Gefühlen und denen anderer äußerst sensibel. Wegen der ihnen eigenen feinen Wahrnehmungsfähigkeit verstehen sie, warum Menschen verwirrt sind und bestimmte Dinge nicht tun können. Sie sind sich der Ursachen menschlichen Versagens so sehr bewußt, daß sie oftmals zu viel Verständnis für ihre eigene geringe Leistungsfähigkeit entwickeln.

Steinbock-Mondknoten-Menschen haben auch ein feines Gespür für emotionale Verbundenheit und wissen aus eigener Erfahrung, wie man von den Gefühlen anderer Menschen beeinflußt werden kann. Dies bringt sowohl Vorteile als auch Nachteile mit sich. Einerseits befähigt es sie, das Leben leichter zu meistern. Andererseits empfinden sie manchmal für andere Menschen mehr, als diese für sich selbst empfinden – und dies kann schwächend sein. Sie können mit negativer Energie nicht umgehen, daher nehmen sie sich selbst zurück, um anderen entgegenzukommen. Auf diese Weise müssen sie nicht mit den emotionalen Kümmernissen anderer umgehen – das kann jedoch leicht dazu führen, daß sie sich von den Gefühlen ihrer Mitmenschen zu stark beeinflussen lassen.

Diese Menschen übernehmen die Verantwortung für die Stimmungen anderer Menschen; sie wollen die anderen glücklich machen, damit sie sich selbst besser fühlen. Die anderen ärgern sich möglicherweise darüber, daß es ihnen nicht gestattet ist, ihre wahren Gefühle zum Ausdruck zu bringen, weil es die Steinbock-Mondknoten-Person verwirren könnte.

Wenn beispielsweise ein Familienmitglied den Steinbock-Mondknoten zum Abendessen einlädt und er wirklich keine Lust dazu hat, wird er trotzdem hingehen, um negative Gefühle zu vermeiden. Diese Menschen vermeiden alles, was Gefühle auslösen könnte – sowohl bei ihnen selbst als auch bei anderen. Hierbei handelt es sich um eine weitere Technik, die Übernahme von Verantwortung zu umgehen. Sie wollen keine Entscheidung treffen, weil sie befürchten, daß diese bei jemand anderem negative Gefühle auslösen könnte.

Steinbock-Mondknoten-Menschen lernen, damit aufzuhören, die Stimmungen anderer Menschen zu kontrollieren. Manchmal müssen Menschen die Erfahrung negativer Gefühle machen, um zentrale Probleme zu lösen; wenn Steinbock-Mondknoten versuchen, diese Erfahrung zu blockieren, nehmen sie den anderen Menschen die Möglichkeit zu wachsen. Ihre größte Herausforderung besteht darin, die Verantwortung für ihre Emotionen zu übernehmen, anstatt von ihnen beeinträchtigt zu werden und anderen zu gestatten, die Verantwortung für ihre eigenen Gefühle zu übernehmen und dadurch zu wachsen und zu reifen.

Der Umgang mit emotionaler Energie

Steinbock-Mondknoten-Menschen sind sehr gefühlsbetont, sie weinen beispielsweise über Filme und traurige Geschichten. Sie können von ihren Gefühlen derart überrollt werden, daß sie denk- und handlungsunfähig werden und nicht einmal wissen warum. Dies kann eintreten, wenn sie einen persönlichen Verlust erleben oder in beruflichen Situationen, in denen es um Konfrontation oder Selbstdarstellung geht. Sie scheinen dann außerstande, ihre Gefühle zu kontrollieren – sie eskalieren einfach.

Wenn ihre Emotionen übermächtig werden, hilft es ihnen, sich auf die Verlangsamung der Atmung zu konzentrieren. Sie müssen sich entspannen, sich darauf konzentrieren, die Gedanken loszulassen, die sie nervös machen, und Situationen visualisieren, in denen sie sich glücklich und friedlich gefühlt haben: ein schöner Berg, ein Urlaub am Meer und ähnliches. Dann werden sie sich beruhigen und wieder in der Lage sein, ihre Aufgaben zu erfüllen.

Wenn diese Menschen Situationen gegenüberstehen, in denen sie die Verantwortung übernehmen sollten, denken sie, daß sie diese Situation nicht mehr kontrollieren können, und geraten in Panik. Sie denken an die möglicherweise negativen Konsequenzen, ihre Ängste und Unsicherheiten, und alle Muskeln in ihrem Körper verkrampfen sich. Wenn die Gefühle anfangen sie zu überwältigen, müssen sie daher bewußt atmen, sich entspannen und sich über die begrenzenden Gefühle hinaus ausdehnen. Sie müssen sich vorstellen, wie sie größer als die Emotionen werden und ihre Gelassenheit wiedererlangen.

Angst vor Zurückweisung

Wenn jemand Steinbock-Mondknoten-Menschen zurückweist, fühlen sie sich nicht nur in bezug auf sich selbst schlecht, sondern denken auch, daß der Fehler bei ihnen lag. Diese Menschen sind so unsicher und haben eine solche Angst vor Zurückweisung, daß sie sich Situationen sehr vorsichtig nähern.

Ein Teil dieser Angst vor Zurückweisung stammt aus ihren früheren Leben, als sie von stärkeren Familienmitgliedern von der Welt abgeschirmt wurden. Sie gehen davon aus, daß sie selbst nicht viel wert sind; und wenn sie zurückgewiesen werden, scheint das ihre Vermutung zu bestätigen. Diese Reaktion ist irrational, bestärkt jedoch ihre innere Angst, und wenn sie daran denken, daß sie jemand abgewiesen hat, können sie die ganze Nacht nicht schlafen! Es ist mehr als verständlich, daß diese Menschen es hassen, andere zurückzuweisen. Sie neigen dazu, die Verantwortung für die Gefühle anderer zu übernehmen, und verbringen viel Zeit damit, alle Gründe zu durchdenken, die ihnen das Recht geben könnten, jemanden abzuweisen.

Sich für die Übernahme der Verantwortung zu entscheiden wird die Steinbock-Mondknoten-Menschen ermächtigen, über ihre Ängste hinauszuwachsen und Schritte zu unternehmen, auch schwierige Situationen zu lösen. Wenn es in einer persönlichen Beziehung zu einem Mißverständnis kam, können sie die Initiative ergreifen und die andere Person anrufen: »Ich mache mir Sorgen darüber, daß es zwischen uns ein Mißverständnis gegeben haben könnte, und ich möchte dich wissen lassen, daß ich nie etwas tun würde, um deine Gefühle absichtlich zu verletzen.« Oder: »Ich denke, daß es zwischen uns ein Mißverständnis gegeben haben könnte, und ich möchte nicht, daß du dich zurückgewiesen fühlst.«

Wenn sie sich entschieden haben, die Verantwortung für Harmonie in der Beziehung zu übernehmen, werden sie wissen, was sie sagen müssen, um diese Harmonie zu fördern. Wenn sie vorübergehend zu betrübt sind, um diesen Anruf zu tätigen, ist es für sie das Beste zu warten, bis sie sich beruhigt haben. Sie können zu sich selbst sagen: »Momentan kann ich nichts tun. Deshalb werde ich morgen anrufen und das Problem auf eine liebevolle Weise lösen.«

Festhalten

Steinbock-Mondknoten-Menschen neigen dazu, an den Gefühlen der Vergangenheit festzuhalten. Sie wollen glückliche Zeiten nicht abschließen, weil sie nicht wissen, was in der Zukunft geschehen wird. Normalerweise weigern sie sich sehr stark, an die Zukunft zu denken. Bis sie jedoch anfangen, bewußt eine positive Zukunft zu visualisieren, ist ihre einzige Wirklichkeit die Vergangenheit und die Gegenwart. Wenn die Gegenwart sie nicht glücklich macht, richten sie ihre Gedanken auf die Vergangenheit. Diese Vorgehensweise ist deshalb nicht gesund, weil es sie davon abhält, in der Gegenwart konstruktiv zu handeln.

Wenn sie auf die Vergangenheit zurückblicken, versuchen diese Menschen, Erinnerungen und Gefühle der Freude und Liebe wiederzuerlangen. Sie werden sich jedoch auch der Dinge bewußt, die sie unterlassen haben, und wünschen sich, sie hätten sie getan, was ihnen ein Gefühl der Reue vermittelt. Dies vermindert ihre Kraft, in der Gegenwart die Verantwortung zu übernehmen. Sie müssen sich daran erinnern, daß ihre vergangenen Versehen einfach nur deshalb möglich waren, weil sie zu dem Zeitpunkt nicht über das klare Bewußtsein verfügten, um das Notwendige zu tun. Ihr gegenwärtiges Bewußtsein kann sie jedoch ermächtigen, ihre Ziele zu erreichen, wenn sie auf die Gegenwart konzentriert bleiben und auf die Zukunft blicken. Die Vergangenheit ist nur dann dienlich, wenn sie sie dazu benutzen festzustellen, welche Verhaltensweisen selbstzerstörerisch waren und welche zu Selbstachtung und Stärke führten.

Steinbock-Mondknoten-Menschen haben Schwierigkeiten loszulassen. Sie sind sehr gefühlvoll, und sie wollen niemandes Gefühle verletzen. Wenn sie sich aus einer Situation zurückziehen, werden sie depressiv, auch wenn diese Situation zum Scheitern verurteilt war – daher neigen sie dazu, an ihr festzuhalten, bis sie tief in sich erkennen, daß es keine Hoffnung gibt. Sie setzen alles daran, eine Beziehung, einen Job oder eine Situation aufrechtzuerhalten. Wenn ihr Überleben gefährdet ist, geben sie auf; es wäre jedoch viel besser für sie, wenn sie loslassen würden, bevor die Situation bis zu diesem Punkt eskaliert.

Ihre Schwierigkeit loszulassen wird dann offensichtlich, wenn sie keine Ziele für die Zukunft haben. Dann reiten sie auf der Vergangenheit herum, was das Verlassen einer alten Situation noch weitaus schwieriger macht. Für diese Menschen ist die beste Methode, die Vergangenheit – oder eine schwierige Situation in der Gegenwart – loszulassen, sich auf ein bestimmtes Ziel zu konzentrieren, das ihnen das Gefühl der Sinnhaftigkeit und der Orientierung vermittelt. Wenn sie beispielsweise eine Liebesbeziehung aufgegeben haben und die Nähe vermissen, neigen sie zunächst dazu, sentimental zu werden und sich an der Nähe festzuhalten, die ihnen nun verwehrt ist. Eine bessere Lösung wäre es, sich darauf zu konzentrieren, eine neue Beziehung aufzubauen, indem man sich einem Single-Club anschließt, tanzen geht oder an anderen erfreulichen gesellschaftlichen Aktivitäten teilnimmt. Die Vergangenheit muß losgelassen werden, um die Stärke zu erleben, in der Gegenwart zu handeln.

Das Kontrollbedürfnis ist eine der Verhaltensweisen, die Steinbock-Mondknoten-Menschen am schwersten loslassen können. Sie wollen immer, daß Situationen sich nach ihren Vorstellungen entwickeln. Sie denken, sie würden ihre Potentiale erkennen, wenn sie über die Kontrolle verfügen. Sie müssen sich jedoch an den Unterschied zwischen Kontrolle und Führung erinnern. Wenn sie versuchen, andere Menschen zu kontrollieren, damit ihre eigenen Gefühle unberührt bleiben, agieren Steinbock-Mondknoten auf einer emotionalen Ebene und höchst egozentrisch.

Wenn sie jedoch bestrebt sind, eine Situation möglichst gut zu bewältigen, organisieren sie die Dinge im Sinne eines größeren Zusammenhangs – dann haben sie bereits bestimmt, was für jeden von Vorteil ist. Dann handeln sie aus einer Perspektive der Vernunft und der Zielorientiertheit. Um jedoch an diesen Punkt zu gelangen, müssen sie zuerst den Wunsch loslassen, andere zu kontrollieren.

Das ewige Kind

Steinbock-Mondknoten-Menschen wollen immer mehr – mehr Aufmerksamkeit, mehr Zeit, mehr Zuwendung –, um sich wohl zu fühlen. Alles dreht sich um ihre Familie, und sie erwarten, daß diese Dynamik auf Gegenseitigkeit beruht. Sie bekommen jedoch normalerweise nicht mehr Aufmerksamkeit von Familienmitgliedern – es ist in diesem Leben einfach nicht so geplant.

Außerdem vermeiden es diese Menschen, die Initiative zu ergreifen, weil sie ständig der Meinung sind, mehr Hilfe, mehr Ratschläge und mehr Vertrauen zu benötigen. Sie denken, daß der Zuwachs, nach dem sie suchen, von anderen Menschen kommen wird. In Wirklichkeit besteht die Fülle, die sie tatsächlich zufriedenstellen wird, darin, sich auf Ziele zu konzentrieren, die sie persönlich bereichern werden – und dann konsequent täglich etwas dafür zu tun, um diese Ziele zu erreichen.

Steinbock-Mondknoten-Menschen, die Kinder haben, nähern sich diesen oft als Gleichgestellte, anstatt als Eltern. Es widerstrebt ihnen, die Verantwortung der Elternschaft anzunehmen; sie zweifeln an ihren Fähigkeiten, sich um andere zu kümmern, wenn sie nicht einmal sicher sein können, daß sie für sich selbst sorgen können.

Bedürfnis nach Aufmerksamkeit

Diese Menschen tun alles, um Aufmerksamkeit zu erhalten, besonders wenn sie jung sind; wenn sie launisch sind oder eine andere Person anschnauzen, handelt es sich um einen Versuch, die Aufmerksamkeit auf sich zu ziehen. Diese Eigenschaft hält sie manchmal davon ab, wirklich etwas zu leisten – sie glauben, Aufmerksamkeit dafür bekommen zu müssen, wer sie sind, nicht für das, was sie tun. Sie können sogar Krisen in ihrem Leben erzeugen, damit andere Menschen an ihnen interessiert sind. Dies ist jedoch ein zweischneidiges Schwert, da sie dieses übersteigerte Bedürfnis nach Aufmerksamkeit in sich selbst spüren. Daher fühlen sie sich schuldig und verurteilen sich selbst, wenn sie ihrer Ansicht nach zuviel Aufmerksamkeit bekommen.

Wenn sie sich blockieren und sich nicht für ihre Ziele einsetzen, haben sie das Gefühl, keine Aufmerksamkeit zu verdienen, und verweigern sich dadurch genau dem, wonach sie sich am meisten sehnen. Die Ironie besteht darin, daß andere sie *anerkennen* und ihnen auf eine gesunde und befriedigende Weise bereitwillig Aufmerksamkeit und Respekt entgegenbringen, wenn sie sich ein Ziel setzen und dem nachgehen. Hinzu kommt, daß Steinbock-Mondknoten sich wertvoll fühlen und sich für die Aufmerksamkeit, die sie von anderen brauchen, öffnen und sie erkennen und annehmen können, wenn sie die Chance in ihrem Leben ergreifen und auf ihre Ziele hinarbeiten.

Es würden diesen Menschen auch helfen, sich selbst Aufmerksamkeit zu schenken; sich selbst die Möglichkeit einzuräumen, in verschiedenen Bereichen ihres Lebens Verbesserungen vorzunehmen. Es läßt sie reifer werden, wenn sie selbst für sich sorgen und die Verantwortung für sich übernehmen; sie fühlen sich dann in sich selbst wohler und weniger abhängig von anderen.

Vermeiden von Verantwortung

Diese Menschen zögern, die ganze Verantwortung für sich selbst zu übernehmen, es widerstrebt ihnen. Sie müßten den Mutterbauch verlassen und hinaus in die Welt gehen! Manchmal bedarf es eines Vorschlaghammers, um sie aufzuwecken und dazu zu bringen, Verantwortung zu übernehmen. Oft *scheint* es so, als würden sie Verantwortung übernehmen, und in geringem Umfang tun sie dies gewöhnlich auch: Sie bezahlen die Rechnungen, kaufen die Lebensmittel ein, hören sich die Probleme der Familie an usw. Aber sie weigern sich weiterhin, größere Dinge in Angriff zu nehmen. Wenn sie beispielsweise versuchen herauszufinden, was sie mit ihrem Leben anfangen könnten, sitzen sie nur herum und entwickeln eine endlose Reihe von Ideen. Wenn schließlich die Motivation wächst, fragen sie sich: »Will ich das wirklich tun?« Und dann geben sie erneut auf!

Das Unterbewußtsein der Steinbock-Mondknoten-Menschen bietet ihnen tausend Ausreden an, die sie dazu nötigen, ein Engagement für ein sinnhaftes und erfülltes Leben hinauszuzögern. Wenn sie endlich zu sich selbst sagen: »Das ist doch lächerlich; ich werde es einfach tun!«, ist das Versprechen gegeben, und sie fangen an, Schritte in Richtung des Ziels zu unternehmen.

Sie müssen ihre Werte dahingehend neu überprüfen, inwieweit sie Liebe zum Ausdruck bringen. Ein Wert sollte sein, Versprechen einzuhalten, was eine Basis innerer Stärke erzeugt. Steinbock-Mondknoten müssen andere wissen lassen, welche Regeln gelten und wo die Grenzen liegen, und dann unbeirrbar an ihnen festhalten. Wenn sie ihrem halbwüchsigen Sohn sagen: »Du darfst ausgehen, sei aber um 22 Uhr wieder hier, sonst bleibst du für die nächsten Abende zu Hause«, dann müssen sie bei dieser Androhung bleiben. Wenn der Sohn um 22.30

Uhr nach Hause kommt, müssen sie seine Wutanfälle an den nächsten drei Abenden ertragen, um an dem festzuhalten, was sie gesagt haben. Sicherlich wird der Teenager es dann bereits verstanden haben, daß seine Eltern zu der Bestrafung stehen, wenn sie diese konsequent durchgezogen haben. Wenn die Eltern aber Verständnis entwickeln und ihren Sohn ausgehen lassen, wird er aufhören, sie zu respektieren, und sie werden aufhören, sich selbst zu respektieren. Diese Menschen müssen lernen, zu ihrem Wort zu stehen. Ihre Verbindlichkeit muß stärker sein als ihre Angst, jemand anderen zu kränken.

Steinbock-Mondknoten-Menschen lernen in diesem Leben für sich selbst verantwortlich zu sein: herauszufinden, »wer sie sein wollen, wenn sie erwachsen sind«, und ihre Ziele zu definieren. Selbstverantwortung beinhaltet, sich selbst ernähren zu können und andere Bereiche zu finden, für die sie zuvor noch nie die Verantwortung übernommen haben. Das ist aufregend und reizvoll – und es wird ihnen die Chance geben zu wachsen!

Erwachsenwerden

Steinbock-Mondknoten-Menschen lernen in diesem Leben, erwachsen zu werden und ihre Neigung zu kindlichen Reaktionen loszulassen. Erwachsen zu sein erfordert von ihnen, wirklich eine Verpflichtung gegenüber einem Ziel einzugehen. Ihr Schlüssel zur Selbstachtung und zum Erfolg ist der Wille, sich der Angst zu stellen und zu lernen, Verpflichtungen einzugehen.

Steinbock-Mondknoten-Menschen zweifeln auch an ihrer eigenen Kompetenz, vorhandene Chancen für sich selbst zu nutzen. Auf eine kindliche Weise denken sie, daß sie Dinge wissen müßten, die sie in Wirklichkeit nicht wissen, und sie versuchen ihren Erfahrungsmangel zu verbergen, indem sie beteuern, daß Informationen für sie irrelevant seien. Die erwachsene Haltung besteht darin, zu verstehen, daß jeder Informationen von anderen benötigt, um seine Ziele zu verwirklichen – niemand erreicht ein Ziel ohne den Input anderer, die erfahrener sind.

Diese Menschen neigen häufig auch dazu, äußeren Autoritäten zu folgen, statt auf ihre eigene Wahrheit zu hören. Sie können sich blind der Sachkenntnis anderer anschließen – besonders wenn sie eine Menge Geld dafür zahlen –, auch, wenn sie tief in ihrem Herzen wissen, daß etwas anderes besser wäre. Sie lernen jedoch, sich selbst zu vertrauen und sich daran zu erinnern, daß niemand so gut weiß, was richtig für sie ist, wie sie selbst.

Diese Menschen haben Schwierigkeiten damit, die oberste Autorität zu werden. Sie können Verantwortung tragen, andere anweisen, die Rolle des Chefs übernehmen und die Aufsicht über eine Menge Mitarbeiter haben – wenn ihnen noch ein anderer übergeordnet ist. Es ist für sie einfacher, auf die Ziele eines anderen hinzuarbeiten. Sie machen sich nichts daraus, den Gewinn für sich zu beanspruchen, und wollen auf keinen Fall die letzte Verantwortung tragen.

Die Ironie dabei ist, daß Steinbock-Mondknoten-Menschen ausgezeichnet dafür geeignet sind, die Chefrolle zu übernehmen. Sie sind emotional anderen gegenüber derart sensibel, daß sie die Verantwortung in einer Form tragen, die andere nicht herabwürdigt. Sie werden nicht daran gehindert, ihr Ziel zu erreichen, da sie niemanden auf ihrem Weg befremdet haben. Folglich wird jeder sie bei der Erreichung ihrer Ziele unterstützen, egal wie hoch sie auch sein mögen. In Wirklichkeit ist es so, daß für sie in diesem Leben vorgesehen ist, ohne große Anstrengung beruflichen Erfolg zu erreichen, sobald sie die Verpflichtung eingegangen sind, sich für diesen Erfolg auch einzusetzen.

Oft sind diese Menschen der Meinung, sie seien schlechte Redner, sie haben in diesem Bereich aber nur Probleme, wenn sie zu emotional werden. Wenn sie sich gestatten, sich in ihren Gefühlen zu verlieren, können sie nicht mehr klar denken. Wenn sie sich jedoch von ihren Gefühlen distanzieren und aus dem verantwortungsbewußten Teil ihres Selbst sprechen, finden sie die treffenden Worte, um bei anderen Respekt und den Willen zur Zusammenarbeit hervorzurufen. Der Unterschied liegt in dem Teil ihres Selbst, von dem aus sie auf etwas zugehen: der emotionale Teil oder der erwachsene Teil. Wenn sie emotional werden, können sie die innere Ausgeglichenheit wiedererlangen, indem sie sich fragen: »Was kann ich tun, um aus einer erwachsenen Perspektive die Verantwortung für diese Situation zu übernehmen?«

Steinbock-Mondknoten-Menschen entwickeln mit zunehmendem Alter immer mehr Stärke. Dies gilt für jeden Bereich ihres Lebens, insbesondere jedoch für ihr Berufsleben und andere Gebiete, in denen es um die Verwirklichung von Zielen geht. Im Laufe der Jahre nehmen diese Menschen die Dinge nicht mehr so persönlich. Wenn Dinge mißlingen, verstehen sie, daß es nicht ihr persönlicher Fehler sein muß. Wenn Steinbock-Mondknoten-Menschen anfangen reifer zu werden und mehr Weitblick und Mitgefühl entwickeln, entspannen sie sich auch sich selbst gegenüber. Wenn sie aufhören, sich selbst für alles die Schuld zuzuweisen, hören sie auch auf, andere zu verurteilen.

Bedürfnisse

Sicherheit

Steinbock-Mondknoten-Menschen haben ein unstillbares Bedürfnis, sich sicher zu fühlen. Aus früheren Leben sind sie es gewohnt, versorgt und beschützt zu werden, und obwohl es in diesem Leben ihre Aufgabe ist, dies anderen zu bieten, sind sie damit zufrieden, auf altbekannte Weise durchs Leben zu gehen – mit so wenig Anstrengung wie möglich. Sie lieben die Sicherheit eines geregelten Tagesablaufs: zu einer bestimmten Zeit aufwachen, essen, nach Hause kommen, fernsehen oder lesen, zu einer bestimmten Zeit ins Bett gehen. Letztendlich müssen sie jedoch ihre Routine hinter sich lassen, um ein größeres Selbstvertrauen und damit größere Sicherheit zu finden: zu wissen, daß sie Risiken eingehen können und Erfolg haben.

Zugehörigkeit

Diese Menschen haben ein tiefes Bedürfnis dazuzugehören. In vergangenen Leben haben sie sich stark mit ihrer Familie identifiziert und sich damit getröstet, Bestandteil einer Gruppe zu sein. Nun müssen sie lernen, kritisch zu sein, und sich dafür entscheiden, ihre Zeit mit Menschen zu verbringen, die ihnen das Gefühl der Zugehörigkeit geben – um ihr Bedürfnis auf eine verantwortungsbewußte Weise zu befriedigen. Ein Zuhause und Eigentum sind ebenfalls wichtig, um ihnen ein Sicherheitsgefühl zu vermitteln. Es sei denn, daß es andere Faktoren im Geburtshoroskop gibt, die darauf hinweisen, daß sie kein Glück beim Erwerb von Immobilien als Geldanlage haben.

Wegen ihrer Konzentration auf das Heim verbringen sie häufig zuviel Zeit dort. Wenn sie dies tun, hält das Zuhause sie davon ab, sich zu entwickeln und die Verantwortung für ihr Leben zu übernehmen. Wenn diese Geborenen selbständig tätig sind, ist es grundsätzlich anzuraten, nicht zu Hause zu arbeiten, sondern Räumlichkeiten anzumieten – auch wenn es das Zuhause von jemand anderem sein sollte. Sie müssen regelmäßig in die Welt gehen, um ihre Energie in Bewegung zu halten. Übertrieben viel Zeit in den eigenen vier Wänden kann ihre Bequemlichkeit noch fördern und das Leben zu einer Routine werden lassen, die sie dazu benutzen, sich nicht mit der Welt draußen auseinandersetzen zu müssen. Dann wird die Chance für wahre Lebendigkeit, Wachstum und Fortschritt nicht genutzt.

Steinbock-Mondknoten-Menschen haben Angst, sie könnten nicht dazugehören – und sie wissen nicht, wie sie sich verhalten sollen, um akzeptiert zu werden. Deshalb blicken sie um sich, um zu sehen, welche Verhaltensweisen von der jeweiligen Gruppe gebilligt werden, und eifern diese Verhaltensweisen dann nach. Sie sehnen sich nach Vertrautheit, und die einzige Möglichkeit, diese zu schaffen, scheint für sie Anpassung an die Gruppe zu sein. Dies kann jedoch für sie mit der Zeit zu einer Quelle tiefer Enttäuschung werden, wenn sie es in Wirklichkeit nicht wollen.

Diese Menschen können auch aus der Bahn geworfen werden, wenn sie Teil eines Clans oder einer Clique werden, weil sie die von einer Gruppe übernommenen Prinzipien auf andere Gruppen übertragen, was sie mit dem Gefühl der Befremdung zurückläßt. Und sie verstehen nicht warum! Obwohl es positiv ist, sich einer Sache zu verschreiben, die über das persönliche Leben hinausgeht, so entstehen doch Probleme, wenn sie vergessen, kritisch zu bleiben. Wenn sie sich beispielsweise für die Politik der Republikaner begeistern, weil sie mit einer Gruppe Republikaner befreundet sind, wird ihnen diese Gruppe das Gefühl geben, als gehörten sie dazu. Die gleiche Begeisterung wird bei ihnen jedoch in einem Raum voller Demokraten ein Gefühl der Befremdung entstehen lassen. Wenn sie das Gefühl haben wollen, akzeptiert zu werden, sollten sie sich auf Gemeinsamkeiten konzentrieren, die sie mit den Menschen haben, mit denen sie gerade kommunizieren.

Selbstachtung kontra Angst vor Fehlern

Steinbock-Mondknoten-Menschen haben eine so ungeheure Angst, Fehler zu machen, daß diese sie lahmlegt und davon abhält, die Veränderungen vorzunehmen, die zum Erfolg führen könnten. Solange sie Angst haben, Fehler zu machen, denken sie, es sei in Ordnung, von anderen abhängig zu sein. Sie glauben, sie seien noch nicht ganz soweit, die Erwachsenenrolle zu übernehmen und nach Erfolgsmöglichkeiten zu suchen. Früher oder später erkennen sie, daß kein anderer sich um sie kümmert – es ist in diesem Leben einfach nicht so vorgesehen.

Manchmal benutzen diese Menschen jede nur erdenkliche Ausrede – auch ihr Alter –, um sich nicht ihren Ängsten stellen und in die Welt hinausgehen zu müssen. Nach Jahren des Ringens mit sich selbst und dem daraus resultierenden Entschluß, daß sie keine Zufriedenheit finden werden, bis sie ihre Aufgaben erfüllen, kommen sie möglicherweise auf die Idee, daß ihr Alter sie an der Verwirklichung ihres Ziels hindern wird. Die Angst vor dem Alter kann den Teil dieser Menschen widerspiegeln, der nicht erwachsen werden will.

Doch gerade die Steinbock-Mondknoten sollten das Alter mit offenen Armen annehmen. »Dem Himmel sei Dank, ich bin endlich reif geworden!« Den Willen, auf ein Ziel hinzuarbeiten, das das Leben bedeutungsvoll macht, ihnen Erfüllung und Selbstachtung bringen wird, werden sie freudig begrüßen. Für ihre berufliche Entwicklung ist das Alter sicherlich kein Nachteil: Für die Rollen, nach denen sie streben, ist das Alter in der Regel von Vorteil, weil es ihnen mehr Stärke, Glaubwürdigkeit und Autorität verleiht. Obwohl sie ihre Ziele auch in jungen Jahren erreichen können, erlangen Steinbock-Mondknoten doch oft erst in der zweiten Lebenshälfte Ruhm und Anerkennung. Wenn sie sich durch Überlegungen bezüglich ihres Alters Druck machen, ist es in Wirklichkeit ihre Psyche, die ihnen sagt: »Es ist Zeit!«

Diese Menschen erkennen, daß sie viel glücklicher sein werden, wenn sie niemals versuchen, ihr Ziel zu erreichen, als wenn sie es versuchen und scheitern. Die Stimme, die ständig sagt: »Was passiert, wenn du scheiterst?«, ist Teil der Mechanismen aus früheren Leben, die nicht wollen, daß sie in die Welt hinausgehen. In Wirklichkeit sagt sie: »Werde nicht erwachsen … Geh nicht hinaus.« Solche Botschaften sind selbstzerstörerisch. Wenn sie auf diese Stimme hören, werden sie niemals Selbstachtung erlangen.

In einem vergangenen Leben könnte der Steinbock-Mondknoten einen Ehepartner gehabt haben, der ihm nicht erlaubt hat, aus dem Haus zu gehen, oder einen überfürsorglichen Elternteil, dessen Stimme er verinnerlicht hat. Letztendlich kommt es darauf an zu sagen: »Okay – das war's«, und die Verantwortung für die Situation zu übernehmen. In diesem Augenblick nimmt ihr Leben einen ganz anderen Verlauf. Wenn sie gewillt sind, die ganze Verantwortung zu übernehmen, erlangen sie die Kontrolle über ihr Leben und entwickeln ein Gefühl der Selbstachtung, das sie mehr als alles andere brauchen.

Tatsache ist, daß Steinbock-Mondknoten-Menschen das Barometer der Selbstachtung benutzen können, um festzustellen, ob sie auf dem richtigen Weg sind, sollten sie einmal bezüglich einer bestimmten Vorgehensweise unsicher sein. Wenn sie beispielsweise Angst haben, einen Anruf zu tätigen, können sie sich selbst fragen: »Ungeachtet des Ergebnisses wird mir dieser Anruf ein Gefühl der Selbstachtung vermitteln?« Ist die Antwort ja, werden sie gewinnen, wenn sie den Anruf tätigen. Wenn die Antwort nein ist, sollten sie ihre Position noch einmal überdenken.

Ich hatte beispielsweise einen Steinbock-Mondknoten-Klienten, der Lehrer werden wollte. Viele seiner Kollegen beginnen sofort nach der Universität zu lehren, aber er zögerte es hinaus, bis er drei Universitätsabschlüsse erworben hatte – und auch dann fühlte er sich noch nicht bereit für eine Position, in der von ihm erwartet wurde, Verantwortung zu übernehmen. Letztendlich hat er es einfach riskiert – genau das brauchen diese Menschen. Sobald sie den Sprung ins kalte Wasser wagen und es einfach tun, bestätigt ihr Erfolg ihre Fähigkeiten.

Sobald diese Geborenen die Verantwortung übernehmen, haben sie die Kontrolle über ihre emotionalen Bedürfnisse und können sicher sein, daß man sich um sie kümmert. Sie sind nicht länger von der Gnade anderer Menschen abhängig und fühlen sich endlich selbstzufrieden und sicher.

Eine positive Einstellung bewahren

Steinbock-Mondknoten-Menschen sind gut darin, andere zur Verwirklichung ihrer Träume zu ermutigen, indem sie Motivation, Enthusiasmus und unterstützende Energie anbieten. Jetzt lernen sie, wie sie sich selbst ermutigen. Obwohl diese Menschen häufig in einer düsteren Stimmung sind, sind sie doch unverwüstlich. Sie sind wie Stehaufmännchen; wenn sie nach unten gedrückt werden, stehen sie wieder auf. Sie müssen sich nur daran erinnern, daß es in Ordnung ist, wenn sich die Dinge nicht immer so entwickeln, wie sie es sich vorgestellt haben. Ihre Herausforderung besteht darin, hinauszugehen und ihr Bestes zu geben.

Diese Menschen haben einen beispiellosen Zugang zu ihren Gefühlen. Wenn sie aus dem Gefühl heraus sagen: »Ich wette, daß du das kannst!«, gibt dies anderen und ihnen selbst das sichere Gefühl, daß sie wirklich ihre Ziele erreichen können. Da bei ihnen Verstand und Gefühl eng miteinander verbunden sind, sind sie auch gute Heiler. Um jedoch für sich selbst und ihre Lieben eine wahre Quelle der Ermutigung zu sein, müssen sie ihre Neigung aufgeben, bei jeder Gelegenheit auf den möglichen negativen Konsequenzen herumzureiten. Sie glauben, daß sie die andere Person vor zukünftigen Verletzungen schützen, in Wirklichkeit erzeugen sie aber Blockaden auf dem Weg dieser Person. Sie müssen sich lediglich auf das Erreichen positiver Ergebnisse konzentrieren. Diese Geborenen sind nicht im herkömmlichen Sinne mutig und nehmen nicht die Chancen wahr, die Menschen mit anderen Mondknoten-Tierkreiszeichen ohne Schwierigkeiten nutzen würden. Deshalb müssen diese Menschen bewußt eine positive Einstellung zum Ausdruck bringen, wenn Menschen, an denen ihnen liegt, von einer sich bietenden Chance begeistert sind.

Verantwortung übernehmen

In diesem Leben ist es für diese Menschen vorbestimmt, daß sie jedesmal einen Sieg davontragen, wenn sie die Verantwortung tragen und die Chancen annehmen, die ihnen geboten werden. Durch positive Erfahrung werden sie Vertrauen in ihre eigenen Fähigkeiten entwickeln. Sie müssen erkennen, daß es für sie von Vorteil ist, für die Ratschläge anderer Menschen offen zu sein, zumal ihre Ziele oft abgesichert sind und nicht auf Risiken basieren. Die Ratschläge anderer können ihnen helfen, Zugang zu Bereichen zu finden, an die sie selbst nicht gedacht haben.

Den Tatsachen ins Auge sehen

Steinbock-Mondknoten-Menschen mögen sich selbst als sehr offen einschätzen, in Wirklichkeit haben sie aber gewaltige Probleme, darüber zu sprechen, wie sie sich fühlen. Sie mögen auf andere einen oberflächlichen Eindruck machen, weil sie nicht sehr weit über ihre gegenwärtige Situation hinausblicken können. Sie mögen Dinge sehr schnell begreifen – oftmals sind sie sehr intelligent –, jedoch ist es schwer für sie, ihre Ideen in die Praxis umzusetzen. Sie haben so viele negative Gedanken, daß sie Schwierigkeiten haben, Aufgaben zu erfüllen und sich Situationen auf eine positive Weise zu nähern.

Teilweise lehnen sie Dinge nur deshalb ab, weil sie sich so viele Ursachen vorstellen, die die andere Person zu bestimmten Reaktionen veranlaßt haben – ohne die andere Person zu fragen, was wirklich los ist. Sie haben Gefühle und Ahnungen, warum die andere Person sie zurückgewiesen hat, oder das gesagt hat, was sie gesagt hat usw. Wenn sie sich vergangene Erfahrungen betrachten, stellen sie fest, daß ihre Vermutungen oft nicht richtig waren. Daher ist es das beste, die andere Person zu fragen, warum sie auf diese Weise reagiert hat, und dann zuhören, was sie sagt.

Es hilft, wenn diese Menschen ein bestimmtes Ziel im Sinn haben, bevor sie versuchen, ein Problem mit einer anderen Person zu lösen: der Wille, Einigung zu schaffen, der Wille, die Beziehung zu beenden, der Wille, eine Antwort zu erhalten, damit sie ihr Verhalten ändern und dadurch bessere Ergebnisse erzielen können und so weiter. Wenn sie ein klares Ziel festgelegt haben – unabhängig von den Gefühlen der betroffenen Menschen –, hilft ihnen das, sachlich zu bleiben. Wenn sie beispielsweise einen Mitarbeiter entlassen müssen, ist die Konzentration auf das Ziel – den Mitarbeiter zu feuern – der einzige Punkt, der sie davon abhält, sich in der Intensität der damit verbundenen Gefühle zu verlieren.

Wenn sie ein Mißverständnis mit einem Freund klären wollen, ist es das beste, ein Ziel vor Augen zu haben und ihn die eigene Absicht wissen zu lassen: »Ich möchte dir etwas mitteilen, und ich möchte dich wissen lassen, daß es meine Absicht ist, eine engere Verbindung zwischen uns herzustellen.« Wenn Steinbock-Mondknoten die Verantwortung übernehmen und der anderen Person erklären, daß ihre Gefühle verletzt wurden, stellen sie oft fest, daß die andere Person nicht bemerkt hat, wie sehr sie emotional betroffen waren.

Integrität

Weil diese Menschen dazu neigen, sich inkompetent zu fühlen, wenn sie nicht auf alles eine Antwort haben, unternehmen sie oftmals in Situationen nichts, die ihnen übermächtig erscheinen – oder sie reagieren mit Verhaltensmustern aus ihrer Vergangenheit. Sie lernen es einzugestehen, wenn sie keine Antwort parat haben – indem sie es der anderen Person direkt sagen. Dadurch erhalten sie auch mehr Information darüber, was die andere Person braucht. Ich hatte beispielsweise einen Klienten mit dieser Mondknotenposition, der Gymnasiasten Musikunterricht gab. Er war fähig, Schlagzeug zu spielen, kannte jedoch die anderen Instrumente nur oberflächlich. Eines Tages wandte sich ein Schüler mit einer Frage bezüglich der Trompete an ihn: »Wie spielen Sie die Note F?«

Mein Klient war besorgt: »Was ist, wenn ich ihm etwas Falsches sage? Ich werde dumm dastehen!« Er wußte aber, daß es verschiedene Arten zu antworten gab. Er könnte den Schüler einschüchtern: »Was sagst du? Du weißt es nicht?« Dies würde dem Schüler die Hilfe verweigern, die er braucht. Oder er könnte sagen: »Hör mal, ich weiß es im Augenblick nicht, aber ich werde es herausfinden und dir dann mitteilen.« Wenn diese Menschen sagen: »Ich weiß es nicht«, stellt sie das mit den anderen auf eine gleiche Stufe und fördert das Gefühl der Vertrautheit, nach dem sie streben. Wenn sie der Sache nachgehen und die Antwort finden, verschaffen sie sich Respekt und Anerkennung.

Wenn sie die andere Vorgehensweise wählen und beispielsweise den Schüler mit einer übertrieben emotionalen Reaktion einschüchtern, distanzieren sie sich selbst, und das Ergebnis sind Mißtrauen und Defensive, anstatt die Vertrautheit, nach der sie sich sehnen.

Emotionale Befreiung
Loslassen der Vergangenheit

Steinbock-Mondknoten-Menschen haben oft eine Abneigung gegen einen oder beide Elternteile und fühlen sich ihm/ihnen gegenüber fremd. Es kann sein, daß sie dies nach außen hin nicht deutlich zum Ausdruck bringen, es aber ihre tiefste innere Wahrheit ist. Sie denken möglicherweise, daß ihnen ihre Eltern nicht die Unterstützung gegeben haben, die sie benötigten, um erfolgreich in die Welt hinauszugehen. Oder sie denken, ihre Eltern hätten versucht, jemand anderen aus ihnen zu machen als die Person, die sie wirklich sind. Diese Gedanken könnten sie veranlassen, weniger zu erreichen, als ihre angeborenen Fähigkeiten erlauben würden. Durch den unbewußten Versuch, ihre Eltern für diese Ungerechtigkeit zu bestrafen, hindern sie sich selbst möglicherweise am Erreichen ihrer Ziele. Wenn beispielsweise ein Elternteil dem Stein-bock-Mondknoten sagte, er sei ein Versager, oder ihm das Gefühl gab, nicht gut genug zu sein, könnte er sich selbst sabotieren, um diesen Elternteil für die ungerechte Behandlung zu bestrafen.

Um erfolgreich zu sein, müssen diese Menschen bewußt darauf ver-zichten, sich auf die Vergangenheit zu fixieren und sich statt dessen darauf konzentrieren, ihr Leben in der Gegenwart stabiler zu machen – Dinge zu tun, die ihre Selbstachtung wachsen lassen.

Bewußter Umgang mit Gefühlen

Steinbock-Mondknoten-Menschen sind derart sensibel, daß sie sich aller Kommunikationsebenen bewußt sind, der Worte, Gefühle und Körpersprache anderer – und all der Diskrepanzen und Unsicherhei-ten, die sie selbst empfinden! Wenn ihnen jemand eine Entscheidung mitteilt, sind sie sich sofort all der damit in Zusammenhang stehenden unterschwelligen und widersprüchlichen Gefühle bewußt. Wenn sie beispielsweise von jemandem zum Abendessen eingeladen werden und die Einladung ablehnen, werden diese Menschen sich für Stunden mit den möglichen emotionalen Reaktionen der anderen Person beschäfti-gen, auch wenn diese geantwortet hat: »Nun gut, dann ein anderes Mal.« Diese Menschen müssen sich daran erinnern, daß es die andere Person war, die mit eigenen Gefühlen von Enttäuschung, Traurigkeit, Verständnis und Mitgefühl rechnen mußte, als sie sich entschloß zu antworten: »Nun gut, dann ein anderes Mal.« Sie lernen sich auf die wirklichen Antworten anderer einzustellen – nicht auf die Gefühle, von denen sie vermuten, daß sie unterschwellig existieren.

Diese Menschen tun stets besser daran, sich Zeit zu nehmen, die Dinge zu durchdenken, denn ein unvorhergesehenes Ereignis oder eine neue Nachricht können ihre Gefühle zum Kochen bringen und ihr Denken verwirren. Wenn sie nicht in der Lage sind, eine Lösung zu finden oder eine spontane Entscheidung zu treffen, reagieren sie manchmal mit Frustration. Sie sind nicht in der Lage, eine Entscheidung zu treffen, da es so viele emotionale Störungen gibt. Für sie ist es dann hilfreich, sich auf die Entscheidung zu konzentrieren und nicht auf die möglichen Auswirkungen. Mit negativen Auswirkungen umzugehen ist lediglich eine Möglichkeit, zu wachsen und stärker zu werden.

Eine ihrer größten Herausforderungen in diesem Leben ist, zwischen positiven und schwächenden, negativen Gefühlen zu unterscheiden. Es gibt vier zentrale Emotionen, denen Steinbock-Mondknoten-Menschen niemals nachgeben sollten, weil sie nicht wissen können, wie sie Angst, Wut, Schuld und Unsicherheit stoppen können.

Diese Menschen sind so sehr daran gewöhnt, den negativen Gefühlen nachzugeben, daß sie nicht einmal merken, daß sie dies tun. Der erste Schritt besteht darin, zu erkennen, wenn sie eine der vier Emotionen erleben, und sich der Konsequenzen bewußt zu sein. Wenn sie die zerstörerischen Auswirkungen erkennen, die ein Ausagieren dieser vier Emotionen mit sich bringt, können sie lernen, damit aufzuhören – genauso wie sie ihre Hand nicht auf eine heiße Herdplatte legen würden, wenn sie erkennen, daß die Hand verbrannt wird.

Angst, Wut, Schuld und Unsicherheit schwächen nicht nur mental, sondern sind auch körperlich gefährlich. Auf der anderen Seite sind Freude, Liebe und Verständnis erfreulich und gesund. Tatsache ist, daß alle anderen Emotionen – außer den vier genannten – für diese Menschen positiv sind, weil sie zu keinen unkontrollierten Exzessen führen.

Beziehungen

Gefühle

Es stellt für jeden einen Gewinn dar, wenn Steinbock-Mondknoten-Menschen sich nicht mehr gestatten, in die Emotionen anderer verwickelt zu werden. Andere Menschen gewinnen dadurch, weil sie ihre Gefühle zum Ausdruck bringen können, ohne daß der Steinbock-Mondknoten unangemessen reagiert. Steinbock-Mondknoten-Menschen gewinnen, weil sie andere nicht aus Angst vor ihren emotionalen Reaktionen besänftigen müssen. Sie können die andere Person einfach distanziert beobachten und zu sich selbst sagen: »Gut, das ist Hans, der einen Wutanfall hat«, oder »Das ist Maria, so wie Maria eben ist«. Sie können anderen Menschen gestatten, sie selbst zu sein, ohne von der negativen Energie mitgerissen zu werden. Um eine gesunde emotionale Distanz zu erlangen, können sie sich im stillen daran erinnern: »Wenn ich andere sie selbst sein lasse, bin ich frei.«

Abhängigkeit

In vergangenen Leben haben sich diese Menschen daran gewöhnt, sich an andere zu wenden, wann immer sie Hilfe brauchten. Das hat dazu geführt, daß ihre emotionale Stabilität von anderen abhängig war. Zu viel Unterstützung von anderen wurde in Wirklichkeit für sie zu einer Belastung, die eine tiefe Unsicherheit geschaffen hat, da sie nicht in der Lage waren, für sich selbst verantwortlich zu sein. Daher ist ihnen in diesem Leben eine emotionale Abhängigkeit nicht länger gestattet. Wann immer sie emotional überreagieren, sollten sie sich bewußtmachen, daß andere sich von ihnen abwenden, statt sich um sie zu kümmern. Auf diese Weise lehrt sie das Leben, selbstzerstörerische, emotionale Abhängigkeiten aufzugeben.

Die emotionalen Verwirrungen der Steinbock-Mondknoten-Menschen sind ein Faß ohne Boden. Sie wollen Aufmerksamkeit, sie wollen jemanden, der sich auf ihren emotionalen Zustand einläßt und ihn für sie klärt. Wenn sie sich jedoch auf diese Weise verhalten, haben sie nach emotionalen Ausbrüchen kein gutes Gefühl bezüglich ihres Selbst und bleiben in der Hoffnung zurück, daß die andere Person nun nicht weniger gut von ihnen denkt. Dies ist der Grund, warum ein bewußtes Verhalten, das den Respekt anderer hervorruft, und insbesondere ihre Selbstachtung, so wichtig für sie sind. Es stellt einen Kompaß dar, der sie auf dem richtigen Weg hält und sie durch den Sumpf ihrer wechselnden Stimmungen geleitet.

Diese Menschen sind oft besonders dafür empfänglich, eine übermäßige Abhängigkeit von der Familie zu entwickeln – ein Gefühl von »wir gegen den Rest der Welt«. Deshalb sind sie häufig auch sehr patriotisch gesinnt – es ist eine Erweiterung des genannten Prinzips. Oftmals geben sie sich besondere Mühe, ihre vollen Steuern zu zahlen, weil sie es für notwendig halten, ihren Beitrag zu leisten, um die erweiterte »große Familie« ihres Landes zu unterstützen. Unbewußt fühlen sie sich immer noch von der Familie abhängig, wenn es um ihr Überleben geht. Wenn sie in vergangenen Leben von ihrer Familie verstoßen wurden, waren sie dazu verbannt, für sich selbst zu sorgen, und ihr Überleben war gefährdet.

Wenn sie das Gefühl haben, daß es jemanden gibt, der ihnen den Rücken stärkt, können sie den Mut aufbringen, sich erfolgreich den Herausforderungen der Welt zu stellen. Sollte dieser Mensch jedoch plötzlich nicht mehr dasein, kommen sie sowohl beruflich als auch privat in eine Krise. Plötzlich haben sie Angst, daß sie ihre Ziele nicht erreichen können, auch wenn sie jahrelang erfolgreich waren.

In Wirklichkeit haben diese Menschen sehr viel Kraft. Wenn sie dies nicht erkennen und ihren Partnern die Führung überlassen, bedeutet das ein Desaster für die Beziehung. Wenn andere für sie die Verantwortung übernehmen und alle Entscheidungen treffen, sind sie nicht wirklich erwachsen und verlieren letztendlich den Respekt und die Liebe des Partners. Sie können jedoch jederzeit eine Richtungsänderung vornehmen, zu sich selbst sagen: »Jetzt werde ich mir meine Energie wieder zurückholen und anfangen, in dieser Beziehung erwachsen zu sein«, und neue Verhaltensweisen entwickeln.

Manchmal wird das kindliche Verhalten ausgelöst, wenn der Steinbock-Mondknoten heiratet. Sobald er dieses sichere »Familiengefühl« hat, beginnt er der anderen Person die gesamte Verantwortung zu überlassen. Solange er dies tut, wird er niemals eine glückliche Ehe führen. Wann immer der äußerst emotionale kindliche Teil dieser Menschen zum Vorschein kommt, geht es bergab. Alles, was sie zu tun haben, ist, bewußt diesen erwachsenen Teil ihres Selbst zu aktivieren und sofort ihr Verhalten zu ändern. Sobald sie die Verantwortung für ihren eigenen Erfolg übernehmen, lassen andere sie niemals im Stich.

Kontrolle

Steinbock-Mondknoten-Menschen haben Probleme damit, bestimmt aufzutreten, weil sie andere nicht verärgern wollen. Wenn sie die andere Person verletzen, wissen sie, daß sie sich schlecht fühlen werden. Daher stimmen sie zu, auch wenn es in Wirklichkeit überhaupt nicht ihren Vorstellungen entspricht. Wenn eine nahestehende Person etwas Bestimmtes tut und sie es nicht wollen, stimmen sie lieber zu und fühlen sich schlecht, als die andere Person unglücklich zu machen. Um in einer solchen Situation die Verantwortung zu übernehmen, sagen sie am besten: »Ich möchte das nicht tun«, erklären dann, warum es wenig sinnvoll wäre, legen dar, was sie statt dessen tun werden, und stehen dazu. Das fördert die Selbstachtung. Wenn sie dies nicht in einem anklagenden Ton äußern, ist die andere Person grundsätzlich damit einverstanden, und beide Menschen sind zufrieden.

Da sich Steinbock-Mondknoten-Menschen durch die emotionalen Reaktionen anderer kontrolliert fühlen, versuchen sie wiederum, andere durch ihre eigenen Gefühlsausbrüche zu kontrollieren. Andere fügen sich dann oft nur deshalb, weil es keinen Sinn hat, sich mit den intensiven Emotionen auseinanderzusetzen, die hervortreten, wenn Steinbock-Mondknoten nicht ihren Willen bekommen.

Die Form, in der sie sich durchsetzen, entscheidet über das Ergebnis. Wenn sie beispielsweise noch spätabends arbeiten müssen, neigen sie zu Entschuldigungen: »Ich denke, daß ich es in 30 Minuten schaffen werde, dann werde ich mich beeilen und nach Hause kommen und Essen machen … Was möchtest du essen … ach, du meine Güte, ach, du meine Güte.« Das ist nicht die Aussage eines Erwachsenen, sondern die eines Kindes, das versucht, gefällig zu sein. Ein Erwachsener würde sich in etwa so ausdrücken: »Ich werde heute Abend bis ungefähr 9 Uhr arbeiten, deshalb solltest du dir vielleicht selbst etwas zu essen machen, weil ich keine Zeit dazu habe.«

Wenn andererseits eine andere Person will, daß sie etwas tun und sie das auf eine sehr emotionale Weise ablehnen, wird die andere Person zurückweichen. Dies fördert nicht das gegenseitige Vertrauen. Das Wichtigste ist für diese Menschen, eine vernünftige, selbstverantwortliche Haltung einzunehmen. »Ich will an diesem Wochenende nicht mitkommen, weil ich am Montag früh aufstehen muß, um arbeiten zu gehen, und mich am Wochenende etwas ausruhen muß.« Sie müssen die andere Person wissen lassen, warum es nicht in ihrem Sinne ist zuzustimmen, und dann auch dazu stehen.

Wenn sie einen Moment darüber nachdenken müssen, sollten sie antworten: »Es klingt, als wäre es eine gute Idee. Laß mich darüber nachdenken, ich melde mich dann wieder bei dir.« Sie lernen auf eine vernunftbetonte Weise für sich selbst einzustehen, anstatt sich von der emotionalen Intensität anderer Menschen beeinflussen zu lassen oder danach zu streben, die Situation durch ihre eigenen Emotionen zu kontrollieren.

Verleugnung

Steinbock-Mondknoten-Menschen gehen manchmal über Probleme hinweg, weil sie nicht mit emotional belastenden Situationen konfrontiert werden wollen. Sie befürchten, daß sie auf irgendeine Weise eine Krise heraufbeschwören könnten, wenn sie die Dinge direkt beim Namen nennen. Sollte kein anderer es zur Sprache bringen, lassen sie es geschehen und hoffen, daß es vorübergeht.

Das Problem dabei ist, daß sie nicht reagieren, wenn ihre eigenen Gefühle verletzt wurden. Sie überkompensieren, indem sie zu viele kleine Aufgaben in einer Beziehung übernehmen, weil sie Angst haben, ihren Partner zu verlieren. Sie denken: »Wenn ich meinen Partner wirklich liebe, werde ich es einfach akzeptieren.« Sie vermeiden direkte Auseinandersetzungen, werden statt dessen wütend und reden mit der anderen Person nichts mehr.

Eine andere Technik der Verweigerung ist, mangelndes Wissen vorzugeben, um das Übernehmen der Verantwortung hinauszuzögern: »Ich habe nicht genug Ahnung davon, um mich jetzt darum zu kümmern.« Steinbock-Mondknoten-Menschen benutzen auch das Wort »verstehen«, wenn sie eigentlich »akzeptieren« meinen. Sie sagen beispielsweise: »Ich verstehe nicht, warum du mir das antust! Ich verstehe nicht, warum du so wütend bist!« Eigentlich möchten sie sagen: »Ich akzeptiere nicht, daß du mir das antust! Ich akzeptiere nicht, daß du so wütend bist!« Wenn sie ein Problem zu lösen haben, benutzen sie Verleugnung als ein Mittel, um die Verantwortung zu vermeiden.

Infolge ihrer Sensibilität gegenüber Emotionen spüren diese Menschen sehr genau, wenn in ihren Beziehungen Probleme bestehen. Die Unzufriedenheit zu leugnen mag für eine Weile funktionieren, aber die Probleme lösen sich nicht von selbst. Steinbock-Mondknoten wollen nie ungelöste Probleme zur Sprache bringen, denn ein Teil in ihnen befürchtet, sie könnten nicht in der Lage sein mit dem Konflikt umzugehen. In Wirklichkeit ist es so, daß ein vor sich hin schwelender Konflikt nach einiger Zeit schwerer zu lösen ist – Meinungsverschiedenheiten können schließlich zu einer Trennung führen. Sich dem sofort zu stellen und die zugrundeliegenden Gefühle zu zeigen ist der Schlüssel zu einer konstruktiven Auseinandersetzung und zur Wiederherstellung einer guten Beziehung. Wenn der Partner sagt: »Ich bin verärgert – ich habe folgendes Problem in unserer Beziehung«, kann man absolut sicher sein zu verlieren, wenn man eine Verweigerungshaltung einnimmt.

Für Steinbock-Mondknoten-Menschen besteht der Schlüssel zur Aufrechterhaltung der für sie wichtigen Beziehungen darin, die Probleme, die sie erkennen, offen und aus einer verantwortungsbewußten Haltung heraus darzustellen. Sobald sie für einen Austausch von Informationen und eine Darstellung der verschiedenen Positionen gesorgt haben, schaffen sie die Voraussetzungen für ein wachsendes emotionales Wohlbefinden auf beiden Seiten. In einer Ehe, in der ein Problem für eine lange Zeit ungelöst bleibt, könnte die Übernahme von Verantwortung bedeuten, zu einem Eheberater zu gehen, um sicherzustellen, daß jeder den anderen versteht. Letztendlich besteht die Beziehung deshalb, weil beide Personen es zu einem bestimmten Zeitpunkt so wollten; durch eine klare Auseinandersetzung kann der ursprüngliche Enthusiasmus wiederhergestellt und möglicherweise sogar noch vergrößert werden.

Rollen
Den richtigen Partner wählen

Infolge ihrer Abhängigkeit in vergangenen Leben denken Steinbock-Mondknoten-Menschen, daß sie einen starken Partner zum Schutz und zur Unterstützung brauchen. Manchmal ziehen sie die falsche Person an – jemanden, der auf sie aufpassen will und sie zu Hause festhält. Sollte dies der Fall sein, fängt ihr inneres Selbst nach einer Weile an zu rebellieren, und es endet damit, daß sie die Person ablehnen, von der sie sich einst angezogen fühlten. In diesem Leben will etwas in ihnen die Fähigkeit ausprobieren, für sich selbst verantwortlich zu sein. Was sie wirklich brauchen ist ein Partner, der ihnen helfen kann, ihre eigene berufliche und persönliche Stärke zu entwickeln.

Wenn diese Menschen aus einer Position der Bedürftigkeit in die Beziehung gehen, scheitert diese. Wenn sie jedoch mit dem festen Entschluß, die Verantwortung für ihr eigenes Glück zu übernehmen, eine Beziehung beginnen, dann kann die Beziehung den entsprechenden Stellenwert einnehmen. Die Erfüllung, nach der sie suchen, kann jedoch niemals vorrangig aus der Partnerschaft erwachsen; sie wird möglich, wenn sie aktiv ihren Aufgaben nachgehen und aus einer verantwortungsbewußten, Selbstachtung schaffenden Haltung heraus am Leben teilnehmen.

Auch in engen Beziehungen tun diese Menschen gut daran, ihre eigene Identität aufrechtzuerhalten – sich nicht kompromißbereit zu erklären, um ihren Partner zu beschwichtigen. Ich hatte beispielsweise eine Klientin mit dieser Mondknotenposition, die außerordentlich kreativ war und wirkliches Talent zum Schreiben hatte – als sie noch zur Universität ging, wurden ihre Artikel bereits landesweit veröffentlicht. Nach ihrer Heirat stellte sie das Schreiben ein, setzte all ihre Energie ein, um ihren Mann und die Kinder emotional zu unterstützen. Sie »wollte ihrem Ehemann nicht die Schau stehlen und sein Vertrauen untergraben«.

Zwanzig Jahre vergingen. Als ihre Kinder das Haus verließen, war sie voller Groll gegenüber ihrem Mann; sie machte ihm Vorwürfe, weil sie ihre Karriere als Schriftstellerin nicht weiterverfolgt hatte. In Wirklichkeit hatte ihr Mann sie zum Schreiben aufgefordert, sie unterstellte jedoch, daß ihr Erfolg ihn emotional verärgert hätte, obwohl er sie verbal ermutigt hatte. Ich hatte Gelegenheit mit ihrem Mann zu sprechen, und er wollte wirklich, daß sie ihre Karriere weiterverfolgte! Es hätte der Familie auch finanziell weitergeholfen. Diese Geschichte hat kein Happy-End. Die Frau entschied sich dafür, weiterhin anderen die Schuld in die Schuhe zu schieben, was sie davon abhielt, aktiv die Verantwortung für ihr eigenes Leben zu übernehmen.

Sobald diese Menschen aktiv ihre eigenen Ziele verfolgen, aus einer Position der Integrität heraus handeln und sie selbst sind, können sie erkennen, ob die Menschen, die sie anziehen, eine Bereicherung oder eine Belastung sind. Sie sind in der Lage, genau hinzuschauen, denn sie *brauchen* die andere Person nicht zu ihrem eigenen Überleben. Tatsache ist, daß sie die richtige Person anziehen, sobald sie ein Ziel gefunden haben, dieses konsequent verwirklichen und aktiv ihren eigenen Weg gehen. Dann strahlen sie eine Energie aus, die mit ihrem spirituellen Selbst verknüpft ist. Menschen, die diese Energie unterstützen können, werden sich zu ihnen hingezogen fühlen. Wenn sie bereits verheiratet sind, wird die Übernahme der Verantwortung dem Partner die Möglichkeit geben, sie auf eine neue Weise zu unterstützen.

Die fürsorgliche Mutter

Steinbock-Mondknoten-Menschen übernehmen in persönlichen Beziehungen nur allzu schnell eine übertriebene Mutterrolle. Dies ist für beide Seiten überhaupt nicht vorteilhaft. Sie gehen oft ganz in der Rolle der fürsorglichen Mutter auf und verlieren sich in den sich ständig verändernden Kraftfeldern anderer. Wenn ihnen dies bewußt wird, fühlen sie sich als Opfer. In Wirklichkeit ist es jedoch fast immer so, daß niemand dieses aufopfernde Verhalten fordert, das diese Menschen entwickeln.

Wenn sie die Rolle der fürsorglichen Mutter spielen, ist ihr Motiv, die gute Stimmung ihrer Mitmenschen aufrechtzuerhalten. Für andere ist dies jedoch störend, und die Steinbock-Mondknoten erleben eine Schwächung ihrer Energie, wodurch beide Seiten verlieren. Die übertriebene Sensibilität gegenüber den Stimmungen anderer kann auch zur Folge haben, daß diese Menschen leicht manipuliert werden. Sie müssen andere dann mit konkreten Dingen versorgen, um sie bei guter Laune zu halten. Es handelt sich um eine Form ständiger Fürsorge, und sie fühlen sich grundsätzlich gut dabei, diese Fürsorge zu bieten. Aber sie sollten sich vor denjenigen hüten, die sich ihnen in der Hoffnung nähern, daß sie die Rolle des »Versorgers« für immer spielen werden.

Steinbock-Mondknoten-Menschen gehen von einer Lebensphilosophie aus, die besagt, daß alle einander helfen sollten, und daß die Welt besser wäre, wenn jeder so handeln würde. Daher helfen sie normalerweise wann immer sie können – ohne Hintergedanken. Oftmals kümmern sie sich auch um Menschen, ohne zu wissen, was wirklich helfen könnte. Sie erkennen die körperlichen Bedürfnisse anderer, nicht jedoch die tieferen Ursachen. Sie wären gerne bereit, sich um die spirituellen Bedürfnisse anderer zu kümmern, sie wissen aber nicht wie.

Anstatt in diesem Leben die Rolle der fürsorglichen Mutter zu spielen, müssen sie mehr Betonung auf die »Vaterrolle« legen – die Verantwortung übernehmen, anderen konstruktiv bei der Verwirklichung ihrer Ziele zu helfen. Das bedeutet zuzuhören, um die Absicht der anderen Person genau zu erkennen, und sich dann bewußt entscheiden zu helfen. Manchmal bemuttern sie eine andere Person in der Hoffnung, daß dies das Gegenüber dazu bewegt, die Rolle des Verantwortlichen zu übernehmen. Damit ihre Beziehungen sich gut entwickeln, müssen sich diese Menschen letztendlich bewußtmachen, wie andere wirklich fühlen, und dann die Initiative ergreifen. Wenn sie Hilfe benötigen, um eine Entscheidung zu treffen, sollten sie eine unsichtbare Vaterfigur anrufen – ihre höhere Macht. Dies wird sie dazu befähigen, in schwierigen Situationen selbst die »Vaterrolle« zu übernehmen.

Vertrautheit

Steinbock-Mondknoten-Menschen schätzen Vertrautheit: frei zu sprechen, sich gefühlsmäßig zu öffnen und sich nahe zu sein, ohne Angst vor Verurteilung zu haben. Sie verstehen nicht, wenn diese Vertrautheit nicht zustande kommt. Wenn sie jemanden finden, dem sie nahe sein wollen, arbeiten sie gewöhnlich hart dafür, diese Vertrautheit herzustellen; aber manchmal fühlen sie sich letztendlich doch ausgeschlossen – egal, was sie tun. Eine ihrer Lektionen besteht darin, zu lernen, Dinge nicht persönlich zu nehmen: Manche Menschen wollen keine Vertrautheit. Nicht für jeden gelten die gleichen Werte. Sie lernen ihre Zeit nicht mit dem Versuch zu vergeuden, Vertrautheit mit Menschen aufzubauen, die diese nicht wollen. Sie müssen anderen Menschen zugestehen zu wählen, ob sie Vertrauen aufbauen wollen oder nicht und ihre Entscheidung akzeptieren.

Natürlich gibt es auch Menschen, mit denen die Steinbock-Mondknoten nicht vertraulich werden sollten, auch wenn die anderen sich Nähe wünschen. Sie können die entsprechenden Personen erkennen, wenn sie ihr eigenes Energielevel beobachten. Wenn sie sich froh und kräftig fühlen, ist der Aufbau von Vertrautheit angemessen.

Kommunikation

Steinbock-Mondknoten-Menschen bekommen in Beziehungen, insbesondere auch in Liebesbeziehungen, häufig Probleme, weil sie eine Abneigung haben zuzuhören. Es kann praktisch unmöglich sein, eine Unterhaltung mit ihnen zu führen, es sei denn, die andere Person ist gewillt, die ganze Zeit zuzuhören. Sie sind derart aufgeregt, wenn die Aufmerksamkeit ihnen gilt oder sie jemand nach ihrer Meinung fragt, daß sie den Kontakt mit den Bedürfnissen der anderen Person verlieren. Sie glauben hilfreich zu sein, solange sie jedoch nicht wirklich zuhören, können sie nicht erkennen, worauf die andere Person hinaus will oder welche Art von Antwort sie sucht – daher reden sie einfach immer weiter ohne irgendeinen roten Faden. Dies ist ein Ausdruck ihrer mangelnden Disziplin.

Um die andere Person wirklich zu verstehen, müssen diese Menschen sehr bewußt zuhören. Oftmals hören sie nicht zu, weil sie sich davon nichts versprechen. Außer wenn es sie direkt betrifft, machen sie sich nicht die Mühe, aus sich selbst herauszugehen und den Kontakt mit anderen aufzunehmen, sich einzufühlen und aktiv teilzunehmen – es bedeutet zuviel Anstrengung. Wenn über weitreichendere Zusammenhänge gesprochen wird, empfinden sie dies häufig als unwichtig. Dieser Neigung nachzugehen bedeutet, daß sie die Vertrautheit, nach der sie sich sehnen, nicht schaffen können.

Sollte das, was die andere Person sagt, sie nicht direkt betreffen, fangen sie an, über andere Dinge nachzudenken, wodurch ihre Antwort häufig unangemessen ist und zu Ablehnung und Mißverständnissen führt. Wenn sie jedoch bewußt aufmerksam sind und versuchen, der anderen Person zuzuhören, werden ihre Antworten ganz anders ausfallen und beide sich in der Interaktion wohler fühlen.

Steinbock-Mondknoten-Menschen neigen auch dazu, ihre eigenen Bedürfnisse auf andere zu projizieren, statt sich die Bedürfnisse der anderen Person anzuhören. Häufig sind sie hilfsbereit und hören zwar die Worte, verstehen aber nicht deren Bedeutung, und können daher nicht nach ihnen handeln. Besonders wenn die Beziehung einen emotionalen oder persönlichen Charakter hat, sind die Äußerungen der anderen Person für sie häufig bedrohlich. Das ist deshalb so, weil sie tief in ihrem Inneren davon überzeugt sind, daß sie die psychischen Bedürfnisse anderer Menschen nicht erfüllen können.

Damit sich ihre Beziehungen gut entwickeln, müssen sich Steinbock-Mondknoten bewußt auf das Zuhören konzentrieren. Auch wenn es sich um Informationen handelt, von denen sie befürchten, daß sie sie verwirren könnten, müssen sie offen zuhören, um genau zu erkennen, was eigentlich vorgeht. Die Bereitschaft, später nochmals darüber nachzudenken, bietet ihnen den Raum zuzuhören, ohne das Gefühl zu haben, auf der Stelle antworten zu müssen.

Ihre Unfähigkeit zuzuhören hat auch zur Folge, daß sie Chancen verpassen, weil sie sich nur mit ihren unmittelbaren Angelegenheiten befassen und nicht mit größeren Zusammenhängen. Um dies zu ändern, können sie bewußt zu sich selbst sagen: »Welche Chance bringt mir diese Person? Welche Möglichkeiten ergeben sich für mich aus dieser Situation?« Wenn sie sich auf die Chancen konzentrieren, die ihnen geboten werden, werden die Steinbock-Mondknoten die Fähigkeit entwickeln, aufmerksam und verantwortungsbewußt zuzuhören.

Ichbezogenheit

Steinbock-Mondknoten-Menschen sind oft egozentrisch und können deshalb ihre Fähigkeit, sich in andere einzufühlen, nicht nutzen. Sie wollen sich nicht anstrengen. Wenn sie der Meinung sind, daß sie nichts zur Lösung eines Problems beitragen können, sind sie nicht gewillt, ihre Energie zu »verschwenden«. Obwohl sie die Fähigkeit haben, sich sehr gut in andere Menschen einzufühlen, haben sie oft Angst, dies zu tun und jemanden aktiv zu unterstützen. Sie spüren, wie die andere Person sich fühlt, und fürchten, daß sie ebenfalls leiden werden, und dennoch nicht in der Lage sein werden zu helfen, wenn sie sich gestatten, dies zu durchleben. Wenn sie jedoch wirklich aus sich herausgehen und sich in die andere Person hineinversetzen, kommen die Antworten plötzlich wie von selbst, und sie können die Situation konstruktiv verbessern.

Ich hatte beispielsweise einen Steinbock-Mondknoten-Klienten, dessen Vater kürzlich verstorben war. Am Tag vor seinem Tod betrat mein Klient das Krankenzimmer, und sein Vater – der in einem Sauerstoffzelt lag – streckte seine Arme aus und sagte:»Ich habe solche Schwierigkeiten zu atmen.« Mein Klient wußte nicht, was er tun sollte, um zu helfen. Er blieb daher für ein paar Minuten länger, entschuldigte sich dann und ging. Als er sich später die Situation vor Augen führte und sich in seinen Vater hineinversetzte, erkannte er, daß er einfach hätte bleiben und die Hand seines Vaters halten sollen.

Diese Menschen kennen wunderschöne und liebevolle Möglichkeiten zu helfen – wenn sie sich etwas Zeit nehmen, um sich einzufühlen, wissen sie genau, was zu tun ist. Sie erkennen, daß es gut ist, sich anzustrengen und sich einzubringen, sie sich dann verbunden fühlen und die Nähe aufbauen können, nach der sie streben.

Ziele

Zielorientierung

Für Steinbock-Mondknoten-Menschen ist es äußerst vorteilhaft, wenn sie in allen Bereichen ihres Lebens objektiver und zielorientierter werden. Ohne ein Ziel treiben sie in einem Meer von Emotionen und werden von ihren eigenen Stimmungen und Gefühlen und denen anderer überschwemmt.

Unabhängig davon in welchem Lebensbereich sie sich in ihren Emotionen und Bedürfnissen festfahren, müssen sie sich immer ein bestimmtes Ziel setzen. Wenn sie sich beispielsweise in bezug auf ihre Kinder festfahren, könnten sie nach neuen Möglichkeiten suchen, wie sie mit ihren Kindern umgehen wollen (z. B. sich auf die Atmung zu konzentrieren, um einen Zustand der Gelassenheit aufrechtzuerhalten). Sie könnten auch ein bestimmtes Ziel in bezug auf jedes Kind festlegen (Hans dabei zu unterstützen, unbeschwerter zu sein; Katrin zu helfen, mehr Vertrauen zu erlangen usw.). Indem sie sich auf das Ziel konzentrieren, statt auf den augenblicklich emotionalen Zustand des Kindes, werden sie fähig sein, ihre eigene emotionale Ausgeglichenheit zu bewahren und ihre Aufgaben als Eltern besser erfüllen.

Verbindlichkeit ist der Schlüssel für diese Menschen: die Entscheidung zu treffen, eine Rolle mit der Würde, Selbstachtung und Integrität auszufüllen, die ihr Potential zur Entfaltung kommen lassen. Während sie auf das einmal gewählte Ziel hinarbeiten, findet eine beachtliche Charakterentwicklung statt. Für diese Menschen ist es außerordentlich erfüllend, ein Ziel zu erreichen; es würdigt ihre Kraft, ihr Wissen und ihre Kompetenz auf eine Weise, wie nichts anderes es vermag. Am Ende sind die Selbstsicherheit und die Selbstachtung, die ihnen aus diesem Prozeß erwachsen, ihre wahre Belohnung.

Zielfindung und Zielerfüllung

Ziele klar zu definieren ist ein absolutes Muß für Steinbock-Mondknoten-Menschen. Durch den Prozeß, ein Ziel zu verwirklichen, gewinnen sie in allen Lebensbereichen an Kraft und Vitalität.

In jedem Bereich ihres Lebens ist es heilsam für sie, sich in Selbstkontrolle zu üben. Wenn sie die Kontrolle über ihre Ernährung übernehmen und sehr genau auf ihre Eßgewohnheiten achten, ist dies positiv und fürsorglich, und sie haben ein großartiges Gefühl sich selbst gegenüber. Wenn sie regelmäßig in einem bestimmten Bereich Übungen machen, erwächst daraus die Selbstachtung und die Disziplin, die notwendig sind, um ein Ziel zu erreichen.

Zur Fähigkeit, Ziele zu erreichen, gehört auch, die eigene Leistungsfähigkeit realistisch einzuschätzen. Sobald sie die größeren Zusammenhänge erkennen, können sie kleinere Abschnitte planen, um systematisch ans Ziel zu gelangen. Wenn sie dann die untergeordneten Ziele erreichen, entwickelt sich daraus ein Vertrauen für den nächsten Schritt.

Sie könnten beispielsweise 50 Pfund abnehmen wollen. Anstatt sich das Endziel zu setzen, 50 Pfund abnehmen zu wollen, sollten sie besser sagen: »Ich will jeden Monat 2 Pfund abnehmen.« Wenn sie dann im ersten Monat mehr als 2 Pfund abnehmen, können sie das Ziel im nächsten Monat auf 4 Pfund erweitern. Wenn das Ergebnis zu schwer erreichbar ist, sollte das Zielgewicht für den nächsten Monat herabgesetzt werden. Es ist wichtig, daß sie flexibel bleiben und sich nicht selbst unter Druck setzen – sie könnten das Ziel an das erreichte Ergebnis anpassen. Wenn sie sich ein kleineres Ziel gesetzt haben und es erreichen, gibt ihnen das ein gutes Gefühl. Sie wissen das, was sie erreicht haben, zu würdigen und haben mehr Vertrauen, sich dem nächsten Teilziel anzunähern.

Ich hatte einmal einen Steinbock-Mondknoten-Klienten, der sich durch Schwimmen fit halten wollte. Am Anfang schwamm er eine Bahn in sehr großer Geschwindigkeit und war völlig außer Atem. Er wollte es schaffen, hin und zurück zu schwimmen, denn er sah Leute, die etwa 70 Jahre alt waren und es hin und zurück schafften – wie brachten sie das fertig? Er sprach sie an und übte, und nach einer Weile war auch er in der Lage, hin und zurück zu schwimmen. Sein nächstes Ziel war, zwei Kilometer schwimmen zu können, und dann setzte er sich das Ziel, diese zwei Kilometer in 45 Minuten zu schwimmen. Dann schaffte er es sogar in 32 Minuten – und danach fühlte er sich, als trainiere er für die Olympischen Spiele. Auf diese Weise können diese Menschen ihre Leistung steigern; sie setzen sich erreichbare Ziele und erweitern sie dann. Diese Vorgehensweise versetzt sie in Hochstimmung!

Langfristige Ziele

Je früher Steinbock-Mondknoten-Menschen die Verantwortung für ihr Leben übernehmen und ihre Zukunft planen, um so besser sind ihre Erfolgschancen. Das beste ist, ein langfristiges Ziel zu bestimmen, auf das sie hinarbeiten können, und sich gleich auf den Weg zu machen! Diese Menschen machen sich oft Gedanken darüber, ob ihr Privatleben eingeschränkt wird, wenn sie sich ein größeres Ziel setzen. Daher konzentrieren sie sich auf die Freuden und Probleme ihres Alltags und ignorieren völlig die Tatsache, daß sie keine vernünftigen Schritte unternehmen, um ihre Zukunft zu sichern. Sie nehmen Chancen nicht wahr, weil sie nur daran denken, was sie nicht tun wollen. Sie wollen den gegenwärtigen Zustand nicht stören, um ihre Zukunft aufzubauen, obwohl es in Wirklichkeit so wäre, daß die Aufmerksamkeit, die sie auf das Planen der Zukunft verwenden, ihr Glück in der Gegenwart sichert. Ich hatte beispielsweise eine Steinbock-Mondknoten-Klientin, deren Abfindung aus ihrer Scheidung nahezu aufgebraucht war. Sie hatte die Möglichkeit einen erfolgreichen Hundepflegesalon zu kaufen, der keine Nachteile aufwies, sondern noch zusätzlich eine günstige Finanzierungsmöglichkeit bot. Sie konnte gut mit Tieren umgehen und liebte sie, und sie besaß die notwendigen Fähigkeiten für die Pflege. Diese Chance war wirklich ein Geschenk des Himmels.

Sofort begann diese Klientin emotional gefärbte Bedenken zu entwickeln, anstatt die Chance, die in diesem Projekt lag, zu erkennen. War es wirklich dieses »Schicksal«, das ihr vorherbestimmt war? War es wirklich das, was sie für den Rest ihres Lebens tun wollte? Ließe sich dies mit ihren Aktivitäten in der Laien-Schauspielgruppe und ihrer geliebten morgendlichen Unterrichtsstunde im Fitneßstudio vereinbaren? Sie kam zu mir mit der Frage, ob sie diese Gelegenheit wahrnehmen sollte oder statt dessen ihr hypothekenfreies Haus verkaufen sollte, um sich damit mehr Zeit zu geben, bevor sie eine Entscheidung traf, wie sie ihren Lebensunterhalt verdienen sollte.

Um es nochmals zu sagen: Steinbock-Mondknoten-Menschen lernen die Zukunft auf eine vernünftige Weise zu planen. Der Verkauf des Hauses würde lediglich eine Entscheidung hinauszögern und diese Frau in eine schlechtere Position bringen. Und weil sie woanders Miete bezahlen müßte, würde sie auch mehr Einkommen benötigen. Wenn sie das Angebot annehmen und diese Geschäftsidee akzeptieren würde, würde sie gut für ihre Zukunft sorgen. Sie müßte in den ersten zwei Jahren ihre ganze Konzentration und Energie in dieses Geschäft fließen lassen. Sobald es jedoch eingeführt wäre und von selbst laufen würde, könnte sie Leute einstellen, die ihr einiges abnehmen würden – und sie könnte ihr angeborenes Talent nutzen, andere zu führen. Nach zwei oder drei Jahren hätte sie mehr Freizeit und zusätzlich die Sicherheit, noch immer in einem schuldenfreien Haus zu leben, wobei sie gleichzeitig von dem Verdienst aus ihrem eigenen Geschäft leben könnte.

Den größeren Zusammenhang erkennen

Wenn sich Steinbock-Mondknoten-Menschen auf das Ziel konzentrieren, das sie erreichen wollen, können sie leicht Erfolg haben. Daher ist es für sie entscheidend, den größeren Zusammenhang zu erkennen – das übergeordnete Ziel ganz zu verstehen –, damit sie Vertrauen haben, die ihnen zugedachte Rolle zu spielen. Wenn sie nicht genau verstehen, worin ihre Rolle in dem übergeordneten Schauspiel besteht, verlieren sie das Vertrauen.

Eine höhere Macht

Um ihre Abhängigkeitsbedürfnisse in Stärke umzuwandeln, würden diese Menschen gut daran tun, zu einer spirituellen Wesenheit oder einer höheren Macht Kontakt aufzunehmen, auf deren Fürsorge sie sich verlassen können. Dies wird ihnen helfen, sich über ihre auseinanderlaufenden emotionalen Bedürfnisse hinaus zu konzentrieren und sich ein Gefühl zu bewahren, kontrolliert zu sein, ohne kontrollierend zu sein. Wenn diese Menschen das Gefühl haben, eine Situation nicht unter Kontrolle zu haben, drehen sie durch. Wenn sie beispielsweise Auto fahren, und der Verkehr zwingt sie langsamer zu fahren, überreagieren sie oftmals. In Wirklichkeit ist es bestimmend für sie, das Gefühl haben zu wollen, daß sie die Kontrolle über ihr Leben haben. Wie in dem genannten Beispiel ist dies jedoch nicht immer möglich; sie müssen verstehen lernen, daß sie letztendlich die Kontrolle über sich selbst haben, unabhängig von äußeren Umständen.

Steinbock-Mondknoten-Menschen müssen erkennen, daß eine höhere Macht immer die Kontrolle hat, und demzufolge alles, was geschieht, letztendlich zu ihrem Vorteil geschieht. Durch den Verkehr aufgehalten zu werden, könnte zum Beispiel zur Folge haben, daß sie sich mit jemandem nicht treffen werden, den sie lieber meiden sollten! Wenn sie den größeren Zusammenhang im Auge behalten, bewahrt sie das davor, sich hilflos zu fühlen. Wenn sie in eine Situation kommen, über die sie offensichtlich keine Kontrolle haben, können sie sich sagen: »Dafür gibt es einen Grund«, und es einfach geschehen lassen.

Steinbock-Mondknoten-Menschen haben das Gefühl, daß es Aufgaben gibt, für die sie geboren wurden, eine »höhere Mission«, die Teil ihres Schicksals ist. Wenn sie dies nicht erkennen, fühlt sich ein Teil von ihnen zutiefst unerfüllt und schuldig. Diese Bestimmung ist für jeden dieser Menschen eine andere, innerlich wissen sie jedoch, welche Richtung sie einschlagen müssen. Diese Mission wird immer das Innehaben einer Autoritätsposition einschließen, ebenso die Übernahme von Verantwortung, das Vertreten eines Ideals oder den Beweis einer Wahrheit, die wichtiger als ihr persönliches Leben ist.

Es besteht die Möglichkeit, daß Steinbock-Mondknoten-Menschen ihre Mission erkennen, sich ihr für eine Weile widmen, sich großartig dabei fühlen und bemerkenswerte Erfolge erzielen und dann diesen Weg aus dem einen oder anderen Grund verlassen. Sie werden sich so lange rastlos fühlen, bis sie wieder zurückgehen, die Fragmente aufsammeln und ihrer Bestimmung folgen. Das Ergebnis Erfolg oder Mißerfolg ist für sie weitaus weniger wichtig als das Eingehen der Verpflichtung und das aktive Verfolgen des Ziels. Diese Menschen müssen der Versuchung widerstehen, sich derart festzufahren und ablenken zu lassen, daß sie außer der Erfüllung ihrer persönlichen Bedürfnisse nichts leisten. Wenn sie sich anstrengen und das soziale Wohl über ihre persönlichen Wünsche stellen, werden sie von Liebe und dem Gefühl, daß alles gut ist, erfüllt sein. Dann wissen sie, daß sie ihre Mission vollbringen.

Rollenvorbilder

Steinbock-Mondknoten lieben Rollenvorbilder – sie wollen so sein wie der vorbildhafte Mensch, der sehr geistreich ist, etwas darstellt, rhetorisch sehr versiert ist und erfolgreich ein von ihnen bewundertes Ziel erreicht hat. Dies kann für Steinbock-Mondknoten positiv sein. Wenn sie ein Vorbild haben, dem sie nacheifern können, hilft ihnen das zu wachsen und jeder profitiert davon!

Steinbock-Mondknoten-Menschen neigen dazu, anderen die Lorbeeren ihrer Arbeit zu überlassen. Insgeheim möchte ein Teil von ihnen nicht öffentlich dafür anerkannt werden, daß sie für bestimmte Ergebnisse verantwortlich sind – auch wenn das Ergebnis ein Erfolg ist. Sie sind schon damit zufrieden, wenn sie sehen, daß ihre Mission erfüllt ist; sie sind nicht besonders motiviert, sich die Lorbeeren an die Brust zu heften. Praktisch gesehen ist es jedoch für sie von großem Vorteil, die Anerkennung anzunehmen, die sie verdient haben.

Öffentliche Anerkennung ist deshalb eine heilsame Energie für sie, weil sie ihr Selbstwertgefühl steigert und wie ein Barometer funktioniert, das ihnen zeigt, wenn sie auf dem richtigen Weg sind und eine größere

Aufgabe erfüllen. Irgend jemand muß die Anerkennung für den Erfolg entgegennehmen, und es können genausogut die Steinbock-Mondknoten-Menschen sein. Denn die Energie der Anerkennung ist für sie kein Ego-Trip, sondern sie nährt einen Bereich ihrer Psyche, dem es an Lebendigkeit mangelt. Anerkennung ist der Schlüssel, der ihnen die Möglichkeit eröffnet, sich in der Übernahme von weitreichender Verantwortung zu üben.

Chancen

Steinbock-Mondknoten-Menschen sind nicht daran gewöhnt, Chancen zu erkennen. Es ist aber für sie wichtig, Chancen zu ergreifen, damit sie sich später keine Vorwürfe machen.

Wenn diese Menschen zulassen, daß sie sich zu sehr auf ihre eigene Welt beschränken, können sie keine Visionen für die Zukunft entwickeln. Sie sehen, daß andere Menschen Risiken eingehen und bewundern sie dafür, aber es widerstrebt ihnen, ebenso zu handeln, weil sie Angst haben, das zu verlieren, was sie besitzen. Sie müssen lernen, daß Sicherheit zu Stagnation führen kann.

In diesem Leben müssen sie lernen, Chancen zu ihrem Vorteil zu nutzen. Sie müssen sich auf ein Ziel konzentrieren und sich dann hundertprozentig verpflichten, es zu erreichen. Je spontaner sie die Verpflichtung eingehen, desto mehr Kraft haben sie, ihre Aufgabe zu erfüllen – und plötzlich eröffnen sich auf ihrem Weg zahlreiche Chancen. Wenn sie jede Chance wahrnehmen und sie ausführen, haben sie einen weiteren Schritt in Richtung ihres übergeordneten Ziels getan. Jedesmal, wenn sie einen Schritt vollenden, nährt die Energie des Erfolgs sie mit Kraft und Vertrauen, so daß sie die nächste Chance ergreifen können. Im Laufe dieses Prozesses erlangen sie so viel Stärke und Kompetenz, daß sie, wenn sie ihr Ziel erreichen, absolut qualifiziert sind – und innerlich zentriert –, um in dieser Position zu sein.

Chancen erkennen

Infolge so vieler vergangener Leben, die sie in familiärer Umgebung verbracht haben, ist es verständlich, daß sie stärker darauf ausgerichtet sind, andere zu unterstützen, als ständig auf die eigenen Vorteile bedacht zu sein. Sie haben den natürlichen Wunsch, anderen Menschen zu helfen, deshalb ziehen sie Menschen an, die Hilfe benötigen. Sie müssen jedoch offen für die Möglichkeit sein, daß sie der anderen Person und gleichzeitig sich selbst helfen können, indem sie eine Gewinnsituation für beide Seiten schaffen. In dieser Inkarnation lernen sie die Chancen zu nutzen, die ihnen das Leben bietet, um ihre eigene Position zu fördern, ihre eigene Kompetenz unter Beweis zu stellen und persönlich ganz nach oben zu gelangen.

Ich hatte beispielsweise einen Steinbock-Mondknoten-Freund, der Lebensversicherungen verkaufte. Einer seiner Klienten starb. Mein Freund half der Witwe, die nun zahlreiche Geschäfte abzuwickeln hatte und nicht wußte, wie sie es anpacken sollte. Um ihr weiterzuhelfen, brachte mein Freund diese Frau mit einem Anlageberater zusammen, und sie erhielt aus diesem Geschäft eine Menge Geld und einige sehr gewinnbringende Kapitalanlagen. Der Anlageberater fragte meinen Freund: »Was willst du dafür haben?« Er antwortete: »Ach, weißt du, ich wollte nur, daß sie gut bei der Sache abschneidet.« Er hätte eine Provision und eine Kapitalanlage bekommen können, aber diese Menschen verpassen oft Gelegenheiten, die ihnen auf diese Weise in den Schoß fallen, und bereuen es dann später.

Sie müssen aufmerksam gegenüber unerwarteten Chancen sein, die Geschenke sind, die ihnen das Leben überreichen will. Wenn sie die Chancen aus der Tugend der Naivität heraus verpassen, wird jemand anderer sie darauf aufmerksam machen – so wie es der Anlageberater getan hat. Infolge ihrer mangelnden Erfahrung aus früheren Leben können Steinbock-Mondknoten-Menschen nicht immer erwarten, daß sie die Chance selbst entdecken – aber sie können auf andere hören. Wenn ihnen jemand eine Frage stellt, die sich auf einen möglichen persönlichen Vorteil für sie bezieht, ist es in ihrem Fall das beste zu sagen: »Mensch, laß mich mal darüber nachdenken, ich werde dann darauf zurückkommen.« Sie müssen langsam vorgehen und sich selbst Zeit lassen, es zu überdenken.

Das Leben und andere Menschen wissen auf einer tiefen Ebene, daß diese Menschen nicht daran gewöhnt sind, draußen in der Welt zu sein. Deshalb ist es ausgesprochen gut für sie, andere dazu zu befragen, die bereits in der Welt erfolgreich sind. Noch besser ist es jedoch, wenn sie zu der Person, die sie auf eine Chance hinweist, sagen: »Was denkst du, was in diesem Fall angemessen wäre? Was würdest du tun, wenn du in meiner Lage wärst?«

Steinbock-Mondknoten-Menschen sind sehr agil und neigen dazu zu handeln, ohne zu überlegen. Unkonzentrierte, nicht geplante Handlungen sind jedoch destruktiv für sie. Sie vertiefen sich dann so in eine Sache, daß sie nicht innehalten, um zu überlegen, wohin ihre Energie sie führt und wie das Endergebnis aussehen wird. Sie müssen die möglichen Konsequenzen ihrer Handlungen stärker bedenken und ihre Energie bewußter in Kanäle lenken, die ihnen helfen werden, den Überblick zu behalten. Es ist an ihnen, die Verantwortung für den Prozeß zu übernehmen, um sicherzustellen, daß die Ergebnisse im Einklang mit ihren Zielen stehen.

Ich hatte beispielsweise eine Klientin, deren Vater ein Steinbock-Mondknoten war. Ihre Onkel und andere Verwandte hatten ihrem Vater über Jahre hinweg viele Gelegenheiten geboten, wohlhabend zu werden. Sie boten ihm Immobiliengeschäfte, Geschäftspartnerschaften und Investitionen an. Aber ihr Vater blieb stur: »Nein, ich bin ein Arbeiter; ich will nicht investieren.« Deshalb kaufte er sich weder ein eigenes Haus, noch investierte er in seine Zukunft oder die Zukunft seiner Familie. Er kümmerte sich um die Angelegenheiten des täglichen Lebens, arbeitete täglich viele Stunden, und das an sechs Tagen in der Woche, war jedoch nicht bereit, auf eine zukunftsorientierte, vernünftige Weise zu handeln.

Heute sind die Onkel und Cousins meiner Klientin alle wohlhabend, ihrem Vater mangelt es jedoch seit seiner Pensionierung ständig an Geld, und er versteht nicht, wie er in diese Situation kommen konnte. Unbewußt dachte er, daß jemand anderer die Verantwortung übernehmen würde, was für Steinbock-Mondknoten-Menschen bedeutet, daß sie verlieren.

Indem diese Menschen eine stärkere Zielorientierung entwickeln, lernen sie, wie sie jede Störung zu ihrem Vorteil nutzen können, damit alles zu einem Baustein bei der Erreichung eines Ziels wird. Wenn nicht vorhersehbare Faktoren auftauchen, die sie verwirren, lernen sie, den größeren Zusammenhang zu sehen und alles als eine Chance zu betrachten, die sie zu ihrem Vorteil nutzen können, anstatt emotional überwältigt zu werden.

Wenn ein Steinbock-Mondknoten für einen Marathon trainiert und einen Wadenmuskel derart belastet, daß er für einige Wochen nicht laufen kann, sollte er die Zeit nutzen, seine Kräfte im oberen Körperbereich zu entwickeln. Wenn er an den Erfolg denkt, kann er jede Widrigkeit annehmen und sie zu seinem Vorteil nutzen. Das Gefühl der Unabhängigkeit, das durch diese Vorgehensweise erzielt wird, ist enorm. Die Steinbock-Mondknoten erkennen, daß sie während des ganzen Prozesses die Fähigkeiten unter Beweis gestellt haben, die sie benötigen, um ihre Träume in die Tat umzusetzen.

Emotionale Energie in Kraft umwandeln

Infolge vieler vergangener Inkarnationen, in denen sie sich auf ihre Familie und ihr Gefühlsleben konzentriert haben, haben Steinbock-Mondknoten-Menschen in diesem Leben einen direkten Zugang zu ihren Emotionen. Das einzige Problem ist, daß sie in ihnen steckenbleiben! Emotionen sind eine unglaubliche Kraft, und sie lernen, wie sie sie in positive Richtungen lenken können.

Die Ironie dabei ist, daß diese Menschen die positiven Qualitäten nicht erkennen, die den unangenehmen Emotionen innewohnen. Diejenigen, die beispielsweise eine Menge aufgestauter Wut in sich tragen, haben das Gefühl, daß es ihnen an Bestimmtheit, Initiative, Mut und Unabhängigkeit mangelt – alles Aspekte der positiven Seite der emotionalen Energie, deren negative Ausdrucksform Wut ist. Indem sie diese Energie bewußt in ein verantwortungsvolles Verhalten lenken, fließt sie auf natürliche Weise in eine konstruktive Richtung.

Interessanterweise regiert in der Astrologie der gleiche Planet die Qualitäten Engagement, Mut, Bestimmtheit und Unabhängigkeit, der auch die Wut regiert – nämlich Mars. Um die Energie der Wut in einer positiven Form zu entladen, müssen Steinbock-Mondknoten-Menschen Verantwortung übernehmen, sich durchsetzen und in allen Bereichen ihres Lebens die Initiative ergreifen.

So hatte ich beispielsweise eine Klientin mit dieser Mondknoten-Position, die sich extra Zeit nahm, um eine Freundin zu einem großen Kleiderausverkauf zu begleiten. Sie hatten vereinbart, sich um 13 Uhr auf den Weg zu machen. Meine Klientin hatte bis 18.30 Uhr Zeit, da sie anschließend eine andere Verabredung hatte. Ihre Freundin kam zu spät und nahm sich zudem ungeheuer lange Zeit bei dem Ausverkauf. Meine Klientin wurde immer wütender, als sie sah, wie die Zeit verrann. Sie erwähnte ihrer Freundin gegenüber, daß sie um 18.30 Uhr eine Verabredung habe, der Freundin schien dies jedoch wenig auszumachen. Am Ende kam meine Klientin zu spät zu ihrer Verabredung und war für den Rest des Abends wütend und frustriert.

Durch die klare Mitteilung ihres Zeitplans hätte meine Klientin die Verantwortung ganz am Anfang übernehmen können. Wenn ihr Motiv rein ist – sie helfen wollen –, müssen sie andere im voraus wissen lassen, wie der Rahmen aussieht: »Ich werde dir dabei helfen, und ich muß um diese Uhrzeit damit fertig sein. Ist das für dich in Ordnung?« Dadurch entsteht Klarheit und Einverständnis darüber, was passiert – und sie werden Wut in eine aktive Energie umwandeln.

Nördlicher Mondknoten in Wassermann
und nördlicher Mondknoten im elften Haus

Übersicht

Eigenschaften, die man entwickeln sollte

Das Arbeiten an folgenden Bereichen bringt verborgene Fähigkeiten und Talente zum Vorschein:
- Objektivität – die größere Zusammenhänge erkennen
- Wunsch nach Freundschaft
- Entscheidungen im Interesse der gesamten Gruppe treffen
- Bereitschaft, unkonventionelle Ideen mitzuteilen
- Bereitschaft, für humanitäre Belange einzutreten
- Aktive Teilnahme an der Gemeinschaft
- Bewußtsein für die Gleichheit der Menschen
- Andere als eigenständige Persönlichkeiten betrachten, unabhängig von ihrer gesellschaftlichen Rolle (Gärtner, Arzt, Liebhaber usw.)
- Gewinnsituationen für beide Seiten schaffen
- Das Besondere in anderen entdecken

Verhaltensweisen, die man hinter sich lassen sollte

Das Leben wird sich einfacher und friedvoller gestalten, wenn sie daran arbeiten, den Einfluß folgender Tendenzen zu verringern:
- Auf den eigenen Vorstellungen bestehen
- Veränderungen vornehmen, nur um Macht auszuüben
- Risikofreude (in der Liebe oder beim Spielen)
- Eigenwilligkeit und Starrsinnigkeit
- Starkes Bedürfnis nach Anerkennung
- Neigung, Melodramen zu inszenieren
- Das tun, was erwartet wird, anstatt dem eigenen Herzen zu folgen
- Hemmungslose Leidenschaft – bis zum Äußersten gehen
- Sich nicht der Wichtigkeit anderer bewußt sein
- Hochmütige Reaktionen, die auf Angst basieren

Achillesferse/Falle, vor der man sich hüten muß/Fazit

Die Achillesferse der Menschen mit dem nördlichen Mondknoten in Wassermann besteht in ihrem Bedürfnis nach der Bestimmung anderer (»Mein Überleben hängt davon ab, daß andere mir Beifall zollen«) und der Überzeugung, ihr Leben verlaufe in den richtigen Bahnen, wenn sie die Zustimmung anderer erhalten. Es handelt sich jedoch um ein Faß ohne Boden: Wassermann-Mondknoten-Menschen können nie genug Beifall bekommen, um sich zufrieden oder frei genug zu fühlen, sie selbst zu sein. Ganz im Gegenteil, die Zustimmung anderer ist ein falsches Barometer. Sie müssen Mißbilligung riskieren und ihren eigenen unorthodoxen Ideen treu bleiben, um ein tieferes und befriegenderes Gefühl der Selbstannahme zu entwickeln.

Die Falle, in die die Wassermann-Mondknoten-Menschen gehen, besteht in einer nie endenden Suche nach dem Risiko – besonders in der Liebe. Wenn sie diese Liebesenergie jedoch nicht ausgleichen, indem sie sich in ihrem täglichen Leben für irgendeine humanitäre Sache engagieren, wird diese Energie zu intensiv, und sie zerstören unwissentlich genau die Beziehung, die sie sich sosehr wünschen.

Das Fazit daraus ist, daß sie sich nur frei fühlen werden, sich humanitären Belangen zu widmen, wenn sie ihre eigenen Bedürfnisse nicht so wichtig nehmen. Wenn sie ihre zahlreichen Fähigkeiten zum Wohle des ganzen Universums einbringen, steigern sie ihre Leistungen, was für alle Beteiligten von Vorteil ist. Die Ironie besteht darin, daß die Wassermann-Mondknoten-Menschen feststellen werden, daß das Universum sie auf der persönlichen Ebene unterstützen wird, wenn sie sich einem übergeordneten Ziel verpflichten. Sie müssen sich nur an das alte Sprichwort erinnern: »Überlege dir gut, was du dir wünschst, denn es könnte dir erfüllt werden!«

Die wahren Wünsche

Der größte Wunsch dieser Menschen ist verliebt zu sein: angebetet zu werden und mit einem Partner, der ihre Leidenschaft erwidert, im Rampenlicht zu stehen. Um dieses Ziel zu erreichen, müssen sie lernen, sich dem Fluß der Energie anzuschließen – dem Universum mitzuteilen, was sie wollen, und dem Leben vertrauen, daß es ihnen andere Menschen schickt, die sie anerkennen und anbeten werden. Und sie müssen lernen, Liebe auf natürliche Weise anzunehmen – die sich bietenden Chancen aufmerksam zu beobachten und auf diejenigen zu achten, die in ihr Leben treten, um sie zu lieben. Wenn sie Zeit mit gleichgesinnten Menschen verbringen und ihre unorthodoxen Ideen und Visionen bezüglich der Zukunft offen äußern, ziehen sie Liebhaber an, die ihnen auch gleichzeitig ein guter Freund sein können und ihnen die Unterstützung bieten, die sie brauchen.

Talente/Berufe

Diese Menschen haben einen besonders guten Einfluß auf Gruppen, weil sie wissen, wie eine offene, harmonische Zusammenarbeit gefördert werden muß. Weil sie nicht für bestimmte Teile einer Gruppe Partei ergreifen, sind sie fähig, das zu tun, was für die Gruppe als Ganzes am besten ist. Sie sind erfolgreich, wenn es darum geht, Ideale oder humanitäre Ziele zu fördern, an die sie glauben. Wassermann-Mondknoten-Menschen tun sich in Positionen hervor, die Objektivität erfordern. Sie sind erfolgreich als Wissenschaftler, Astrologen, Elektriker, Techniker, Computerexperten oder bei anderen Tätigkeiten, bei denen die Fähigkeit von Vorteil ist, die Zukunft vorauszusehen und sie in die Gegenwart miteinzubeziehen. Sie sind erfolgreich und glücklich bei einer Arbeit, die innovative Ideen in die Öffentlichkeit bringt. Diese Geborenen erzeugen positive Ergebnisse, indem sie ihre kreative Energie zielgerichtet einsetzen, und sind in der Lage, die Dinge bereits in ihrer vollständigen Form zu erkennen. Für die Mitarbeit bei Radio- oder Fernsehsendungen sind sie ebenfalls sehr geeignet.

Zudem sind Wassermann-Mondknoten-Menschen außerordentlich kreativ und bereit, Enthusiasmus, Leidenschaft und ein hohes Maß an Energie einzubringen, um eine Arbeit zu erledigen. Wenn sie ihre Bestimmung dazu nutzen, um eine Gruppe zu bestärken oder ein höheres Ziel zu fördern, energetisieren sie andere. Wenn sie jedoch eigensinnig Berufe wählen, in denen sie selbst im Rampenlicht stehen (beispielsweise als Filmstar, Firmenchef, militärische oder politische Leitfigur), anstatt das höhere Prinzip, dann werden sie verstockt und unfähig, sich mit anderen auf eine Stufe zu stellen. Sie sind besser beraten, sich auf Gebieten zu engagieren, wo sie ihre Fähigkeiten nutzen können, um wichtige universelle Prozesse zu fördern.

Heilende Affirmationen für den Wassermann-Mondknoten

- »Wenn ich meinen Eigensinn loslasse, gewinne ich.«
- »Wenn ich das tue, was für alle Beteiligten das Beste ist, gewinne ich.«
- »Sobald ich genau weiß, was ich will, wird das Universum es mir bringen.«
- »Ich muß andere nicht dominieren, um mich in bezug auf mich selbst gut zu fühlen.«

Persönlichkeit

Vergangene Leben

Wassermann-Mondknoten-Menschen waren in vergangenen Leben Könige und Königinnen oder Entertainer – Menschen, die daran gewöhnt sind etwas Besonderes zu sein. Dadurch, daß ihnen so viel Applaus und Bewunderung entgegengebracht wurde, hat sich eine Ego-Verhärtung gebildet, durch die sie nun davon abgehalten werden, sich anderen gegenüber gleich zu fühlen – sie kamen in diese Inkarnation und hatten noch immer das Gefühl, etwas Besonderes zu sein.

Um ein Gefühl der Gleichheit und Zugehörigkeit wiederzuerlangen, müssen diese Menschen anderen den Überschuß an Energie geben, die ihnen einst in Form von Anerkennung und Ehrerbietung zufloß. Sie können dies tun, indem sie ihre unglaubliche Stärke nutzen, um humanitäre Angelegenheiten zu fördern. Ihre Bestimmung ist es, von ihrem isolierten Thron herunterzusteigen und sich wieder als ein Teil der Gesellschaft einzugliedern.

Wenn etwas Unangenehmes passiert, reagieren sie so: »Das passiert wirklich mir?« Sie glauben einfach nicht, daß sie ein Unglück verdient haben. Eine Lektion, die sie lernen, ist, daß Schicksalsschläge jeden treffen können. Durch die Privilegien der vergangenen Inkarnationen sind diese Menschen empört, wenn sie genauso wie jeder andere behandelt werden – sie sind naiv und verwöhnt.

In Führungspositionen vergangener Leben – als Chefs, Könige, Diktatoren oder Haushaltsvorsteher – waren sie daran gewöhnt, ihren Willen zu bekommen. Deshalb sind sie anspruchsvoll und werten es als persönlichen Affront, wenn andere ihre Wünsche nicht erfüllen. Sie verfügen über derart viel emotionale Energie, daß sie andere oft niederwalzen, ohne es zu bemerken. Sie sind Experten, wenn es darum geht, die Energie des Unbewußten einzusetzen, um das von ihnen gewünschte Ergebnis zu erzielen, und sie sind in diese Inkarnation gekommen, um ihre Willenskraft mit anderen zu teilen. Sie müssen sich bewußt auf die Menschen konzentrieren, mit denen sie es zu tun haben, und sie ermutigen, mit ihren eigenen Bedürfnissen in Kontakt zu kommen und ihre eigenen Träume zu verwirklichen!

Vertrauen und Willenskraft

Weil die Wassermann-Mondknoten-Menschen ihre Willenskraft in vergangenen Leben übermäßig entwickelt haben, gerät diese in dieser Inkarnation manchmal außer Kontrolle – sie versuchen Dinge zu ändern, auch wenn es nicht in ihrem eigenen Interesse ist, einfach nur um der Veränderung willen. Es kann sein, daß sie sich in einer Situation befinden, in der sie sich wirklich sehr wohl fühlen, und plötzlich lodert ihr Wille auf und fordert seinen Tribut. Dies kann sehr verwirrend sein. Wenn dies geschieht, ist für die Wassermann-Mondknoten die effektivste Möglichkeit, die Gleichheit wiederherzustellen, zu erkennen, was gerade passiert: »Entschuldigung – es war mein Wille, der außer Kontrolle geraten ist. Könntest du bitte deine Idee noch einmal wiederholen?«

Diese Menschen waren in vergangenen Leben auch berühmte Künstler und andere höchst kreative Menschen. Dies veranlaßte sie, stolz zu werden und ihre Visionen arrogant vor anderen zu präsentieren. Ihr starker Wille ist für sie von Vorteil, wenn sie ihn dafür einsetzen, ein Ziel zu erreichen, weil er ihnen die Stärke und Entschlossenheit verleiht, selbst bei schwierigen Projekten bereits das Endergebnis zu erkennen. Er hat jedoch einen negativen Einfluß, wenn er sich wahllos in andere Bereiche ihres Lebens ausdehnt. Sie haben so viele Leben damit verbracht, ihr Ego, ihre Entschlossenheit und ihren persönlichen Willen zu entwickeln, daß sie ihr Gruppenbewußtsein verloren haben. Deshalb müssen sie in dieser Inkarnation ihr Denken bewußt erweitern, um die individuellen Bedürfnisse anderer einbeziehen zu können. Ihr Wille muß sich darauf richten, das für die Gemeinschaft Positive zu fördern, um von anderen unterstützt zu werden. Probleme entstehen dann, wenn Wassermann-Mondknoten versuchen, jeden Schritt zu kontrollieren, durch den sie ihre Träume verwirklichen. Wenn sie versuchen den Prozeß zu kontrollieren, erwächst ihnen daraus Frustration. *Was* sie wollen, ist begründet; sie lernen jedoch die Vorstellung darüber, wie sie es bekommen, loszulassen. Das Universum will ihre Bedürfnisse erfüllen, und wenn sie lernen, ihrem Ego weniger Bedeutung beizumessen, wird all das auf sie zukommen, was sie benötigen. Wassermann-Mondknoten-Menschen verfügen über ein angeborenes Vertrauen in ihre Fähigkeit, die Hindernisse des Lebens zu überwinden. Möglicherweise verfügen sie deshalb über eine solch unglaubliche Widerstandsfähigkeit und gehen aus Katastrophen mit leichtem Herzen und ungebrochener Abenteuerlust hervor. Sie schätzen ihre Fähigkeiten und Bedürfnisse ganz genau ein und machen sich daran, positive Ergebnisse zu schaffen. Sie suchen nicht nach Sicherheit im herkömmlichen Sinne – sie verlassen sich auf ihre eigene Klugheit, um ihr Schicksal in die Hand zu nehmen.

In vergangenen Leben haben diese Menschen alles alleine gemacht, deshalb sind sie so eigenwillig. Sie drängen so lange, bis das gewünschte Ergebnis erzielt wird oder der Widerstand so groß ist, daß sie nur noch aufgeben können. Wenn sie schließlich etwas aufgeben, das nicht funktioniert, sehen sie das auch als Botschaft von höheren Mächten. Sie werden von verschiedenen Seiten unterstützt: Die Engel und ihre eigene Intuition zeigen ihnen den größeren Zusammenhang auf, und sie können auf die Hilfe von Freunden zählen, die die gleichen Ideale verfolgen. Wenn Wassermann-Mondknoten-Menschen anderen gestatten, ihnen beim Erreichen ihrer Ziele zu helfen, entsteht eine Menge positiver, gegenseitiger Energie.

Risiken eingehen

Wassermann-Mondknoten-Menschen hassen es zu verlieren, wenn sie ein Risiko eingehen. Auch wenn es nur um ein einfaches Kartenspiel oder einen geringen Einsatz geht, sobald Geld im Spiel ist, beweisen diese Menschen keinen »Sportsgeist«. Sie nehmen die ganze Sache sehr ernst und vergessen dabei, daß es sich um ein Spiel handelt. In vergangenen Leben waren sie Spieler, deshalb haben sie in diesem Leben überhaupt keine Bedenken, ein Risiko einzugehen. Und dennoch sind sie in diesem Leben grundsätzlich keine guten Spieler, weil es ihnen an Objektivität mangelt.

Diese Menschen denken bei jedem Risiko, das sie eingehen, ständig an die möglichen katastrophalen Konsequenzen. Sie glauben unbesiegbar zu sein. Oft halten sie nicht lange genug inne, um die Gewinnchancen abzuwägen, die Situation zu beurteilen und eine praktische Einschätzung vorzunehmen, die die Wünsche anderer berücksichtigt. Sie spüren eine unglaublich starke emotionale Energie in sich und wagen den Sprung.

Wenn der Wassermann-Mondknoten glaubt, einen sehr großen Gewinn bei einem Geschäft erzielen zu können und seinen Spielerinstinkten folgt, läuft er Gefahr, einen Verlust zu machen. Es ist wichtig, daß er es langsam angeht und nicht mit mehr Mitteln spielt, als er verlieren darf, egal, ob es sich nun um sein Geld oder sein Herz handelt!

Wenn die Wassermann-Mondknoten-Menschen blind ihrer Leidenschaft folgen, verlieren sie immer, ob es sich nun um eine Liebesaffäre oder ein finanzielles Spiel handelt. Wenn die Leidenschaft aufsteigt, ist es das beste, sich selbst zu zwingen, das Tempo zu verlangsamen und das Risiko abzuwägen. Dann werden sie über die Klarheit verfügen, eine weise Entscheidung zu treffen. Sie verlieren, wenn ihr einziges Ziel in der Selbstbefriedigung liegt. Wenn höhere, altruistische Ziele vorhanden sind, schafft das die erweiterte Perspektive, die sie brauchen, um objektiv und strategisch zu sein.

Überentwickeltes Ego

Wassermann-Mondknoten-Menschen haben so viele Leben damit verbracht, ihr Ego zu entwickeln, daß das Über-Ich vernachlässigt wurde. All die vergangenen Leben, die diese Menschen damit verbracht haben, ihr Ego aufzubauen, haben ihnen die Kraft verliehen, das zu bekommen, was sie wollen. Manchmal verstricken sie sich jedoch so sehr darin, ihren Willen durchzusetzen, daß sie sich nicht die Zeit nehmen zu hinterfragen, ob dies auch ihre wahren Bedürfnisse (das Es) befriedigt. Oder sie bekommen nicht, was sie wollen, weil sie das Über-Ich unberücksichtigt lassen und vergessen, sich selbst zu prüfen, ob ihre Ziele den anderen betroffenen Menschen überhaupt nützen oder sie sie möglicherweise herabsetzen. In dieser Inkarnation müssen die Wassermann-Mondknoten ihre Verbindung mit dem Über-Ich entwickeln: Je stärker diese Verbindung wird, desto effektiver wird der Einsatz ihres persönlichen Ego in diesem Leben sein.

Die wichtigste Lektion der Wassermann-Mondknoten-Menschen besteht darin, ihr hyperaktives Ego in ein Werkzeug zur Förderung der menschlichen Evolution umzuwandeln. Um das Ego zu zügeln, bedarf es einer spirituellen Orientierung und starker Selbstdisziplin. Sie dürfen sich einfach nicht gestatten, unbedeutenden negativen Emotionen nachzugeben. Diese Denkmuster nähren ihr Ego und verletzen ihr Herz. Es mag sein, daß andere sich das erlauben können, Wassermann-Mondknoten können es nicht. Sie haben ein Übermaß an explosiver kreativer Energie, die sich bei jedem Ziel, auf das sie sich konzentrieren, ausdehnen und ein Eigenleben annehmen wird. Sie müssen sich von Gedanken abwenden, die Neid, Arroganz und Stolz fördern – egal um welche negative Energie es sich handelt, für sie ist es gefährlich, ihr nachzugeben. Sie sind gut gerüstet, um in diesem Leben ihren kraftvollen Willen zu benutzen – er wird ihr Ego davon abhalten, sie mit schädlichen Gedanken zu beeinflußen. Wenn die Dinge beispielsweise nicht nach ihrem Willen laufen, machen sie sich selbst oder andere für das Ergebnis verantwortlich und sind sehr frustriert. Das ist der richtige Zeitpunkt, die Invasion negativer Gedanken zu beenden und sich selbst daran zu erinnern: »Ich weiß nicht, wie es sein sollte.« Wird dieser Gedanke in Schüsselsituationen abgerufen, dann bremst er ihre negativen Gedanken und bringt ihnen Frieden.

Affirmationen können ihnen sehr gut dabei helfen, sich von negativen Gedanken zu befreien: »Ich bin erfüllt von liebevoller Güte. Mein Sein ist von Liebe durchdrungen.« Indem sie diese Art von Gedanken im Laufe des Tages bewußt wiederholen, können sie sich wieder mit ihrem wahren Wesenskern verbinden.

Wassermann-Mondknoten müssen auch daran arbeiten, sich von Verstrickungen des Ego zu befreien, indem sie aufhören, sich selbst zu verurteilen und sich mit anderen Menschen zu vergleichen. »Nun, sie ist besser dran als ich. Sie bekommt mehr öffentliche Anerkennung, mehr Geld, mehr Besitz …« Solche Vergleiche machen sie wütend und neidisch. Es kann sein, daß sie jemand anderen sehen und denken: »Sie hat einen weniger anspruchsvollen Job, sie verdient weniger Geld, sie lebt in keiner guten Beziehung …«, und dann fangen sie an, sich überlegen zu fühlen. Wenn sie auf diese Weise urteilen, verlieren sie immer, weil das jede wirkliche Verbindung oder gegenseitige Unterstützung ausschließt.

Um zu vermeiden, daß sie in diese Falle geraten, müssen sie genau beobachten, wann sie solche Gedanken haben und sie dann sofort durch andere ersetzen: was sie fürs Abendessen einkaufen müssen, was sie am Arbeitsplatz erledigen müssen und so weiter. Sie müssen auch erkennen, daß die Anstrengung immer die gleiche ist, egal, ob ein Mensch versucht, Präsident der Vereinigten Staaten zu werden, einen Universitätstitel zu erlangen oder genug Geld zu verdienen, um seine Familie zu ernähren. Wenn die Wassermann-Mondknoten-Menschen dies erkennen, werden sie sich entspannen und wieder mit anderen auf eine Ebene stellen.

Arroganz

Die Arroganz ist den Wassermann-Mondknoten-Menschen deshalb angeboren, weil sie viele vergangene Leben in Positionen verbracht haben, in denen sie anderen übergeordnet waren. Die Energie der Arroganz führt zur Isolation und hält sie davon ab, die Dinge im Leben zu bekommen und zu behalten, die am wichtigsten sind. Arroganz kann jedoch auch in eine Kraft umgewandelt werden, durch die sie befähigt werden, ihren Teil zu einer evolutionären Veränderung beizutragen.

Diese Menschen denken: »Meine Ziele sind die besten. Wenn ich das Universum regieren würde, würde manches besser laufen.« Wenn sich dieses Überzeugtsein von sich selbst mit der Wahrnehmung größerer Zusammenhänge verbindet, werden sie durch die Energie der Arroganz dazu getrieben, Probleme zu lösen und ihren Beitrag zur Weiterentwicklung des Planeten zu leisten. Dennoch müssen sie bei allen ihren Handlungen mit Bescheidenheit vorgehen: »Meine Vision ist zwar die beste, aber es könnte sein, daß ich nicht immer den besten Weg weiß, wie sie zu verwirklichen ist.

Urteile

Weil die Wassermann-Mondknoten-Menschen vergangene Leben in privilegierten Positionen verbracht haben, erwarten sie, daß sich die Dinge immer zu ihrem Vorteil entwickeln. Wenn es zu einem unangenehmen Ereignis kommt, besteht ihre erste Reaktion meistens in Empörung: »Das habe ich nicht verdient!« – was unterstellt, daß es andere Menschen gibt, die ein Unglück eher verdient haben. Wenn sie in solchen Mustern denken, verlieren sie den Kontakt mit ihrem angeborenen Großmut und fühlen sich als etwas Besonderes – und das ist der Augenblick, in dem andere sich gegen sie zur Wehr setzen. Diese Menschen handeln jedoch aus einer grundlegenden Naivität heraus; auch wenn sie andere provozieren, bemerken sie nicht einmal, daß sie es tun. Diese Menschen handeln wirklich aus einer inneren Güte und Freundlichkeit heraus, sind anderen gegenüber grundsätzlich positiv eingestellt und glauben an das Gute im Leben. Wegen dieser Eigenschaften scheinen sie immer Glück zu haben. Wenn die Dinge jedoch nicht so laufen, wie sie es wollen, kommt das innere verzogene Kind zum Vorschein, und sie sind über das Universum und das Leben als solches empört. Ihre Wut verschlimmert das Problem dann noch zusätzlich, denn sie blockieren ihre Aufnahmefähigkeit für das Gute und verlieren sich emotional in ihrem Unglück – was zu noch größerem Unglück führt!

Wenn sie es sich erlauben, noch intensiver destruktive Vergleiche anzustellen, wird ihr Verhalten anderen Menschen gegenüber entweder abweisend oder verachtend. Das macht sie unbeliebt – die Menschen, die sie verachten, wollen ihnen schaden, und diejenigen, von denen sie annehmen, daß sie mehr Glück haben, fühlen sich nicht verpflichtet, ihnen zu helfen, weil sie die Ablehnung der Wassermann-Mondknoten spüren.

Wassermann-Mondknoten-Menschen lernen ein Urteil aufzuschieben und sich Zeit zu lassen, andere besser kennenzulernen: zu erforschen, warum andere so denken, wie sie denken, und herauszufinden, welche Gemeinsamkeiten sie mit ihnen haben. Sie verhindern viele glückliche Beziehungen, weil sie so schnell Urteile aufgrund des ersten, oberflächlichen Eindrucks fällen. Der einzige Weg, der aus diesem selbstzerstörerischen Muster herausführt, besteht für die Wassermann-Mondknoten darin, ihre innere Großzügigkeit neu zu entwickeln. Durch viele vergangene Inkarnationen, in denen sie andere überragten und unter dem Schutz des Universums standen, sind diese Menschen großzügig geworden und geben von ihrem Glück etwas weiter. Wenn sie die Leistungen anderer loben und sich an den Siegen anderer freuen, öffnen sie die Schleusen zu ihrem eigenen Glück.

Nördlicher Mondknoten in Wassermann

Beifall

Eine andere Strategie, die die Tore für das Glück der Wassermann-Mondknoten-Menschen offen hält, besteht darin, bewußt die positiven Dinge zu würdigen, die sie bereits erleben. Es ist wichtig, daß sie von einer Position der Wertschätzung ausgehen, anstatt der Arroganz. Wenn sie beispielsweise zu einer exklusiven Party eingeladen sind und innerlich mit Arroganz reagieren (»Es wurde ja auch endlich Zeit, daß sie mich eingeladen haben!«), fühlen sie sich vorübergehend glücklich, aber diese Einstellung zieht meistens Unglück an. Wenn die Einladung dann aus irgendeinem Grund zurückgezogen wird, ist es ihre Arroganz, die sie auf die folgende Art reagieren läßt: »Wie können sie es wagen so etwas zu tun! Ich habe es verdient, zu dieser Party zu gehen! Das Leben ist gegen mich!«

Unglücklicherweise wird die Konzentration auf das Negative zu einer dauernden Schlacht, weil sie über eine enorme kreative Energie verfügen. Wenn sie aber an das Gute im Leben glauben – und offen dafür sind –, dann erkennen sie, wann sich Chancen ergeben, und bewegen sich auf natürliche Weise in Richtung des Erfolgs.

Ich hatte beispielsweise eine Klientin mit dieser Mondknotenposition, die einen Unfall hatte und einen Beckenbruch davontrug. Als sie auf einer Trage weggebracht wurde sagte sie zu sich. »Das Leben liebt mich (alle Wassermann-Mondknoten-Menschen wissen das!), und für irgend etwas wird es gut gewesen sein.« Und tatsächlich schrieb sie im Krankenstand einen Vorschlag für ein neues Projekt, das ihre Geschäfte auf der nationalen Ebene vorantrieb. Die Beziehung zu einem Mann, die bereits beendet war, blühte wieder auf, und während ich dies schreibe, sind die beiden immer noch glücklich miteinander. Ihr ganzes Leben nahm eine andere Richtung und veränderte sich, weil ihre Aufnahmefähigkeit für das Gute ihr gestattete, dieses scheinbar negative Ereignis zu ihrem Vorteil zu nutzen.

Im Gegensatz dazu hatte ich eine Freundin mit dieser Mondknoten-Position, mit der ich in einem stark frequentierten New Yorker Lokal verabredet war, bevor wir gemeinsam ins Theater gehen wollten. Ich konnte sie in dem Lokal nicht finden, deshalb ging ich nach draußen und fand sie zusammen mit zirka 30 Menschen in einer Warteschlange vor dem Lokal. Ein sehr attraktiver Mann stand direkt hinter ihr in der Reihe. Sie war wütend auf mich, daß ich zu spät gekommen war, und auf dem ganzen Weg ins Theater machte sie mir Vorwürfe. Worüber sie in Wirklichkeit empört war, war die Tatsache, daß man sie nicht in das Lokal hineingelassen hatte, was sie als persönliche Beleidigung interpretierte. Sie hatte nicht ihren Willen bekommen, und deshalb machte sie jeden um sich herum unglücklich (einschließlich sich selbst) und verpaßte die großzügige Gelegenheit, die das Leben ihr bot: den attraktiven Mann kennenzulernen, der hinter ihr in der Reihe stand!

Diese Menschen lernen dem Fluß der Dinge zu vertrauen. Sie sind sehr großzügig, und das Leben reagiert auf sie mit Großzügigkeit. Wenn sie ihren Willen nicht bekommen, müssen sie ihren Horizont erweitern, um zu erkennen, welche anderen Möglichkeiten ihnen das Leben bringt. Sie müssen ihre begrenzten Vorstellungen, was sie glücklich machen wird, loslassen und offen für die Fülle des Lebens sein – dann werden ihnen zahlreiche neue Erfahrungen unerwartete Freuden bringen.

Bedürfnis nach Bestätigung
Beifall und Anerkennung

Wassermann-Mondknoten-Menschen haben zu viele Leben damit verbracht, der Star im Rampenlicht zu sein und ständig das öffentliche Interesse auf sich zu ziehen, weshalb sich in dieser Inkarnation ein Teil in ihnen dagegen wehrt, eine solche Position einzunehmen. Die Angst, ihre Rolle nicht richtig zu spielen und deshalb abgelehnt zu werden, stellt für sie ein großes emotionales Risiko dar. In diesem Leben lohnt es sich für sie grundsätzlich nicht, die Position des Stars einzunehmen. In dieser Inkarnation gibt der begeisterte Applaus anderer diesen Menschen nichts – es fällt ihnen schwer, Beifall zu akzeptieren. Sie sind aber großartige Zuschauer, die andere dabei unterstützen, ins Rampenlicht zu treten. Ihr angeborener Enthusiasmus ruft bei den übrigen Zuschauern ebenfalls Begeisterung hervor. Auf diese Weise geben sie die Energie des Beifalls an andere zurück und bleiben frei, sie selbst zu sein.

Wenn sie es nicht vermeiden können, im Mittelpunkt des Interesses zu stehen, lenken sie am besten die Konzentration auf etwas, das sich außerhalb ihres Selbst befindet. Wenn ein Wassermann-Mondknoten beispielsweise ein öffentlicher Redner ist, kann er die Aufmerksamkeit des Publikums auf das Thema des Vortrags konzentrieren. Wenn er dann bei den anderen Interesse für seine Thesen oder Projekte weckt, anstatt nur danach zu streben, den Beifall auf sich selbst zu lenken, wird sein Enthusiasmus grenzenlos, und er verfügt über eine enorme kreative Kraft.

In vergangenen Leben waren die Wassermann-Mondknoten-Menschen bekannte Persönlichkeiten, die unkritisch traditionelle Ansichten vertreten mußten – das war Teil ihrer Aufgabe. In diese Inkarnation jedoch sind sie gekommen, um unkonventionelles Wissen weiterzugeben, und es ist durchaus nicht notwendig, daß sie immer Beifall dafür ernten, weil sie etwas Neues vermitteln. Die Menschen akzeptieren neues Wissen nur sehr langsam, weil sie Zeit brauchen, dessen Wert zu erkennen, sich darauf einzustellen und es zu integrieren. Wassermann-Mondknoten müssen Ablehnung riskieren, wenn sie ihre innovativen Ideen vortragen. Sie müssen zulassen, die Bestärkung, die aus ihrer Selbstannahme erwächst, zu spüren.

Wenn sie sich selbst als einen Kanal sehen, durch den das Wissen hindurchfließen kann, befreit sie das außerordentlich, weil sie dann nicht recht haben müssen. Dies befreit sie auch von der Verletzlichkeit, unbedingt die Zustimmung anderer haben zu müssen. Sobald sie erkennen, daß sie nur die frei fließenden Ideen »aufgreifen« und sie weitergeben, spielt es keine Rolle mehr, ob andere Menschen zustimmen oder nicht.

Wenn sich diese Menschen in einer Gruppe befinden, haben sie oftmals brillante Ideen, die von anderen mit Begeisterung akzeptiert werden. Eine Idee wird Wirklichkeit, und keiner erinnert sich mehr daran, daß es sich um die Idee des Wassermann-Mondknotens handelte. Diese Menschen haben zwar häufig eine Neigung zum Größenwahn, wenn sie sich jedoch zurückhalten, erreichen sie ihr größtes Potential und haben den meisten Erfolg.

Wenn sie nicht auf Applaus warten, bleiben sie unbelastet, um in Richtung des nächsten großen Projekts weiterzugehen. Wenn sie sehr viel Applaus erhalten, wird ihre Aufnahmefähigkeit für neue Ideen blockiert. Daher ist es ihr Schicksal, hinter den Kulissen und mit anderen zusammenzuarbeiten, damit die Dinge verwirklicht werden. Wenn sie dann trotzdem zu Ruhm kommen sollten, können sie diesen mit einer ausgeglichenen Haltung akzeptieren und ihn nicht persönlich nehmen.

Persönliche Wertschätzung

Diese Menschen wollen, daß sie von allen gemocht werden – dieses Motiv steht hinter vielen ihrer Handlungen. Wenn sie etwas tun und keine Anerkennung dafür erhalten, können sie nur sehr schwer damit umgehen. Wegen ihrer Erfahrungen aus vergangenen Leben benutzen sie Anerkennung unbewußt als Barometer dafür, ob sie richtig liegen und eine gute Arbeit leisten. Auf einer Ebene sind die Wassermann-Mondknoten-Menschen noch immer von der Vorstellung beeinflußt, daß sie einem bestimmten Image gerecht werden müssen. Obwohl sie im jetzigen Leben gegen diese Beschränkung rebellieren, sind sie dennoch so sehr daran gewöhnt, ihr wahres Selbst zu opfern, um eine Rolle zu spielen und Beifall zu ernten, daß sie sich nur allzu leicht auf eine Weise verhalten, die ihrer Ansicht nach den Erwartungen der anderen entspricht. Diese Rolle steht im Gegensatz zu ihren innersten Bedürfnissen.

Ihr Wunsch nach Zustimmung verursacht ihnen oft enorme innere Konflikte. Sie sind sich der Reaktionen anderer Menschen so sehr bewußt, daß sie gegenüber diesen oft gezielt ein bestimmtes Image aufbauen. Weil sie unbedingt das »Richtige« sagen wollen, um Zustimmung zu bekommen, reagieren sie nicht natürlich auf den Fluß der Energie.

Wenn sie sich jedoch sosehr auf sich selbst konzentrieren, verringern sie unbewußt ihr natürliches Selbstvertrauen. Wenn sie sich ständig Gedanken machen, welchen Eindruck sie bei anderen hinterlassen, und ein bestimmtes Maß an Zustimmung benötigen, um glücklich zu sein, dann beruht diese Ausgeglichenheit auf einer unsicheren Basis. Sie stehen unter ständigem Druck, ein Image zu präsentieren, von dem sie annehmen, daß es für das positive Feedback erforderlich sei, das sie angeblich unbedingt brauchen.

Diese Menschen sind viel besser beraten, wenn sie authentisch aus ihrem wahren Wesen heraus reagieren – und dann abwarten, wie die andere Person sich verhält und wie sie diese einschätzen. Wenn sie mit einem anderen Menschen ehrlich kommunizieren, wird dessen Reaktion ihnen zeigen, ob sie ihre Zeit mit diesem Menschen verbringen wollen. Dies ist für die Wassermann-Mondknoten-Person sowohl eine stärkere als auch eine gesündere Position.

Bedürfnisse

Das Ego ins Gleichgewicht bringen

Bevor die Wassermann-Mondknoten-Menschen das Selbstvertrauen erlangen, die sie benötigen, um ihre Ziele erfolgreich verwirklichen zu können, muß die Behinderung durch das übergroße Ego beseitigt werden. Das Ego wurde dermaßen aufgebaut, daß sie es in dieser Inkarnation hungern lassen müssen, um wieder zu einer inneren Balance zu finden. Bei ihrem Bedürfnis nach Prestige handelt es sich um ein Faß ohne Boden, durch das sie veranlaßt werden, über ihre Verhältnisse zu leben, ein überhebliches Verhalten anzunehmen und immer mehr haben zu wollen. Anderen ist es gestattet, das Ego zu fördern und auszubauen, den Wassermann-Mondknoten jedoch nicht. Ihr Wunsch nach Beifall kann nur allzu leicht zu einem Ego-Trip mit arrogantem Verhalten werden, der ein Desaster verursacht. Deshalb verhindert das Universum oft so lange ihren Erfolg, bis sie gelernt haben, in ausgeglichener und liebenswürdiger Weise zu reagieren.

Das Leben gibt ihnen viele Chancen. Weil sie innerlich optimistisch, energiegeladen und willens sind, Risiken einzugehen, bringt sie ihr Unternehmungsgeist gerechterweise genau in die Position, aus der sie siegreich hervorgehen können. Und dann beobachtet das Leben, wie sie mit jedem Erfolgserlebnis umgehen: Wenn sie sich wichtigtuerisch verhalten, nimmt ihnen das Leben einen Teil des Gewinns wieder ab. Wenn sie aber mit kleinen Siegen liebenswürdig umgehen, dann bringt ihnen das Leben das, wonach sie streben, in Fülle – solange sie Stolz und Arroganz ganz vermeiden und weiterhin alles mit dankbarer Bescheidenheit entgegennehmen.

Wassermann-Mondknoten-Menschen haben in ihrer Psyche einen Mechanismus, der Selbstherrlichkeit zum Ausdruck bringt und das Ego aufbläht – dann fließt die Kraft aus ihrem Leben, und sie stoßen auf Widerstand. Wann immer sie bemerken, daß dieser Mechanismus aktiviert ist, ist es für sie das beste, ihn sofort abzuschalten. Sie müssen dann aufhören zu denken, wie großartig sie sind, und sich bewußt daran erinnern, daß sie anderen zu positiven Erfahrungen verhelfen können. Das wird es ihnen erleichtern, wieder zu einer ausgeglichenen Haltung zu finden.

Die Illusion der eigenen Größe

Wassermann-Mondknoten-Menschen haben eine lebendige Vorstellungskraft und beschäftigen sich oft mit Phantasien der Erhabenheit. Wenn sie sich in ihrem Beruf langweilen, stellen sie sich beispielsweise vor, einen Bestseller zu schreiben und in allen Talkshows aufzutreten. Es spielt keine Rolle, ob diese Phantasie unrealistisch ist; sie ist angenehm und in sich befriedigend. Unglücklicherweise nehmen solche Phantasien den Wassermann-Mondknoten ihren Unternehmungsgeist und vermitteln ihnen ein bestimmtes Maß an Befriedigung, die ihre kreativen Handlungen blockiert.

Die Ironie dabei ist, daß diese Menschen über all die kreative Energie verfügen, die sie brauchen, um ihre Phantasien Wirklichkeit werden zu lassen – das Ergebnis wird jedoch durch ihr Motiv bestimmt. Wenn bei dem obengenannten Beispiel das Motiv für das Schreiben Ruhm und Glanz ist, wird der Erfolg ausbleiben, denn in dieser Inkarnation ist es für das Ego vorbestimmt, eine Niederlage zu erleiden, wann immer sie versuchen, ihm Nahrung zu geben. Wenn ihr Motiv jedoch darin besteht, anderen zu helfen, können sie unvorstellbare Höhen erreichen. Die menschliche Seite ihres Wesens muß entwickelt werden.

Ein anderes Problem des Phantasierens besteht darin, daß die Realität in die Zukunft verschoben wird, was die Wassermann-Mondknoten-Menschen im Umgang mit der Gegenwart viel weniger effektiv werden läßt. Wenn sie sich beispielsweise auf den Ruhm als Autor eines Bestsellers konzentrieren, dann verpassen sie Gelegenheiten, Artikel für eine lokale Zeitung zu schreiben. Sie lassen die einzelnen Stufen aus, die dazu führen würden, daß ihre Träume wirklich wahr werden.

Diese Neigung untergräbt auch ihre Beziehungen. Wenn sie sich in Liebe zu jemandem hingezogen fühlen, fangen sie an zu phantasieren und diese Person zu dem idealen zukünftigen Gefährten ihrer Scheinwelt zu machen. Sie leben dann so sehr in der Zukunft, daß sie eine Beziehung zu dieser idealen Person aufbauen statt zu ihrem Partner. Daher besteht ihre Herausforderung darin, mit dem Phantasieren aufzuhören und statt dessen auf die Möglichkeiten zu reagieren, die sich in der Gegenwart ergeben. Glücklicherweise verfügen die Wassermann-Mondknoten-Menschen über einen starken Willen und mentale Disziplin, denn diese Qualitäten sind notwendig, um ihre Gedanken vom Abschweifen in die Sphären der Phantasie und des Größenwahns abzuhalten.

Um den Erfolg sicherzustellen müssen diese Menschen sich ständig ihrer Absicht bewußt sein. Wenn sie zulassen, daß das Motiv der Selbsterhöhung die Oberhand gewinnt, schwächt das sofort die Energie, die sie benötigen, um erfolgreich zu sein. Wenn sie beispielsweise einigen Menschen dabei helfen wollen, eine Meditationsgruppe ins Leben zu rufen, dann müssen sie auf ihr altruistisches Motiv konzentriert bleiben. Auf diese Weise werden sie über die Energie, Klarheit und Freude verfügen, die erforderlich sind, um die Idee zu verwirklichen.

Manchmal gestatten sie sich jedoch, über persönlichen Gewinn oder Verlust nachzudenken: »Mensch, möglicherweise werde ich zu einem Guru, und die Menschen folgen mir«, oder »Ich frage mich, was meine Arbeitskollegen denken werden, wenn sie erfahren, daß ich meditiere.« In beiden Fällen wird sich all die Energie, die sie zur Leistung befähigt, auflösen, so daß sie letztendlich nichts tun.

Wenn sie sich auf das Ego einlassen, behindert das eine Verwirklichung ihrer Vorstellungen, da sie dann übersehen, was die Menschen wirklich von ihnen wollen. Das beschränkt ihren Erfolg. Wenn ihr bewußtes Motiv aber hundertprozentig altruistisch ist, werden sie die jeweilige Hilfe ermöglichen, die zu einem bestimmten Zeitpunkt in einer bestimmten Situation benötigt wird. Sobald sie ein bestehendes Bedürfnis wirklich erkennen und darauf aus einer Position reagieren, die nichts mit dem Ego zu tun hat, ernten sie Erfolg und Ruhm.

Bescheidenheit

Diese Menschen sind besser beraten, wenn sie einen bescheidenen Weg gehen und Rampenlicht und Beifall den Rücken kehren. Sie suchen instinktiv nach Anerkennung und Ruhm; wenn sie ihn aber haben, schwächt das ihr Ego, und sie verlieren ihr Gefühl für Freundlichkeit und Gleichheit. Wenn die Wassermann-Mondknoten-Menschen ein bescheidenes Verhalten erlernen, wird ihr Leben wunderbar, und alles entwickelt sich zu ihrem Vorteil. Dann erkennen sie letztendlich, ihre Fähigkeiten zur Entfaltung zu bringen. Wenn sie aber eine stolze Position beibehalten, können sie ihre Talente nicht so leicht zum Ausdruck bringen.

Ich hatte beispielsweise eine Klientin mit dieser Mondknotenposition, die ein Buch über Ideen des New Age schrieb. Sofort war sie voller

Stolz und überlegte sich, welcher bekannte Verlag ihr Buch veröffentlichen sollte. Ihr kam überhaupt nicht in den Sinn, daß sie sich auch an einen kleineren Verlag wenden könnte, weil sie sich ja auf diesem Gebiet noch keinen Namen gemacht hatte. Die großen Verlage erteilten ihr alle Absagen, sie selbst trug die Nase zu hoch, um sich an kleinere Verlagshäuser zu wenden, und schließlich gab sie das Projekt auf. Alle haben dabei verloren, einschließlich der Menschen, die von ihren Ideen hätten profitieren können, wenn sie gewillt gewesen wäre, bescheidener anzufangen.

Arroganz kann ebenfalls ein Problem darstellen, wenn das Universum den Wassermann-Mondknoten andere Menschen schickt, um ihnen bei der Verwirklichung ihrer Ideen zu helfen. Oftmals wollen sie nicht die Anerkennung oder das Geld teilen, und sie wollen vor allem nicht die Kontrolle verlieren. Sie befürchten, daß sie bei einer Zusammenarbeit mit anderen einen Teil dessen, was sie wollen, aufgeben müssen. Ihr Weg und ihre Ideen werden zur Hauptsache, sie sind weniger an Lösungen interessiert, die anderen Menschen wirklich helfen würden.

Der Ehemann einer meiner Klientinnen war Wassermann-Mondknoten und Therapeut. Er schrieb eine Ratgeberkolumne für Teenager und zeigte seiner Frau eine Antwort, die er für ein Mädchen schrieb. Meine Klientin war mit seiner Vorgehensweise nicht einverstanden, und in diesem Fall waren ihre Ideen tatsächlich viel besser. Ihr Mann hatte etwas vergessen, und er spürte das auch, aber dennoch entwickelte er seine eigenen Ideen weiter und zeigte ihr nie wieder eine seiner Antworten. Wenn er die Bescheidenheit besessen hätte, das Ziel zu helfen an die erste Stelle zu setzen – egal um wessen Idee es sich handelte –, wäre er gegenüber ihrer Antwort offen und objektiv gewesen.

Diese Menschen haben ihre eigenen Vorstellungen und wissen ganz genau, wie es laufen soll. Wenn aber zwei Menschen mit einer gemeinsamen altruistischen Vision oder einem gemeinsamen Ideal zusammenkommen, werden diese wichtiger, als die Vorstellung des einzelnen darüber, wie er sie verwirklichen will. Genau das passiert, wenn Wassermann-Mondknoten-Menschen bescheiden genug sind, um mit anderen zusammenzuarbeiten.

Eine unpersönliche Perspektive
Altruismus

In dieser Inkarnation müssen sich die Wassermann-Mondknoten-Menschen entscheiden: ein egozentriertes Leben kontra Hingabe an die Menschheit. Wenn sie sich für ein Privatleben entscheiden, verlieren sie; wenn sie sich dafür entscheiden, ihr Leben humanitären Belangen zu widmen, gewinnen sie – und das Privatleben, nach dem sie sich immer gesehnt haben, wird auf wunderbare Weise ebenfalls möglich.

Um ihr Bedürfnis nach Anerkennung zu erfüllen, müssen sie über die Begrenzung des persönlichen Ego hinausgehen und irgendeine humanitäre Aufgabe finden, die sie übernehmen können. Wenn sie ihr Leben etwas Größerem widmen, verleiht ihnen das Ego eine Reinheit der Absicht, durch die sie fähig sind, sich selbst einzubringen, ohne die Ergebnisse persönlich zu werten. Tatsächlich ist es der Altruismus, der ihnen hilft, ein enormes Maß an Selbstvertrauen zu entwickeln.

Wassermann-Mondknoten-Menschen sind so großzügig, daß es sie oft erschüttert, wenn andere ihre Geschenke nicht akzeptieren oder nicht mit Applaus reagieren. Dieses Problem können sie vermeiden, indem sie aktiv Informationen darüber einholen, was andere wollen und brauchen und was sie selbst dazu beitragen, daß die gewünschte Reaktion ausbleibt. Diesen Menschen fällt es schwer, dem Feedback auf konstruktive Weise zuzuhören, aber sie lernen den größeren Zusammenhang zu erkennen.

Wenn sie beispielsweise Geschichten für Kinder schreiben, sollten sie zuerst herausfinden, welche Verlage an dieser Art von Geschichten interessiert sind. Wenn sie eine Absage erhalten, sollten sie versuchen herauszufinden, was der Verlag braucht, und ihre Geschichten dann so abwandeln, daß sie passen, oder eine andere Geschichte schreiben, die eher den Vorstellungen des Verlags entspricht.

Zudem erkennen sie, daß keine ihrer Ideen wirklich ihre eigene ist. Die Gabe der Wassermann-Mondknoten besteht darin, daß ihre »Antennen« auf die richtige Frequenz eingestellt sind, um die in der Luft liegenden, innovativen Ideen aufzugreifen. Diese Erkenntnis hilft ihnen, die Ängste in bezug auf Erfolg und Versagen loszulassen, weil ihre Ideen wirklich nichts mit ihnen persönlich zu tun haben. Ihre Aufgabe besteht einfach nur darin, die Ideen aufzunehmen und sie an andere weiterzuleiten.

Diese Menschen haben Zugang zu dem Wissen, wie man Menschen helfen kann, sich zu befreien. Der einzige Weg, um herauszufinden, ob eine Information in einer bestimmten Situation wirklich nützlich ist, besteht für sie darin, daß sie den Reaktionen anderer Aufmerksamkeit schenken. Ideen, die hilfreich sind, werden gerne angenommen. Wenn die Wassermann-Mondknoten anderen Wissen mitteilen, das nicht akzeptiert wird, dann bedeutet das einfach nur, daß sie zur nächsten Idee übergehen und sehen müssen, ob diese dann hilfreich ist. Andere werden das Wissen, das sie brauchen, von diesen Menschen beziehen – eine sehr unpersönliche Sache.

Wenn ein Wassermann-Mondknoten beispielsweise ein Buch über Philosophie schreibt und die Verlage es ablehnen, ist diese philosophische Darstellung möglicherweise nicht das Medium, das die Menschen brauchen, um seine Botschaft zu verstehen. Wenn er die gleiche Botschaft aber in einer Erzählung präsentiert, wird es möglicherweise zu einer starken Nachfrage kommen. Die Wassermann-Mondknoten können an der Reaktion anderer genau ablesen, ob die gewählte Form richtig ist.

Wenn Wassermann-Mondknoten-Menschen ihre kreativen Talente benutzen, um anderen zu helfen, dann kommt alles, was sie brauchen, zu ihnen zurück, um sie zu unterstützen. Der Altruismus stellt für diese Menschen eine große Macht dar. Wenn das Ego nicht einbezogen ist und die Ergebnisse nicht auf sie persönlich zugeschnitten sind, fällt es ihnen leicht, sich kreativ einzubringen. Persönlicher Gewinn wird dann eine natürliche Folgeerscheinung sein. Das Universum wird sie dann immer weiter mit Energie versorgen, weil sie die Vorteile ihrer kreativen Energie an andere weitergeben.

Objektivität

Wassermann-Mondknoten-Menschen brauchen nicht subjektiv gefärbtes Feedback, um zu einer ausgewogenen Sichtweise gelangen zu können, weil sie sich so sehr mit sich selbst identifizieren, daß sie sich selbst nicht klar erkennen können. Das Input von jemandem, dem sie vertrauen, kann in diesem Fall sehr hilfreich sein.

Diese Menschen müssen das Ego mäßigen und sich selbst an den universellen Energiefluß anpassen. Das esoterische Wissen (Astrologie, Numerologie, Tarot, Handlesen usw.) bietet die Objektivität, durch die sie sich wieder neu orientieren können. Diese Techniken erhöhen die Fähigkeiten der Wassermann-Mondknoten, richtig zu beobachten, und mäßigen ihre Neigung, auf bestimmte Situationen automatisch sehr egozentrisch zu reagieren. In diesem Zusammenhang stellt das I Ging ein ausgezeichnetes Werkzeug dar; es bestärkt sie, sich auf das einzustellen, was wirklich geschieht.

Auch die Astrologie kann sehr gut die Objektivität fördern: Durch sie können sie sich selbst und andere unvoreingenommen erkennen, sich von der frustrierenden Neigung befreien, in der anderen Person Dinge erwecken zu wollen, die nicht vorhanden sind, und verborgenes Wissen darüber aufdecken, wer sie wirklich sind. Sie hilft ihnen, sich selbst und andere liebevoll zu akzeptieren und die Individualität anderer zu schätzen.

Wassermann-Mondknoten-Menschen sind in diesen Disziplinen sehr talentiert und können eines der obengenannten Gebiete leicht zu ihrem Beruf machen. Sie besitzen die Fähigkeit, die »Landkarte« des Horoskops oder die Tarotkarten zu lesen.

Eine andere Quelle stellen ihre Freunde dar. Sie haben ein großartiges Freundschaftskarma. Ehrliches Feedback von Freunden hilft ihnen zu verstehen, an welcher Stelle das Ego ihr Glück blockiert. Ihr Schlüssel zur Freiheit besteht im Erlangen des Wissens, das ihnen aufzeigt, wie sie selbstzerstörerische Muster des Ego vermeiden können. Auf diese Weise erlangen sie ein gewisses Maß an Kontrolle über ihr Schicksal. Wenn sie Abstand gewinnen und sich eine Situation bewußt aus der Perspektive der anderen Person betrachten, können sie Entscheidungen treffen, die für alle Beteiligten – einschließlich sich selbst – vorteilhaft sind. Um die ganze Fülle der Freiheit und Liebe zu erfahren, nach der sie sich so leidenschaftlich sehnen, müssen diese Menschen nicht nur andere objektiv betrachten, sondern letztendlich auch sich selbst. Sie müssen sich selbst dabei beobachten, wie sie ihre Zähne putzen, wie sie die Straße entlanggehen, mit anderen kommunizieren und so weiter. Sobald sie anfangen, sich selbst beim Handeln zu beobachten, zusehen, ohne zu urteilen, können sie ohne Angst ganz sie selbst sein.

Anpassung an den Energiefluß

Wassermann-Mondknoten-Menschen lernen zu erkennen, daß das Universum sie in eine andere Richtung schicken möchte, wenn sie bei einem bestimmten Projekt keine Fortschritte machen.

Sie können sich von der negativen und zwanghaften Fixierung auf ihren eigenen Willen befreien, indem sie zulassen, in eine Richtung geleitet zu werden, wo sie ihre kreativen Energien konstruktiv zum Ausdruck bringen können. Sie müssen erkennen, wo das Universum die Türen für sie geöffnet hat, und gewillt sein, durch sie hindurchzugehen!

Erwartungen loslassen

Diese Menschen kämpfen manchmal infolge einfacher Mißverständnisse unbeabsichtigt gegen ihr eigenes Glück an. In vergangenen Leben haben andere ihnen gegeben, was sie wollten, und sie waren glücklich. Wenn andere ihnen aber in diesem Leben geben, was sie wollen, fühlen sie sich nicht so glücklich, wie sie es erwartet hatten. Der Grund dafür ist, daß sie das, was sie zu ihrem Glück brauchen, an einer bestimmten Idee festmachen, und dadurch die Fülle verhindern, die sonst auf sie zukommen würde. In diesem Leben besteht ihre Aufgabe darin, einfach nur offen zu sein und abzuwarten, was das Leben ihnen bringt; sie werden feststellen, daß sie genau das glücklich machen wird.

Wassermann-Mondknoten-Menschen lernen in diesem Leben Liebe anzunehmen. Wenn sie sie mit ihrem Willen erzwingen und sie letztendlich bekommen, sind sie nicht glücklich damit. Sie lernen, daß die Liebe dann richtig für sie ist, wenn das Leben sie ihnen bringt. Die größte Freude erwächst ihnen daraus, mit Ehrfurcht und Dankbarkeit die Fülle des Energieflusses zu erleben.

Viele ihrer Erwartungen resultieren aus der Tatsache, daß sie in ihrem Kopf eine Situation bereits durchgespielt und jeden an die richtige Stelle gestellt haben – wenn sie dann wirklich mit diesen Menschen zusammen sind, zwingen sie diese unbewußt in die Rolle ihrer Phantasie. Dies führt zu zwei Arten von Problemen. Wenn die andere Person nicht mit dem »Drehbuch« einverstanden ist, ist der Wassermann-Mondknoten verwirrt und wütend; seine Erwartungen wurden enttäuscht. Wenn sich der Wassermann-Mondknoten auf das »Drehbuch« konzentriert, kann er nicht erkennen, was in der Gegenwart passiert, und verliert dadurch den Kontakt mit seiner Fähigkeit, die Situation zu seinem Vorteil zu verändern.

Wassermann-Mondknoten-Menschen müssen Abstand nehmen und andere objektiv beobachten. Im Laufe der Zeit werden sich die Eigenschaften der anderen Person herauskristallisieren. Dann wird der Wassermann-Mondknoten nicht enttäuscht sein, weil er einfach nur beobachtet, wer die andere Person ist, ohne irgendwelche Erwartungen. Dann kann er ein Gespür dafür entwickeln, was das Verhalten der anderen Person bei ihm auslöst. Anstatt zu versuchen, die Menschen zu verändern, kann er entscheiden, mit wem er gerne seine Zeit verbringt.

Gewinnsituationen für alle Beteiligten schaffen

Wenn sich Wassermann-Mondknoten-Menschen darüber entrüsten, daß andere etwas bekommen, das sie nicht bekommen, reagieren sie meistens übermäßig dramatisch, was die Menschen in ihrer Umgebung befremdet und ihrer eigenen Position schadet. Diese Menschen widersetzen sich nur allzu schnell dem Willen anderer. Wenn jemand anderer seinen Willen zum Ausdruck bringt, reagieren sie automatisch mit Widerstand. Es ist wie ein Reflex. Auch wenn die Handlung oder der Kommentar der anderen Person klug ist, wird die Reaktion dieser Menschen dennoch in dem Versuch bestehen, ihren Willen durchzusetzen. Dies führt dazu, daß andere das Interesse an den Wassermann-Mondknoten verlieren.

Wenn diese Menschen ihre Eigenwilligkeit einsetzen, um ihre Ziele zu erreichen, ohne über die betroffenen Menschen nachzudenken, dann befremden sie andere. Sie lernen eine sehr wichtige Lektion: Das Leben muß eine Gewinnsituation für alle Beteiligten sein! Andere werden nicht mitspielen wollen, wenn ihre Bedürfnisse nicht befriedigt werden. Wenn die Wassermann-Mondknoten-Menschen überlegen, was für andere fair ist, werden sie bei der Durchsetzung ihres Willens entspannter werden, und sie werden Situationen schaffen, die zum Besten aller Beteiligten sind. Auch werden sie dadurch einen klareren Blick für die Motive der Menschen in ihrer Umgebung gewinnen. Dann werden sie möglicherweise feststellen, daß es sich bei einem Menschen, den sie als Feind angesehen haben, eigentlich um jemanden handelt, der sie wirklich unterstützen will. Dadurch, daß sie bewußt ein humanes Verhalten kultivieren und sich des größeren Zusammenhangs bewußt bleiben, wird ihre angeborene Großzügigkeit befreit, und ihre Energie hat eine Verbundenheit zur Folge, die jeden bestärkt.

Beziehungen

Gleichheit

In vergangenen Leben haben andere die Wassermann-Mondknoten-Menschen auf ein Podest gehoben, und im Laufe vieler Leben haben sie ihr Bewußtsein dafür verloren, wie sie sich als Teil der menschlichen Gesellschaft verhalten müssen. Diese führte zu Isolation und Einsamkeit, weshalb sie nun ihre Verbindung mit der Menschheit wiederherstellen und ein Gefühl der Gleichheit entwickeln. Wenn sie sich auf das konzentrieren, was sie tun können, um andere zu fördern, stellen sie fest, daß ihr Glück aus dem Glück der »Gemeinschaft« erwächst – sei es nun das Glück des Partners, der Familie oder der ganzen Welt.

Andere wertschätzen

Diese Menschen können die Isolation, die entstand, weil sie in vergangenen Leben etwas Besonderes waren, durchbrechen, wenn sie das Besondere in anderen erkennen. Wenn sie bewußt die einzigartige, kreative Lebenskraft in anderen wertschätzen und fördern, fühlen sie sich sofort energetisiert und wieder als Teil der Menschheit. Sie haben die großartige Fähigkeit, eine andere Person ins »Rampenlicht« zu stellen. Wann immer sie sich in einer Situation befinden, in der es ihnen an Selbstvertrauen fehlt, müssen sie nur den Scheinwerfer auf jemand anderen richten. Und automatisch werden sie sich sicherer und wohler fühlen.

Wassermann-Mondknoten-Menschen können sehr gute Freunde sein. Sobald sie von ihrem Thron herabsteigen und Interesse an anderen zeigen, werden sie freudig aufgenommen. Damit dies geschehen kann, müssen sie eine bewußte Neugierde für andere entwickeln. Diese Menschen sind so sehr mit der kreativen Energie des Erfolgs aufgeladen, daß ihr Selbstvertrauen ansteckend ist und andere ermutigt, über ihre Probleme hinauszuwachsen. Dann gewinnt jeder, weil der Wassermann-Mondknoten sich endlich in seinem wahren Wesen geliebt und angenommen fühlt, anstatt in der Rolle, die er spielt.

Ihr angeborenes Selbstvertrauen, gepaart mit ihrem kindlichen Vertrauen, macht es den Wassermann-Mondknoten-Menschen möglich, frei auf andere zuzugehen, es fällt ihnen leicht, Freundschaften zu schließen, wenn sie das wollen. Diese Menschen haben ein großartiges

Freundschaftskarma; wenn sie den Anfang machen und sich anderen aus einer Position der Freundschaft nähern, haben sie die besten Chancen, erfolgreiche Beziehungen aufzubauen – sei es nun mit einem Kind, Liebhaber, Ehepartner, Elternteil oder Kollegen. Freundschaft als Basis all ihrer Beziehungen zu kultivieren, das ist der Schlüssel zu ihrem Erfolg.

Mit anderen zusammenarbeiten

Bedingt durch ihre Erfahrungen aus vergangenen Leben, gehen die Wassermann-Mondknoten-Menschen automatisch mit dem Gedanken an ein Projekt heran, es allein und auf ihre Weise durchzuführen. Wenn sie dies tun, fließt nicht sehr viel Energie zu ihnen zurück. Sie sind viel besser beraten, wenn sie sich mit Gleichgesinnten zusammentun, die ähnliche Ideale haben.

Alles, was sie in diesem Leben allein anpacken, fährt sich fest und entwickelt sich für sie schwierig. Sie wollen alle Entscheidungen allein treffen, wenn aber andere beteiligt sind, sind die Wassermann-Mondknoten gezwungen, offen zu bleiben, wodurch sie auf natürliche Weise wachsen und sowohl innovativer als auch kreativer werden. Und zu ihrer großen Überraschung macht alles viel mehr Spaß, wenn sie sich mit anderen zusammentun.

Wenn es darum geht, sich für ein Projekt zu entscheiden, ist es für sie das beste, der Energie zu folgen, von der sie sich angezogen fühlen. Sobald sie sich engagieren und ihre Energie steigt, sind sie auf dem richtigen Weg. Dann sollten sie alles daransetzen, um das Projekt kreativ zu fördern. Jede Gemeinschaft hat Wünsche, und weil ihre Antennen so sensibel sind, können diese Geborenen innovative Lösungen erkennen, die für alle Beteiligten erfolgreiche Ergebnisse schaffen werden. Je mehr sie daran glauben, Ideen einfach nur zu »erkennen«, anstatt selbst Ideen zu »haben«, desto mehr Ideen werden ihnen zufliegen.

Wenn sie das Feedback erhalten: »Deine Idee ist großartig, aber sie muß noch weiterentwickelt werden«, ist es möglicherweise an der Zeit, sich mit anderen zusammenzutun, um die Idee abzuändern und zu entwickeln.

Manchmal nehmen Wassermann-Mondknoten-Menschen das Talent und die Kreativität anderer Menschen wahr und werden neidisch. Sie wollen nicht zugeben, daß jemand anderer besser sein könnte als sie selbst. Doch sie werden nur offen dafür, selbst erfolgreich zu sein, wenn sie auf ihre angeborene Toleranz zurückgreifen und auf die Perspektive der Gleichheit konzentriert bleiben. Außerdem ist es für sie wichtig, die Talente anderer großzügig anzuerkennen und zu würdigen, denn ihre größte individuelle Kraft kommt nur dann zum Ausdruck, wenn sie sich mit anderen zusammentun, um ein gemeinsames Ziel zu erreichen. Die Eigenschaften, die andere an ihnen schätzen, müssen sie weiter ausbauen, um den Einfluß zu erreichen, nach dem sie streben.

Ein anderer wichtiger Faktor ist die sorgfältige Auswahl der Menschen, mit denen sie zusammenarbeiten wollen. Am besten für sie sind ähnlich gesinnte Menschen, die keine Kontrolle ausüben und offen für neue Wege sind. Wassermann-Mondknoten-Menschen sind in ihrem Herzen Kinder – sie wollen nicht, daß ihnen irgendein »Erwachsener« sagt, was sie zu tun haben! Sie müssen mit Menschen zusammenarbeiten, die großzügig sind, von denen sie respektiert werden und die ihre Ideen zu schätzen wissen. Wenn sie andere einbeziehen, energetisiert sich ihr kreativer Prozeß. Die Erfolge, die durch die gemeinsame Energie erreicht werden, sind weitaus größer.

Diese Menschen verfügen über eine enorme Überzeugungskraft. Wenn sie sich auf ein übergeordnetes Ziel konzentrieren und ihr Weg, dorthin zu gelangen, tatsächlich besser ist als andere, werden sie keine Probleme haben, andere zu überzeugen. Ganz im Gegenteil, andere werden ihre kreativen und innovativen Ideen sogar begrüßen. Dann verschwinden alle selbstzerstörerischen Begrenzungen des Ego, und sie sind in der Lage auf ihre Kraft zurückzugreifen.

Liebesbeziehungen

Wassermann-Mondknoten sind sehr gern verliebt, an ihre Liebesbeziehungen müssen sie aber mit der gleichen Selbstlosigkeit und Objektivität herangehen wie an ihre Freundschaften. Wenn sie sich Zeit lassen eine Freundschaft aufzubauen, bevor sie zulassen, daß die Liebe voll und ganz entflammt, tritt ihr Wunsch, für die andere Person dazusein, in den Vordergrund. Dies führt zu Vertrauen, und die Beziehung hat eine Chance, erfolgreich zu werden.

Diese Menschen wünschen in jedem Bereich ihres Lebens Gleichhei., besonders wenn es um Liebe und Ehe geht. Sie müssen einen Partner finden, der ihnen ebenbürtig ist: jemanden, der genauso stark ist wie sie selbst, damit sie die andere Person nicht in den Schatten stellen. Beide Partner sollten sich in sich selbst ganz fühlen. Sie müssen sicherstellen, daß ihre Grundbedürfnisse nicht ausschließlich durch ihren Lebensgefährten erfüllt werden. Dann können sie auch etwas objektiver sein – und müssen nicht unbedingt ihren Willen durchsetzen.

Sobald ihnen in der Liebe eine besondere Aufmerksamkeit geschenkt wird, aktiviert das Erinnerungen aus vergangenen Leben, als sie – um die Aufmerksamkeit und Verehrung aufrechtzuerhalten – sich darstellten und dem Publikum das gaben, was es wollte. In Beziehungen fangen sie nun unbewußt auch an, sich »darzustellen« – so zu sein, wie ihrer Ansicht nach, die andere Person sie gerne hätte. Sie gehören dann zu den Menschen, die es anderen immer recht machen wollen, wodurch der Partner das Interesse verliert und sie wieder einmal eine Liebesenttäuschung erleben. Sie müssen in Kontakt mit ihren eigenen Träumen bleiben und ihre Ziele neben der Beziehung weiterverfolgen. Wassermann-Mondknoten-Menschen können unglaublich viel Liebe geben; wenn sie all diese Liebe auf eine Person richten, ist der Behälter nicht groß genug, um diese Energie aufnehmen zu können. Sie brauchen etwas Größeres. Deshalb ist es entscheidend, sich nicht ausschließlich auf das Objekt ihrer Leidenschaft zu konzentrieren. Wenn sie wollen, daß eine Liebesbeziehung sich gut entwickelt, müssen sie bewußt einen Teil dieser intensiven Energie in andere Freundschaften und in humanitäre Belange umlenken.

Leidenschaft

Leidenschaft ist eine intensive Manifestation vitaler Lebensenergie. Wenn diese Qualität der Energie zwischen zwei Menschen entflammt ist, kommt es zu dem instinktiven Wunsch nach Vereinigung und Bindung. Der Prozeß der erfolgreichen Bindung erfordert jedoch Zeit, und die Wassermann-Mondknoten-Menschen wollen nicht warten. Die Neigung zu romantischer Leidenschaft stellt für die Mondknoten-Gruppe eine wichtige Herausforderung dar.

In der Regel läuft es so ab, daß die andere Person anfängt, ein romantisches Interesse an dem Wassermann-Mondknoten zu zeigen. Anfangs spüren diese Menschen es nicht, wenn die andere Person sie aber weiter bedrängt und es zu einer körperlichen Bindung kommt, wird es schwierig! Wenn die Leidenschaft einmal entfacht ist, widmen sie ihr Leben der Aktivierung dieses Gefühls und der Person, die die Leidenschaft auslöst. Dann wollen sie das Leben genießen, um später nicht bereuen zu müssen, daß sie einen Höhepunkt ausgelassen haben.

Aus vergangenen Leben tauchen Gefühle der Loyalität und Treue auf, und diese Menschen unterwerfen sich ihrem Liebespartner. Plötzlich werden diese vergnügten, freundlichen und emotional ausgeglichenen Menschen völlig beeinflußt von den Handlungen der anderen Person. Wenn die Beziehung gut läuft, gehen sie in einem Zustand der Verzückung durch den Tag; wenn der gleiche Mensch sich jedoch nicht entsprechend verhält, werden sie unsicher und deprimiert.

Wenn sie von ihrem Partner getrennt sind, werden die Phantasien der Wassermann-Mondknoten kühn. Dann benutzen sie ihre enorme kreative Visualisationsfähigkeit, um sich all die möglichen Facetten der Beziehung vorzustellen und die andere Person zu idealisieren. Es spielt keine Rolle, wie alt sie sind; wenn die Leidenschaft entfaltet ist, werden sie zu verliebten Teenagern, und das bringt Probleme mit sich, wenn es um eine ernsthafte Beziehung geht.

Diese Menschen haben jedoch normalerweise keine Chance, jemanden zu heiraten, der ihre Leidenschaft völlig aktiviert – denn sobald dies der Fall ist, verlieren sie die Klarheit. Sie übersteigern die Bedeutung und die Attraktivität der anderen Person, stellen sie auf ein Podest und fühlen sich im Vergleich zu ihr weniger wert. Sie hören auf, sie selbst zu sein und können nicht mehr erkennen, was wirklich passiert, und machen dumme Fehler, die der Beziehung schaden. Sie lassen zu schnell zu viel Intensität in die Beziehung fließen und zerstören sie dadurch unbewußt.

Manchmal verwickeln sie sich derart in der Romantik ihres eigenen inneren Schauspiels, daß sie den Kontakt mit dem Partner verlieren: Sie hören nicht, was die andere Person ihnen mitzuteilen versucht. Der Partner bekommt das Gefühl, daß der Wassermann-Mondknoten lediglich an einem Liebesobjekt interessiert ist, und verliert bald das Interesse an der Beziehung. Dann sind diese Menschen gebrochen und verstehen nicht, was geschehen ist.

Sie glauben zwar zu geben, aber wie können sie geben, wenn sie nicht einmal hören, was die andere Person braucht? Der erste Schritt besteht darin, sich von ihrer Leidenschaft zu distanzieren und sich die Zeit zu nehmen, sich für die andere Person als Individuum zu interessieren. Sie müssen herausfinden, wer die andere Person wirklich ist – ihre Wünsche, Probleme, Gedanken und Bedürfnisse kennenlernen. Sie müssen eine Basis des gegenseitigen Vertrauens, Verständnisses, Respekts und Umsorgens schaffen, auf der romantische Leidenschaft gedeihen kann. Aufgrund ihrer Leidenschaftlichkeit haben die Wassermann-Mondknoten-Menschen ein starkes Bedürfnis nach einer Beziehung. Es besteht jedoch die Gefahr, die Beziehungen zu zerstören, in denen sie eine tiefe gegenseitige Leidenschaft verspüren, und oft landen sie dann in der Ehe mit einem Partner, für den sie weniger intensive Gefühle haben. Wenn sie mit jemandem zusammen sind, dessen Gegenwart sie zwar genießen, der aber nicht ihre Leidenschaft weckt, können sie die Distanz schaffen, um sie selbst zu sein und angemessene Entscheidungen zu treffen. Dann sind ihre natürlichen Eigenschaften der Freundlichkeit und Hilfsbereitschaft erkennbar, die andere Person fühlt sich sicher und wünscht sich mit ihnen eine engere Bindung.

Manchmal entwickeln sich diese Beziehungen gut. Einen Ehepartner zu haben, der ihnen im Grunde genommen ein Freund ist, gibt den Wassermann-Mondknoten die Unabhängigkeit, die sie brauchen, um ihre unbegrenzte kreative Energie auf humanitäre Projekte zu konzentrieren. Als Ehepartner sind diese Menschen loyal und halten sich an die Monogamie. Wenn ihnen aber zu Hause nicht die Liebe entgegengebracht wird, die sie brauchen, werden sie anfällig für Begegnungen außerhalb der Ehe. Bedingt durch ihre angeborene Loyalität fühlen sie sich verwirrt, wenn die feste Beziehung langweilig wird. Wenn sie dann aber auf ihrem Weg jemandem begegnen, der diese romantische Leidenschaft entfacht, werfen sie ihr bisheriges Leben über den Haufen und folgen ihm.

Akzeptanz und Zeiteinteilung

Wasserknoten-Mondknoten-Menschen lernen Liebe mit Dankbarkeit und Bescheidenheit anzunehmen, anstatt überzureagieren. Ihr Bedürfnis nach Zustimmung ist auch durch die innere Überzeugung bedingt: »Ich bin es nicht wert, geliebt zu werden.« Deshalb erbringen sie auch soviel Leistung. Sie versuchen sich das Recht, geliebt zu werden, zu verdienen.

Wenn sich aber jemand wirklich in sie verliebt (in sie selbst – nicht in die Rolle, die sie spielen), fühlen sie im ersten Augenblick gar nichts. Dann, wenn sie sich öffnen können und ebenfalls eine gewisse Anziehung verspüren, überreagieren sie und senden Signale aus, die die andere Person befremden. Unbewußt stoßen sie die andere Person von sich, weil sie sich nicht als wertvoll genug empfinden, geliebt zu werden.

Oft verhalten sich diese Menschen sehr überheblich, wenn sich jemand in sie verliebt. Dabei handelt es sich um eine andere Art Überreaktion. Jemand will die Erfahrung der Liebe mit ihnen teilen – das ist alles –, aber sie fassen es so auf, als seien sie wirklich etwas ganz Besonderes! Während sie damit beschäftigt sind überzureagieren, verliert die andere Person das Interesse, ohne jemals zu erfahren, daß der Wassermann-Mondknoten äußerst interessiert war, die Gefühle zu erwidern. Sie müssen also lernen, geliebt zu werden, und sich dieser Erfahrung hinzugeben.

Eine andere Lektion, die diese Menschen lernen, ist die Wahl des richtigen Zeitpunkts. Sie sehen, was sie wollen, und sie wollen es sofort – und zerstören es letztendlich, weil sie einen natürlichen Lauf der Dinge nicht zulassen.

Wassermann-Mondknoten-Menschen glauben aber, sich nur in Höchstgeschwindigkeiten nach vorne bewegen zu können! Sie müssen erkennen, daß Zeit und Entwicklung notwendig sind, um die Energien von zwei Menschen miteinander zu verbinden und der Liebe zu gestatten, erfolgreich zu wachsen. Es gibt Phasen, in denen man zusammen ist, und Phasen, in denen man sich zurückzieht, um die Eindrücke, die der andere hinterlassen hat, zu verarbeiten und seine Gedanken, Werte, Eigenschaften, Träume und Ziele zu verstehen. Dann wird die Beziehung auf der wahren Identität beider Partner basieren, anstatt auf Phantasie. Um festzustellen, wann sie nach vorne gehen und wann sie sich zurückziehen müssen, ist es das beste, wenn sie sich der Energie der anderen Person bewußt sind. Wenn die andere Person zu einer Weiterentwicklung auffordert, können sie ohne Bedenken fortfahren. Wenn die andere Person sich aber verschließt, müssen sie ihren Willen zügeln und auf eine günstigere Gelegenheit warten.

In diesem Leben lernen die Wassermann-Mondknoten, daß es immer dann am besten ist, Abstand zu gewinnen und die andere Person auf sich zukommen zu lassen, wenn ihre Leidenschaft entfacht ist. Ihre Aufgabe ist es nun zuzulassen, daß andere Liebe in ihrem eigenen Tempo und auf ihre eigene Weise geben. Sie lernen, von anderen Liebe wohlwollend anzunehmen, ohne zu versuchen, sie anzutreiben oder zu verändern. Ihre Herausforderung in der Liebe besteht darin, ihre Leidenschaft lange genug zu disziplinieren, bis sich eine solide Freundschaftsbasis mit denjenigen ergeben hat, die wirklich ihr Herz zum Klingen bringen.

Ehrlichkeit
Im Herzen Kinder
Wassermann-Mondknoten-Menschen haben an sich ein fröhliches und sorgloses Wesen. Ihre Eigensinnigkeit und Bestimmtheit, die bei anderen den Eindruck erweckt, als seien sie arrogant und egoistisch, sind nur das Resultat ihres mangelnden Bewußtseins, daß sie anderen Menschen gleichgestellt sind. Von Geburt an haben sie schon damit begonnen, anderen Befehle zu erteilen – einschließlich ihrer Eltern! Sie glauben, daß andere Menschen ihnen das, was sie wollen, einfach deshalb geben werden, weil sie es wollen! Sie vertrauen darauf, alles haben zu können und alles sein zu können, was sie wollen. Wie Teenager sind sie zwar eigenwillig, aber dennoch abhängig von dem Beifall der Gefährten, und zusätzlich erfüllt von neuen Ideen, die von den älteren Generationen nicht anerkannt werden.

Sie wollen sofortige Befriedigung und verzweifeln, wenn sie sie nicht bekommen. Genau wie ein Kind in einem Süßwarenladen glauben sie, wenn sie das Bonbon vor sich sehen und es nicht sofort haben dürfen, daß sie es niemals bekommen werden. Wenn sie nicht verliebt sind oder sich nicht glücklich fühlen, glauben sie, daß dies immer so weitergeht. Sie lernen, daß es in Wirklichkeit im Leben Ebbe und Flut gibt, daß sich das Leben ständig verändert.

Wenn es um ihr eigenes Wesen geht, müssen Wassermann-Mondknoten-Menschen gegenüber anderen ehrlich sein. Sie glauben das, was andere ihnen erzählen, und sind zutiefst verletzt, wenn andere ihr Wort nicht halten. Sie selbst sind aufrichtig und verstehen nicht, wenn andere sie unfreundlich behandeln oder sie manipulieren. Ihr einziger Schutz gegen die raffiniertere Denkweise anderer besteht darin, ganz sie selbst zu sein. Andere werden sich durchaus nicht bedroht fühlen, wenn sie die Hintergründe ihrer Handlungen offenlegen. Wenn andere ihre naive Offenheit erkennen, werden sie die Wassermann-Mondknoten wie verletzliche, kreative, gutherzige »Kinder« behandeln, die sie auch sind.

Es mag sein, daß sie Fehler machen, naiv, herrisch und auch eigenwillig sind, aber im Kern sind sie gute Menschen. Sie sind sich dessen bewußt, was ihnen ein enormes Vertrauen verleiht. Sie sind von Geburt aus großzügig und wirklich darum bemüht, die Menschen in ihrer Umgebung zu fördern. Sie geben sich große Mühe, eine Karte oder ein Geschenk für einen Freund zu kaufen oder Menschen, die Probleme haben, zu unterstützen und zu ermutigen. Sie wollen die Menschen um sich herum wirklich glücklich machen und sie dazu anregen, sich so gut wie möglich zu entwickeln.

Bisweilen verlieren sie jedoch ihre angeborene Großzügigkeit aus den Augen und beneiden eine andere Person um ihre Position. Dies geschieht nur dann, wenn diese Menschen so naiv sind und nicht innehalten, um darüber nachzudenken, welche Anstrengung es die andere Person gekostet hat, dorthin zu gelangen: Sie übersehen dann die harte Arbeit, die intelligente Strategie und Methodik, die dieses Ergebnis geschaffen haben. Wenn die Wassermann-Mondknoten in diesem Leben auf irgend etwas neidisch sind, bedeutet das, daß sie ebenfalls dazu bestimmt sind, dies zu erreichen. Der nächste Schritt besteht für sie dann darin, eine ehrliche Einschätzung vorzunehmen, wie sie in ihrem eigenen Leben die gleichen Ergebnisse erzielen können: sich eine klare Strategie auszudenken, die Selbstdisziplin aufzubringen und die harte Arbeit auf sich zu nehmen, die notwendig sind, um den Erfolg zu erreichen.

Das beste ist, wenn sie ihre Aufmerksamkeit nicht darauf konzentrieren, ob die Umstände für die andere Person besser sind oder nicht, sondern darauf, was sie selbst tun können, um der anderen Person dabei behilflich zu sein, einen größeren Sieg davonzutragen. Auf diese Weise finden sie wieder Zugang zu dem Gefühl, daß sie den anderen Menschen gleichgestellt sind.

Drehbücher und Rollen ablegen

Die Wassermann-Mondknoten-Menschen hatten in vergangenen Leben genügend Erfahrungen damit, im Rampenlicht zu stehen – zu wissen, wie das Drehbuch lautete und welche Rolle sie in dem Schauspiel einnahmen. Deshalb kamen sie mit einem gedanklichen Bild in diese Inkarnation, wie sich ihr Leben entfalten soll – und zu ihrem Glück entwickelt es sich nicht so, wie sie es erwarten. Sonst würde es ihrem Leben an Überraschungen und lebendigen Erlebnissen fehlen, die die Verspieltheit ihres kindlichen Naturells zum Vorschein bringt. Sie lernen die Vorstellungen loszulassen, wie sich Beziehungen, Vorhaben und Ereignisse entwickeln sollten, und sie müssen den Möglichkeiten, die vor ihnen auftauchen, mehr Aufmerksamkeit widmen.

Wassermann-Mondknoten-Menschen haben eine solche Güte und Liebe in sich, daß andere Menschen in den meisten Fällen ebenfalls mit Liebe reagieren, wenn sie sich gestatten, ihre Rollen aufzugeben, ihre Eigenwilligkeit loszulassen und ihre Gefühle ehrlich offenzulegen.

Ziele

Innovative Ideen vermitteln

Wenn Wassermann-Mondknoten zur Verwirklichung humanitärer Ziele beitragen, indem sie ihre Kraft und Energie als einen Kanal für unkonventionelle Ideen benutzen, löst sich ihr Stolz aus vergangenen Leben auf, und das Selbstvertrauen kehrt zurück. Sie sind die geborenen Macher – sie wissen, wie man Ergebnisse erzielt. Ihre Aufgabe besteht darin, zu handeln, ohne sich mit den Ergebnissen ihrer Handlungen zu identifizieren; dann sind sie wirklich frei, zu experimentieren und sie selbst zu sein.

Diese Menschen haben einen intuitiven Bezug zu der Zukunft; dies kann jedoch auf vielfältige Weise verwirrend sein. Auf der persönlichen Ebene sehen sie möglicherweise, daß in ihrer Zukunft bestimmte Entwicklungen stattgefunden haben, und fühlen sich frustriert, weil diese ihnen in der Gegenwart vorenthalten werden. Es kann beispielsweise sein, daß sie sehen, wie sie in der Zukunft eine eigene Firma betreiben, sich bei diesem Gedanken rundum wohl fühlen, jedoch nicht verstehen, warum sie momentan noch immer für jemand anderen arbeiten, ohne die Chance, sich selbständig zu machen. Es kann sich dabei nur um eine Frage des richtigen Zeitpunkts handeln: Sie müssen ihren gegenwärtigen Job machen, um das Handwerkszeug zu lernen, das sie für ihren späteren Erfolg benötigen werden.

Eigentlich sind sie fast immer ihrer Zeit voraus. Sie lieben eine bestimmte Farbe zehn Jahre bevor sie der letzte Schrei ist, oder sie fühlen sich zu einer bestimmten Musik hingezogen, die erst acht oder neun Jahre später populär wird. Wenn sie erkennen, daß sie einen Bezug zur Zukunft haben, kann ihnen das helfen, sich in Rollen wohl zu fühlen, die ein wenig unorthodox erscheinen.

Die Wassermann-Mondknoten-Menschen erkennen den nächsten Schritt, den die Menschheit für ihr eigenes Wachstum unternehmen muß. Sie sind die Botschafter der Zukunft, indem sie ihre innovativen Ideen mitteilen, bestärken sie die Menschheit, ihr Bewußtsein zu entwickeln.

Ein höheres Ziel

Diese Menschen haben eine höhere Bestimmung, als nur einfach ihre persönlichen Interessen zu verwirklichen. Sie sind hier, um eine aktive Rolle bei der Förderung der menschlichen Evolution zu übernehmen – sowohl durch die vorbildhafte persönliche Transformation als auch durch die Konzentration ihrer Energie auf humanitäre Aufgaben.

Je schneller die Wassermann-Mondknoten-Menschen beginnen, ihren Teil zur Förderung der Ideale beizutragen, zu denen sie sich hingezogen fühlen, um so schneller haben sie ein Gefühl der Ganzheit. Sie können sich zusammen mit einer Gruppe für den Schutz der Umwelt, Recycling, Tierschutz, Spielplatzbau für Großstadtkinder, Welthungerhilfe und dergleichen engagieren, oder sie spenden Geld für humanitäre Zwecke. Möglicherweise beginnen sie auch ihr eigenes Projekt und nutzen ihre kreativen Talente (Schreiben, Malen, Musik, Fotografieren usw.)

Gruppenkarma

Wassermann-Mondknoten-Menschen haben ein wunderbares Gruppenkarma. Ihre besten Eigenschaften kommen zum Vorschein, wenn sie die Gruppen, denen sie angehören, unterstützen, festigen und inspirieren. Sie sind großartige Vermittler – sie lieben es, sich mit anderen zusammenzutun, und haben ein Talent, bei verschiedenen Menschen den gemeinsamen Nenner zu finden. Wenn sie in einer Gruppe arbeiten, wollen sie der unangefochtene Herrscher über einen eigenen Bereich sein. Sie wollen, daß ihre Rolle klar definiert ist, und bevorzugen es, sie auf ihre eigene Weise auszufüllen.

Oft steuern die Wassermann-Mondknoten-Menschen innovative Ideen bei, die eine großartige Unterstützung für die Gemeinschaft darstellen. Häufig sehen sie jedoch davon ab, diese Ideen oder ihre eigene spontane Reaktion auf die Ideen anderer mitzuteilen – aus Angst vor Mißbilligung. Wenn sie ihre Wahrheit in ihrem Inneren verschließen, fühlen sie sich am Ende isoliert. Wenn sie ihre Ideen und persönlichen Reaktionen jedoch offenlegen, fühlen sie sich verbunden. Oft stellt sich heraus, daß es sich genau um das handelte, was die Gemeinschaft brauchte, um sich geschlossen vorwärts zu bewegen.

Sie glauben, ihre Ideen seien persönlich, meist jedoch spüren sie die Reaktionen der Gemeinschaft und kombinieren sie mit ihren eigenen Erkenntnissen.

Konzentration auf die Kreativität

Wassermann-Mondknoten-Menschen müssen ihre ungeheure kreative Energie auf bestimmte Ziele richten, um sich glücklich und ausgeglichen zu fühlen. Wenn diese feurige Energie nicht in eine bestimmte Richtung gelenkt wird, verursacht sie schlechte Laune, Ablehnung gegenüber dem Glück anderer und die Neigung, aus einer Mücke einen Elefanten zu machen. Wenn diese Menschen nicht irgend etwas Kreatives schaffen, beeinträchtigt die Unzufriedenheit andere Bereiche ihres Lebens.

Ihre Kreativität kann in ein Geschäft, eine künstlerische Betätigung, die Förderung humanitärer Projekte oder die Förderung ihres spirituellen Wachstums gelenkt werden. Ob sie sich selbst nun durch eine spirituelle Praxis neu erschaffen oder Projekte in der greifbaren Welt initiieren, es ist auf jeden Fall in ihrem eigenen Interesse, sich ihres Vorhabens bewußt zu sein und ihre Leidenschaft einzusetzen, um dieses Ziel zu verfolgen.

Leidenschaft und kreative Energie

Diese Menschen verfügen über ein sehr hohes Maß an Leidenschaft und kreativer Energie. Am glücklichsten sind sie, wenn sie in Projekte einbezogen sind, bei denen sie diese auf ihre eigene Weise zum Ausdruck bringen können. Sie lieben es, ihren Beitrag zu leisten, sie müssen aber die Freiheit haben, innovativ und kreativ sein zu können. Sie wollen nicht den Anweisungen eines anderen folgen – das schränkt sie ein und vermindert die Intensität ihrer Energie.

Wassermann-Mondknoten-Menschen waren in vergangenen Leben derart kraftvolle Kreative, daß sie in dieser Inkarnation fähig sind, alles in die Tat umsetzen zu können, was sie wollen. Sie können »Neuland erschließen«, optimistisch aus dem Nichts heraus etwas erschaffen. Sie sind Neuerer, keine Nachahmer. Sie können Geschäfte und kreative Projekte allein initiieren und sie zu Ende führen.

Um jedoch erfolgreich zu sein, müssen sie sich daran erinnern, daß der kreative Prozeß aus zwei Teilen besteht: Beobachtung und Handlung. Beobachtung besteht aus genauem Untersuchen: Was braucht die Öffentlichkeit? Was will die andere Person? Dieser Teil des kreativen Prozesses entwickelt sich kontinuierlich, zielt objektiv die aktuellen Umstände in Erwägung und gestattet anderen, sich an das Ziel anzupassen, um ebenfalls daran zu arbeiten.

Handlung erfordert Willen und Bestimmtheit, um zu Ergebnissen zu kommen und die Belohnung in Empfang zu nehmen.

Solange sie nicht nach Selbsterhöhung streben, haben Wassermann-Mondknoten-Menschen die Fähigkeit, das zu erahnen, was den Menschen helfen wird und was wirklich zum Wohl der Gemeinschaft beitragen wird. All die Kraft des Universums wird sie unterstützen, weil sie ein höheres Ziel verwirklichen – und das ermöglicht ihnen den Zugang zu einer unglaublichen Energie.

Es kann sein, daß manche Menschen die Wassermann-Mondknoten auf ein Podest heben, dies geschieht jedoch aus einer Dankbarkeit heraus, weil sie wirklich geholfen haben. Sie haben aus einer Position der Gleichheit heraus gehandelt, anstatt aus einer Position, bei der sie über anderen standen. Sie waren wirklich sie selbst, anstatt eine Rolle zu spielen.

Intensität und Dramatik loslassen

Wassermann-Mondknoten-Menschen haben eine enorme kreative Leidenschaftlichkeit; wenn sie diese einsetzen, um ein Kunstwerk oder ein Produkt zu schaffen, ist diese konzentrierte Intensität zu ihrem Vorteil. Wenn sie aber die gleiche Leidenschaftlichkeit bei Verhandlungen in der Welt einbringen, haben sie Probleme. Sie konzentrieren ihre äußerst charismatische Energie zu sehr, wodurch ihre Umgebung »explodiert«! Ihre Intensität verhindert in Wirklichkeit das, was sie bewirken wollen.

Wenn ihr kreativer Prozeß nicht so verläuft, wie sie es wollen, ist das normalerweise ein Anzeichen dafür, daß sie mehr Wissen erlangen müssen, bevor sie sich weiter voranbewegen. Es kann sein, daß sie ein tieferes Verständnis brauchen; und oftmals hilft es, einen Freund als Spiegel einzubeziehen. Wenn sie sich nicht ganz sicher sind, wie der nächste Schritt aussehen soll, ist es das beste, nichts zu tun und auf mehr Information zu warten. Wenn sie dann trotzdem vorpreschen, endet das immer damit, daß sie noch größere Probleme verursachen.

Diese Menschen neigen dazu, auf äußerliche Reize auf eine äußerst dramatische Weise zu reagieren, die andere befremdet. Bevor sie überlegen, was die andere Person sagt, zeigen sie eine Reaktion, die eine weitere Kommunikation verhindert. Sie versuchen ihren Willen durchzusetzen, indem sie einen Wutanfall bekommen: Sie werden wütend auf die andere Person, schreien herum oder bringen die andere Person dazu, ihren Erwartungen gerecht zu werden. Eigenwilligkeit und Stolz blockieren jedoch die Energie der Beziehung.

Es kann auch sein, daß sie mit Ungeduld reagieren: »Warum übernimmt er nicht die Kontrolle für sein Leben? Warum tut er das nicht für sich selbst?« In Wirklichkeit tun andere jedoch das, was für sie zum gegenwärtigen Zeitpunkt richtig ist.

Um die Orientierung aufrechtzuerhalten, müssen Wassermann-Mondknoten-Menschen das Leben als eine Komödie ansehen und nicht als ein Drama. Es ist für sie vorbestimmt, viele Menschen kennenzulernen, Erfahrungen zu machen und mit anderen zu teilen. Anstatt überzureagieren, sind sie besser beraten, ihre Kreativität einzusetzen, um höhere Ziele zu erkennen und sich dem Fluß der Energie anzupassen.

Den größeren Zusammenhang erkennen

In vergangenen Leben haben diese Menschen ihr Ego auf Kosten des Über-Ichs entwickelt, und dabei ihren Sinn für Moral und für humanitäre Ideale, die von der Gesellschaft, Familie und Religion vorgegeben werden. Um dies auszugleichen, müssen sie nun ein Bewußtsein für den größeren Zusammenhang entwickeln. Dann sind sie auch in der Lage, ihren Willen in Übereinstimmung mit dem Wohl aller Beteiligten einzusetzen.

Indem sie Zugang zu einer erweiterten Bewußtseinsebene erlangen, werden sie auch auf ein Ziel stoßen, das ihnen gestattet, über das Ego hinauszuwachsen. Ich hatte beispielsweise eine Wassermann-Mondknoten-Klientin, die Fotografin war. Ihre Arbeit war außerordentlich kreativ und strahlte Liebe und Spiritualität aus. Weil ihr Motiv aber in einem starken Wunsch des Ego nach Anerkennung und Ruhm bestand, konnte sie nicht klar erkennen, wie sie ihre Fotos unter die Menschen bringen konnte. Sie verfolgte dabei konventionelle Methoden (private Ausstellungen usw.), erzielte damit jedoch keine zufriedenstellenden Ergebnisse.

Schließlich machte sie es zu ihrem obersten Ziel, ihre Kunst einfach dem breiten Publikum zugänglich zu machen. Sie plazierte ihre Arbeiten überall dort, wo sie das Gefühl hatte, daß sie gesehen wurden (in Bäckereien, Buchläden usw.) – und über Nacht verkauften sich ihre Fotografien! Dies erfordert Bescheidenheit, zumal die Arbeiten meiner Klientin in Museen und führenden Universitäten ausgestellt wurden. Sie fand aber den Weg zum Erfolg, als sie in Übereinstimmung mit dem größeren Zusammenhang vorging, auch wenn ihr Ego dadurch nicht genährt wurde.

Dem Universum vertrauen

Wassermann-Mondknoten-Menschen sind daran gewöhnt, ihren Willen zu bekommen, sie werden oftmals sehr ungehalten, wenn sich die Ereignisse nicht nach ihren Plänen entwickeln. Anstatt zuzulassen, daß sie sich dann neu orientieren, sind sie empört über das Hindernis, das sich ihnen in den Weg stellt. Und anstatt zu erkennen, daß sich die Zeiten geändert haben und womöglich das Leben selbst einen höheren Plan hat, der erfordert, daß sich die gegenwärtigen Ereignisse genau so zutragen, wie sie es tun, widersetzen sich diese Menschen. Auf diese Weise machen sie sich den Weg schwerer, als er sein müßte.

Diese Menschen müssen gegenüber ihrer Eigenwilligkeit ständig auf der Hut sein. In vergangenen Leben wurde ihrem Willen derart stark nachgegeben, daß sie in diese Inkarnation kamen und bereits als kleines Kind sagten: »Ich will das!« – und wirklich geschockt waren, wenn ihre Eltern nein sagten. Als Erwachsene reagieren sie noch immer mit Entrüstung, wenn das Universum nein sagt. Sie lernen den persönlichen Willen in die Bereitschaft umzuwandeln, sich der Strömung anzupassen und liebevoll die Geschenke zu akzeptieren, die das Leben ihnen bringt.

Wenn sie versuchen ein Ergebnis zu erzwingen, dann werden sie stark, bestimmt und hartnäckig. Ihr Wille kann durchaus eine positive Kraft sein, wenn er als Kampfkraft des Kriegers für das Gute eingesetzt wird, aber auch äußerst negativ, wenn er in einem Wutausbruch zum Ausdruck gebracht wird. Ein Teil der Aufgabe, den überentwickelten Willen in eine Bereitschaft zur Zusammenarbeit umzuwandeln, besteht darin, ungünstige und günstige Zeitpunkte zu erkennen. Wenn die Wassermann-Mondknoten-Menschen sich beispielsweise darauf versteift haben, am Samstag an den Strand zu gehen, dann werden sie das tun, auch wenn es schneit! Es fällt ihnen schwer, veränderte Bedingungen sachlich zu erkennen und ihre Pläne entsprechend anzupassen.

Das Leben will ihnen nicht schaden, aber sie schaden sich letztendlich selbst, indem sie sich den Plänen des Universums widersetzen. Sie lernen das, was in ihrem Leben geschieht, als Voraussetzung für den nächsten Schritt anzunehmen.

Diese Menschen lernen, daß sich eine neue Tür öffnet, wenn sich eine andere schließt. Es könnte beispielsweise sein, daß sie die Chance haben, die Freuden einer wunderbaren Liebesaffäre zu erleben. Ein neuer Mensch tritt in ihr Leben und begeistert sie. Sie aber haben ein ernsthaftes Karriereziel im Kopf, versuchen die Liebesaffäre aufzuschieben und verlieren dadurch die Gelegenheit, die Liebe zu erleben. Ironischerweise ist es möglich, daß sich die Bewegung in ihrer Karriere erst sechs Monate später realisiert, so daß sie genügend Zeit gehabt hätten, die Freuden dieser Beziehung zu genießen. Sie betrügen sich oft selbst um die Geschenke, die das Leben ihnen bringt, weil sie glauben, es besser zu wissen, und dann empfinden sie Reue.

Es kann sein, daß ihnen das Leben eine völlig neue Karrierechance ermöglicht, die ihnen mehr Freude gibt als alles, was sie bisher gemacht haben. Unbewußt sind sie bereit für die Veränderung und werden des alten Jobs überdrüssig, wollen jedoch wegen der Vorteile, des Einkommens usw. nicht kündigen. Plötzlich sind es die Ereignisse am Arbeitsplatz, die sie zu einer Kündigung veranlassen. Dann sind sie entrüstet und widersetzen sich: »Warum tut das Universum mir das an?« Ihre Wut hält sie dann davon ab, das Fenster zur neuen Chance zu erkennen; sie sind wegen dem, was sie nicht wollen, so sehr beunruhigt, daß sie nicht erkennen, was sich vor ihnen auftut.

Wassermann-Mondknoten-Menschen lernen, darauf zu vertrauen,

daß es einen größeren Zusammenhang gibt und daß das Universum ihnen immer Chancen bringt, die zu ihrem Vorteil sind und ihnen Glück bringen. Sie lernen, bescheiden zu werden und freudig die Gaben zu akzeptieren, die das Leben ihnen anbietet, und zwar dann, wenn diese Gaben sich zeigen – gemäß den Plänen des Universums, nicht ihren eigenen.

Hilfe der Engel

In diesem Leben werden andere automatisch von den Wassermann-Mondknoten-Menschen angezogen, um sie bei humanitären Projekten zu unterstützen. Sie sind aber auch von Engeln und spirituellen Führern umgeben. Es ist fast, als wären sie vor ihrer Inkarnation Teil einer größeren Gemeinschaft gewesen. Nun sind sie hier auf der Erde, während sich die anderen Mitglieder der Gemeinschaft im unsichtbaren Bereich befinden, um sie zu führen und ihnen zu helfen.

Weil sie in einen physischen Körper geboren wurden, können sie die Dinge nicht immer klar im voraus erkennen. Und weil sie daran gewöhnt sind, selbstzufrieden zu sein, stürmen sie voran und werden dabei oftmals verletzt – dies ist aber nicht notwendig. Alles, was sie tun müssen, ist, sich zu öffnen und auf ihre Führung zu hören, dann wird es sehr viel einfacher sein, dem Weg zu folgen.

In diesem Leben sind die Wassermann-Mondknoten-Menschen Instrumente für höhere Kräfte. Wenn sie daher eine Idee haben, die wirklich im Einklang mit den Bedürfnissen des Planeten steht, wird das Universum es so einrichten, daß sie sich mit den richtigen Menschen verbinden können, um diese Idee in die Tat umsetzen zu können. Solange sie bei den Ideen, die sie vertreten, Vertrauen in die Engel und das Universum selbst haben, ist es ihnen immer möglich, erfolgreich zu sein. Nichts kann sie aufhalten, weil sie Erfolg nicht auf eine Weise interpretieren, die ihr Ego übermäßig aufbläht.

Nördlicher Mondknoten in Fische
und nördlicher Mondknoten im zwölften Haus

Übersicht

Eigenschaften, die man entwickeln sollte

Das Arbeiten an folgenden Bereichen bringt verborgene Fähigkeiten und Talente zum Vorschein:

– Andere und sich selbst nicht verurteilen
– Mitgefühl
– Die Angst an eine höhere Macht übergeben
– Den Geist durch Meditation und Selbstreflexion befreien
– Sich auf den spirituellen Pfad konzentrieren
– An einen guten Ausgang glauben
– Die Verbindung mit dem Universum anerkennen
– Veränderungen willkommen heißen

Verhaltensweisen, die man hinter sich lassen sollte

Das Leben wird sich einfacher und friedvoller gestalten, wenn sie daran arbeiten, den Einfluß folgender Tendenzen zu verringern:

– Überängstliche Reaktionen
– Übertriebenes Analysieren
– Zwanghafte Sorgen
– Die Wichtigkeit der Details übertreiben
– Kritische spontane Reaktionen
– Nach Fehlern suchen – anderen die Schuld zuweisen
– Übertriebene Angst, Fehler zu machen
– Perfektionismus
– In unangenehmen Situationen verharren
– Inflexibilität

Achillesferse/Falle, vor der man sich hüten muß/Fazit

Die Achillesferse der Menschen mit dem nördlichen Mondknoten in Fische ist ihr zwanghaftes Bedürfnis nach Ordnung (»Mein Überleben hängt davon ab, daß sich alles in einer Ordnung befindet, die meinen Lebensplänen und meinen Erwartungen, wie sich andere verhalten sollten, entspricht«). Das kann sie in die Falle einer niemals endenden Suche nach Perfektion führen (»Wenn die Menschen um mich herum perfekter wären, dann könnte ich mich entspannen und vertrauen«).

Dabei handelt es sich jedoch um ein Faß ohne Boden: Da sich das Leben und die Menschen niemals so lange in einem statischen Zustand perfekter Ordnung befinden, daß sich die Fische-Mondknoten-Menschen sicher fühlen können, führen ihre Erwartungen zu ständiger Anspannung und Angst. Weil das Leben – und ihre Mitmenschen – ihnen niemals ideal genug erscheinen, um die Kontrolle aufgeben zu können, zögern sie Vertrauen und Freude ständig hinaus.

Als Konsequenz daraus müssen sie akzeptieren, daß der Plan des Universums besser ist als der ihre und daß sich die Dinge sinnvoll entwickeln, egal wie sie im Augenblick erscheinen mögen. Der einzige Bereich, in dem sie eine perfekte Ordnung schaffen können, ist in ihnen selbst, indem sie der höheren Macht vertrauen. Dann können sie die Kontrolle loslassen und glücklich sein.

Die wahren Wünsche

Diese Menschen wollen ständig recht haben und in dem Sinne perfekt sein, daß sie – und jeder andere – zu jedem Zeitpunkt ihren Plänen folgen. Sie müssen sich von ihrem starren Planen abwenden und sich wieder auf die übergeordnete, spirituelle Perspektive konzentrieren. Dadurch, daß sie vertrauen und sich der Weisheit der höheren Macht unterwerfen, können sie das Leben mit der inneren Sicherheit betrachten, daß das, was sich offenbart, tatsächlich Teil eines größeren Planes ist. Dann zeigt sich ihnen der richtige Weg. Das Sternzeichen Fische regieren erweiterte Bewußtseinszustände und das ozeanische Gefühl der Einheit mit allem Leben. Ihre Bestimmung ist es, diesen Zustand zu fördern und ihn zum Teil ihres täglichen Erlebens zu machen.

Talente/Berufe

Diese Menschen brauchen ihr eigenes Büro oder ihren persönlichen Freiraum. Sie arbeiten sehr gut allein und haben Spaß an Projekten, bei denen sie kreativ sein und eine Vision verwirklichen können. Sie erledigen ihre Arbeit gerne in der Abgeschiedenheit, beispielsweise als Forscher, Bibliothekar oder Computerspezialist. Fische-Mondknoten-Menschen sind in jedem Beruf erfolgreich, der mit der persönlichen Suche nach einer spirituellen Wahrheit zu tun hat, einschließlich der Arbeit und des Lebens im Kloster. Sie sind phantastische Künstler, Handwerker, Schauspieler oder Musiker. Sie sind auch ausgezeichnete Organisatoren, weil sie sehr gut »hinter den Kulissen« arbeiten können. Auch wenn sie einen normalen Beruf ausüben, müssen sie sich Freiräume für das Alleinsein und die Besinnung nehmen.

Fische-Mondknoten-Menschen haben auch die Fähigkeit, nützliche Details wahrzunehmen und die Signifikanz von Informationen zu analysieren. Wenn sie sich jedoch auf Berufe einlassen, bei denen großer Wert auf Detailgenauigkeit, genaue Analyse, Perfektion und Sorgfalt gelegt wird (wie beispielsweise in der Buchhaltung oder der Systemanalyse), laufen sie Gefahr, Angst und Unruhe zu erleben. Diese Menschen sind besser beraten, wenn es in ihrem Beruf vor allem darum geht, eine Vision zu verwirklichen, und sie bestärkt werden, ihre praktische Veranlagung zu benutzen, diese Vision wahr werden zu lassen.

Heilende Affirmationen für den Fische-Mondknoten

- »Alles ist gut, und alles entwickelt sich so, wie es sein soll.«
- »Gottes spirituelle Führung kann niemals versagen.«
- »Wenn ich loslasse und alles Gott überlasse, gewinne ich.«
- »Mein Überleben wird nicht durch Unordnung gefährdet.«
- »Dies ist nicht meine Aufgabe – das ist die Aufgabe Gottes.«

Persönlichkeit

Vergangene Leben

Fische-Mondknoten-Menschen haben viele vergangene Leben als physische Heiler und Helfer verbracht: Sie waren in vielen unterschiedlichen Kulturen die Chirurgen, Ärzte und Krankenschwestern. Dabei handelte es sich um schwierige Positionen, bei denen sie sich konzentrieren und alles richtig machen mußten, weil das Leben eines Menschen davon abhing. Daher sind sie in diesem Leben sehr engagiert und betrachten es als unbedingt notwendig, die Dinge stets perfekt zu erledigen. Wenn die Dinge nach Plan laufen, fühlen sich die Fische-Mondknoten zufrieden und stark; alles ist unter Kontrolle, und die »Operation« verläuft erfolgreich. Wenn aber etwas Unerwartetes eintritt, geraten sie in Panik. Unbewußt glauben sie, daß jemand sterben muß, wenn etwas sich nicht nach Plan entwickelt. Durch diesen Anspruch, sich einwandfrei zu verhalten, belasten sie nicht nur sich selbst, sondern legen auch bei den ihnen nahestehenden Menschen, besonders am Arbeitsplatz, einen strengen Maßstab an. Möglicherweise ist es durch ihre vergangenen Leben im medizinischen Bereich bedingt, daß sie meistens sehr gesundheitsbewußt sind, Angst vor Ansteckung haben und das Bedürfnis verspüren, ihre Umgebung makellos rein zu halten.

Zusätzlich haben die Fische-Mondknoten-Menschen vergangene Inkarnationen damit verbracht, daß sie spirituelle Wahrheit repräsentieren, indem sie auf praktische Weise in der Welt dienten – als Mönche, Nonnen und Mutter Theresa ähnlichen Menschen. Sie waren Vorbilder; andere sahen zu ihnen auf, um zu lernen, wie sich spirituelle Menschen verhalten sollten. Da ihr Verhalten zu Verehrung und Belohnung führte, setzen sie unbewußt Perfektionismus damit gleich, daß die Dinge in der materiellen Welt ebenfalls glatt laufen. Sie haben sich jedoch in diesen vergangenen Leben in der Perfektion der Form festgefahren und dadurch den Kontakt mit dem Kern ihrer heilenden Kraft verloren. Dies ist verständlich, denn sie mußten Rituale durchführen und sich immer auf eine bestimmte Art verhalten und auch kleiden. Daher wollen sie in diesem Leben die Bindung an die Form loslassen und wieder mit dem Wesentlichen in Kontakt kommen. Es ist für sie an der Zeit, als Belohnung für ihre Verdienste aus früheren Leben Frieden und innere Zufriedenheit geltend zu machen.

Analytische Verhaltensweisen

In vergangenen Leben wurden die analytischen Fähigkeiten der Fische-Mondknoten überbeansprucht und überentwickelt, weshalb sie nun mit der Neigung geboren wurden, alles zu analysieren. Sie nehmen ständig die Dinge auseinander, um zu sehen, wie sie funktionieren, und sie sind nicht eher zufrieden, bis sie es verstanden haben. Ihre Gedanken laufen ständig auf Hochtouren, und oftmals analysieren sie Dinge, die man einfach auf sich beruhen lassen sollte. So, als würden sie eine Zwiebel schälen, tragen sie Schicht um Schicht ab, bis nichts mehr übrig bleibt – und dann fühlen sie sich leer und ängstlich. Dieses Leben ist nicht dafür vorgesehen, die Antworten zu finden, nach denen sie mittels Analyse suchen.

Diese Menschen analysieren Probleme aus jeder nur möglichen Perspektive und das mit einer Intensität, die die anderen Mondknoten-gruppen zum Wahnsinn treibt! Sie bedenken all die Dinge, die schiefgehen könnten – die sie nicht kontrollieren können. Sobald sie beschlossen haben, daß sie sich um etwas Bestimmtes Sorgen machen sollten, geraten sie in einen intensiven, angestrengten Zustand, der sehr schwer wieder loszuwerden ist. Sie beunruhigt nicht die Gegenwart, sondern mögliche zukünftige Ereignisse. Zwar bewahrheiten sich ihre Bedenken in den allermeisten Fällen nicht, was sie jedoch nicht davon abhält, in einem ständigen Zustand der Angst zu leben.

Es gibt mehrere Gründe, warum ihr projizierten Katastrophenszenarien höchstwahrscheinlich nicht eintreten:

1. Sie berücksichtigen nicht die zukünftigen Erkenntnisse oder Handlungen, die den befürchteten Ausgang verhindern können.
2. Sie berücksichtigen keine Intervention von außen.
3. Sie gestatten ihrer Intuition nicht, daß sie ihnen eine genaue Vorstellung von der Zukunft vermittelt – ob es da tatsächlich etwas gibt, worüber man besorgt sein sollte. Sie müssen *aufhören zu denken,* damit sie sich auf die Zukunft einstimmen und sie intuitiv wahrnehmen können.

Viele Probleme ergeben sich für die Fische-Mondknoten-Menschen nur durch ihre Neigung zur übermäßigen Analyse. Das ist beispielsweise dann der Fall, wenn sie eine Vision haben und dann ihre Verwirklichung erzwingen wollen, ohne dem Universum zu gestatten, diese Vision nach seinen Vorstellungen zu entwickeln. Sie erkennen zwar einen Pfad, dabei muß es sich aber nicht notwendigerweise um den gesamten Weg handeln; es kann auch nur eine schmale Spur sein. Es mag sein, daß eine Person diesen Weg gehen kann, wenn aber andere daran beteiligt sind, dann ist eine umfassende Vision erforderlich.

Diese Menschen sind so sehr daran gewöhnt, etwas durchzuführen, daß sie sich zu sehr auf die anstehende Arbeit konzentrieren und keine weiteren Umstände berücksichtigen. Wenn die Dinge nicht mehr gemäß ihrem Plan ablaufen, ist es das beste, wenn sie einen Schritt zurücktreten. Anstatt in Panik zu geraten, müssen sie sich daran erinnern, daß sich möglicherweise ein höherer Plan offenbart, dessen sie sich nicht bewußt sind.

Die Antworten kennen

Bedingt durch frühere Leben, in denen sie Ordnung in Situationen des Chaos geschaffen haben, wurden diese Menschen mit dem Gefühl geboren, daß sie auf alles eine Antwort haben müssen. Deshalb streben sie ständig nach Möglichkeiten, wie sie etwas heilen und die Ordnung wiederherstellen können – sowohl für sich selbst als auch für andere. Wenn sie mit einem Problem konfrontiert werden, verkrampfen sie sich und versuchen die Antwort herauszufinden – und dann verschlimmert sich sowohl die Situation als auch ihre Angst. Es dauert Tage, bis sie dann über ihr Gefühl der Unzulänglichkeit hinwegkommen, weil sie nicht fähig waren, die »richtige Antwort« zu finden.

Die Ironie ist, daß diese Menschen sehr wohl den Zugang zu den Antworten haben, aber nur dann, wenn sie sich zuerst eingestehen, daß sie, ganz für sich alleine, die Antwort nicht wissen. Sie müssen das Problem an eine höhere Macht übergeben und offen für Erkenntnisse sein, die aus intuitiven Prozessen erwachsen, nicht aus analytischen. Dann werden die »richtigen« Antworten offensichtlich, entweder in Form einer Erkenntnis oder durch ein grundsätzliches gutes Gefühl in der jeweiligen Situation.

Ich hatte beispielsweise eine Fische-Mondknoten-Klientin, die, nach jahrelangem Studium in Europa, traditionelle Techniken, durch die sie anderen Menschen das Singen beibrachte, sehr gut beherrschte. Als sie diese Methoden aber bei ihren Schülern anwandte, waren die Ergebnisse frustrierend und zeitintensiv. Als sie sich jedoch entspannte, die individuellen Schwächen jeder Stimme auf sich wirken ließ und »das Problem« an eine höhere Macht weitergab, konnte sie auch intuitiv erkennen, wie sie jedem Schüler die genaue Vorgehensweise zur Befreiung seiner Stimme vermitteln konnte. Weil sie sich nicht unter Druck fühlte, die Antwort sofort wissen zu müssen, konnte sie feststellen, daß ein Teil ihres Unterbewußtseins die Antwort bereits kannte und daß sie eine wahre Begabung besaß, die Stimmen ihrer Schüler auszubilden.

Selbstbild

Fische-Mondknoten-Menschen versuchen ständig herauszufinden, wohin sie gehören, wo ihr Platz ist, welche Aufgaben sie haben und wie sie zu den anderen Menschen stehen. Dieses dringende Bedürfnis basiert auf dem inneren Gefühl, daß sie außerhalb ihre Berufs oder ihrer Pflicht keinen Wert besitzen. Der Gedanke, keinen Standpunkt zu haben, ist für sie beängstigend.

Bis sie ihre Bestimmung erkannt haben, investieren sie Zeit und Energie in eine sinnlose Suche, weil in dieser Inkarnation keine greifbare Position für sie vorgesehen ist. Um ihre Bestimmung erspüren zu können, müssen sie Zugang zu der spirituellen Dimension des Lebens finden; daher sind Meditation, Entspannungstechniken, Yoga und andere Formen spiritueller Praxis so wertvoll. Diese Techniken richten die Aufmerksamkeit auf den nicht greifbaren Zusammenhang, innerhalb dessen alle greifbaren, materiellen Dinge existieren.

Wenn sich die Fische-Mondknoten-Menschen auf die spirituelle Dimension hinter der materiellen Welt konzentrieren, gelangen sie zu dem angenehmen und sicheren Gefühl, mit anderen verbunden zu sein, und können ihre Vision erweitern und ein Gespür entwickeln, daß alles, was geschieht, seinen Sinn hat. Weil sie sich dann selbst klar und ganz fühlen, werden sie sich der Atmosphäre, die sie schaffen, sehr viel bewußter. Und indem sie lernen, sich mit ihrem eigenen Energiefeld zu identifizieren, werden sie auch fähig sein, sich an die Atmosphäre »anzupassen«, die sie umgibt, wo immer sie auch hingehen.

Perfektionismus

Fische-Mondknoten-Menschen glauben ständig perfekt sein zu müssen. Die positive Veränderung in diesem Leben besteht für sie darin, daß es vorteilhaft ist, Fehler zu machen. Es ist ihnen sogar *verboten,*

perfekt zu sein – im letzten Moment ergibt sich immer noch ein »Aus-
rutscher«, um ihr »perfektes« Image zu erschüttern. So erinnert sie das
Universum daran, daß es in diesem Leben in Ordnung ist, Fehler zu
machen, menschlich zu sein und sie selbst zu sein.

Planung

Für diese Menschen ist Planung alles. Sie konzentrieren sich darauf,
wohin sie gehen wollen, und durchdenken genau, wie sie dorthin gelangen werden. Und weil sie in vergangenen Leben so sehr daran gewöhnt waren, ihr Augenmerk auf das Detail zu richten, sind sie völlig
auf den Plan fixiert und verlieren den Blick für die Vision! Die leichte-
ste Veränderung ihres Plans macht sie unsicher, weil sie befürchten,
nicht das zu bekommen, was sie wollen.

Sie glauben ihr Leben unter Kontrolle zu haben, wenn sie alles »richtig« machen. Sie sind geschockt, wenn sich ihr Leben, trotz ihrer Aufmerksamkeit für das Detail, negativ entwickelt (sie von ihrer Frau verlassen werden, sie im Beruf scheitern, eins ihrer Kinder über die Stränge
schlägt usw.). Gerade in dem Augenblick, wenn sie all ihre Pläne aus-
gearbeitet haben, schickt das Leben ihnen etwas Unerwartetes, um
alles durcheinanderzubringen. Auf diese Weise läßt sie das Universum
wissen, daß es nicht funktioniert, wenn sie sich zu sehr auf *ihre Methode,* ein Ziel zu erreichen, versteifen – weil sie dann die Freude und
das Abenteuer nicht zulassen, die unerwartete Dinge mit sich bringen.
Wenn sie ihre Gedanken genau auf das ausrichten, was sie wollen,
dann wird ein optimales Ergebnis durch ihre eigenen vorgefaßten Ideen
erschwert.

Wenn beispielsweise eine Fische-Mondknoten-Person mit einem
Freund von New York nach Los Angeles reisen will, wird sie die ganze
Route auf eine Weise ausarbeiten, die direkt und praktisch ist. Kurz
vor ihrer Abreise erfährt der Freund, daß ein Schneesturm angekündigt
wurde, der genau ihre Route kreuzen soll, und schlägt deshalb vor,
einen Weg zu wählen, der den Sturm umgeht. Die Fische-Mondknoten-Person wird dadurch wahrscheinlich völlig aus der Fassung gebracht: Sie ist völlig auf ihren Plan fixiert und befürchtet, daß sie niemals in Los Angeles ankommen werden, wenn sie nicht genau ihrer
Route folgen.

Diese Menschen neigen dazu, das Planen zu übertreiben und sich selbst unter Druck zu setzen, sehr viel in einer kurzen Zeit zu erledigen. Die Lösung liegt jedoch nicht darin, ihre Zeit durchzustrukturieren, um all ihre Aktivitäten unterbringen zu können, sondern überhaupt nicht zu planen – nur einfach sich selbst beim Handeln zu beobachten. Diese Vorgehensweise wird eine natürliche, klare Zeiteinteilung schaffen, die Freude und Ausgeglichenheit in ihr Leben bringt.

Die Fische-Mondknoten-Menschen können diesen Prozeß verstärken, wenn sie bewußt *weniger* tun: weniger Planung, weniger Programm und dafür mehr Spontaneität. Auf diese Weise können sie am besten mit ihrer Vision in Kontakt bleiben, was wiederum zu einer produktiveren Nutzung ihrer Zeit führt. Wenn sie zulassen, daß alles im Fluß bleibt, gelangen sie zu einer inneren Gewißheit, einem *Wissen,* daß die Dinge sich für sie positiv entwickeln werden.

Kritik

Fische-Mondknoten-Menschen neigen dazu, sich selbst und andere zu sehr zu beurteilen. Sich selbst gegenüber sind sie am härtesten, und diese ständige Unterscheidung in »richtig oder falsch« führt zu Spannung und Schuld. Sie fühlen sich für alles, was sich in ihrem Umfeld nicht positiv entwickelt, verantwortlich, insbesondere für das, was den ihnen nahestehenden Menschen geschieht. Sie haben das Gefühl, daß sie persönlich das Problem verursacht haben, weil ihr Verhalten nicht perfekt war. Dies kann zu einer Lähmung führen, wenn es darum geht, in ihrem Leben konstruktive Veränderungen vorzunehmen, weil sie befürchten, anderen dadurch Probleme zu verursachen.

Diese Menschen haben die Neigung, sich selbst für belanglose Dinge, die nicht zu dem von ihnen aufgebauten Image passen, die Schuld zu geben. Sie hassen es, unrecht zu haben, und wenn sie einen Fehler machen, sind sie sich selbst gegenüber sehr unnachsichtig. Sie wollen diesen Fehler analysieren, verstehen, warum sie das getan haben, und eine Erklärung vor sich selbst finden. Es fällt ihnen sehr schwer zu sagen: »Es tut mir leid, ich habe einen Fehler gemacht.« Bedingt durch ihren Perfektionismus aus vergangenen Leben tragen sie die unbewußte Angst in sich, daß sich ihr Verhalten negativ auf das Ideal auswirken könnte, das sie repräsentieren. Deshalb ist die Notwendigkeit, »recht zu haben«, in diesem Leben fast gleichzusetzen mit einer heiligen Pflicht.

Die Ironie ist, daß sie eine Position der Stärke erlangen, wenn sie zugeben, daß sie einen Fehler gemacht haben, und damit bei der Wahrheit bleiben. Dann können sie einfach sagen: »Ich habe einen Fehler gemacht, und wie geht es nun weiter?« Wenn sich diese Menschen in ihrem Eifer dazu treiben, perfekt zu sein, verlieren sie selbst und jeder andere um sie herum. Sie müssen alle Bewertungen aufgeben, um den Frieden zu finden, nach dem sie suchen.

Fixierung

Fische-Mondknoten-Menschen sind extrem ernst, weil sie sich ständig auf das konzentrieren, was falsch ist, damit sie es in Ordnung bringen können. Sie sind so übertrieben aufmerksam, daß sie bei der geringsten Abweichung vom »sanften, reibungslosen Fluß« in Panik geraten und ihre kritische und ängstliche Stimmung jeden in ihrem Umkreis verwirrt und stört.

Ihre Arbeit in vergangenen Leben vermittelte ihnen eine sehr eingegrenzte Sichtweise, was sich auch auf dieses Leben überträgt. Ein Teil des Problems hängt damit zusammen, worauf sie ihre Aufmerksamkeit richten: auf die Einzelheiten dessen, was auf der greifbaren Ebene geschieht. Häufig versteifen sich die Fische-Mondknoten-Menschen auf ein Problem, weil sie es so nahe an sich herankommen lassen, daß sie nichts anderes mehr sehen können. Dann sind sie wie ein Kind, das sein Gesicht gegen eine Scheibe preßt. Dann fühlen sie sich leicht frustriert und unfähig, weil sie nicht in der Lage sind, die Ordnung wiederherzustellen. Dies führt zu einem Zustand der Angst und Spannung, der nur sehr schwer wieder aufzulösen ist.

Ironischerweise liegt der Weg aus diesem Dilemma ebenfalls in ihrer Konzentrationsfähigkeit: Sie müssen die Konzentration von den Einzelheiten des Problems darauf lenken, die Situation an eine höhere Macht abzugeben. Wenn sie sich in dieser Inkarnation an Ergebnisse in der physischen Welt klammern, dann werden sie von nervösen Störungen beeinträchtigt, die sich auf ihre Beziehungen und alles, was sie anpacken, auswirken.

Manchmal besteht die beste Methode, Abstand zu gewinnen, darin, die folgende Affirmation zu sagen: »Alles wird gut, und alles entwickelt sich so, wie es sein soll.« Es kann sein, daß sie diese Affirmation mehrmals sagen müssen, um zu erkennen, wie sehr sie die Situation überanalysieren, und den nötigen inneren Abstand zu gewinnen. Sie müssen überhaupt nichts herausfinden; sie müssen einfach nur abwarten, was kommt. Indem sie das Problem an eine höhere Macht übergeben und nur einfach in der Situation sind, kommt eine heilende Energie zum Fließen und alle Beteiligten erkennen die richtige Lösung.

Ich hatte beispielsweise eine Fische-Mondknoten-Klientin, deren Schwiegermutter sehr ausfallend werden konnte. Sie verhielt sich sehr defensiv und nahm es persönlich, wenn meine Klientin sie nicht besuchte. Sie hatte ein Alkoholproblem und vermittelte allen Menschen in ihrem Umkreis ein schlechtes Gewissen, wenn sie ihr eigenes Leben leben wollten. Viele Jahre lang versuchte meine Klientin dieser Frau zu helfen, damit sie sich besser fühlte, es gelang ihr aber nicht. Dann plötzlich, als sie aufhörte, ihr zu helfen, erzählte ihr die Schwiegermutter, daß sie mit Sitzungen bei einem Therapeuten begonnen habe und sie jedes Familienmitglied bitten wolle, sie einmal dorthin zu begleiten. Meine Klientin war außer sich vor Freude und unterstützte ihre Schwiegermutter voll und ganz. Ihre größte Überraschung war jedoch, daß dies nicht möglich gewesen war, bis sie die Situation so akzeptierte, wie sie war, aufhörte zu helfen und losließ: »Ich habe überhaupt nichts getan!« sagte sie.

Wenn diese Menschen ein Problem wirklich loslassen und einen Schritt beiseite treten, geschehen unerwartete Dinge. Sie glauben, daß die Welt von ihrer Mitwirkung abhänge, und sind überrascht, wenn sie nicht beteiligt sind und die Dinge trotzdem laufen.

Zwanghaftigkeit

Fische-Mondknoten-Menschen haben oftmals ein Problem mit zwanghaften Gedankenmustern, die für sie nicht von Vorteil sind. Manchmal verschwindet das Problem oder die Sucht wie von selbst. Auch dann ist es für sie das beste, wenn sie nicht Ursachenforschung betreiben, sondern einfach nur feststellen, daß das Problem gelöst ist und dann bewußt ihr Gefühl der Dankbarkeit und Erleichterung ausdrücken. Sie müssen nur das Geschenk akzeptieren und es nicht analysieren.

Wenn sie an den Ursachen festhalten, werden sie in Wirklichkeit von der Angst getrieben, daß das Problem wieder auftauchen könnte. Es ist jedoch meistens der Prozeß des Analysierens, der das Problem erneut anzieht. Das beste ist, wenn sie einfach nur zulassen, daß negative Zustände aus ihrem Leben verschwinden, ohne die Zusammenhänge verstehen zu müssen. Sie lernen, sich des Wunders des Lebens bewußt zu sein, zu erkennen, wie alle Dinge sich verbinden und Ehrfurcht für die Lösungen zu empfinden, die das Leben selbst ihnen bringt.

Überlegenheit: Das Vorbild

In vergangenen Leben haben diese Menschen eine Verhärtung des Ego entwickelt, in dessen Mittelpunkt das Bedürfnis steht, ständig recht zu haben. Ärzte und Chirurgen sind wie Götter: Jeder verehrt sie, und es fällt ihnen leicht, zu ihrem eigenen Ansehen beizutragen. Dann wird der Dienst am Mitmenschen zu einem Ego-Trip.

Deshalb kommen die Fische-Mondknoten-Menschen oft mit einem Gefühl der Überlegenheit in diese Inkarnation. Sie haben das Gefühl, ein Vorbild sein zu müssen (Lehrer, Minister, Feuerwehrmann, Polizist usw.). Diese Berufe verkörpern auf die eine oder andere Weise einen Archetypus, der sich verpflichtet fühlt, den Menschen bestimmte Werte zu vermitteln. Als Vorbild haben sie das Gefühl, makellos sein zu müssen. Dennoch bedarf es einer Überlegenheit, um die Dinge perfekt ausführen zu können, und das ist für diese Menschen der Anfang vom Ende. Dies bezieht sich darauf, daß sie in der Rolle gefangen sind, die sie spielen, und auch auf den Machtmißbrauch, der dazu führt, daß andere ihnen die Stirn bieten.

Diese Menschen identifizieren sich sehr stark mit der Arbeit oder dem Dienst, den sie verrichten. Es ist durchaus möglich, daß sie völlig in der Arbeit aufgehen und nicht mehr in der Lage sind, sich davon zu trennen. Es fängt damit an, daß sie noch eine weitere Kleinigkeit entdecken, bevor sie Feierabend machen, und dann entwickelt sich sehr schnell ein Workaholic-Syndrom. Obwohl sie sich von ihrer Arbeit zu sehr einnehmen lassen, erkennen sie das selbst nicht – sie tun »nur das, was getan werden muß«. Sie müssen aufhören, sich mit ihrer Arbeit zu identifizieren; dann leisten sie dennoch eine gute Arbeit, ohne soviel von sich selbst zu verlieren. Selbst wenn sie sich nicht sehr lange an ihrem Arbeitsplatz aufhalten, verbringen sie doch sehr viel Zeit damit, sich Gedanken über ihre Arbeit zu machen. In beiden Fällen stellt der Job ein zentrales, alles durchdringendes Problem in ihrem Leben dar.

Ebenso haben sie Schwierigkeiten mit Kollegen oder Mitarbeitern. Es fällt ihnen schwer, das Verhalten anderer nicht zu kontrollieren – sie sind sich nicht sicher, ob andere ihre Arbeit erledigen können. Fische-

Mondknoten-Menschen lernen, daß ihre Vorstellung darüber, wie Aufgaben »richtig« erledigt werden, sich von der eines anderen Menschen unterscheiden kann und dennoch beide Wege gute Ergebnisse bringen können. Sie müssen anderen Menschen die Freiheit einräumen, einen anderen Arbeitsstil zu haben. Sie müssen auch erkennen, daß andere eventuell noch lernen müssen, wie sie eine Arbeit am besten erledigen – sie können nicht erwarten, daß jeder bereits den optimalen Weg kennt.

Diese Menschen haben das Gefühl, daß sie sich von anderen distanzieren müssen, weil sie eine bestimmte Pflicht auf der Erde zu erfüllen haben. Sie befürchten, ihren Job zu vergessen, wenn sie sich mit anderen auf eine Stufe stellen und sich emotional engagieren, und das würde sie ihrer Selbsteinschätzung ins Schwanken bringen. Um ihre Rolle ganz und gar spielen zu können, müssen sie die Maske aufbehalten, denn wenn sie ihre Maske absetzen und ihren Emotionen nachgeben würden, wären sie ein Teil der Gemeinschaft und kein Vorbild.

Wenn sie eine Rolle spielen, ziehen sie Menschen an, die wirklich von ihnen erwarten, daß sie diese Rolle spielen. Wenn jemand sagt: »Sei das für mich«, dann nährt das zwar ihr Ego, aber sie sind dann auch in dieser Rolle gefangen. Die Ironie ist, daß sie sehr wohl eine höhere Energie auf den Planeten bringen können, aber so lange dazu unfähig sind, bis sie nicht mehr versuchen, es auf einer Ego-Ebene zu tun. Sie lernen, daß sie einfach sein müssen, wer sie wirklich sind, anstatt etwas zu tun.

Pflicht und Schuld

Fische-Mondknoten-Menschen fühlen sich sehr stark dazu verpflichtet, Ordnung zu schaffen. Sie glauben, eine bestimmte Rolle spielen oder ein bestimmtes Ritual oder eine Routine vollziehen zu müssen. Für sie ist Teil der Strömung zu sein gleichbedeutend mit dem Eingeständnis, ein Niemand zu sein. Deshalb glauben sie, daß sie ihre Arbeit nicht machen, wenn sie dem zustimmen – und das ruft Schuldgefühle auf den Plan. »Wenn ich meine Pflicht nicht erfülle, mache ich etwas falsch.« Dies ist ein Teufelskreis, der sich eigentlich nur in ihren Gedanken abspielt. Er basiert auf dem Grundgedanken, daß sie über anderen stehen und deshalb eine höhere Mission haben.

Irgend etwas muß ihnen einen Ruck versetzen, um sie aus diesem Teufelskreis zu befreien und sie dazu zu treiben, ihre eigene Menschlichkeit zu akzeptieren. Möglicherweise werden sie in eine Situation verwikkelt, die sich völlig ihrer Kontrolle entzieht. Dann sind Bescheidenheit und Akzeptanz der einzige Weg aus dieser Situation, der einzige Weg, durch den sie den Teufelskreis aus Perfektion, Pflicht und Schuld durchbrechen können. Ab einem gewissen Punkt bedeutet loszulassen: »Nun gut, ich vermute mal, daß ich die Aufgabe nicht perfekt erledigen kann. Ich vermute mal, daß ich sie einfach an Gott weitergeben muß.« Das ist der Zeitpunkt, zu dem sich ihr Bewußtsein verändert und sie fähig sind, eine sehr viel größere Vision zu erkennen.

Bedürfnisse

Definitionen und Strukturen loslassen
Fische-Mondknoten-Menschen erkennen bei allem die Details und versuchen alles einzuordnen. Teilweise tun sie dies, weil sie sich überhaupt nicht wohl fühlen, wenn sie sich in einer Situation befinden, die noch nicht klar festgelegt ist. Sie glauben eine starre Definition darüber haben zu müssen, wer sie sind – ihre Rolle, ihr Job, der Dienst, den sie leisten, ihre Routine, ihre Regeln und Vorschriften –, um sich stabil zu fühlen. In Wirklichkeit geht es ihnen jedoch um so besser, je weniger sie sich selbst definieren, weil sie leichter durchs Leben gehen, wenn sie mehr mit sich selbst in Kontakt sind und weniger mit den Stimmungsschwankungen in ihrer Umgebung zu tun haben.
Diese Menschen müssen den Unterschied erkennen zwischen dem Wissen, wohin sie gehen wollen, und der starren Festlegung, wie sie dorthin gelangen. Es ist für sie heilsam und verleiht ihnen die benötigte Stabilität, wenn sie über eine klar definierte Absicht, ein Ziel oder eine Vision verfügen. Ihre Ideen über die Wege, die zu diesem Ziel führen, müssen jedoch veränderbar bleiben – wer weiß schon, was sie brauchen werden oder wie es geschehen wird? Sie müssen ihre vorgefaßten Vorstellungen loslassen und sich einfach nur auf das Ziel konzentrieren. Sie lernen, daß die Definition aus der Erfahrung erwächst, statt daß ihre starren Definitionen ihre Erfahrungen einschränken.
Ihre angeborene Neigung, alles definieren zu wollen, ist für sie von Vorteil, wenn sie flexibel bleibt. Sie können die gegenwärtigen Um-

stände gut definieren, damit sie erkennen können, inwiefern diese ihren persönlichen Träumen entsprechen. Es sollte sich aber um eine vorübergehende Definition handeln, die für zukünftige Anpassungen offenbleibt. Wenn das Motiv, das hinter der Definition einer Situation steht, ist, zu erkennen, inwiefern sie ihre Rolle darin gut spielen, werden sie scheitern, weil diese Definition zu einer Einschränkung wird. Wenn das Motiv darin besteht, zu erkennen, inwiefern die Situation einen Bezug zu ihrer Vision hat, werden sie gewinnen, weil sie dann fähig sind, neue Anregungen aufzunehmen.

Veränderungen akzeptieren

Fische-Mondknoten-Menschen haben eine angeborene Abneigung gegen jegliche Art von Veränderung. Selbst eine Beförderung wird höchstwahrscheinlich auf Widerstand stoßen, wenn sie unerwartet kommt! In dieser Inkarnation lernen die Fische-Mondknoten ihr Festhalten an Bekanntem loszulassen und bereitwillig Veränderungen zu begrüßen. Dies vermögen sie nur, wenn sie ihre Beziehung zum Unbekannten bewußt durchdacht haben. Wenn sie das Unbekannte fürchten, versuchen sie weiterhin, an ihrer Routine festzuhalten, auch wenn es gegen ihre eigenen Interessen verstößt. Wenn sie in einer Situation unglücklich sind oder sich die Gegebenheiten zu verändern beginnen, müssen sie offen dafür sein. Denn es ist durchaus möglich, daß die gegenwärtige Situation zusammenbricht, weil etwas Besseres auf sie wartet. Wenn sie dies erkennen können, können sie sich auch dem Unbekannten stellen.

In Wirklichkeit langweilen sich diese Menschen sehr schnell – sie brauchen die Veränderung, damit sie kraftvoll und lebendig bleiben. Ihr Nervensystem ist derart sensibel, daß sie überreizt werden und irgend etwas zusammenbricht, sei es nun physisch oder psychisch, wenn sie versuchen, sich der Veränderung zu widersetzen oder ihre Umgebung zu kontrollieren. Je schneller sie sich daher entspannen und sich für die Veränderung öffnen, desto glücklicher und zufriedener werden sie sein. Anstatt ein Motorboot zu sein, das versucht, flußaufwärts zu fahren, müssen sie wie ein Kanu der Strömung des Flusses folgen. Dann können sie immer noch lenken, sie müssen aber nicht gegen den Strom ankämpfen.

Ich hatte beispielsweise einen Klienten mit dieser Mondknotenposition, der sich entschloß, seine allmorgendliche Joggingrunde netter zu gestalten, indem er seinen Sohn mitnahm. Nach nur wenigen Querstraßen kamen sie zu einem stehenden Gewässer. Der Sohn wollte anhalten und schauen, aber mein Klient wollte weiterjoggen. Sein Sohn bekam einen etwas verschleierten Blick und sagte: »Ich bin aber müde. Ich will nicht mehr weiter.« Mein Klient, der frustriert war, weil die Dinge nicht so liefen, wie er sie geplant hatte, drohte seinem Sohn an, ihn nach Hause zu bringen und ihn nie wieder mitzunehmen. Enttäuscht setzte sich der Junge hin und schaute auf das Wasser. Letztendlich sah mein Klient ein, daß er seinen Lauf nicht fortsetzen konnte, ehe sie sich beide das Wasser angesehen hatten. Es wurde ein wunderschöner Lauf! Sie hielten an und betrachteten sich Ameisen, Glasstücke und Steine – und am Ende waren sie lange gelaufen. Er rannte einige Hügel auf und ab, um sein Herz zum Klopfen zu bringen. Er hatte zwar nicht sein geplantes mittelschweres Joggingtraining bekommen, aber er hatte Zeit mit seinem Sohn verbracht und Dinge gesehen, an denen er vorher schon hundertmal vorbeigelaufen war, sie aber nie beachtet hatte, weil er zu sehr aufs Joggen konzentriert gewesen war.

Universeller Energiefluß und Zeitplanung

Fische-Mondknoten-Menschen sind immer in Eile. Abgesehen von ihrer unglaublichen Fähigkeit, sich zu konzentrieren, ist ihre Zeiteinteilung doch etwas chaotisch, weil sie zu viele Dinge in einem zu kurzen Zeitraum erledigen wollen. Deshalb haben sie auch zeitweise ein Problem mit der Pünktlichkeit – obwohl sie grundsätzlich pünktlich sind, weil das den gesellschaftlichen Normen entspricht. Und dennoch haben sie von Zeit zu Zeit das Gefühl, daß der Tag 48 Stunden haben könnte.

Die Lösung dieses Dilemmas liegt darin, ihr Tempo so lange zu drosseln, bis sie Zugang zum universellen Energiefluß gefunden haben. Dieser hat seine eigene Zeiteinteilung, Frequenz und Geschwindigkeit; wenn man mit ihm übereinstimmt, dann entsteht ein natürliches Wohlbefinden. Dann scheinen die Ereignisse genau in dem Augenblick aufzutauchen, in dem man bereit ist, mit ihnen umzugehen.

Frieden finden
Selbstreinigung

Fische-Mondknoten-Menschen verspüren das Bedürfnis, sich zu reinigen, bevor sie sich einer Energie öffnen, die ihr Bewußtsein wirklich transformieren kann. Dabei kann es sich aber um einen niemals endenden Prozeß handeln. Sie glauben, daß sie niemals rein genug sind oder ihr Verhalten perfekt genug ist, daß sie sich höheren Energien öffnen können. Zudem basiert ihre Art der Selbstreinigung auf harten Verhaltensregeln. In Wirklichkeit besteht die Reinigung, die sie brauchen, aber darin, die sie einschränkenden Definitionen loszulassen. Sie lernen ihre Identität von ihrer Funktion zu trennen: Sie definieren sich nicht mehr durch ihren Beruf: ihre Pflicht macht sie nicht menschlich.

Diese Menschen müssen Zeit mit sich alleine verbringen, um Anspannung und Sorgen loslassen zu können. Sie müssen das Problem, mit dem sie konfrontiert sind, nach innen holen und darüber nachdenken, es erspüren und durch einen inneren Prozeß gehen, um es loslassen zu können. Sie brauchen Zeit, um ihre Angst aufzuarbeiten. Fische-Mondknoten-Menschen brauchen diesen Prozeß, und sie können ihn nur durchführen, wenn sie sich in der Abgeschiedenheit befinden.

Sobald sie fähig sind, sich von ihrem starken Engagement in zahlreichen Bereichen zu distanzieren, sind sie auch in der Lage, objektiv zu *beobachten,* wie sie auf jede sich ergebende Situation reagieren. Durch diese Vorgehensweise wird sich die Bindung auflösen, durch die sie bisher an die materielle Ebene gefesselt waren. Alles, was sich in ihnen bisher dem natürlichen Fluß der Ereignisse widersetzt hatte, wird von ihnen abfallen. Das ist die Selbstreinigung, die sie wirklich brauchen. Ihr Bedürfnis nach Abgeschiedenheit und Meditation muß sowohl von ihnen selbst als auch von den ihnen nahestehenden Menschen verstanden und gewürdigt werden. Sie müssen regelmäßig Zeit bei irgendeiner Art von meditativer Tätigkeit verbringen, um die Anspannung aufzulösen und ihr inneres Glück wachsen zu lassen.

Neue Energie gewinnen
Höheres Bewußtsein

Fische-Mondknoten-Menschen haben so viele Inkarnationen in einer dienenden Rolle verbracht, daß sie in diesem Leben bereit sind, sich auszuruhen und ihre Seele wieder aufzuladen. Deshalb sind sie auch körperlich erschöpft, wenn sie zuviel Zeit draußen in der Welt verbringen; sie müssen wieder Zugang zu einer inneren Welt des Friedens finden, um heil zu werden. Es muß in ihrem Leben Phasen geben, in denen sie von der täglichen Routine Abstand gewinnen.

Diese Menschen begeben sich gelegentlich in höhere Bewußtseinebenen, ohne es darauf angelegt zu haben. Sobald sie dies einmal erlebt haben, wollen sie es immer wieder erreichen. Es kann sein, daß sie Stunden mit Meditation verbringen, jede erdenkliche Technik anwenden und sich womöglich völlig isolieren, um wieder in diesen Zustand einzutreten. Wenn sie aber diesen Zustand zu erzwingen versuchen, verhindern sie ihn.

Wenn sie sich in diesem Zustand befinden, dann sind sie einfach nur glücklich, daß sie das Leben genießen können. Sie haben jedoch so viele Vorstellungen von Rollen, die sie spielen sollten (den Lehrer, der andere zum Licht führt usw.), daß ihre mentale Aktivität diesen natürlichen Glückszustand wieder zunichte macht. Wenn sie sich einfach nur entspannen, werden sie feststellen, daß die Energie, nach der sie suchen, sie auf natürliche Weise ständig umgibt. Erleuchtete Bewußtseinszustände – das ozeanische Gefühl, mit allem Leben eins zu sein – werden in der Astrologie dem Tierkreiszeichen Fische zugeordnet. Der Lebenszweck der Fische-Mondknoten besteht darin, all das zu tun, was diesem höheren Bewußtseinszustand dienlich ist – es zum Bestandteil ihres täglichen Lebens zu machen –, was automatisch den anderen Menschen in ihrem Umfeld helfen wird.

Fische-Mondknoten-Menschen wollen sich einer höheren Macht unterwerfen. Wenn sie dazu nicht aus sich heraus in der Lage sind, werden sie möglicherweise von Drogen, Alkohol oder anderen Fluchtmitteln abhängig. Sie versuchen die Angst zu beruhigen, die aus ihren übertrieben analytischen Verhaltensweisen resultiert. Unbewußt könnten sie den Mißbrauch als Mittel benutzen, um sich den Anonymen Alkoholikern, Anonymen Drogenabhängigen, Anonymen Eßgestörten oder anderen Gruppen anzuschließen, die sich darauf konzentrieren, sich einer höheren Macht zu unterstellen. Interessanterweise werden Drogen, Alkohol, übermäßiger Schlaf und andere selbstzerstörerische Verhaltensweisen – alle Formen des Fluchtverhaltens – ebenfalls dem Tierkreiszeichen Fische zugeordnet, aber auch die Meditation, die höchsten Formen der Spiritualität und bedingungslose Liebe und Glück.

Um Probleme zu vermeiden brauchen diese Menschen einen ruhigen Ort, und das auch an ihrem Arbeitsplatz. Die Arbeit kann für sie eine sehr große Streßquelle darstellen, weil sie ihre Neigung fördert, die Dinge in Ordnung zu bringen. An ihrem Arbeitsplatz sollen sie ihren eigenen Bereich haben: ein eigenes Büro oder eine Ecke, in der sie das Gefühl von Privatsphäre haben. Wenn sie mit einer Gruppe Menschen zusammenarbeiten, hilft es schon, wenn sie ihren Schreibtisch von den anderen wegrücken und die Wand ansehen. Sie sind wesentlich glücklicher und produktiver, wenn sie einen Platz haben, an dem sie nicht von der Energie anderer Menschen beeinflußt werden. Das hilft ihnen, ruhig zu bleiben und die Situation aus einer erweiterten Perspektive zu betrachten.

Die Bedeutung der Arbeit

Die einzige Sache, der sich die Fische-Mondknoten-Menschen ein Leben lang verpflichten können, ist das Lernen und Wachsen.

Diese Menschen tun sich bei jeder Art von Arbeit hervor, die kreativ oder spirituell ist oder mit Werbung zu tun hat. Sie verfügen über eine brillante Vorstellungskraft; wenn sie sich auf Ideen konzentrieren, die helfen, eine Vision in die Tat umzusetzen, sind sie auf dem richtigen Weg. Ihre Aufgabe ist es, mit der Vision in Kontakt zu bleiben und anderen zu vermitteln, um welche Details sie sich kümmern sollen. Sie können in anderen Begeisterung auslösen, wenn sie ihnen ihre Ideen aus der Perspektive des Visionärs vermitteln und sie an ihre Ziele erinnern.

Egal, in welchem Beruf oder in welcher Position sie sind, sie können diese Geisteshaltung in die Praxis umsetzen. Als Kassierer bei einer Bank könnten sie das größere Ziel haben, den Menschen geduldig zu helfen, weil sie Verständnis dafür haben, daß viele Menschen von finanziellen Sorgen belastet werden und niedergeschlagen zur Bank kommen. Als Verkäufer erinnern sie sich an das übergeordnete Ziel, daß der Laden gut laufen soll, indem sie sich den Kunden mit einer Haltung der Liebe und des Dienens nähern und sie so zufriedenstellen. Unglücklicherweise scheinen für die meisten dieser Menschen die schlimmsten Probleme am Arbeitsplatz zu entstehen. Sie lieben es, derjenige zu sein, der ein Projekt am Laufen hält. Jedoch wird ihr Ego etwas aufgebläht, wenn sie die größere Vision aus dem Auge verlieren.

Sie werden nur dann über genügend Energie verfügen, um ein Projekt gut zu leiten, wenn sie bescheiden sind und mit der Vision verbunden bleiben. Andernfalls werden sich ihnen die Menschen widersetzen, und dann wissen sie nicht, was sie tun sollen. Dann verlieren sie die Verbindung zu ihrer Kraft.

Ein anderes Problem am Arbeitsplatz ist, daß ihre Stimmungen sehr stark schwanken: Sie haben gute Laune, aber urplötzlich sackt ihre Energie in den Keller, und sie werden ängstlich. Die anderen Menschen um sie herum werden von ihren Stimmungsveränderungen sehr stark beeinflußt – sie besitzen die Macht, eine Atmosphäre zu schaffen, auf die jeder reagiert. Wenn sie glücklich und zufrieden sind, beeinflussen sie die Stimmung positiv, und jeder um sie herum fühlt sich besser. Wenn sie aber niedergeschlagen und ängstlich sind, spürt das auch jeder. Dadurch haben sie erstaunlich viel Macht, und es kann sein, daß sie sich dessen überhaupt nicht bewußt sind.

Es ist immer die Änderung ihrer eigenen Stimmung, die ihrem negativen Einfluß auf die Atmosphäre vorausgeht. Dann ist ihr Geist zu aktiv, und sie sind gegenüber Details zu kritisch. Sie sind erschüttert, wenn die Dinge nicht so laufen, wie sie es planen, oder wenn eine andere Person ihren Job nicht nach ihren Vorstellungen erledigt. Wenn etwas Unerwartetes geschieht, glauben sie, daß das Universum sie nicht unterstützt, und werden von einem Wirbelwind aus Anspannung und Angst aufgesogen. Deshalb müssen die Fische-Mondknoten-Menschen erkennen, daß sie wirklich nicht wissen, was das Leben bringen wird. Wenn ihre Vorschläge auf Widerstand stoßen, dann ist es meist ihre negative Energie und nicht ihre Idee, die von den Menschen abgelehnt wird. Es wird ihnen helfen, erfolgreich zu sein, wenn sie sich auf den Erfolg konzentrieren; wenn sie dann kommunizieren, nehmen sie automatisch eine positive Einstellung an. Wenn sie sich auf die Vision konzentrieren, werden sich die banalen Details von allein erledigen.

Für diese Menschen ist es nicht vorteilhaft, wenn sie die Vision loslassen und einer der Ausführenden werden. Es ist nicht ihre Aufgabe, sich um all die Details zu kümmern und den Erfolg auf dieser Ebene zu organisieren – ihre Aufgabe ist es vielmehr, die Aufmerksamkeit aller Beteiligten auf die gemeinsame positive Vision zu lenken. Dann können sich ihr brillanter Geist und ihre angeborenen Führungseigenschaften hervorragend entwickeln.

Beziehungen

Liebe

Fische-Mondknoten-Menschen sind in allem, was Beziehungen angeht, nicht sehr weit entwickelt. Daher sollten sie sich von äußeren Ergebnissen distanzieren und auf eine höhere Macht vertrauen, die sie befähigt, im Umgang mit anderen Menschen sehr liebenswürdig zu sein. Wenn sie aber an ihrer Rolle festhalten und glauben, äußere Ergebnisse kontrollieren zu müssen, erscheinen sie anderen unpersönlich. Weil sie dann all ihre Energie in ihre Rolle investieren, können andere nicht den wahren Kern ihrer Persönlichkeit erkennen. Wenn sie aber sie selbst sind, reagieren sie offen auf die Ereignisse in ihrem Umfeld und antworten auf eine natürliche Weise, die zu gegenseitigem Respekt und Anerkennung führt.

Angst vor Emotionen

Fische-Mondknoten-Menschen sind sehr geerdet und können die sinnliche Seite des Lebens genießen. Sie werden jedoch verlegen, wenn sie mit einer anderen Person eine wahre Intimität erleben und sich das Körperliche und das Emotionale miteinander verbindet. Obwohl sie körperlich sehr stark reagieren, bevorzugen sie es doch, emotional zurückhaltend und unerreichbar zu bleiben. Sie geben sich auch sehr viel Mühe, sich den Terminplan eines Workaholics zu schaffen, damit sie emotionale Beziehungen mit anderen vermeiden können. Sie fühlen sich nicht wohl, wenn sie sich mit anderen auf einer gleichen Ebene verbinden und sich erlauben, verwundbar zu werden.

Sie bevorzugen es, ohne spontane Empfindungen vorzugehen. Sie kennen ihre Rolle: Sie haben bestimmte Pflichten, handeln auf eine festgelegte Weise und haben in bestimmten Situationen bestimmte Reaktionen und Gefühle. Wenn sie sich auf den natürlichen Fluß der Emotionen einlassen, löst das ihre bekannten Strukturen auf und fordert von ihnen, verwundbar zu werden. Eine Öffnung gegenüber ihren Emotionen macht ihnen angst und fühlt sich wie der Tod selbst an! Was sie in Wirklichkeit empfinden, ist der Tod des Teils ihres Ego, der eine emotionale und spirituelle Verbundenheit mit anderen nicht zuläßt. Damit eine wirkliche Verbindung mit anderen Menschen möglich werden kann, müssen sie gewillt sein, ihr Festhalten an starren Strukturen loszulassen und sich dem Unbekannten anzuvertrauen. Dies ist der Schlüssel zu ihrer Rettung und Vervollkommnung.

In ihren Liebesbeziehungen ist es hilfreich, wenn sie sich Zeit nehmen und eine bestimmte Atmosphäre mit ihrem Sexualpartner schaffen. Einmal pro Woche abends zum Essen auszugehen, romantische Musik, Kerzen, Blumen oder was auch immer sie in eine romantische Stimmung versetzt, kann sie von ihrer harten Rolle befreien und zu einer emotionalen Tiefe ihrer Beziehung beitragen. Die Freude und das Vergnügen, die solche Rituale bringen, sind den zusätzlichen Aufwand auf jeden Fall wert. Beziehungen sind Arbeit, und diese Menschen müssen lernen, wie wichtig es ist, daß sie ihren Teil dazu beitragen. Anstatt anzunehmen, daß bestimmte Dinge einfach so geschehen, müssen sie sich daranmachen, bewußt eine positive Beziehung mit ihrem Partner zu schaffen.

Sicherlich kann es sein, daß ihnen die Liebe nur in bestimmten Augenblicken bewußt ist. Der Grundgedanke ist jedoch, die Liebe zu genießen, während sie da ist; wenn sie nicht da ist, müssen die Fische-Mondknoten aber anerkennen, daß sie Wirklichkeit war. Anstatt in Zusammenhängen von Geben und Nehmen zu denken, werden sie die Erfahrung bedingungsloser Liebe machen, wenn sie die andere Person einfach nur akzeptieren – ohne Grenzen und ohne Urteile.

Beziehungen zu anderen aufbauen

Weil die Fische-Mondknoten-Menschen sich in vergangenen Leben auf ihre eigenen Angelegenheiten konzentriert haben, vergessen sie jetzt oft, andere Menschen miteinzubeziehen, wenn sie Pläne machen. Wir alle haben Träume, die wir in die Tat umsetzen wollen, Fehler, die wir machen müssen, und Lektionen, die wir lernen müssen, aber diese Menschen scheinen sich auf unschuldige Weise nicht über diesen größeren Zusammenhang im klaren zu sein.

Sie haben keinesfalls etwas dagegen, daß andere Menschen ihre Träume verwirklichen. Sie sind auf das Dienen ausgerichtet und wollen ernsthaft helfen, aber ihr Blickwinkel ist derart eng, daß sie versäumen, die Visionen anderer in Betracht zu ziehen. Und wenn andere das Gefühl haben, daß ihre Träume und Pläne nicht berücksichtigt werden, dann werden sie meistens zum Gegner. Wann immer ein anderer versucht, seinen Plan durchzuführen, reagiert die Fische-Mondknoten-Person mit übersteigertem Widerstand – alles, was sie dann noch sehen kann, ist die Tatsache, daß es gegen ihren Plan geht. Keine der beiden Parteien kann dann gewinnen, und die Kommunikation kommt völlig zum Erliegen. Diese Menschen haben zu viele vergangene Leben durchlaufen, in denen es ihnen nicht erlaubt war, einen Fehler zu machen, deshalb sind sie in diesem Leben davon überzeugt, daß sie auf gar keinen Fall unrecht haben können. Dies hat wiederum zur Folge, daß sie eine defensive Haltung einnehmen und unfähig sind, sich den Standpunkt der anderen Person anzuhören. Dadurch entstehen in ihrem Leben die meisten Mißverständnisse. Um eine Kommunikation zu ermöglichen, muß die andere Person zuerst den »Mechanismus des Rechthabens« bei den Fische-Mondknoten beruhigen, indem sie deren Idee anerkennt. »Du hast absolut recht. Und ... aus meiner Sichtweise sieht es so aus: ...« Die Fische-Mondknoten-Menschen werden von dieser Neigung zur Rechthaberei ebenso beeinträchtigt wie die Menschen um sie herum. Sie verstärkt ihre Angst in hohem Maße. Wenn sie anfangen, zu sehr nachzudenken, ist es hilfreich, sich selbst zu bestätigen: »Ich habe das Richtige getan. Ich habe das Beste getan, was ich in dieser Situation mit der mir zur Verfügung stehenden Energie tun konnte.« Dann werden sie sich wesentlich ruhiger fühlen.

Diese Menschen sind gegenüber Energieschwankungen sehr empfindlich. Wenn sie sich auf die materielle Welt einlassen, reagieren sie ständig auf die Energie anderer Menschen. Wenn sie im Gegensatz dazu eine spirituelle Sichtweise entwickeln – indem sie sich selbst objektiv beobachten und sich von der materiellen Welt distanzieren –, können sie ihren Weg durch ihre eigene Vision festlegen, anstatt sich von anderen beeinflussen zu lassen.

Erwartungen

Erwartungen – an sich selbst und an andere – stellen in diesem Leben für die Fische-Mondknoten-Menschen die größte Quelle der Enttäuschung dar. Wenn sie in einer Beziehung eine Vision oder ein größeres Ziel haben, was sie erleben möchten, dann wird sich die Beziehung sehr gut entwickeln. Sie werden bei jedem Schritt ihres Weges wissen, was zu tun ist. Wenn sie jedoch darauf achten, was nicht gut läuft und inwiefern die andere Person nicht ihren Erwartungen entspricht, dann hat das unangenehme Folgen.

Kritik und Urteil

Mehr als jede andere Mondknotengruppe fürchten die Fische-Mond-knoten-Menschen die Kritik. Sie können den Gedanken nicht ertragen, daß irgend jemand denken könnte, sie seien nicht perfekt. Daher sind sie in einem Kreislauf gefangen, in dem sie sich perfekt darstellen müssen, um Kritik zu vermeiden, durch die sie sich schlecht fühlen würden. Sie bauen ihr eigentliches Leben um den Versuch herum auf, Kritik zu vermeiden – tief in ihrem Inneren befürchten sie, daß es sich um eine unglaubliche Peinlichkeit oder sogar um eine öffentliche Bloßstellung handeln könnte, wenn sie einen Fehler begehen.

Bedingt durch vergangene Leben, in denen ihr Verhalten perfekt sein mußte, um Menschen körperlich oder spirituell zu helfen, betrachten sie alles äußerst kritisch und erkennen sehr leicht die Fehler anderer. Es mag sein, daß sie ihr Urteil nicht verbalisieren, aber andere spüren die Last ihres kritischen Blicks und ihres analytischen Geistes. Am Arbeitsplatz sind sie derart kritisch, daß sie ihre Mitarbeiter verärgern. Und ihre Kritik macht ihre Kinder unsicher.

Diese Menschen glauben, daß beide Liebe und innere Ruhe finden können, wenn die andere Person den Fehler in Ordnung bringt, dessen sie sich sosehr bewußt sind. In diesem Leben soll es jedoch nicht auf diese Weise funktionieren. Unbewußt wissen andere, daß es in diesem Leben die Aufgabe der Fische-Mondknoten ist, bedingungslose Liebe zu lernen. Manchmal fühlt sich die andere Person durch ein unerwünschtes Verhalten beeinträchtigt, das in Wirklichkeit – auf der unbewußten Ebene – nur durch die Weigerung der Fische-Mondknoten, den anderen vollständig zu akzeptieren, verursacht wird. Der Fische-Mondknoten fühlt sich schikaniert, weil die andere Person nicht die Veränderung ihres Verhaltens vornimmt, die seiner Ansicht nach zu innerem Frieden führen würde. Beide Menschen verlieren.

Um diese Situation für beide zu einem Gewinn zu machen, müssen diese Menschen die leisen, kritischen Gedanken in ihrem eigenen Kopf verändern. Anstatt sich auf die Fehler zu konzentrieren und sie als beabsichtigt anzusehen, müssen sie den Blickwinkel verändern, aus dem sie die andere Person betrachten. Wenn sie ihre Aufmerksamkeit auf die Hilflosigkeit und unbewußten Verhaltensweisen der anderen Person richten, wird ihr Herz voller Liebe und Mitgefühl sein, und ihre Gedanken werden von Frieden erfüllt sein. Dann gewinnen beide Menschen: Die andere Person fühlt sich unterstützt und hat die Freiheit, ihr Verhalten zu ändern (oder auch nicht!); der Fische-Mondknoten empfindet bereits Frieden, ob sich nun das Verhalten der anderen Person ändert oder nicht.

Innerer Zwang, »Ordnung zu schaffen«

Fische-Mondknoten-Menschen sind ständig auf der Suche nach einem Problem; sie glauben, daß es ihre persönliche Verantwortung sei, daß alles glatt läuft. Wegen dieser ständigen Angst beschäftigen sie sich mit Dingen, die die Menschen in ihrer Umgebung einengen und verärgern. Anstatt sich auf die Probleme anderer zu konzentrieren, sollten die Fische-Mondknoten sich selbst betrachten und prüfen, ob das Problem eventuell aus dem resultiert, was sie selbst tun. Anstatt zu sagen: »Es gibt überhaupt keinen Weg, mit dieser Person auszukommen – sie ist einfach zu schwierig«, sollten sie in sich hineinsehen und sich selbst ändern, um bei ihrem Gegenüber eine andere Reaktion hervorzurufen. Bei all ihren Beziehungen sollten sich diese Menschen einer höheren Macht unterwerfen. Es ist tatsächlich so, daß der natürliche Ablauf der Ereignisse ihnen zeigen kann, daß ihr Partner nicht zu ihnen paßt. Möglicherweise hat der Partner tiefsitzende psychische Probleme, die sich in negativem Verhalten äußern. In vielen vergangenen Leben waren sie Ärzte und Krankenschwestern und glauben deshalb, andere Menschen – psychisch und physisch – heilen zu können. Tatsache ist jedoch, daß die andere Person nicht gesund werden kann, wenn sie sich nicht aus sich heraus verändern will.

Fische-Mondknoten-Menschen müssen zwischen Menschen unterscheiden, die um Hilfe bitten, und solchen, die dies eben nicht tun. Viele Menschen wollen keine Unterstützung, sie glauben, so wie sie sind, in Ordnung zu sein. In diesem Fall müssen die Fische-Mondknoten jene Teile in sich selbst in Ordnung bringen, die zugelassen haben, daß sie mit jemandem Kontakt aufnehmen, der ein solch destruktives Verhalten zeigt. Wenn sie sich von negativer Energie verunsichern lassen, beeinträchtigt das nicht nur sie selbst, sondern auch die Menschen um sie herum. Es beraubt sie ihrer Energie und hindert sie daran, anderen Menschen zu helfen. Zusätzlich geben sie dadurch ihren Kindern und anderen ein schlechtes Beispiel.

Fische-Mondknoten ziehen häufig instinktiv jemanden an, der Unterstützung braucht. Sie waren so oft in der Position, in der sie andere geheilt haben, daß sie sich selbst als etwas Besseres ansehen. Wann immer sie glauben, daß sie jemandem helfen können, der keine Hilfe möchte, handelt es sich um einen Ego-Trip. Wenn sie in diesem Leben eine Situation loslassen, weil sie anerkennen, daß sie nicht in der Lage sind, sie in Ordnung zu bringen, handelt es sich um einen Akt der wahren Bescheidenheit und eine richtige Entscheidung.

Gefangen sein

Manchmal verfangen sich Fische-Mondknoten-Menschen aus einem übertriebenen Gefühl der Verantwortung für die andere Person in einer Beziehung. Dann werden sie von ihrem Pflichtgefühl getrieben. Und wenn sie nicht ihrem eigenen Ideal eines perfekten Verhaltens entsprechen, fühlen sie sich schuldig. Deshalb verharren sie häufig in einer Situation, obwohl diese schon lange keinen Vorteil mehr für sie bringt. Diese Menschen sind nicht in der Lage, zu geliebten Menschen oder zu jenen, für die sie sich verantwortlich fühlen, nein zu sagen. Dadurch entstehen Situationen, in denen sie ausgenutzt werden. Wenn sie wegen ihrer inneren Regeln und Bestimmungen geben, erwarten sie, daß andere sich bei ihnen revanchieren. Diesem Austausch wird es aber an Liebe fehlen. Damit sie in ihre Beziehungen Liebe bringen können, müssen sie sich selbst vertrauen und nicht über ihre Grenzen hinaus geben. In Wirklichkeit sind andere nicht annähernd so bedürftig und abhängig, wie diese Menschen es glauben. Das ist auch der Grund, warum sie nichts zurückgeben. Sie brauchen die zahlreichen Opfer und Dienste der Fische-Mondknoten-Person gar nicht.

Teilweise entsteht das Pflichtbewußtsein der Fische-Mondknoten aus einem Gefühl der Unzulänglichkeit. Sie denken: »Alles, was ich zu geben habe, bin ich.« Daher kompensieren sie, indem sie immer wieder geben, und haben niemals das Gefühl, das es genügt.

Es kommt vor, daß die Fische-Mondknoten-Menschen dieses Muster loslassen, weil es zu schwierig wird und sie dessen überdrüssig werden. Letztendlich erkennen sie dann, daß ihnen selbst nichts mehr bleibt, wenn sie ihr ganzes Leben damit verbringen, anderen Menschen zu Diensten zu sein. Sobald sie merken, daß andere ihr Dienen als selbstverständlich ansehen, ohne zu würdigen, welche Opfer sie dafür bringen, verändern sie sich.

Ein Hauptschritt zur Lösung des Dilemmas besteht darin, sich selbst an die erste Stelle zu setzen – nicht ihre Vorstellung von sich selbst oder ihrer Rolle, sondern ihr Menschsein. Sie müssen sich fragen: »Wird mir diese Handlung etwas bringen, oder ist sie nur für andere?« Diese Menschen können nur herausfinden, ob sie einer anderen Person wirklich helfen oder Schaden anrichten, wenn sie prüfen, wie sie selbst sich dabei fühlen. Wenn sie jemandem einen Gefallen tun und sich gut fühlen und es genießen, dann ist es richtig. Wenn sie sich aber selbst schlecht dabei fühlen oder es ihnen in dieser Umgebung nicht gutgeht, dann ist es nicht wirklich ein Gefallen.

Die Antwort ist, daß sie sich selbst gegenüber ein Pflichtgefühl entwickeln müssen, statt allen anderen gegenüber. Wenn die Fische-Mondknoten-Menschen die Pflicht sich selbst gegenüber als einen Teil des Gesamtbildes betrachten, kommen die Dinge in Harmonie. Sie müssen in diesem Leben weniger lernen, weil sie sich zu anderen in Beziehung setzen, als vielmehr, wie sie sich zu sich selbst in Beziehung setzen. Ihr einziges Barometer ist ihr eigener innerer Zustand – ihr Gefühl des Friedens und der Zufriedenheit.

Loslassen

Da Fische-Mondknoten sehr sensibel gegenüber den feinstofflichen Energien anderer Menschen sind, gehen sie mit ihrem Partner auch eine starke energetische Verbindung ein. Auch deshalb fällt es ihnen schwer, aus einer Ehe auszusteigen, in der sie mißbraucht werden. Es fällt ihnen schwer zuzugeben, daß sie eine schlechte Wahl getroffen haben. Wenn die Fische-Mondknoten-Menschen heiraten, dann sind sie erleichtert, daß sie nun einen Gefährten haben, mit dem sie all ihre Ängste teilen können – und das tun sie dann auch! Vermutlich hört sich der Ehepartner all die Probleme und Ungerechtigkeiten an, die jeden Tag bei der Arbeit auftauchen, und fühlt sich dann wie ein Resonanzkörper für all die Ängste und Sorgen des Fische-Mondknotens. Auf Außenstehende wirken diese Menschen, als hätten sie alles im Griff, ihr Partner jedoch lernt das verängstigte Kind hinter der äußeren Fassade kennen.

Obwohl diese Menschen ihrem Partner all ihre Probleme, Ängste und Sorgen erzählen, hören sie sich die Antworten nur sehr selten an. Wenn die andere Person Vorschläge macht, werden diese normalerweise nicht berücksichtigt, weil der Fische-Mondknoten nach einer »höheren Lösung« auf einer spirituellen Ebene sucht. Da helfen weder praktische Ideen noch menschliches Einfühlungsvermögen. Und dennoch brauchen Fische-Mondknoten ihren Partner als Resonanzkörper. Darin liegt ein weiterer Grund, warum sie in einer Verbindung verharren. Sie glauben, daß niemand anderer fähig sein wird, ihre Ängste zu akzeptieren, und deshalb klammern sie sich an den Partner, den sie haben.

Auf einer anderen Ebene fühlen sich diese Menschen schuldig, weil sie erkennen, daß ihr eigenes Verhalten nicht perfekt war; sie gestatten dem Partner ein breites Spektrum an Unvollkommenheit, bis hin zur Tyrannei. Der Mißbrauch, den sie erdulden, zerstört ihren Selbstwert auf fürchterliche Weise; sie verlieren sogar ihr Vertrauen in ihre Fähigkeit, jemals aus Beziehungen herauszukommen, die ihren geistigen und spirituellen Frieden verhindern. Da hilft kein Analysieren und kein Urteilen – sie müssen sich einfach aus dem Dunstkreis jener lösen, die ihr Wohlergehen stören. Das bedeutet, daß sie auf ihr inneres Gefühl des spirituellen Friedens vertrauen müssen, das sie zu neuen Situationen führen wird, die für sie von Vorteil sind.

Es gibt da eine Geschichte, die sich vor vielen Jahrzehnten in Japan ereignet hat, als eine Diskussion unter den Anhängern der drei Kampfsportarten aufkam: Karate (die Kunst des Angriffs), Judo (die Kunst der Selbstverteidigung) und Aikido (die Kunst des Ausweichens). Die Meister jeder Disziplin waren aufgerufen zu entscheiden, welche der Kampfsportarten am effektivsten sei. Der Aikido-Meister ging aus dem Wettbewerb siegreich hervor. Beim Aikido schlägt man niemals zu oder hebt seine Arme zur Selbstverteidigung; man weicht einfach nur aus, und die Kraft des angreifenden Gegners bringt diesen selbst zu Fall. Fische-Mondknoten-Menschen tun gut daran, aus dieser Geschichte zu lernen: Wenn irgendwo Negativität spürbar wird, ist es für sie das beste, sich nicht einzumischen, sondern einfach aus dem Weg zu gehen.

Ziele

Sich dem Unbekannten stellen

Tief in ihrem Innern wissen die Fische-Mondknoten-Menschen, daß sie auf das Unbekannte zugehen – das ist ihre Bestimmung! Und dennoch stellen sie sich stur. Sie sind an Organisation und Struktur gewöhnt; jede neue Erfahrung ist beängstigend und löst Widerstand aus.

Fische-Mondknoten-Menschen glauben, ihre Persönlichkeit soweit wie möglich reinigen zu müssen, bevor sie die Stärke haben, dem Unbekannten gegenübertreten zu können. Es ist richtig, daß sie für sich alleine nicht über die Energie verfügen, um damit klar und konzentriert umgehen zu können, deshalb müssen sie zu einer höheren Macht Kontakt aufnehmen. Sobald sie sich dann ins Unbekannte vorwagen, wird sich die Klarheit und Konzentration, die sie benötigen, zeigen.

Konfrontationen

Oftmals erleben Fische-Mondknoten-Menschen akute seelische Qualen, bevor sie in der äußeren Welt zu handeln beginnen. Sie befürchten, nicht mit Konfrontationen umgehen zu können und verschieben daher ihre Aktivitäten auf den letztmöglichen Augenblick. Zu ihrer großen Überraschung ist es nur sehr selten so schwierig, wie sie es sich vorgestellt haben. Und dennoch scheint ihnen aus einem Erfolg nicht sehr viel Vertrauen zu erwachsen. Sie komplizieren das Problem in ihren Gedanken dermaßen, daß sie selbst dann, wenn sie eine erfolgreiche Auseinandersetzung hatten, beim nächsten Mal die seelischen Qualen wieder genauso intensiv erleben.

Dieses Problem ist zu schwierig, um es auf der greifbaren Ebene zu lösen. Ihre Aufgabe besteht darin, sich einfach darüber hinwegzusetzen und zu erkennen, daß eine höhere Macht die Verantwortung übernommen hat, sie mit bestimmten Situationen als Chancen zur Expansion und zum Wachstum zu konfrontieren. Fische-Mondknoten-Menschen müssen auf Distanz gehen und sich vor Augen führen, inwiefern die gegenwärtigen Umstände dazu geeignet sind, sie ihrem Ziel näherzubringen. Dann können sie in Aktion treten, ohne sich auf das Ergebnis zu fixieren – indem sie einfach aktiv werden, müssen sie wissen, was sie als nächstes zu tun haben. Jeder Schritt macht den *nächsten* notwendigen Schritt deutlich. Der Schlüssel ist der, sich nicht an das Ergebnis der Handlung zu klammern. Wenn Hindernisse auftauchen, müssen sie einfach die Situation in die Hände einer höheren Macht legen und sich um die Schritte kümmern, die notwendig werden.

Nichtlineare Entwicklung

Fische-Mondknoten-Menschen neigen dazu, ihre Zeit mit so viel Routine, Regeln und Pflichten zu füllen, daß ihr Leben vollkommen vorhersehbar wird. Sobald sie die Strukturen einmal geschaffen haben, schätzen sie sie überhaupt nicht mehr. Wenn jedoch Ereignisse eintreten, die ihr Leben in eine interessante Richtung führen könnten, verfallen sie nur allzu leicht wieder in ihren täglichen Trott. Sie hätten viel lieber einen anderen, abwechslungsreicheren Weg gewählt, dazu müssen sie aber anfangen, bewußter zu leben.

Meditation

Der erste Schritt zu einem bewußteren Leben besteht darin, sich jeden Tag Zeit für Abgeschiedenheit und Reflexion zu nehmen. Sie müssen eine bestimmte Zeit einplanen – mindestens 40 Minuten pro Tag –, in der sie nichts tun: kein Fernsehen, kein Radio, kein Telefon oder andere äußere Anregungen. Wenn sie möchten, können sie eine bestimmte Form der Meditation praktizieren, der eine Stille folgen sollte, damit sie lernen, auf neue Offenbarungen zu warten. Sie können aber auch ein Tagebuch führen, in das sie die Aktivitäten des vorangegangenen Tages schreiben und nach dem tieferen Sinn der Ereignisse suchen. Oder sie können in einem spirituellen Buch lesen: der Bibel, dem I Ging oder in anderen Texten, die Orientierung und Einsicht vermitteln. Einen Teil dieser 40 Minuten können sie auch mit Yoga, Atem- oder Entspannungsübungen verbringen – sanften, körperbezogenen Techniken, durch die sie inneren Frieden finden können.

Es ist eine Zeit, in der sie in Kontakt mit den eigentlichen Zielen ihres Lebens treten: Was wollen sie aufbauen und erleben? Welche Vision wollen sie, entweder zu Hause oder in der Arbeit, in die Tat umsetzen? Welche Atmosphäre wollen sie schaffen? Wenn sie mindestens einmal pro Woche über diese Punkte nachdenken, werden sie lernen, die Verantwortung für ihr Leben zu übernehmen.

Dadurch nehmen sich die Fische-Mondknoten auch die Zeit, über ihre Beziehungen und ihr Familienleben zu reflektieren: Verbringen sie wertvolle Zeit mit wichtigen Menschen in ihrem Leben? Wenn sie 95 Jahre alt wären, würden sie es bereuen, daß sie manche Erfahrungen nicht mit ihren Kindern gemacht haben? Welche Art von Nähe oder welche Aktivitäten wollen sie mit ihrem Partner teilen? Gibt es irgendwelche Orte, die sie besonders gerne bereisen würden? Wenn sie sich regelmäßig über diese Punkte Gedanken machen, werden sie zu Erkenntnissen gelangen, die eine neue und aufregende Dimension in ihr Leben bringt. Und das Wundervolle ist, daß sie nicht linear verläuft. Während sie meditieren, tauchen die Ideen, wie sie ihre Vorstellungen verwirklichen können, einfach nur in ihnen auf.

Einfach sein

In diesem Leben ist es für die Fische-Mondknoten-Menschen unbedingt notwendig, wieder in Kontakt mit ihrem persönlichen Traum zu kommen. Ein Weg, dies zu erreichen, sind regelmäßige (beispielsweise monatliche) »Wunschlisten«, auf denen sie niederschreiben, was sie verwirklichen wollen. Dies hilft ihnen, mit ihren Zielen in Kontakt zu kommen; sobald sie dies tun, tauchen die Dinge, die sie wollen, auf wunderbare Weise auf. Sobald sie aufhören, sich über das Gedanken zu machen, was nicht funktioniert, und einfach nur die Art und Weise, wie sie es haben wollen, aufschreiben, werden sie feststellen, daß sie genau die Dinge tun, durch die ihre Träume Wirklichkeit werden. Wenn sie ihre analytischen Gedankengänge und ihre hektischen Aktivitäten aufgeben und sich gestatten, einfach nur zu sein und ihre Träume zu verwirklichen, ist das Leben sehr viel einfacher.

Den spirituellen Weg gehen
Höhere Macht

Fische-Mondknoten-Menschen haben in dieser Inkarnation die Aufgabe, einen spirituellen Weg zu finden, der ihnen hilft, ihre zu starke Konzentration auf die materielle Ebene loszulassen und sich auf das Glück einzustellen, das im Rahmen eines höheren Bewußtseins möglich ist. Sie müssen zulassen, daß ihr Gefühl für eine höhere Macht jede Facette ihres Lebens durchdringt. Dann werden sie sich der universellen Strömung anpassen und anderen Menschen gestatten können, sie auf ihrem Weg zu führen.

Fische-Mondknoten-Menschen wurden auch mit der Fähigkeit geboren, die Zukunft vorherzusehen. Sobald sie ihre Hellsichtigkeit zulassen, können sie die Reihenfolge der Ereignisse *spüren*. Beim ersten Bild, das sie sehen, überreagieren sie meistens und empfinden unglaubliche Angst oder Unsicherheit. Sie wissen, daß es in der unmittelbaren Zukunft ein Problem gegen wird. Damit haben sie sich Zugang zu einer neuen Fähigkeit verschafft: die Gabe der Hellsichtigkeit.

Das ist eine wunderbare Gabe – sie können sich durch sie vor negativen Situationen schützen, da sie vorgewarnt sind. Ihre erste Reaktion ist jedoch Panik, weil sie sich hilflos fühlen. Dann erkennen sie möglicherweise, daß sie einer Situation entweder ausweichen oder herausfinden können, wie sie diese zu ihrem Vorteil nutzen können, wenn sie etwas voraussehen. Das beste ist, Handlungen zu unterlassen, bis sie über mehr Informationen verfügen. Sie brauchen Zeit und Abgeschiedenheit, damit sie die richtigen Schlußfolgerungen aus ihren intuitiven Prozessen entwickeln. Sobald sie sich auf ihre hellseherischen Gaben eingestellt haben, können die Fische-Mondknoten-Menschen Probleme schon Monate im voraus erkennen und sie dadurch verhindern.

Visionen

Bedingt durch frühere Leben, sind die Gedankengänge der Fische-Mondknoten-Menschen derart komplex, daß ihr Ziel in diesem Leben die Einfachheit ist. Die einfachen, unkomplizierten Antworten sind jetzt für sie am besten. Wenn sie fähig sind, ihr Tempo zu verlangsamen und offen zu bleiben, können sie die bruchstückhaften Botschaften ihrer Engel aufgreifen, die ihnen zeigen, daß alles in Ordnung ist. Allein diese Einsicht befähigt sie, die richtige Handlungsweise zu erkennen, durch die sie ihre Vision in die Tat umsetzen können.

Mitgefühl

In dieser Inkarnation lernen die Fische-Mondknoten-Menschen Akzeptanz und Mitgefühl. Ihre Aufgabe ist es, mit dem Urteilen aufzuhören; wenn sie andere nicht mehr kritisieren, werden sie auch aufhören, so hart zu sich selbst zu sein. Dies öffnet ihnen den Weg zu der Ruhe, nach der sie sich immer gesehnt haben. All die stillen Beurteilungen der anderen Person – die kritischen Punkte die sie bemerken –, hindern sie daran, ihre Barrieren abzubauen und sich wirklich in Liebe mit der anderen Person zu verbinden.

Diese Menschen lernen, daß es sich bei ihren Gedanken über andere in Wirklichkeit um die Meinung handelt, die andere ihrer Ansicht nach von ihnen haben. Wenn sie daher jemand anderen betrachten und ihn auf kritische Weise sehen, dann projizieren sie, daß andere die gleichen kritischen Gedanken ihnen gegenüber haben.

Wenn sie sich im Gegensatz dazu bewußt vor Augen führen, daß die andere Person mit Hilfe der ihr zur Verfügung stehende Energie ihr Bestes gibt, oder wenn sie bewußt an eine gute Eigenschaft der anderen Person denken und ihr mit Liebe gegenübertreten, dann werden sie unbewußt davon ausgehen, daß andere sie auf die gleiche akzeptierende Weise betrachten. Dann werden sie sich selbst weniger kritisch beurteilen.

Sobald sie diese Denkweise kennenlernen, werden sie sicherlich perfekt sein wollen und sich hart dafür verurteilen, wenn sie sie vergessen. Es ist wirklich zu ihrem Vorteil, wenn sie nicht perfekt sind, weil sie dadurch bescheiden bleiben.

In den früheren Leben der Fische-Mondknoten-Menschen gab es Phasen, in denen sie Zugang zu höheren Bewußtseinsebenen hatten. Wenn sie damit aufhören, sich selbst und andere zu verurteilen, können sie – über einen längeren Zeitraum – wieder in Kontakt mit dieser Bewußtseinsebene kommen.

Dankbarkeit und Glück

Die Fische-Mondknoten-Menschen möchten in einem Zustand dauernden Glücks verweilen, doch all die unerwarteten Ereignisse in der äußeren Welt, die ihre Pläne durchkreuzen, vertreiben ihre Glücksgefühle. Eine Übung, die sie praktizieren können, um ihren inneren Frieden aufrechtzuerhalten, besteht im Aussprechen des Satzes: »Das Universum liebt mich, und irgendwie wird sich das zu meinem Vorteil auswirken.« Wenn es notwendig ist, können sie das mehrere Male wiederholen. Wenn sie alle Veränderungen mit dieser Affirmation begrüßen, werden sie erstaunt sein, wie sich ihre Sichtweise verändert.

Der Grundgedanke dabei ist, dankbar für jede Situation zu sein, mit der sie konfrontiert werden, egal wie schlimm sie erscheinen mag: »Danke, Gott, für dieses gesundheitliche Problem« – was immer es ist, sie müssen dankbar dafür sein. Dies kann Wunder bewirken. Wenn sie ihre gegenwärtige Situation dankbar anerkennen und sich spirituell öffnen, wird sich ihr Widerstand auflösen. Dadurch wird der nächste Schritt offensichtlich.

Am Anfang haben diese Menschen damit Schwierigkeiten, was durch die Zweifel, Ängste und Pflichten bedingt ist, die ihr Leben auffressen. Sobald sie aber eine Richtungsänderung vornehmen und sich auf die spirituelle Wirklichkeit hinter der sichtbaren Welt konzentrieren, können sie ein äußerst glückliches Leben führen. Sobald sie bewußt leben und lernen, sich selbst objektiv zu beobachten, werden sie sich der subtileren Energiefrequenzen innerhalb der Strömung bewußt – wohin die Dinge laufen und wie man sie steuert, damit das Ziel erreicht werden kann. Dann scheint das Unendliche sich ihrer anzunehmen; solange sie bewußt bleiben, können sie genau erkennen, in welche Richtung sie den nächsten Schritt lenken müssen.

Der schwierigste Teil ihrer Reise besteht darin zu verstehen, daß das, was für die anderen Mondknotengruppen wirklich ist – die greifbare, physische Welt, von der jeder zugibt, daß sie existiert –, für sie nicht als oberste Realität bestimmt ist. Um sich auf das *Nichtgreifbare* als Basis *ihrer Realität* konzentrieren zu können, müssen sie riskieren, von anderen mißverstanden zu werden. Ihre Aufgabe ist es, die Erfahrung der spirituellen Wirklichkeit an andere zu vermitteln, und sie können dies nur tun, wenn sie diese Erfahrung in ihr eigenes Leben integrieren. Nur wenn sie sich selbst ganz in die Spiritualität vertiefen, können sie diese Wirklichkeit durch ihre eigene stille Freude auch anderen vermitteln.

Danksagung

Im Verlagsbereich möchte ich meine langjährige Lektorin, Judith Horton, hervorheben, deren Arbeit an diesem Buch wirklich großartig war. Mein Dank geht auch an meine Lektorin bei Bantam: Stephanie Kip. Ich möchte allen Lehrern danken, die mir auf meinem Weg zur Seite standen. In puncto Spiritualität: Gangaji, der mir die Weisheiten Ramana Maharshis vermittelte, Nome und Bob Spiegel. In puncto Astrologie: Morningland, Martin Schulmann (für sein Buch über die Mondknoten) und Gina Ceaglio, meiner ersten astrologischen Lehrerin. Dieses Werk wäre ohne die Forschungsarbeit und die intuitiven Fähigkeiten all jener nicht möglich gewesen, die mir vorangeschritten sind. Ich möchte besonders die Arbeit von Martin Schulmann und Zipporah Dobyns über die Mondknoten würdigen.

Für seine Unterstützung, Ermutigung und seine erhellenden Beiträge zu diesem Projekt danke ich meinem Vater, Bill Nunn, und seinem Lehrer, Bob Gibson. Meinen Klienten und Freunden danke ich dafür, daß sie mir ihre Erkenntnisse und ihre Einschätzung dieses und anderer Projekte mitgeteilt haben. Stellvertretend erwähnt seien hier nur: Sheri Zucker, Helen Thomas-Williams und Sandy Ingoglia. Meinem Freund Russell danke ich für seine Unterstützung und Rückenstärkung, die die Bedingungen schufen, die ich brauchte, um dieses Buch zu schreiben. Schließlich möchte ich mich für die Gegenwart der geistigen Führer und des kollektiven Wissens bedanken, die uns allen zur Verfügung stehen, wenn wir mit offenem Herzen und nicht wertendem Geist zuhören, um den inneren Prozeß anderer wirklich zu verstehen.

Jan Spiller

Astrologie

(4281)

(4131)

(86158)

(4172)

(86039)

(86058)